SONDERHEFT 35

POLITISCHE INSTITUTIONEN
IM WANDEL

KÖLNER ZEITSCHRIFT FÜR SOZIOLOGIE
UND SOZIALPSYCHOLOGIE

SONDERHEFTE
Begründet durch *René König*

Herausgegeben von
*Jürgen Friedrichs, M. Rainer Lepsius* und *Friedhelm Neidhardt*

# POLITISCHE INSTITUTIONEN IM WANDEL

HERAUSGEGEBEN VON
BIRGITTA NEDELMANN

unter Mitarbeit von Thomas Koepf

WESTDEUTSCHER VERLAG

# Kölner Zeitschrift für Soziologie und Sozialpsychologie

Begründet als „Kölner Zeitschrift für Soziologie"
durch *Leopold von Wiese* (1948–1954)
Fortgeführt als „Kölner Zeitschrift für Soziologie und Sozialpsychologie"
durch *René König* (1955–1985)

Herausgegeben von Prof. Dr. *Jürgen Friedrichs*, Universität zu Köln,
Prof. Dr. *M. Rainer Lepsius*, Universität Heidelberg, und
Prof. Dr. *Friedhelm Neidhardt*, Wissenschaftszentrum Berlin
Redaktionssekretär: Dr. *Heine von Alemann*, Forschungsinstitut für Soziologie
der Universität zu Köln

*Beirat:* Prof. Dr. *Hartmut Esser*, Universität Mannheim; Prof. Dr. *Alois Hahn*, Universität Trier; Prof. Dr. *Max Haller*, Karl-Franzens Universität Graz; Prof. Dr. *Siegwart Lindenberg*, Universität Groningen; Prof. Dr. *Birgitta Nedelmann*, Universität Mainz; Prof. Dr. *Michael Schmid*, Universität Augsburg; Prof. Dr. *Fritz Sack*, Universität Hamburg

## REDAKTIONELLE BEMERKUNGEN

Briefe, Manuskripte und Besprechungsexemplare bitten wir nur an die Redaktion einzusenden. Unverlangt eingesandte Manuskripte und Rezensionsexemplare von Büchern können nicht zurückgeschickt werden. Die Hinweise zur Manuskriptgestaltung (am Ende des Heftes) sind zu beachten. Die Auswahl der Bücher zur Rezension behält sich die Redaktion vor. Unverlangt eingesandte Buchbesprechungen werden nicht veröffentlicht. Die KZfSS publiziert nur Originalbeiträge, die nicht bereits an anderer Stelle veröffentlicht wurden.

Zuschriften werden erbeten an:

Redaktion der Kölner Zeitschrift für Soziologie und Sozialpsychologie,
Forschungsinstitut für Soziologie, Lindenburger Allee 15, D-50931 Köln.
Telefon: (0221) 470-2518

Die KZfSS wird u.a. in den folgenden Informationsdiensten erfaßt: *Social Science Citation Index* und *Current Contents* des Institute for Scientific Information; *sociological abstracts; psychological abstracts; Bulletin signalétique; prd,* Publizistikwissenschaftlicher Referatedienst; *SRM,* social research methodology abstracts; *SOLIS,* Sozialwissenschaftliches Literaturinformationssystem; Literaturdatenbank *PSYNDEX;* Referatedienst *Psychologischer Index,* u.a.m.

Verlag: *Westdeutscher Verlag GmbH,* Postfach 5829, D-65048 Wiesbaden.
Telefon: Vertrieb (0611) 534-389/Anzeigen (0611) 534-388, Telefax (0611) 534-430.
Geschäftliche Zuschriften, Anzeigenaufträge usw. nur an den Verlag.
Es gilt die Anzeigenpreisliste Nr. 5 vom 1. Januar 1993.
Jährlich erscheinen vier Hefte im Gesamtumfang von ca. 800 Seiten. Bezugspreis 1994: Jahresbezugspreis DM 156,–/öS 1217,–/sFr 156,–, Jahresabonnement für Studenten gegen Studienbescheinigung DM 92,–/öS 718,–/sFr 92,–, Einzelheft DM 46,–/öS 359,–/sFr 46,–, jeweils zuzüglich Versandkosten. Die angegebenen Bezugspreise enthalten die Mehrwertsteuer. Alle Bezugspreise und Versandkosten unterliegen der Preisbindung. Das Sonderheft des laufenden Jahrgangs wird je nach Umfang berechnet und den Jahresabonnenten bei Bezug im Jahr des Erscheinens mit einem Nachlaß gegen gesonderte Rechnung als Drucksache geliefert. Die Hefte sind durch jede Buchhandlung oder direkt vom Verlag zu beziehen. Abbestellungen müssen spätestens 3 Monate vor Ende des Kalenderjahres schriftlich erfolgen. Jede Verwertung außerhalb der engen Grenzen des Urheberrechtsgesetzes ist ohne Zustimmung des Verlags unzulässig und strafbar. Das gilt insbesondere für Vervielfältigungen, Übersetzungen, Mikroverfilmungen und die Einspeicherung und Verarbeitung in elektronischen Systemen. Die Zeitschrift und alle in ihr enthaltenen Beiträge und Abbildungen sind urheberrechtlich geschützt.

Satz: ITS Text und Satz GmbH, Herford
Der Westdeutsche Verlag ist ein Unternehmen der Bertelsmann Fachinformation GmbH.

ISBN 978-3-531-12800-9   ISBN 978-3-322-97068-8 (eBook)
DOI 10.1007/978-3-322-97068-8
© 1995 by Westdeutscher Verlag GmbH, Opladen

# INHALTSÜBERSICHT

*Birgitta Nedelmann*
Vorwort ................................................... 7

### I. Soziologische und juristische Institutionenanalyse

*Birgitta Nedelmann*
Gegensätze und Dynamik politischer Institutionen ............... 15

*Christian Starck*
Die Flexibilität rechtlicher Institutionen ....................... 41

### II. Institutionalisierte Formen politischen Handelns

*Stefano Bartolini*
Parteienkonkurrenz: Analytische Dimensionen und empirische Probleme .... 57

*Rainer Paris*
Die Politik des Lobs ........................................ 83

*Birgit Sauer*
Der „Runde Tisch" und die Raumaufteilung der Demokratie. Eine politische Institution des Übergangs? ................................. 108

### III. Ent-Institutionalisierung und institutionelle Umbildung

*Trutz von Trotha*
Ordnungsformen der Gewalt oder Aussichten auf das Ende des staatlichen Gewaltmonopols ........................................... 129

*Silvano Belligni*
Die „schmutzigen Jahre": Die Ent-Institutionalisierung der italienischen Parteien 167

*Elisabeth Fix*
Die Genese der „Bewegungspartei" als neuer Parteityp im politischen System Italiens ................................................... 188

### IV. Institutionalisierung von Konflikten und defizitäre institutionelle Vermittlung

*Sighard Neckel*
Politische Ethnizität. Das Beispiel der Vereinigten Staaten . . . . . . . . . . . . 217

*Rainer Weinert*
Intermediäre Institutionen oder die Konstruktion des „Einen". Das Beispiel der DDR . . . . . . . . . . . . . . . . . . . . . . . . . . . . . . . . . . . . . 237

*Piotr Sztompka*
Vertrauen: Die fehlende Ressource in der postkommunistischen Gesellschaft . 254

### V. Veränderung politischer Institutionen im gesellschaftlichen Wandel

*Gianfranco Pasquino*
Die Reform eines Wahlrechtssystems: Der Fall Italien . . . . . . . . . . . . . . 279

*Włodzimierz Wesołowski*
Parteienentstehung und -veränderung im postkommunistischen Polen . . . . . 305

*Klaus Eder*
Die Dynamik demokratischer Institutionenbildung. Strukturelle Voraussetzungen deliberativer Demokratie in fortgeschrittenen Industriegesellschaften . . . . . . 327

### VI. Entstehung und Entwicklung supranationaler Institutionen

*Elmar Rieger*
Politik supranationaler Integration. Die Europäische Gemeinschaft in institutionentheoretischer Perspektive . . . . . . . . . . . . . . . . . . . . . . . . . . . 349

*Maurizio Bach*
Ist die europäische Einigung irreversibel? Integrationspolitik als Institutionenbildung in der Europäischen Union . . . . . . . . . . . . . . . . . . . . . . . 368

*M. Rainer Lepsius*
Institutionenanalyse und Institutionenpolitik . . . . . . . . . . . . . . . . . . . 392

*Die Autorinnen und Autoren der Beiträge* . . . . . . . . . . . . . . . . . . . . 404
*English Summaries* . . . . . . . . . . . . . . . . . . . . . . . . . . . . . . . 407

# VORWORT

Birgitta Nedelmann

## I. Der Ausgangspunkt

Viele dramatische Erscheinungen der jüngsten Vergangenheit legen es nahe, politischen Institutionen und deren Wandel gesonderte Aufmerksamkeit zu schenken. Der Systemzusammenbruch in Ostmitteleuropa und die Vereinigung der beiden deutschen Teilstaaten hat der soziologischen Institutionenanalyse eine Reihe wichtiger Forschungsfragen aufgetragen: Wie sieht der Prozeß des Zusammenbruchs traditioneller Institutionen eigentlich im einzelnen aus? Wie werden überholte, aber renitente Institutionen „abgewickelt", wie neue aufgebaut? Wie lassen sich Institutionen westeuropäischen Modells in osteuropäische Kontexte transferieren und dort integrieren? Einige dieser Fragen sind bereits soziologisch erforscht worden, die Beantwortung anderer steht noch aus.

Aber nicht nur der Zusammenbruch der sozialistischen Systeme fordert die soziologische Institutionenanalyse heraus, sondern auch der oft nicht minder dramatische Wandel, den einige westeuropäische Demokratien seit einiger Zeit erfahren. Hierbei ist etwa an die Umwälzungsprozesse gedacht, die die italienische Republik (ob „erste" oder „zweite", sei dahingestellt) seit einigen Jahren durchmacht. Obwohl der Zusammenbruch der italienischen Demokratie bereits vielerseits vorhergesagt und befürchtet worden ist, haben die zentralen demokratischen Institutionen Italiens die fast tagtäglichen Zerreißproben bislang noch bestanden. Die Ursachen für die Stabilität und Zähigkeit bereits krisenhaft angeschlagener politischer Institutionen zu erforschen, ist eine vordringliche Forschungsfrage, die gerade durch den Fall Italien nahegelegt wird.

Aber auch andere westeuropäische Demokratien sind vor Probleme gestellt, die den Kernbestand ihrer politischen Institutionen betreffen. Vor allem die politischen Parteien und das westeuropäische Parteiensystem sind von einem tiefgreifenden Wandel ergriffen. Die klassische Hypothese Stein Rokkans vom Einfrieren des westeuropäischen Parteiensystems dürfte dadurch als überholt gelten (vgl. Lipset/Rokkan 1967). Traditionelle Parteien, die noch bis vor kurzem zu den tragenden Säulen des Parteiensystems in ihrem Land galten, sind zusammengebrochen und aufgelöst worden (so etwa die Democrazia cristiana (Dc) oder die Sozialistische Partei Italiens (Psi)) oder sie haben sich derart grundlegend in ihrer Struktur und Funktion verändert, daß es sich trotz nomineller Identität nicht mehr um denselben Parteityp handelt (wie dies für die SPD oder CDU argumentiert werden könnte). So manche bereits totgeglaubte Parteien sind wiedererstanden (so die verschiedenen neo-nationalsozialistischen Parteien). Neue Protestparteien sind plötzlich entstanden, aber oft ebenso schnell wieder von der Bildfläche verschwunden (wie etwa die „Ny Demokrati" in Schweden oder die Bewegungsparteien in Italien). Sogar von

„Anti-Parteien-Parteien" oder „Anti-Politik Parteien" ist die Rede, die sich nicht nur gegen traditionelle Parteien, sondern gegen Politik überhaupt wenden.

Von ähnlichen tiefgreifenden Veränderungen sind auch andere zentrale Errungenschaften westlicher Demokratien erfaßt, die eben deshalb die Bezeichnung von Institutionen verdienen, weil sie noch bis vor kurzem als selbstverständlich hingenommen worden sind und ihr Bestand als weitgehend gesichert galt. Viele dieser Errungenschaften sind überraschend in Frage gestellt, zum Verhandlungsgegenstand erklärt oder gar gänzlich aufgekündigt worden; dies betrifft beispielsweise bestimmte wohlfahrtsstaatliche Leistungen, gesetzliche Reformen, Tarifvereinbarungen, rechtliche Garantien und gewohnte demokratische Verfahren. An diesem Prozeß des Zur-Disposition-Stellens zentraler demokratischer Institutionen ist nicht nur auffallend, welche Arten von Institutionen preisgegeben, sondern auch, mit welcher Geschwindigkeit sie vielfach tatsächlich abgebaut werden. Exemplarisch hierfür ist die Geschwindigkeit, in der derzeit das schwedische Wohlfahrtsmodell – über viele Jahrzehnte tragende Säule der schwedischen Demokratie – von ihren eigenen Architekten, der schwedischen Sozialdemokratischen Arbeiterpartei (SAP), demontiert wird (von Beyme 1992; Jahn 1992). Symbolischer Ausdruck dieses Zerfallsprozesses ist die Tatsache, daß die schwedische Gewerkschaftsorganisation (LO) zum ersten Mal in ihrer Geschichte nicht an den Kundgebungen zum 1. Mai 1995 teilnahm. Damit ist die rund hundertjährige Solidarität zwischen den Hauptträgern der Schwedischen Arbeiterbewegung, der SAP und der LO, gebrochen worden. Dieser „Tod eines Modells" (von Beyme 1992: 153) ist von der bundesdeutschen Öffentlichkeit weitgehend unbemerkt geblieben, obwohl die institutionellen, kulturellen und individuellen Folgen ebenso tiefgreifend sein dürften wie diejenigen, die der Zusammenbruch des Sozialismus in Osteuropa ausgelöst hat.

Diesen Erscheinungen des Zusammenbruchs oder Abbaus politischer Institutionen stehen aber auch andere Erscheinungen gegenüber, die dazu anregen, die Dynamik politischer Institutionen auch in Richtung ihres Auf- und Umbaus zu thematisieren und dies sowohl auf nationaler wie auf supranationaler Ebene. Der Aufbau politischer Institutionen in den neuen Bundesländern und in Polen ist hierbei ebenso zu erwähnen wie der langwierige Prozeß der institutionellen Reformen in Italien, aber auch der Prozeß der europäischen Einigung. Die Hürden beim Aufbau des pluralistischen Parteiensystems in Polen; die hartnäckigen Widerstände, die die traditionellen politischen Akteure den Versuchen der Reform der italienischen politischen Institutionen entgegengebracht haben; und die vielfältigen Rückschläge im Integrationsprozeß Europas erwecken den Eindruck, als ob der gezielte Aufbau und die Reform politischer Institutionen ein sehr viel komplizierterer und unberechenbarerer Prozeß sei, als der umgekehrte Prozeß des institutionellen Abbaus und Zerfalls. Während die Richtung und das Ergebnis bei letzterem eindeutig festzuliegen scheinen, können Prozesse des institutionellen Aufbaus unvorhergesehene Richtungen einschlagen und zu Ergebnissen führen, die ihre Initiatoren nicht beabsichtigt haben. Es ist anhand der empirischen Einsichten, die die Beiträge dieses Bandes zutage gefördert haben, zu prüfen, ob dieser vordergründige Eindruck berechtigt ist.

## II. Das Thema und die Beiträge dieses Bandes

Die hier versammelten Beiträge gehen weder von einem einheitlichen Verständnis politischer Institutionen aus, noch stellen die Autoren ihren Arbeiten immer eine explizite Definition von politischen Institutionen voran. Deshalb wird hier auch von dem Versuch Abstand genommen, einleitungsweise eine verbindliche Begriffsklärung politischer Institutionen zu geben. Bereits die Vielfalt der angesprochenen empirischen Beispiele weist darauf hin, wie breit das Spektrum der politischen Institutionen ist, das hier betrachtet wird. Es sind zum einen politische Gebilde thematisiert, die konventionell politische Institutionen genannt werden: Politische Parteien, die Parteienkonkurrenz, das Wahlrechtssystem, das staatliche Gewaltmonopol und die Europäische Union. Zum anderen weisen die Beiträge über das (mangelnde) Vertrauen im postkommunistischen Polen (Piotr Sztompka), den Runden Tisch (Birgit Sauer) oder das Lob in der Politik (Rainer Paris) darauf hin, daß der hier implizit zugrundegelegte Institutionenbegriff sich auch auf Phänomene erstreckt, zu deren Bezeichnung man nicht unbedingt den Begriff der politischen Institution verwenden würde. Beim Vertrauen und Lob handelt es sich um soziale Institutionen, die für den Aufbau und Zusammenhalt politischer Systeme unerläßlich sind oder dort bestimmte notwendige Funktionen erfüllen. Der Runde Tisch wiederum ist eine Innovation, die in einer Phase des Übergangs von einem politischen System in ein anderes entstanden ist und darin die Merkmale einer Institution angenommen hat. Es werden in den hier versammelten Beiträgen also einerseits politische Institutionen und andererseits soziale Institutionen in der Politik behandelt.

Welche Arten von Institutionen hier auch immer zum Gegenstand der Analyse gemacht werden, ob politische Institutionen oder ob soziale Institutionen in der Politik – gemeinsam ist ihnen die Analyse des Problems der Dynamik dieser Institutionen. Der bewußt offen formulierte Titel dieses Sonderheftes, Politische Institutionen im Wandel, läßt zunächst zwei grundsätzliche Betrachtungsweisen zu, *zum einen* die Dynamik innerhalb von Institutionen, *zum anderen* die Dynamik von Institutionen. Eine *dritte* Auslegung dieses Titels ist ebenfalls beabsichtigt, nämlich die Analyse politischer Institutionen im Kontext umfassender gesellschaftlicher Wandlungsprozesse. Die Analyse der Dynamik politischer Institutionen bedeutet in jedem dieser drei Auslegungsfälle etwas anderes:

Wird *erstens* die Dynamik innerhalb politischer Institutionen untersucht, so beschäftigt man sich mit der Frage, wie das in diesen angelegte dynamische Potential, die internen Spannungen und Konflikte, gehandhabt wird. Um ihren Bestand zu sichern, müssen Institutionen mit diesem dynamischen Potential flexibel umgehen, aber dies, wie Christian Starck hier argumentiert, nur in begrenztem Maß: Reagieren sie zu flexibel, riskieren sie den Wandel der gesamten Institutionen; reagieren sie zu rigide, riskieren sie, daß die Institution ihre Funktionen nicht mehr erfüllen kann und sich ihr Bestand auflöst. Zu große Flexibilität wie zu große Rigidität führen zu institutionellem Wandel, wenn auch unterschiedlicher Art. Es kommt demnach für politische (wie für andere) Institutionen darauf an, Flexibilität und Anpassung so zu managen, daß der Institutionsbestand garantiert bleibt. Politik, so könnte die Definition Elmer E. Schattschneiders (1960) ergänzt werden, ist nicht nur das Management von Konflikten, sondern auch das Management von Flexibilität.

Die Beiträge zum I. Abschnitt über institutionalisierte Formen politischen Handelns lassen sich dieser ersten Art dynamischer Institutionenanalyse zuordnen. Dazu gehören drei Beispiele, das von Stefano Bartolini behandelte Beispiel der Parteienkonkurrenz; die soziale Institution des Lobs, die – wie Rainer Paris zeigt – in der Politik ganz bestimmte machtstrukturierende Funktionen übernimmt; und die Innovation einer politischen Institution, der Runde Tisch, die Birgit Sauer untersucht. Diese Beispiele stellen nur eine begrenzte Auswahl aus der Fülle anderer wichtiger institutionalisierter Formen in der Politik dar, deren Behandlung hier ebenso berechtigt und angebracht gewesen wäre.

Die Analyse der Dynamik von politischen Institutionen bedeutet *zweitens*, unterschiedliche Arten und Richtungen institutionellen Wandels zu analysieren. Zu unterscheiden sind hierbei drei Vorgänge: Erstens die Entstehung und Gründung von Institutionen (Institutionalisierung), die exemplarisch etwa in der Arbeit von Sighard Neckel über die Institutionalisierung von Ethnizität in den Vereinigten Staaten thematisiert wird (Abschnitt IV.). Hierzu gehören aber auch die Analysen der Parteienentstehung in Polen von Włodzimierz Wesołowski (Abschnitt V.) und der Entstehung der Bewegungsparteien in Italien von Elisabeth Fix (Abschnitt III.). Der zweite Typ institutionellen Wandels betrifft den Abbau von Institutionen (Ent-Institutionalisierung). Dieser wird exemplarisch in zwei ganz unterschiedlichen Arbeiten behandelt: Trutz von Trotha untersucht die Ent-Institutionalisierung des staatlichen Gewaltmonopols, Silvano Belligni den Verfallsprozeß der italienischen Parteien (Abschnitt III.). Der dritte Typ institutionellen Wandels betrifft die institutionelle Entwicklung und Veränderung, die in je unterschiedlicher Interpretation am Beispiel der Europäischen Gemeinschaft bzw. Union von Elmar Rieger und Maurizio Bach behandelt werden (Abschnitt VI.).

Die *dritte* Art, den Wandel politischer Institutionen zu untersuchen, legt den analytischen Schwerpunkt auf umfassendere Wandlungsprozesse politischer Systeme und die Veränderung, die politische Institutionen innerhalb dieser Prozesse erfahren. Die Analysen der Reform des Wahlrechtssystems in Italien (Gianfranco Pasquino), der Parteienentstehung und -veränderung in Polen (Włodzimierz Wesołowski) und der Dynamik demokratischer Institutionenbildung (Klaus Eder) sind dieser dritten Art dynamischer Institutionenanalyse gewidmet (Abschnitt V.).

Nicht immer lassen sich die in diesem Band behandelten empirischen Fälle eindeutig einem der drei Wandlungstypen zuordnen; darauf kann es auch nicht ankommen. Empirisch und theoretisch besonders interessant sind gerade diejenigen Fälle, in denen sich die verschiedenen Wandlungsprozesse überschneiden, gegenseitig stimulieren oder blokkieren. Der Verfallsprozeß der traditionellen politischen Parteien stimuliert den Prozeß der Entstehung neuer Parteien, der Bewegungsparteien; er hat auch die Reform des italienischen Wahlrechtssystems vorangetrieben; der Fall Polens zeigt sehr deutlich, daß Zerfallsprozesse keineswegs eine tabula rasa schaffen, sondern „Überbleibsel" zurücklassen, die sich als erhebliche Hindernisse auf dem Weg zum Aufbau neuer demokratischer Institutionen erweisen. Der Runde Tisch ist das institutionelle Produkt eines umfassenden gesellschaftlichen Transformationsprozesses und insofern nur in diesem Kontext zu verstehen.

In diese Systematik der Beiträge nach dem Typ der dynamischen Analyse lassen sich zwei Arbeiten nur bedingt einordnen. Es sind dies länderspezifische Fallanalysen, die das Problem defizitärer institutioneller Prozesse thematisieren. Von Defiziten kann nur dann gesprochen werden, wenn ein funktionalistisches Institutionenverständnis vorliegt. Rainer

Weinert geht von der Durkheimschen Theorie der positiven Funktion intermediärer Institutionen für die gesellschaftliche Integration aus. Das Fehlen einer entsprechenden intermediären Struktur in der DDR stellt ein Merkmal des entdifferenzierten institutionellen Aufbaus des politischen Systems der DDR dar. Wenn Piotr Sztompka die Konsequenzen des Mangels an Vertrauen im postkommunistischen Polen aufzeigt, weist er Vertrauen eine positive inter-institutionelle Kittfunktion nicht nur für gesellschaftliche, sondern auch für politische Systeme zu. Dies bedeutet, daß die formale normative Ausstattung politischer Institutionen aus sich heraus keine hinreichende Verbindlichkeit und Sanktionskraft hat, um Normkonformität und Verhaltensregelmäßigkeit zu erzeugen.

### III. Schwerpunktsetzungen und Lücken

Die Beiträge sprechen jeweils für sich selbst und bedürfen keiner weiteren einführenden Kommentare. Die Autorinnen und Autoren standen weder in einem Projektzusammenhang, noch wurden ihnen bei der Abfassung ihrer Beiträge bestimmte Vorgaben gemacht. Auch kann man nicht behaupten, die Autorinnen und Autoren ließen sich bestimmten „Theorien" von Institutionen zuordnen, sofern es diese überhaupt geben sollte. Die Prägekraft des institutionenanalytischen Ansatzes von M. Rainer Lepsius macht sich jedoch bei einigen Beiträgen bemerkbar (so bei Bach, Rieger, Weinert).

Zu begründen sind jedoch auffallende herausgeberische Schwerpunktsetzungen und Lücken. Zum einen sind Beiträge schwergewichtig aufgenommen worden, die sich mit den Fällen Italiens und Polens beschäftigen, während die Analyse politischer Institutionen der (alten oder neuen) Bundesrepublik Deutschland gar nicht vorkommen. Der Grund dieser einseitigen Behandlung besteht darin, daß sich institutionelle Wandlungsprozesse in diesen Ländern besonders drastisch geäußert haben und sich daher besonders nachdrücklich für eine soziologische Analyse anbieten. In mancher Hinsicht ist der italienische Fall durchaus mit demjenigen Polens vergleichbar, beide kranken an ähnlichen Symptomen, an der hoch fragmentierten Parteienstruktur, an der Schwierigkeit der Vermittlung zwischen den Gruppen in der Sozialstruktur und den politischen Institutionen, an dem Mangel des Vertrauens in den Staat, an den Tendenzen zur Personalisierung und Charismatisierung des Präsidentenamtes und – nicht zuletzt – an der Verbreitung der organisierten Kriminalität. Aber nicht diese vermeintliche Ähnlichkeit zwischen diesen beiden (in anderen Hinsichten höchst unterschiedlichen) Ländern hat dazu bewogen, sie besonders bevorzugt zu behandeln, sondern die Tatsache, daß viele der dort massiv auftretenden politischen Probleme auch hier allmählich Gestalt annehmen. Das schwindende Vertrauen in die Klasse der Parteipolitiker wird auch hier beklagt; das zunehmende Auseinanderdriften von politischem System und Zivilgesellschaft ist auch hier zu verzeichnen; die Krise der politischen Parteien und der „Parteienverdruß" sind auch hier vor wenigen Jahren debattiert worden – um nur wenige Parallelentwicklungen zu erwähnen. Die bevorzugte Auswahl von Analysen politischer Institutionen in Polen und Italien dient der besseren Vorbereitung auf die Bewältigung dieser Probleme, und dies, wenn möglich, schon zu einem Zeitpunkt, in dem sie noch nicht krisenartig zugespitzt sind. Die Betonung der Blickrichtung auf andere Länder ist hier auch als bescheidenes Korrektiv für die derzeit in der Bundesrepublik vorherrschende einseitige soziologische Beschäftigung mit dem deutsch-deutschen Transformationsprozeß zu verstehen. Die Absicht der Repräsentanz zumindest der wichtigsten europäischen Demokratien konnte angesichts des zur Verfügung stehenden begrenzten Raumes gar nicht erst ernsthaft verfolgt werden. Es fehlen nicht nur Institutionenanalysen aus den skandinavischen Ländern, sondern auch aus vielen anderen Regionen Europas und anderer Kontinente.

Ein weiterer zu Recht anzumahnender Mangel besteht in thematischer Hinsicht. Es fehlen Analysen über den Institutionalisierungsprozeß sozialer Bewegungen; diese Lücke ist in Hinblick auf das Sonderheft 34 der Kölner Zeitschrift für Soziologie und Sozialpsychologie, das teilweise dieser Thematik gewidmet ist, bewußt in Kauf genommen worden. Andere Analysen, die sich bestimmten Institutionen widmen, fehlen, so etwa Analysen über das Bundesverfassungsgericht, die Treuhandanstalt, das Kartellamt, das Bundeskabinett u.v.a.m. – die Liste ließe sich unschwer fortsetzen! Vor allem aber fällt die Zurückhaltung der soziologischen Institutionenforschung in bezug auf die Untersuchung der *Beziehungen zwischen* unterschiedlichen Institutionen auf. Diese Unterthematisierung ist um so erstaunlicher, als viele Krisen von Demokratien in erster Linie Beziehungskrisen zwischen politischen Institutionen sind. Eine andere von der soziologischen Institutionenforschung vernachlässigte Richtung ist die Analyse supra- und internationaler Einrichtungen. So wichtig die Europäische Union als Forschungsgegenstand ist, ebenso wichtig sind etwa die UNO, die NATO und andere internationale Einrichtungen, und auch diese sollten die Aufmerksamkeit der Soziologen auf sich ziehen.

Trotz dieses offenen Wunschzettels für weitere soziologische Institutionenanalysen sind die hier aufgenommenen Arbeiten bereits hinlänglich begrifflich differenziert und empirisch detailliert, daß sie der soziologischen Institutionenforschung durchaus neue Impulse zu geben versprechen. Nicht alle der eingangs erwähnten politischen Probleme lassen sich sinnvoll unter institutionenanalytischer Perspektive behandeln, aber eine Vielzahl von ihnen. Nicht mehr, aber auch nicht weniger versprechen die Beiträge dieses Bandes zu leisten.

*Literatur*

*Beyme, Klaus von,* 1992: Skandinavien als Modell. Aufstieg und Fall eines Vorbilds, Journal für Sozialforschung 32: 141–155.

*Jahn, Detlev,* 1992: Schweden. Kontinuität und Wandel einer postindustriellen Gesellschaft, Aus Politik und Zeitgeschehen, B 43: 22–35.

*Lipset, Seymor M.,* und *Stein Rokkan,* 1967: Cleavage Structures, Party Systems, and Voter Alignments: An Introduction. S. 1–64 in: *Seymor M. Lipset* und *Stein Rokkan* (Hg.): Party Systems and Voter Alignments: Cross-National Perspectives. New York: The Free Press.

*Schattschneider, Elmer E.,* 1960: The Semi-Sovereign People. New York: Holt, Rinehart, and Winston.

# I.
# Soziologische und juristische Institutionenanalyse

# GEGENSÄTZE UND DYNAMIK POLITISCHER INSTITUTIONEN*

Birgitta Nedelmann

*Zusammenfassung:* Institutionen werden unter der theoretischen Perspektive der Gegensätze und der Dynamik gesehen. Fünf gegensätzliche Merkmalspaare kennzeichnen die Extreme hoher bzw. niedriger Institutionalisierung: 1. „enacting" versus „acting"; 2. Internalisierung versus Externalisierung von Werten und Normen; 3. Eigenwert versus Instrumentalität; 4. Entlastung versus Belastung; 5. Unpersönlichkeit versus Mikro-Abhängigkeit. Die Extreme hohe bzw. niedrige Institutionalisierung werden von Rigidität einerseits und Zerfall andererseits begrenzt. Politische Institutionen können drei Typen von Prozessen durchlaufen, mit denen je unterschiedliche Probleme des Flexibilitätsmanagements verbunden sind: I. Stabilisierung; II. Ent-Institutionalisierung (1. institutioneller Verfall und 2. institutioneller Zusammenbruch); III. Institutionalisierung (1. institutioneller Aufbau und 2. schleichende Institutionalisierung). Die je spezifischen Aufgaben des Flexibilitätsmanagements werden vor allem am Beispiel Italiens diskutiert.

## Einleitung

Der Begriff Institution gehört zu den Grundbegriffen der allgemeinen Soziologie. Er wird benötigt, um den sozialen Sachverhalt der Verfestigung regelmäßig wiederkehrenden Verhaltens und Handelns zu kennzeichnen (Popitz 1992: 234). So ist etwa der im Alltag ausgetauschte Gruß eine soziale Institution, aber auch die Universität und die Wissenschaft. Insbesondere die politische Soziologie kann ohne den Institutionenbegriff nicht auskommen. Er wird zur Bezeichnung höchst unterschiedlicher politischer Erscheinungen benutzt, für politische Parteien ebenso wie für das Parlament; für die Praxis der Bestechung ebenso wie für die parlamentarische Kleiderordnung; für das Wahlgeheimnis ebenso wie für den Mehrheitsentscheid; für die Tagesordnung ebenso wie für die parlamentarische Sommerpause; für das Mißtrauen oder Vertrauen in die Politiker (Sztompka 1995) ebenso wie für das Lob (Paris 1995) oder die Schelte von Parteikandidaten. Entsprechend fallen unter den Institutionenbegriff festgefügte größere Gebilde und Organisationen, verfassungsmäßige Einrichtungen, regelmäßig wiederkehrende politische Gewohnheiten krimineller oder konformer Art, emotionale Bindungen und Strategien der Auf- und Abwertung.

Diese Vielfalt der Phänomene, auf die sich der Institutionenbegriff erstreckt, sowie die Unterschiedlichkeit und Unklarheit seiner Definitionen sind immer wieder beklagt und kritisch vermerkt worden. Die Klagen über den Institutionenbegriff sind selbst zur Institution in der Soziologie geworden (vgl. für viele andere Jepperson 1991: 143). So verständlich der Wunsch nach Eindeutigkeit und Einheitlichkeit sein mag, er geht an der

---

\* Peter Schneider sei für die kritische Lektüre und für vielfache konstruktive Hinweise nachdrücklich gedankt.

Besonderheit der mit dem Institutionenbegriff angesprochenen empirischen Phänomene insbesondere im Politikbereich vorbei. Anstatt deren spezifische Vielfalt und Gegensätzlichkeit durch scheinbar präzise, aber einengende Begriffe zu verdecken, wird hier dafür plädiert, diese ausdrücklich in das Verständnis von Institutionen aufzunehmen und ihnen bei der Begriffsbestimmung Rechnung zu tragen. Es wird davon ausgegangen, daß es gerade die Gegensätze sozialer Institutionen im allgemeinen und politischer Institutionen im besonderen sind, die für sie kennzeichnend sind. Damit schließe ich mich einer Sichtweise an, die bereits andere Autoren eingeschlagen haben, wenn sie von der Ambivalenz (Schimank 1991) oder Dualität (Jepperson 1991: 146; Offe o.J.) politischer Institutionen sprechen oder gar die Metapher von „Ariel und Kaliban" bemühen (Bühl 1970).

Im *ersten* Abschnitt dieses Beitrages wird erläutert werden, welches die wichtigsten Gegensätze von Institutionen sind und auf welche Dimensionen sie sich beziehen. Im *zweiten* Abschnitt wird auf die Dynamik von Institutionen eingegangen, die sich zwischen den Extremen hoher und niedriger Institutionalisierung entfalten kann. Im Anschluß an den von Christian Starck (1995) eingeführten Begriff der Flexibilität und in Abwandlung des von Elmar E. Schattschneider (1960) benutzten Konzepts des Konfliktmanagements spreche ich von der mit dieser Dynamik verbundenen Aufgabe des *Flexibilitätsmanagements*. Ihre Bewältigung ist für politische Institutionen von vitaler Bedeutung. Es werden drei allgemeine Prozeßrichtungen unterschieden, die Institutionen durchlaufen können, *Stabilisierung, Ent-Institutionalisierung* und *Institutionalisierung,* und die damit verbundenen Probleme des Flexibilitätsmanagements diskutiert. Im abschließenden *dritten* Abschnitt wird eine vorläufige Bilanz der vorgestellten Argumente gezogen.

## *I. Die Gegensätze politischer Institutionen*[1]

Der *erste* Gegensatz von Institutionen bezieht sich auf die Frage, durch welchen sozialen Mechanismus Verhaltensregelmäßigkeiten reproduziert werden. Diese Frage nach dem Institutionen tragenden *Reproduktionsmechanismus* wird vielfach in der Diskussion des Institutionenbegriffs übergangen oder als irrelevant abgetan. Wie Verhaltensregelmäßigkeiten hergestellt und aufrechterhalten werden, kann nicht nur von Institution zu Institution (und innerhalb von Institutionen) variieren, sondern es ist anzunehmen, daß die Art des Reproduktionsmechanismus einen entscheidenden Einfluß auf den Grad der Institutionalisierung eines Verhaltensmusters hat. Die alternativen Reproduktionsmechanismen lassen sich durch den Gegensatz zwischen „enacting" und „acting", zwischen habitualisiertem Vollzug und strategischem Handeln, kennzeichnen. Ich greife damit eine Definition von Ronald L. Jepperson (1991) auf, nach dem institutionalisierte Verhaltensmuster dadurch charakterisiert sind, daß sie durch routineartigen Vollzug (enacting) reproduziert werden. „One *enacts* institutions" (Jepperson 1991: 149; Hervorhebung B.N.) etwa dann, wenn man die zum Gruß ausgestreckte Hand entgegennimmt, ohne weiter über den sozialen Sinn oder die normative Grundlage dieser Zeremonie nachzudenken. Die dieser Institution ursprünglich zugrundeliegenden Werte und Normen brauchen bei ihrer alltäglichen Be-

---

[1] Ich verzichte im folgenden auf eine eingehende Rekonstruktion der langwierigen und oft redundanten Diskussion um den soziologischen Institutionenbegriff, sondern konzentriere mich auf ihre Hauptergebnisse.

*Gegensätze und Dynamik politischer Institutionen*     17

folgung nicht explizit aktiviert zu werden. Dieser Zusammenhang beginnt sich dann zu ändern, wenn die Grußzeremonie durch Handschlag durch die Verbreitung eines lockeren „Hallo" bedroht wird. Es muß dann insofern strategisch gehandelt werden, als das „Hallo" sanktioniert und die ausgestreckte Hand dabei als Kontrollmechanismus eingesetzt wird. Um Abweichungen von der ursprünglichen Institution zu sanktionieren, müssen die Akteure bereit und in der Lage sein, den Reproduktionsmechanismus von „enacting" auf „acting" umzustellen.

Die Institution der parlamentarischen Kleiderordnung ist ein weiteres Beispiel, an dem der Gegensatz zwischen routinemäßigem Vollzug und strategischem Handeln veranschaulicht werden kann. In vielen westeuropäischen Parlamenten ist die parlamentarische Kleiderordnung lange Zeit routinemäßig nachgelebt worden, bis einzelne Abgeordnete ihr zuwiderhandelten, indem sie den Schlips ablegten, Turnschuhe trugen oder – wie die legendäre Cicciolina im italienischen Parlament – teilweise entblößt auftraten. Diese je verschiedenen Verstöße gegen die institutionalisierte Kleiderordnung provozierten dazu, die althergebrachte Institution der Kleiderordnung durch strategisches Handeln zu verteidigen oder die Kleidervarianten in die neue Geschäftsordnung des Parlaments aufzunehmen und damit die Institution zu erneuern, ohne sie ganz aufzugeben.

Allgemeiner gesprochen stellen „enacting" und „acting", habitualisierter Vollzug und strategisches Handeln, gegensätzliche Reproduktionsmechanismen dar, durch die Institutionen aufrechterhalten werden können. Je mehr eine Institution durch den Reproduktionsmechanismus der Habitualisierung gestützt wird, desto größer ist der Grad ihrer Institutionalisierung. Muß eine Institution immer wieder durch kalkulierte, strategische Handlungen bestätigt werden, so bedeutet dies, daß der Grad ihrer Institutionalisierung gegenüber durch Habitualisierung getragenen Institutionen geringer ist. Wenn etwa die Institution der Unabhängigkeit der Justiz von der Politik immer wieder durch bewußte Intervention und Kontrolle der die Justiz angreifenden Politiker geschützt werden muß, so ist sie schwach institutionalisiert. Wird sie hingegen fraglos respektiert und entsprechend routinemäßig vollzogen, so kann man sie als hoch institutionalisiert bezeichnen.

Der *zweite* Gegensatz bezieht sich auf die Dimension „Internalisierung" – „Externalisierung". Verhaltensregelmäßigkeiten werden vielfach dann als institutionalisiert bezeichnet, wenn die Akteure die mit dieser Institution zusammenhängenden Normen und Werte so verinnerlicht haben, daß das daran orientierte Handeln wie selbstverständlich ausgeführt wird. Der Reproduktionsmechanismus des „enacting" fällt mit Internalisierungsvorgängen zusammen, da es keiner expliziten normativen Begründung bedarf, um gemäß der Institution zu handeln. Aber das Phänomen der Institutionalisierung würde verkürzt werden, wenn ausschließlich solche Erscheinungen berücksichtigt werden würden, die auf Internalisierungsvorgängen beruhen. So ist etwa die Institution geheimer, allgemeiner Wahlen nicht überall derart internalisiert, daß sie frag- und problemlos abgehalten werden. Zu ihrer Durchführung bedarf es etwa auf Haiti besonderer Schutzmaßnahmen, extern sichtbarer Rituale und rhetorischer Beschwörungen, um überhaupt realisiert werden zu können. Die Institutionalisierung von Wahlen ist dort erst im Anfangsstadium. Selbst in der Bundesrepublik Deutschland, in der Wahlen nach fast fünfzig Jahren ihres Bestehens zum festen Bestandteil des demokratischen Systems gehören, geht es nicht ganz ohne normative Appelle zur Wahlbeteiligung, wie die Landtagswahlen in Nordrhein-Westfalen vom Frühjahr 1995 gezeigt haben.

Der *dritte* Gegensatz läßt sich hier unmittelbar anschließen, derjenige zwischen dem „Eigenwert" und der „Instrumentalität" der Institution. In Anlehnung an Philip Selznick spricht W. Richard Scott von Institutionalisierungsvorgängen dann, wenn instrumentelle Motive für die Wiederholung eines Handlungsmusters durch den Eigenwert dieser Handlung ersetzt werden. Institutionalisierung heißt demnach, „supplying intrinsic worth to a structure or process that, before institutionalization, had only instrumental utility" (Scott 1987: 494). Je stärker der Zweck einer Verhaltensregelmäßigkeit in das Bewußtsein der Akteure gehoben wird und sie in Orientierung daran regelmäßig handeln, desto mehr wird die Institution auf „acting" und externalisierte Gesten umgestellt. Je mehr eine Institution aber ostentativ in sichtbare Handlungsvollzüge übersetzt und explizit begründet werden muß, desto geringer ist das Niveau ihrer Verfestigung. Wird einer Institution hingegen ein Eigenwert zugeschrieben, so brauchen die Akteure zu ihrer Befolgung weder normative Begründungen abzurufen, noch müssen sie sie mit ostentativen Gesten oder Beschwörungsformeln begleiten. Die Inszenierung Durkheimscher Stützmechanismen deutet bereits auf die zunehmende Schwächung einer Institution hin. „Enacting" fällt somit mit „Internalisierung" und der Zuschreibung eines „Eigenwerts" der Institution zusammen und beschreibt damit hoch institutionalisierte Vorgänge. „Acting" fällt andererseits mit dem Bewußtsein zusammen, die betreffende Institution habe einen instrumentellen Wert für die Akteure und werde deshalb befolgt; zur Stützung dieser instrumentellen Orientierung werden institutionelle Handlungsakte in ostentative Gesten übersetzt und nach innen und außen rhetorisch gerechtfertigt, d.h. „externalisiert".

Der *vierte* Gegensatz bezieht sich auf das Merkmalspaar „Entlastung" und „Belastung". Zu seiner Erläuterung bedarf es einer Vorüberlegung, die auf die Dualität „freedom/constraint" verweist (Jepperson 1991: 146). Institutionen wird im allgemeinen der Effekt zugeschrieben, die individuelle Handlungsfreiheit zu begrenzen. Demnach besäßen Institutionen für Individuen einen gewissen Zwangscharakter, und ein gewisser konservativer Zug sei ihnen daher eigen. Gilt beispielsweise in definierten Situationen der Mehrheitsentscheid, sind alternative Mechanismen der Entscheidungsfindung und andere Handlungskriterien als diejenigen der Mehrheitsbildung ausgeschlossen. Insofern ist es richtig zu sagen, Institutionen begrenzten Handlungsalternativen. An diesem Beispiel läßt sich aber auch zeigen, daß der Effekt von Institutionen keineswegs nur darin besteht, die individuelle Handlungsfreiheit zu begrenzen. Vielmehr eröffnet die programmatische Festschreibung von Handlungsalternativen und -kriterien auch neue Handlungsräume, die es ohne die betreffende Institution gar nicht gegeben hätte. Mit Jepperson wäre es daher angemessener, davon zu sprechen, daß in Institutionen eine Dualität zwischen Freiheit und Zwang vorherrscht: „they are vehicles for activity within constraints" (Jepperson 1991: 146). Um bei dem Beispiel der Mehrheitsentscheidung zu bleiben, so kann der Effekt der Handlungskreativität darin bestehen, Koalitionen zwischen Widersachern zu bilden, die abstimmungsfähig sind; die zur Entscheidung anstehende Frage so zu formulieren, daß Mehrheiten möglich sind; und die Handlungskontexte zu differenzieren, wonach diese Art der Mehrheitsentscheidung in einigen Situationen gilt, in anderen nicht.

Institutionen engen demnach zwar Handlungsräume ein, aber sie eröffnen auch Handlungsalternativen innerhalb dieser Zwänge, die ohne Institutionen gar nicht entstanden wären. Institutionen begrenzen Handlungskontexte und legen Handlungskriterien fest, differenzieren andererseits aber die Kontexte und variieren die Kriterien des Handelns.

Dieser Aspekt der Eröffnung von Handlungsräumen und -kreativität durch Institutionen kann ferner durch ihre soziale Produktivität unterstrichen werden. Die Institution der Parteienkonkurrenz etwa schafft soziale Werte (vgl. Bartolini 1995), die ohne die Existenz dieser Institution gar nicht entstanden wären; die Institution des geheimen Wahlrechts setzt von sozialer Kontrolle frei, eröffnet neue Möglichkeiten der Wahlentscheidung und nicht zuletzt auch der Entfaltung von symbolischer Kommunikation zur öffentlichen Darstellung der geheim getroffenen Wahlentscheidung.

Diese Dualität von Handlungsbegrenzung und Eröffnung von Handlungsraum läßt sich allgemeiner auf den Gegensatz zwischen Entlastung und Belastung für individuelles Handeln beziehen. Individuen werden dann von der Qual der (rationalen) Wahl entlastet, wenn die institutionalisierten Kriterien des Handelns hoch internalisiert sind und die Situation klar definiert ist, in der entsprechend der institutionalisierten Normen und Werte gehandelt werden soll. Je höher der Grad der Institutionalisierung, desto größer der Effekt der Entlastung. Je höher der Entlastungseffekt, desto größer die Chancen zur Ausschöpfung des institutionellen Handlungsraums. Und umgekehrt: Je niedriger der Grad der Institutionalisierung, desto größer die individuelle Belastung, denn die Angemessenheit von Situation und Institution muß fallweise überprüft, die Zweckmäßigkeit des institutionalisierten Handelns für angestrebte Ziele kontrolliert und die Kosten einer eventuellen Abweichung von der Institution kalkuliert werden. Der Akteur spürt die volle Last des Rational Choice.

Kostenkalküle stellen dabei nicht nur potentielle Abweichler, sondern auch potentielle Kontrolleure von Institutionen an. Im allgemeinen wird in der Soziologie der letzte Kostenfaktor seltener diskutiert. Kontrolle und Sanktionierung von Abweichungen von institutionalisierten Handlungsmustern setzen die Bereitschaft voraus, den Reproduktionsmechanismus von „enacting" auf „acting" umzustellen, internalisierte Normen und Werte zur Verteidigung der Institution zu externalisieren und sich auf einen Vorgang der normativen und wertemäßigen Begründung der Institution einzulassen. Der Aufwand an Kosten, den diese Umstellungen mit sich bringen, muß durch den Wert, der der Institution zugeschrieben wird, auf alle Fälle kompensiert werden, wenn nicht sogar von ihm übertroffen werden, wenn Angriffe auf die Institution abgewehrt und Abweichungen von ihr nicht Schule machen sollen.

Damit wäre ein letzter *(fünfter)* Gegensatz angedeutet, der mit Institutionen verbunden ist. Er bezieht sich auf den wohl umstrittensten Charakter von Institutionen, nämlich auf das Merkmal der Über-Individualität bzw. ihren „Makro"-Charakter. Von Institutionen wird in der Regel erst dann gesprochen, wenn Verhaltensmuster noch fortbestehen, obwohl einzelne Individuen sie nicht mehr mittragen. Andererseits könnten Institutionen gar nicht bestehen, wenn sie nicht auf den Handlungen einzelner Akteure beruhten; sie kommen ohne „Mikro"-Fundierung nicht aus. Der Gegensatz zwischen Institutionen als „Dinosauriern" einerseits und „Zwergen" andererseits – um das von Bühl (1970: 365) verwandte Bild abzuwandeln – hat die Debatte über Institutionen seit jeher durchzogen und sie in zwei unversöhnliche Lager gespalten. Am Beispiel der Wahlenthaltung läßt sich zeigen, daß dieser Gegensatz künstlich ist. Stellt man sich vor, es seien Wahlen und keiner ginge hin, und stellt man sich weiter vor, Wahlenthaltung fände häufiger statt, dann würde die Institution Wahlen zusammenbrechen. Fehlt auf Dauer die „Mikro"-Fundierung, bleibt das Wahlrecht ein bloß geschriebenes Recht und verfällt als soziale Institution. Andererseits kann die Institution der allgemeinen Wahlen, um als solche zu überleben, eine beträchtliche Anzahl an Enthaltungen verkraften, obwohl die politische Rhetorik ihren Untergang bereits heraufbeschwört. Wie groß das Ausmaß der „Mikro"-Fundierung sein muß, damit eine Institution berechenbar und selbstverständlich bleibt, ist eine Frage, die von Fall zu Fall geprüft werden muß. Allgemein ist jedoch festzuhalten: Je eher eine Institution auf einzelne Akteure verzichten kann, um das für sie typische Handlungsmuster aufrechtzuerhalten, desto höher der Grad ihrer Institutionalisierung. Haben Institutionen über-individuellen Charakter angenommen, so bedeutet dies, daß sie sicherer, vorhersehbarer und selbstverständlicher geworden sind. Umgekehrt gilt: Je mehr eine Institution auf die Reproduktion ihres Handlungsmusters durch einzelne Personen angewiesen ist, desto geringer der Grad ihrer Institutionalisierung. Damit geht einher, daß sie in ihrem Bestand unsicherer, weniger leicht vorhersehbar und nicht ganz selbstverständlich sind.

Als Ergebnis der bisherigen Überlegungen ist festzuhalten, daß sich Institutionen durch fünf gegensätzliche Merkmalspaare charakterisieren lassen, 1. den Gegensatz zwischen Reproduktion durch „enacting" oder „acting"; 2. den Gegensatz zwischen internalisierten Normen und Werten einerseits und externalisierten Rechtfertigungsritualen und Begründungen andererseits; 3. den Gegensatz zwischen Institutionen zugeschriebenem Eigenwert und ihrer Instrumentalität; 4. den Gegensatz zwischen Entlastung einerseits und Belastung andererseits; und schließlich 5. den Gegensatz zwischen Über-Individualität einerseits und Abhängigkeit von „Mikro"-Handlungen, kurz: Mikro-Abhängigkeit, andererseits.

Die jeweiligen Extreme dieser Merkmalsausprägungen lassen sich als die Endpunkte auf je einem Kontinuum verstehen. Auf der einen Seite der Kontinuen lassen sich Gebilde mit hohem, auf der anderen solche mit niedrigem Institutionalisierungsgrad einordnen.[2] In der folgenden Übersicht sind die Argumente dieses ersten Abschnittes zusammengefaßt:

*Übersicht:* Bezugsrahmen zur Analyse institutioneller Dynamik

| *Hohe Institutionalisierung* | | *Niedrige Institutionalisierung* |
|---|---|---|
| 1 | „enacting" | „acting" |
| 2 | Internalisierung | Externalisierung |
| 3 | Eigenwert | Instrumentalität |
| 4 | Entlastung | Belastung |
| 5 | Unpersönlichkeit | „Mikro"-Abhängigkeit[3] |

Rigidität                             Zerfall

Diese Übersicht hat zunächst deskriptiven Wert. Konkrete Institutionen können daraufhin überprüft werden, welche spezifischen Merkmalsausprägungen sie haben, in welcher genauen Beziehung die Merkmale untereinander stehen und in welche Richtung sich die Institutionen auf dem Kontinuum zwischen Rigidität und Zerfall entfalten. Darüber hinaus

---

2 Auch Alessandro Cavalli (1996) vertritt die Vorstellung, nach der sich Institutionen auf einem Kontinuum von niedriger bis hoher Institutionalisierung anordnen lassen und im Laufe ihrer Geschichte andere Positionen auf diesem Kontinuum einnehmen können. Ich danke ihm ausdrücklich für die Einsicht in sein noch unveröffentlichtes Manuskript (Cavalli 1996).

3 Es sei der empirischen Einzelanalyse vorbehalten zu klären, wie jeweils die Beziehung zwischen den Merkmalen sowohl auf „horizontaler", wie auf „vertikaler" Ebene genauer aussieht.

hat diese Übersicht auch die Funktion eines Bezugsrahmens zur Analyse institutioneller Dynamik. Die Merkmalsausprägungen, die Institutionen einmal erlangt haben, liegen nicht ein für alle Mal fest, sondern sie unterliegen Veränderungen, die von politischen Akteuren bewußt und gezielt angestrebt werden können. Um politische Institutionen wird typischerweise ein mehr oder minder heißer Kampf darüber ausgetragen, welche Position sie im Kontinuum zwischen hoher und niedriger Institutionalisierung einnehmen sollen. Keine politische Institution kann sich der von ihr einmal eingenommenen Position vollkommen sicher sein. Politisches Handeln in bezug auf und mit Institutionen bedeutet nach den hier eingeführten Merkmalen den Versuch, die Reproduktionsmechanismen von „enacting" auf „acting" (oder umgekehrt) umzustellen; internalisierte Normen und Werte zu externalisieren (oder umgekehrt); den Eigenwert einer Institution in Frage zu stellen und diese damit zu veranlassen, ihren instrumentellen Wert nachweisen zu müssen (und umgekehrt); die mit einer Institution verbundenen Handlungsalternativen und Rational-Choice-Probleme explizit zu machen und damit den Belastungseffekt einer Institution zu erhöhen (und umgekehrt); und politisches Handeln in bezug auf und mit Institutionen kann schließlich auch bedeuten, die Mikro-Abhängigkeit einer Institution wieder spürbar zu machen und das hieße, sie zu personalisieren (oder umgekehrt). Diese Tätigkeiten seien mit dem Begriff des *Flexibilitätsmanagements* bezeichnet. Mit dieser Begriffswahl schließe ich mich ausdrücklich *nicht* dem vielfach verwendeten Ausdruck der Anpassungselastizität an, denn es geht bei der Aktivität des Flexibilitätsmanagements von politischen Institutionen nicht nur um ein (konservatives) Sich-Anpassen an sich ja stets verändernde Umweltbedingungen, sondern um strategisch gezieltes Abwägen davon, wie, in welche Richtung und wie stark die betreffende Institution in diesem Kontinuum bewegt werden soll. Dieses Management-Problem erfolgt nach politischen Kriterien, die je empirisch zu ermitteln sind. Flexibilitätsmanagement kann im Gegensatz zu Anpassungselastizität womöglich auch bedeuten, die Institution *nicht* den Veränderungen in der Umwelt anzupassen. Auf die einzelnen Aufgaben des Flexibilitätsmanagements bei institutioneller Dynamik wird nun im folgenden einzugehen sein.

*II. Dynamik und Flexibilitätsmanagement*

Als die Vertreter der italienischen Lega in der Hitze des Sommers 1995 demonstrativ ihre Schlipse ablegten und in Hemdsärmeln in der Kammer erschienen, geriet die bislang als selbstverständlich hingenommene Institution der parlamentarischen Kleiderordnung auch in Italien ins Wanken. Der Verstoß gegen diese Kleiderordnung bedeutete, daß diese Institution nicht mehr blind durch Gewohnheit aufrechterhalten werden konnte, sondern durch die Präsidentin der Kammer begründet, durch Krawattentragen verteidigt und durch verbale Kommentare gerechtfertigt werden mußte. Durch Vorführen alternativer Kleidungs- und Entkleidungsmöglichkeiten stieg die individuelle Belastung nicht nur für die verantwortliche Hüterin der Geschäftsordnung, sondern auch für die einzelnen Abgeordneten, denn durch die Provokation der Leghisten war nun jeder und jede einzelne Abgeordnete vor eine Kleiderwahl gestellt. Der nunmehr bewußte Kleider-Wahlakt wiederum bedeutete, daß der bislang unumstrittene Eigenwert dieser Institution in Frage gestellt und gleichzeitig in ein politisches Instrument verwandelt, das heißt, politisiert wurde.

Dieses einfache Beispiel zeigt, daß hoch institutionalisierte Bestimmungen dadurch politisiert werden können, daß durch Abweichung versucht wird, sie zu ent-institutionalisieren. Der Ausgang des angezettelten politischen Kampfes darum, wie man sich im Parlament zu kleiden habe, entscheidet darüber, ob die alte Institution unversehrt beibehalten wird, als ganze zerfällt oder ob eine neue Institution entsteht. Eine andere Alternative ist auch möglich und in dem genannten italienischen Beispiel faktisch aufgetreten, nämlich die flexible Auslegung der herkömmlichen Institution unter Einschluß der Neuerungen und damit die Erhaltung der Stabilität der in Frage gestellten Institution. Um die Extreme des institutionellen Zerfalls einerseits und der institutionellen Rigidität und der mit letzterer einhergehenden Unangepaßtheit der Institution an veränderte Umweltbedingungen andererseits zu umgehen, bedarf es des *Flexibilitätsmanagements*.

### 1. Flexibilitätsmanagement und institutionelle Stabilisierung

Die erste hier zu diskutierende Aufgabe des Flexibilitätsmanagements betrifft die Aufrechterhaltung der Stabilität der Institution. Wie Starck (1995) betont, wird „die Stabilität von Institutionen ... in *begrenztem* (Hervorhebung B.N.) Maß durch ihre Flexibilität garantiert". Damit gehorcht die Stabilität politischer Institutionen der paradoxen Formel: Stabilität durch (begrenzte) Flexibilität. Die Verwirklichung institutioneller Stabilität beinhaltet, ein heikles Problem zu lösen, nämlich die Dosierung des Ausmaßes der Flexibilität derart, daß sich weder die Institution als ganze wandelt oder verfällt, noch sie rigide ausgelegt wird und damit den veränderten Bedingungen nicht angemessen ist. Das Management von Flexibilität bedeutet im Hinblick auf das Ziel der Stabilisierung von Institutionen mindestens, daß sie heil zwischen den Extremen von Rigidität und Zerfall hindurchgesteuert und sowohl vor Über- wie vor Ent-Institutionalisierung bewahrt werden. Aufrechterhalten der Stabilität bedeutet entsprechend der eingeführten Übersicht aber im Idealfall, daß die Position, die eine Institution im Kontinuum eingenommen hat, beibehalten werden kann. Dieser Vorgang sei an zwei Beispielen verdeutlicht, dem Beispiel der Stabilisierung der Institution des Wahlkampfs bzw. der Wahlen und an dem Beispiel der Stabilisierung der Übergangsinstitution des Runden Tischs.

Die von Stefano Bartolini (1995) analysierte Institution der Parteienkonkurrenz veranschaulicht, was unter der Aufgabe des Flexibilitätsmanagements im Hinblick auf das Ziel der Stabilisierung dieser Institution zu verstehen ist. Er unterscheidet zwischen vier Bedingungen der Parteienkonkurrenz (Kampffähigkeit der Parteien, Mobilitätsbereitschaft der Wähler, Entscheidbarkeit des Parteienangebots und Verwundbarkeit der Amtsinhaber) und argumentiert, diese ließen sich nicht gleichzeitig optimieren. Flexibilitätsmanagement des Wahlkampfs als Institution würde demnach bedeuten, einen idealen Punkt zwischen der minimalen und der maximalen Ausprägung dieser vier Dimensionen zu finden. Das Extrem des Zerfalls des Wahlkampfs wäre beispielsweise dann gegeben, wenn die Parteien, anstatt ihre Kampffähigkeit unter Beweis zu stellen, untätig bleiben und nicht in Konkurrenz miteinander treten würden. Die Qualifizierung des Bundestagswahlkampfs 1994 als „lascher" oder gar ausgebliebener Wahlkampf läßt sich als Folge des Zerfalls hinsichtlich der Dimension Kampffähigkeit interpretieren. Dieses Bild läßt sich in Hinblick auf die Bundestagswahlen des Jahres 1994 dadurch ergänzen, daß auch die Bedingung der Entscheidbarkeit des Wahlkampfangebots berücksichtigt wird. Treffen die Parteien Wahlkampfabsprachen und differenzieren sie ihre den Wählern unterbreiteten Angebote nicht hinlänglich, dann lassen sich keine Wahlkampfthemen identifizieren und Parteienstandpunkte zu bestimmten Fragen unterscheiden. Diese Zerfallserscheinungen äußern sich auf seiten der Wählerschaft als Schwierigkeit, eine Wahlentscheidung zu treffen. Wird hingegen das andere Extrem des Flexibilitätsmanagements erreicht, Rigidität, dann kann das von Bartolini (1995) zitierte „Syndrom des permanenten Wahlkampfs" entstehen.

Einige der von Bartolini aufgeführten Merkmale dieses Syndroms treffen auf die ungeklärte Situation in Italien im Frühjahr 1995 und auf die Veränderung der allgemeinen Institution der Wahlen zu. Welche Art von Wahlen auch immer ansteht, ob nationale, regionale oder lokale Wahlen, – sie werden unterschiedslos als Gradmesser für die Stärke der jeweiligen Parteigruppierungen und ihrer persönlichen Vertreter auf nationaler Ebene herangezogen. Diese einseitige Instrumentalisierung und Interpretation erzeugen den Effekt, daß die unterschiedlichen Arten von Wahlen immer mehr miteinander verschmelzen und sie ihre je spezifischen Funktionen der Kandidatenauswahl auf den unterschiedlichen Ebenen und zu unterschiedlichen Zwecken nicht mehr hinlänglich erfüllen können. Untersuchungen über die Einstellungen der Wähler werden längst nicht mehr nur von professionellen Meinungsforschungsinstituten durchgeführt, sondern von den Parteien selbst, die sie in ihr strategisches Arsenal des politischen Unternehmertums integriert und instrumentalisiert haben (vgl. Mannheimer 1994: 40; Diamanti 1994: 665–667; McCarthy 1995: 57–61). Die Wahlangebote der Parteien sind der unmittelbare Reflex auf die jeweils erhobenen Wählermeinungen zu bestimmten Fragen. Sowie Wahlen durchgeführt und die Wahllokale geschlossen worden sind, ermitteln bereits Minuten später die Ergebnisse von Exit-Poll-Umfragen den Wahlsieger, der jedoch – wie bei den Regionalwahlen am 23. April 1995 geschehen – schon am nächsten Tag durch die amtlichen Wahlergebnisse wieder entthront werden kann. Die hieraus entstehende Unklarheit über den wirklichen Wahlsieger gibt unmittelbar wieder neuen Auftrieb, um die Notwendigkeit von Neuwahlen zu verkünden, womit die Institution der Wahlen weiter unter Druck gerät. Dieser Teufelskreis, der in der geschilderten Weise bei den Regionalwahlen in Italien zu beobachten war,[4] strapaziert die Institution der Wahlen derart, daß sie nicht mehr die für sie typischen Aufgaben überzeugend erfüllen kann, nämlich Kandidatenauswahl, Ämterbesetzung und Responsivität gegenüber den Wählern.

Für das Flexibilitätsmanagements der Institution Wahlkampf läßt sich aus Bartolinis Analyse folgende Erkenntnis ziehen: Um das Extrem eines rigiden Wahlkampfs einerseits und das Extrem eines unterausgeschöpften Wahlkampfs andererseits zu vermeiden, bedarf es sozialer, kultureller und konstitutioneller Zusatzbedingungen, um positive und negative Kurzschlüsse zwischen den vier Bedingungen der Parteienkonkurrenz zu verhindern. Bartolini bringt es treffend auf den Punkt, wenn er sagt, das Flexibilitätsmanagement des

---

4 Nach den Regionalwahlen vom 23. April 1995 wurde die Koalition von Silvio Berlusconi noch am Wahlabend aufgrund der Ergebnisse von Exit-Poll-Umfragen als Wahlsieger erklärt; bereits am nächsten Tag wurde diese Nachricht durch die amtlichen Wahlergebnisse dementiert und die Pds und das Mitte-Links-Bündnis als Wahlsieger ermittelt (vgl. Corriere della sera 24.4.1995; 25.4.1995). Bei den Referenden vom 11. Juni 1995 wiederum galt Berlusconi als Wahlsieger. Durch diesen ungewissen Ausgang stieg der Druck auf den Präsidenten, die Kammern aufzulösen und Neuwahlen auszuschreiben.

Wahlkampfs gehorche der widersprüchlichen Formel: „Institutionelle Stützung durch institutionelle Begrenzung" (Bartolini 1995)!

Ein Flexibilitätsmanagement ganz anderer Art läßt sich an dem von Birgit Sauer (1995) analysierten Beispiel des Runden Tisches zeigen. Die spezifischen Aufgaben des Flexibilitätsmanagements bestehen hier darin, einerseits zu vermeiden, daß die alten politischen Strukturen des DDR-Regimes perpetuiert, andererseits aber auch, daß die parlamentarischen Formen des westlichen Demokratiemodells Hals über Kopf imitiert werden. Das Flexibilitätsmanagement des Runden Tischs ist so lange geglückt, wie es gelingt, gleichzeitig Kontinuität von *und* Bruch mit alten Strukturen in ein und derselben Form zu verbinden. Als Ritual des Übergangs vermittelt es Elemente des entdifferenzierten Einheitssystems mit Elementen des differenzierten pluralistischen Systems und gießt sie in die neue Form des Runden Tischs. Die vielfach erhobene Forderung, einen Runden Tisch zur Konfliktlösung in den verschiedensten Bereichen auch in der neuen Bundesrepublik einzusetzen, deutet auf den Versuch der Veränderung dieses Übergangsrituals zu einem Dauerritual hin. Der Runde Tisch kann seine institutionelle Eigenart nur dann bewahren, wenn er sich nach abgeschlossener Transformation selbst überflüssig macht. Gelungenes Flexibilitätsmanagement würde in diesem Fall bedeuten: Bewahren des Sondercharakters dieser Institution durch ihre Auflösung, ein Weg, den die Treuhandanstalt offiziell beschritten hat.

## 2. Flexibilitätsmanagement und Ent-Institutionalisierung

Stabilisierung politischer Institutionen ist jedoch nur eine von vielen Aufgaben, die mit dem Begriff des Flexibilitätsmanagements angesprochen wird. Der politische Kampf um Institutionen kann, um die oben gegebene Übersicht in Erinnerung zu rufen, auch in Richtung der Verstärkung der Merkmalsausprägungen, die auf der rechten Seite angeordnet sind, erfolgen. In diesem Fall würde sich die Dynamik in Richtung Ent-Institutionalisierung entfalten. Formal ausgedrückt, bedeutet der Vorgang der Ent-Institutionalisierung, den Reproduktionsmechanismus einer Institution von habitualisiertem Vollzug auf strategisches Handeln umzustellen; internalisierte Werte und Normen explizit zu begründen und zu rechtfertigen; den Wert oder die Motive des institutionellen Handelns nicht nur aus der Institution selbst abzuleiten, sondern auf einen Zweck hin auszurichten, das heißt, den instrumentellen Charakter der Institution hervorzuheben. Ferner bedeutet der Vorgang der Ent-Institutionalisierung entsprechend der Merkmalsübersicht, die Wahlalternativen individuellen Handelns transparent zu machen und damit den mit hoher Institutionalisierung einhergehenden individuellen Entlastungseffekt abzubauen. Damit treten Rational-Choice-Probleme belastend in das Handlungskalkül der politischen Akteure. Im Prozeß der Ent-Institutionalisierung wird der Bestand der betreffenden Institution schließlich immer mehr davon abhängig sein, ob er von individuellen Handlungsakten gestützt wird; ihr über-individueller Charakter schwächt sich zunehmend ab und die Mikro-Fundierung wird zur Überlebensfrage.

Dieser schematisch angedeutete Vorgang kann sich mit unterschiedlicher Geschwindigkeit vollziehen. Für die Fähigkeit der politischen Akteure, bei Ent-Institutionalisierungsvorgängen Flexibilitätsmanagement zu betreiben, ist die Höhe der Geschwindigkeit von entscheidender Bedeutung. Es scheint daher sinnvoll, zunächst zwei unterschiedliche Typen der Ent-Institutionalisierung voneinander zu trennen, den institutionellen Niedergang oder Verfall, der relativ langsam abläuft, und den institutionellen Zusammenbruch, der plötzlich einsetzt und mit relativ großer Geschwindigkeit verläuft.

*a) Institutioneller Verfall.* Institutionelle Verfallsprozesse lassen sich an vielen Erscheinungen konkretisieren und differenzieren. Ein besonders anschauliches Beispiel hierfür dürfte der komplexe Vorgang der Ent-Institutionalisierung politischer Parteien sein, ein Vorgang, der in vielen westeuropäischen Demokratien zu beobachten ist, jedoch höchst unterschiedliche Teilprozesse beinhaltet.

Erinnert sei zunächst an die nach dem Fall der Mauer in West- und Osteuropa einsetzende Parteienkritik, die von so prominenten Politikern wie dem damaligen Bundespräsidenten Richard von Weizsäcker, dem damaligen Präsidenten der italienischen Republik Francesco Cossiga und dem Präsidenten der damaligen tschechoslowakischen Republik Václav Havel angeführt wurde.[5] Sie hatte – zumindest vorübergehend – den Effekt, die Institution der politischen Parteien in Frage zu stellen und ihren Eigenwert anzuzweifeln. Ihre Existenzberechtigung mußte durch Formeln wie „Ohne Parteien keine Demokratie!" beschworen, ihre Erneuerung in Aussicht gestellt und ihre höhere Attraktivität als Versprechen angekündigt werden.

Der Vorgang der Ent-Institutionalisierung der Parteien ist aber keineswegs nur auf der rhetorischen Ebene abgelaufen, sondern er hat einen strukturellen Parallelprozeß. Viele traditionelle Parteien in Westeuropa haben einen beträchtlichen Schwund an Mitgliedern zu verzeichnen;[6] die Beziehung zwischen Partei und ihrer Klassenbasis hat sich gelockert und ein Prozeß des „de-alignment" (Petterson 1993: 127) ist ausgelöst worden; die interne Struktur wandelt sich vielfach von einem hierarchischen in ein „stratarchisches" Modell (Pierre/Widfeldt 1994: 352) oder löst sich ganz in „lose gekoppelte Anarchie" (Lösche 1993) auf – um nur einige allgemeine Erscheinungen der Ent-Institutionalisierung westeuropäischer Parteien anzudeuten. Erst Einzelfallstudien erlauben, die Teilprozesse im Detail zu ermitteln. Auf das Beispiel des Niedergangs der traditionellen Parteien Italiens sei hier besonders hingewiesen.

Silvano Belligni (1995) hat den Verfall der Christdemokratischen Partei (Dc), der Sozialistischen Partei (Psi) und der Kommunistischen Partei (Pci) eingehend analysiert. Er räumt dabei zunächst mit dem Vorurteil auf, die Krise der „ersten italienischen Republik" sei durch die Erstarkung der Parteien zur „Parteienherrschaft" ausgelöst worden. Er argumentiert vielmehr, daß sie ihren institutionellen Bestand als Massenparteien allmählich

---

5 Vgl. hierzu die ausführliche Dokumentation in Hofmann/Perger (1992a, 1992b) sowie Havel (1992).

6 Als Beispiel vgl. etwa die Zahlen für die italienischen Parteien von 1985 bis 1994, wobei die Kommunistische Partei Italiens (Pci) bzw. die Partei der Linken (Pds) im Jahre 1985 1.595.281 und 1994 700.000 eingetragene Mitglieder besaß, womit sie ihren vorläufigen Tiefststand des Vorjahres bereits mit 10.000 Mitgliedern überwunden hat. Die ehemaligen Christdemokraten (Dc) hatten im Jahre 1985 1.444.592 und vor ihrer Auflösung 1991 immerhin noch 1.390.918 Mitglieder. Die erste Nachfolgepartei der Dc, die Ppi, machte 1994 mit 233.377 Mitgliedern ihren Anfang (vgl. Tabelle C3 in: Ignazi/Katz 1995: 291). Die zweite Nachfolgepartei der Dc, die italienischen Christdemokraten (Cdu), deren Gründungsversammlung am 23.7.1995 stattfand, konnte nur noch 3.000 Mitglieder vereinen (vgl. Corriere della sera, 24.7.1995).

abgebaut haben und daß auf deren Ruinen die „political machines" entstanden seien. Als solche seien sie neue Organisationen, die mit den alten Parteiorganisationen nicht zu verwechseln seien, obwohl sie nominell noch die Bezeichnung „Partei" in ihrem Namen führten. Dem Untergang der beiden großen italienischen Parteien, der Christdemokratischen Partei (Dc) und der Sozialistischen Partei (Psi) ging demnach ein tiefgreifender organisatorischer Umbildungsprozeß voraus. Vor ihrem endgültigen Fall waren diese Parteien nach Bellignis Analyse bereits als Massenparteien gestorben. Der schließliche Untergang der Dc und der Psi war somit nicht das Ende von Massenparteien, sondern das Ende von „political machines".[7]

Bereits vor Jahren hat der dänische Politikwissenschaftler Mogens N. Pedersen einen ähnlichen Prozeß konstatiert, als er von der Verwandlung der großen dänischen Massenparteien in „Medienparteien" sprach (Pedersen 1994: 105). Während für Dänemark das Jahr 1973 bereits das Stichjahr für die Ent-Institutionalisierung der traditionellen Parteien war, ist es für Italien das Jahr 1994, als dort die „Medienpartei" Silvio Berlusconis die parlamentarische Macht ergriff. Die 225 Tage, die die Regierung Berlusconi überdauert hat (Marro/Vigna 1995), deuten an, daß derartige „Instant-Parteien"[8] zwar den Verfallsprozeß der traditionellen Parteienstruktur beschleunigen, aber nicht unbedingt ein neues, zuverlässigeres Parteiensystem an seine Stelle setzen können.

Der relativ langsame Takt, der für Verfallsprozesse typisch ist, gibt den politischen Akteuren die Möglichkeit, diesem Prozeß entgegenzuwirken. Das Flexibilitätsmanagement besteht dann in dem Versuch der *Re-Institutionalisierung* der im Verfall begriffenen Institutionen. Die langsame Dauer des Verfallsprozesses eröffnet den Akteuren die Möglichkeit, Gegenmaßnahmen zu ergreifen, organisatorische Stützen aufzubauen und womöglich neue Organisationen zu errichten, um die ursprüngliche Institution vor weiterem Verfall zu bewahren. In Parteidemokratien stellt Re-Institutionalisierung eine Art Sicherheitsventil dar, durch das verhindert werden kann, daß Ent-Institutionalisierungsvorgänge zum vollkommenen Zerfall der betreffenden Institutionen führen.

Was den Verfall von Parteien betrifft, so läßt sich dieser Prozeß offensichtlich nicht durch Innovation beliebiger Typen von Parteiorganisationen aufhalten. Gerade die Entstehung der „Parteien der zweiten Generation" (Nedelmann 1994), darunter vor allem die Entstehung der Bewegungs-Parteien (Fix 1995), wirft die Frage auf, ob deren Organisationsstruktur überhaupt der Institution Partei entspricht oder ob sie nicht gerade als Bewegungs-Partei zur weiteren Ent-Institutionalisierung politischer Parteien beiträgt. Damit wird das in der Institutionendebatte stets wiederkehrende Problem der Beziehung zwischen Institution und Organisation[9] unter einer neuen Perspektive aufgeworfen: Welche Organisation ist dazu geeignet, eine schwache Institution zu stützen und wieder aufzurichten? Welchen Einfluß hat die Innovation der Bewegungs-Partei auf die Institution Partei?

---

7 Zum Untergang der Christdemokratischen Partei vgl. auch Scoppola (1995).
8 Unter „Instant"-Parteien versteht der italienische Soziologe Marco Revelli politische Parteien, die auf Anhieb in das jeweilige Parlament einziehen und die bisherige Sitzverteilung vollkommen verändern (Revelli 1994: 667).
9 Siehe hierzu die Unterscheidung zwischen Institut – Institution – Organisation bei Weinert (1995).

In Italien haben drei Varianten der Bewegungs-Partei eine besondere Rolle gespielt, allen voran zunächst die Forza Italia. Nicht nur ist bereits die Geschwindigkeit ihrer Machtergreifung und -ablösung ein Hinweis auf ihre relativ schwache Institutionalisierung, sondern die Ambivalenz ihrer Organisationsstruktur selbst. Sie drückt all diejenigen Widersprüche aus, die für „Parteien der zweiten Generation" typisch sind, die sich explizit zum Ziel gesetzt haben, die traditionelle Parteienorganisation vom Typ der „octopus party" (Sartori 1994: 189) zu überwinden. Gegen die schwere, bürokratische Organisation ihrer Vorgängerinnen hat die Forza Italia eine „leichte" Parteiorganisation gesetzt; sie baut auf einer losen Struktur von „Clubs" anstatt auf regional fest verankerten Ortsvereinen auf; anstatt eingeschriebener Mitglieder setzt sie auf dynamische Beziehungsnetzwerke; formal demokratische Parteienstrukturen sind durch die Alleinherrschaft des politischen Unternehmers und durch die Person Berlusconis ersetzt worden (Pasquino 1994: 387; Maraffi 1995); der traditionelle Anspruch der Parteien auf programmatische Kommunikation und ideologische Vermittlung ist durch das Medium Fernsehen unterlaufen worden, wobei dieses Medium gleichzeitig in ein funktionelles Äquivalent für die vergemeinschaftenden Strukturelemente traditioneller Parteien umgewandelt worden ist (vgl. Diamanti 1994; MacCarthy 1995). Indem jedes neue Organisationselement der Forza Italia die Organisationsstruktur der traditionellen Partei dementiert, tritt zwischen der Partei als Organisation und der Partei als Institution eine immer größere Kluft ein. Die grundlegende Ambiguität der Organisationsstruktur der Forza Italia läßt die Frage, in welche Richtung sie die Institutionalisierung der Parteien Italiens beeinflußt hat, ob in Richtung Ent- oder Re-Institutionalisierung, bislang noch offen.

Ironischerweise ist die Kürze der Amtszeit der Regierung Berlusconis gerade dadurch zustande gekommen, daß er sich auf eine andere Bewegungs-Partei als Koalitionspartner verlassen hatte, nämlich auf die Lega Umberto Bossis. Die besonderen Schwierigkeiten im Umgang mit dieser Bewegungs-Partei wirkten wie ein Bumerang auf die Forza Italia selbst zurück. Wie Elisabeth Fix (1995) zeigt, ist die Bewegungs-Partei Bossis sehr viel stärker strukturell in einem Bewegungsmilieu verhaftet als die Forza Italia. Seine Organisation steht mit dem Standbein im Bewegungsmilieu Norditaliens, mit dem Spielbein im Institutionengefüge Roms. Anders als bei der Forza Italia befinden sich hier Bewegung und Institution in einem antagonistischen Verhältnis zueinander. Der Wahlerfolg der Lega vom Frühjahr 1994 und ihr Aufstieg zur Regierungskoalitionspartei bedeutete gleichzeitig den Beginn ihres Falls. Nur durch Ausscheiden aus der Regierungskoalition mit der Forza Italia und der Nationalen Allianz im Dezember 1994 konnte sie das Bewegungs- und Protestelement ihrer Organisation wiederbeleben, womit sie weiterhin ein unsicheres und unberechenbares Element im italienischen Parteiensystem bleiben wird. Da gerade die geringe Institutionalisierung ein wesentlicher Bestandteil ihrer Organisationsidentität ist, läßt sie sich von den anderen Parteien nicht längerfristig in Richtung Institutionalisierung drängen und strategisch einbinden.

Die italienische Verfassung schafft durch die Institution des abrogativen Referendums permanente Anreize zur Bildung von Zwittergebilden zwischen hoher und niedriger Institutionalisierung, nämlich Referendums-Bewegungs-Parteien. Die langwierige und noch lange nicht abgeschlossene Frage der institutionellen Reform hat in Italien unterschiedliche Versionen derartiger Referendums-Bewegungs-Parteien hervorgebracht. Sie sind aus der Kreuzung von parlamentarischen mit außer-parlamentarischen Organisationstypen hervorgegangen; im Gegensatz zu Bossis Lega stehen sie mit dem Standbein im, mit dem Spielbein außerhalb des Parlaments. Sie haben den Widerspruch hinsichtlich des Ausmaßes ihrer Anstrengungen zur Mobilisierung von Anhängern zu bewältigen: Referendums-Bewegungen müssen einerseits hoch mobilisieren, um die verfassungsmäßig vorgeschriebenen Quoten erfüllen und klare Abstimmungsergebnisse erzielen zu können; sie dürfen andererseits nicht zu hoch mobilisieren, wenn das Instrument des Referendums nicht außer Kontrolle geraten soll und die Ergebnisse zu parlamentarischen Gesetzesentscheidungen aggregiert werden sollen. Diese Ambivalenz spiegelte sich im Falle Mario Segnis, dem Leiter des Pakts für Italien, in persönlicher Unentschiedenheit und Wankelmütigkeit wider. Er konnte die außerparlamentarisch mobilisierten Machtressourcen nicht in parlamentarische Macht übersetzen.

Diese Verschleuderung einer Machtressource ist der Preis, der unter Umständen bezahlt werden muß, wenn heterogene Prinzipien in ein und derselben Institution verknüpft werden, nämlich das Prinzip repräsentativer Demokratie mit demjenigen direkter (wenn auch negativer) Einflußnahme. Damit ist die Wirkung der Institution des Referendums für die Gesetzgebung im allgemeinen höchst unberechenbar; mit seiner zunehmenden Anwendung verändert es sich von einem Mittel der „Stimulation" in ein Mittel des „Bruchs" (Fedele 1994: 153). In dieser letzten Funktion kam es in bezug auf die institutionellen Reformen zum Tragen. Pasquino (1995a) zeigt, daß das Referendum wie ein Sprengsatz gewirkt hat, mit dem die Akteure jäh aus ihrer Entscheidungsparalyse geweckt wurden, so daß schließlich der Reformprozeß ausgelöst wurde. Die Entscheidung für eine bis heute (Juli 1995) unvollständige und gemischte Wahlrechtsreform nach der Formel: „Maggioritario ma non troppo" (Bartolini/D'Alimonte 1995) war weder von den Reforminitiatoren beabsichtigt noch so gewünscht. Dieser Kompromiß spiegelt die strukturelle Ambivalenz sowohl der Institution des Referendums wie auch der aus ihr hervorgegangenen Referendums-Bewegung selbst wider. Das Flexbilitätsmanagement von Referendums-Bewegungen stellt sich daher als besonders delikat heraus. Es gleicht dem Problem des Zauberlehrlings, der die Mächte, die er einmal heraufbeschworen hat, nicht mehr zu kontrollieren in der Lage ist.

*b) Institutioneller Zusammenbruch.* Im Gegensatz zu institutionellen Verfallsprozessen läßt der Zusammenbruch einer Institution den Akteuren typischerweise keine Zeit, um den Prozeß durch Gegensteuerung aufzuhalten. Daß Institutionen oder ganze Systeme zusammenbrechen, liegt aber oft auch an der Unfähigkeit der Hauptakteure, dann Flexibilitätsmanagement zu betreiben, wenn es noch nicht zu spät ist. Wenn nicht gewußt wird, wie die dringenden Systemprobleme zu lösen sind, gehen die Akteure sehenden Auges dem Zusammenbruch ihres Systems entgegen. Dieser Vorgang, ohnmächtiger Zeuge institutionellen Zusammenbruchs zu werden, wird aus den Stellungnahmen deutlich, die einige Vertreter der Funktionselite der DDR abgegeben haben. Das Bewußtsein über die strukturellen Probleme der DDR war, wie etwa Harry Tisch bestätigt, durchaus vorhanden, „nur wie wir da rauskommen, den Weg wußte keiner" (Tisch 1995: 124; vgl. auch Weinert 1995).

Institutioneller Zusammenbruch kann aber auch in der Weise erfolgen, daß den betreffenden Institutionen der Boden unter den Füßen weggezogen wird. Bei der Beschreibung des Zusammenbruchs der Christdemokratischen Partei (Dc) und der Sozialistischen Partei (Psi) Italiens werden häufig Metaphern wie „die große Lawine" (u.a. Petersen 1995:

151; Napolitano 1994: 164) gebraucht oder es ist von Kartenhäusern die Rede, die plötzlich in sich zusammenbrechen (Bellu/Bonsanti 1993). Der dramatische und bislang einmalige Prozeß, den die italienische Justiz mit der bekannten Aktion des „Mani pulite" in Gang gesetzt hatte, bedeutete, daß diesen Parteien in rasanter Geschwindigkeit sämtliche Ressourcen entzogen wurden, einschließlich ihrer Parteiführer, die in täglichen Schauprozessen Stück für Stück vor aller Öffentlichkeit demontiert wurden (Bardi/Morlino 1994). Die Tatsache, daß sich die Aktion der „Mani pulite" seit ihrem Beginn im Frühjahr 1992 bereits drei Jahre lang hinzieht, weist darauf hin, daß nicht nur einzelne Parteien und Parteiführer in sich zusammengebrochen sind, sondern daß die Institution illegaler Parteienfinanzierung zerschlagen worden ist und noch zerschlagen wird. Der Ketteneffekt, den der ehemalige Staatsanwalt aus Mailand, Antonio Di Pietro, seinerzeit ausgelöst hat, hat sich inzwischen auf ihn selbst und die Justiz als ganze ausgewirkt und die Beziehung zwischen Justiz und Politik höchst spannungsreich gestaltet. Mit den immer deutlicheren Versuchen von seiten der Politiker, die Eigendynamik der staatsanwaltschaftlichen Untersuchungen einzudämmen, wird die Institution der Unabhängigkeit der Justiz täglich mehr in Frage gestellt (Onida 1995).

Prozesse des institutionellen Zusammenbruchs erstrecken sich leicht auf andere Institutionen (und Personen) und reißen diese mit in den Fall. Flexibilitätsmanagement verwandelt sich dabei immer mehr in die Tätigkeit, verlorenes Terrain wiederzugewinnen und das ursprüngliche Macht(un)gleichgewicht wieder herzustellen. Die institutionelle Konfusion, die sich nach dem Zusammenbruch der Institution der illegalen Parteienfinanzierung aufgetan hat, betrifft die Definition der Beziehung zwischen den Institutionen (Nedelmann 1995). Ist diese einmal unklar geworden, kann das gesamte Institutionengebäude davon erfaßt werden und seinerseits ins Wanken geraten. Das italienische politische System befindet sich seit 1992 am „Rande der Stabilität" (Graham 1995). Damit steigt die Bedeutung des Flexibilitätsmanagements der noch intakten Institutionen (vor allem derjenigen des Präsidenten) und es wird wesentlich von diesen abhängen, ob der Prozeß der Ent-Institutionalisierung in Richtung Institutionalisierung umgelenkt werden kann.

## 3. Flexbilitätsmanagement und Institutionalisierung

In der Begrifflichkeit der hier vorgestellten Übersicht bedeutet der Prozeß der Institutionalisierung folgendes: Der Reproduktionsmechanismus des strategischen Handelns wird auf Routine umgestellt; die mit der betreffenden Institution verbundenen Normen und Werte werden derart internalisiert, daß das daraus folgende Handeln weder nach innen begründet noch nach außen gerechtfertigt werden muß; die betreffende Institution erlangt einen Wert aus sich heraus und wird um ihrer selbst willen aufrecht erhalten; der Entlastungseffekt höherer Institutionalisierung wirkt sich derart aus, daß die Akteure neue Handlungsräume in dieser und durch diese Institution erschließen; und schließlich bedeutet der Vorgang der Institutionalisierung, daß sich die betreffende Institution von individuellen Trägern emanzipiert und über-persönlichen Charakter annimmt.

Damit ist formal umschrieben, entlang welcher Dimensionen sich der Prozeß der Institutionalisierung entfaltet. Es steht jedoch noch nicht fest, welche Aufgaben des Flexibilitätsmanagements dabei im Einzelfall entstehen und wie damit umgegangen wird.

Zunächst sind zwei verschiedene Institutionalisierungsvorgänge zu unterscheiden, die einen, die sich ungewollt, womöglich auch unbewußt, einschleichen, die anderen, die bewußt angestrebt werden, wenn auch das Ziel nicht immer eindeutig oder einhellig sein mag. Im ersten Fall ist der Prozeß der Institutionalisierung nicht unter voller politischer Kontrolle; daher wird er „schleichende Institutionalisierung" genannt; im zweiten Fall werden Kontrolle und Steuerung zumindest angestrebt. In beiden Fällen stellen sich jeweils andere Probleme des Flexibilitätsmanagements. Zunächst seien die Probleme des Managements des zweiten Prozesses erwähnt, der gewöhnlich unter den Begriff des institutionellen Aufbaus oder des „constitutional engineering" (Sartori 1994) fällt.

*a) Institutioneller Aufbau.* Zu den in der Soziologie bekanntesten Beispielen für Prozesse institutionellen Aufbaus dürfte der von Ralf Dahrendorf (1957) untersuchte Prozeß der Institutionalisierung des Klassenkonflikts gehören. Der von Sighard Neckel (1995) untersuchte Fall der „affirmative action" in den Vereinigten Staaten läßt sich in die Tradition der Dahrendorfschen Analyse einordnen. Er konzentriert sich auf den politischen Konstruktionsprozeß, der mit diesem Institutionalisierungsprozeß einherging. Die durch die „affirmative action" aufgestellten Regeln zur Konfliktbewältigung von Ungleichheit sind seit ihrer Einrichtung stets weiter umkämpft, debattiert und neu ausgelegt worden. In einigen Bundesstaaten wird bereits von dieser Institution abgewichen. Dieser Fall zeigt, daß Versuche der Institutionalisierung von Konflikten im Stadium schwacher Institutionalisierung verharren können. Jede Abweichung gefährdet dann die ohnehin fragile Institution als ganze; je mehr Bundesstaaten erklären werden, sie würden die „affirmative action" nicht zum Zuge kommen lassen, desto größer ist die Chance, daß diese Institution ganz zerfällt.

Wenn im folgenden von institutionellen Konstruktionsprozessen die Rede sein wird, dann wird dieser Begriff in einem eingeschränkteren Sinne benutzt. Es scheint nämlich im Hinblick auf die Beispiele Italiens und Polens sinnvoll zu sein, Prozesse institutioneller Reform von solchen institutioneller Konstruktion als zwei Untertypen institutionellen Aufbaus zu unterscheiden. Mit dieser Unterscheidung wird der Tatsache Rechnung getragen, daß die Reformierung vorhandener, aber schlecht funktionierender Institutionen im Kontext eines bestehenden politischen Systems andere Flexibilitätsprobleme mit sich führt als die Konstruktion neuer, importierter Institutionen nach dem Zusammenbruch eines politischen Systems. Das Problem der Reformierung westlicher demokratischer Institutionen wird mit dem ersten, das Problem der Institutionenbildung in Osteuropa mit dem zweiten Begriff erfaßt. Beide Arten institutionellen Aufbaus beruhen auf einem wichtigen Mechanismus, der darüber entscheidet, ob der Institutionalisierungsprozeß vorangetrieben wird, nämlich der Schaffung von Anreizen und Gratifikationen für die Akteure. Um mit Sartori zu sprechen, sind institutionelle Reformierung und Konstruktion „incentive-based" (Sartori 1994: IX), das heißt, die involvierten Akteure werden vor die Lösung von Rational-Choice-Problemen gestellt. Nur unter der Bedingung, daß diese für sie zufriedenstellend ausfallen, werden Reformierung und Konstruktion in Richtung hoher Institutionalisierung weiter vorangetrieben werden. Wenn die „affirmative action" als Institution zusammenzubrechen droht, dann könnte man zur Erklärung hierfür auch ungelöste Rational-Choice-Probleme anführen. Zunächst sei auf die Probleme institutioneller Reformierung eingegangen.

*Institutionelle Reformierung.* Zur Erläuterung der hoch brisanten Managementprobleme, die sich bei institutioneller Reformierung stellen, sei auf die detaillierte Analyse der italienischen Wahlrechtsreform von Pasquino (1995a) hingewiesen.[10] Institutionelle Reformen erlangen nur dann politische Sprengkraft, wenn die politischen Akteure durch die in Aussicht gestellten Reformen dazu angehalten werden, vollkommen neue Rationalitätskalküle anzustellen. Der schwedischen Verfassungsreform von Torekov, nach der im Jahre 1971 die Monarchie zwar beibehalten, aber weitgehend ihrer politischen Macht beraubt wurde, gingen zwar heftige Auseinandersetzungen voraus, aber zu einer grundlegenden Veränderung der politischen Rationalitätskalküle wurden die damaligen Hauptakteure nicht gezwungen (Bergman 1994). Im italienischen Fall dagegen rüttelte die Debatte um die institutionellen Reformen an den Grundfesten des rationalen Handelns aller politischer Akteure, vor allem aber der großen Parteien.

Um die von Pasquino eingeschlagene theoretische Perspektive des Rational Choice aufzugreifen, so läßt sich das Problem des Flexibilitätsmanagements in diesem Fall als ein Abwägen von Kosten und Nutzen in bezug auf die antizipierten Reformen analysieren. Die Akteure wägen die relativ geringen, aber sicheren Nutzen, die sie noch immer aus dem althergebrachten, aber schlecht funktionierenden Verhältniswahlrecht ziehen, gegen die voraussichtlich höheren, aber unsicheren Gewinne des neuen Mehrheitswahlrechts ab. Ihr Reformwiderstand blieb so lange unverrückbar, wie vor allem die großen Parteien kurzfristige Rationalitätskalküle anstellten und sich nicht auf das Risiko zwar höherer, aber erst längerfristig erzielbarer und unsicherer Gewinne einließen. Dieser Widerstand wurde im Laufe der Reformdebatte umso größer, je unklarer es wurde, welche konkreten Reformmaßnahmen eigentlich ergriffen werden sollten. „In institutional matters do we know what to reform, how" (Sartori 1994: XI)? So lange, wie diese Frage politisch umstritten ist (wie in Italien seit nunmehr gut fünfzehn Jahren), können institutionalisierte Akteure keine rationalen Entscheidungen zugunsten institutioneller Reformen treffen, auch wenn der Nutzen der althergebrachten Institutionen ständig weiter sinkt. Die wilden Spekulationen über den vermutlich eintretenden instrumentellen Gewinn der Wahlrechtsreformen waren eher dazu geeignet, den Eigenwert des alten Wahlrechts zu bestätigen.

Institutionelle Reform bedeutet schließlich nicht nur Einführung neuer, sondern auch die Loslösung von eingefahrenen und daher sicheren Institutionen, die den Hauptakteuren trotz offensichtlicher Nachteile eindeutige Handlungskriterien und -orientierungen bieten. Wie Pasquino darstellt, war das Verhältniswahlrecht in der „ersten Republik" hoch institutionalisiert, was darin zum Ausdruck kam, daß „Proportionalismus" fraglos mit „Demokratie" identifiziert und zum politischen Credo der „ersten Republik" wurde. In der hier gebrauchten Terminologie formuliert, ließe sich sagen, daß „Proportionalismus" durch den Mechanismus des „enacting" gestützt wurde. Gerade derartig hoch institutionalisierte Grundinstitutionen erweisen sich auch dann noch als besonders vital und durchsetzungsfähig, wenn sie bereits formal abgeschafft worden sind. Diese Hartnäckigkeit des „Proportionalismus" wurde an der Erscheinung sichtbar, die als „Proportionalisierung des Mehrheitswahlrechts" bezeichnet worden ist (u.a. Sartori 1994): Nach Einführung des neuen (gemischten) Mehrheitswahlrechts setzten sich innerhalb und zwischen den beiden großen

---

10 Es ist zu beachten, daß die institutionellen Reformen in Italien (bisher) nicht die Verfassung tangiert haben. Der derzeit (Juli 1995) diskutierte Reformvorschlag zur Einführung des Präsidentialismus würde allerdings die Verfassung betreffen und damit die bisherige institutionelle Reform in eine konstitutionelle Reform verwandeln.

Parteigruppierungen, dem rechten „Pol der Freiheit" und dem linken „Pol der Progressiven" (vgl. Pasquino 1994: 394–397), zum Teil alte Parteigruppierungen (wenn auch oft unter neuem Namen) durch und durchbrachen als „Pol der Mitte" die Logik des neuen Wahlrechts. Hoch institutionalisierte Wahlrechtssysteme können demnach auch dann noch in ihrer Eigenschaft als „enacted institutions" überleben, wenn bereits andere formale Regelungen eingeführt, aber noch nicht institutionalisiert worden sind.

Wenn Pasquino den Standpunkt vertritt, daß sich die Effekte eines neuen Wahlrechtssystems erst nach seiner mehrmaligen Anwendung politisch durchsetzen werden, so heißt dies: Die für das Mehrheitswahlrecht typischen Werte und Normen müssen allmählich von den politischen Akteuren internalisiert werden; strategische Kalküle müssen positiv ausfallen und dann auf Routine umgestellt werden; die mit dem Mehrheitswahlrecht verbundenen Handlungsräume müssen von den politischen Akteuren erkannt und ausgeschöpft werden, damit sich der für hoch institutionalisiertes Handeln typische Entlastungs- und Kreativitätseffekt einstellen kann; und schließlich muß die Mikro-Fundierung des neuen Wahlrechts in dem Sinne überwunden werden, daß auch bei Wechsel einzelner Parteien oder Parteibündnisse weiterhin gemäß dem neuen Wahlrecht gehandelt wird. Die anhaltende Debatte darüber, ob die unvollendete Reform durch den zweifachen Wahlgang ergänzt und ob das System des Präsidentialismus eingeführt werden soll, erlaubt derzeit noch kein abschließendes Urteil darüber, ob sich das neue italienische Wahlrechtssystem eindeutig in Richtung hoher Institutionalisierung entwickelt (Pasquino 1995b: XIII).

*Institutionelle Konstruktion.* Institutionelle Konstruktionsprozesse unterscheiden sich von Reformprozessen dadurch, daß sie unter den Bedingungen des Systemwechsels ablaufen. Institutionelle Konstruktion geschieht im Kontext neuer, institutionelle Reform im Kontext alter Systemgrenzen. Beide Aufbauprozesse sind aber in der Hinsicht vergleichbar, daß sie von Paradoxien, wenn auch je unterschiedlicher Art, begleitet werden: Die Selbstreformierung demokratischer Systeme läuft unter der Paradoxie ab, wie sich schlecht funktionierende und daher reformbedürftige Demokratien selbst reformieren können (Nedelmann 1992: 546–547); der institutionelle Konstruktionsprozeß in Osteuropa steht unter der Paradoxie, in eine hoch zerbrechliche Demokratie solche Institutionen einzuführen und dann aufzubauen, die in den Herkunftsländern selbst als reformbedürftig gelten, wie zum Beispiel die bereits erwähnten politischen Parteien (Havel 1992: 50–58). Dieses Problem des Transfers schwacher Institutionen in fragile Systeme wird in Osteuropa von einem weiteren Problem belastet, mit dem, wie der Fall Italien zeigt, auch westliche Reformer zu ringen haben, nämlich mit der Zählebigkeit der „Überbleibsel aus der Vergangenheit".

Włodzimierz Wesołowski (1995) zeigt am Beispiel Polens, daß der Aufbau des Parteiensystems auf das Hindernis stößt, wie westliche Institutionenimporte in Gesellschaften verankert werden können, deren Sozialstruktur noch zu schwach entwickelt ist, um eindeutige Klasseninteressen herauszubilden. Je größer die Diskrepanz zwischen den importierten politischen Einrichtungen und der Entwicklung der Sozialstruktur, desto größer die Wahrscheinlichkeit dafür, daß die transferierten Institutionen schwach ausgebildet bleiben. Je länger die Phase ihrer schwachen Institutionalisierung andauert, desto größer wird die Wahrscheinlichkeit dafür, daß sich institutionelle Überbleibsel aus der Vergangenheit strukturprägend durchsetzen und die ohnehin fragilen Demokratien weiter gefährden. In dem Ausmaß aber, in dem die neuen Institutionen mit alten Institutionen durchsetzt werden, werden die ersteren daran gehindert werden, ihre Eigenlogik zu entfalten und die politischen Akteure von ihrem Eigenwert zu überzeugen. Die Vorteile hoher Institutionalisierung, ihre die Akteure entlastenden und Handlungskreativität freisetzenden Wirkungen, können sich unter diesen Bedingungen nicht stark genug entwickeln, um neue politische Akteure zu gratifizieren und sie zur Investition von Kosten in den weiteren Institutionenaufbau zu stimulieren. Bevor den neuen Institutionen vertraut werden kann, müssen rational handelnde politische Akteure von ihnen gratifiziert werden: Ein Minimum an institutioneller Gratifikation ist Voraussetzung für die Erzeugung von Vertrauen in Institutionen.

Wenn Piotr Sztompka (1995) Vertrauen als die fehlende Ressource postkommunistischer politischer Systeme bezeichnet, so wäre diese Beobachtung dahingehend zu ergänzen, daß sich offensichtlich weder die politischen Akteure selbst noch die Bürger im postkommunistischen Polen durch die Einführung neuer politischer Institutionen kurzfristig belohnt sehen. Der Rekurs auf alte Institutionen kommt einer kurzfristigen Rationalität entgegen, nach der die sicheren Gewinne, die mit dem Handeln in traditionellen Institutionen verbunden sind, gegenüber den (womöglich) höheren, aber unsicheren Gewinnen, die erst auf längere Sicht mit dem Handeln in neuen institutionellen Kontexten entstehen könnten, vorgezogen werden. Die politischen Akteure in Italien handelten angesichts der in Aussicht gestellten institutionellen Reformen nicht anders. Die Umstellung kurzfristiger Rationalitätskalküle in langfristige Rationalitätskalküle läßt sich als Schwelle bezeichnen, an der sich entscheidet, wann die Merkmalsausprägungen schwacher Institutionalisierung in solche hoher Institutionalisierung umkippen.

Hoch institutionalisierten politischen Systemen, in denen institutionelles Handeln durch „enacting" reproduziert wird; in denen sich der Eigenwert der Institutionen durchgesetzt hat; in denen die mit den jeweiligen Institutionen verbundenen Werte und Normen weitgehend internalisiert worden sind; individuelles Handeln von Rational-Choice-Problemen entlastet ist und sich Institutionen entpersonalisiert haben, – solchen Systemen kann Vertrauen entgegengebracht werden. Aber es ist nicht nur unwahrscheinlich, daß demokratische Systeme einen derart hohen Grad an Institutionalisierung jemals erreichen und in vollem Besitz der Ressource Vertrauen sein werden, sondern es widerspricht ihrem Grundprinzip, volles Vertrauen in ihre Institutionen erlangen zu wollen. Wenn für die Bundesrepublik Deutschland (im Osten stärker noch als im Westen) seit 1991/92 rückläufige Tendenzen für das Vertrauen in die politischen Institutionen zu verzeichnen sind (Gabriel 1993), so muß dieser Rückgang nicht unbedingt den Beginn der Ent-Institutionalisierung der Grundpfeiler der Demokratie bedeuten. Die demokratische Norm des „kritischen Bürgers" und die Institutionalisierung von Opposition gebieten vielmehr, Institutionen nicht unbedingt und blind zu vertrauen. Zwar ist es richtig, daß auch demokratische Systeme nicht ohne Grundvertrauen in ihre Institutionen auskommen, aber das Erreichen des extremen Pols vollen Vertrauens wird durch die Demokratie als Institution selbst unterbunden. In komparativer Hinsicht dürfte es von besonderem Interesse sein, west- und osteuropäische Demokratien daraufhin zu untersuchen, welche Institutionen besonders hohes, welche auffallend niedriges Vertrauen genießen. Wirft man nur ein Schlaglicht auf die Bundesrepublik Deutschland und Italien, so fallen zwei Unterschiede auf: Während das Bundesverfassungsgericht in der Bundesrepublik absoluter Spitzenreiter unter den vertrauensstiftenden Institutionen ist, ist es in Italien die katholische Kirche, dicht gefolgt von der Justiz. Nur die Wähler der Forza Italia weichen hiervon ab: Sie schenken den Fernsehkanälen der Fininvest Berlusconis mehr Vertrauen als der Justiz (Mannheimer 1994: 38; Gabriel 1993)!

*b) Schleichende Institutionalisierung.* Unter schleichender Institutionalisierung werden Prozesse verstanden, die sich der vollen Kontrolle der politischen Akteure entziehen und deren Effekte sich zum Teil ungewollt oder sogar unbewußt in das politische Institutionensystem einnisten. Derartige Prozesse lassen sich an vielen Erscheinungen beobachten, so etwa an der Art und Weise, wie sich bestimmte politische Gewohnheiten, professionelle Stile oder Arten politischer Darstellung, sei es auf der Vorder- oder Hinterbühne des politischen Geschehens, einspielen. Einige Beobachtungen seien im folgenden hierzu gemacht, wobei wiederum auf das italienische Beispiel eingegangen wird.

Insbesondere dann, wenn es sich um unerlaubte oder illegitime politische Gewohnheiten handelt, läuft der Institutionalisierungsprozeß auf der Ebene der okkulten Politik ab. Von schleichender Institutionalisierung wird aber auch dann gesprochen, wenn sich bestimmte politische Handlungsweisen quasi von selbst ausbreiten, wobei deren Instrumentalität nicht öffentlich demonstriert und rhetorisch begründet wird, sondern geheim bleibt und voll in die Motivationsstruktur der politischen Akteure integriert wird. Ist die schleichende Institutionalisierung bereits so weit fortgeschritten, dann hat sie sich auch von Einzelpersonen unabhängig gemacht und ist zu einem über-individuellen, sich selbst tragenden Gebilde geworden. Die schleichende Verbreitung illegaler politischer Tauschgeschäfte vollzieht sich typischerweise als Prozeß zunehmender Ent-Persönlichung und Anonymisierung.

Zunächst muß aber durchaus nicht an illegale Praktiken gedacht werden, um diesen Vorgang schleichender Institutionalisierung professioneller Politik zu verdeutlichen. Bestimmte Merkmale professioneller Politik, die zunächst ganz bestimmten Politikerpersönlichkeiten eigen waren und von diesen selbst innoviert worden sind, können sich durch den Reproduktionsmechanismus der Imitation zunehmend verbreiten und damit von der Person, die sie ursprünglich geprägt hatte, lösen. Die Entwicklung der Politikersprache, die Herauspräparierung typischer Standesmerkmale der professionellen Politik oder die Etablierung bestimmter Stile zum Syndrom des „Medienpolitikers" verlaufen nach dem angedeuteten Muster schleichender Institutionalisierung. Was vielfach als „Video-Demokratie" (Sartori 1994: 148) bezeichnet wird, ist in der hier verwandten Terminologie als hoch institutionalisiertes politisches Verhaltensmuster zu verstehen. Es hat die Schwelle bewußter Imitation und strategischer Einübung überwunden und das Stadium eingelebter Gewohnheit erreicht. Dem professionellen Medien-Politiker ist video-demokratisches Auftreten in Fleisch und Blut übergegangen. Es hat jenseits aller zweckrationalen Kalküle einen Eigenwert erlangt und entlastet damit den einzelnen Politiker und die einzelne Politikerin in der Ausübung seines und ihres beruflichen Alltags, da über alternative Strategien der Darstellung nicht erneut vor jedem öffentlichen Auftritt entschieden zu werden braucht. Ist das video-demokratische Verhaltensmuster hoch institutionalisiert, wird es nicht mehr den Politikerinnen und Politikern als Person, sondern als Rollenträger zugeschrieben.

Während sich der Vorgang schleichender Institutionalisierung öffentlich dargestellter professioneller Politikstile über den Mechanismus der Innovation und Imitation erklären läßt,[11] dürfte der Vorgang der schleichenden Institutionalisierung illegitimer und illegaler politischer Praktiken sehr viel komplexer und schwerer zu erklären sein. Nach Donatella della Porta (1992) und Alessandro Pizzorno (1992, 1993) sind hierbei mindestens zwei Vorgänge zu beachten, nämlich die Professionalisierung illegaler politischer Tauschgeschäfte zum Beruf des Drahtziehers („faccendiere") und die Erschließung einer neuen Ressource von Parteipolitik, der „Illegalitätskompetenz" (Pizzorno 1992: 24). Für die Geschwindigkeit und das Ausmaß der schleichenden Institutionalisierung allein dieser beiden Vorgänge dürften aber noch weitere Faktoren verantwortlich zu machen sein. Pizzorno (1993: 285–313) und Belligni (1995) führen einige dieser Faktoren auf, die für die zunehmende Verstrickung des italienischen Parteiensystems in Korruptionsaffären ausschlaggebend gewesen sind. Die Schwelle, ab der Bestechung zur hoch institutionalisierten politischen Praxis wurde, fällt mit der Umkehrung der Zweck-Mittel-Beziehung zwischen Geld und Politik zusammen. War in den Anfängen der „ersten Republik" Geld das (begehrte) Mittel für die Politik, um bestimmte ideologische Ziele zu erreichen, so wurde Politik in den – nach Belligni – ausschlaggebenden siebziger und achtziger Jahren zum Mittel, um Geld zu akkumulieren (Pizzorno 1993: 301). Im Zuge der Verkehrung von Politik als Mittel des Gelderwerbs wurden Parteien zu begehrten Aufstiegskanälen für statushungrige Newcomer und zum Umschlagplatz für okkulte Geschäfte. Pizzorno argumentiert, daß damit ein Wechsel von Politikstilen einherging: Der ideologische Politikstil des traditionellen Politikers wurde durch den Konsumstil des Geschäftspolitikers ersetzt. Damit änderten sich auch die Erfolgskriterien professioneller Politik: Nicht mehr die Durchsetzung bestimmter Inhalte galt als Erfolg, sondern die persönliche pekuniäre Bereicherung. Bezugsgruppe zur Anerkennung dieser Art politischen Erfolges konnten nicht mehr die politischen Genossen sein, sondern die Angehörigen des politischen Hofs, mit dem sich der Geschäftspolitiker zu umgeben pflegt (Pizzorno 1993: 312). Sein Drang, seinen pekuniären Erfolg sichtbar zu machen und auch in der Öffentlichkeit Anerkennung zu finden, verbindet ihn mit dem professionellen Medienpolitiker. Damit laufen die Professionalisierungstendenzen des legalen Medienpolitikers zunehmend mit den Professionalisierungstendenzen des illegalen Geschäftspolitikers zusammen.

### III. Vorläufige Bilanz

Die bisherige Argumentation sei zunächst zusammengefaßt: Die Einführung des theoretischen Standpunkts der Gegensätzlichkeit von Institutionen hat es erlaubt, Institutionen als Gebilde zu begreifen, die sich dynamisch zwischen den jeweiligen Extremen ihrer Merkmalsausprägungen entfalten. Auf dem einen Extrem sind hoch institutionalisierte Gebilde angeordnet, die folgende Merkmale kombinieren: Routinemäßiger Vollzug institutionellen Handelns mit Internalisierung der der betreffenden Institution zugrundeliegenden Werte und Normen; Zuschreiben eines Eigenwertes der Institution mit den Effekten der Entlastung und Entpersönlichung. Auf dem anderen Extrem dieses Kontinuums sind niedrig institutionalisierte Gebilde angeordnet. Bei diesen ist institutionelles Handeln stra-

---

11 Vorbild für diese Überlegung bildet Georg Simmels Analyse der Mode, die eben durch diesen Mechanismus der Innovation und Imitation institutionalisiert wird (vgl. hierzu Nedelmann 1989).

tegisch kalkuliertes Handeln, das nach innen und außen begründet und demonstrativ gerechtfertigt werden muß; der instrumentelle Charakter der Institution stellt Akteure vor Rational-Choice-Probleme, wodurch ein Belastungseffekt für sie eintritt; schließlich ist die Aufrechterhaltung schwach ausgebildeter Institutionen von individuellen Trägern abhängig, ein Merkmal, das hier Mikro-Abhängigkeit genannt wurde.

Diese schematische Darstellung extrem hoher bzw. niedriger Institutionalisierung hat es erlaubt, drei Haupttypen von Prozessen zu unterscheiden, die politische Institutionen durchlaufen können: Stabilisierung, Ent-Institutionalisierung und Institutionalisierung. Unter Anwendung der Übersicht läßt sich sagen, daß bei dem *ersten* Prozeßtyp, Stabilisierung, das Flexibilitätsmanagement in dem Versuch besteht, die Position, die eine bestimmte Institution auf dem Kontinuum von hoher bis niedriger Institutionalisierung eingenommen hat, beizubehalten. Das Management von *Stabilisierung* muß zwischen den Extremen Rigidität und Zerfall, zwischen Über- und Unter-Institutionalisierung, hindurch manövriert und der Bestand der Institution aufrechterhalten werden. Übermäßige Starre würde verhindern, daß Institutionen auf Umweltprobleme eingehen können; übermäßiges Nachgeben würde den Bestand der Institution angreifen und zu ihrem Zerfall oder Wandel führen.

Bei dem *zweiten* Prozeßtyp der *Ent-Institutionalisierung* bewegt sich die fragliche Institution auf das Extrem niedriger Institutionalisierung zu. Wie sich das Flexibilitätsmanagement hierbei gestaltet, hängt davon ab, ob es sich um einen Prozeß des allmählichen *Verfalls* oder des plötzlichen *Zusammenbruchs* handelt. Der relativ langsame Vorgang von Verfallsprozessen erlaubt es politischen Akteuren, Maßnahmen der *Re-Institutionalisierung* zu ergreifen, um zu versuchen, dem Verfall entgegenzusteuern. Gelingt Re-Institutionalisierung, kann institutioneller Verfall aufgehalten, kompensiert oder zumindest umgeleitet werden. Bei plötzlichem *Zusammenbruch* schrumpfen die Möglichkeiten des Flexibilitätsmanagements auf ein Minimum zusammen, wenn sie nicht sogar vollkommen ausbleiben.

Der *dritte* Prozeß, die *Institutionalisierung*, dürfte die größten Möglichkeiten für Flexibilitätsmanagement bieten. Hierbei bewegen sich die betreffenden Institutionen auf das Extrem hoher Institutionalisierung zu. Das Flexibilitätsmanagement ist bei Prozessen institutionellen *Aufbaus* (dem ersten Untertyp von Institutionalisierungsprozessen), sei es bei institutioneller *Reform* oder bei institutioneller *Konstruktion*, durch paradoxe Konstellationen begrenzt, die jeweils auf unterschiedliche Art zustande kommen: Das Flexibilitätsmanagement ist bei institutioneller Reform durch die Paradoxie begrenzt, daß reformbedürftige Demokratien sich selbst nur schwer reformieren können. Bei institutioneller Konstruktion wird das Flexibilitätsmanagement durch den Teufelskreis zwischen importierten neuen Institutionen einerseits und institutionellen Überbleibseln andererseits eingeschränkt. Je mehr die letzteren die neuen Institutionen daran hindern, ihre Eigenlogik zu entfalten, desto geringer sind die Gratifikationen, die sie den neuen Akteuren bieten, und desto geringer sind auch die Anreize, weitere Kosten in deren Aufbau zu investieren. Die Reaktivierung alter Institutionen wird dann immer wahrscheinlicher.

Bei dem zweiten Untertyp von Prozessen der Institutionalisierung schließlich, der *schleichenden Institutionalisierung*, wird das Flexibilitätsmanagement durch den Mechanismus von Innovation und Imitation erleichtert. Die in pluralistischen Parteisystemen gegebene Parteienkonkurrenz schafft eine permanente Triebfeder dafür, politische Innovationen (professionelle Politikstile, Organisationen oder Illegalitätskompetenzen) zu imitieren; damit verschiebt sich der gesamte Prozeß immer mehr in Richtung hoher Institutionalisierung. Zweifellos ließe sich dieser Prozeß noch weiter verfolgen, denn ist Rigidität einmal erreicht, stimuliert die Parteienkonkurrenz erneut zur Innovation, die wiederum zu Imitation anregt, und so weiter.

Ein Bezugsrahmen zur dynamischen Analyse politischer (und anderer) Institutionen ist damit vorgestellt und Probleme des Flexibilitätsmanagements sind angesprochen worden. Der Rekurs auf das Beispiel Italiens sollte die empirische Plausibilität der vorgeschlagenen Interpretationsperspektive demonstrieren. Viele Probleme sind jedoch nach wie vor offen geblieben; zwei lassen sich abschließend zumindest noch nennen.

Die Analysen von Maurizio Bach (1995) und Elmar Rieger (1995) werfen ein allgemeines Problem des Flexibilitätsmanagements auf, das sich nicht nur angesichts der Entwicklung der Europäischen Union stellt: Kann ein einmal erreichtes Niveau der Institutionalisierung nicht mehr unterschritten werden? Bach führt überzeugende Argumente dafür auf, diese Frage, was die Europäische Union betrifft, zu bejahen. Politische Erscheinungen auf anderen Gebieten jedoch lehren gerade in den letzten Jahren, daß die Gewißheit eines einmal erreichten Institutionalisierungsniveaus trügerisch ist. Das hohe Niveau des Wohlfahrtsstaates, das jahrzehntelang nur noch als weiter erhöhbar galt, ist vor allem in seinem Ursprungsland, in Schweden, auf ein Niveau gesenkt worden, das das Modell des Wohlfahrtsstaates in den „Tod" (von Beyme 1992) geführt hat. Das einmal erreichte Niveau der Zivilisation ist – in einseitiger Auslegung der Eliasschen These – als gesicherte Errungenschaft betrachtet worden, bis weltweite Ereignisse dazu gezwungen haben, den Prozeß der Zivilisation rückläufig zu verfolgen. Trutz von Trotha (1995) diskutiert dieses Problem unter der Annahme des bevorstehenden Endes des staatlichen Gewaltmonopols. Der Verfall der politischen Parteien, der zwar immer wieder mit neuen Parteigründungen, mit Anti-Parteien-Parteien oder bewegungsartigen „Parteien" aufzufangen versucht wird, veranlaßt dazu, auch hier die Prozeßhaftigkeit der Parteienentwicklung in umgekehrte Richtung zu verfolgen. Die politische Fähigkeit zum Flexibilitätsmanagement wird in diesen (und anderen erst gar nicht erwähnten) Fällen des institutionellen Abbaus künftig auf besondere Weise herausgefordert werden. Daß diese Art von Überlegungen nicht erst durch den Fall der Mauer veranlaßt worden ist, wie es aus bundesrepublikanischer Sicht erscheinen mag, sollten die vielfachen Hinweise auf andere politische Systeme, insbesondere auf Italien, hier zeigen. Unter dieser Perspektive stellt sich als besonders dringende Aufgabe, noch einigermaßen funktionierende Institutionen zu stabilisieren.

Ein weiteres, noch offen gebliebenes Problem betrifft die dynamische Beziehung zwischen Institutionen und deren Einfluß auf das politische System als ganzes. Gibt es für Demokratien so etwas wie ein optimales Flexibilitätsmanagement und, wenn ja, wo wäre es in der Übersicht anzusiedeln? Wie verhalten sich die drei Prozesse (und Unterprozesse) zueinander? Wann besteht die Gefahr der Erzeugung kumulativer Effekte, wann die Chance gegenseitiger Kompensation oder Substitution? Der italienische Fall lehrt bis heute zumindest das eine: Die Fähigkeit zum Flexibilitätsmanagement in einer auch noch so instabilen Demokratie wird gerade dann gesteigert, wenn die institutionelle Entwicklung gefährlich dem Extrem des Zerfalls zustrebt. Mit Albert O. Hirschmans (1991) Unterscheidung zwischen „perversity, futility, jeopardy" könnte gesagt werden, daß nicht nur Prozesse der Reformierung und schleichenden Institutionalisierung, sondern auch Prozesse der Ent-Institutionalisierung „perverse" Effekte erzeugen. Und dies ist, was Italien betrifft, gut so.

*Literatur*

*Bach, Maurizio*, 1995: Ist die europäische Einigung irreversibel? Integrationspolitik als Institutionenbildung in der Europäischen Union. S. 368–391 in: *Birgitta Nedelmann* (Hg.): Politische Institutionen im Wandel. Opladen: Westdeutscher Verlag.

*Bardi, Luciano*, und *Leonardo Morlino*, 1994: Italy: Tracing the Roots of the Great Transformation. S. 242–277 in: *Richard S. Katz* und *Peter Mair* (Hg.): How Parties Organize. Change and Adaptation in Party Organizations in Western Democracies. London/Thousand Oaks/New Delhi: Sage Publications.

*Bartolini, Stefano*, 1995: Parteienkonkurrenz: Analytische Dimensionen und empirische Probleme. S. 57–82 in: *Birgitta Nedelmann* (Hg.): Politische Institutionen im Wandel. Opladen: Westdeutscher Verlag.

*Bartolini, Stefano*, und *Roberto D'Alimonte* (Hg.), 1995: Maggioritario ma non troppo. Bologna: il Mulino.

*Belligni, Silvano*, 1995: Die ‚schmutzigen Jahre': Die Ent-Institutionalisierung der italienischen politischen Parteien. S. 167–187 in: *Birgitta Nedelmann* (Hg.): Politische Institutionen im Wandel. Opladen: Westdeutscher Verlag.

*Bellu, Giovanni Maria*, und *Sandra Bonsanti*, 1993: Il crollo. Andreotti, Craxi e il loro regime. Roma-Bari: Laterza.

*Bergman, Torbjörn*, 1994: Der schwedische Verfassungskompromiß von Torekov. S. 199–232 in: *Franz Urban Pappi* und *Hermann Schmitt* (Hg.): Parteien, Parlamente und Wahlen in Skandinavien. Frankfurt a.M./New York: Campus.

*von Beyme, Klaus*, 1992: Skandinavien als Modell. Aufstieg und Fall eines Vorbilds, Journal für Sozialforschung 32 (2): 141–155.

*Bühl, Walter*, 1970: Ariel und Kaliban. Zur Theorie der Institutionalisierung, Der Staat 9: 365–386.

*Cavalli, Alessandro*, 1996: „Istituzioni", Enciclopedia delle scienze sociali. Vol. 5. Roma: Treccani (im Druck).

*Dahrendorf, Ralf*, 1957: Soziale Klassen und Klassenkonflikt. Stuttgart: Enke Verlag.

*della Porta, Donatella*, 1992: Lo scambio occulto. Casi di corruzione politica in Italia. Bologna: il Mulino.

*Diamanti, Ilvo*, 1994: Forza Italia: il mercato elettorale dell',imprenditore politico'. S. 665–667 in: *Paul Ginsborg* (Hg.): Stato dell'Italia. Milano: il saggiatore.

*Fedele, Marcello*, 1994: Democrazia referendaria. Roma: Donzelli editore.

*Fix, Elisabeth*, 1995: Die Genese der ‚Bewegungspartei' als neuer Parteityp im politischen System Italiens. S. 188–214 in: *Birgitta Nedelmann* (Hg.): Politische Institutionen im Wandel. Opladen: Westdeutscher Verlag.

*Gabriel, Oscar*, 1993: Institutionenvertrauen im vereinigten Deutschland, Aus Politik und Zeitgeschichte B 43/93: 3–12.

*Graham, Robert*, 1995: Financial Times, 16.5.1995.

*Havel, Václav*, 1992: Sommermeditationen. Berlin: Rowohlt.

*Hirschman, Albert O.*, 1991: The Rhetoric of Reaction: Perversity, Futility, Jeopardy. Cambridge, Mass./London: The Belknap Press of Harvard University Press.

*Hofmann, Gunter*, und *Werner A. Perger*, 1992a: Richard von Weizsäcker im Gespräch mit Gunter Hofmann und Werner A. Perger. Frankfurt a.M.: Eichborn Verlag.

*Hofmann, Gunter*, und *Werner A. Perger*, 1992b: Die Kontroverse. Weizsäckers Parteienkritik in der Diskussion. Frankfurt a.M.: Eichborn Verlag.

*Ignazi, Piero*, und *Richard S. Katz* (Hg.), 1995: Politica in Italia. I fatti dell'anno e le interpretazioni. Edizione 1995. Bologna: il Mulino.

*Jepperson, Ronald L.*, 1991: Institutions, Institutional Effects, and Institutionalism. S. 143–163 in: *Walter W. Powell* und *Paul J. DiMaggio* (Hg.): The New Institutionalism in Organizational Analysis. Chicago: The University of Chicago Press.
*Lösche, Peter*, 1993: ‚Lose verkoppelte Anarchie'. Zur aktuellen Situation von Volksparteien am Beispiel der SPD, Aus Politik und Zeitgeschichte B 43/93: 34–45.
*Mannheimer, Renato*, 1994: Forza Italia. S. 29–42 in: *Ilvo Diamanti* und *Renato Mannheimer* (Hg.): Milano a Roma. Guida all'Italia elettorale del 1994. Roma: Donzelli editore.
*Maraffi, Marco*, 1995: Forza Italia. S. 247–259 in: *Gianfranco Pasquino* (Hg.): La politica italiana. Dizionario critico 1945–95. Roma/Bari: Laterza.
*Marro, Enrico*, und *Edoardo Vigna*, 1995: Sette mesi di Berlusconi. ‚Giudicatemi dai fatti'. Roma: Ediesse.
*McCarthy, Patrick*, 1995: Forza italia: nascita e sviluppo di un partito virtuale. S. 49–72 in: *Piero Ignazi* und *Richard S. Katz* (Hg.): Politica in Italia. I fatti dell'anno e le interpretazioni. Edizione 1995. Bologna: il Mulino.
*Napolitano, Giorgio*, 1994: Dove va la repubblica? 1992–1993. Una transizione incompiuta, Milano: Rizzoli.
*Neckel, Sighard*: Politische Ethnizität: Das Beispiel der Vereinigten Staaten. S. 217–236 in: *Birgitta Nedelmann* (Hg:): Politische Institutionen im Wandel. Opladen: Westdeutscher Verlag.
*Nedelmann, Birgitta*, 1989: Georg Simmel e la sua analisi dei processi autonomi: il carosello della moda, Rassegna italiana di sociologia XXX (4): 569–584.
*Nedelmann, Birgitta*, 1992: Italien in „kreativer Konfusion"? Zur Selbstreformierung einer reformbedürftigen Demokratie, Staatswissenschaften und Staatspraxis 3: 524–555.
*Nedelmann, Birgitta*, 1994: The Critique of Political Parties and the Rise of Parties of the Second Generation. Beitrag zum XIII. Weltkongreß für Soziologie der ISA, RC 18, Bielefeld, Ms.
*Nedelmann, Birgitta*, 1995: Declino, crollo, confusione – tre tipi di de-istituzionalizzazione politica. Beitrag zum „Convegno internazionale di studi: Giacomo Perticone. Stato parlamentare e regime di massa nella cultura europea del novecento", Roma/Cassino (im Druck).
*Offe, Claus*, o.J.: Designing Institutions for East European Transitions. Ms.
*Onida, Valerio*, 1995: ‚Mani pulite' anno III. S. 175–184 in: *Piero Ignazi* und *Richard S. Katz* (Hg.): Politica in Italia. I fatti dell'anno e le interpretazioni. Edizione 1995. Bologna: il Mulino.
*Paris, Rainer*, 1995: Die Politik des Lobs. S. 83–107 in: *Birgitta Nedelmann* (Hg.): Politische Institutionen im Wandel. Opladen: Westdeutscher Verlag.
*Pasquino, Gianfranco*, 1994: Der unerwartete Machtwechsel, Politische Vierteljahresschrift 35: 383–401.
*Pasquino, Gianfranco*, 1995a: Die Reform eines Wahlrechtssystems: Der Fall Italien. S. 279–304 in: *Birgitta Nedelmann* (Hg.): Politische Institutionen im Wandel. Opladen: Westdeutscher Verlag.
*Pasquino, Gianfranco*, 1995b: La politica italiana. Dizionario critico 1945–95. Roma/Bari: Laterza.
*Pedersen, Mogens N.*, 1994: Eine kurzgefaßte Übersicht über die Entwicklung des dänischen Parteiensystems. S. 91–108 in: *Franz Urban Pappi* und *Hermann Schmitt* (Hg.): Parteien, Parlamente und Wahlen in Skandinavien. Frankfurt a.M./New York: Campus Verlag.
*Petersen, Jens*, 1995: Quo vadis, Italia? Ein Staat in der Krise. München: Beck'sche Verlagsbuchhandlung.
*Petterson, Olof*, 1993: Svensk politik. Helsingborg: Schmidts boktryckeri.
*Pierre, Jon*, und *Anders Widfeldt*, 1994: Party Organizations in Sweden: Colossuses with Feet of Clay or Flexible Pillars of Government? S. 332–356 in: *Richard S. Katz* und *Peter Mair* (Hg.): How Parties Organize. Change and Adaptation in Party Organizations in Western Democracies. London/Thousand Oaks/New Delhi: Sage.
*Pizzorno, Alessandro*, 1992: La corruzione nel sistema politico. S. 13–74 in: *Donatella della Porta (Hg.)*: Lo scambio occulto. Casi di corruzione politica in Italia. Bologna: il Mulino.
*Pizzorno, Alessandro*, 1993: Le radici della politica assoluta e altri saggi. Milano: Feltrinelli.
*Popitz, Heinrich*, 1992: Phänomene der Macht. Tübingen: J.C.B. Mohr (Paul Siebeck).
*Revelli, Marco*, 1994: Forza Italia: l'anomalia italiana non è finita. S. 667–670 in: *Paul Ginsborg* (Hg.): Stato dell'Italia. Milano: il saggiatore.

*Rieger, Elmar,* 1995: Politik supranationaler Integration. Funktionen und Formen der Europäischen Union. S. 349–367 in: *Birgitta Nedelmann* (Hg.): Politische Institutionen im Wandel. Opladen: Westdeutscher Verlag.

*Sartori, Giovanni,* 1994: Comparative Constitutional Engineering. An Inquiry into Structures, Incentives and Outcomes. London: Macmillan.

*Sauer, Birgit,* 1995: Der ‚Runde Tisch' und die Raumaufteilung der Demokratie. Eine politische Institution des Übergangs? S. 108–125 in: *Birgitta Nedelmann* (Hg.): Politische Institutionen im Wandel. Opladen: Westdeutscher Verlag.

*Schattschneider, Elmar E.,* 1960: The Semi-Sovereign People. New York: Holt, Rinehart, and Winston.

*Schimank, Uwe,* 1991: The Ambivalence of Institutions for Social Actors. Ms.

*Scoppola, Pietro,* 1995: La Democrazia cristiana. S. 213–233 in: *Gianfranco Pasquino* (Hg.): La politica italiana. Dizionario critico 1945–95. Roma/Bari: Laterza.

*Scott, Richard W.,* 1987: The Adolescence of Institutional Theory, Administrative Science Quarterly 32: 493–511.

*Starck, Christian,* 1995: Die Flexibilität juristischer Institutionen. S. 41–53 in: *Birgitta Nedelmann* (Hg.): Politische Institutionen im Wandel. Opladen: Westdeutscher Verlag.

*Sztompka, Piotr,* 1995: Vertrauen: Die fehlende Ressource in der postkommunistischen Gesellschaft. S. 254–276 in: *Birgitta Nedelmann* (Hg.): Politische Institutionen im Wandel. Opladen: Westdeutscher Verlag.

*Tisch, Harry,* 1995: Wir waren überzeugt, daß unser System richtig ist. S. 121–142 in: *Theo Pirker, M. Rainer Lepsius, Rainer Weinert* und *Hans-Hermann Hertle*: Der Plan als Befehl und Fiktion. Wirtschaftsführung in der DDR. Gespräche und Analysen. Opladen: Westdeutscher Verlag.

*Trotha, Trutz von,* 1995: Ordnungsformen der Gewalt oder Aussichten auf das Ende des staatlichen Gewaltmonopols. S. 129–166 in: *Birgitta Nedelmann* (Hg.): Politische Institutionen im Wandel. Opladen: Westdeutscher Verlag.

*Weinert, Rainer,* 1995: Intermediäre Institutionen oder die Konstruktion des ‚Einen'. Das Beispiel der DDR. S. 237–254 in: *Birgitta Nedelmann* (Hg.): Politische Institutionen im Wandel. Opladen: Westdeutscher Verlag.

*Wesołowski, Włodzimierz,* 1995: Parteienentstehung und -veränderung im postkommunistischen Polen. S. 305–326 in: *Birgitta Nedelmann* (Hg.): Politische Institutionen im Wandel. Opladen: Westdeutscher Verlag.

# DIE FLEXIBILITÄT RECHTLICHER INSTITUTIONEN

Christian Starck

*Zusammenfassung:* Am Beispiel des Verfassungsrechts wird zunächst gezeigt, wie rechtliche Institutionen durch begrenzte Flexibilität stabilisiert werden. Die institutionellen Garantien des Grundgesetzes sollen Normen- und Verhaltenskomplexe in ihren Kernbeständen vor unbeschränkter Definitionsmacht des parlamentarischen Gesetzgebers schützen, ihm aber zugleich die Möglichkeit eröffnen, die Institutionen den Zeitumständen entsprechend zu organisieren und zu präzisieren. Im Rahmen eines erweiterten rechtstheoretischen Institutionenbegriffs wird sodann dargelegt, wie Institutionen (z.B. Verfahren, Ermächtigungen) dazu geeignet sind, Probleme zu lösen, ohne daß diese Institutionen dafür selbst abschließende sachliche Vorgaben machen. Diese heuristische Funktion von Institutionen ermöglicht sachliche Flexibilität bei Entscheidungen, die im Rahmen dieser Institutionen gefällt werden. Einer Flexibilität unter zeitlichen Gesichtspunkten sind alle Institutionen, insbesondere rechtliche Grundinstitutionen, ausgesetzt, die Verfassungsepochen und -systeme überdauern. Zum Schluß geht es um die Bedeutung der juristischen Methodenlehre, die selbst eine rechtliche Institution ist, für die Erhaltung der Stabilität von Institutionen durch richtigen Einsatz von Flexibilität und Rigidität. Kriterien dafür ergeben sich aus den verschiedenen Formen der Vernetzung von rechtlichen Institutionen, die deren Funktionen erschließen.

## I. Verfassungsrechtliche Miniatur zur Einführung

Der Gebrauch des Begriffs Institution in der gegenwärtigen Rechtsdogmatik hat sich in den zwanziger Jahren dieses Jahrhunderts dort eingenistet (Wolff 1923: 5f.) und 1928 in der Verfassungslehre von Carl Schmitt eine entscheidende Prägung erhalten, die im Grundsatz noch heute maßgebend ist. Um die in der Weimarer Verfassung gewährleisteten Normen- und Verhaltenskomplexe wie Ehe und Familie, Eigentum und Erbrecht, kommunale Selbstverwaltung und Berufsbeamtentum in ihren Kernbeständen vor unbeschränkter gesetzgeberischer Definitionsmacht zu schützen, wird der Begriff der institutionellen Garantie für öffentlich-rechtliche Einrichtungen und der Begriff der Institutsgarantie für privatrechtliche Einrichtungen verwendet. Im folgenden sind die Institutsgarantien immer mitgemeint, wenn von verfassungsrechtlichen Institutionen die Rede ist. Da diese Garantien Verfassungsrang haben, sind sie für die einfache Gesetzgebung maßgeblich, freilich nur soweit sie den Kernbestand der jeweiligen Einrichtung garantieren.

Carl Schmitt behandelt die institutionellen Garantien im Zusammenhang mit den Freiheitsrechten, von denen er sie scharf unterscheidet (Schmitt 1928: 170ff.; 1931: 140ff.; so auch Anschütz 1933: 519f.; Klein 1934). Institutionelle Garantien seien keine Grundrechte, auch wenn subjektive Rechte von Einzelnen und Korporationen damit verbunden seien. Die institutionelle Garantie beruhe nicht auf dem Freiheitsglauben, der Basis der Grundrechte sei. Eine im realen Leben vorkommende, von vornherein umgrenzte Institution werde (verfassungs-)rechtlich anerkannt, weil sie bestimmten Aufgaben und Zwecken diene; sie werde gesetzlich präzisiert und organisiert. Das Wort hat also der Gesetzgeber, der – allerdings im Rahmen der verfassungsrechtlichen Garantie – die Institution im einzelnen ausformen, frühere Ausformungen verändern und damit gewandelten Verhältnissen und Überzeugungen Raum geben kann (Schmidt-Jortzig 1979: 37ff.).

Es läßt sich leicht erkennen, daß in der verfassungsrechtlichen institutionellen Garantie ein Element der Flexibilität eingebaut ist, über das in erster Linie die Gesetzgebung disponiert (Gestaltungsspielraum). Beispiele für Neuorientierungen sind
- die Änderung des Scheidungs- und Scheidungsfolgenrechts 1976 durch Übergang vom Schuldprinzip zum Zerrüttungsprinzip[1] im Rahmen des in Art. 6 Abs. 1 GG geschützten Rechtsinstituts Ehe (BVerfGE 53: 224, 245ff.),
- die Erfassung vermögensrechtlicher Positionen auch des öffentlichen Rechts, die auf eigener Leistung beruhen und der Sicherung der Existenz dienen, z.B. rentenversicherungsrechtliche Positionen, als Eigentum im Sinne des Art. 14 Abs. 1 GG (BVerfGE 53: 257, 289; 69: 272, 298ff.)[2] sowie im selben Rahmen nach lang dauernder Unsicherheit der Ausschluß des Grundwassers aus dem Verfügungsrecht des Grundeigentümers (BVerfGE 58: 300, 332ff.),
- die Einführung des Teilzeitbeamten, obgleich die nach Art. 33 Abs. 5 GG maßgebenden hergebrachten Grundsätze des Berufsbeamtentums vom Beamten verlangen, daß er sich seinem Dienstherrn mit seiner ganzen Persönlichkeit, Arbeitskraft und Lebensleistung zur Verfügung stellt (BVerfGE 44: 249, 262f.),
- die immer stärkeren Eingriffe in die kommunale Selbstverwaltung durch die Bundes- und Landesgesetzgebung, um den Anforderungen des Vorbehalts des Gesetzes bei Eingriffen in die Bürgersphäre gerecht zu werden.

Aber nicht nur der Gesetzgeber disponiert im Rahmen der verfassungsrechtlichen Gewährleistung. Auch die gesetzlich näher ausgestalteten Institutionen bleiben in vieler Hinsicht offen. Denn die institutionellen Garantien sind auf die Lebenswelt bezogen; sie wurzeln in ihr, sowohl was das Verhalten der Menschen als auch was die Sinngebung anbelangt. Und dann sind es die Individuen, die in den Institutionen leben, sie prägen und ihnen in mancher Hinsicht auch eine neue Richtung geben. Damit ist ein weiteres Niveau gekennzeichnet, auf dem die Flexibilität rechtlicher Institutionen spürbar ist. Diese in der Lebenswelt zu beobachtende Flexibilität ist insbesondere bei den das Privatrecht betreffenden Institutsgarantien zunächst einmal ein Ausdruck der Freiheit, die die gesetzlichen Ausprägungen der Institutsgarantien lassen; die Freiheit kann sich aber auf die Rechtswelt auswirken, wenn sie die Grenzen der gesetzlichen Prägungen überschreitet und wenn in Folge dessen die politische Notwendigkeit erkannt wird, eine Institution gesetzlich neu zu prägen, damit sie der Lebenswelt besser gerecht wird. Dies war der Fall im Ehescheidungsrecht, das nach seiner grundlegenden Änderung im Jahre 1976 nun seinerseits wieder Ausprägungen in der Lebenswelt erfährt.

Diese verfassungsrechtliche Miniatur zur Einführung sollte zeigen, daß auf dem engen Gebiet, auf dem in der heutigen praktischen Jurisprudenz der Begriff Institution/Institut

---

1 Erstes Gesetz zur Reform des Ehe- und Familienrechts vom 14.6.1976 (Bundesgesetzblatt I, S. 1421), vgl. dazu Deutscher Bundestag, Drucks. 7/650, S. 75.
2 Vgl. früher schon Entscheidung des Bundessozialgerichts (5: 40, 43f. = Juristenzeitung 1958: 20) betr. Position als Kassenarzt; allg. dazu Weber (1954: 331, 352f.).

verwendet wird, Flexibilität zu beobachten ist, und zwar genau genommen auf zwei Ebenen: auf der Ebene der Lebenswelt, an die die Gesetze adressiert sind, und auf der Ebene der Gesetzgebung, die die verfassungsrechtlich garantierten Institutionen auszugestalten hat. Ausgeübt wird dieses Geschäft auf Grund der Impulse aus der Lebenswelt im Rahmen der verfassungsrechtlichen Kerngarantien.

Die Miniatur zeigt noch ein weiteres: Rechtlich garantiert und sanktioniert werden Institutionen, um ihnen die von der Rechtsordnung gewünschte Stabilität zu verleihen. Flexibel kann daher nicht Gegenbegriff zu stabil, sondern muß darauf bezogen sein. Die Stabilität der Institutionen wird in begrenztem Maß durch ihre Flexibilität garantiert. Das Problem ist, die Grenzen der Flexibilität verfassungsrechtlich garantierter Institutionen zu erkennen, in juristisch nachvollziehbarer Argumentation zu begründen und verbindlich festzustellen, was Aufgabe des Verfassungsgerichts ist. Dieses hat zu bewirken, daß die stabilitätserhaltende Anpassungsfähigkeit der verfassungsrechtlich geschützten Institution nicht in deren Auflösung abgleitet. Der Gegenbegriff zu flexibel ist rigide. Die Rigidität darf also nicht ganz vergessen werden, wenn es um den verfassungsrechtlichen Schutz von Institutionen, d.h. um deren Stabilität geht.

## *II. Der Institutionenbegriff als Band zwischen Jurisprudenz und Soziologie*

Der Institutionenbegriff der Soziologie (Schelsky 1970: 9ff.) reicht weiter als der in der gegenwärtigen Rechtsdogmatik verwendete. Aber auch die Juristen beschäftigen sich mit Organisationen, Einrichtungen, Organen, Verfahren, Grundbegriffen, Gedankengebäuden und ganz allgemein Ordnungen, die man unschwer unter den rechtstheoretischen Sammelbegriff „Rechtsinstitutionen/Rechtsinstitute" bringen kann. Außer den unter I. genannten Rechtsinstituten und Rechtsinstitutionen wären etwa beispielhaft zu nennen: das parlamentarische Regierungssystem, das Bundesverfassungsgericht, die Parteien, die Verbände, Gesetz und Gesetzgebungsverfahren, die richterliche Unabhängigkeit, die Grundrechte, der Vorrang der Verfassung, Gesetzesvorbehalt und Ermessensermächtigung, Vertrag, Schadensausgleich, Geld, Steuer, Sozialversicherung, Universität, Juristenausbildung, juristische Methodenlehre.

Die genannten Institutionen sind verschieden strukturiert je nachdem, ob die bloße Organisation oder das Verfahren der sie bestimmende Faktor ist und ob sie mehr im Personalen oder im Sachlich-Funktionalen ihren Schwerpunkt haben (Jepperson 1991: 144ff.; Böckenförde 1993: 36ff.). Immer setzt eine Rechtsinstitution in diesem weitesten Sinne ein Mindestmaß an rechtlichem Geordnetsein voraus, das auch gewohnheitsrechtlicher Natur sein kann. Dieser weite Institutionenbegriff liegt dem folgenden zugrunde. Dieser Begriff ist aber immer noch enger als der sozialwissenschaftliche. Eine Beziehung, in der regelmäßig zu beobachtendes Verhalten und erwartbare, wiederholbare Handlungen unter einer erkennbaren Sinngebung stattfinden, wie in der Freundschaft zwischen zwei Menschen, ist eine Institution im soziologischen Sinne (Simmel 1958: 269f.; Tenbruck 1964: 434ff.), ist aber mangels rechtlicher Erfassung keine Rechtsinstitution. Soziale Institutionen, die als solche keiner rechtlichen Regelung unterworfen sind, wie die nichteheliche Lebensgemeinschaft, werden nicht dadurch zur Rechtsinstitution, daß sie unter bestimmten Gesichtspunkten, etwa bei Vermögensauseinandersetzung den Regelungen der §§ 705ff. Bürgerliches Gesetzbuch unterfallen.

Der weite rechtstheoretische Institutionenbegriff, der nur eine Teilmenge des soziologischen Institutionenbegriffs ist, reicht aber aus, um einige Beobachtungen und Analysen mitzuteilen, die für die soziologische Institutionenanalyse von Interesse sein könnten, und zwar aus den folgenden Gründen:

Wer sich mit der Gesellschaft beschäftigt, kann nicht umhin, sich mit dem Recht der Gesellschaft zu beschäftigen, das deren Strukturen wesentlich bestimmt. Es gibt nicht nur eine normative Kraft des Faktischen, sondern auch eine faktische Kraft des Normativen. Soziologische Institutionenanalyse erstreckt sich nolens volens auch auf Rechtsinstitutionen, und dies quantitativ in eben dem Maß, in dem die Gesellschaft rechtlich durchorganisiert ist. Je mehr sich die Gesellschaft verrechtlicht, um so mehr Institutionen werden Rechtsinstitutionen. Deren Analyse setzt voraus, daß man das Recht als unentbehrliches Instrument zum Schutz der Freiheit des Menschen versteht (Starck 1991: 390ff.), ja erkennt, daß Recht und Freiheit zwei Seiten einer Medaille sind, und begreift, wie Recht funktioniert: von der Zielsetzung bis zur Technik in all seinen Vernetzungen innerhalb des materiellen Rechts und zwischen diesem und dem Verfahrensrecht bzw. dem Finanzrecht.

Der hier zugrunde gelegte weite rechtstheoretische Institutionenbegriff stellt zugleich ein Band zwischen Jurisprudenz und Soziologie dar (Luhmann 1965: 12f.). Rechtsinstitutionen bestehen aus einem aufeinander abgestimmten Konglomerat von drei Faktoren (Hofmann 1986: 270):
- erstens Rechtsnormen, einschließlich rechtlich geordnetem Sanktionsapparat, der zusätzliche gesellschaftliche Sanktionen nicht ausschließt,
- zweitens tatsächlichen Gegebenheiten, insbesondere eingeschliffenen Verhaltensweisen und
- drittens Sinngebung.

Das durch den weiten rechtstheoretischen Institutionenbegriff bestehende Band zur Soziologie sehen Juristen nur dann, wenn sie das Außernormative, Faktische der Rechtsinstitution erkennen und sich von einem engstirnigen Gesetzespositivismus, d.h. von der Vorstellung lösen, die Rechtsordnung stehe zur jederzeitigen beliebigen Disposition einer zentralen gesetzgeberischen Willensmacht, die sich um die Realien der Gesetzgebung nicht zu scheren braucht. Die Gesetzgebungslehre, ein Zweig der Rechtswissenschaft, beschäftigt sich mit der Wirkung und der zweckmäßigen Gestaltung von Gesetzen und arbeitet zu diesem Zweck mit den der Gesetzgebung zugrunde liegenden Realien (Starck 1988: 1ff.; Mußgnug et al. 1989: 113ff., 142ff., 172f.).

Dieses Band zur Jurisprudenz sehen Soziologen nur dann, wenn sie sich auf das Recht und auf dessen Prägung der gesellschaftlichen Verhältnisse einlassen und darin einen Gegenstand ihrer Analyse sehen. So wußte Max Weber, daß sich die Funktionsweise der Gesellschaft nicht ohne die Analyse ihres Rechts erschließen läßt (Weber 1960; Schelsky 1980: 77ff., 95ff.).

Trotz des Bandes und der Berührungen zwischen Jurisprudenz und Soziologie verbleibt es bei der Eigenständigkeit beider Disziplinen. Die Soziologie erforscht, was faktisch in einer Gesellschaft geschieht, wozu ganz entscheidend die Wirkung des Rechts gehört. In der Jurisprudenz geht es um den normativen Sinn von Recht vor dem Hintergrund des gesamten Rechtssystems und angesichts von praktischen, zumindest aber theoretischen

Anwendungsproblemen. Dabei sind die drei folgenden Flexibilitätsphänomene näher zu betrachten:

Zunächst sind Verfahren, Formen und Ermächtigungen (sämtlich Institutionen nach der obigen Definition) zu behandeln, die dazu geeignet sind, Probleme zu lösen, ohne daß diese Institutionen selbst dafür abschließende sachliche Vorgaben machen. Diese heuristische, d.h. erfinderische Funktion von Institutionen ermöglicht *sachliche* Flexibilität bei Entscheidungen, die in diesen Institutionen zu fällen sind (III). Der Flexibilität unter *zeitlichen* Gesichtspunkten sind alle Institutionen, besonders aber rechtliche Grundinstitutionen ausgesetzt, die Verfassungsepochen und -systeme überdauern (IV). Zum Schluß geht es um die Hebammenfunktion (= Mäeutik) der juristischen Methodenlehre für die Erhaltung der Stabilität von Institutionen durch richtigen Einsatz von Flexibilität und Rigidität (V).

### III. Heuristische Institutionen zur Sicherung sachlicher Flexibilität

Recht braucht ein gewisses Maß an Offenheit und Flexibilität, denn das Recht hat mit der sich dauernd wandelnden Wirklichkeit zu tun. Recht soll normativ, d.h. steuernd auf die Lebenswelt wirken. Recht wird deshalb stets im Hinblick auf die Wirklichkeit gesetzt, die bei der Konstituierung der Rechtsnorm eine wichtige Rolle spielt (Betti 1967: 620ff.). Je detaillierter das Recht die Wirklichkeit erfaßt, um auf sie Einfluß zu nehmen, um so schwieriger stellen sich die notwendigen sprachlichen Abstraktionen dar, die die Wirklichkeit erfassen sollen. Hinzu kommen in vielen Bereichen des Rechts prognostische Unsicherheiten. Deshalb bedarf die Rechtsordnung der Institutionen, die heuristische Funktion haben, in denen rechtlich gesetzte Rahmen ausgefüllt, allgemein Vorausbestimmtes näher bestimmt und die Einzelfallentscheidung in Ansehung konkreter Umstände gefällt werden kann. Es handelt sich hauptsächlich um die Verfahren der Gesetzgebung und die je besonderen Verfahren der Rechtsanwendung durch Verwaltung und Richter. Dies kann hier nicht alles systematisch dargelegt werden und ist wohl vom Prinzip her allgemein geläufig. Folgende Hinweise müssen genügen:

Das *Gesetzgebungsverfahren* wird von den Prinzipien der Diskussion, der Information und der Öffentlichkeit beherrscht (Starck 1970: 158ff.). Diskussion und Information sind entscheidende Merkmale aller Stadien der Gesetzgebung, in der Initiative, im Plenum und in den Ausschüssen der parlamentarischen Körperschaften. Informelle Verfahrensabschnitte wie Anhörung von Sachverständigen und Interessenvertretern stehen unter denselben Prinzipien. Das Gesetzgebungsverfahren zeichnet sich weiter durch einen wohldurchdachten Wechsel von öffentlichen und nichtöffentlichen Verfahrensabschnitten aus, wobei über die nichtöffentlichen öffentlich berichtet wird. Die Gestaltung des Gesetzgebungsverfahrens soll in hohem Maße inhaltliche Offenheit, also Flexibilität gewährleisten. Nach demokratischer Mehrheit wird im Rahmen der Verfassung Recht gesetzt. Eine sozialwissenschaftliche Analyse des Gesetzgebungsverfahrens wird dessen normatives Gerüst und die damit gegebenen Möglichkeiten, d.h. die große sachliche Flexibilität berücksichtigen müssen. Diese Möglichkeiten müssen freilich im Zusammenhang mit anderen Faktoren gesehen werden, z.B. mit der Überlastung der Gesetzesmaschinerie und der enormen Detailliertheit der Gesetzesmaterien, die Übersicht und Durchdringung erschweren.

Helmuth Schulze-Fielitz hat 1988 eine empirisch orientierte Bestandsaufnahme der Gesetzgebung des 9. Deutschen Bundestages (1980 – 1983) vorgelegt, die die Gestaltungskraft des Bundestages für den Gesetzesinhalt vor dem Hintergrund der vorparlamentarischen Entstehungsprozesse beleuchtet und das tatsächliche Gewicht und die Funktion der Ausschußberatungen analysiert: Rationale gesetzgeberische Gestaltungsansprüche und Eigengesetzlichkeiten des politischen Prozesses in der parlamentarischen Parteiendemokratie treffen aufeinander, durchdringen sich, behindern sich, führen aber in der Regel zu Mehrheitsentscheidungen. Das ist möglich dank der Heuristik des Gesetzgebungsverfahrens, das flexibel genug ist, alle sachlichen Impulse aufzunehmen und zu verarbeiten; dazu gehören auch die verfassungsrechtlichen Grenzen der Gesetzgebung, über die das Bundesverfassungsgericht mit seiner Interpretationsgewalt wacht, das dabei eine starke Vorwirkung auf den Gesetzgebungsprozeß entfaltet (Starck 1976c: 16f.).

Besondere Flexibilitätsbedürfnisse im Verwaltungsrecht bei der Gesetzesanwendung werden durch die Rechtsinstitution des *Verwaltungsermessens* zu befriedigen versucht (Bullinger 1986; Starck 1994a: 223ff.). Ermächtigung zum Erlaß von Ermessensakten bedeutet eine Zuständigkeit zur Rechtskonkretisierung. Wer Ermessen auszuüben befugt ist, würdigt einzelne Lebenssachverhalte im Rahmen gesetzlicher Zielvorgaben und entscheidet im Rahmen dieser Vorgaben. Hinter diesem Zuständigkeitsproblem steht der rechtsphilosophische Gehalt des Ermessensbegriffs, in dem ein unabweisbares rechtliches Urphänomen zum Ausdruck kommt. Wenn im Hinblick auf die vom Gesetzgeber angestrebte Entscheidung des Einzelfalls nicht weiter generalisierbare konkrete Sachverhalte vorliegen, ist es nicht vermeidbar, der zur Entscheidung berufenen Stelle Ermessen einzuräumen. Ermessen bedeutet, etwas ausmessen, beobachtend beurteilen, überlegend entscheiden.[3] Das Recht braucht Flexibilität, um einzelnen Fällen gerecht zu werden. Neben der Gesetzesgerechtigkeit gibt es die Billigkeit (aequitas), die auch eine Ausprägung der Gerechtigkeit ist.

Im Gegensatz zu früheren Zeiten haben wir die Billigkeit weitgehend verdrängt und versuchen, um der Gleichheit willen alles mit dem generellen Gesetz zu regeln. Das läßt sich aber nicht durchgehend verwirklichen. Heute ist das Ermessen nicht vom Gesetzgeber her bedroht, sondern von der Verwaltungsgerichtsbarkeit, die zwar berufen ist, auch Ermessensakte zu kontrollieren, aber darauf beschränkt, ob die gesetzlichen Grenzen des Ermessens überschritten worden sind oder ob von dem Ermessen in einer dem Zweck der Ermächtigung nicht entsprechenden Weise Gebrauch gemacht worden ist (§ 114 Verwaltungsgerichtsordnung). Die Rechtsprechung verfolgt eine andere Tendenz, indem sie das Ermessen intensiv kontrolliert. Je dichter die verwaltungsgerichtliche Kontrolle der Ermessensakte der Verwaltung ausfällt, um so mehr rechtliche Vorgaben erkennt das Verwaltungsgericht und um so geringer wird in Zukunft die Flexibilität der Verwaltung sein, auf konkrete Fälle angemessen zu reagieren. Es ist nicht so, daß die Gerichte ihr Ermessen an die Stelle des Ermessens der Verwaltungsbehörde setzen, die notwendige Flexibilität also erhalten bleibt. Die Verwaltungsgerichte vermeiden den Eindruck, selbst Ermessensentscheidungen zu treffen und begründen entsprechende Entscheidungen nicht mit Zweckmäßigkeitserwägungen. Um ihr Urteil richtig begründen zu können, müssen die Gerichte mit generalisierbaren rechtlichen Argumenten aufwarten, die das Ermessen in Zukunft

---

3 Der dafür im angelsächsischen und romanischen Sprachbereich verwendete Ausdruck „discretion" leitet sich unmittelbar von discretus, dem Partizip Perfekt des lateinischen Verbums discernere, ab: scheiden, unterscheiden, beurteilen.

einengen oder ganz aushebeln. Die Flexibilität garantierende Rechtsinstitution des Ermessens, das einen Spielraum des Rechts wahrt, wird durch die Rechtsinstitutionen der Verwaltungsgerichtsbarkeit im Zusammenhang mit der generellen Eröffnung der Individualklage unterminiert. Die Frage ist, ob das notwendige Maß an Flexibilität an anderer Stelle gewährleistet werden könnte, etwa durch offen eingestandene Billigkeitsrechtsprechung.

Geht es eigentlich auch in *Gerichtsverfahren* um Erhaltung von Offenheit und Flexibilität? Auf den ersten Blick: nein! Denn die Gerichte sollen die ihnen vorgelegten, in der Vergangenheit abgeschlossenen Fälle nach Maß des Rechts beurteilen und entscheiden (Art. 20 Abs. 3, Art. 97 Abs. 1 GG). Eine solche Rechtsentscheidung muß klar und darf nicht offen oder flexibel sein. Denkt man aber an die Begründung der Gerichtsentscheidung und an die zumindest faktisch bestehende präjudizielle Wirkung der Entscheidungen der Revisionsgerichte, so zeigt sich ein Flexibilitätsbedarf. Die Prozeßordnungen verlangen, daß in dem Urteil die Gründe angegeben werden, die für die richterliche Überzeugung leitend gewesen sind.[4] Das sind die das Urteil tragenden Gründe. Nicht in das Urteil gehören darüber hinausgehende rechtliche Betrachtungen, sogenannte obiter dicta. Denn diese würden das Gericht unnötig festlegen, was auch auf die Untergerichte wirkt, die die obiter dicta oft aus bloßer Bequemlichkeit beachten. Obwohl obiter dicta von Rechts wegen nicht verbindlich sind, erschweren sie dem Gericht doch faktisch eine davon unbeschwerte Betrachtung zukünftiger Fälle, deren Konstellationen möglicherweise neue rechtliche Gesichtspunkte ans Tageslicht heben, die man noch nicht gesehen hat, als man das obiter dictum formulierte. Die sich ohnehin in der Kette der Gerichtsentscheidungen vermindernde Flexibilität des Rechts soll durch obiter dicta nicht noch zusätzlich beeinträchtigt werden. Erfahrene Revisionsrichter mit der nötigen Phantasie für zukünftige Fallkonstellationen wissen genau, wie man eine Entscheidung so begründet, daß man sich für die Entscheidung anderer Fälle nicht mehr als nötig festlegt, also offen und flexibel bleibt.

## IV. Flexibilität rechtlicher Institutionen in der Zeitdimension

Rechtliche Institutionen zeigen inhaltliche Flexibilität; dafür zwei Beispiele, die zugleich deutlich machen, daß es auch Grenzen der Flexibilität gibt, die aus der Vernetzung der Institutionen folgen.

*Vorbehalt des Gesetzes* bedeutet, daß die im Vorbehaltsbereich stattfindende Verwaltungstätigkeit vorausberechenbar sein muß und daher einer ausdrücklichen gesetzlichen Grundlage bedarf (Mayer 1924: 68); demnach ist das Gesetz nicht nur Rahmen und Schranke für die Verwaltungstätigkeit. Der Gesetzesvorbehalt beruht weiterhin auf dem Gedanken, daß die im Gesetzgebungsverfahren erzeugten Staatsakte durch die unmittelbare demokratische Legitimation des Parlaments eine höhere rechtliche Qualität besitzen als andere Staatsakte und deshalb die staatsbürgerliche Freiheit besonders wirksam schützen. Der Vorbehalt des Gesetzes stellt sich somit als eine gemeinsame Unterinstitution der

---

4 Z.B. § 108 Abs. 1 Satz 2 Verwaltungsgerichtsordnung; Rosenberg et al. (1986: 346), unter Hinweis auf § 18 Abs. 1 der Geschäftsordnung des früheren Reichsgerichts: „Die Entscheidungsgründe sind in bündiger Kürze unter strenger Beschränkung auf den Gegenstand der Entscheidung ... abzufassen."

Fundamentalinstitutionen Rechtsstaat und Demokratie dar. Dies ist epochenübergreifend gültig.

Als flexibel hat sich jedoch der Umfang des Gesetzesvorbehalts erwiesen. Der klassische, aus dem 19. Jh. stammende Eingriffsvorbehalt, wonach alle Eingriffe in Freiheit und Eigentum der Bürger unter Gesetzesvorbehalt stehen, ist heute weiterhin anerkannt, erweitert um die Eingriffe innerhalb früher sog. besonderer Gewaltverhältnisse (jetzt: Sonderstatusverhältnisse). Diese erste Erweiterung hat sich 1972 durchgesetzt, als das Bundesverfassungsgericht entschieden hat, daß Grundrechte von Strafgefangenen nur durch Gesetz oder auf Grund eines Gesetzes eingeschränkt werden dürfen (BVerfGE 33: 1, 10f.). In der juristischen Literatur wird seit langem die Tendenz verfolgt, daß auch staatliche Leistungen (Sozialleistungen, Subventionen) über das Haushaltsgesetz hinaus unter Gesetzesvorbehalt stehen, soweit sie auf Dauer angelegt, für einen großen Adressatenkreis bestimmt sind oder hohe Summen ausbringen (Starck 1970: 281ff.). Eine Ausdehnung des Gesetzesvorbehalts auf Leistungs- und Organisationsrecht findet z.Z. im Hinblick auf die dadurch berührten Grundrechte statt. Das Bundesverfassungsgericht hat entschieden (BVerfGE 45: 400, 417): „Das Rechtsstaatsprinzip und das Demokratieprinzip des Grundgesetzes verpflichten den Gesetzgeber, die wesentlichen Entscheidungen im Schulwesen selbst zu treffen und nicht der Schulverwaltung zu überlassen. Dies gilt insbesondere für die der staatlichen Gestaltung offenliegende Rechtssphäre im Bereich der Grundrechtsausübung." Damit war die in der Literatur schon vorbereitete sog. Wesentlichkeitstheorie (Oppermann 1976: C 48ff.; Starck 1976b: 1376f.) zur Bestimmung des Umfangs des Gesetzesvorbehalts geboren.

Der Gesetzesvorbehalt wurde nicht nur, wie geschildert, auf weitere Materien ausgedehnt, sondern auch zu intensivieren versucht, indem an die Bestimmtheit der Gesetze immer höhere Anforderungen gestellt und indem die Beurteilungs- und Ermessensspielräume der Verwaltung immer mehr verdrängt wurden. Die Entwicklung ist weiter im Gang.

Wenn Umfang und Intensität des Gesetzesvorbehalts erweitert werden, werden die Gesetzgeber in Bund und Ländern stärker mit Normsetzung belastet. Je detailgenauer sie sind, um so fehleranfälliger werden sie sein und um so häufiger müssen sie nachgebessert werden. Da eine verläßliche Klarheit über Umfang und Intensität des Gesetzesvorbehalts nicht besteht – er ist ein Musterbeispiel für eine im Fluß befindliche rechtliche Institution –, neigen die Gesetzgeber dazu, im Zweifel mehr und genauer, als erforderlich ist, zu regeln, um das Risiko der Verfassungswidrigkeit zu vermeiden. Damit haben wir ein Beispiel für die Vernetzung der Institutionen. Grenzen der Flexibilität von Rechtsinstitutionen werden offenbar, wenn man deren Wirkungen auf andere Rechtsinstitutionen betrachtet.

Mit den *Grundrechten*, einem zweiten Beispiel für die Flexibilität von Rechtsinstitutionen,[5] berührt man ein schwieriges Gebiet gegenwärtiger Rechtsdogmatik. Die Grundrechte des Grundgesetzes sind zumeist als klassische Abwehrrechte der Menschen oder der Bürger gegen den Staat formuliert, die „als unmittelbar geltendes Recht" Gesetzgebung,

---

5 Ich folge nicht der Grundrechtskonzeption Luhmanns (1965: 14ff., 186ff.), der die Grundrechte als Institution bezeichnet und als Instrumente betrachtet, die primär nicht die Autonomie der Menschen sichern, sondern die Ausdifferenzierung der Sozialordnung fördern; vgl. Starck (1967), Schelsky (1980: 91f.).

vollziehende Gewalt und Rechtsprechung binden (vgl. Art. 1 Abs. 3 GG). Die demokratischen Grundrechte, wie das Wahlrecht, bleiben hier außer Betracht.

Der Sinn für materielle Gleichheit und Egalisierung, der die Gegenwart beherrscht, findet Ausdruck in der Vorstellung, daß in den klassischen Grundrechten die materiellen Voraussetzungen dieser Grundrechte mit gewährleistet seien. Man kann das Recht auf Unverletzlichkeit der Wohnung (Art. 13 Abs. 1 GG) nur genießen, wenn man eine Wohnung besitzt. Oder was nützt das Recht, seinen Arbeitsplatz frei wählen zu können (Art. 12 Abs. 1 GG), wenn man keinen findet? Es gibt viele solche Konstellationen: Recht auf einen Versammlungsraum, Recht auf kostenlose Rundfunk- und Telefonbenutzung usf. Gibt die Flexibilität der Grundrechte solche Garantien her?

So sehr man einem Verfassungsbegriff zustimmen kann, der die Staatsgewalt auf eine sozial verträgliche Gestaltung des Gemeinwesens verpflichtet, so zweifelhaft erscheint die Absicherung dieser Aufgabe in den Grundrechten. Es sind drei Gründe, die sich aus der Vernetzung der Grundrechte mit anderen Rechtsinstitutionen ergeben, die gegen deren Erweiterung zu sozialen Leistungsrechten sprechen (v. Mangoldt et al. 1985: Art. 1 Rn 114ff.):

– Grundrechte als Sozialrechte sind mit erheblichen finanziellen Aufwendungen verbunden. Leitet das Verfassungsgericht aus den Grundrechten im Wege der Interpretation Leistungsrechte ab, würde es sich zugleich Einfluß auf den Staatshaushalt und dessen Prioritäten verschaffen. Das für die Finanzierung von Freiheitsvoraussetzungen erforderliche Geld muß aber erst aufgebracht werden, was die Verfassung oder das die Verfassung interpretierende Verfassungsgericht nicht garantieren kann.
– Die meisten Leistungsrechte, die unmittelbar aus dem Grundgesetz folgen sollen, sagen nicht deutlich, was man zu beanspruchen hat: eine wie große Wohnung, welche Arbeit? Welchen Anspruch gewährt ein Recht auf Bildung oder auf saubere Umwelt? Der Leistungsumfang bleibt unklar. Von Ausnahmen abgesehen, die hier nicht interessieren, gibt es soziale Rechte nur nach Maßgabe der Gesetze, durch die sozialstaatliche Politik gemacht wird.
– Wegen der Unbestimmtheit des Anspruchsobjekts und wegen der nicht überwindbaren Knappheit der Finanzen kann die Verfassung soziale Leistungsansprüche nicht mit derselben Verbindlichkeit garantieren wie die klassischen Abwehrrechte. Unser ganzes Grundrechtssystem baut aber in bewußter Abkehr von der deutschen Verfassungstradition darauf auf, daß die Grundrechte die Gesetzgebung als unmittelbar geltendes Recht binden und daß es darüber eine verfassungsgerichtliche Kontrolle gibt. Eine Erweiterung der Grundrechte um soziale Leistungsrechte müßte die Bindungsklausel des Art. 1 Abs. 3 GG umgehen, was zu deren Erosion beitrüge.

Diese drei miteinander zusammenhängenden Argumente zeigen eine gewisse Rigidität der Grundrechte des Grundgesetzes und damit eine Grenze ihrer Flexibilität. Denn die Grundrechte sind „in erster Linie individuelle Rechte, Menschen- und Bürgerrechte, die den Schutz konkreter, besonders gefährdeter Bereiche menschlicher Freiheit zum Gegenstand haben" (BVerfGE 50: 290, 337). Dieser Charakter der Grundrechte ist gesichert durch ihre Vernetzung im Verfassungssystem, wozu die Rechtsinstitutionen der Bindungsklausel, der Verfassungsgerichtsbarkeit, der Individualbeschwerde und der Gewaltenteilung zwischen Legislative und Judikative gehören.

Da es diese Rechtsinstitutionen in der ehemaligen DDR nicht gab, konnten in die dortige Verfassung soziale Rechte aufgenommen werden, auf die man sich mit ernsthafter Wirkung ebensowenig berufen konnte wie auf die klassischen Abwehrrechte. In den Verfassungsberatungen der neuen Länder ist immer wieder gefordert worden, die sozialen Rechte als „Errungenschaften der DDR" neben die klassischen Grundrechte zu stellen. Das mußte abgelehnt werden. Wo es geschah, wie in Brandenburg, kann dies zu Verwirrung führen,[6] sobald dort das Verfassungsgericht tätig wird.

## V. Juristische Methodenlehre als mäeutische Institution

Was hier dargelegt wurde, ist selbst institutionell geleitet, d.h., es beruht auf erwartbarem, wiederholbarem und tatsächlich wiederholtem Handeln. Die juristische Rationalität, die hier gemeint ist, findet ihre Verkörperung in der juristischen Methodenlehre, die eine rechtliche Fundamentalinstitution ist und zahlreiche stützende Unter- bzw. Bezugsinstitutionen braucht wie die Rechtsdogmatik, die Unabhängigkeit der Rechtsprechung, die Gesetzgebungskunst und die Juristenausbildung. Der Normgehalt von rechtlichen Institutionen unterliegt wie jede Rechtsnorm der Auslegung. Also die Flexibilität von rechtlichen Institutionen ist selbst institutionell überwacht. Wo die Grenze der Flexibilität bestimmter rechtlicher Institutionen liegt, läßt sich mit Hilfe der Auslegungscanones ermitteln (Larenz 1975: 307ff.; Starck 1992: Rn 18ff.). Nach diesen Regeln orientiert man sich bei der Auslegung von Rechtsnormen an deren Wortlaut und Grammatik, an deren Entstehungs- und Rezeptionsgeschichte, am System, in dem sie stehen, und an der ihnen innewohnenden objektiven Teleologie.

In unserem Zusammenhang ist die systematische Auslegung besonders interessant. Dabei geht es um das, was Vernetzung genannt wurde. So wie man einzelne Rechtsnormen immer nur aus dem System heraus richtig deuten kann, in dem sie stehen, so verhält es sich auch bei den Normenkomplexen, die man als rechtliche Institutionen bezeichnet, im Verhältnis zu anderen Rechtsinstitutionen. Der systematische Zusammenhang erschließt zumeist auch die Teleologie der Institutionen, die man also nicht in der Ferne suchen muß. Der systematische Zusammenhang zwischen Rechtsinstitutionen kann ganz verschiedener Art sein. Die folgenden Beispiele für die Beziehungen zwischen Institutionen sind für die juristische und politologische Analyse von Verfassungen unerläßliches Handwerkszeug:
- „Konkretisierung" erfährt z.B. die allgemeine, wenig bestimmte rechtliche Fundamentalinstitution der Gewaltenteilung durch die Institutionen des präsidialen oder des parlamentarischen Regierungssystems, die je für sich verschiedene Unterinstitutionen zum Problem des Gesetzesvorbehalts ausbilden, unter denen dann noch weitere Institutionen des Verwaltungsrechts stehen: also dreifach gestufte Konkretisierungen. Den Sinn der Institutionen der dritten Konkretisierungsstufe kann man nur aus den vorangegangenen Konkretisierungen erfassen.

---

6 Vgl. einerseits Art. 6 Abs. 2, Art. 113 Nr. 5 und andererseits das Sammelsurium von Grundrechten und Staatszielen (teils als Rechte bezeichnet) im II. Hauptteil der Brandenburgischen Verfassung; akzeptabel dagegen die Verfassung von Sachsen-Anhalt, wo die Sozialrechte richtig als Staatsziele, d.h. Programmsätze formuliert und von den Grundrechten getrennt sind (vgl. Art. 34–40 und Art. 3 Abs. 3); vgl. dazu Starck (1994b: 39ff.).

- *Kompensation* findet zwischen Institutionen statt, wenn z.b. das Verfassungsgericht Schwächen des Gesetzgebers ausgleicht, z.B. Blockaden, die ihren Grund in der personellen Zusammensetzung des Parlaments haben, was im Parteienrecht und im kollektiven Arbeitsrecht eine Rolle spielt, weil die Betroffenen oder direkt Interessierten das Parlament durch alle Fraktionen hindurch gänzlich, zumindest mehrheitlich beherrschen.
- *Komplementär* sind Institutionen, wenn sie einander ergänzen. So regelt der Gesetzgeber immer genauer, wenn die Gerichte staatliche Eingriffe für rechtswidrig erklären und aufheben, weil deren gesetzliche Grundlage nicht genau genug ist. Es kann zu einer Eskalierung der Bestimmtheitsanforderungen kommen, die von dem Zeitpunkt an deeskaliert werden, in dem erkannt wird, daß Fehlfunktionen eintreten.
- *Konnexität* besteht zwischen Institutionen, die aufeinander angewiesen sind. Das dürfte das entscheidende Kriterium für das Verhältnis von Parlament und Regierung im Rahmen des parlamentarischen Regierungssystems sein. Die Regierung kann ohne Gesetze nicht regieren; das Parlament kann ohne die Ausarbeitung von Gesetzesvorlagen durch die Regierung seine Gesetzgebungsaufgaben nur schwer wahrnehmen.
- *Annexität* ist die Bezeichnung für ein Institutionen-Verhältnis, in dem nur eine auf die andere Institution angewiesen ist, also ein einseitiges Abhängigkeitsverhältnis besteht. Klassisches Beispiel ist die Ausgabenverantwortung im Bundesstaat, die sich aus der Aufgabenwahrnehmung (vgl. Art. 104 a Abs. 1 GG) ergibt. Die Finanzverteilung im Bundesstaat ist also ein Annex zur Kompetenzverteilung.

Diese mäeutischen Kategorien, die noch ergänzt werden können, helfen bei der systematischen Auslegung, das Ausmaß der Flexibilität von Rechtsinstitutionen zu ermitteln. Angelpunkt der juristischen Überlegungen ist freilich die Stabilität rechtlicher Institutionen; diese kann durch Flexibilität oder Rigidität gesichert werden. Sind die Grenzen der Flexibilität unter den verschiedenen Gesichtspunkten der Auslegung, insbesondere dem systematischen, erreicht und kommt auch eine Rechtsfortbildung im Einklang mit den leitenden Prinzipien der Gesamtrechtsordnung nicht in Betracht (Larenz 1975: 350ff.; Starck 1976a: 41, 69ff., 76ff.), so kann eine Änderung der Institution nur noch durch Änderung der sie bestimmenden (verfassungs-)rechtlichen Normen und der Normen der Bezugsinstitutionen bewirkt werden.

In der verfassungsrechtlichen Miniatur ist einleitend das Problem der Grenzen der Flexibilität verfassungsrechtlicher Institutionen beschrieben und auf die dazu verbindlichen Entscheidungen des Verfassungsgerichts hingewiesen worden. Die abschließenden Bemerkungen haben ergeben, daß fern von jedem judiziellen Dezisionismus die juristische Methode über Instrumente verfügt, mit rational nachvollziehbaren Argumenten die Grenzen der Flexibilität rechtlicher Institutionen darzutun, indem die Institutionen insbesondere in ihrer Vernetzung in Betracht gezogen werden.

Zum Schluß eine Bemerkung über das Verhältnis von Individuum und Institution in der juristischen Methodenlehre. Das auslegende Individuum und die Institution Methodenlehre sind aufeinander bezogen. Selbstverständlich bestimmt die Methode das Individuum, das sie orientiert, dem sie die Arbeit erleichtert und das sich mit ihrer Hilfe besser durchsetzen kann. Aber es gibt auch den umgekehrten Einfluß, was schon daraus erhellt, daß die Methodenlehre wie alle Institutionen eine Schöpfung von Individuen ist, die im Laufe der Epochen in einem arbeitsteiligen Vorgang die entscheidenden Gesichtspunkte herausgefunden haben und zu einer Lehre verbinden konnten. Und so sind auch in Zukunft Entdeckungen möglich, die die Methodenlehre weiter differenzieren. Diese Entdeckungen müssen jedoch selbst institutionalisierbar sein, d.h., sich in der Anwendung auf lange Sicht bewähren. Auf die Frage nach der Flexibilität rechtlicher Institutionen angewandt bedeutet dies: Die juristische Methodenlehre vermag die Flexibilität rechtlicher Institutionen ans Tageslicht zu bringen und ihre Grenzen auszumessen und ist auf höherem Niveau selbst – wiederum institutionell begrenzt – flexibel.

*Literatur*

*Anschütz, Gerhard,* 1933: Die Verfassung des Deutschen Reiches. 14. Aufl. Berlin: Georg Stilker.
*Betti, Emilio,* 1967: Allgemeine Auslegungslehre als Methodik der Geisteswissenschaften. Tübingen: J.C.B. Mohr.
*Böckenförde, Ernst-Wolfgang,* 1993: Zur Funktion des Rechts für die Reform staatlicher Institutionen. S. 34–57 in: *Georg Müller, René A. Rhinow, Gerhard Schmid, Rainer J. Schweizer* und *Luzius Wildhaber* (Hg.): Zur Funktion des Rechts für die Reform staatlicher Institutionen. Basel/Frankfurt a.M.: Helbing & Lichtenhahn.
*Bullinger, Martin* (Hg.), 1986: Das Verwaltungsermessen im modernen Staat. Baden-Baden: Nomos-Verlag.
*Bundesverfassungsgericht* Entscheidungen, zitiert: BVerfGE Band: Seite.
*Hofmann, Hasso,* 1986: Recht – Politik – Verfassung. Frankfurt a.M.: Metzner.
*Jepperson, Ronald L.,* 1991: Institutions, Institutional Effects, and Institutionalism. S. 143–163 in: *Walter W. Powell* und *Paul J. Di Maggio* (Hg.): The New Institutionalism in Organizational Analysis. Chicago: The University of Chicago Press.
*Klein, Friedrich,* 1934: Institutionelle Garantien und Rechtsinstitutsgarantien. Breslau: M & H Marcus.
*Larenz, Karl,* 1975: Methodenlehre der Rechtswissenschaft. 3. Aufl., Berlin/Heidelberg/New York: Springer.
*Luhmann, Niklas,* 1965: Grundrechte als Institution. Berlin: Duncker & Humblot.
*Mangoldt, Hermann von, Friedrich Klein* und *Christian Starck,* 1985: Das Bonner Grundgesetz, 3. Aufl. Bd. I. München: Franz Vahlen.
*Mayer, Otto,* 1924: Deutsches Verwaltungsrecht, 3. Aufl. Bd. I. München: Duncker & Humblot.
*Mußgnug, Reinhard, Friedhelm Hufen* und *Hermann Hill,* 1989: Gesetzesgestaltung und Gesetzesanwendung im Leistungsrecht, S. 113ff., 142ff., 172f. in: Veröffentlichungen der Vereinigung der Deutschen Staatsrechtslehrer 47. Berlin: Walter de Gruyter & Co.
*Oppermann, Thomas,* 1976: Nach welchen rechtlichen Grundsätzen sind das öffentliche Schulwesen und die Stellung der an ihm Beteiligten zu ordnen?, Gutachten C. zum 51. Deutschen Juristentag. München: C.H. Beck.
*Rosenberg, Leo,* und *Karl Heinz Schwab,* 1986: Zivilprozeßrecht. 14. Aufl., München: C.H. Beck.
*Schelsky, Helmut,* 1970: Zur soziologischen Theorie der Institutionen. S. 9ff. in: *Ders.* (Hg.): Zur Theorie der Institutionen. Düsseldorf: Bertelsmann-Universitätsverlag.
*Schelsky, Helmut,* 1980: Die Soziologen und das Recht. Opladen: Westdeutscher Verlag.
*Simmel, Georg,* 1958: Soziologie. Untersuchungen über die Formen der Vergesellschaftung. 4. Aufl. Berlin: Duncker & Humblot.
*Schmidt-Jortzig, Edzard,* 1979: Die Einrichtungsgarantien der Verfassung. Göttingen: Otto Schwartz.
*Schmitt, Carl,* 1928: Verfassungslehre. München: Duncker & Humblot.
*Schmitt, Carl,* 1931: Freiheitsrechte und institutionelle Garantien in der Reichsverfassung. S. 140ff. in: *Ders.:* Verfassungsrechtliche Aufsätze, 1958. Berlin: Duncker & Humblot.
*Schulze-Fielitz, Helmuth,* 1988: Theorie und Praxis der Gesetzgebung – besonders des 9. Deutschen Bundestages (1980–1983). Berlin: Duncker & Humblot.
*Starck, Christian,* 1967: Rezension, Archiv des öffentlichen Rechts 92: 417–422.

*Starck, Christian*, 1970: Der Gesetzesbegriff des Grundgesetzes. Baden-Baden: Nomos-Verlag.
*Starck, Christian*, 1976a: Die Bindung des Richters an Gesetz und Verfassung. S. 43–93 in: Veröffentlichungen der Vereinigung der Deutschen Staatsrechtslehrer 34. Berlin: Walter de Gruyter & Co.
*Starck, Christian*, 1976b: Organisation des öffentlichen Schulwesens, Neue Juristische Wochenschrift 29: 1375–1380.
*Starck, Christian*, 1976c: Das Bundesverfassungsgericht im politischen Prozeß der Bundesrepublik. Recht und Staat 466/467. Tübingen: J.C.B. Mohr (Paul Siebeck).
*Starck, Christian*, 1988: Überlegungen zur Gesetzgebungslehre, Zeitschrift für Gesetzgebung 3: 1–22.
*Starck, Christian*, 1991: Die Bedeutung der Rechtsphilosophie für das positive Recht. S. 376–393 in: *Robert Alexy, Ralf Dreier* und *Ulfried Neumann* (Hg.): Rechts- und Sozialphilosophie in Deutschland heute. Beiheft Nr. 44 zum Archiv für Rechts- und Sozialphilosophie. Stuttgart: Franz-Steiner-Verlag.
*Starck, Christian*, 1992: Die Verfassungsauslegung. § 164 in: *Josef Isensee* und *Paul Kirchhof* (Hg.): Handbuch des Staatsrechts der Bundesrepublik Deutschland, Bd. VII. Heidelberg: C.F. Müller.
*Starck, Christian*, 1994a: Praxis der Verfassungsauslegung. Baden-Baden: Nomos-Verlag.
*Starck, Christian*, 1994b: Die Verfassungen der neuen deutschen Länder. Heidelberg: C.F. Müller.
*Tenbruck, Friedrich H.*, 1964: Freundschaft. Ein Beitrag zur Soziologie der persönlichen Beziehungen, Kölner Zeitschrift für Soziologie und Sozialpsychologie 16: 431–456.
*Weber, Max*, 1960: Rechtssoziologie, hg. von *Johannes Winckelmann*. Neuwied: Hermann Luchterhand.
*Weber, Werner*, 1954: Eigentum und Enteignung. S. 331–399 in: Die Grundrechte, Bd. II. Berlin: Duncker & Humblot.
*Wolff, Martin*, 1923: Reichsverfassung und Eigentum, Heft IV in: Festgabe für W. Kahl. Tübingen: J.C.B. Mohr (Paul Siebeck).

# II.
# Institutionalisierte Formen politischen Handelns

# PARTEIENKONKURRENZ

## Analytische Dimensionen und empirische Probleme

### Stefano Bartolini

*Zusammenfassung:* Im Gegensatz zu wirtschaftstheoretischen Modellen wird politische Konkurrenz als mehrdimensionales Phänomen verstanden, das sich aus vier Bedingungen zusammensetzt: 1. Kampffähigkeit der miteinander konkurrierenden Parteien, 2. Mobilitätsbereitschaft der Wähler, 3. Entscheidbarkeit des Wahlangebots und 4. Verwundbarkeit der Amtsinhaber durch Wahlen. Diese vier Bedingungen stehen nicht in einer additiven, sondern in einer höchst widersprüchlichen Beziehung zueinander. Damit politische Konkurrenz als Institution den „sozialen Wert" (Georg Simmel) der Responsivität produzieren kann, bedarf sie sozio-politischer Kontextbedingungen, die sie in ihrer ungehemmten Entwicklung begrenzen. Die paradoxe Formel von Parteienkonkurrenz lautet demnach: Institutionelle Stabilität durch institutionelle Begrenzung.

Der Begriff Parteienkonkurrenz wird höchst unterschiedlich gebraucht. Zunächst wird er ganz allgemein auf alle Vorgänge im gesamten Politikbereich bezogen, also auf Wahlen und Entscheidungsprozesse in Parlament und Regierung. Dann wird er im Zusammenhang mit formalen Modellbildungen von Parteistrategien und Wahlentscheidungen benutzt, in denen Annahmen über Motive, Präferenzen und Informationen politischer Akteure eingehen. Schließlich wird er rein deskriptiv benutzt, um Wahlkampagnen, Parteipositionen und -programme zu beschreiben. In den Titeln politikwissenschaftlicher und soziologischer Artikel taucht der Begriff der Konkurrenz neuerdings zunehmend auf, was auf eine anhaltende Debatte schließen läßt. Trotzdem bleibt nach wie vor unklar, was eigentlich theoretisch unter politischer Konkurrenz genau zu verstehen ist und auf welche empirischen Phänomene er sich im einzelnen bezieht. Zwei Hauptgründe scheinen für diese Unklarheit verantwortlich zu sein.

Erstens herrscht bei Politikwissenschaftlern und politischen Soziologen nach wie vor das Modell der ökonomischen Wettbewerbstheorie vor. Dabei ist aber die Grundannahme, wirtschaftliche und politische Konkurrenz seien analog oder ähnlich, falsch. Der politische Konkurrenzkampf unterscheidet sich vom ökonomischen dadurch, daß im ersteren Absprachen getroffen werden müssen, um das exklusive Gut der Regierungsmacht erreichen zu können. Zweitens begehen Politikwissenschaftler denselben Fehler wie Wirtschaftswissenschaftler, wenn sie Wettbewerb als eindimensionales Phänomen auffassen, das nur durch ein Merkmal gekennzeichnet sei, von dem es nur mehr oder weniger geben könne und dessen oberste Grenze sich durch das Modell des „vollkommenen Wettbewerbs" ausdrücken ließe. Politischer Wettbewerb ist aber multi-dimensional und seine verschiedenen Merkmale sind unabhängig voneinander und lassen sich nicht in einem irgendwie gearteten Modell der „Vollkommenheit" maximieren.

In dem vorliegenden Beitrag sollen diese beiden Standpunkte vorgestellt werden, wobei von dem Begriff des „sozialen Wertes" ausgegangen wird. Dieser ist das unbeabsichtigte Nebenprodukt politischer Konkurrenz. Es sollen die Bedingungen diskutiert werden, unter denen dieser soziale Wert im politischen Wettbewerb entsteht. Dabei wird angenommen, daß diese Bedingungen nicht gleichzeitig erfüllt werden können. Die Diskussion über politische Konkurrenz muß eben dieser Tatsache der Multi-Dimensionalität ihrer Merkmale und Bedingungen Rechnung tragen. Die politische Analyse sollte sich darauf konzentrieren, diejenigen Merkmale und Bedingungen der politischen Konkurrenz zu untersuchen, deren Maximierung eine bestimmte Gesellschaft in einer spezifischen historischen Situation anstrebt.

## I. Der unbeabsichtigte „soziale Wert" der Konkurrenz

Die Lobeshymnen, die seinerzeit Adam Smith auf die wohltuenden Wirkungen der Handelskonkurrenz gesungen hat, sind bis heute nicht verstummt. Nach wie vor genießt die Konkurrenz allgemein den Ruf, ein taugliches und wertvolles Instrument zu sein, um fast alle Bedürfnisse und Werte in nahezu allen sozialen Bereichen zu verwirklichen. Die außergewöhnliche soziale Hochschätzung der Konkurrenz, also des Sachverhalts, daß mehrere Parteien gleichzeitig nach ein und demselben Ziel streben, ist um so erstaunlicher, wenn man bedenkt, in wie vielen anderen sozialen Zusammenhängen das Prinzip der Unterordnung der individuellen Anstrengungen unter ein gemeinsames Ziel nach wie vor empirisch wie normativ gültig ist. Man denke etwa nur an private und öffentliche Bürokratien, an Produktionsprozesse oder an Familien- und Verwandtschaftsbeziehungen. In diesen Bereichen müssen andere Prinzipien oder Techniken der Koordination individueller Kräfte ad hoc gerechtfertigt werden. Ob die Befriedigung menschlicher Bedürfnisse und die Realisierung von Werten durch Leistungskonkurrenz oder -koordination erreicht werden soll, wird heute nicht mehr ideologisch diskutiert und stellt im allgemeinen kein brisantes politisches Thema dar.

Die Konkurrenz ist hauptsächlich dadurch gerechtfertigt, daß für einen Dritten Vorteile entstehen. Dieser kann entweder ein Individuum oder auch ein System sein; entsprechend lassen sich zwei verschiedene Perspektiven unterscheiden, unter denen man die durch Konkurrenz entstehenden Vorteile analysieren kann. Legt man die individuelle Perspektive an, dann ist die dritte siegreiche Partei identisch mit der kollektiven Wohlfahrtsfunktion, die jede individuelle Funktion maximiert. Unter der Perspektive des sozialen Systems besteht der Vorteil der Konkurrenz darin, daß sie einen allgemeinen Wert erzeugt, der für das ganze soziale System positiv funktional ist. Bekanntlich hat Georg Simmel diesen soziologischen Mechanismus der Transformation individueller Anstrengungen in soziale Werte untersucht (Simmel 1992: 323–349). Rein formal gesehen beruht die Konkurrenz auf einem individualistischen Prinzip, nämlich auf der Weigerung, individuelle Interessen und Anstrengungen einem gemeinsamen über-individuellen Ziel unterzuordnen. In der Konkurrenz wird unterstellt, daß jede Partei ihre eigenen Interessen verfolgt und dafür ihre eigenen Energien aufwendet. Das so erzielte Ergebnis wird dann nach objektiven

Kriterien der Leistungserfüllung bewertet. Im Gegensatz zu anderen Formen des Konflikts liegt Simmel zufolge bei der reinen Konkurrenz der zu erringende Preis nicht in den Händen eines der Konkurrenten, denn „... jeder der Bewerber (strebt) für sich auf das Ziel zu (...), ohne eine Kraft auf den Gegner zu verwenden" (Simmel 1992: 324). Diese Form des Kampfes verfährt, äußerlich betrachtet, so, „als ob kein Gegner, sondern nur das Ziel auf der Welt wäre" (ibid.).

Konkurrenz setzt daher ein gemeinsames, von allen wetteifernden Parteien angestrebtes Ziel voraus, sei es Profit, Ehre, wissenschaftliches Ansehen oder Macht. Die soziale Rechtfertigung der Konkurrenz jedoch besteht darin, daß die individuellen, antagonistischen Anstrengungen, die zur Realisierung des von den Konkurrenten angestrebten Ziels führen, darüber hinaus noch andere Werte als Nebenprodukt verwirklichen. Vom subjektiven Standpunkt des jeweiligen Konkurrenten aus gesehen, ist diese Wertsteigerung nicht beabsichtigt, womöglich auch gar nicht erwünscht. Aber gerade in dieser *Wertsteigerung* liegt der Sinn der Konkurrenz, „da sie, vom Standpunkt der Gruppe aus gesehen, subjektive Motive als Mittel darbietet, um objektive soziale Werte zu erzeugen und, vom Standpunkt der Partei, die Produktion des objektiv Wertvollen als Mittel benutzt, um subjektive Befriedigung zu gewinnen" (Simmel 1992: 325–326). Vom Standpunkt der sozialen Gruppe aus gesehen, rechtfertigt sich die Konkurrenz dadurch, daß sie die Spannung zwischen individuellen und sozialen Zielen überwindet. Letztere werden durch die objektiven Ergebnisse der individuellen Konkurrenz erreicht: „So verschlingt sich in dieser Form aufs wunderbarste die Subjektivität des Endziels mit der Objektivität der Endergebnisse ..." (Simmel 1992: 325). Die Konkurrenz rechtfertigt sich daher durch die Verwirklichung *sozial* gewünschter Ziele, obwohl sie selbst auf dem individualistischen Prinzip der Verfolgung *subjektiver* Ziele beruht. Eben hierdurch läßt sich auch der Kräfteverbrauch rechtfertigen, den die miteinander konkurrierenden Individuen erleiden. Es ist daher falsch, Konkurrenz als Gegensatz zu „sozialen Interessen" aufzufassen. Sie ist eine von vielen Techniken zur Realisierung sozialer Werte, die nach Simmel in der sozialistischen Organisation ihr deutlichstes Gegenmodell findet (Simmel 1992: 338).

## II. Schumpeter, Downs und der soziale Wert politischer Konkurrenz

Diese Vorstellung der durch Konkurrenz hervorgerufenen Wertsteigerung ist relativ spät auf den Bereich der Politik übertragen worden. Im allgemeinen wird die politische Macht – wie immer man sie definiert – als der objektive Wert angesehen, der im politischen Kampf für die Konkurrenten entsteht. Worin aber liegt der soziale Wert?

Diese Frage ließe sich knapp und bündig beantworten: Demokratie ist der soziale Wert des politischen Konkurrenzkampfes! Aber diese Antwort ist nicht ganz richtig. Der politische Wahlkampf setzt ein Minimum an Normen und Werten voraus, ohne die er in einen ungeregelten Konflikt ausarten würde. Es müssen demokratische Grundregeln und Verfahren gegeben sein, damit politischer Konkurrenzkampf überhaupt stattfinden kann. Demokratie ist somit die notwendige Bedingung für politische Konkurrenz und nicht umgekehrt. Pluralismus, die notwendige Bedingung für Demokratie, muß nicht unbedingt auf Konkurrenz beruhen; er kann von anderen Arten von Beziehungen bestimmt werden. Es ist ein ganz anderes Problem, ob politische Konkurrenz eine positive Rückwirkung auf Demokratie und Pluralismus derart hat, daß die verfassungsmäßigen Voraussetzungen der Demokratie aufrechterhalten und stabilisiert werden. Aber die Möglichkeit eines derartigen positiven Feed-back-Prozesses ändert nichts an der logischen Priorität von Demokratie vor politischer Konkurrenz.

Joseph A. Schumpeter (1987 [1950]) und Anthony Downs (1957) haben in ihren einflußreichen Arbeiten das Axiom der „dritten siegreichen Partei" des politischen Konkurrenzkampfes eingeführt. Einige wenige Hinweise über die allgemeinen Annahmen dieser beiden Ansätze mögen hier genügen. Der neue Gedanke Schumpeters bestand darin, daß er von den Motiven der politische Elite absah und nur noch deren Machtstreben unterstellte. Ist dieses erst – um einen Begriff von Amitai Etzioni (1988) zu verwenden – in einer „sozialen Kapsel" von Normen und Verfahren eingeschlossen, dann produziert es soziale Werte, die für Dritte und die ganze Gesellschaft von großem Interesse sind. Man braucht dabei nicht davon auszugehen, diese sozialen Werte würden bewußt von den Parteien im Konkurrenzkampf angestrebt werden. Schumpeters Vorstellung hat mehrere Vorteile. Sie trägt dazu bei, die normative Komponente von Demokratie beizubehalten, indem den Wählern die Rolle der „*letzten Selektionsinstanz*" der Regierungselite zugewiesen wird. Auf der deskriptiven Ebene ist es möglich, die Vorstellung der, so Schumpeter, „klassischen Demokratietheoretiker" zurückzuweisen, die ein unrealistisch hohes Ausmaß an politischer Kompetenz, Initiative und Altruismus unterstellen. Ein weiterer Gewinn der Schumpeterschen Vorstellung besteht darin, daß sich eindeutig zwischen demokratischen und undemokratischen Systemen dahingehend unterscheiden läßt, ob Wahlen zur Kontrolle der Regierenden durchgeführt werden oder nicht.

Schumpeter sieht einen engen Zusammenhang zwischen Konkurrenzkampf und Demokratie. Er definiert Demokratie als eine vom Volk hervorgebrachte Regierung und das demokratische System als einen nach formalen Regeln geführten freien, fairen und loyalen Konkurrenzkampf um die Stimmen des Volkes (Schumpeter 1987: 427-428). „Die demokratische Methode ist diejenige Ordnung der Institutionen zur Erreichung politischer Entscheidungen, bei welcher einzelne die Entscheidungsbefugnis vermittels eines Konkurrenzkampfes um die Stimmen des Volkes erwerben" (Schumpeter 1987: 428). Die Verfahren, durch die die Demokratie begründet wird, stellen den konstitutionellen Aspekt oder die soziale Kapsel (s.o.) des politischen Konkurrenzkampfes um Wählerstimmen dar. Schumpeters Theorie ist eher eine Demokratietheorie, in der die Konkurrenz den Stellenwert des Verfahrens eingeräumt bekommt, um Demokratie zu erreichen.

Trotz dieser zentralen Bedeutung von Konkurrenz als Verfahren der Demokratie äußert sich Schumpeter nicht weiter über den Konkurrenzkampf selbst. Er gibt zu, daß „unsere Theorie ebenso unbestimmt ist wie der Begriff des Konkurrenzkampfes um die Führung selbst" (Schumpeter 1987: 430; Übers. B.N.). Auch definiert er nicht genauer, was er unter dem sozial gewünschten Nebenprodukt des politischen Konkurrenzkampfes versteht. Es scheint in der friedlichen Wahl der Regierung, in der regelmäßigen Erneuerung ihres Mandats, kurz, in der Institutionalisierung des endlosen Machtkampfes zu bestehen. Zwischen den beiden Extremen der vollkommenen Konkurrenz einerseits und der gewaltsamen Verhinderung der Konkurrenz um Wählerstimmen andererseits liegt nach Schumpeter eine ganze Reihe empirischer Varianten. Von dem einen Extrem zum anderen geht „die demokratische Regierungsmethode mit unendlich kleinen Schritten allmählich in die autokratische über (...)" (Schumpeter 1987: 431). Aber er gibt nicht näher an, welches die genauen Bedingungen für diesen Übergang sind. Konkurrenzkampf ist insofern eher als Konkurrenz*fähigkeit* im Wahlkampf zu verstehen, d.h. als Bereitschaft, sich im Wahlkampf der Herausforderung der Gegner zu stellen. Damit erschöpft sich auch schon Schumpeters Hinweis auf den von den politischen Akteuren unbeabsichtigten sozialen Wert des politischen Konkurrenzkampfes, der – um es zu wiederholen – darin besteht, die Regierung regelmäßig hervorzubringen und von den Wählern zu bestätigen.

Anthony Downs greift ausdrücklich die Schumpeterschen Hypothesen auf und entwickelt sie weiter (Downs 1957: 19, FN 11). Nach Brian Barry versteht Downs Konkurrenz als „a mechanism whereby political parties which are engaged in what Schumpeter called a ‚competitive struggle for the people's vote' are obliged to take account of the preferences of the electors for one policy rather than another" (Barry 1970: 99). Der unbeabsichtigte soziale Wert der Konkurrenz sei „Responsivität", wobei man nicht zu unterstellen brauche, Parteien und Kandidaten strebten willentlich an, auf die Wünsche der Wähler zu antworten. Dazu würden sie ganz ungewollt veranlaßt, wenn sie ihr Ziel des Machtstrebens über Stimmenmaximierung verfolgten. Die Hypothese von Downs läuft darauf hinaus, daß Konkurrenz die Motive der Parteien notwendigerweise in soziale Werte verwandelt, nämlich in Aufrichtigkeit, Verantwortlichkeit und Responsivität gegenüber den Wünschen der Wähler (Downs 1957: 107ff.).

Der Unterschied zwischen diesen beiden Ansätzen von Schumpeter und Downs darf nicht übersehen werden. Das Modell von Downs baut auf der bekannten Annahme von der Rationalität des Wählers auf, der seine Wahl trifft, nachdem er Vor- und Nachteile der verschiedenen Parteien in ihrer vorgestellten Rolle als Regierungsparteien gegeneinander abgewogen hat. Gewählt wird schließlich diejenige Partei, deren künftige Politik den höchsten Ertrag (verstanden als subjektives Wohlbefinden) zu bringen verspricht. Entsprechend unterbreiten die Parteien und deren Kandidaten den Wählern solche Politikangebote, von denen sie sich eine Stimmenmaximierung erhoffen. Bei Schumpeter fehlt jeder Hinweis auf den Begriff der Responsivität. Auch unterstellt er nicht, die Wähler wüßten, was sie wollten und könnten Vor- und Nachteile kalkulieren. Deshalb geht er erst gar nicht so weit zu sagen, die Eliten würden den Wählern diejenigen Politikangebote machen, die diese wollten. Es geht ihm hauptsächlich darum, daß eine Regierung über Wahlen hervorgebracht (und abgesetzt) wird. Schumpeter läßt sich insofern eher als skeptisch-konservativer europäischer Beobachter bezeichnen.

Für Downs dagegen ist der Begriff der Responsivität gegenüber den Wünschen der Wähler das Hauptmerkmal des sozialen Wertes des politischen Konkurrenzkampfes. Zur Erzeugung der unbeabsichtigten sozialen Werte ist es ganz entscheidend, was die Parteien bzw. Kandidaten anbieten und auf welcher aktuellen Grundlage die Wähler ihre Entscheidung treffen. Nach Schumpeters Vorstellung von „Demokratie durch Verfahren" werden kollektive Güter ganz unabhängig von den inhaltlichen Wünschen der Wähler und den Angeboten der Parteien erzeugt. Downs dagegen ist der Ansicht, daß der Mechanismus der Konkurrenz die formale Demokratie eo ipso in eine materiale Demokratie verwandelt, die den Wünschen der Wähler entspricht. Die von Schumpeter genannten Ziele könnten auch dann erreicht werden, wenn die Wähler irrational, uninformiert oder gänzlich abwegig abstimmen würden. Downs zufolge würden derartige Wähler die Eliten nicht zu einer Antwort veranlassen können. Schumpeters Vorstellung vom Konkurrenzkampf ist sogar mit einer ausgeprägten elitären Konzeption vereinbar, nach der Eliten die Wünsche und

Wahrnehmungen der Wähler beeinflussen oder gar manipulieren, während der Ansatz von Downs ganz und gar nicht mit einer derartigen Vorstellung vereinbar ist. Schumpeter hebt die Notwendigkeit hervor, daß Regierungen in regelmäßigen Abständen wiedergewählt oder abgewählt werden, worauf auch immer das Urteil der Wähler dabei beruhen mag. Die Position von Downs dagegen betont die Fähigkeit der Eliten, schnell und bereitwillig auf die Wählerwünsche einzugehen. Insofern sind die Regierungen (Schumpeters), die von Wählern hervorgebracht worden sind, nicht dieselben wie die Regierungen (von Downs), die die Wählerwünsche berücksichtigen.

Man könnte gegen diese unterschiedlichen Vorstellungen von Schumpeter und Downs über die Frage, worin der unbeabsichtigte soziale Wert des Konkurrenzkampfes besteht, nun den Einwand erheben, Downs habe lediglich die logischen Konsequenzen aus der Position Schumpeters gezogen. In Schumpeters Arbeit lassen sich aber genügend Hinweise für seine ablehnende Haltung gegenüber der Annahme finden, es bestünde eine Art dyadischer Austauschbeziehung zwischen Wählerwünschen und Eliteangeboten. Mit seiner oben erwähnten skeptischen Grundhaltung war diese materiale Demokratieauffassung einfach nicht vereinbar.

### III. Die Bedingungen der Konkurrenz

Die Art und Weise, wie der durch Konkurrenz unbeabsichtigt erzeugte soziale Wert in der Politik definiert wird, ist folgenreich.[1] Unterschiedliche Arten des sozialen Wertes setzen unterschiedliche Arten seiner Verwirklichung voraus. Wird der soziale Wert in der regelmäßigen Kontrolle der Regierung gesehen, dann kann er durch Verfahrensregeln darüber erzielt werden, wann Wahlen abzuhalten sind und welche politischen Akteure im Konkurrenzkampf antreten dürfen. Hierzu ist die notwendige Bedingung die Konkurrenz- oder Kampffähigkeit (contestability), d.h. die Möglichkeit, daß verschiedene politische Führer und Gruppen in freien und fairen Wahlen gegeneinander antreten und miteinander kämpfen. Kampffähigkeit ist zweifellos die Bedingung von Konkurrenz, aber gleichzeitig ist Kampffähigkeit auch das Grundmerkmal von Demokratie, denn ohne sie gäbe es keinen politischen Pluralismus. Demokratie und Konkurrenz überschneiden sich also in dem Merkmal der Kampf- oder Konkurrenzfähigkeit. Aber es gibt andere, viel zitierte Bedingungen von Demokratie, die keine notwendigen Bedingungen von Konkurrenz sind (wie etwa gleiche und allgemeine Wahlen). Anderseits gibt es Bedingungen von Konkurrenz, die nicht unbedingt Bedingungen von Demokratie zu sein brauchen (Dahl 1971: 3ff.).

Mein Argument ist, kurz gesagt, folgendes: Es gibt drei weitere notwendige Bedingungen von Konkurrenz, *sofern* Responsivität der anzustrebende soziale Wert ist. Sie lassen sich dadurch identifizieren, daß man fragt: Wie stellt man Responsivität im Konkurrenz-

---

[1] Der soziale Wert wird höchst unterschiedlich definiert. Nach Stigler (1972: 91–106) etwa besteht der soziale Wert in der „elimination of unnecessary returns to party leaders and functionaries", wobei unter „unnecessary returns" offensichtlich Ämterpatronage gemeint ist. Um diese zu vermeiden, ist Konkurrenzfähigkeit (contestability) die notwendige Voraussetzung. Da diese Bedingung bereits in der Schumpeterschen Position enthalten ist, ist es nicht notwendig, Stiglers Vorschlag hier zu berücksichtigen.

kampf her? Sieht man einmal von individuellen Motiven ab, dann lautet das gängige Argument: Politische Führer, die um die Aufrechterhaltung ihrer Macht und Ämter kämpfen, sind ständig darauf bedacht zu wissen, wie die Wähler auf ihre Handlungen reagieren. Das Ausmaß, in dem sie sich hierum kümmern, hängt natürlich wiederum davon ab, wie stark sie von Wahlen kontrolliert werden. Nur wenn sie ständig die Reaktionen der Wähler befürchten müssen, sind sie, um mit Giovanni Sartori (1977: 350) zu sprechen, „durch die Antizipation dieser Reaktionen steuerbar". Responsivität wird über den von Friedrich (1963) bezeichneten Mechanismus der antizipierten Reaktionen erreicht. Infolgedessen ist die Hauptbedingung der Konkurrenz die *Verwundbarkeit* der Amtsinhaber durch Wahlen (electoral vulnerability).

Unter welcher Voraussetzung sind Amtsinhaber durch Wahlen verwundbar? Wähler müssen dazu bereit sein, sie zu bestrafen und zu belohnen und entsprechend ihre Wahlentscheidung zu verändern. Halten sie hingegen unbeirrt an ihrer einmal gefällten Wahlentscheidung fest, können sich Amtsinhaber sicher fühlen, denn Wahlen können ihnen dann nichts anhaben. Dabei muß man den Wählern nicht unterstellen, ihre Wahlentscheidung vollkommen verändern zu wollen; es genügt die Bereitschaft hierzu, um den Effekt der Verwundbarkeit der Amtsinhaber zu erzeugen, wobei nicht genau in Anzahl von Wählerstimmen angebbar ist, wie groß diese Bereitschaft sein muß. Diese Bedingung, nach der Wähler bereit sind, ihre Wahlentscheidung von Zeit zu Zeit zu verändern, nenne ich die *Bereitschaft zur Veränderung des Wahlverhaltens* oder kurz: *Mobilitätsbereitschaft* der Wähler (electoral availability).[2]

Wenn also Responsivität von der Verwundbarkeit der Amtsinhaber abhängt und diese wiederum von der Mobilitätsbereitschaft, dann stellt sich die Folgefrage: Was motiviert mobile Wähler dazu, für oder gegen die Inhaber von Regierungspositionen zu stimmen? Die Antwort hierauf muß in der Differenz zwischen dem politischen Angebot und den wahrgenommenen politischen Ergebnissen liegen. Wenn Verwundbarkeit nicht nur das zufällige Ergebnis unberechenbaren Wahlverhaltens sein soll, dann müssen die Angebote der Parteien (Programme, unterschiedliche Politikvorschläge, Ideologien, Ideen usw.) sich deutlich voneinander unterscheiden und dem Wähler klar unterbreitet werden. Die antizipierten Reaktionen sowohl der Regierung wie der Oppositionsparteien (die ja insbesondere für Responsivität aufgeschlossen sein sollen) müssen den Antworten zurechenbar sein, die die Wähler auf unterschiedliche und klare Angebote geben. Diese Angebote machen es den Wählern erst möglich zu entscheiden, ob sie ihre Wahlentscheidung ändern sollen oder nicht und sie machen auch den Eliten erst die Reaktionen der Wähler begreifbar. Wenn die Produkte nicht differenziert sind (oder die Unterschiede nicht wahrgenommen werden), dann können die Wähler zwar bestrafen und belohnen, aber Responsivität wird dann nicht erreicht werden. Wie wir gesehen haben, ist Responsivität unter der Perspektive der Schumpeterschen Fragestellung kein Problem, denn nach dieser kam es nur auf die Ein- oder Absetzung der Regierung als dem letzten Ziel an. Aber unter der Perspektive von Downs' Theorie ist die Erreichung von Responsivität sehr wohl ein Problem. Die unterbreiteten Angebote müssen von den Wählern als Alternativen wahrgenommen werden können, um den gesamten Entscheidungsprozeß sowohl für sie selbst als auch für die

---

2 Dieser Begriff ist ausführlicher in Bartolini/Mair (1990) diskutiert worden.

Amtsinhaber verständlich zu machen. Ich nenne diese Bedingung die *Entscheidbarkeit des Wahlangebots* (decidability of the offer).³

Um die bisherigen Ausführungen zusammenzufassen: Wenn *erstens* zugegeben wird, daß Konkurrenz um Wählerstimmen durch den für Dritte erzielten sozialen Wert gerechtfertigt ist; wenn *zweitens* über das von Schumpeter angegebene minimale Ziel der Ein- oder Absetzung von Regierungen hinausgegangen und das von Downs angeführte Kriterium der Responsivität als Maßstab für das Konkurrenzverhalten zugrundegelegt wird; dann sind *drittens* die Bedingungen zur Realisierung dieses Kriteriums: 1. Kampffähigkeit der Parteien, 2. Mobilitätsbereitschaft 3. Entscheidbarkeit des Wahlangebots und 4. Verwundbarkeit durch Wahlen. Im folgenden sollen diese vier Bedingungen jeweils erläutert werden.

## 1. Kampffähigkeit

Kampffähigkeit ist eine notwendige Bedingung sowohl für Demokratie wie für Konkurrenz. Diese begriffliche Überschneidung ist kein ganz glücklicher Ausgangspunkt, denn sie führt leicht zu Verwechslungen, so daß man einmal Konkurrenz mit Demokratie gleichsetzt und das andere Mal Demokratie mit Konkurrenz. Roberto D'Alimonte gehört zu den wenigen, die versucht haben, diese beiden Begriffe klar voneinander zu trennen, indem er sagt, Demokratie sei eine notwendige, aber keine hinreichende Bedingung für Konkurrenz, und Konkurrenz weder eine notwendige noch eine hinreichende Bedingung für Demokratie. Logisch kann es also Demokratie ohne Konkurrenz geben, aber nicht Konkurrenz ohne Demokratie. Nach D'Alimonte legen es die Bedingungen der Freiheit der Parteien, Kandidaten und Programme vorstellen zu können, und der Freiheit der Wähler, zwischen diesen wählen zu können, nahe, „Demokratie nicht mit Konkurrenz zu identifizieren, sondern mit einem offenen Wählermarkt, in dem die Freiheit des Zugangs sowohl auf der Nachfrageseiten (der Wähler) als auch auf der Angebotsseite (der Parteien) garantiert ist" (D'Alimonte 1989: 303). Wenn der Wählermarkt offen ist, braucht er nicht notwendigerweise auch durch Konkurrenz gekennzeichnet zu sein. Die Bedingungen der Demokratie sind nicht identisch mit den Bedingungen der Konkurrenz.

D'Alimonte trennt also klar zwischen Demokratie und Konkurrenz, wobei er Konkurrenzfähigkeit als das Merkmal zur Definition des offenen Wählermarkts (d.h. der Demokratie) heranzieht, der nicht mit dem Wettbewerbsmarkt (d.h. der Konkurrenz) gleichzusetzen sei. Aber diese Art der Gedankenführung hat einen entscheidenden Nachteil. Wenn man Konkurrenzfähigkeit als ein Merkmal von Demokratie definiert, dann hat dies zur Folge, daß alle Demokratien dieses Merkmal aufweisen müssen. Damit ist die Möglichkeit, verschiedene Demokratien daraufhin zu betrachten, ob sie unterschiedliche Grade an Konkurrenzfähigkeit aufweisen, ausgeschlossen. Wenn Demokratien offene Wäh-

---

3 Kaare Strom (1989, 280–281) hat in seiner Auseinandersetzung mit dem Begriff der Konkurrenz drei „Modelle" der Parteienkonkurrenz erwähnt, die er Konkurrenzfähigkeit, Interessenkonflikt und Verhaltenssensibilität nennt. Sein erstes Modell entspricht weitgehend der von mir genannten ersten Bedingung. Das zweite deckt sich mit keiner meiner Bedingungen. Das dritte enthält Elemente, die ich je für sich unter den Begriffen Wählermobilität und Entscheidbarkeit des Parteiangebots diskutiere.

lermärkte sind, folgt dann daraus, daß sie alle den gleichen Grad an Offenheit aufweisen? Die Antwort hierauf lautet zunächst: nein! Mir kommt es darauf an, in den allgemeinen Begriff der Konkurrenzfähigkeit eine Dimension aufzunehmen, die genau das Ausmaß der Konkurrenz im politischen Wahlkampf angibt. Es gibt nämlich verschiedene politische Systeme, deren demokratischer Charakter nicht in Frage stehen dürfte, in denen aber neue oder auch alte Amtsanwärter nur geringe Chancen im Konkurrenzkampf haben.

Der Begriff des politischen Marktes oder des Wählermarktes ist in mehrfacher Hinsicht unglücklich und sollte gründlich überdacht werden. Ich möchte nur zwei kritische Punkte zur Debatte stellen. Erstens ist der ökonomische Markt ja nicht durch die Art des Zugangs zu ihm definiert, sondern dadurch, ob es Anbietern und Abnehmern gelingt, in eine Tauschbeziehung zu treten. Für den Bereich der Politik ist aber gerade umgekehrt die Frage nach der Art des Zugangs zum Wahlkampf ganz entscheidend. Schon deshalb ist die ökonomische Metapher irreführend. Zweitens verleitet das Analogiedenken zwischen wirtschaftlichem und politischem Markt dazu, „vollkommenen Wettbewerb" dadurch zu definieren, daß es möglichst viele konkurrierende Anbieter und Nachfrager gibt. Das würde, übertragen auf den Bereich der Politik, bedeuten, daß der politische Markt um so vollkommener wäre, je mehr politische Parteien es gäbe, die miteinander um die Wähler konkurrierten. Aber wie wir wissen, ist genau das Gegenteil der Fall: Je höher die Fragmentierung der politischen Anbieter, desto größer das politische Chaos! In der politischen Konkurrenz kann nur eine begrenzte Anzahl an Anbietern auftreten. Das Problem, Zugang zum Markt zu finden, ist in der Politik sehr viel schwerer als in der Wirtschaft. Politische „Marktlücken" zu entdecken, stellt sich für Parteien als eine ganz andere Aufgabe dar als für Anbieter auf dem ökonomischen Markt. Außerdem ist es selten mit der Entdeckung einer kleinen Marktlücke im politischen Bereich getan.

Die Frage sollte sich nicht so sehr darauf richten, was „vollkommene" Konkurrenz ist, sondern darauf, mit welchen institutionellen Verfahren und unter welchen verfassungsmäßigen Bedingungen Konkurrenz überhaupt herstellbar ist: Wie muß das Wahlrecht aussehen, unter welchen Bedingungen kann man Kandidaten und Parteilisten aufstellen, wie sieht die Parteienfinanzierung aus, ist der Zugang zu den Medien gleich verteilt usw. Ich schlage angesichts dieser Bedenken gegen die Analogie zwischen ökonomischer und politischer Konkurrenz vor, erstens Kampffähigkeit als wichtige Dimension von Konkurrenz beizubehalten. Wie später zu zeigen sein wird, hat das Niveau der Kampffähigkeit einen Einfluß auf andere Bedingungen der Konkurrenz. Zweitens plädiere ich dafür, die beiden Bedingungen Kampffähigkeit und Wählermobilität nicht durch die Metapher des „offenen Wählermarktes" miteinander zu vermengen, sondern strikt voneinander zu trennen. Drittens halte ich dafür, Konkurrenzfähigkeit als strukturelles Merkmal der je gegebenen politischen Opportunität zu begreifen, und viertens, die empirischen Bedingungen zu untersuchen, unter denen das Ausmaß der Konkurrenzfähigkeit strukturell variiert und neuen oder alten Akteuren der Zugang zur politischen Konkurrenz erschwert bzw. erleichtert wird.

## 2. Mobilitätsbereitschaft der Wähler

Diese zweite Bedingung bezieht sich auf den Sachverhalt, daß sich die Wähler die Möglichkeit offen halten, ihre Wahlentscheidung in Hinblick auf das politische Angebot zu verändern. Man braucht hierbei nicht unbedingt – wie Downs dies tut – zu unterstellen, alle Wähler seien in diesem Sinne mobil. Zur Anstachelung des Konkurrenzkampfes zwischen den Parteien genügt es, daß ein *Teil* der Wähler bereit ist, seine Meinung zu ändern. Wie groß dieser Teil mobiler Wähler sein muß, um den Konkurrenzeffekt auszulösen, ist schwer zu sagen. Nur genaue empirische Fallanalysen von Wahlkämpfen könnten hier weiterhelfen. Zwar gibt es eine Flut von empirischen Untersuchungen über Wählerverhalten, aber dabei ist nicht genügend auf den Konfliktgegenstand geachtet worden, um den jeweils während des Wahlkampfs gekämpft worden ist und der den voraussichtlichen Wechsel des Wahlverhaltens beeinflußt. Aber man kann folgende einfache Annahme unterstellen: Je höher das Potential der Mobilitätsbereitschaft, desto größer das Niveau der Konkurrenz. Dieser Zusammenhang wird dann komplizierter, wenn man nicht nur die Frage nach dem Umfang der Wählermobilität berücksichtigt, sondern auch diejenige danach, welche Wähler im gesamten Wählerspektrum Tendenzen haben, ihr Wahlverhalten zu verändern.

In diesem Zusammenhang ist es wichtig festzuhalten, daß der mobile Wähler in dem hier definierten Sinne nicht mit demjenigen Wähler zu verwechseln ist, der seine Entscheidung aufgrund von Überzeugung, Information oder gar rationalem Kalkül trifft. Der mobile Wähler ist nicht notwendigerweise über ein Wahlthema oder -programm informiert, sondern er oder sie ist diesen gegenüber sensibel.[4] Der mobile Wähler ist dazu bereit, sein Wahlverhalten durch solche Faktoren beeinflussen zu lassen wie die öffentliche Wahlkampfdebatte oder die persönliche Erfahrung. Wechselwähler können ebenso uninformiert und uninteressiert sein wie ein konstanter Wähler. Es sind vor allem drei Punkte, auf die es ankommt: Erstens neigen diejenigen Wähler, die sich mit ihrer Wahlentscheidung identifizieren, weniger zur Verhaltensveränderung als Wechselwähler. Zweitens ist vermutlich die Sensibilität der Wähler um so höher, a) je niedriger die Anzahl der Konfliktlinien ist, die während des Wahlkampfs mobilisiert worden ist, b) je geringer die organisatorische Bindung der Wähler ist, und c) je lockerer die Vernetzung zwischen Parteien und korporativen Akteuren im gesellschaftlichen Bereich ist. Drittens werden Parteien stets nach Wechselwählern Ausschau halten, gleichgültig, um welche Gruppen es sich hierbei handelt.

Abgesehen davon, wie sich aggregierte Wechselwahl (vgl. Bartolini 1986; Bartolini/Mair 1990: 20–37) und individuelle Wechselwahl (Denver 1985) messen lassen, stellt sich das Problem, daß diese Messungen die *tatsächliche* Veränderung des Wahlverhaltens betreffen.

---

4 Unter Sensibilität wird meistens „Issue-Sensibilität" verstanden. Gegen diesen Begriff sind drei Kritikpunkte vorgetragen worden. 1. Nach den frühen US-amerikanischen Meinungsforschungsuntersuchungen kann man Issue-Wahl nicht unabhängig von Parteien-Wahl betrachten (vgl. Campbell et al. 1964: 78); 2. Nach Robertson (1976: 13) etwa kann man deshalb nicht von Issue-Sensibilität sprechen, weil die Parteien hinsichtlich der Darstellung von Issues nicht konsistent sind; 3. Die Issue-Wahl ist mehrdimensional und daher eignen sich eindimensionale Modelle hierfür nicht (vgl. Sartori (1976: 330–333), der es deshalb vorzieht, von „issue-images as condensed issue-packages" zu sprechen). Bei meiner Definition der Wählermobilität mache ich keine Aussagen darüber, worin die Ursache für die Bereitschaft der Wähler, ihr Verhalten zu verändern, liegt.

*Abbildung 1:* Aggregierte und individuelle Wechselwahl und Mobilitätsbereitschaft der Wähler

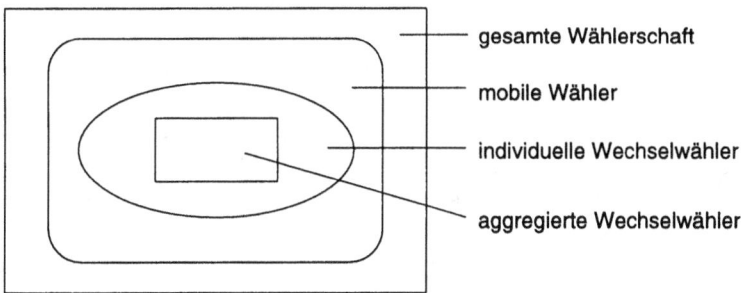

Aber Mobilitätsbereitschaft ist nicht durch Angabe der Veränderung des tatsächlichen Wahlverhaltens meßbar. Ein Wähler kann durchaus bereit sein, sein Wahlverhalten zu verändern und insofern mobil sein, auch wenn er schließlich dieselbe Partei wie vorher wählt. Mißt man also nur die tatsächliche Veränderung des Wahlverhaltens, dann erfaßt man nur einen Teil der mobilen Wähler und läßt diejenigen außer acht, die faktisch bereit sind, ihre Wahlentscheidung zu wechseln, diese Bereitschaft aber nicht in die Tat umgesetzt haben. Die Zusammensetzung der gesamten Wählerschaft ließe sich baukastenartig vorstellen, wobei die aggregierte Wechselwahl das kleinste und die gesamte Wählerschaft das größte Bauelement darstellen (vgl. *Abbildung 1*).

Cornelius van der Eijk und Erik V. Oppenhuis (1991) haben vielversprechende Vorschläge zur Operationalisierung von Wählermobilität auf der individuellen Ebene vorgelegt, indem sie die Bereitschaft, das Wahlverhalten zu ändern, mit dem jeweiligen Wahlkampfthema in Verbindung gebracht haben. Ohne hier auf die Einzelheiten des von den Autoren vorgeschlagenen Meßverfahrens eingehen zu können, ist ihr Ansatz insofern für die hier gestellte Frage wichtig, als sie Wählermobilität mit der Art der Parteienkonkurrenz verbinden. Auf diese Weise können sie auch Vergleiche zwischen Parteien und zwischen Parteisystemen hinsichtlich der Mobilitätsbereitschaft der Wähler anstellen, die sie als notwendige, aber nicht hinreichende Bedingung von Parteienkonkurrenz ansehen.

## 3. Entscheidbarkeit des Wahlangebots

Mit Entscheidbarkeit des Angebots an die Wähler habe ich hier den Sachverhalt gemeint, daß Wähler klar und deutlich erkennen können, worin sich die Parteien in ihren Politikangeboten und Wahlkampfthemen voneinander unterscheiden. Was geschieht eigentlich, so wäre die zu stellende Vorfrage, wenn Parteien überhaupt nicht miteinander konkurrieren wollen, obwohl sie kampffähig sind und obwohl Wähler bereit sind, ihr Wahlverhalten zu verändern? Gibt es Bedingungen, unter denen Parteien die Differenzierung ihres Wahlangebots begrenzen oder ganz vermeiden? In den meisten Demokratietheorien und formalen Modellen von Parteienkonkurrenz wird zwar unterstellt, daß Parteien den Wählern unterschiedliche Programmangebote unterbreiten, aber man findet trotzdem keine weiteren Ausführungen in der Literatur über das Merkmal der Entscheidbarkeit des Wahlangebots.

Diese Lücke ist um so erstaunlicher, als es ja gerade das differenzierte Wahlangebot ist, das die Parteienkonkurrenz ausmachen und steigern soll. In formalen Modellen wie denjenigen von Downs (1957: 38-40) oder William H. Riker und Peter C. Ordeshook (1968; 1973) geht die Vorstellung von unterschiedlichen Parteiangeboten zwar ein, aber sie ist auf das Konzept der Parteiendistanz verkürzt. Damit Parteienkonkurrenz auch Responsivität von seiten der Parteiführer bewirkt, ist die Entscheidbarkeit des den Wählern unterbreiteten Angebots eine notwendige Bedingung. Dabei ist ausschlaggebend, daß die Wähler die Unterschiede so wahrnehmen können, daß sie zur Entscheidungsgrundlage werden. Worin auch immer das Angebot der Parteien besteht, es muß sich erstens von demjenigen der anderen Parteien klar unterscheiden und zweitens für die Wähler deutlich sichtbar sein.

Der Grund, weshalb in der bisherigen Diskussion über Parteienkonkurrenz der Bedingung der Entscheidbarkeit des Wahlangebots so wenig Aufmerksamkeit geschenkt worden ist, liegt zunächst darin, daß bisher die Auswahl des Führungspersonals stärker beachtet worden ist. Dieser Aspekt ist bereits im Zusammenhang mit der Darstellung der Schumpeterschen Position berührt worden. Ein weiterer Grund für die Vernachlässigung der Entscheidbarkeit des Wahlangebots mag darin bestehen, daß die ökonomische Wettbewerbstheorie, die bei der Entwicklung politischer Konkurrenztheorien stets als Modell verwendet wird, dieser Bedingung wenig Beachtung schenkt. Beim vollkommenen Wettbewerb sollen die Produkte sogar so homogen wie möglich sein. Und schließlich drittens – und dies ist vermutlich der wichtigste Grund für die Vernachlässigung dieser dritten Bedingung – wird Entscheidbarkeit des Angebots implizit unterstellt, indem vermutet wird, daß diese Bedingung von anderen Merkmalen der Parteienkonkurrenz abgeleitet werden kann.

Rational-Choice-Theoretiker unterstellen, der Wähler würde seine Entscheidung intrinsisch fällen, d.h., sie liege außerhalb des Prozesses der Parteienkonkurrenz und sei unabhängig von dem Parteienangebot (Laver/Hunt 1992: 3; vgl. auch Dunleavy/Ward 1981; Dunleavy 1991). Auch formal argumentierende Theoretiker kommen zu diesem Ergebnis. In ökonomischen Modellen der Parteienkonkurrenz wird eine zweite Annahme über die Wählerentscheidung gemacht, nämlich diejenige, daß sie während des Wahlkampfes selbst beibehalten wird. Kombiniert man diese beiden Dimensionen der endogen bzw. exogen geprägten Wählerentscheidung einerseits mit der Aufrechterhaltung bzw. Veränderung der Entscheidung während des Wahlkampfes andererseits, dann läßt sich folgendes Schema erstellen (vgl. *Tabelle 1*).

*Tabelle 1*: Die Struktur der Wählerentscheidung

| | | Die Wähler treffen ihre Entscheidung | |
|---|---|---|---|
| | | außerhalb der Parteienkonkurrenz | innerhalb der Parteienkonkurrenz |
| Die Wählerentscheidung wird | beibehalten | Typ I | entfällt |
| | verändert | Typ II | Typ III |

Rein logisch gesehen können Wählerentscheidungen, die innerhalb der Parteienkonkurrenz getroffen werden, nicht gleichzeitig stabil sein; deshalb entfällt dieser Typ. Typ I ist im allgemeinen derjenige, der in ökonomischen Modellen der Parteienkonkurrenz unterstellt wird. Die Struktur der Wählerentscheidung liegt außerhalb der Parteienkonkurrenz. Sie wird daher, kurzfristig betrachtet, auch beibehalten und wird noch nicht einmal von Kräften beeinflußt, die außerhalb der Parteienkonkurrenz liegen. Was bleibt unter dieser Bedingung Parteien eigentlich noch zu tun übrig? Sie können Informationen über die Struktur der Wählerentscheidung einholen und sich dann entsprechend anzupassen versuchen. Höchstens engagieren sie sich dann noch in Anzeigenkampagnen, um die Öffentlichkeit über ihren Standpunkt zu unterrichten. Aber das ist dann auch schon alles. Parteistrategie ist unter dieser Bedingung nur ein mehr oder minder effizientes Anpassungsverhalten.

Typ II stellt eine Variante von Typ I insofern dar, als auch hier davon ausgegangen wird, daß die Wählerentscheidung außerhalb der Parteienkonkurrenz erfolgt und insofern von den Parteien nicht durch eine Veränderung ihres Angebots beeinflußt werden kann. Zwar unterstellt Typ II im Unterschied zu Typ I, daß die Wählerentscheidung verändert werden kann, aber die Ursachen hierfür liegen nicht im Bereich der Beeinflußbarkeit der Parteien. So kann zum Beispiel ein Wandel der sozio-kulturellen Werte oder der Sozialstruktur die Wählerentscheidungen beeinflussen; den Parteien bleibt auch dann, wie im Typ I, nichts anderes übrig, als mehr oder minder effiziente Strategien zu entwickeln, um sich an diese Veränderungen anzupassen.

Beiden Typen liegt die Annahme zugrunde, die Wählerentscheidung liege außerhalb der Parteienkonkurrenz. Damit wird das Problem, wie die Parteien die Wählerentscheidung durch Variation ihres Angebots beeinflussen können, irrelevant.

Bei Typ III wird im Gegenteil davon ausgegangen, daß die Wählerentscheidung von der Parteienkonkurrenz beeinflußt werden kann. Damit fällt Parteien eine größere Aufgabe zu, als sich bloß den Wünschen der Wähler anzupassen. Konkurrenz zwischen Parteien bedeutet nach diesem Modell, daß politische Eliten versuchen, die Struktur der Wahlentscheidung zu ihren Gunsten durch Variation des Wahlangebots zu prägen. Diese Vorstellung widerspricht den Annahmen der Theorie des Rational Choice. Die Prägung der Struktur der Wahlentscheidung durch Differenzierung des Wahlangebots von seiten der Parteien ist nach diesem Typ III die Haupttätigkeit von Parteienkonkurrenz. Die empirische Parteienforschung hätte demnach die Aufgabe zu untersuchen, wie Parteien bei dieser Tätigkeit der „Produktdifferenzierung" konkret vorgehen.

*a) Grenzen der Angebotsdifferenzierung.* Es ist nicht vollkommen in das Belieben der Parteien gestellt, wie sie die Entscheidbarkeit des Wahlangebots in der Parteienkonkurrenz variieren. Ihrer Tätigkeit sind mindestens drei Grenzen gesetzt. *Erstens* können die vorherrschenden Werte und Normen den Parteien Grenzen bei der Differenzierung bestimmter Wahlkampfthemen auferlegen. Das betrifft etwa Normen zur Solidarität, nationalen Identität oder Einheit, aber auch bestimmte Verfassungsnormen oder Wertverpflichtungen informeller Art.

*Zweitens* kann die Differenzierung des Wahlthemas durch die Mittel begrenzt sein, mit denen die Parteien miteinander konkurrieren. In seltenen Fällen haben alle Parteien die gleichen Mittel zur Verfügung. Diese Gleichheit der Mittelverteilung muß oft erst selbst erkämpft werden, etwa durch Absprachen über den gleichen Zugang zu den Medien (Rundfunk und Fernsehen), zu finanziellen Ressourcen oder Mitteln für öffentliche Parteiwerbung. Es läßt sich vielfach auch beobachten, daß Parteien vor Wahlkämpfen bestimmte Einigungen darüber erzielen, bestimmte Themen auszusparen und moralische Standards einzuhalten. Welchen Einfluß diese Absprachen auf die Konkurrenz um Wahlkampfthemen selbst haben, bedürfte der genauen Untersuchung. Zumindest ist nicht gesagt, daß derartige Absprachen unbedingt die Parteienkonkurrenz mindern; das Gegenteil kann der Fall sein, denn die Konzentration auf die eigentlich wichtigen Wahlkampfthemen kann danach eher zunehmen und die Produktdifferenzierung fördern.

Die *dritte* Art der Begrenzung der Parteienkonkurrenz betrifft den Aspekt ihres Umfangs, der durch Praktiken der Kartell- oder Bündnisbildung zwischen den Parteien eingeschränkt werden kann. Es liegt in der Natur politischer Konkurrenz zu versuchen, Herrschaftspositionen durch Bündnisbildung zu erobern. Zwar kann die Intensität der Parteienkonkurrenz durch derartige Praktiken durchaus gefördert werden, aber ihr Umfang wird hierdurch begrenzt. Ich möchte hierbei zwei, mir besonders interessant erscheinende Fälle voneinander unterscheiden, die zur Begrenzung des Umfangs der Parteienkonkurrenz führen.

a) Der erste bezieht sich auf den Sachverhalt, daß sich politische (im Gegensatz zur ökonomischen) Konkurrenz typischerweise gleichzeitig auf multiplen, miteinander verbundenen Arenen abspielt, so etwa auf der Arena des öffentlich ausgetragenen Wahlkampfs und auf der vor der Öffentlichkeit verborgenen Arena der Regierung oder der parlamentarischen Kommissionsarbeit. Dieselbe Partei kann in diesen verschiedenen Arenen unterschiedliche Standpunkte zu einzelnen Themen einnehmen. Entschließt sich beispielsweise eine Partei dazu, ein Thema in der Wahlkampfarena in ein Entscheidungsobjekt zu transformieren, kann es ihr womöglich gelingen, die Wahlen zu gewinnen; aber damit hat sie noch nicht unbedingt die Regierungsposition erobert. Der niederländischen Sozialistischen Partei erging es in ihrem Wahlkampf 1977 genau so. Die italienische Lega wählte im Wahlkampf 1994 gerade den umgekehrten Weg: Sie verwischte ihre Position zu verschiedenen Themen und ging ein strategisches Wahlbündnis mit der Forza Italia ein; zwar gewann sie auf diese Weise die Regierungsposition, aber nur um den Preis von Wählerstimmenverlusten.[5]

b) Die zweite Art, wie der Umfang der Parteienkonkurrenz durch Bündnis- oder Kartellbildung beschränkt werden kann, bezieht sich auf die Art der Themenformulierung selbst. Hierbei unterscheide ich wiederum drei analytische Fälle: α) Diffuse oder unklare Parteipositionen zu bestimmten Themen; β) die Transformation von Parteithemen in Bewertungsfragen; und γ) die Verschiebung bestimmter Themen von einer Entscheidungsarena in die andere, wobei in beiden je unterschiedliche Legitimitätskriterien vorliegen. Eine ausführliche Diskussion dieser drei Punkte wäre angezeigt, aber ich muß mich auf die folgenden Bemerkungen beschränken:

Durch die Transformation teilbarer Themen (position-issues) in Bewertungsfragen (valence-issues) wird die Entscheidbarkeit des Wahlangebots gesenkt. Dabei sind unter Position-Issues solche zu verstehen, „that involve advocacy of government actions from a set of alternatives over which a distribution of voter preferences is defined"; Bewertungsfragen dagegen sind solche, „that merely involve the linking of the parties with some

---

5 Zu der Beziehung zwischen unterschiedlichen Arenen im politischen System vgl. Laver (1989: 302–305).

condition that is positively or negatively valued by the electorate" (Stokes 1966: 170–173). Bewertungsfragen haben nur einen Wert (positiv-negativ), der von der Mehrheit geteilt wird; insofern sind sie unteilbar. Positions-Issues sind teilbar und eröffnen die Möglichkeit, Wahlentscheidungen zu treffen.[6] William Schneider (1980: 91–97) hat in diesem Zusammenhang eine Typologie von Themen erstellt, die folgende Dimensionen miteinander kombiniert: Die Eindeutigkeit des Parteienstandpunkts einerseits und die Teilbarkeit des Konfliktthemas andererseits.

*Tabelle 2*: Typologie der Themen

|  |  | Das Thema ist | |
|---|---|---|---|
|  |  | teilbar | nicht teilbar |
| Der Parteien-<br>standpunkt ist | eindeutig | Parteithema | Wahlkampfthema |
|  | undeutlich | kritisches Thema | Themenenthaltung |

Die erste Dimension des (eindeutigen oder undeutlichen) Parteienstandpunkts betrifft die Frage, ob die Wähler einen Unterschied zwischen den Parteien hinsichtlich bestimmter Wahlkampfthemen erkennen. Schneider nennt diese Dimension die „Qualität der Wahlentscheidung" (Schneider 1980: 93). Die zweite Dimension der Teilbarkeit bezieht sich darauf, ob bestimmte Themen eher als Positions-Issues oder Bewertungsfragen bezeichnet werden können. Beide Dimensionen zusammen machen das aus, was ich hier die *Entscheidbarkeit des Wahlangebots* genannt habe.

Da Positions-Issues teilbar sind, ist eine Wahlmöglichkeit definitionsgemäß gegeben, auch wenn der Parteienstandpunkt unklar und undeutlich sein kann. Bei Bewertungsfragen ist der Zusammenhang sehr viel komplizierter. Hier herrscht im Grunde genommen Einigkeit darüber vor, was gewollt wird; uneinig ist man sich hinsichtlich der Frage, welche Partei die gewünschte Politik besser durchführen kann. Die Wahlentscheidung betrifft dann also die Kompetenz bzw. Inkompetenz von Amtsinhabern und Amtsanwärtern zur Lösung eines von allen gewünschten Problems (vgl. Schneider 1980: 82).

Unter dem hier gewählten Kriterium der Parteienkonkurrenz, nämlich Entscheidbarkeit des Wahlangebots, ergibt sich folgende Skala, wenn man die *Tabelle 2* zugrundelegt. Die Entscheidbarkeit ist dann am größten, wenn es sich um teilbare Themen handelt, zu denen die Parteien klare Standpunkte bezogen haben (Parteithemen). Entscheidbarkeit ist nach wie vor, wenn auch geringer, gegeben, wenn Bewertungsfragen vorliegen, zu denen die Parteien klare Standpunkte bezogen haben (Wahlkampfthemen). Das Entscheidungsproblem besteht hier nicht in der Wahl zwischen unterschiedlichen teilbaren Alternativen, sondern in der oft kontrovers geführten Frage, wer zur Durchführung einer bestimmten Frage als kompetent bzw. inkompetent angesehen wird. Die Entscheidbarkeit nimmt dann in dem Maße ab, in dem die Parteienstandpunkte undeutlich werden (kritische Themen) und die Themen nicht-teilbar werden (Enthaltung). Wenn Parteien also die Struktur der Wählerentscheidung beeinflussen wollen, dann müssen sie es dadurch tun, daß sie die

---

6 Vgl. Stokes (1966: 170–173) sowie Budge und Farlie (1983: 152–155), die eine ganz andere Position als Stokes vertreten.

Teilbarkeit von Themen erhöhen und ihren eigenen Parteienstandpunkt verdeutlichen. Genau diese Transformationstätigkeit bezeichne ich als *Manipulation der Entscheidbarkeit*.

Eine sehr viel kompliziertere, aber keineswegs seltene Lösung besteht darin, ein Thema ganz aus dem politischen Wahlkampf herauszuhalten. Dazu können sich Parteien verschiedener Strategien bedienen. Zum einen können sie Themen „konstitutionalisieren", d.h. sie in solche Politikbereiche verweisen, in denen diese Themen bereits als verfassungsmäßige Ziele vorgegeben sind und daher keiner Konkurrenz mehr zugeführt werden können. Diese Strategie der Konstitutionalisierung von Themen kann beispielsweise dann angewandt werden, wenn die Höhe der zulässigen Staatsverschuldung verfassungsmäßig begrenzt ist; oder wenn die Verfassung verbietet, bewaffnete Truppen in andere Territorien zu entsenden. Diese Strategie schließt natürlich nicht aus, daß Fragen der Auslegung der Verfassung zu Wahlkampfthemen werden können. Eine andere Strategie, um bestimmte Themen vom Wahlkampf fernzuhalten, besteht darin, sie in die sachliche Zuständigkeit anderer Akteure zu verweisen und sie auf diese Weise zu neutralisieren. Dies kann etwa bei Geldfragen geschehen, für die die Zentralbank als zuständig erklärt wird, oder bei Fragen der politischen Fairneß der Massenmedien, für die die entsprechenden Kontrollorgane die kompetenten Ansprechpartner sind. Drittens können Parteien dadurch heikle Themen vermeiden, daß sie sie in Bereiche verweisen, in denen bereits grundlegende Vorentscheidungen gefallen sind, wie etwa in Fragen der Außen- oder Europapolitik. Schließlich können Themen solchen Akteuren zugeschoben werden, die die Ressourcen zu ihrer Implementierung kontrollieren; dies geschieht zum Beispiel dann, wenn Parteien unangenehme ökonomische Fragen einfach dem freien Spiel des Marktes oder dem institutionalisierten Verfahren der Auseinandersetzung zwischen den Hauptvertretern von Arbeit und Kapital überlassen.[7] Welche dieser Strategien zur Themenvermeidung auch immer angewandt werden mögen – sie haben einen wichtigen Einfluß darauf, welche Politikbereiche überhaupt in die Parteienkonkurrenz einbezogen werden. Der Umfang der konkurrenzfähigen Themen unterliegt nicht nur länderspezifischen Unterschieden, sondern dürfte auch über die Zeit hin variieren.

Mit diesen Ausführungen über die verschiedenen Ursachen von Absprachen in der Parteienkonkurrenz wollte ich keineswegs die jeweiligen politischen Praktiken an den Pranger stellen oder sonstwie als abweichend bezeichnen, sondern vielmehr die Aufmerksamkeit auf sie als wichtigen Gegenstand bei der empirischen Untersuchung von Wahlkämpfen lenken. Natürlich sind derartigen Praktiken der Absprachen Grenzen gesetzt. Zum einen haben Parteien keine vollständige Information darüber, wie die Wähler in Hinblick auf derartige Verabredungen zwischen den Parteien reagieren werden. Zum anderen können sie auch nicht genau kalkulieren, welchen Stimmengewinn sie daraus erzielen werden. In jedem Fall ist die Wahl zwischen einem mehr auf Kooperation oder einem mehr auf Wettbewerb ausgerichteten Wahlkampf für die Parteien sehr riskant.

Die Untersuchung der Dimension der Entscheidbarkeit wird natürlich dann hinfällig, wenn angenommen wird, daß die Wählerentscheidung durch die Parteienkonkurrenz nicht beeinflußbar ist, d.h., daß sie außerhalb von dieser gefällt wird. Man sollte in der Wahlkampfforschung nicht vorschnell einfach Konkurrenz bei den Anbietern unterstellen und

---

[7] Eine noch nicht hinreichend untersuchte Frage besteht darin, inwieweit derartige institutionalisierte Verfahren der Tarifauseinandersetzung den Umfang von Parteienkonkurrenz beeinflussen.

darüber vergessen, daß das Schließen von Parteibündnissen eine zentrale politische Tätigkeit ist. Politische Klassen haben ihre eigenen Interessen, die sie schließlich auch in Wahlkämpfen nicht einfach aufgeben wollen. Politische Eliten mögen sich eher darüber einigen können, gemeinsame Werte kampflos beizubehalten als sich der Mühe eines aufreibenden Konkurrenzkampfes zu unterziehen. Es bedarf bestimmter sozialer, kultureller und politischer Bedingungen, damit Konkurrenz zwischen Parteien tatsächlich ausbricht und aus Wettbewerb um Wählerstimmen Wahl*kampf* wird. Der österreichische Fall der Konkordanzpolitik der Nachkriegszeit lehrt, daß Parteien oft weder Kosten noch Mühen scheuen, um Konkurrenz zu vermeiden (vgl. Engelmann 1966: 265; 281). In Abwandlung der von Gaetano Mosca gemachten Bemerkung über militärische Bündnisbildung könnte man sagen: Die eigentliche Frage besteht nicht darin, weshalb Parteien von Fall zu Fall Bündnisse schließen, sondern darin, weshalb sie dies nicht ständig tun.

### 4. Verwundbarkeit der Amtsinhaber durch Wahlen

Die übliche Analogie zwischen ökonomischer und politischer Konkurrenz kommt an ihre entscheidende Grenze, wenn es um die Frage geht, wann ein Unternehmen aus dem Markt bzw. wann eine Regierung aus dem Amt ausscheidet. Im wirtschaftlichen Leben gilt im allgemeinen, daß ein Produkt durch ein anderes substituierbar ist. Die den Wählern angebotenen (mehr oder minder entscheidbaren) Produkte schließen sich jedoch typischerweise gegenseitig aus. Dieser Sachverhalt hängt mit der Ausschließlichkeit politischer Entscheidungen zusammen. Wird eine Art der Politiklösung implementiert, dann kann nicht gleichzeitig eine andere durchgesetzt werden. In der Politik können nicht gleichzeitig zwei verschiedene Akteure in ein und derselben Frage gesetzgeberisch tätig werden und sie politisch durchsetzen. Dieses Merkmal der Exklusivität von Politik und Gesetzgebung ist auf die Exklusivität der Regierung zurückzuführen. Es gibt einen Schwellenwert, der überwunden werden muß, um das exklusive Recht zur Durchsetzung zu erobern. In der Wirtschaft stellt es für ein Unternehmen keineswegs eine Niederlage dar, wenn es ihm gelingt, mit seinem Produkt einen Marktanteil von 49 Prozent zu erobern. In der Politik dagegen könnte dasselbe Ergebnis sehr wohl einer Niederlage gleichkommen. Dieser grundlegende Unterschied zwischen ökonomischer und politischer Konkurrenz wird nur selten berücksichtigt.[8] Das Konzept der Verwundbarkeit ist nur dann sinnvoll, wenn man es von dem Merkmal der Exklusivität politischer Herrschaft ableitet und damit in Beziehung setzt. In dieser Hinsicht ist kein Analogiedenken zwischen Wirtschaft und Politik möglich. Ohne hier die breite Literatur zu diesem Punkt zu diskutieren, schlage ich folgende Definition von Verwundbarkeit durch Wahlen vor: Sie besteht in der Möglichkeit, daß eine im Amt befindliche Regierung aufgrund der Veränderung der Wählerentscheidungen abgewählt und durch eine andere ersetzt oder sonstwie in ihrer Zusammensetzung verändert

---

8 George J. Stigler (1972: 91–106; bes. 98) hat diesen Unterschied zur Sprache gebracht, jedoch nicht als so wichtig angesehen, daß er die Analogie zwischen Markt und Politik aufgegeben hätte. Er argumentiert, die Machtkonkurrenz sei kein Null-Summen-Spiel, denn auch Wahlverlierer könnten durchaus die Gestaltung von Politik beeinflussen. Er lehnt auch die Vorstellung eines zu überwindenden Schwellenwertes zur Erreichung der Regierungsposition ab, sondern zieht es vor, von Graden politischen Einflusses zu sprechen.

wird. Verwundbarkeit hat, psychologisch gesehen, zwei Folgen: Parteien nehmen erstens die Chance wahr, das exklusive Gut der Regierungsmacht verlieren oder gewinnen zu können; zweitens nehmen Wähler wahr, sie könnten mit ihrer Stimme die Chancen zur Regierungsbildung oder -erneuerung verstärkt beeinflussen.[9] Wie immer Verwundbarkeit definiert wird, zwei Elemente sollten in diesen Begriff aufgenommen werden: Die tatsächliche Erinnerung der Konkurrenten an zurückliegende Wahlergebnisse und ihr aktuelles Gefühl der Unsicherheit. Wie man vorgeht, um diese Merkmale zu messen, ist eine ganz andere Frage, der im Rahmen dieses Beitrags nicht nachgegangen werden kann.[10] Wichtig ist dabei jedoch, daß auch die *Wahrnehmung* der vermutlichen Veränderung des Wahlverhaltens durch die Regierungsvertreter und -anwärter mit berücksichtigt wird, denn nur so kann man die Merkmale des Unsicherheitskalküls und -gefühls erfassen.

Die Bedingung der Verwundbarkeit der Amtsinhaber durch Wahlen ist eine Systemeigenschaft, die sich auf die Analyseeinheit des Parteiensystems bezieht. Sie ist das Ergebnis einer spezifischen Konfiguration von Zahl und Stärke der einzelnen Systemelemente sowie der Bündnis- und Oppositionsbeziehungen zwischen ihnen. Empirisch bestehen wichtige Beziehungen zwischen Verwundbarkeit und den anderen drei Bedingungen der Parteienkonkurrenz, Kampffähigkeit, Mobilitätsbereitschaft und Entscheidbarkeit, aber analytisch gesehen ist Verwundbarkeit eine unabhängige Dimension. Zur Maximierung der Verwundbarkeit der Regierungsinhaber müssen zwei Bedingungen erfüllt werden: *Erstens* muß die Trennung zwischen Regierung und Opposition deutlich sichtbar sein und *zweitens* muß es eine hinreichend große Mobilitätsbereitschaft der Wähler in bezug auf Amtsinhaber bzw. Opposition geben, die an die Mehrheit der Amtsinhaber heranreicht oder sie übertrifft. Was die *erste* Bedingung betrifft, so ist die Sichtbarkeit der Trennungslinie zwischen Regierung und Opposition dann beeinträchtigt, wenn 1. die Mehrheitsverhältnisse überproportioniert sind, 2. eine Minderheitenregierung herrscht (die mit der Regierungsopposition Absprachen getroffen hat) oder 3. die Regierungszusammensetzung während der Legislaturperiode häufig wechselt. Reine Minderheitenregierungen stellen das Konzept der Verwundbarkeit in Frage, denn sie sind definitionsgemäß anfällig und ihr Überleben hängt ganz von ihrer Fähigkeit ab, mit den nicht an der Regierung beteiligten Parteien Bündnisse zu schließen. Aber ihre hohe Verwundbarkeit auf parlamentarischer Ebene kann damit zusammenhängen, daß sie auf der Wählerebene nur schwer verwundbar sind. So verlagert sich das Problem auf die Frage, durch welchen Wahlmechanismus Minoritätsregierungen überhaupt verletzt werden können. Man könnte argumentieren, daß sie relativ unsensibel auf Wahlergebnisse reagieren, denn sie verdanken ihre Existenzberechtigung gerade nicht ihren Wahlerfolgen. Aber deshalb von der Irrelevanz von Wahlen für Minoritätsregierungen

---

9 Ich kann hier nicht in die breite Diskussion eintreten, die beispielsweise in den Vereinigten Staaten zum Begriff der Sanktionierbarkeit geführt worden ist. Oft wurde gar nicht zwischen Konkurrenz und Sanktionierbarkeit unterschieden, sondern beide Begriffe unter unterschiedlichen Stichwörtern (wie „closeness of the electoral outcome", „uncertainty of the electoral result", „performance sensitivity", „decisiveness of elections for governmental turnover" etc.) zusammengefaßt (Schlesinger 1955: 1120–1128; Ranney 1965: 62–71; Dowson/Robinson 1963; Elkins 1974).

10 Vgl. Pfeiffer (1967); Midlers Vorschlag (1974) ist weniger empfehlenswert; vgl. auch Kelley et al. (1967); Kim et al. (1975); Aldrich (1976); Powell (1980); Jackman (1987). Zur Behandlung von „vulnerability" als abhängiger Variable siehe Patterson/Caldeira (1984), Stern (1972), Meltz (1973).

zu sprechen, würde zu weit gehen. Ein überzeugenderes Argument als dasjenige, Verwundbarkeit sei für diesen Fall nicht anwendbar, müßte erst noch gefunden werden.

Was die *zweite*, weiter oben genannte Bedingung betrifft, so ist oft behauptet worden, daß es nicht die reine Menge an Wählerstimmen ist, die die Verwundbarkeit beeinflußt, sondern vielmehr die Plazierung der Stimmen im Wählerspektrum ausschlaggebend sei. Ein erster einfacher Einwand lautet zunächst: Je größer die Stimmenanzahl, desto größer die Wahrscheinlichkeit dafür, daß ein hinreichend großer Anteil von ihnen so plaziert sein wird, daß die Verwundbarkeit erhöht wird. Die ausschlaggebende Plazierung der zum Parteienwechsel bereiten Wähler ist zweifellos nur dann von Belang, *wenn* überhaupt eine räumliche Dimension von Politik in der Wählerschaft empirisch vorliegt. Diese Frage müßte von Fall zu Fall erst geklärt werden. Insofern kann man nicht die räumliche Dimension zur notwendigen Bedingung von Verwundbarkeit erklären. Es kommt, wie gesagt, auf die hinreichend große Mobilitätsbereitschaft der Wähler in Hinblick auf Amtsinhaber bzw. Opposition an.

*IV. Die Beziehung zwischen den vier Dimensionen der Parteienkonkurrenz*

*Tabelle 3* enthält zusammenfassend die wichtigsten Punkte der vier Dimensionen der Parteienkonkurrenz; diese wurde hier als Prozeß verstanden, der zur Responsivität der Regierungselite gegenüber den Wählerwünschen führt. Den vier Bedingungen stehen jeweils vier Gegenbedingungen gegenüber: Der Kampffähigkeit der Parteien steht ihre Untätigkeit gegenüber; der Mobilitätsbereitschaft die Wählerstabilität; der Entscheidbarkeit des Wahlangebots die Absprachen über das Wahlangebot; der Verwundbarkeit der Amtsinhaber durch Wahlen ihre Unangreifbarkeit. Entsprechend kann man sich vorstellen, daß diese Dimensionen maximiert bzw. minimiert werden. Wird die erste Dimension, die Kampffähigkeit, minimiert, dann kann Pluralismus, der als Bedingung von Demokratie definiert worden ist, gefährdet sein. Geht die Kampffähigkeit über das minimale Niveau hinaus, das notwendig ist, um die Bedingung des Pluralismus zu erfüllen, kann sie höchst unterschiedliche Grade und Formen annehmen. Erreicht sie das Maximum, dann entsteht auf der Angebotsseite ein hohes Ausmaß an Fragmentierung. Was die zweite Dimension betrifft, so kann die extreme Situation einer vollkommenen Unbeweglichkeit auf der Seite der Wähler dazu führen, daß gar keine Austauschprozesse mehr zwischen Parteien und Wählern stattfinden. Was immer die Parteien anbieten, sie finden in den Wählern keine Abnehmer.

Andererseits würde die Maximierung der Wählermobilität zu einer Situation führen, in der jeder Wähler bereit wäre, sein Wahlverhalten zu verändern. Ist die dritte Dimension, Entscheidbarkeit des Wahlangebots, auf dem Minimum angelangt, so bedeutet dies, daß die Parteienstandpunkte sich nicht voneinander unterscheiden lassen, teilbare Themen werden in einfache Bewertungsfragen transformiert oder sie werden in andere Bereiche abgeschoben, in denen durch Wählerentscheidungen keine Kontrolle ausgeübt werden kann. Die Folgen von Parteiabsprachen und Bündnisbildungen können darin bestehen, daß die Verdrossenheit der Wähler insgesamt zunimmt, sie massenhaft den Urnen fernbleiben und die Wahlflucht antreten. Wird die Entscheidbarkeit dagegen maximiert, dann sind die Unterschiede zwischen den Parteienstandpunkten sehr groß und der Politikstil

*Tabelle 3*: Die vier Dimensionen der Parteienkonkurrenz: Eine Übersicht

| Dimensionen | *Kampffähigkeit* | *Mobilitätsbereitschaft* | | *Entscheidbarkeit* | | *Verwundbarkeit* | |
|---|---|---|---|---|---|---|---|
| Gegensatz | Untätigkeit | Wählerstabilität | | Absprachen | | Unangreifbarkeit | |
| Indikatoren | Offenheit des Angebots | Offenheit der Nachfrage | | Parteiunterschiede | | Erwartungen in bezug auf den maßgeblichen Einfluß der Wahlen für die Regierungsbildung | |
| Bedingungen | niedrige Eingangsschwelle | schwache Identifizierung | | Eindeutigkeit des Parteienstandpunktes<br>– teilbare Issues<br>– keine Vermeidung oder Issue-Absprachen | | Sichtbarkeit der Trennungslinie zwischen Regierung und Opposition | |
| logischer Status | notwendige Bedingung von Pluralismus | notwendige und nicht hinreichende Bedingungen für Entscheidbarkeit und Verwundbarkeit | (Kampffähigkeit und Mobilität sind keine hinreichenden Bedingungen für Entscheidbarkeit und Verwundbarkeit) | notwendige Bedingung für Responsivität | (Kampffähigkeit, Mobilität und Entscheidbarkeit sind keine hinreichenden Bedingungen für Verwundbarkeit) | notwendige Bedingung für Responsivität | (Verwundbarkeit ist keine hinreichende Bedingung für Responsivität) |
| Folge der Maximierung | hohe Fragmentierung | Wählerinstabilität | | hohe Polarisierung | | Syndrom des dauernden Wahlkampfes | |
| Folge der Minimierung | Wähler haben keine Möglichkeit der „Exit“-Präferenz | kein Anreiz zur Produktdifferenzierung | | keine Differenzierung des Angebots (politische Indifferenz und/oder Entfremdung) | | keine Responsivität | |

ist äußerst kontrovers. In dieser Situation kann eine klare ideologische Polarisierung zwischen den Parteien eintreten. Tendiert schließlich die vierte Dimension, Verwundbarkeit durch Wahlen, zum Gegenpol der Unangreifbarkeit der Amtsinhaber, dann ist Responsivität nicht mehr gegeben. Auf der anderen Seite hat die Maximierung von Verwundbarkeit auch Nachteile. Sie können darin bestehen, daß sich das „Syndrom des permanenten Wahlkampfs" (Blumenthal 1982) breit macht: Die Popularität der Regierung ist unter Dauerbeobachtung; die Einstellung der Wähler zu bestimmten Themen wird ständig erhoben, und dies selbst zu solchen Themen, die noch gar nicht von den Meinungsführern artikuliert worden sind; die Wähler verfolgen jede Handlung der Regierung mit gespannter Aufmerksamkeit, worauf sich die Regierung ihrerseits unter verstärktem Druck sieht und entsprechend gereizt reagiert; Politiker starren gebannt auf die letzten Ergebnisse von Meinungsumfragen, um eine Rückmeldung auf ihre Politikangebote zu erhalten; einseitige Kostenkalküle beherrschen den Horizont der politischen Hauptakteure, indem sie bloß die Kosten in Anschlag bringen, die ihnen entstehen würden, wenn sie eine bestimmte politische Entscheidung unterstützen, anstatt den Gewinn in Betracht zu ziehen, der ihnen bei eben derselben politischen Entscheidung zufallen würde; kritische und folgenreiche Entscheidungen werden von den gewählten Amtsträgern aus Angst davor aufgeschoben, sie könnten ihre Wähler abschrecken.

Alle vier Dimensionen beeinflussen einander, aber nicht in einem linearen oder additiven, sondern in einem höchst widerspruchsvollen Sinne. Ist die Kampffähigkeit der Parteikonkurrenten groß, kann die Fragmentierung gleichzeitig hoch sein. Kleine, aber starke Parteien mögen es eher vorziehen, sich dem Konkurrenzkampf zu stellen, als ihre Forderungen im Rahmen größerer Parteien zu artikulieren, selbst dann, wenn sie nur Einzelfragen durchsetzen wollen. Eine derartige Konstellation beeinflußt wahrscheinlich die Trennungslinie zwischen Regierung und Opposition dahingehend, daß sie undeutlich wird; infolgedessen werden auch die Amtsinhaber weniger verwundbar sein. Ist hingegen ihre Verwundbarkeit groß, kann die Entscheidbarkeit des Wahlangebots sinken und eine Produktdifferenzierung des Parteiangebots ausbleiben. „Vollkommene" Verwundbarkeit ist dann gegeben, wenn zwei annähernd gleich große Parteien oder Parteikoalitionen um einige Wähler am Median der Stimmenverteilung – rein theoretisch reicht ein einziger Wähler aus – konkurrieren. Die Bereitschaft der Parteien, den Wählern klare Alternativen anzubieten, ist in diesem Fall überhaupt nicht gegeben, es sei denn, der Grad der Parteienkonkurrenz erlaubt noch die Entwicklung glaubhafter dritter Parteialternativen. So ist zum Beispiel das niedrige Niveau der Entscheidbarkeit des politischen Angebots in den Vereinigten Staaten im Vergleich zu demjenigen in Großbritannien auf die niedrige Kampffähigkeit US-amerikanischer Parteien zurückzuführen; es gibt in den fünfzig Bundesstaaten legale Hindernisse, die dazu beitragen, die Kampffähigkeit der beiden Hauptparteien zu dämpfen; sie helfen auch, die schwache Rolle, die dritte Parteien dort traditionell spielen, zu erklären. Im britischen Wahlkampf dagegen ist die Entscheidbarkeit des Wahlangebots dadurch erhöht worden, daß die Liberale Partei und territoriale nationalistische Parteien glaubhafte Alternativen zur Konservativen Partei und „Labour Party" angeboten und unzufriedenen Wählern somit immer eine Möglichkeit zur Entscheidung des „Exit" offen gehalten haben.

Um die Entscheidbarkeit des Wahlangebots sicherzustellen, muß ein bestimmtes Ausmaß an Mobilitätsbereitschaft vorhanden sein, das die Verwundbarkeit nicht beeinflußt.

Wird andererseits eine exzessive Wählermobilität durch den plötzlichen Zusammenbruch kultureller und organisatorischer Bindungen ausgelöst, dann kann eine sogenannte balkanisierte Wählerschaft entstehen, die sich in Hinblick auf anstehende Themen und Politiken keinerlei Dimension zuordnen läßt (Thomas 1975, 1980). Es ist also ein bestimmtes Ausmaß an Wähleridentifikation und -stabilität notwendig, damit Parteien ihre jeweiligen Angebote überhaupt planen, die Reaktionen der Wähler einschätzen und die Risiken eventuell notwendig werdender Parteiabsprachen reduzieren können.

Eine außerordentlich interessante Wechselwirkung findet zwischen Entscheidbarkeit und Verwundbarkeit statt. Entscheidbarkeit, so hatten wir gesehen, setzt klare Alternativen voraus: Kandidaten und Parteien (bzw. Parteikoalitionen) müssen ein deutliches Politik- und Programmprofil haben; sie dürfen keine wichtigen teilbaren Themen abschieben oder in Bewertungsfragen transformieren; Verwundbarkeit beruht auf institutionalisierten Lösungen, die Fragmentierung ausschließen (Mehrheitswahlrecht) und eindeutige Zurechnung von politischer Verantwortung ermöglichen (eine klare Exekutive und direkte Verantwortlichkeit). Eine Reihe von politischen Voraussetzungen muß ebenfalls gegeben sein, damit Verwundbarkeit realisiert werden kann: Es muß ein politischer Grundkonsens vorhanden sein; breite Wahlkoalitionen müssen sicherstellen, daß alle Teile der Bevölkerung repräsentiert werden; polarisierende ideologische Themen dürfen nicht vorhanden sein; historische Zerwürfnisse und die damit verbundenen politischen Identitäten müssen ausgeblendet werden; die Wahlentscheidung muß sich an der Bewertung des Verhaltens der Parteien und Kandidaten orientieren.

Inwieweit sind diese beiden genannten Bedingungs-Kataloge miteinander vereinbar? Lassen sich Entscheidbarkeit und Verwundbarkeit gleichzeitig maximieren? Die Antwort lautet: nein! Es kann ein Teufelskreis entstehen, in dem zunehmende Responsivität zunehmende Effektivität der Sanktionen gegenüber den Amtsinhabern impliziert. Diese wiederum impliziert, daß sowohl die Regierung als auch die Oppositionsparteien den Wählerpräferenzen am Median der Stimmenverteilung größeres Gewicht beimessen. Ist letzteres der Fall, dann impliziert dies wiederum eine zunehmende Ent-Differenzierung des politischen Angebots und damit abnehmende politische Konkurrenz, sinkende Entscheidbarkeit und schließlich geringere Responsivität gegenüber den Wünschen der Wähler. Sensiblen Wählern (die vom Median der Stimmenverteilung weit entfernt sind) steht natürlich immer die Option des „Exit" offen. Die Chance, daß ihre Präferenz berücksichtigt wird, hängt davon ab, ob eine neue alternative Partei entstehen kann. Ist der Weg für die Option des „Exit" verstellt und werden Konkurrenz und Verwundbarkeit gleichzeitig maximiert, dann verbreitert sich die „ideologische Kluft" (Matthews 1985: 12) zwischen Regierung und Teilen der Wählerschaft. Die Notwendigkeit, auf der Regierungsebene Konkurrenzverhalten zu demonstrieren, kann Parteien davon abhalten, eindeutige Standpunkte zu kontroversen teilbaren Themen zu beziehen. In Situationen hoher Verwundbarkeit können etablierte Parteien das Risiko ablehnen, eindeutig zu solchen politischen Themen Stellung zu nehmen, die zum Gegenstand haben, bestimmten sozialen Gruppen erhebliche Kosten im Austausch für kollektive Güter aufzuerlegen. Bekanntlich ist der Wahlerfolg in derartigen Fragen für die Parteien schwer einzuschätzen. In derartigen Situationen ist der Anreiz sehr groß, die betreffenden Themen so zu transformieren, daß Parteiunterschiede nicht erkennbar sind. Die Parteien werden sich dann eher damit auseinandersetzen, welcher Akteur mehr oder minder kompetent ist, um die Durchsetzung allgemein akzeptierter Prinzipien zu garantieren; um eine Auseinandersetzung darüber, welche Prinzipien überhaupt politisiert werden sollen, werden sie sich tunlichst drücken. Eine Folge hiervon kann die Entstehung neuer Parteien sein, die sich auf derartige verdrängte Prinzipien-Fragen konzentrieren. Da sie keinen traditionellen Organisationsbestand zu verteidigen haben, können sie parteiübergreifende Angebote machen. Sind hingegen neue Parteien notwendig, um Parteistandpunkte zu neuen Themen zu formulieren, kann es vorkommen, daß die Verwundbarkeit auf der Systemebene sinkt. Damit wäre der Gewinn an Entscheidbarkeit um den Preis des Verlustes an Verwundbarkeit erkauft worden.

Forschungen auf dem Gebiet der Wahlkampfführung haben ergeben, welche Erscheinungen mit hoher Verwundbarkeit der politischen Führung korrelieren: Die Kampagnen konzentrieren sich ganz auf die Kandidaten, auf die Beschaffung von Finanzmitteln in einer Art Vorwahlkampf, auf die Gestaltung von Radio- und Fernsehspots, auf die Präparierung der Kandidaten durch professionelle Berater, auf ausgeklügelte, mediengerechte Darstellung dieser Kandidaten vor der Öffentlichkeit, auf ihre durchgeplanten Auftritte vor einem ausgewählten Publikum (was so weit geht, daß sie sich nur noch in Talk- (oder besser Chat-)Shows und sogenannten „informercials" präsentieren) (Semetko et al. 1991; Butler/Ranney 1992; Field 1994). Auf diese Weise wird dem noch so gut informierten Wähler jegliche Möglichkeit genommen, eine Wahlentscheidung im eigentlichen Sinne zu treffen.

In einer solchen Situation des politischen Pragmatismus und der nur noch an Äußerlichkeiten erkennbaren Unterschiede kann, so argumentieren die einen, die Dramatisierung kontroverser Themen den Wählern durchaus willkommen sein. Die zunehmende Schärfe der unterschiedlichen politischen Themen würde es ihnen gestatten, tatsächlich zwischen Politikalternativen zu *wählen* (Key 1966; Schattschneider 1960). Andere wiederum argumentieren, die Wähler hätten zu wenig Einfluß auf die Auswahl der Regierung und Zusammensetzung der politischen Führung. Daher sollte man eher auf das Zustandekommen von Koalitions-Formeln, auf die Wahlinstitutionen, die Regierungsform und die Auswahl der Exekutive achten; denn nur so könne gewährleistet werden, daß die Wähler auch tatsächlich die Zusammensetzung einer anderen Regierung direkt *beeinflussen* können. Wird das erste anzustrebende Ziel Wahlmöglichkeit und das zweite Einfluß genannt, ergibt sich folgendes Dilemma: Wahlmöglichkeit ohne Einfluß oder Einfluß ohne Wahlmöglichkeit!

Empirische Untersuchungen über Parteienkonkurrenz müssen sich deren grundlegendem Merkmal stellen, nämlich ihrer widerspruchsvollen Multi-Dimensionalität. Die Komplexität der Beziehungen zwischen den unterschiedlichen Bedingungen und Dimensionen von Konkurrenz hat zur Folge, daß Parteienkonkurrenz nicht als linearer, additiver Prozeß aufgefaßt werden kann, der bei Null oder einem Minimum beginnt und einem Maximum zustrebt, das theoretisch als „vollkommener Wettbewerb" definiert wird.[11] Diese der ökonomischen Theorie entlehnte Metapher ist zwar verlockend, aber auf den Bereich der Politik nicht übertragbar, denn die gleichzeitige Maximierung aller vier Bedingungen ist nicht nur wegen der oben genannten Wechselwirkungen zwischen ihnen unmöglich, sondern auch destruktiv für die Parteienkonkurrenz selbst. Es ist daher nicht sinnvoll, von

---

11 Ich stimme insofern nicht D'Alimonte (1989: 309) zu, der Konkurrenz als eindimensionales Phänomen begreift.

mehr oder weniger Konkurrenz zu sprechen, sondern nur davon, daß Kampffähigkeit, Mobilitätsbereitschaft, Entscheidbarkeit und Verwundbarkeit in einem unterschiedlichen Mischungsverhältnis vorliegen, das sich nicht auf eine einzige Dimension von Konkurrenz reduzieren läßt. Die in einer gegebenen Situation tatsächlich vorhandene Konkurrenz ließe sich als beweglicher Punkt in einem vier-dimensionalen Raum angeben, in dem es kein Gleichgewicht geben kann, denn die Maximierung einer der vier Bedingungen geht stets auf Kosten einer anderen Bedingung oder mehrerer anderer Bedingungen. Man muß die Analyse von optimalen Systemen aufgeben und sich statt dessen darauf konzentrieren, welche alternativen Entscheidungen praktisch möglich und durchführbar sind. Wenn alle möglichen Maximierungen Nachteile mit sich führen und unerwünschte oder widersprüchliche Folgen zeitigen, dann muß man solche Vorstellungen wie vollkommene Information, Wählerstimmenmaximierung (oder -optimierung), vollständige Kontrolle usw. endgültig aufgeben, denn sie sind vom empirischen Standpunkt aus irrelevant. Man sollte sich eher der Analyse solcher Konstellationen widmen, die faktisch vorkommen können. Die Bewertung unterschiedlicher Mischungsverhältnisse dieser vier Dimensionen kann nur in Hinblick darauf erfolgen, welcher soziale Wert in einer konkreten historischen Situation angestrebt und welche Wahlalternativen dadurch nahegelegt werden. Damit kehren die hier angestellten Überlegungen zu der eingangs gestellten Frage zurück: Welcher „soziale Wert" soll in einem gegebenen Fall durch Parteienkonkurrenz maximiert werden?

Konkurrenz – so wurde ausgeführt – ist kein Definitionsmerkmal von Demokratie, sondern eine variable Eigenschaft. Dennoch ist sie kein ein-dimensionales Phänomen, das unter sogenannten optimalen Bedingungen analysiert werden könnte. Soll Konkurrenz unbeabsichtigte Effekte hervorbringen können, die für Dritte wertvoll sind, dann muß sie innerhalb relativ enger Grenzen ausgetragen werden. Diejenigen Bedingungen, die unter der Perspektive eines optimalen Modells die Konkurrenz begrenzen und dämpfen, machen sie gleichzeitig erst empirisch möglich und stützen sie. Normative Faktoren, soziale Bindungen, legale und institutionelle Vorkehrungen,[12] bilden Gruppenloyalitäten und -identifikationen aus, legen ganz bestimmte Praktiken der Absprachen und Bündnisbildung fest, die einer formalen Logik von Konkurrenz zuwiderlaufen und sie sowohl in ihrem Umfang wie in ihren Mitteln begrenzen. Aber all diese „Rahmenbedingungen" sind nicht etwa Merkmale „unvollkommenen" Wettbewerbs, sondern vielmehr Bedingungen, unter denen dieser erst durchführbar wird. Diese, die Konkurrenz empirisch erst ermöglichenden Faktoren können einerseits so einschränkend und übermächtig sein, daß Wettbewerb vollkommen ausgeschaltet wird. Andererseits können sie so wirkungslos sein, daß sie die Konkurrenz kaum behindern und sie alle Bereiche des politischen Lebens erfaßt. Dies kann negative und zerstörerische Folgen haben und damit vollkommen den Erwartungen über die positiven Effekte der Konkurrenz zuwiderlaufen. Politische Konkurrenz als Institution muß von sie begrenzenden Bedingungen gestützt werden, denn es ist unwahrscheinlich, daß sie sich in einer fiktiven Welt von rationalen, maximierenden, selbst-zentrierten und unabhängigen politischen Akteuren produktiv entfalten kann. Ebenso unwahrscheinlich ist es jedoch, daß sie in einer geschlossenen Welt selbstgenügsamer sozialer Gruppen sozial produktiv sein kann. Die paradoxe Formel, nach der Parteienkonkurrenz funktioniert, lautet demnach: Institutionelle Stützung durch institutionelle Begrenzung.

---

12 Ich stütze mich hierbei auf das Argument von Etzioni (1988) und seiner Kritik an der neo-klassischen Vorstellung von Konkurrenz.

## Literatur

Aldrich, John H., 1976: Some Problems in Testing Two Rational Models of Participation, American Journal of Political Science 20: 713–734.
Barry, Brian, 1970: Sociologists, Economists and Democracy. Chicago: The University of Chicago Press.
Bartolini, Stefano, 1986: La volatilità elettorale, Rivista Italiana di Scienza Politica 16: 363–400.
Bartolini, Stefano, und Peter Mair, 1990: Identity, Competition and Electoral Availability. Cambridge: Cambridge University Press.
Blumenthal, Sidney, 1982: The Permanent Campaign. New York: Simon and Schuster.
Budge, Ian, und Dennis Farlie, 1983: Explaining and Predicting Elections: Issues, Effects and Party Strategies in Twenty-three Democracies. London: Allen & Unwin.
Campbell, Angus, Philip E. Converse, Warren E. Miller und Donald E. Stokes, 1964: The American Voter: An Abridgement. New York: Wiley.
Dahl, Robert A., 1971: Poliarchy: Participation and Opposition. New Haven: Yale University Press.
D'Alimonte, Roberto, 1989: Democrazia e competizione, Rivista Italiana di Scienza Politica 19: 301–319.
Denver, David, 1985: Conclusion. S. 400–412 in: *Ivor Crewe* und *David Denver* (Hg.): Electoral Change in Western Democracies; A Framework for Analysis. London: Croom Helm.
Downs, Anthony, 1957: An Economic Theory of Democracy. New York: Harper & Row.
Dowson, Richard E., und James A. Robinson, 1963: Inter-party Competition, Economic Variables and Welfare Policies, Journal of Politics 25: 265–289.
Dunleavy, Patrick, und Hugh Ward, 1981: Exogenous Voter Preferences and Parties with State Power: Some Internal Problems of Economic Theories of Party Competition, British Journal of Political Science 11: 352–363.
Dunleavy, Patrick, 1991: Democracy, Bureaucracy and Public Choice. New York: Harvester Wheatsheaf.
Eijk, Cornelius van der, und Erik V. Oppenhuis, 1991: European Parties' Performance in Electoral Competition, European Journal of Political Research 19: 55–80.
Elkins, David E., 1974: The Measurement of Party Competition, American Political Science Review 68: 682–700.
Engelmann, Frederick C., 1966: Austria: The Pooling of Opposition. S. 260–283 in *Robert A. Dahl* (Hg.): Political Opposition in Western Democracies. New Haven: Yale University Press.
Etzioni, Amitai, 1988: The Moral Dimension. Toward a New Economics. New York: Free Press.
Field, William, 1994: On the Americanisation of Electioneering, Electoral Studies 13: 58–63.
Friedrich, Carl J., 1963: Man and his Government. New York: McGraw Hill.
Jackman, Robert W., 1987: Political Institutions and Voter Turnout in Industrial Democracies, American Political Science Review 81: 405–423.
Katz, Richard, und Peter Mair, 1995: Changing Models of Party Organization and Party Democracy: The Emergence of the Cartel Party, Party Politics (im Druck).
Kelley, Stanley, Richard E. Ayres und William G. Bowen, 1967: Registration and Voting: Putting First Things First, American Political Science Review 61: 359–379.
Key, Vladimir O. Jr., 1966: The Responsible Electorate. New York: Vintage Books.
Kim, Jae-On, John R. Petrocik und Stephen N. Enokson, 1975: Voter Turnout among the American States, American Political Science Review 69: 107–123.
Laver, Michael, 1989: Party Competition and Party System Change. The Interaction of Coalition Bargaining and Electoral Competition, Journal of Theoretical Politics 1: 301–324.
Laver, Michael, und Ben W. Hunt, 1992: Policy and Party Competition. London: Routledge.
Matthews, Robert Charles Oliver, 1985: Competition in Economy and Polity. S. 1–19 in: *Robert Charles Oliver Matthews* (Hg.): Economy and Democracy. London: Macmillan.
Mayer, Laurence, 1972: An Analysis of Measures of Crosscutting and Fragmentation, Comparative Politics 4: 405–417.
Meltz, David B., 1973: An Index for the Measurement of Interparty Competition, Behavioral Science 18: 59–63.

*Milder, N. David*, 1974: Definitions and Measures of the Degree of Macro-Level Party Competition in Multiparty Systems, Comparative Political Studies 6: 431–456.
*Patterson, Samuel C.*, und *Gregory A. Caldeira*, 1984: The Etiology of Partisan Competition, American Political Science Review 78: 691–707.
*Pfeiffer, David G.*, 1967: The Measure of Inter-party Competition and Systemic Stability, American Political Science Review, 61: 457–467.
*Powell, G. Bingham, Jr.*, 1980: Voting Turnout in Thirty Democracies: Partisan, Legal, and Socio-Economic Influences. S. 5–34 in: *Richard Rose* (Hg.): Electoral Participation. A Comparative Analysis. London: Sage.
*Ranney, Austin*, 1965: Parties in State Politics. S. 62–71 in: *Herbert Jacob* und *Kenneth Vines* (Hg.): Politics in American States. Boston: Little, Brown.
*Ranney, Austin* (Hg.), 1992: Electioneering: A Comparative Study of Continuity and Change. Oxford: Clarendon Press.
*Riker, William H.*, und *Peter C. Ordeshook*, 1968: A Theory of the Calculus of Voting, American Political Science Review 62: 25–43.
*Riker, William H.*, und *Peter C. Ordeshook*, 1973: An Introduction to Positive Political Theory. Englewood Cliffs: Prentice Hall.
*Robertson, David*, 1976: A Theory of Party Competition. London: Wiley.
*Sartori, Giovanni*, 1976: Parties and Party Systems. A Framework for Analysis. Cambridge (Mass.): Cambridge University Press.
*Sartori, Giovanni*, 1977: Democrazia competitiva ed élites politiche, Rivista Italiana di Scienza Politica 7: 327–355.
*Schattschneider, Elmer E.*, 1960: The Semi-Sovereign People. New York: Holt, Rinehart, and Winston.
*Schlesinger, Joseph A.*, 1955: A Two Dimensional Scheme for Classifying the States according to the Degree of Inter-party Competition, American Political Science Review 49: 1120–1128.
*Schneider, William*, 1974: Issues, Voting, and Cleavages: A Methodology and Some Tests, American Behavioral Scientist 18: 111–146.
*Schneider, William*, 1980: Styles of Competition. S. 75–100 in: *Richard Rose* (Hg.): Electoral Participation, A Comparative Analysis. London: Sage.
*Schumpeter, Joseph A.*, 1987 (1950): Kapitalismus, Sozialismus und Demokratie. Tübingen: A. Franke Verlag (UTB).
*Semetko, Holli A., J. G. Blumler, M. Gurevitch* und *D. H. Weaver*, 1991: The Formation of Campaign Agendas: A Comparative Analysis of Party and Media Roles in Recent American and British Elections. Hillsdale (N.J.): Lawrence Erlbaum Associates.
*Simmel, Georg*, 1992 (1908): Der Streit. S. 284–382 in: *Ders.* Soziologie. Untersuchungen über die Formen der Vergesellschaftung. Frankfurt a.M.: Suhrkamp.
*Stern, Mark*, 1972: Measuring Interparty Competition: A Proposal and a Test of a Method, Journal of Politics 34: 889–904.
*Stigler, George J.*, 1972: Economic Competition and Political Competition, Public Choice 13: 91–106.
*Stigler, George J.*, 1968: Competition. S. 181–186 in: International Encyclopedia of Social Sciences, vol. 3. New York: MacMillan & The Free Press.
*Stokes, David E.*, 1966: Spatial Models of Party Competition. S. 161–179 in: *August Campbell* et al. (Hg.): Elections and the Political Order, New York: John Wiley.
*Strom, Kaare*, 1989: Interparty Competition in Advanced Democracies, Journal of Theoretical Politics 1: 277–300.
*Thomas, John Clayton*, 1975: The Decline of Ideology in Western Political Parties. London: Sage.
*Thomas, John Clayton*, 1980: Ideological Trends in Western Political Parties. S. 348–366 in: *Peter H. Merkl* (Hg.): Western European Party Systems. Trends and Prospects. New York: The Free Press.

Übersetzt von *Birgitta Nedelmann*.

# DIE POLITIK DES LOBS*

Rainer Paris

*Zusammenfassung:* Die Machttechnik des Lobs wird in vier Schritten untersucht: Zuerst werden fünf allgemeine Strukturmerkmale des Lobs (Ausdrücklichkeit, Wertqualifizierung, Rangstaffelung, Personalität, Leistungsreferenz) identifiziert und das Lob von benachbarten Sprechakten abgegrenzt; sodann wird in einem Vergleich zur Mechanik von Drohungen/Sanktionen und materiellen Anreizen die Besonderheit der Funktionsweise und Ökonomie symbolischer Gratifikationen herausgearbeitet und durch eine soziale Typologisierung von Lob-Varianten ergänzt; der dritte Teil behandelt die diversen Reaktionen und Dilemmata des Gelobten; und viertens wird die Rolle des Lobs in der Politik diskutiert, wobei systematisch zwischen der großen Bedeutung des Lobs in Systemen traditionaler oder charismatischer Herrschaft und seinen schwächeren und eingeschränkten Funktionen in modernen parlamentarisch-demokratischen Systemen unterschieden wird.

Lob ist ein universeller Mechanismus der Vergesellschaftung. Ohne herausgehobene Anerkennung keine Verpflichtung auf gemeinsame Werte, keine Gemeinschaft. Das Lob verbindet und erzeugt Verbundenheit. Dies gilt für Gruppen ebenso wie für Organisationen und ganze Gesellschaften. Das Kleinkind wird von den Eltern gelobt, wenn es Bauklötze sinn- oder kunstvoll aufeinanderstapelt oder seinen ersten zusammenhängenden Satz sagt, der beste Abiturient eines Jahrgangs wird vom Direktor vor versammelter Schulgemeinde mit besonderen Worten der Wertschätzung und Anerkennung bedacht, Politiker werden in ihre Ämter hinein- und aus ihnen weggelobt, und auch der ausscheidende Pensionär kann kaum verhindern, mit einem Lob vor die Tür der Organisation gesetzt zu werden. Wo immer soziale Ordnung hergestellt, erneuert und beschworen wird, wo Werte und normative Standards gelernt oder bestätigt werden, ist das Lob allemal ein probates Mittel, das Verhalten anderer wirksam zu steuern und, nicht zuletzt im Sinne des Lobenden, nachhaltig zu beeinflussen. Denn wo gelobt wird, kann auch getadelt werden, macht sich der Lobende zum Herrn über die Geltung und Interpretation der Norm. Kurzum: Lob ist – gewiß nicht nur, aber auch – eine ebenso verbreitete wie subtile Methode der Ausübung sozialer Macht, die den Willen des einen in das Tun des anderen überführt.

Trotz ihrer Bedeutung ist die Machttechnik des Lobs von den Sozialwissenschaften eher stiefmütterlich behandelt worden. In der Trias der uralten Machtmethoden, Peitsche, Zuckerbrot und Glauben, ist die ideelle Variante des Zuckerbrots, die symbolische Gratifikation, systematisch noch wenig erforscht. Während die Funktionsweisen von Drohungen/Sanktionen, materiellen Anreizen und Legitimierungen schon seit längerem Ge-

---

* Für wertvolle Hinweise und Kritik danke ich Michael Schröter und Siegfried Reck.

genstand soziologischer und sozialpsychologischer Analysen sind,[1] sind die besonderen Formen einer Machtausübung durch Anerkennung, speziell des Lobs, bislang eher indirekt in anderen Disziplinen, etwa der Pädagogik und der Betriebswirtschaft, aufgegriffen und diskutiert worden.[2] Aber auch dort wurde die systematische Frage, was ein Lob sei und wie es sozial funktioniere, stets von der Frage nach den Lobwirkungen dominiert, also den praktischen Relevanzen der Motivationsökonomie untergeordnet. Im folgenden soll deshalb versucht werden, zunächst die allgemeine Struktur des Lobs zu entwickeln und es von benachbarten Handlungsmustern abzugrenzen; im zweiten Schritt wird dann die Funktionsweise des Lobs im Vergleich zu anderen Machtmethoden diskutiert und auf verschiedene Variationen und Modulationen hin untersucht; der dritte Teil behandelt die diversen Reaktionen und Dilemmata des Gelobten, also auch, wie man sich gegen ein Lob zur Wehr setzen kann; und im letzten Abschnitt wird gesondert auf die Bedeutung dieser Machttechnik im Feld der Politik eingegangen.

### I. Die Struktur des Lobs

Ich definiere ein Lob als *ostentative, häufig in Gegenwart Dritter ausgesprochene besondere Anerkennung einer Person, die diese aufgrund außergewöhnlicher, zumindest über das Maß des normal Erwartbaren hinausgehender Leistungen erfährt*. In diese Definition sind einige indexikalische Merkmale eingegangen, die nun im einzelnen auszuführen sind.

*1. Ausdrücklichkeit.* Es gibt zahllose Möglichkeiten, Zustimmung und Anerkennung zu signalisieren. Ein aufmunterndes Lächeln oder beifälliges Kopfnicken, die Zugewandtheit der Körperhaltung, ein bewundernder Blick – all das ist kein Lob. Das Lob ist verbal und explizit. Ein Lob muß *ausgesprochen* werden, klar und für alle vernehmbar. Es ist immer direkt adressiert und läßt keinerlei Zweifel darüber, wem die Anerkennung gebührt. Insofern setzt es eine eindeutige soziale und situative Zäsur, es scheidet zwischen dem Lobenden und dem Gelobten und zentriert die Relevanzen auf die Person des Gelobten. Das Lob stellt ihn ins Rampenlicht, und dieses Licht gibt es nur, wenn es definitiv angeschaltet wird.

Der Ausdrücklichkeit des Lobs korrespondiert seine bewußte Intentionalität. Der Lobende *will* loben, sein Handeln ist stets eine absichtsvolle Aktion. Wie nur derjenige führen kann, der auch führen will (vgl. Scheler 1957: 259), so vermag auch nur der überzeugend zu loben, der unmißverständliche Bewertungen nicht scheut. Wohl gibt es graduelles, aber kein zauderndes Lob. Das Lob enthält immer ein Moment von Entschiedenheit, auch der Selbstfestlegung des Lobenden, das seiner charakteristischen Explizität geschuldet ist.

*2. Wertqualifizierung.* Das Referenzsystem des Lobs sind Werte und normative Standards. Ohne Bezug auf intersubjektiv geteilte Werte, ohne Berufung auf *Maßstäbe*, gibt es kein Lob. Indem es bewertet, impliziert es Werte. Aber auch: Indem es bewertet, *konturiert* es

---
[1] Vgl. als Überblick Schneider (1978) sowie, speziell zu Legitimationen, Scott/Lyman (1976).
[2] Man denke hier etwa an die pädagogischen Diskussionen um die Problematik der Notengebung und die große Rolle des Lobs in den Führungslehren des „Management by Motivation" (vgl. kritisch Sprenger 1991: 73ff.).

Werte, erschafft sie gleichsam neu. Auf diesem eigentümlichen Zugleich von Bestätigung und Neukonstituierung von Werten beruht seine gemeinschaftsbildende Kraft.

Freilich ändert die unterstellte Gemeinsamkeit der Werte nichts an der grundsätzlichen Asymmetrie des Verhältnisses: Der eine bewertet, der andere wird bewertet. Unabhängig davon, ob sich der Lobende tatsächlich in einer übergeordneten Stellung befindet, versetzt er sich durch seine Aktion in die Rolle des kompetenten Interpreten der Werte, des Hüters und Wächters der Norm. Indem er den anderen mißt, „verfügt" er über die Maßstäbe und agiert so, als hätte er sie immer schon im Rücken. Fraglos setzt er voraus, daß er selber den Maßstäben, die er am anderen anlegt, ohne Zweifel genügt. Indem er ihn lobt, erhöht er sich selbst. Er *setzt* sich als Lobender und usurpiert damit stillschweigend eine Position, von der aus er den anderen beurteilt.

Die Definitionsmacht des Lobenden erstreckt sich auf beides: die Interpretation der Werte und der Handlungen des Gelobten. Nicht nur wie, sondern auch was er bewertet, liegt, in gewissen Grenzen, in der Freiheit seiner Disposition. Ob er die Anerkennung steigert oder mindert, Vorbehalte durchscheinen läßt und das Lob mit Tadel vermischt – die Bandbreite der Nuancierung ist enorm. Es ist dieser wert*qualifizierende* Charakter des Lobs, der es zu einem höchst geschmeidigen, aber auch schwierigen Machtmittel macht. Gerade seine Subtilität und die vielfältigen Möglichkeiten der *Dosierung* und Modulation sind eine Quelle der Willkür, die den Gelobten nicht selten in psychische Abhängigkeiten verstrickt. So stolz es ihn macht, so wenig kann er sich darauf verlassen. Die Aufwertung seiner Person bleibt stets fragil. Hierin liegt die Kehrseite der erfahrenen Anerkennung und Wertschätzung: der Gefahr, daß der Gelobte sich schließlich auf Gedeih und Verderb vom Urteil des anderen abhängig macht, ja am Ende selbst nach dem Bild modelliert, das jener von ihm vorgibt. Er bezahlt die Erhöhung mit dem Verlust seiner Selbständigkeit.

Hier zeigt sich eine zentrale Differenz zu anderen Formen und Methoden der Anerkennung. Weil das Lob qualifiziert, steht es im Gegensatz zu allen quantifizierenden und standardisierten Verfahren der Leistungsbewertung. Eine gute Note ist kein Lob, ebensowenig eine Prämie. Anders als der nivellierte Beifall der vielen ist das Lob stets die qualifizierte Anerkennung durch einen einzelnen. Deshalb wird bei öffentlichen Ehrungen und Preisverleihungen die Laudatio als Sequenz separiert. Das Lob muß verbal variiert werden können; und obwohl es sich eingeführter rhetorischer Figuren und Wendungen bedient, darf es keinesfalls floskelhaft klingen. Die Kunst des Lobens, wie sie bereits in der Antike als epideiktische Beredsamkeit geübt worden ist (vgl. Martin 1974: 196ff.), besteht in einer eigentümlichen Balance von Verallgemeinerung und Besonderung: Der Lobende lobt den anderen als Verkörperung allgemein anerkannter Tugenden und Werte, und er besondert diese Werte zugleich in der individuellen Qualifizierung des Gelobten als Person.

*3. Rangstaffelung.* Das Lob konstruiert nicht nur eine Dyade, sondern eine Figuration. Es definiert nicht nur Lobende und Gelobte, sondern auch solche, denen das Lob nicht zuteil wird, die davon ausgeschlossen sind. Die Belobigung des einen ist die Nicht-Belobigung der vielen. Oft sind sie gerade das Publikum der Aktion. Aber auch, wenn sie nicht unmittelbar anwesend sind, bleiben sie im Sinnhorizont des Lobs stets präsent. Das Lob vergleicht. Es scheidet das normal Erwartbare von dem, was besondere Anerkennung verdient, interpretiert das Herausragende auf der Folie des Normalen. Ohne Durchschnitt keine Überdurchschnittlichkeit. Der Lobende verleiht *Ränge* und beansprucht damit rangverleihende Autorität.³

Indem das Lob einen Rang zuweist, bestätigt es die Rangordnung insgesamt. Ähnlich wie jede Rolle die Institution als ganze repräsentiert (vgl. Berger/Luckmann 1969: 79), werden durch die Fixierung *eines* Rangs gleichzeitig alle anderen Ränge markiert. Wer Ränge verleiht, unterstellt die Sinnfälligkeit einer vertikalen Klassifizierung, eben einer Rang*ordnung*, die für alle verbindlich sein soll und an der man sich orientieren kann.

Gleichwohl wirft die Verortung von Handlungen und Personen auf einer imaginierten Rangskala für den Lobenden häufig ein diffiziles Problem auf: Um die Geltung der Rangordnung vor aller Augen zu unterstreichen, müssen die Kriterien der Bewertung klar und eindeutig, die Abstände zwischen den Rängen deutlich markiert sein; um das Lob jedoch individualisieren und dosieren zu können, ist es umgekehrt sinnvoll, die Rangunterschiede eher verschwommen und vage zu halten, also gerade durch fließende Übergänge die Hoffnung auf weiteres Lob wachzuhalten. Zu große Abstände zwischen den Stufen lassen weitere Anstrengungen aussichtslos erscheinen und rauben die Motivation; zu geringe Abstände hingegen führen dazu, daß die Konturen der Rangordnung insgesamt verblassen, und unterhöhlen so das externe Referenzsystem des Lobs.

4. *Personalität.* Gelobt wird immer eine Person. Das Lob ist eindeutig adressiert, ist persönliche Bewertung einer Persönlichkeit. Es bezieht sich stets auf individuelle Konturen, auf Tugenden und Charakterzüge, die durch Taten beglaubigt sind, und es arbeitet gerade diese Eigenheiten heraus. Daher steht es in strukturellem Gegensatz zur Anonymität sozialer Institutionen und Organisationen, die auf der Austauschbarkeit der Positionsinhaber beruhen und die man zwar schätzen, aber kaum loben kann.⁴ Nur aufgrund dieser strikten Personenbezogenheit⁵ kann das Lob als *Technik der Individualisierung* eingesetzt werden,

---

3 Ich schließe hier an frühere Ausführungen zur Struktur von Autoritätsbeziehungen an; vgl. Sofsky/Paris (1994: 25f.).

4 Dies zeigt sich zum Beispiel an der Irritation, die sich einstellt, wenn hohe öffentliche Auszeichnungen oder Preise in Ausnahmefällen manchmal nicht an Personen, sondern an Institutionen oder Organisationen verliehen werden.

5 Aufschlußreich ist in diesem Zusammenhang die Diskussion über die Gegenstände des Lobs in der antiken Rhetorik (vgl. Martin 1974: 201f.). So erprobten die griechischen Lobredner ihr rhetorisches Talent zuweilen halb scherz-, halb ernsthaft auch im Lob von Tieren und Dingen (es gab Lobreden auf Hummeln und Mäuse, auf das Salz oder Steine); dies wurde häufig mit dem Argument zurückgewiesen, man könne Dinge nicht tadeln. Dennoch gab es natürlich das Lob der Götter, das einmündete in die Tradition der panegyrischen Lyrik, die literarische Gattung des Herrscherlobs. Auch hier fehlte die Freiheit der Kritik. All diesen Debatten lag jedoch ein weiteres Verständnis von Lob zugrunde als das, was hier behandelt wird: Wenn es im Kirchenlied heißt „Lobet den Herrn", so soll der Herr nicht gelobt, sondern gepriesen werden. Die (in der Regel ritualisierte) Praxis der *Lobpreisung* ist von der des Lobens als Machttechnik zu unterscheiden; Lob in diesem letzteren Sinne gibt es nur, wo Anerkennung auch entzogen und offensiv versagt werden kann, Tadel und Kritik also möglich sind. (Dies bedeutet im übrigen nicht, daß sich beide Formen notwendig ausschließen: Am Beispiel Ludwig XIV. zeigt Burke (1993: 51f.), wie erfindungsreich die panegyrischen Dichter und Höflinge waren, in die kanonisierte Form des Herrscherlobs gleichzeitig auch moralische oder politische Wertungen einzuschmuggeln, also im Medium der Lobpreisung indirekt echtes Lob oder milden Tadel auszudrücken.)

die eine Masse oder Anhängerschaft differenziert und verschiedene machtambitionierte Gruppen und einzelne gegeneinander auszuspielen vermag.

„Im Lobe ist mehr Zudringlichkeit als im Tadel" (Nietzsche 1966: 639). Obwohl es in der Scheidung von Wertendem und Bewertetem eine fundamentale Asymmetrie ausdrückt, stiftet es doch zugleich eine eigentümliche Nähe, eine *Quasi-Intimität* zwischen Lobendem und Gelobtem. Vor allem der Gelobte fühlt sich durch die Auszeichnung der Autorität aus der Masse hervor- und zu ihr emporgehoben – ein Effekt, der paradoxerweise um so dramatischer ist, je ferner und unerreichbarer die Autorität erscheint. Mitunter kann schon das phantasierte Lob eines charismatischen Führers ungeahnte Energien freisetzen. Es ist diese innige Verbundenheit von einsamer Autorität und einsamem Anhänger, die über die „normale" Gemeinschaftsdynamik der Anhängergruppe hinaus einen zusätzlichen Motivationsschub auslöst und die Identifikation mit der Autorität bis zur bedingungslosen Ergebenheit steigern kann.

Dennoch sprengt das Lob den Rahmen interpersoneller Privatheit. Es rekurriert stets auf allgemeine Werte und vorgegebene Maßstäbe, relativiert die Beziehung also von vornherein vor dem Hintergrund eines extern gesetzten Dritten. Indem es normative Standards zugrundelegt, bekräftigt es diese Standards: Die Belobigung des einen ist zugleich der Appell an die Wertgemeinschaft aller. Dies gilt naturgemäß besonders für das *öffentliche Lob*, die Würdigung eines einzelnen vor einem größeren Publikum. Die Dialektik von Verallgemeinerung und Besonderung führt hier zu einer charakteristischen Verschränkung von Öffentlichkeit und Privatheit: Eine gute Laudatio fordert vor allem Takt; sie muß, sachlich wie persönlich, die unterschiedlichen Relevanzen und Ansprüche aller Beteiligten feinfühlig aufnehmen und trotz der im Lob zutagetretenden Nähe die Peinlichkeit persönlicher Selbstoffenbarung vermeiden.

*5. Leistungsreferenz.* Wenn jemand gelobt wird, wird er *für etwas* gelobt: Taten, die er vollbracht hat, Leistungen, die ein bestimmtes Können bezeugen. Allgemein gilt: Ohne Leistung kein Lob; doch häufig: Trotz Leistung – auch kein Lob. Weil das Lob die *besondere* Leistung prämiert, behält der Lobende allemal die Definitionsmacht darüber, wo die Bandbreite des Normalen und routinemäßig Erwartbaren aufhört und das Außergewöhnliche, eigens Hervorzuhebende beginnt. Er ist Herr über diese Zäsur. Ja mehr noch, er legt, in gewissen Grenzen, fest, was überhaupt als Leistung gilt und was nicht. Oftmals wird Herausragendes gar nicht bemerkt oder bewußt ignoriert, Mittelmaß dagegen hochgejubelt. Nicht die tatsächlichen Bemühungen des Lob-Kandidaten, sondern die Deutungen und Präferenzen des Lobenden geben hier den Ausschlag.[6]

Doch unabhängig davon, ob das Lob „verdient" ist oder nicht, die Absichten des Lobenden gehen stets in dieselbe Richtung: Erhöhung des Selbstvertrauens und Selbstwertgefühls des Gelobten, Ermunterung zu weiteren Anstrengungen, Steigern der Motivation. Das Lob spornt an. Die ausdrückliche Anerkennung stärkt das Könnens- und Selbstbewußtsein und bestätigt idealisierende Bilder des Selbst.[7] Es ratifiziert gleichsam

---

6 Häufig entscheidet einfach persönliche Sympathie. Es gehört zu den schwierigsten Dingen, Leistungen von Personen, die man nicht mag, anerkennen zu lernen, wie umgekehrt wirkliche Freundschaft sich gerade darin bewährt, daß sie, falls angezeigt, auch harte Kritik verträgt.

7 Psychoanalytisch könnte man diesen Zusammenhang so umschreiben, daß das Lob in seiner Appellfunktion an das Ich weniger im Dienste der Verbotsnormen des Über-Ich steht, als

den Stolz auf die eigene Leistung, flößt Zutrauen und Zuversicht ein. Damit lenkt es zugleich, und zwar sowohl im Kalkül des Lobenden als auch in der Perspektive des Gelobten, den Blick auf die Zukunft: Der erbrachten Leistung sollen weitere folgen, die weitere Anerkennung erwarten lassen. So nährt das Lob die Hoffnung auf späteres, vielleicht größeres Lob; das unausgesprochene „Weiter so!", das in jedem Lob mitschwingt (vgl. Sprenger 1990: 10), *fixiert* gleichzeitig ein Leistungsniveau, das fortan nicht unterschritten werden darf. Nicht selten empfindet deshalb der Gelobte das Lob auch als Last, als auferlegte Verpflichtung, auch in Zukunft Außergewöhnliches leisten zu müssen, zumindest hinter den erreichten Stand nicht zurückzufallen. Das Lob versperrt ihm gewissermaßen die Rückkehr in die Durchschnittlichkeit und setzt die außergewöhnliche Anstrengung als neue Normalität.

Im Strukturmerkmal der Leistungsreferenz kommt, neben der personalen Qualität der Beziehung, der *pädagogische bias* des Lobs am stärksten zum Ausdruck. Lob ist besonders in pädagogischen Kontexten, also angelagert an Relevanzen von Erziehung, Obhut und Förderung häufig, aber keineswegs darauf beschränkt. Nicht nur gibt es Lob auch zwischen Gleichen und von unten nach oben; auch in anderen, durch einen gemeinsamen Sachbezug regulierten Handlungsfeldern, etwa in Arbeitskooperationen oder Kampfsituationen, ist das Lob üblich und verbreitet. Wo immer Menschen einander über Leistungen anerkennen und gegenseitiger Wertschätzung versichern, sind Lob und Tadel gegenwärtig. Und trotzdem wirft die pädagogische Affinität des Lobs in diesen anderen Kontexten nicht selten diverse Handlungsprobleme und -dilemmata auf, so z.B. dann, wenn ein Untergebener das direkte Lob eines Vorgesetzten als autoritative Durchbrechung kollegialer Egalität und unangemessene Pädagogisierung der Arbeitsbeziehung erlebt.

Natürlich nimmt nicht jede Bewertung der Handlungen anderer den Charakter eines expliziten Lobs an. In der Typologie der bewertenden Sprechakte[8] rangiert das Lob oberhalb jener personenbezogenen „positiven Meinungsäußerungen", die in den Alltagsritualen des bestätigenden Austauschs (vgl. Goffman 1974: 97ff.) gang und gäbe sind. Dort kommt es ja gerade darauf an, die zugewandte Aufmerksamkeit gegenüber dem anderen so zu begrenzen, daß der Rahmen der Situation gewahrt und die eingeschliffene Normalität der Beziehungsdefinition nicht verlassen wird. Schon die Ausdrücklichkeit und die sequentielle Separierung des Lobs heben es aus dem normalen Strom alltäglicher Anerkennungen und Achtungsbezeugungen heraus. Seine unmittelbare Adressierung und vor allem die Intensität des Wertbezugs begründen eine neue Relevanzstaffelung, in der die Leistungen und der Rang des Gelobten wie auch die Maßstäbe des Lobenden plötzlich definitiv thematisch und dadurch *objektiviert* werden. Es ist dieser situationstranszendierende Reflexionsschritt, der die Alltagsroutine sprengt und das Lob als bewußte Zäsur von anderen, eher beiläufig eingestreuten Äußerungstypen des „Verdienstbarmachens" unterscheidet.

Gewiß sind die Grenzen hier fließend. Ähnlich wie – nach einem klassischen Problem – schwer zu entscheiden ist, von welchem Zeitpunkt an eine gewisse, auf eine Tischplatte gestreute Menge Weizenkörner einen „Haufen" bildet (vgl. auch Simmel 1983: 53), so

---

vielmehr die Gebote und Forderungen des Ich-Ideals zur Geltung bringt und dabei dieses Ideal zugleich konturiert.

8 Ich orientiere mich hier an den Arbeiten von Zillig (1982: 95ff. und 179ff.) und, speziell zu Komplimenten, Adamzik (1984: 268ff.).

sind auch die Übergänge von „normalen", häufig nur gestisch angedeuteten oder undramatisch verbalisierten Anerkennungen und ausdrücklichem Lob nicht scharf zu markieren. Es ist ja das Wesen bewertender Qualifizierungen, ihre Stärke und Intensität und auch die Bandbreite mittransportierter Anspielungen nuancenreich variieren zu können. Dies zeigt sich noch deutlicher im Vergleich von Lob und *Komplimenten.* Als ritualisierte Form positiver Partnerbewertungen haben Komplimente den Sinn, dem anderen in einem durch Sittennormen vorstrukturierten Rahmen höfliche Freundlichkeit und Entgegenkommen zu signalisieren, wobei die Frage der Aufrichtigkeit der Bewertung durchaus sekundär ist. Anders als beim Lob ist die Quasi-Intimität der Beziehungsdefinition im Kompliment gleichsam konventionell zurückgenommen oder gar neutralisiert; Komplimente sind deshalb auch dort möglich, wo sich die Partner kaum kennen, ja eine erwünschte Bekanntschaft erst auf den Weg gebracht werden soll. Ein direkter oder indirekter Leistungsbezug ist im Kompliment, wenn überhaupt, nur schwach enthalten; häufig erfolgt die Bewertung ganz spontan, als unmittelbare Gefallensbekundung, die sich auch auf Objekte und Attribute erstrecken kann, die gar nicht als besondere Leistungen zurechenbar sind. Allerdings verschiebt sich auch hier die Bedeutung je nach Kontext und sozialem Hintergrundwissen. So kann z.B. bei einer Abendeinladung eine anerkennende Bemerkung über die Qualität des von der Gastgeberin zubereiteten Essens einen sehr anderen Charakter annehmen, je nachdem, ob sie von einem normalen Gast oder etwa von einem Gourmet geäußert wird, der zudem für seine zurückhaltende Skepsis in seinen Geschmacksurteilen bekannt ist. Wo der eine ein Kompliment macht, wird dieselbe Formulierung des anderen durchaus als Lob aufgefaßt werden.

Typologisch abzugrenzen ist das Lob ferner von *standardisierten Belobigungen* wie öffentlichen Ehrungen oder Preisverleihungen. Hier tritt der nicht-rituelle Charakter des Lobs besonders hervor. Die Ehrung ist von vornherein als außeralltägliche Situation definiert, die einem festen Ablaufschema unterliegt, das keinerlei Interpretationsdivergenzen erlaubt. Der Orden symbolisiert die Anerkennung, aber er expliziert sie nicht. Die Aufgabe der Qualifizierung ist der Laudatio vorbehalten, die als nicht-rituelles Element im vorgezeichneten Ritual einen festen Platz hat. So begründet das Lob die Belobigung und ist in dieser Funktion dem feierlichen Rahmen der Veranstaltung untergeordnet. Deshalb klingt öffentliches Lob bei solchen Anlässen häufig so fade und schal: Die Einbettung des Lobs in das Ritual läßt die Floskelhaftigkeit der Formulierungen um so stärker hervortreten; die Standardisierung der Situation entqualifiziert auch das Lob.

Mit dem Lob teilt die Ehrung die Merkmale der personalen Adressierung, des Wertbezugs und der Leistungsreferenz sowie das Gliederungsprinzip nach Rängen. Insofern ist die Nähe und Ergänzung der beiden Formen symbolischer Gratifikation unübersehbar. Der Unterschied zwischen ihnen liegt zum einen in der Tatsache, daß als belobigende Instanz in der Regel eine Institution auftritt: eine Modifizierung der Personalität, und zum anderen in der durch die Standardisierung erzwungenen reduzierten Form der Qualifizierung. Dadurch vermeidet die Ehrung die Willkür des Lobs. Nichts beleuchtet dies schärfer als der mögliche Fortgang der Geschichte, das Nachfeld der Aktion: Ein Lob kann nachträglich relativiert, anders akzentuiert oder gar zurückgenommen werden – den Preis hingegen hat man.

## II. Funktionsweise und Variationen

Die Strukturbestimmungen des Lobs geben bereits einige Hinweise darauf, wie das Lob als Machttechnik funktioniert. Dies soll im weiteren vertieft werden. Als probates Verfahren bietet sich dabei der Vergleich mit anderen Machtmethoden, insbesondere der Mechanik von Drohungen/Sanktionen und materiellen Anreizen an, ein in der Erforschung der Macht sehr verbreitetes Vorgehen.[9] Im Anschluß an einen früheren Aufsatz zur Grammatik von Drohungen (Paris/Sofsky 1987) kann die Funktionsweise des Lobs auf diesem Wege an vier Punkten kontrastierend verdeutlicht werden.

1. Sowohl Drohungen als auch materielle Anreizsysteme sind allgemein durch eine Wenn-Dann-Struktur gekennzeichnet: Wenn du dein Widerstreben nicht aufgibst, wird dich meine Strafe ereilen; nur wenn du tust, was ich von dir verlange, bekommst du die Belohnung. Der Unterschied liegt darin, daß Drohungen empfindliche Nachteile in Aussicht stellen, Versprechen dagegen Vorteile bieten. Das Lob als Prototyp der symbolischen Gratifikation kennt demgegenüber nur eine gelockerte, eine *diffuse Konditionalstruktur:* Nicht nur entscheidet der Lobende über die Lobwürdigkeit der erbrachten Leistung, er behält auch dann, wenn er sie grundsätzlich bejaht, weithin die Freiheit zum Lobverzicht. „Nicht g'schimpft ist g'lobt genug!", heißt es auf dem Lande in Bayern. Während Drohungen und Versprechen die Bedingung in die Zukunft verlagern und die weitere Entwicklung an das Verhalten des Adressaten koppeln, liegt die Voraussetzung des Lobs in der Vergangenheit. Der Lobende reagiert auf etwas, ohne daß er jedoch einem direkten Reaktionszwang unterläge. Zwischen der außergewöhnlichen Anstrengung und ihrer ausdrücklichen Anerkennung klafft eine Lücke, eine Zone der Ungewißheit, die allein die Autorität kontrolliert. Sie ist es, die das Lob „spendet" – oder auch nicht. Ein Lob kann man erhoffen oder vielleicht erwarten, einfordern kann man es nicht.

Es ist diese Dispositionschance über den Ort und die Zeit, die Macht über die Gelegenheit, die neben den Unwägbarkeiten der Qualifizierung vom anderen häufig als Quelle der Willkür erfahren wird. Sie verstärkt in ihm das Gefühl, der Autorität ausgeliefert zu sein.

2. Drohungen und Belohnungsversprechen sind Selbstverpflichtungen, die auch den Mächtigen binden. Dieses Element fehlt im Lob fast völlig: Der Lobende hat sich zu nichts und ist zu nichts verpflichtet. Ohne strikte Kondition gibt es keine Selbstbindung. Trotzdem enthält auch das Lob ein Moment des *Bekenntnisses,* der Loyalität gegenüber dem Gelobten und vor allem der demonstrativen Festlegung und Einschwörung des Lobenden auf die Werte und Maßstäbe, die er am anderen anlegt. Ja mehr noch: Wenn derjenige, der gelobt wird, selbst eine Autorität ist, sind die Ansprüche an das Lob besonders hoch, darf es doch die Maßstäbe des Gelobten nicht verletzen (vgl. Neidhardt 1985: 176). Die gemeinsamen Werte, die der Lobende hochhält, setzen auch ihm einen Standard, den er in seinen Bewertungen nicht unterschreiten darf.

---

[9] Zur Vergleichsanalyse von Drohungen und Versprechen vgl. Schelling (1960: 35ff. und 175ff.); Popitz (1992: 79ff.); die Ergebnisse der experimentellen Sozialpsychologie referiert Schneider (1978: 106ff.).

3. Nicht nur wer andere bedroht oder mit Anreizen ködert, auch Lobende haben ein *Glaubwürdigkeitsproblem*. Der Lobende muß die Werte, auf die er sich beruft, nicht nur selber erfüllen, er muß sie repräsentieren und als Persönlichkeit verkörpern. Anerkennung zählt nur, wenn der Anerkennende selbst anerkannt ist. Die motivierende Kraft des Lobs steht und fällt mit der Intaktheit der Autoritätsgeltung.

Dennoch impliziert der Rekurs auf allgemeine Zuschreibungen eine wichtige Modifizierung der Glaubwürdigkeit. Glaubwürdig muß nämlich nicht das Lob,[10] sondern der Lobende sein. Anders als bei Drohungen oder Versprechen bedarf die Glaubwürdigkeit der Aktion selbst keiner besonderen Inszenierung. Wo Drohende ihre Muskeln spielen lassen oder der, der bestechen will, mit Geldscheinen winkt, tut der Lobende nichts. Entwender er ist als Autorität unbestritten, dann wirkt auch das Lob, oder er ist es nicht und die Aktion verpufft. Ausschlaggebend für die Interpretationen des Gelobten ist nicht das aktuelle, sondern das generalisierte Fremdbild, das er vom Lobenden als signifikantem Anderen hat.

Die Verschiebung der Relevanzen der Glaubwürdigkeit folgt unmittelbar aus dem Wegfall der Selbstverpflichtung. Im Gegensatz zur Drohung und zum bedingten Anreiz konstruiert das Lob die Zukunft der Beziehung nur vage. Deshalb erhält die von Schelling (1960: 41) für Drohungen (und parallel auch für Anreize) empfohlene „Zerlegungstaktik", die Beglaubigung der Hauptdrohung durch das Wahrmachen vorgezogener Teildrohungen, in der Machttechnik des Lobs einen anderen Sinn: Gewiß ist es auch für Lobende opportun, das Lob geschickt aufzuteilen und zeitlich zu strecken, doch der Zweck einer solchen Verschachtelungsstrategie ist nicht die Erhöhung der Glaubwürdigkeit, sondern das Wachhalten des Hungers nach Anerkennung, d.h. das Züchten der Abhängigkeit des Gelobten. Insofern ähnelt der – durchaus diskontinuierliche – Aufbau von *Lobketten* nicht so sehr der Staffelung von Drohungen und Anreizen als vielmehr den Einsatzregeln von Legitimierungen: Wie es in Argumentationskämpfen immer sinnvoll ist, einige gute Gründe, die sich wechselseitig stützen, in der Hinterhand zu behalten, so tun auch Lobende gut daran, sich bei verkettetem Lob stets gewisse Steigerungsvarianten und Dosierungsspielräume offenzuhalten, also den Fundus von Anerkennungen nicht zu verschleudern.

4. Mit der Selbstbindung entfällt auch das für Drohungen charakteristische *Folgedilemma:* Setzt der Bedrohte seinen Widerstand fort, so zwingt er dem Drohenden eine seiner Vermeidungsalternativen (vgl. Luhmann 1975: 22f.) auf und stellt ihn vor die Wahl zwischen Brutalität und Gesichtsverlust. Dieser muß die Sanktion ausführen, die er sich eigentlich ersparen wollte, oder in Kauf nehmen, vor aller Welt eine „leere" Drohung ausgestoßen zu haben. Weit weniger dramatisch stellt sich dieses Problem, wenn Anreize ausgeschlagen werden. Zwar tut der andere nicht, was ich von ihm verlange, aber er nötigt mich auch nicht, etwas zu tun, was meinen Interessen zuwiderläuft. Trotzdem bleibt ein gewisses, wenngleich sehr abgeschwächtes Folgedilemma erhalten: Wenn ein Bestechungsversuch mißlingt, steht der Bestechende stets etwas deplaziert und verdattert in der Gegend herum. Er hat etwas angeboten, was offensichtlich gar nicht gewünscht wird. Nach dem

---

10 Hiervon ist die Frage der Aufrichtigkeit des Lobs zu unterscheiden. Daß der Gelobte die Aufrichtigkeit der Anerkennung unterstellen muß, um sie überhaupt anerkennen zu können, versteht sich von selbst.

„Nein danke!" bleibt ihm nichts anderes übrig, als sein Geld wieder einzupacken und es anderswo zu versuchen.

Für das Lob hingegen stellt sich die Situation auf den ersten Blick noch gefahrloser dar. Weil der Lobende unmittelbar nichts verspricht, kommt er auch nicht in die Lage, auf die Reaktion des anderen in erneuten Zugzwang zu geraten. Die Diffusität der Konditionalstruktur gilt auch für das Nachfeld der Aktion. Da zudem aus Gründen, die noch zu erörtern sind, die direkte Zurückweisung eines Lobs sehr selten ist, scheint die Stellung des Lobenden von der Aufnahme des Lobs kaum tangiert. Indes, der Eindruck trügt: In Wirklichkeit nämlich hat auch der Gelobte durch die spezielle Art seiner Reaktion durchaus einige Möglichkeiten, Situation und Beziehung in einer Weise zu redefinieren, die die unbefragte Autorität des Lobenden auszuhöhlen vermag. In der Trivialisierung der Anerkennung kann er durchscheinen lassen, daß *er* andere Maßstäbe hat und ihm die rangverleihende Kompetenz des anderen keineswegs unumstritten erscheint. Auch wenn er den Affront vermeidet und kein sichtbares Folgedilemma eintritt, so behält seine Reaktion dennoch stets den Charakter eines *indirekten Aushandelns der Autoritätsgeltung* des Lobenden, die auch für diesen, zumal vor Publikum, durchaus prekäre Züge annehmen kann.

Kurzum: Auch ohne das gesteigerte Risiko einer Selbstverpflichtung ist die Machtmethode des Lobs keineswegs davor gefeit, auf den Mächtigeren zurückzuschlagen und ihn am Ende der Geschichte, die er selbst in Gang gesetzt hat, schwächer zu hinterlassen als zuvor.

Generell gibt der Vergleich mit der Funktionsweise von Drohungen und materiellen Anreizsystemen einigen Aufschluß über die *Machtökonomie des Lobs*. Denn hier liegt ja der zentrale Unterschied zwischen Drohungen und Versprechen: „The difference is that a promise is costly when it succeeds, and a threat is costly when it fails" (Schelling 1960: 177). Die erfolgreiche Drohung vermeidet die teure Sanktion, die zudem Unruhe und Unordnung stiften würde, und schont die eigenen Repressionskräfte. Beim erfolgreichen Anreiz hingegen wird die Belohnung fällig, und das Geld ist weg. Dafür ist allerdings der Gehorsam verläßlicher und leichter auf Dauer zu stellen. Während die Drohung schon aufgrund der Differenz von General- und Spezialprävention häufig zu aufwendigen Nachkontrollen genötigt ist, verstärkt die Gratifikation die intrinsische Motivation der Unterlegenen und läßt, weil nicht nur ein Nachteil verhindert, sondern ein Vorteil gewonnen wird, die Machtrelevanzen in den Hintergrund treten. Das Verfolgen eigener Interessen mindert das Gefühl, einem fremden Willen unterworfen zu sein. Deshalb sind Anreize trotz ihrer hohen Kosten überall dort sinnvoll und effektiv, wo es darum geht, Menschen dazu zu veranlassen, kontinuierlich etwas zu tun, was sie sonst nicht täten. Umgekehrt ist die Drohung dort, wo nicht ein Tun, sondern ein Unterlassen sichergestellt werden soll, zweckmäßig und ökonomisch. Keine Gesellschaft könnte es sich leisten, die bloße Einhaltung von Rechtsnormen, etwa den Verzicht auf Falschparken, durch Gratifikationen zu honorieren.[11]

Für die symbolische Gratifikation gelten besondere Gesetze und Rechnungen. Mit dem Anreiz teilt das Lob den Anschluß an die Eigenmotive und Relevanzen der Unterlegenen, vermeidet aber zugleich dessen hohen Preis: Der Motivationseffekt funktioniert

---

11 Vgl. auch Popitz (1992: 92): „Es steckt keine amtliche Belobigung im Briefkasten, wenn wir im letzten Jahr schon wieder keinen Bankeinbruch begangen haben."

ohne weitere Aktivitäten und Leistungen des Lobenden. Andererseits hält sich bei widerwillig aufgenommenem oder gar zurückgewiesenem Lob der Gesichtsverlust in Grenzen. Weil es keine strikte Selbstbindung und kein dramatisches Folgedilemma gibt, ist auch ein Fehllaufen der Aktion relativ billig und verkraftbar. Nichtanerkannte Anerkennung eröffnet eine neue Runde im Machtspiel und hinterläßt auf beiden Seiten Ratlose, die keinen klaren Zugzwängen unterliegen. Außerdem sind die Kalküle und Bilanzen in hohem Maße deutungsabhängig und zu einem gewissen Grade spekulativ: Ebenso wie es oft schwierig ist, die kurz- und langfristigen Reaktionen des Gelobten eindeutig unter den Kategorien Erfolg/Mißerfolg zu rubrizieren, so sind auch die konkreten Kosten und Risiken des Lobenden nur unscharf zu bestimmen. Dennoch lassen sich jenseits dieser Interpretationsspielräume die ökonomischen Grundrelationen der Machtmethoden in einer einfachen Gegenüberstellung folgendermaßen zusammenfassen:

|  | Drohung | Anreiz (materielle Gratifikation) | Lob (symbolische Gratifikation) |
|---|---|---|---|
| Erfolg | billig | teuer | billig |
| Mißerfolg | teuer | billig | billig |

Die Tafel zeigt, warum das Lob für Mächtige überaus attraktiv ist. Es kann mit kleinem Einsatz mitunter große Leistungen stimulieren und hält zudem das Risiko gering. Daher die starke Versuchung, angesichts knapper materieller Ressourcen vermehrt auf symbolische Gratifikationen zurückzugreifen und das Mischungsverhältnis der Macht in diese Richtung zu verschieben. Die längerfristigen Nachteile einer solchen Strategie sind jedoch offensichtlich. Zu häufig angewandt, entwertet sich das Lob selbst. Die besondere Anerkennung zählt nur, wenn sie rar, dem Außergewöhnlichen vorbehalten bleibt. Jede *Inflationierung* des Lobs zieht notgedrungen eine Trivialisierung und Entqualifizierung nach sich, die den Motivierungseffekt zurückschraubt. Glaubwürdig ist der Lobende nur so lange, wie der Gelobte davon ausgeht, daß der andere im Lob keine Minimierung seiner Kosten anstrebt. Ähnlich wie gute Gründe am überzeugendsten sind, wenn sie nichts unmittelbar legitimieren, ist auch die motivierende Kraft des Lobs dann am größten, wenn der Gelobte die prinzipielle Uneigennützigkeit des Lobs unterstellt. Bemerkt er hingegen den Kalkül und verdichtet sich in ihm das Gefühl, mit Lob „abgespeist" werden zu sollen, bleibt der angezielte Erfolg aus und die Lobwirkung sinkt rapide.

Hier zeigt sich erneut, daß jedes Lob indirekt die Frage der Autoritätsgeltung des Lobenden aufwirft. Nur die intakte Autorität kann gefahrlos loben, wie umgekehrt das qualifizierte Lob die Autoritätszuschreibung aufzupolieren vermag. Wo Autorität dagegen nur noch beansprucht und nicht stets neu erworben wird, verlieren auch ihre Anerkennungen dramatisch an Wert. Und da mit dem Schwinden des Ansehens häufig auch die anderen Stützpfeiler der Macht, die Kontrolle über die Ressourcen und die Loyalität der Hilfstruppe, ins Wanken geraten, kann sich rasch eine Spirale des kumulativen Macht- und Autoritätsverlusts (vgl. Sofsky/Paris 1994: 154) entwickeln, die kaum mehr aufzuhalten ist. Am Ende verhöhnen die Menschen das gestürzte Regime, indem seine Orden als Andenken versteigert oder wahllos in die Menge geschleudert werden.

Wenn Mächtige versuchen, materielle durch symbolische Gratifikationen zu substituieren, so kann dies nur in engen Grenzen gelingen. Die Voraussetzung ist vor allem ein ungefährdetes Charisma, das sich in der Auszeichnung auf den Ausgezeichneten überträgt, auf ihn abfärbt. Doch schon in den Veralltäglichungsprozessen charismatischer Herrschaft wird die systematische *Verkopplung von materiellen und ideellen Gehorsamsmotiven* unverzichtbar: Die Ergebenheit der Gefolgsleute wird durch Pfründe sichergestellt, so daß sie fortan in ihrem Glauben auch sehr weltliche Zwecke verfolgen. Belohnung und Belobigung greifen ineinander; weil das Lob sich gleichzeitig auszahlt, spornt es besonders an. Erst in dieser Verknüpfung mit handfesten Vorteilen entfaltet das Lob seine volle herrschaftsstabilisierende Funktion.

Das Prinzip der Kombination von materiellen und symbolischen Gratifikationen ist in bürokratischen Organisationen fest institutionalisiert: Ehrungen und Auszeichnungen sind häufig mit Geldprämien verbunden, einen *Preis* zu erhalten, hat eben diese Doppelbedeutung. Und trotzdem ist die materielle Dotierung gegenüber dem ideellen Wert, dem *Wertakzent* der Belobigung ganz und gar sekundär. Die Würdigung verleiht ein Ansehen, eine soziale Wertschätzung, die mit Geld nicht aufzuwiegen ist. Die besondere Anerkennung ist nicht käuflich; eben darin liegt ihr besonderer Wert. Indem sie auf Werte referiert, konturiert sie die Wertordnung, die ihr zugrundeliegt. Lob und Belobigung sind, in welchen Handlungsfeldern auch immer, symbolische Politik: In ihnen vergewissert sich die Gesellschaft ihrer eigenen Werthaltigkeit und reproduziert so die notwendige Fiktion des anti-profanen Charakters der sozialen Ordnung.

Wie dies im einzelnen geschieht, ändert sich freilich je nach Beziehung und Situation. Fragt man nach typischen Variationen und Modifikationen des Lobs, so zeigt sich zunächst eine verwirrende Vielfalt, ein breites Spektrum von Äußerungen, die unterschiedlichste Weisen des Lobens markieren. Da gibt es neben dem spontanen Ausdruck höchster Bewunderung das herablassende Lob, das den anderen noch im Medium der Anerkennung kleinzumachen sucht, es gibt das schmeichelnde Lob, das ihn für sich einnehmen will und selbst nach Anerkennung dürstet, ganz zu schweigen vom Selbstlob, bei dem man sich selber gar nicht erwähnen muß. Ferner ist selbstverständlich, daß in pädagogischen Institutionen und Beziehungsmustern anders gelobt wird als bei einer politischen Kandidatenauslese, daß Lob in Arbeitskooperationen andere Sinnbezüge aufweist als in interpersonellen Verhältnissen. Für eine *Ausdruckstypologie des Lobs* scheint es wenig erfolgversprechend, all diese Kontextvariablen theoretisch einholen und abtragen zu wollen; deshalb sei hier als kognitives Gliederungsprinzip das Kriterium der *Machtrichtung* vorgeschlagen: Die Ausgangsfeststellung ist, daß Lob sowohl von oben nach unten als auch von unten nach oben und ebenso zwischen Gleichen ausgetauscht werden kann.

Das *Lob von oben nach unten* kennzeichnet das klassische Autoritätsverhältnis. Es ist ja das Wesen autoritativer Macht, zur Durchsetzung ihres Willens nur im Ausnahmefall auf die Anwendung harscher Sanktionen angewiesen zu sein und statt dessen das Verhalten anderer durch „das Geben und Nehmen von Anerkennungen und Anerkennungserwartungen (Hoffnungen, Befürchtungen)" wirksam regulieren zu können (Popitz 1992: 129). Das Lob der Autorität hat daher alle Freiheiten der Modulation. Es kann gnädig und gönnerhaft sein, großzügig die Distanz verringern oder sie umgekehrt gerade herausstreichen, häufig wird es unter Vorbehalt gestellt und mit Tadel vermischt, ja mitunter so sehr mit gleichzeitiger Kritik amalgamiert, daß die Grenzen zwischen Anerkennung und Zurückweisung ganz und gar fließend erscheinen. Daß der Gelobte sich selbst vom Urteil der Autorität abhängig macht, eröffnet ihr einen weiten Spielraum „autokratischer" Interpretationen, eine Definitionsmacht, von der sie jedoch stets in einer Weise Gebrauch machen muß, die die vorgängige Grundzuschreibung der Verkörperung anerkannter Werte und Tugenden nicht gefährdet. Trotz aller Asymmetrie dürfen die Bewertungen von oben nach unten die Anerkennungsströme von unten nach oben nicht unterbrechen. Insofern hat die intakte Autoritätsgeltung immer auch die Funktion, die Willkür von Interpretationen ein Stück weit zu begrenzen; doch innerhalb dieser Vorgabe bleiben der Autorität zahllose Möglichkeiten, die Anerkennungen, die sie verteilt, nach Gusto strategisch zu variieren und vielfältig nuancieren zu können.

Demgegenüber hat das *Lob von unten nach oben* einen ganz anderen Tonfall. Ihm ist jede Herablassung, jedes Auftrumpfen verwehrt. Dies liegt nicht nur am Machtgefälle. In Wirklichkeit geht es nämlich darum, einen Austausch von Anerkennungen, einen *reziproken* Anerkennungsprozeß zu initiieren: Das Lob von unten nach oben will von oben erwidert werden, der besonderen Anerkennung der Autorität soll die besondere Anerkennung durch die Autorität folgen (vgl. Popitz 1992: 115). Daher die schmeichlerische Grundierung des Lobs und seine häufige Wiederholung bei jeder Gelegenheit, eben die „Lobhudelei". Der Applaus der Mindermächtigen soll die Mächtigen für sie einnehmen, sie ihnen gewogen machen oder zumindest besänftigen. Auch wenn die Anerkennung nicht beantwortet wird, so verringert sie doch die Wahrscheinlichkeit von Drohungen und Sanktionen. Das anbiedernde Lob von unten nach oben bezweckt „gutes Wetter"; in ihm versuchen die Unterlegenen, die Basisnorm der Reziprozität im Machtverhältnis zur Geltung zu bringen und zu ihren Gunsten strategisch zu nutzen.

Systematisch steht das Lob von unten nach oben vor dem Problem, das Autoritätsverhältnis situativ umzukehren. Indem der Lobende die Werte und Maßstäbe für sich reklamiert, setzt er sich ja als rangverleihende Autorität. Er beansprucht im Urteil urteilende Kompetenz. Deshalb kommt, um den Anmaßungseffekt zu begrenzen, diese Art Lob häufig eher bescheiden und beiläufig daher, oft klinkt es sich ein in anderweitige Sach- oder Personenbewertungen, die die Autorität vornimmt, und ergreift die Gelegenheit, nun deren Leistungen und Aktivitäten bewundernd ins Licht zu rücken. Die sequentielle Separierung und Ausdrücklichkeit wird dabei zurückgenommen; anstatt eine Rangdifferenz zu konstruieren, versucht das Lob, eine Kongruenz der Werte und Maßstäbe zu signalisieren und sich so der Autorität anzunähern. Der Lobende zieht sich gleichsam zu ihr empor, in der Hoffnung, von ihr auf dieser Stufe bestätigt zu werden.

Trotzdem bleibt dem devoten Lob die Peinlichkeit der Selbstüberschätzung selten erspart. Manch einer möchte einem Riesen auf die Schulter klopfen und reicht gerade mal bis zur Wade.[12] Gewiß muß nicht jeder von vornherein besser können, was er am anderen lobt oder tadelt, aber mitunter tut er doch gut daran, erst etwas zu wachsen, bevor er sich allzusehr auf die Anerkennungspolitik verlegt.

Auch für das *Lob zwischen Gleichen* ist die Asymmetrie von Wertendem und Bewertetem prekär. Die im Lob gesetzte Ungleichheit ist nur verkraftbar, wenn sie über kurz oder lang durch wechselseitige Anerkennungsprozesse kompensiert und neutralisiert wird. Das Lob des einen gibt das Lob des anderen. Die Partner loben sich gegenseitig und ziehen einander nach oben. So bilden sich manchmal Lobgruppen, „Lobkartelle", in denen das Lob exklusiv zirkuliert und Anerkennungen Dritter tabuisiert sind (vgl. von Alemann

---

12 Das Bild stammt von Karl Markus Michel, der es in einer SPIEGEL-Rezension von Habermas' *Theorie des kommunikativen Handelns* verwendete.

1986: 269). Der strategische Sinn solcher Anerkennungskreise liegt über der unmittelbaren Stützung und Bestätigung der Mitglieder hinaus vor allem im Aufrichten normativer Definitionsmonopole, dem Versuch, die Kriterien für Qualität und Kompetenz zu diktieren, um einmal eroberte Machtpositionen und Pfründen erfolgreich zu verteidigen.[13]

Allerdings nimmt das Lob unter Gleichen nur selten den ostentativen Charakter einer expliziten Belobigung an. Es ist eher verschliffen mit anderen, weniger dramatischen Formen von „positiven Meinungsäußerungen" und laufenden Partnerbewertungen, ohne indes in den Ritualen des alltäglichen bestätigenden Austauschs aufzugehen. Ermunterungen dieser Art gehen durchaus über Komplimente und Routinebestärkungen hinaus. Häufig wird die Anerkennung freilich nur indirekt personal adressiert, etwa in einer Sachbeurteilung, die gleichzeitig auf ein bestimmtes Können verweist. Damit werden die Machtrelevanzen zurückgedrängt und die soziale Überdeutlichkeit des Lobs vermieden. In der spiegelbildlichen Würdigung tritt die Gemeinsamkeit der Werte um so stärker hervor, wie überhaupt die Ströme der Anerkennung hier generell eingebettet sind in allgemeinere Prozesse von Lob- und Schimpfklatsch, also jener Wertkommunikationen, in denen Etablierte und – oft selbsternannte – Eliten ihr Gruppencharisma pflegen und die soziale Welt in klaren Wir- und Sie-Bildern strukturieren (vgl. Elias/Scotson 1990).

Bleibt schließlich als Grenzfall das *Selbstlob*. Weil die offene Selbstanpreisung in unserer Gesellschaft weithin verpönt ist („Eigenlob stinkt"), erfolgen positive Selbstbewertungen meist indirekt und verdeckt (vgl. Adamzik 1984: 262). Dabei braucht man sich selbst oft gar nicht zu erwähnen. Man redet von Taten und Dingen, erörtert den Schwierigkeitsgrad einer Sache, die man gerade gemeistert hat, nennt beiläufig Berühmtheiten, mit denen man Umgang pflegt, setzt sich auf den Thron der Moral und prangert die Verderbtheit der Welt an, verurteilt Verurteiler, verachtet die Wankelmütigen usw. Man gibt sich in aller Größe bescheiden und kokettiert mit der Normalität. All diesen Äußerungsformen liegt die Technik zugrunde, in die Situierung sozialer Tatbestände immer schon eine vertikale Bewertungsstruktur, eine Lokalisierung nach Rangstufen, einzuziehen und noch den kleinsten Alltagskonflikt als heroischen Kampf um Werte darzustellen. Man zeichnet die Verhältnisse in scharfen Kontrasten von Leistung und Tugend und reserviert die Moral für sich. So wird die Empörung ebenso eine Methode des Selbstlobs wie die gönnerhafte Wertschätzung anderer. In der ständigen Qualifizierung von allem und jedem behauptet sich der Qualifizierende als unbeugsamer Wächter der Norm.

Da es weder ausdrücklich noch direkt adressiert ist, ist das Selbstlob kein Lob im eigentlichen Sinn. Umgekehrt aber stellt *jedes* Lob im impliziten Reklamieren der Werte in gewisser Weise ein Selbstlob dar. Keine Anerkennung ohne Selbstanerkennung. Doch gleichzeitig auch: Ohne Selbstachtung wenig Achtung. So stimuliert die offensichtliche Selbstanerkennung häufig die Anerkennung von außen und kann deshalb sogar daraufhin kalkuliert werden. Das indirekte Selbstlob soll andere dazu veranlassen, den Ball aufzufangen und als Fremdlob zurückzuspielen. Das bekannte *fishing for compliments* ist ein Beispiel dafür. Und doch ist ein Lob, das man dem anderen in den Mund legt oder gar abzwingt, am Ende nur die Hälfte wert, entbehrt es doch von vornherein jenes wesentlichen Moments von Ungezwungenheit und Freiwilligkeit, auf das es in persönlichen Anerkennungsverhältnissen letztlich ankommt.

---

13 Vgl. hierzu auch meine Analyse der Machttechnik von Seilschaften (Paris 1991).

## III. Reaktionen

Die Reaktionen auf Lob können überaus vielfältig sein. Dies liegt zunächst daran, daß das Lob keinen unmittelbaren Reaktionszwang etabliert: Der Gelobte ist mit keiner direkten Handlungsaufforderung konfrontiert, die er zu erfüllen hätte. Gewiß gibt es bestimmte Erwartungen vor allem von Dankbarkeit und Bescheidenheit, auf die er referieren muß; wie er sie indes aufnimmt und seine Rolle macht, steht auf einem anderen Blatt.

Der erste Schritt ist die Identifizierung der Aktion, die interaktive Klärung ihrer Eindeutigkeit und ihres Intensitätsgrads. Der Gelobte hat dem anderen zu zeigen, daß er das Lob als solches auffaßt, ihm die Bedeutung der Handlung präsent ist. Er muß nicht nur die Anerkennung, sondern speziell die *besondere* Anerkennung würdigen und beantworten. Je expliziter und separierter das Lob, um so strikter der Rahmen des Außergewöhnlichen, auf den der Gelobte reagieren muß. Ob er die Herausgehobenheit und Absetzung des Lobs vom alltäglichen bestätigenden Austausch selbst aufgreift und bejaht oder eher versucht, die Aktion des anderen zu trivialisieren und gleichsam in die Normalität einzugemeinden – dies gibt oft schon einen deutlichen Hinweis, welchen der verfügbaren Reaktionspfade der Gelobte einzuschlagen gedenkt.

Allgemein gilt: Zwischen der Rhetorik des Gebens und verschiedenen Haltungen des Empfangens besteht eine systematische Wechselwirkung, die auch der Gelobte subtil zu steuern vermag (vgl. Simmel 1983: 444). Er kann das Lob ohne Umschweife begrüßen und ausdrücklich honorieren, er kann es aber auch indirekt neu qualifizieren und herabstufen, z.B. indem er den nicht-rituellen Charakter des Lobs stillschweigend übergeht und die Äußerung so behandelt, als sei sie nur als Kompliment gemeint gewesen. Zustatten kommt ihm dabei die Tabuisierung des Selbstlobs. Da jede allzu euphorische Aufnahme rasch in die Nähe des Eigenlobs gerät, verlangt die Konvention eine „gedämpfte", temperierte Reaktion. Diese äußert sich etwa in Gesten der – möglicherweise gespielten – Überraschung, in Signalen bescheidener Zurückhaltung und des Bekundens von Dankbarkeit. Der Gelobte hat sich zunächst nur *beeindruckt* zu zeigen, ohne die passive Rolle des Entgegennehmens zu verlassen. Erst wenn die Glückwünsche und Hochrufe nicht abreißen, muß er das Wort ergreifen und seine Ergriffenheit bezeugen.

Die abschwächende Reaktion gibt dem Lobenden nicht selten ein diffiziles Interpretationsproblem auf: Er hat nämlich herauszufinden, ob die Reserviertheit des anderen einfach nur der Bescheidenheitsnorm genügt oder ob sich dahinter vielleicht echte innere Reserve, eine indirekte Zurückweisung verbirgt. Ja mehr noch: Das Herunterspielen des Lobs kann manchmal auch der Versuch sein, dem anderen nahezulegen, es zu bekräftigen, gar zu intensivieren. Als mögliche Gründe des Understatement kommen sehr verschiedene Motive in Betracht. Nicht nur Lobende, auch Gelobte können ein Interesse an eigener Undurchschaubarkeit haben.

Daß Gelobte das Lob oftmals als zwiespältig empfinden, kann viele Ursachen haben: Es verpflichtet sie möglicherweise auf Werte, die nicht ihre eigenen sind; sie sehen den anderen keineswegs so sehr als Autorität wie dieser sich selbst; sie wollen sich nicht mit Lob „abspeisen" lassen und Loyalitätserwartungen vermeiden. Hinzu kommen Besonderheiten der Figuration. Mädchen in Hauptschulklassen droht soziale Isolation, wenn sie sich nicht der Förderung ihrer feministischen Lehrerin erwehren; das Lob des politischen Gegners irritiert die eigene Anhängerschaft und den Koalitionspartner; devotes Lob von unten bindet dem Vorgesetzten die Hände und schränkt seine Sanktionschancen auch gegenüber anderen Mitarbeitern ein. So unterschiedlich die Motive und Konstellationen auch sind, in all diesen Fällen sieht sich der Gelobte in eine Situation manövriert, die seine *Unabhängigkeit* und Selbständigkeit gefährdet. Wie jedes Geschenk gleichzeitig einen Angriff auf die Autonomie des Beschenkten darstellt, so webt auch die ausdrückliche Anerkennung an einem Netz von Verbundenheit, das mit der Zeit immer dichter wird und schließlich kaum mehr zu zerreißen ist. Deshalb ist Vorsicht geboten und frühzeitig gegenzusteuern. Will er seine Handlungsfreiheit und Optionen behalten, muß der Gelobte trotz der situativen Reziprozitätsnorm in seine Anerkennung der Anerkennung zugleich gewisse Signale fein dosierter Distanz und Eigensinnigkeit einfließen lassen, eine Gratwanderung, für die eine abschwächende Modulierung des Lobs vorzüglich geeignet ist.

Möglich wäre natürlich auch, das Lob *direkt zurückzuweisen*. Dies geschieht jedoch selten. Der Grund dafür liegt in der exzeptionellen Legierung von Handlung und Person. Jede unmißverständliche Zurückweisung des Lobs ist gleichzeitig eine unmißverständliche Zurückweisung des Lobenden, eine klare Diskreditierung seiner Person (vgl. von Alemann 1986: 268). Zumal vor Publikum wirkt sie stets als unverhüllte Brüskierung und markiert sofort eine deutliche Zäsur, ein Umschalten von einvernehmlichem Gleichklang auf Konfrontation. Sie verletzt die Basisnorm des „Wie du mir so ich dir" und ruiniert damit die Grundlage von Gemeinsamkeit und Zusammenarbeit.[14] Ostentative Anerkennung mit ostentativer Ablehnung zu beantworten, setzt auf einen Schlag eine völlig veränderte Relevanzstaffelung durch. Nicht die Wertschätzung des Gelobten, sondern dessen Geringschätzung des Lobenden steht plötzlich im Zentrum der Situationsdefinition, mit allen sich daraus ergebenden Konsequenzen.

Will er den offenen Konflikt vermeiden,[15] kommt der Gelobte nicht umhin, in seiner Antwort positive und distanzierende Elemente zu vermischen. Wichtig für die Ausdifferenzierung der Reaktionstypen ist dabei die Unterscheidung, daß sich der reaktive Bezug auf das Lob nicht nur, wie bisher erörtert, auf die Illokution, also den kommunikativen Beziehungssinn der Aktion, sondern auch auf seinen propositionalen Gehalt, die inhaltlichen Werturteile und Qualifizierungen, konzentrieren kann.[16] Entscheidet man sich für die zweite Alternative und eröffnet einen *Diskurs über die Bewertung,* so ergeben sich mancherlei Möglichkeiten einer Relativierung des Lobs auch ohne direkte Brüskierung des Lobenden. Grundsätzlich stehen dem Gelobten in diesem Reaktionszweig drei Wege zur Auswahl. Er kann erstens der Bewertung – temperiert – zustimmen (Annahme des Lobs durch Wert-Gemeinsamkeit). Er kann zweitens die Bewertung modifizieren, indem er entweder die Maßstäbe verschiebt oder das Bewertete, die eigene Leistung, in ein anderes Licht stellt; ersteres ist beispielsweise möglich durch ein Gegen-Lob, das das Lob zum Anlaß nimmt, nun umgekehrt die Leistungen des Lobenden zu rühmen und auf

---

14 Zum Prinzip des TIT FOR TAT als Grundgesetz erfolgreicher Kooperationen vgl. Axelrod (1987).
15 So aufwendig und teuer die direkte Zurückweisung eines Lobs, so einfach und relativ billig ist seine Verhinderung im Vorfeld, die *antizipatorische Reaktion:* Signalisiert man, wenn ein Lob droht, schon frühzeitig Unfreundlichkeit und Ablehnung, kann man fast sicher sein, daß die prekäre Situation ausbleibt.
16 Die folgenden Überlegungen sind angeregt durch Anita Pomerantz' Analyse der Reaktionsweisen auf Komplimente (Pomerantz 1978); vgl. auch Adamzik (1984: 273ff.).

diese Weise neuen ·Abstand schafft; letzteres kann dadurch erreicht werden, daß man andere Bewertungen ähnlicher Objekte und Leistungen Dritter ins Spiel bringt oder durch relativierende Darstellung der eigenen Mühen und Anstrengungen seine Verdienste herunterspielt. Und drittens kann die Bewertung indirekt auch zurückgewiesen werden, indem man die eigene Leistung oder Leistungen Dritter einfach in einem anderen Wertsystem verhandelt, ohne die Wertungen des Lobenden unmittelbar zu attackieren. Gewiß sind die Übergänge hier fließend und die Reaktionen in der Regel ganz und gar habituell. Oft wird das Auswechseln der Kriterien von allen Beteiligten, einschließlich des Gelobten selber, überhaupt nicht bemerkt.

Bei alledem darf die einfachste, naheliegendste und häufigste Reaktion, die freudige *Annahme* des Lobs und deren Beglaubigung durch Zeichen der Dankbarkeit, nicht vergessen werden. Anerkennung verführt, und besondere Anerkennung verführt besonders. Sie entwickelt einen Sog, dem man sich nur schwer entziehen kann. Die Machttechnik des Lobs ist eine „weiche" Methode, deren Wirksamkeit gerade darauf beruht, daß sie die Machtrelevanzen im Hintergrund hält. Das Lob schmeichelt und beeinflußt, es zielt nicht auf Gehorsam, sondern auf Verstrickung. Diese gelingt um so leichter, je mehr der andere der Anerkennung bedarf. Der Abhängigkeitseffekt des Lobs ist dort am größten, wo es auf schwaches Selbstbewußtsein trifft, wo die Verbindung von wertqualifizierender Rangzuweisung und personaler Nähe zur Autorität eine stabile Selbstverortung verspricht.

Im übrigen ist zwischen unmittelbarer Reaktion und langfristiger Wirkung zu unterscheiden. Beides kann durchaus auseinanderklaffen. Ob der dankbaren Aufnahme des Lobs tatsächlich ein anhaltender Motivierungserfolg entspricht, ist stets eine empirische Frage. Entscheidend ist dafür nicht die aktuelle, sondern die generalisierte Beziehungsdefinition, die Situierung des Lobenden im gestaffelten Feld signifikanter Anderer (vgl. Berger/ Luckmann 1969: 161f.). Manch einer druckst als Gelobter herum, relativiert die Bewertung und verteidigt tapfer seine Selbständigkeit – um im nachhinein alles zu tun, was weitere Anerkennung erwarten läßt. Andere hingegen nehmen das Lob freudig und dankbar auf, stecken es in die Tasche und gehen dann ihrer Wege.

*IV. Die Politik des Lobs in der Politik*

Fragt man nach der Bedeutung des Lobs in Handlungsfeldern der Politik, so variiert diese naturgemäß je nach gesellschaftlich-historischem Kontext und den institutionellen Vorgaben des politischen Systems. Auch kulturelle Differenzen und Traditionen sind hier wichtig: So spielten z.B. die Gegenstände und Relevanzen der Politik bei den griechischen Lobrednern eine weitaus geringere Rolle als im antiken Rom, wo Lobreden als Begleitmusik politischer Karrieren unerläßlich waren,[17] und auch heute wird man etwa bei einem Vergleich deutscher und amerikanischer Parteitage eine andere Rhetorik von Jubel und Anerkennung beobachten können. Dabei treten entsprechend der unterschiedlichen Rahmenbedingungen und politischen Anlässe jeweils verschiedene Struktureigenschaften des Lobs besonders hervor: Das Prinzip der Lokalisierung nach Rängen und die Herstellung

---

17 Vgl. Martin (1974: 197). Zur Bedeutung öffentlicher Selbstdarstellung des Politikers in der Antike vgl. Eisermann (1991: 146ff.).

persönlicher Quasi-Intimität prädestinieren es als höchst geschmeidiges Mittel der Austarierung von Machtbalancen und des Züchtens von Abhängigkeiten, wie sie vor allem für autokratische Herrschaftssysteme und unmittelbare Führer/Gefolgschaftsverhältnisse charakteristisch sind; die Merkmale der Ausdrücklichkeit und Leistungsreferenz legen es nahe, das Lob auch in parlamentarisch-demokratischen Systemen als gezieltes Vehikel von Personalpolitik und öffentlicher Kandidatenauslese zu verwenden; und schließlich ist das Lob aufgrund der mit der Wertqualifizierung gesetzten Asymmetrie von Wertendem und Bewertetem und den Kautelen der Reaktionsdynamik eine vorzügliche Methode, sich auch im alltäglichen parteipolitischen Schlagabtausch des parlamentarischen Argumentationskampfs als Leistungsgarant und Normhüter zu profilieren und sich hier sowohl in der Anerkennung des politischen Partners als auch im verblüffenden Lob des politischen Gegners gewisse Vorteile zu verschaffen, die im Machtspiel eines medienorientierten und -vermittelten Parteiensystems vielleicht entscheidend sein können. Diese Varianten sollen abschließend diskutiert werden.

Daß die Verteilung von Achtung und Anerkennung in Herrschaftssystemen, in denen ein Großteil der Machtressourcen, vor allem aber die uneingeschränkte Autoritäts- und Legitimitätsgeltung auf eine Person konzentriert ist, eine große Rolle spielt, liegt auf der Hand. Der Fürst kontrolliert die Ströme der Anerkennung, er verleiht und entzieht Ansehen, entscheidet über Prestige und Ungnade, Bann oder Rehabilitierung. So schafft er gestaffelte Abhängigkeiten, die freilich jederzeit revidierbar, ganz und gar seiner Willkür ausgesetzt sind. So sehr seine Anerkennung existentiell begehrt und ihr Ausbleiben gefürchtet wird, so *undurchschaubar* bleiben seine Motive und Strategien. Elias Canetti gibt ein plastisches Beispiel:

„Ein klassischer Fall solcher Unergründlichkeit war Filippo Maria, der letzte Visconti. Sein Herzogtum Mailand war eine Großmacht im Italien des 15. Jahrhunderts. Keiner kam ihm an Fähigkeit gleich, sein Innerstes zu verbergen. Nie sagte er offen, was er wollte, sondern verhüllte alles durch eine eigentümliche Art, sich auszudrücken. Wenn er jemand nicht mehr mochte, lobte er ihn weiter; hatte er jemand durch Ehren und Geschenke ausgezeichnet, so beschuldigte er ihn der Heftigkeit oder der Dummheit und ließ ihn fühlen, daß er seines Glückes nicht würdig sei. Wollte er jemand in seiner Umgebung haben, so zog er ihn für lange an sich heran, machte ihm Hoffnungen und ließ ihn dann fallen. Wenn der Betreffende dann glaubte, vergessen zu sein, rief er ihn zu sich zurück. Verlieh er Leuten, die sich um ihn verdient gemacht hatten, eine Gnade, so befragte er in merkwürdiger Verschlagenheit andere, als wüßte er nichts von der gewährten Wohltat. In der Regel gab er etwas anderes als das Erbetene, und immer auf andere Weise, als erwünscht war. Wollte er jemand ein Geschenk oder eine Ehre zukommen lassen, so pflegte er ihn viele Tage zuvor über die gleichgültigsten Dinge zu befragen, so daß jener seine Absicht nicht zu erraten vermochte. Ja, um seine innerste Absicht niemandem zu offenbaren, beklagte er sich oft über die Verleihungen von Gnaden, die er selbst gespendet, oder auch über die Vollstreckung von Todesstrafen, die er selbst verfügt" (Canetti 1984: 336f.).

Das *kryptische Lob* ist Teil einer umfassenden Strategie von Verwirrung und Ungewißheit. Der absolutistische Herrscher kann sich das unaufrichtige Lob ebenso leisten wie Zweifel an seiner Glaubwürdigkeit. Weil sein Monopol der Verteilung von Ehre und Prestige außer Frage steht, behält er alle Fäden in der Hand und verwandelt das Leben der Höflinge in eine erbitterte Konkurrenz um Anerkennungen, die er vor allem durch einen nuancenreichen Gebrauch der Etikette geschickt zu schüren vermag (vgl. Elias 1983: 137ff.).

Der Monarch vergibt die besondere Anerkennung als Zuneigung und *Gunst* und setzt die Abhängigen damit allen Unwägbarkeiten und Gefühlsschwankungen aus, die interpersonelle Beziehungen charakterisieren. Die Launen des einen sind das Schicksal der anderen. Das Element der Leistungsreferenz ist durchaus geschwächt: Große Anstrengungen können den König einem gewogen machen, müssen es aber keineswegs. Die Willkür des Herrn erfahren die Abhängigen als Kontingenz.

Auch die Ausdrücklichkeit der Anerkennung kann, wie das Beispiel zeigt, raffiniert manipuliert werden. Öffentlich gespendetes Lob wird hinterrücks konterkariert, intime Andeutungen erhalten großes Gewicht und geben doch keine Sicherheit. In der Autokratie kombiniert die Spitze die größte Positionsmacht und unangefochtene Wertrepräsentanz (beim König: als Unbefragtheit der Tradition, beim charismatischen Führer: als apodiktische Evidenz seiner Gottgesandtheit) mit allen Möglichkeiten destruktiver Informationsmacht, dem negativen Organisieren der Intrige.[18] Die selektive, jederzeit disponible Anerkennung ist eine überaus wirksame Methode der *Individualisierung,* mit der die diktatorische Macht ihre Anhängerschaft atomisiert und etablierte oder aufstrebende Subgruppen durch Rivalität spaltet und wechselseitig neutralisiert.[19]

Komplettiert wird das Szenario durch die panegyrische Lobpreisung des Herrschers von unten. Diese klingt in unseren heutigen „demokratischen Ohren" (Burke 1993: 51) oft peinlich, obwohl – oder gerade weil – sie in den großen Eschatologien des zwanzigsten Jahrhunderts eine bedeutsame Rolle gespielt hat (vgl. Schöne 1965). In der säkularisierten Politik parlamentarisch-demokratischer Systeme hat sie jedoch keinen Platz mehr. Der mündige Bürger beteuert keine Ergebenheit und huldigt niemandem mehr, eher schon nimmt er in generalisierter Verachtung der „politischen Klasse" selbst die Cäsarenhaltung ein. Die Zumutungen und Gemeinschaftsgefühle traditionaler oder charismatischer Herrschaft bleiben ihm weithin erspart.

Unter den Bedingungen verfahrensregulierter und verrechtlichter Politik ändert sich die Bedeutung des Lobs grundlegend. Es ist fortan eingebettet in Strategien von Berufspolitik und öffentlichem Parteienkampf, das institutionelle Gefüge der parlamentarischen Demokratie. Über die Verteilung von Macht und Prestige entscheidet nicht länger der souveräne Monarch, sondern der zählbare Wahlerfolg. An ihm bemißt sich, was an Ämtern und Pfründen zu vergeben ist, wobei die Karten periodisch neu gemischt werden. Wesentlich für die Demokratie ist das Prinzip der „personalen Indifferenz": Hochgestelltheit von Personen begründet nicht länger eine automatische Privilegierung ihrer Ziele und Meinungen, auch sie müssen sich Mehrheiten suchen (vgl. Kirsch/Mackscheidt 1985: 15). Der politische Streit unterliegt konstitutiven und regulativen Regeln, deren Sinn es ist, dauerhafte Machtmonopole zu verhindern, die persönliche Konfliktdynamik der Akteure

---

18 Die Idee, die Machttechnik der Intrige als „negatives Organisieren" zu analysieren, kann hier nicht weiter ausgeführt werden. Die Grundvorstellung ist, daß die produktiven – sachlichen und sozialen – Kompetenzen und subtilen Verknüpfungsleistungen, wie sie für erfolgreiches Organisieren charakteristisch sind (vgl. Weick 1985), im Falle der Intrige genau umgekehrt, als systematische Entflechtung heterogener Elemente und Handlungslinien anderer zum Zweck eigener Nutzenmaximierung verwendet werden.
19 Zur Anwendbarkeit dieser Untersuchungsperspektive auch auf moderne Diktaturen vgl. Elias (1983: 405ff.).

zu bändigen und einen Primat der Sachlichkeit zu installieren, der sich normativ an konkurrierenden Entwürfen und Begründungen des Gemeinwohls orientiert.

Im Machtspiel der modernen Politik überlagern sich systematisch drei Konflikttypen: Die sachprogrammatische Gegnerschaft der Parteien ist verschränkt mit Prozessen der Rivalität zwischen Berufspolitikern um Ämter und Karrierechancen, die darüber hinaus den Charakter einer massenmedial vermittelten Eindruckskonkurrenz gegenüber einem Wahlpublikum hat, dessen Votum letztlich über Erfolg oder Mißerfolg entscheidet. In diesen komplexen Bezügen und überlappenden Relevanzen ist die Entwicklung des Lobs zwiespältig: Die Betriebsförmigkeit der Politik und die Grunderwartung sachgerechter Professionalität engen den Spielraum strategischer Anerkennungen einerseits deutlich ein, während gleichzeitig die gesteigerte Abhängigkeit des politischen Erfolgs von Prozessen öffentlicher Akklamation und Meinungsbildung einen ständigen Bewertungsstrom von Handlungen und Personen initiiert, den keiner der politischen Akteure ignorieren kann. Das Lob erscheint so zugleich restringierter und elaborierter; obwohl es im Vergleich zu früheren, stärker personengebundenen Herrschaftsverhältnissen an Bedeutung eingebüßt hat, ist es dennoch im Geräuschpegel der alltäglichen „Konversationsmaschine" (Berger/ Luckmann 1969: 163) heutiger Politik stets präsent.

Gleichwohl sind die Gelegenheiten des Lobs selektiv. Die Regeln des politischen Systems definieren Arenen und institutionelle Anlässe, die es erlauben und nahelegen, mit Lob und Gelobtwerden Politik zu machen. Dies betrifft zuerst die Notwendigkeit einer kontinuierlichen Personalpolitik der Parteien, also das Lob als Vehikel parteiinterner und öffentlicher *Kandidatenauslese*. Nicht nur Identifikationsfiguren an der Spitze, auch nachrückende Führungskräfte müssen rekrutiert und „aufgebaut" werden. Man lobt den aufstrebenden Nachwuchsmann vor versammeltem Parteivolk oder laufenden Kameras, indem man seine disziplinierte Sacharbeit und Leistungen herausstreicht, die er bislang im stillen vollbracht hat; so wird ein Name lanciert, der später, wenn er in der Ministerliste auftaucht, schon öfter gehört worden ist. Die besondere Anerkennung macht den Anerkannten bekannt. Sie ist weniger an ihn als an das Publikum adressiert. Die Ausdrücklichkeit und der Leistungsbezug des Lobs machen es zu einem geeigneten Mittel, in der Öffentlichkeit den Eindruck einer dichten Personaldecke und jederzeit auffüllbaren Führungsriege zu erzeugen, die den komplexen Aufgaben gegenwärtiger oder zukünftiger Regierungsverantwortung allemal gewachsen sei.

Allerdings ist diese Technik des *Hineinlobens* von Personen in Ämter, die man für sie vorgesehen hat,[20] auch für den Lobenden nicht ohne Risiko. Sie nährt nämlich, ob zutreffend oder nicht, den Verdacht der Patronage und damit des Unterlaufens von Verfahrenslegitimität und Sachprimat. Will der „Landesfürst" einer Partei seinen Zögling oder eine Seilschaft ihren Wasserträger unterbringen, so tun sie gut daran, ihn nicht allzu offensiv als Kandidaten ins Spiel zu bringen. Wo Anerkennung offensichtlich Gefälligkeit ist, schadet sie. Die Personalität des Lobs schlägt hier zum Nachteil aus und durchkreuzt die strategische Absicht. Besser ist es, einfach auf sachliche Ergebnisse und meßbare Erfolge hinzuweisen, an denen der Kandidat beteiligt war, also, wie beim Selbstlob ja auch, auf indirekte Formen und Präsentationen von Anerkennung auszuweichen.

---

20 Es liegt auf der Hand, daß die umgekehrte Taktik des „Weglobens" mißliebiger oder unfähiger Amtsinhaber auf machtlose Ehrenposten nur die feldtypische Variante des abspeisenden Lobs ist.

Daß die Rekrutierung des geeigneten Führungspersonals in der parlamentarischen Demokratie besondere Aufmerksamkeit erheischt, liegt vor allem an den vorgegebenen Prozeduren der Machtverteilung. Stehen Neuwahlen an, so wird auch der amtierende Regierungschef wieder zum Kandidat. Er muß Zustimmung einwerben und sich von seiner Anhängerschaft auf Parteitagen bestätigen lassen, Herausforderer abwehren. Anders als in autokratischen Systemen unterliegt der Führer der Partei einem fortdauernden Zwang, über ein „Anerkennungspolster" von unten verfügen zu müssen, um in der öffentlichen Eindruckskonkurrenz mit anderen Parteiführern bestehen zu können. Daher das ständige Lob des Spitzenmanns und seiner unmittelbaren Nebenleute, die Betonung und Beteuerung seiner Führungsqualitäten, der Prädestiniertheit seiner Person für das zu vergebende Amt. Indem die Anhänger ihren Führer bejubeln, jubeln sie ihn hoch. Gleichzeitig setzen sie ihm damit jedoch Verhaltensstandards, die er nicht unterschreiten darf. Die Leistungsreferenz des Lobs baut hier einen Erwartungsdruck auf, der auch kleinere taktische Fehler des Kandidaten rasch in Enttäuschung umschlagen läßt. Insofern ist das euphorische Lob von Anhängern und Medien auch für den derart Gelobten häufig eine zwiespältige Angelegenheit: Einerseits „trägt" die allseitige Anerkennung den Kandidaten und färbt die Wahrnehmung seines Handelns entsprechend ein; gleichzeitig aber sind die Ansprüche an sein Reüssieren besonders hoch, so daß jeder Rückschlag im Wahlkampf gravierend zu Buche schlägt. Nicht nur wer hoch steigt, sondern auch wer durch andere emporgehoben wird, kann anschließend um so tiefer fallen.

Strukturell erschwert wird das Lob in der Politik nicht zuletzt durch die hohe Diffusität der professionellen Standards, die „normative Normlosigkeit" der Politikerrolle (Nedelmann 1990: 132). Anders als beim Arzt oder Ingenieur sind die Kriterien dafür, was einen „guten" Politiker ausmacht, hochgradig selektiv und interpretationsabhängig. Die im Lob enthaltene Wertqualifizierung von Handlungen und Personen ist deshalb hier ein zweischneidiges Schwert, setzt sie doch einen *Wertkonsens* über das Verhalten voraus, der in diesem Feld gerade nicht besteht. Problemlos loben kann man nur, wo relative Übereinstimmung herrscht, was lobenswert ist und was nicht. Wo jedoch die normativen Erwartungen an das Handeln einerseits dessen generelle Werthaltigkeit, ja Wertsichtbarkeit fordern, andererseits aber die Maßstäbe kaum strukturiert und festgelegt sind, bewegt sich auch das Lob in einem semantischen Niemandsland, das durch die Pole von Macht und Moral nur unzureichend bestimmt ist.

Es ist nur die Kehrseite dieses Sachverhalts, daß dort, wo die Normkonturierung der Rolle durch eine überzeugende Amtsführung gelingt, die Lobeshymnen nicht abreißen. Wenn ein Charismatiker jenseits aller populistischen Töne[21] einem Amt zu neuem Glanz verhilft, setzt er damit einen Standard, an dem alle Nachfolgekandidaten gemessen werden. Indem sie ihn loben, verpflichten sie sich auf die Maßstäbe, die er vorgegeben hat. Erst das Lob qualifiziert sie zur Kandidatur. Später können sie versuchen, aus dem Schatten des Vorgängers herauszutreten und der eigenen Amtsführung individuelles Profil zu geben.[22]

Einen anderen Charakter haben jene wohlgesetzten Formulierungen von Lob und

---

21 Zur Entgegensetzung von Charisma und Populismus vgl. Soeffner (1993).
22 Ein anschauliches Beispiel war die Kandidatenkür und die öffentliche Diskussion um die Weizsäcker-Nachfolge im Amt des Bundespräsidenten im Frühjahr 1994. Vgl. etwa „Hinter Weizsäcker her ackern." Gespräch mit Roman Herzog, in: DIE ZEIT (15.4.1994, S. 3).

Anerkennung, mit denen Politiker bei besonderen *rituellen Anlässen*, vorzugsweise Amtswechseln, bedacht werden. Hier liegt, dem unmittelbaren Machtspiel enthoben, der Akzent nicht auf der Betonung von Unterschieden, sondern auf Verbundenheit und Gemeinschaft. Im *appellatorischen Lob* dient die Qualifizierung der Person zugleich der feierlichen Bekräftigung der sozialen Ordnung und Wertordnung, in die ihr Wirken eingepaßt ist; die Worte des Dankes und des Respekts an den ausscheidenden Amtsinhaber haben simultan die Funktion, die Würde des Amtes und des Institutionengefüges insgesamt vor aller Augen zu erneuern. Wenn die Person geht, bleibt die Institution. Der erhabene Ton ihrer Verabschiedung gilt vor allem der Erhabenheit dessen, wovon sie verabschiedet wird.

Im politischen Alltag hingegen ist Loben und Gelobtwerden ein finessenreiches und aufreibendes Geschäft. Dies gilt für Konflikt und Kooperation gleichermaßen. Das *Lob des politischen Partners* pflegt das Klima der Koalition und hält ihn bei der Stange. Man präsentiert stolz die gemeinsame Leistungsbilanz und streicht dabei die Verläßlichkeit des anderen heraus, nicht ohne den Hintergedanken, ihn auf diese Weise dezent an frühere Absprachen und künftige Erfolgszwänge zu erinnern. Das Lob bindet ihn ein und verpflichtet ihn indirekt, die Zusammenarbeit fortzusetzen; gleichzeitig verweist es jedoch nicht selten auf eine Asymmetrie der Abhängigkeit innerhalb des Bündnisses, wobei es keineswegs immer der stärkere Koalitionspartner sein muß, der den anderen die Angewiesenheit spüren läßt. Die Hymne auf die erfolgreiche Partnerschaft ist zugleich das versteckte Ausmalen der Folgen, die einträten, würde das Bündnis aufgekündigt oder an Treulosigkeit eines Partners zerbrechen. Hier zeigt sich erneut, in welchem Ausmaß das Lob die Absicht verfolgt, die Autonomie des Gelobten strategisch einzuschränken, ihn seiner Optionsfreiheit zu berauben.

Darüber hinaus ist das Lob der Arbeit der Koalition natürlich stets eine willkommene Gelegenheit des *Selbstlobs*. Vor allem in parlamentarischen Schlüsselsituationen wie dem Bericht zur Lage der Nation oder der Haushaltsdebatte werden alle Register gezogen, um sich selber in strahlendem Licht erscheinen zu lassen. Die breite Dokumentation von Fakten und Ergebnissen ist unablässig durchsetzt mit wohltemperierten Hinweisen auf eigene Anstrengungen und Fähigkeiten, ohne die solche Resultate niemals hätten erzielt werden können. Man geißelt die finanzpolitische Verantwortungslosigkeit der Opposition und empfiehlt sich so als Garant von Solvenz und Solidität. Die moralische Verderbtheit und Heuchelei des politischen Gegners ist die Kontrastfolie der eigenen Rechtschaffenheit. Der sich so Lobende ordnet in seinen Deutungen immer schon die gesamte Figuration im Hinblick auf Werte und Maßstäbe, die er vorgibt; er prägt den anderen seine Kriterien auf und drängt sie damit in die Defensive.

Zugleich hat der Lobende alle Freiheit von Willkür und Überraschung und kann die Äußerung nach Gutdünken modulieren. Dies zeigt sich vor allem am *Lob des politischen Gegners*, einer ebenso beliebten wie wirksamen Methode, den anderen zu frappieren und öffentlich bloßzustellen. Natürlich ist dieses Lob nicht an ihn, sondern an das Publikum adressiert, und die Anerkennung nur vorgetäuscht. Die Praxis des hinterhältigen Lobs reicht von der gönnerhaften Verteilung von Ratschlägen an politische Newcomer über den demonstrativen Beifall für Selbstverständlichkeiten und Fehlleistungen bis hin zur grotesken Übertreibung ins Lächerliche als rhetorische Technik der Degradierung.[23] Au-

---

[23] So hat sich z.B. Jürgen Möllemann von seiner Verhöhnung durch Franz Josef Strauß als „Riesenstaatsmann Mümmelmann" zeit seiner politischen Karriere nicht mehr erholt.

ßerdem gibt es neben dem hinterhältigen auch das hinhaltende Lob: Man zollt dem anderen vordergründig Respekt und lauert zugleich auf den Punkt, an dem man ihn treffen kann. Der Austausch von Artigkeiten übertüncht die erbitterte Gegnerschaft in der Sache und die Rivalität um die Wählergunst, deren Relevanzen gleichwohl allgegenwärtig bleiben. Auf diese Weise entstehen manchmal regelrechte „Lob-Karusselle" (von Alemann 1986: 268), in denen sich alle reihum loben und dabei nur darauf warten, sich gegenseitig auszustechen. Was hier wirkliche und vorgeschobene Anerkennungen sind, ist für Außenstehende oft kaum zu unterscheiden.

Dies gilt manchmal sogar für die Akteure selbst. Ebenso wie das Lob des Partners enthält auch das Lob des politischen Gegners zuweilen ein kalkuliertes Moment von Diffusität und Unwägbarkeit, das die direkte Botschaft konterkariert. Denn die Gegner von heute sind die Partner von morgen. So kann das Lob der Opposition jenseits einer rhetorischen Finte immer auch ein verstecktes Angebot, ein Anbahnungssignal von Zusammenarbeit sein, das die erstarrte Machtfiguration in Bewegung bringt. Auch vorgespiegelte Anerkennung kann im nachhinein anders moduliert werden. Solange jedoch die Fronten klar und die Akteure als Partner oder Gegner eindeutig identifiziert sind, wird diese Art vieldeutigen Lobs im parlamentarischen Machtspiel eher die Ausnahme sein.

Daß der taktische Kalkül des Lobens der Gegenseite überhaupt aufgehen kann, liegt systematisch an dem Dilemma der Reaktion, in das sie manövriert wird.[24] Entweder man nimmt das ironische Lob an oder versteht keinen Spaß. Allenfalls die postwendende Retourkutsche ist erlaubt, die jedoch gute Schlagfertigkeit, Treff- und Dosierungsgenauigkeit verlangt. Jede Überreaktion schadet – und selbst der gut sitzende Konter ist nicht davor gefeit, beim amüsierten Publikum gleichzeitig den Eindruck zu erwecken, hier beglichen versierte Machtmenschen persönliche Rechnungen auf Kosten von Sachlichkeit und Verfahrenstreue. Hierin liegt ein Grundproblem des modernen politischen Konflikts: Das Werben um Mehrheiten tendiert dahin, den Akzent von der Maßnahmen- zur Inszenierungsebene zu verlagern (vgl. Edelman 1976); wenn aber eine erfolgreiche Dramaturgie in der breiteren Öffentlichkeit das Grundgefühl aufkommen läßt, der Kampf der Parteien und ihrer Repräsentanten erschöpfe sich nur noch in wahltaktischen Querelen und selbstgefälligem Staatstheater, so verliert in einem solchen Szenario am Ende auch der Gewinner. Er ruiniert die notwendige Fiktion des parlamentarischen Wettstreits als sachlichem Argumentationskampf um die Definition des Gemeinwohls.

Der lobende Politiker bewegt sich notgedrungen auf schwankendem Parkett: Er muß öffentlich Personalpolitik machen und zugleich den Anschein von Patronage und Vetternwirtschaft vermeiden; er trifft auf ein normativ unstrukturiertes Feld und geht so das Risiko ein, kollektive Maßstäbe zu verfehlen oder zu verletzen; er setzt sich als anerkennende Autorität und läuft damit Gefahr, in einer Kultur der Gleichheit als anmaßend und arrogant empfunden zu werden. Trotzdem entbehrt er der Freiheit zum Lobverzicht: In seinen

---

24 Ein virtuoses Beispiel des Aufstellens einer solchen Zwickmühle lieferte Helmut Kohl in der Generalaussprache des Deutschen Bundestags über den Haushalt 1995. Nachdem er dem frisch gekürten Oppositionsführer Scharping zunächst einige väterliche Ratschläge in Sachen Fraktions-Management gegeben hatte, empfahl er ihm zum Abschluß seiner Rede, man solle auch aus der Opposition heraus die Regierung ruhig einmal loben. „Glauben Sie mir, ich war ja auch Oppositionsführer: das kommt gut an!" (zitiert nach: Der Tagesspiegel, 16.12.1994, S. 3) – Ein brillanter Schachzug: Man schlägt dem anderen die Waffe des Lobs des politischen Gegners aus der Hand, indem man ihn direkt dazu auffordert.

Bewertungen, der Qualität seiner Urteile und der Fähigkeit zum Takt, zeigt er, wer er ist und wofür er sich hält, und wird gerade dadurch für das Publikum wählbar. Auch die versachlichte und verfahrensregulierte Politik moderner parlamentarischer Systeme braucht für ihr Funktionieren glaubwürdige Repräsentanten, auch sie kommt ohne Autorität und Autoritäten nicht aus, deren Anerkennung etwas gilt und auf die man bauen kann. Nicht daß überhaupt, sondern daß zu wahllos und zu wenig qualifiziert gelobt wird, wirft ein Schlaglicht auf die Misere unserer heutigen Politik.

*Literatur*

*Adamzik, Kirsten,* 1984: Sprachliches Handeln und sozialer Kontakt. Tübingen: Narr.
*von Alemann, Heine,* 1986: Fetzen, Merkur 40: 265–270.
*Axelrod, Robert,* 1987: Die Evolution der Kooperation. München: Oldenbourg.
*Berger, Peter L.,* und *Thomas Luckmann,* 1969: Die gesellschaftliche Konstruktion der Wirklichkeit. Eine Theorie der Wissenssoziologie. Frankfurt a.M.: Fischer.
*Burke, Peter,* 1993: Ludwig XIV. Die Inszenierung des Sonnenkönigs. Berlin: Wagenbach.
*Canetti, Elias,* 1984: Masse und Macht. Hamburg: Claassen.
*Edelman, Murray,* 1976: Politik als Ritual. Die symbolische Funktion staatlicher Institutionen und politischen Handelns. Frankfurt a.M./New York: Campus.
*Eisermann, Gottfried,* 1991: Rolle und Maske. Tübingen: Mohr.
*Elias, Norbert,* 1983: Die höfische Gesellschaft. Untersuchungen zur Soziologie des Königtums und der höfischen Aristokratie. Frankfurt a.M.: Suhrkamp.
*Elias, Norbert,* und *John L. Scotson,* 1990: Etablierte und Außenseiter. Frankfurt a.M.: Suhrkamp.
*Goffman, Erving,* 1974: Das Individuum im öffentlichen Austausch. Frankfurt a.M.: Suhrkamp.
*Kirsch, Guy,* und *Klaus Mackscheidt,* 1985: Staatsmann, Demagoge, Amtsinhaber. Eine psychologische Ergänzung der ökonomischen Theorie der Politik. Göttingen: Vandenhoeck & Ruprecht.
*Luhmann, Niklas,* 1975: Macht. Stuttgart: Enke.
*Martin, Josef,* 1974: Antike Rhetorik. Technik und Methode. München: Beck.
*Nedelmann, Birgitta,* 1990: Über die Offensivwirkung des Zuvielwissens: Politische Devianz. S. 121–140 in: *Hans Oswald* (Hg.): Macht und Recht. Festschrift für Heinrich Popitz zum 65. Geburtstag. Opladen: Westdeutscher Verlag.
*Neidhardt, Friedhelm,* 1985: Gründe, einen trouble-maker zu loben. Laudatio auf Hans Albert, Kölner Zeitschrift für Soziologie und Sozialpsychologie 37: 175–178.
*Nietzsche, Friedrich,* 1966 (1886): Jenseits von Gut und Böse. S. 563–759 in: *Ders.:* Werke Bd. 2, hg. von *Karl Schlechta.* München: Hanser.
*Paris, Rainer,* 1991: Solidarische Beutezüge. Zur Theorie der Seilschaft, Merkur 45: 1167–1174.
*Paris, Rainer,* und *Wolfgang Sofsky,* 1987: Drohungen. Über eine Methode der Interaktionsmacht, Kölner Zeitschrift für Soziologie und Sozialpsychologie 39: 15–39.
*Pomerantz, Anita,* 1978: Compliment Responses. Notes on the Co-operation of Multiple Constraints. S. 79–112 in: *Jim Schenkein* (Hg.): Studies in the Organization of Conversational Interaction. New York/San Francisco/London: Academic Press.
*Popitz, Heinrich,* 1992: Phänomene der Macht, 2. erw. Aufl. Tübingen: Mohr.
*Scheler, Max,* 1957 (1921): Vorbilder und Führer. S. 255–344 in: *Ders.:* Schriften aus dem Nachlaß Bd. 1, Bern: Francke.
*Schelling, Thomas C.,* 1960: The Strategy of Conflict. Cambridge/Mass.: Harvard University Press.
*Schneider, Hans-Dieter,* 1978: Sozialpsychologie der Machtbeziehungen. Stuttgart: Enke.
*Schöne, Albrecht,* 1965: Über Politische Lyrik im 20. Jahrhundert. Göttingen: Vandenhoeck & Ruprecht.
*Scott, Marvin B.,* und *Stanford M. Lyman,* 1976: Praktische Erklärungen. S. 73–114 in: *Manfred Auwärter, Edit Kirsch* und *Klaus Schröter* (Hg.): Seminar: Kommunikation, Interaktion, Identität. Frankfurt a.M.: Suhrkamp.

*Simmel, Georg,* 1983 (1908): Soziologie. Untersuchungen über die Formen der Vergesellschaftung, 6. Aufl. Berlin: Duncker & Humblot.
*Soeffner, Hans-Georg,* 1993: Geborgtes Charisma. Populistische Inszenierungen. S. 201–219 in: *Winfried Gebhardt, Arnold Zingerle* und *Michael N. Ebertz* (Hg.): Charisma. Theorie – Religion – Politik. Berlin/New York: de Gruyter.
*Sofsky, Wolfgang,* und *Rainer Paris,* 1994: Figurationen sozialer Macht. Autorität – Stellvertretung – Koalition. Frankfurt a.M.: Suhrkamp.
*Sprenger, Reinhard K.,* 1990: Soll der Chef mit Lob regieren? Harvardmanager, Heft 4: 9–12.
*Sprenger, Reinhard K.,* 1991: Mythos Motivation. Wege aus einer Sackgasse. Frankfurt a.M./New York: Campus.
*Weick, Karl E.,* 1985: Der Prozeß des Organisierens. Frankfurt a.M.: Suhrkamp.
*Zillig, Werner,* 1982: Bewerten. Sprechakttypen der bewertenden Rede. Tübingen: Niemeyer.

# DER „RUNDE TISCH" UND DIE RAUMAUFTEILUNG DER DEMOKRATIE

## Eine politische Institution des Übergangs?

Birgit Sauer

*Zusammenfassung:* Das Prinzip politischer Repräsentation gesellschaftlicher Interessen schuf sich in der Rechts-Links- bzw. Oben-Unten-Anordnung von Parlamenten die ihm typische politische Innenarchitektur. „Runde Tische" gerieten mit dem Zusammenbruch der osteuropäischen Staaten in die öffentliche Debatte; die „Zivilgesellschaft" bediente sich der Zirkelmetapher als Modell für eine partizipatorische politische Organisation. Begreift man den „Zentralen Runden Tisch" der DDR als Übergangsritualisierung in einer krisenhaften Zeit, kommt ihm sowohl die Bedeutung zu, politische Innovation in die Wege zu leiten, als auch Kontinuität zu wahren. Wie alle Passageritual wies der „Runde Tisch" drei Phasen auf, eine Ablösungs-, Umwandlungs- und Integrationsphase. Dieser ritualisierte politische Übergang garantierte Verhaltenssicherheit der Akteure und tradierte – und dies ist das Auffallende – geheimbündische Strukturen realsozialistischer Politik in parlamentarische Formen. Die Bürgerbewegungen erhielten am Runden Tisch ihre bündisch-demokratische Weihe, ohne die neuen Exklusionsmechanismen allerdings zu reflektieren.

## I. Das Problem

Tische sind vornehmlich Möbel der Privatsphäre; sie dienen in der westlichen Kultur der Befriedigung des privaten Bedürfnisses der Nahrungsaufnahme, der Geselligkeit; geistige Genüsse des Schreibens und Lesens hingegen erledigte man lange Zeit am Sekretär. Der „grüne Tisch" ebenso wie der „Schreibtischtäter" sind Tisch-Metaphern, die auf die Verborgenheit, das Geheimnis öffentlichen politischen Handelns verweisen. Seinen Einzug in die europäische Kulturgeschichte der Öffentlichkeit nahm der Tisch indes in seiner Rundform recht spät:[1] Der Runde Tisch verbindet seit dem Ende des 19. Jahrhunderts die Sphären von öffentlich und privat. Die Tischmetapher verweist nun einerseits auf den Ort des Geschehens, andererseits aber auch auf die Art der Beziehungen der beteiligten Personen. Die Sage von der Tafelrunde des König Artus bildete dafür das Paradigma: Dieses Rund impliziert Geborgenheit und Gemütlichkeit, den „kreisförmigen Prozeß der Lebenswelt" (Rigotti 1995: 295), aber auch den Bezug zur Öffentlichkeit – die Tafelrunde in Camelot ist der Ort, an den die Ritter nach ihren Abenteuern zurückkehren.

Die politische Architektur stellt also zentrale Orientierungsmuster im öffentlichen

---

[1] Francesca Rigotti weist darauf hin, daß der „Roundtable" seit Beginn des 19. Jahrhunderts im englischen Sprachraum Karriere machte, während das Wörterbuch der Gebrüder Grimm den bildlichen Sinn des Ausdrucks nicht aufgenommen hat; dieser taucht in deutschsprachigen Wörterbüchern erst nach dem Ende des 1. Weltkriegs auf (vgl. Rigotti 1995: 290).

Raum zur Verfügung: oben und unten, innen und außen, Zentrum und Peripherie, Linearität und Zirkularität, rechts und links, geschlossen und offen (vgl. Pross 1974: 60ff.). Die eigentlich moderne Form von Öffentlichkeit und politischer Innenarchitektur ist die „Sitzordnung" des Parlaments: Das Prinzip der Repräsentation gesellschaftlicher Interessen und Gruppen verschaffte sich in dieser öffentlichen Institution mit einer typischen Raumgeographie und typischen Ritualen Geltung. Der liberalen Idee der Vertretung individueller und mithin pluraler Interessen entspricht das Design der Rechts-Mitte-Links-Geographie sowie das Oben und Unten von Regierung und Opposition. Daß nun der Deutsche Bundestag in Berlin nicht eine Rund-, sondern eine Ellipsenform haben soll, scheint raumsymbolisch nur konsequent (vgl. Der Tagesspiegel vom 10.3.1995: 1).[2]

Nun scheint im postmodernen Zeitalter, am „Ende der Geschichte" gewissermaßen, eine neue Form der politischen Architektur angesagt zu sein.[3] Runde Tische gerieten mit dem Zusammenbruch der osteuropäischen Staaten als typische Form der Repräsentation in die öffentliche Debatte: Um den ersten Runden Tisch der postsozialistischen Ära saßen in Warschau Vertreter der Gewerkschaft Solidarność und der Regierung; es folgte die Einberufung eines Runden Tisches in Budapest (vgl. Mackow 1989; Szabo 1989), schließlich einer Vielzahl lokaler und themenbezogener Runder Tische in der DDR. Die „Zivilgesellschaft" bediente sich der Metapher des Zirkels als Modell für eine partizipatorische und konsensorientierte demokratische Organisation. In der DDR wurde der Zentrale Runde Tisch in Berlin zu einem hoffnungsvollen Möbelstück der politischen Transformation. Die Runden Tische machten das symbolische Angebot politischer Authentizität im Unterschied zur Volkskammer, sie bargen eine basisdemokratische Utopie und boten zugleich eine Alternative zur westdeutschen parlamentarischen Demokratie. Wolfgang Ullmann vom Neuen Forum bezog diese Hoffnungen explizit auf die Rundform der Versammlung: „Die Perspektive des Runden Tisches ist nicht mehr aus der Welt zu schaffen, auch nicht aus der Welt, in der die Linearperspektive der Parteien und Parlamente mit ihrem System Rechts-Links-Mitte herrscht. Es ist eine Linearperspektive. Aus dem Blickpunkt eines Präsidiums, eines Machtzentrums, blickt man auf die Interessengruppen und Tendenzen, die von diesem Zentrum rechts angezogen, links abgestoßen und in der Mitte neutralisiert werden. ... Ganz anders die umgekehrte Perspektive des Runden Tisches, in der keine Seite der anderen den Rücken zukehrt, weil sie alle auf ein unsichtbares Zentrum orientiert sind: die nicht mit Gewalt und Konkurrenz erzwingbare, sondern nur im gemeinsamen Diskurs und gemeinsamer Entscheidung realisierbare Zukunft. Der Runde Tisch hat uns diese Zirkularperspektive gelehrt" (Wolfgang Ullmann am 16.6.1990, dok. in: Thaysen 1990: 210).

---

2 Die CDU-Abgeordnete Brigitte Baumeister plädierte dagegen, das Kreisrund des Bonner Bundestages auch im Berliner Reichstag wieder aufzunehmen; Parlamentsdebatten, so ihr Argument, seien kein „herrschaftsfreier Diskurs am runden Tisch" (zit. in: Der Tagesspiegel vom 10.3.1995: 1).

3 Ich möchte an dieser Stelle darauf verweisen, daß es womöglich nur die Häufigkeit der Rede vom Runden Tisch und der quasi-parlamentarische Anspruch ist, die diese Form der Interessenrepräsentation zu einer „Neuheit" machen; denn auch die „konzertierte Aktion" ist Metapher für den Versuch, Interessenkonflikte durch Bündelung – Konzertierung eben – zu lösen. Uwe Thaysen verweist darauf, daß auch die Potsdamer Konferenz einen Runden Tisch kannte (vgl. Thaysen 1990: 157); Herles und Rose verweisen auf die britisch-indischen Roundtable-Konferenzen zwischen 1930 und 1932 als Vorbilder (vgl. Herles/Rose 1990: 3).

Die Anziehungskraft dieses Raummodells machen vier Konnotationszusammenhänge aus. In einer aufschlußreichen Metapherngeschichte des Runden Tisches zeichnet Francesca Rigotti nach (vgl. Rigotti 1995: 295), wie der Zirkel als Strukturprinzip Erfahrungen räumlich ordnet: Es ist erstens die Konnotation von gleichberechtigter Beteiligung aller Gesellschaftsmitglieder am Rund, von symmetrischer Kommunikation, von einer Versammlung, in der alle Teilnehmenden den gleichen Status haben, weil sie gleich weit vom Zentrum entfernt sind. Man sieht sich von vorne, gibt die Vorderfront preis, redet von der gleichen Position zum Zentrum aus. Ein zweites räumliches Ordnungsmuster des Runden Tisches ist die Einheit, das gemeinsame Ziel, dessen Realisierung des Konsens' notwendig bedarf. Hinzu kommt als dritter Aspekt die Idee der freien Gedankenzirkulation unter Gleichen, des herrschaftsfreien Diskurses:[4] „Bei einem Gespräch am runden Tisch müssen die Teilnehmer nicht die alleingültige ‚Wahrheit' entdecken" (ebd.). Die Rundheit suggeriert viertens dieselbe Entfernung von einem Zentrum, dem leeren Kreismittelpunkt: Die Stelle der Macht ist gewissermaßen leer. Der Zirkel und die Leerstelle der Macht verweisen auf neue Machtverhältnisse, die mit dem Runden Tisch anbrechen (vgl. Rödel/Frankenberg/Dubiel 1989: 43f.).

Selbstredend muß kein „Runder Tisch" rund sein, er kann eckig sein, Kanten haben, wie der Zentrale Runde Tisch in der DDR. Der Runde Tisch ist also zunächst bloß eine Metapher,[5] die den Denotationszusammenhang einer Idealsituation demokratischer Praxis (vgl. Rigotti 1995: 297) nicht nur bei Protagonisten der politischen Transformation aktiviert und eine neue Form der Verknüpfung von System und Lebenswelt zu bieten scheint. Ulrich Beck beispielsweise parallelisiert das „Rund" mit dem „und" als Merkmale reflexiver Modernisierung.[6] Individualisierung und die Aushöhlung von Institutionen in der reflexiven Moderne eröffneten die Möglichkeit, das Politische neu zu erfinden. Auch dieses Politische suche sich neue räumliche Präsentationsformen: Runde Tische seien „zwischensystemische Vermittlungsinstitutionen" (Beck 1993: 189), „Foren und Formen konsensstiftender Zusammenarbeit" (ebd.: 190), die mit neuen Verfahren und Entscheidungsstrukturen – nämlich weniger Handeln und mehr *Ver*handeln über selbstorganisationsfähige Interessen (ebd.: 216) – experimentieren und in der Lage sind, „Ambivalenzen", das Signum reflexiver Modernisierung, einzuüben.

Der Runde Tisch in der DDR[7] weckt nun allerdings spontan einen weiteren Assoziationszusammenhang, nämlich den der christlichen Tischgemeinschaft. Schließlich waren

---

4 Sehr aufschlußreich für die Konnotation der Metapher „Runder Tisch" ist der Nachweis Rigottis, wie die Habermassche Idee des herrschaftsfreien Diskurses mit dem Bild des Runden Tisches korrespondiert (vgl. Rigotti 1995: 293ff.). Der Runde Tisch ist die Idealsituation kommunikativen Handels: „Jeder, der dem Kreis der Interessenten angehört, soll die Perspektive aller anderen einnehmen (das heißt, sich an allen Kreisumfangspunkten entlang bewegen), um den allgemeinen Rollenwechsel, der dem Verallgemeinerungsprinzip vorgestellt ist und in einer kreisförmigen und zirkulierenden Lage entsteht, zu erleben" (Rigotti 1995: 296).

5 Francesca Rigotti spricht von einer „toten Metapher", ein Ausdruck also, dessen bildlicher Sinn nicht mehr wahrzunehmen ist (Rigotti 1995: 290).

6 Unter Bezug auf Kandinsky sieht Beck die Ära der Moderne durch das „oder", jene der selbstbezüglich gewordenen Modernisierung hingegen durch das „und" charakterisiert (vgl. Beck 1993: 9ff.).

7 Wenn ich im folgenden vom Runden Tisch rede, so meine ich damit den „Zentralen Runden Tisch der DDR" in Berlin/Ost.

die drei zentralen Personen, die sogenannten Moderatoren, allesamt Kirchenleute;[8] auch nahezu alle Gruppierungen waren mit „klerikalen Schleppmandaten" (Thaysen 1990: 37) vertreten.[9] Der Abendmahlstisch führt uns eine Gemeinschaft von Gleichen, zusammengeführt durch einen Erleuchteten vor, er enthält aber zugleich die Assoziation von Linearität: Das lange Bankett kennt ein Präsidium und tote Winkel. Damit stehen also mindestens zwei Interpretationsangebote zur Verfügung.

Einhelligkeit besteht in der Einschätzung, daß der Runde Tisch in der DDR *kein* Repräsentationsorgan war (vgl. Thaysen 1990; Semtner 1992): Er war weder demokratisch legitimiert – seine Legitimation bekam er gewissermaßen durch das Legitimationsdefizit der Volkskammer geborgt, ist also aus diesem Grunde „Noch-Nicht-Demokratien" angemessen (Thaysen 1990: 175) –, noch repräsentierte er diejenigen, die auf der Straße riefen „Wir sind das Volk" bzw. „Wir sind ein Volk".[10] War der Runde Tisch dann mehr als ein unverbindliches Kaffeekränzchen oder eine Beruhigungstablette für Opposition und Bevölkerung? War er gar Instrument zur Zähmung des Massenmediums Straße? Oder war er eine „Schule der Demokratie" (Ziegler, zit. in: Semtner 1992: 117) oder doch eher ihre „Vorschule" (Thaysen 1990: 176)? Taugt der Runde Tisch als „Symbol für die Unverwüstlichkeit der menschlichen Ahnung von Freiheit und Glück" (ebd.: 154), und kann er Vorbild für neue plebiszitäre Formen der Demokratie sein, in der beispielsweise auch Geschlechterdemokratie herrscht (vgl. Thaysen-Interview in: Semtner 1992: 127)? Lebte der Runde Tisch eine neue politische Kultur des Diskurses und des Streites (vgl. Herles/Rose 1990: 5)? Ermöglichte der Runde Tisch oder doch nicht eher der Treibhauseffekt einen gewaltlosen Regimewechsel?[11] Uwe Thaysen (1990) und Klemens Semtner (1992) haben in detailgenauen Funktionsanalysen sowohl Akteure wie auch Strukturen des Runden Tisches in der DDR untersucht und diese Fragen – allerdings vielfach erst vorläufig – zu beantworten versucht.[12]

Meine Frage ist nun anders gelagert: Mich interessieren die Kontinuitäten in der politischen Transformationsphasen der DDR – Kontinuitäten der politischen Kultur und des politischen Stils, wie sie im Ritual des Runden Tisches deutlich werden und auch in der neuen-alten politischen Kultur der Bundesrepublik Anschlußstellen finden. Auf welche tradierten Verhaltensweisen und Handlungsmuster greifen die Akteure am Runden Tisch

---

8 Oberkirchenrat Martin Ziegler, der Leiter des Sekretariats des Bundes der Evangelischen Kirchen in der DDR; Monsignore Karl-Heinz Ducke, Direktor der Studienstelle der Katholischen Berliner Bischofskonferenz und der methodistische Pastor Martin Lange.
9 Als Beispiele seien nur die Pfarrer Meckel und Gutzeit von der SDP/SPD, der Kirchenhistoriker Ullmann vom Neuen Forum, der Theologe Schroeder von der SDP/SPD und de Maizière von der CDU genannt.
10 Die fehlende Repräsentationsfunktion hat zusätzlich eine regionale Komponente: Das „Volk des Runden Tisches" war auf der Demonstration am 4.11.1989 in Berlin auf der Straße; das Volk der Leipziger Montagsdemonstrationen war hingegen am Zentralen Runden Tisch nicht repräsentiert (vgl. Thaysen 1990: 185).
11 „Daß wir einen so milden Winter bekommen haben, mag einer der Gründe sein, daß das Ganze ohne weitere Gewalt vonstatten gegangen ist, denn Engpässe, die dann zu Plünderungen geführt hätten, und andere schwerwiegende Probleme wären durchaus vorstellbar gewesen" (Thaysen-Interview in: Semtner 1992: 124).
12 Die Edition der Wortprotokolle des Runden Tisches durch Uwe Thaysen, den ständigen Beobachter der Sitzungen, wird genaueren Aufschluß über Interessen, Strategien und Funktionsweisen am Runden Tisch geben.

zurück? Welche Möglichkeiten birgt die symbolische Ebene von Politik in Zeiten des Bruches und des Übergangs? Welche Integrationsfähigkeit und Chancen ritualisierter Konfliktbewältigung sind im Symbol des Runden Tisches ge- bzw. verborgen?

Ich hege schließlich Zweifel am Bild idealer Demokratiepraxis und will darauf hinweisen, daß und wie das Ritual des Runden Tisches in der politischen Übergangszeit eben nicht nur Gleichberechtigung und Öffnung, keinen Bruch mit tradierten Formen politischer Herrschaft her- und darstellte, sondern vielmehr Geschlossenheit, Geheimbündelei und Ausgrenzung reproduzierte. Anders formuliert: Als typisches Übergangsritual stabilisierte der Runde Tisch bestimmte – bei weitem nicht alle – Strukturmuster von Politik aus DDR-Zeiten – nämlich genau jene, die mit Machtstrukturen parlamentarischer Demokratien durchaus kompatibel sind.[13] Er konservierte die kreisrunde „Verschwörtheit" und perpetuierte einen „Mythos der symmetrischen Kommunikation" (Rigotti 1995: 290). Ich möchte also den Blick – um in der Metapher zu bleiben – weniger auf die Offenheit als vielmehr auf die Geschlossenheit des Kreises lenken und den Runden Tisch als Ritual des Ab- und Ausschlusses sowie der Konservierung des Politischen als intimen, aber auch exklusiven Bereich problematisieren. Der Runde Tisch zelebrierte und institutionalisierte das bündische Rund vermachteter Politik.[14]

## II. „Politik als Ritual": Antiritualismus, Ritualisierung und Deritualisierung

„Politik als Ritual" evoziert zwei Bedeutungsdimensionen: Die erste – in aufgeklärt-antiritualistischer Haltung – verdächtigt politische Rituale der bloßen „Inszenierung des Scheins" (Meyer 1992), der vom politischen Inhalt entfremdeten, bloß hülsenhaften, meist medial vermittelten, äußerlichen, sinnentleerten Form. Politische Rituale werden dann unter dem Aspekt der Inszenierung, das heißt, der Instrumentalisierung und Manipulierung öffentlicher politischer Kommunikation zum Zwecke der Legitimierung von Herrschaft untersucht und kritisiert. Treffliches Beispiel für die ritualisierte Form von Politik ist die Wahlkampfkommunikation (vgl. Sarcinelli 1987; Edelman 1988).

Die zweite Bedeutungsdimension begreift Rituale als integrale Komponente von Politik, ja als konstitutiv für jegliches politische Handeln und nicht als nur von außen herangetragene Zumutung (vgl. Edelman 1976). Diese Sicht hebt auf die Ebene der Bedeutung politischen Handelns, die die Beteiligten realisieren, ab. Soziologische und sozialanthropologische Ritualkonzepte (vgl. bspw. Abélès 1993; Douglas 1981; Soeffner 1992) betonen die Fähigkeit zu sinnstiftender Gemeinsamkeit und zu Entscheidungsentlastung: Die Rede vom „leeren Ritual" ignoriert, „daß wir in Bräuchen und Ritualen den Kultus des alltäglichen Lebens formen" (Soeffner 1992: 11).

Politische Rituale sind Formen öffentlicher politischer Kommunikation. Formal-pragmatisch versteht man unter einem Ritual ein „inszeniertes, formalisiertes, einem System konstitutiver Regeln folgendes, sich in bestimmten Rhythmen wiederholendes soziales Geschehen, dessen Hauptbestandteile Symbole sind" (Sauer 1993: 83, Übersetzung B.S.): „Rituale sind *symbolisch durchgeformte* Routinen" (Soeffner 1992: 107, Hervorhebung im

---

13 Zur SED als Geheimbund vgl. Sauer (1992: 265ff.).
14 Zum Begriff des Bündischen bzw. Männerbündischen in der Politik vgl. Kreisky (1994) und Schoeler-Macher (1991).

Original). Von politischen Routinehandlungen unterscheiden sich Rituale durch den Symbolgebrauch gleichsam ums Ganze: Symbole – und insbesondere Kollektivsymbole wie die zeit-räumliche Kreisform (vgl. Gerhard/Link 1991) – besitzen die Eigenschaft, „unterschiedliche, miteinander scheinbar unverträgliche Bedeutungen, Gefühle, Werte und Tendenzen zu einer bildhaft ausgeformten widersprüchlichen Einheit zu verknüpfen" (Soeffner 1992: 133). Rituale und Symbole integrieren Erfahrungen, politische Rituale ordnen politische Erfahrungen und Handlungen.

Moderne Politik ist – so läßt sich in Anlehnung an Hans-Georg Soeffner formulieren – Beobachtungs- und Inszenierungspolitik (vgl. Soeffner 1992: 9). Gesellschaftliche Ordnung ist ebenso wie politische Ordnung eine „ständig zu erbringende(n) Leistung" (Soeffner 1992: 10). Das politische öffentliche Leben funktioniert durch entlastende, organisierende und strukturierende Rituale, die gemeinsame Handlungs- und Denkweisen konzertieren und damit Formen der Zugehörigkeit markieren. Rituale sind symbolische Darstellungsformen, sie sind Ordnungsmuster, die individualistische Gesellschaften zusammenhalten (Soeffner 1992: 8) und politischem Handeln Ordnung und einen rezipierbaren Sinn verleihen. Moderne Politik ist durch einen bestimmten Ort – die öffentliche Sphäre – und durch bestimmte Verfahrensweisen – nämlich Rationalität und Nachvollziehbarkeit sowie Offenheit – gekennzeichnet. Politische Rituale sind bemüht, diese politische Ordnung – das heißt, die gesellschaftlichen Orte des Öffentlichen, des Privaten sowie des Intimen und Geheimen – zu definieren und die dazugehörigen Verfahrensweisen stets neu dar- und herzustellen. Der Runde Tisch ist ein solches Kollektivsymbol bzw. Ritual, das Bedeutungen und Orientierungsleistungen vollbringt, die den Akteuren möglicherweise verborgen bleiben.

Rituale sind Formen der „Grenzüberschreitung" (Soeffner 1992: 107), da sie auch weit entfernt von ihren ursprünglichen Entstehungsgründen mobilisierbar sind und wirksam werden. Solche abgelösten Rituale entfalten ein Eigengewicht, dem sich Menschen, die das Ritual nachvollziehen, gleichsam ausliefern. Die Menschen „halten einen fremden Willen für ihren eigenen" (Scheler zit. in: Soeffner 1992: 109). Rituale sind in diesem Sinne an der Schnittstelle von „symbolischer Reproduktion von Herrschaft und von sozialer Integration" angesiedelt (Sauer 1993: 86, Übersetzung B.S.).

Auf diesen Doppelaspekt von Ritualen habe ich mit dem Begriffsapparat von Jürgen Habermas an anderer Stelle ausführlicher hingewiesen (vgl. Sauer 1993). Der Ritus ist die Form des Mythos, einer narrativen Weltdeutung, die in der Alltagspraxis gesammelte Erfahrungen verarbeitet und „interne Sinn- mit externen Sachzusammenhängen, Geltung mit empirischer Wirksamkeit konfundiert" (Habermas 1985: 288). Als Prozesse der kommunikativen Handlungsorientierung stellen Rituale „konsensfähige Deutungsschemata" einer Situation her, erwirken eine gewisse Verpflichtung und leisten einen Beitrag zur Interpretation der Situation. Sie motivieren zu normenkonformem Handeln und ermöglichen legitim geordnete interpersonelle Beziehungen (vgl. Habermas 1985: 214, Figur 21). Rituale und Mythen bekommen deshalb erhöhte Bedeutung, wenn es zu Konflikten zwischen systemischen Strukturen und der Lebenswelt kommt, wenn beispielsweise die soziale Integration gefährdet ist. Rituale sozialer Bewegungen lassen sich in diesem Sinne als Aktionsformen zur „Rettung" der Lebenswelt vor Kolonialisierung durch systemische Mechanismen interpretieren. Als sogenannte Verständigungsformen hingegen sind Rituale Steuerungsmedien des Systems, die die Lebenswelt aktivieren, um Systemkrisen zu lösen.

Ein Beispiel hierfür ist das politische Wahlritual westlich-parlamentarischer Demokratien, das den Mythos der Auswahl und der Partizipation der Bürgerinnen und Bürger transportiert und perpetuiert (vgl. Edelman 1976: 2ff.; Pateman 1989: 164).

Die Bedeutung des Runden Tisches als Übergangsritual erschließt sich nicht zuletzt aus dem politisch-symbolischen Kontext der DDR-Gesellschaft. Die DDR war ein Staat öffentlicher Inszenierungen und Rituale – von Gedenkfeiertagen, Demonstrationen, von alltäglichen kleinen Zeremonien der Heraushebung aus dem Alltag; der Repetition von politischen Symbolen, Bildern und Metaphern: Medial vermittelt in Zeitungen, im Fernsehen und im öffentlichen Raum, persönlich eingebunden durch Teilnahmezwänge konnte kaum jemand der offiziellen Ritualistik entgehen. Politische Öffentlichkeit war inszeniert und in keiner Weise kommunikativ organisiert (vgl. Blaum/Löcher 1983: 545).

Im Unterschied zu kapitalistischen war nach Jürgen Habermas in realsozialistischen Staaten die öffentliche Beteiligung, „die politisch relevante Mitgliedschaft", das Einfallstor systemischer Mechanismen in die Lebenswelt (Habermas 1985: 567). Die Folge waren vorgetäuschte kommunikative Beziehungen in „bürokratisch ausgedörrten, zwanghaft harmonisierten Domänen pseudo-demokratischer Willensbildung" (Habermas 1982: 283, Übersetzung B.S.) – das System drapierte sich als Lebenswelt (vgl. Habermas 1985: 567), und politische Rituale waren eine Art öffentlicher Mitgliedschaft, die eine inszenierte Öffentlichkeit als kommunikatives Handlungsfeld präsentierten.

Die politischen Gruppierungen, die sich seit dem Frühsommer 1989 bildeten und seit Oktober 1989 mit eigenen Ritualen Öffentlichkeit schufen, machten den Versuch – um in der Habermasschen Diktion zu bleiben – die systemisch kolonisierten öffentlichen Handlungsformen wieder in den Horizont der Lebenswelt einzuholen. Die Demonstrationen waren Elemente der De-Ritualisierung des politischen Systems der DDR. Gleichzeitig und gleichsam notwendigerweise lösten neue Arten der Ritualisierung die alten Rituale ab; der De-Ritualisierung folgte gewissermaßen eine Re-Ritualisierung.

Letztlich hatte die Opposition die schwierige, aber für die Entstehung neuer politischer Systeme bzw. Handlungsformen zentrale Aufgabe, das „besetzte Terrain" öffentlicher Demonstrationen und Manifestationen mit einer neuen, eigenen Symbolik zu füllen. Gerade dann, wenn Alltagserfahrungen, aber auch gewohnte politische Handlungsmuster diskongruent werden, bekommen Symbole und Rituale eine wichtige Funktion: Sie repräsentieren „einen Mythos, in dem alle Details lebensweltlicher Erfahrungen zu ganzheitlicher, höherer Bedeutsamkeit zusammengebunden" werden (Soeffner 1992: 133f.). Die neuen Gruppierungen griffen zum einen auf kirchlich-sakrale Symbole zurück, sicher weil eine große Anzahl der Protagonisten aus der Kirche kam, aber auch weil der offiziellen politischen Kultur der DDR christliche Symbolik keineswegs fremd war (vgl. Sauer 1992: 218ff.). Zum anderen orientierten sie sich an neuen institutionalisierten Formen der Demokratie in Osteuropa: Der Runde Tisch war nicht nur ein ost- und mitteleuropäisches Modell außerparlamentarischer Arbeit und die Verstetigung des Massenprotests der Straße,[15] er war auch ein Ritual neuer Bedeutungen in der Übergangszeit.

---

15 Hans-Georg Soeffner weist eindringlich nach, wie das Charisma, das Außergewöhnliche von sozialen Bewegungen in Massenritualen auf Dauer gestellt werden und nicht in (politischen) Institutionen eingefriedet werden soll: „All jene Massenaggregationen ... gestalten das zunächst ungeformt und spontan Erscheinende zum *Monument*. In dieser charakteristischen

### III. Übergangsritualistik des Runden Tisches

Übergangsrituale sind gesellschaftliche Praxen, die räumliche, zeitliche und soziale Übergänge gewährleisten und kontrollieren (vgl. Schomburg-Scherf 1986: 239). Gängigerweise begleiten sie den (lebenszyklischen) Übergang von einer Lebensphase in eine andere (vgl. Sauer 1992: 321ff.). Das Ziel von Übergangsritualisierung ist es, Individuen bzw. Gruppen oder ganze Gesellschaften „aus einer genau definierten Situation in eine andere, ebenso genau definierte hinüberzuführen" (van Gennep 1986: 15). Das Konzept des Anthropologen Arnold van Gennep versteht Passageriruale als soziale Prozesse mit standardisierten Handlungsmustern in einem konflikthaften gesellschaftlichen Kontext (vgl. Turner 1989a: 94). Übergangsritualisierung ist dann ein Mechanismus, „der das Konfliktlösungsverhalten an neuralgischen Punkten standardisiert und die dort auftretenden Probleme überschaubar und vor allem kalkulierbar erscheinen läßt" (Schomburg-Scherf 1986: 253). Victor Turner begreift schließlich Gesellschaft an sich als einen rituellen Prozeß dialektischer Veränderungsformen und -phasen (vgl. Turner 1989a: 193). Der Runde Tisch läßt sich somit als Institution einer Passage, nämlich vom entdifferenzierten Einparteiensystem der DDR hin zum differenzierten, obzwar mit Herrschaftsstrukturen durchzogenen System westlich-parlamentarischer Demokratien, wie auch als Passageritual selbst begreifen.

Das „rituelle Gerüst" aller Übergangsrituale ist nach van Gennep eine Dreiphasenstruktur (van Gennep 1986: 110). Die erste Phase, gleichsam die Ablösungsphase, beinhaltet Trennungsriten („rites de séparation"), die sowohl eine räumliche wie auch eine zeitliche Trennung bedeuten können. Der Abschied von der gewohnten Umgebung dient der Vorbereitung auf eine neue Rolle und den neuen Status. Victor Turner nennt dieses Stadium „Liminalphase", ein Stadium potentieller Gefährlichkeit (Turner 1989a: 94ff.). Die zweite Phase, die den Abschluß der Vorbereitungszeit markiert, umfaßt Schwellen- bzw. Umwandlungsriten („rites de marge"), van Gennep nennt sie Schwellenphase. In die dritte Ritualkategorie fallen die Angliederungs- und Binderiten („rites d'aggrégation") der Integrationsphase (van Gennep 1986: 21ff.). Dieses auch Inkorporationsphase genannte Stadium stellt die „Rückkehr der rituellen Subjekte in die Gesellschaft und die Übernahme ihrer neuen, relativ stabilen ... Position dar" (Turner 1989b: 35).

Aufgabe von Passageritualen ist es, Brüche, Krisen und Konflikte zu thematisieren, darzustellen und symbolisch zu überwinden (vgl. Sauer 1989: 104). „Geregelte Übergangsrituale präsentieren den zeitlichen und sozial-räumlichen Bruch, der mit dem Übergang verbunden ist, als Kontinuum und begründen damit Kontinuität als zeitliche wie als sozial-räumliche Konstanz" (Sauer 1992: 323). Sie präsentieren Verhaltensmodelle für zukünftige, konfliktfreie soziale und politische Integration (van Gennep 1986: 70ff.).

Angelpunkt aller Rituale ist für Victor Turner die Schwellen- oder Liminalphase. In dieser Phase sei die soziale Ordnung scheinbar auf den Kopf gestellt, und die Gesellschaft erscheine als „unstrukturierte oder rudimentär strukturierte und relativ undifferenzierte Gemeinschaft, *comitatus*" (Turner 1989a: 96, Hervorhebung im Original). Turner bezeichnet die Liminalität deshalb als „Anti-Struktur", das heißt, als die „Auflösung der normativen Sozialstruktur, ihres Rollensystems, ihrer Statuspositionen, ihrer Rechte und Pflichten"

---

Tendenz zur Monumentalität zeigt sich ..., daß das Vergängliche der Aggregation überwunden werden soll" (Soeffner 1992: 117, Hervorhebung im Original).

(Turner 1989b: 40). In sozialen Übergangskrisen dienen Rituale dazu, Positionen und Rollen neu zu strukturieren bzw. bekannte Strukturierungsmuster zu re-etablieren. Passagerituale übernehmen also die Funktion der Strukturerhaltung, sie bergen aber auch die Gefahr von Anarchie und die Möglichkeit von Aufhebung der sozialen und politischen Ordnung (vgl. Turner 1989a: 129).

Während normalerweise Handeln routinisiert abläuft, waren die Teilnehmerinnen und Teilnehmer des Runden Tisches – neue Gruppen, Altparteien und Kirchen – gezwungen, zu handeln und sich und ihr Handeln zugleich (neu) zu deuten. Die alten Eliten mußten sich im Stil von der alten Politik abgrenzen, die neuen Gruppen wollten sich von der Bundesrepublik abgrenzen und zugleich das Neue symbolisieren, das heißt, sich als autonome Individuen, als politisch verantwortliche „mündige" Bürger inszenieren. Dabei griffen alle Gruppen – selbstverständlich – auf bekannte Orientierungs- und Handlungsmuster zurück, auf Rituale eben, die wie „Handlungsauslöser in Ruhestellung" (Soeffner 1992: 13) im Archiv menschlicher Handlungsmuster präsent sind. Der Runde Tisch bot den Bürgerbewegungen beispielsweise ein Forum einerseits für einen „subjektorientierten Antiritualismus", der gegen die realsozialistische Idee der Kollektivität gewendet ist, der der Idee des modernen Politikers entspricht und Authentizität von Politik im Unterschied zu ihrer vierzigjährigen Inszeniertheit signalisierte (vgl. Poppe-Interview in: Semtner 1992: 169). Andererseits eröffnete er aber auch Möglichkeiten „eines gemeinschaftsorientierten Ritualismus" (Soeffner 1992: 99) beispielsweise gegenüber der Regierung Modrow oder der Bundesrepublik.

Der Runde Tisch war das typische Übergangswerkstück realsozialistischer Staaten und verstand sich auch selbst als ein solches Übergangsphänomen „bis zur Durchführung freier, demokratischer und geheimer Wahlen" (Entschließung, zit. in: Thaysen 1990: 51). Als Passageritual bot er Übergangssicherheit in einer Situation, in der dreierlei zu garantieren war: erstens gesellschaftliche Integration, zweitens die Stabilisierung politischer Verhältnisse durch die Teilablösung der alten Eliten und die politische Organisierung gesellschaftlicher Gruppen sowie drittens die Abgrenzung von bzw. Positionierung gegenüber der Bundesrepublik. In dieser Übergangszeit vom Herbst 1989 bis zum Frühjahr 1990 gewährleistete der Runde Tisch die Kontinuität des Personals und der politischen Organisationen, eröffnete aber auch Räume für neue gesellschaftliche Akteure und führte zugleich an das westliche Modell von Öffentlichkeit und Politik heran. Er ermöglichte Statuspassagen von der Opposition hin zur politischen Regierung, von der alten zur neuen Elite, vor allem aber definierte er politische Rollen und Orte des Politischen.

Vom 7. Dezember 1989, der konstituierenden Sitzung, bis zum 12. März 1990 traf sich der Runde Tisch zu 16 Plenarsitzungen. Er löste sich vor den ersten freien Volkskammerwahlen am 18. März 1990 auf, nachdem er über 100 Gesetze entworfen, eine Sozialcharta und einen Verfassungsentwurf erarbeitet sowie – sein Meisterstück – die Nachfolgeinstitution der Staatssicherheit, das Amt für Nationale Sicherheit, abgewickelt hatte. Die Arbeitsphasen des Runden Tisches weisen die typische Struktur von Passageritualen auf: erstens die Phase der Desorganisation und der Trennung (Anfang Oktober 1989 bis Ende Dezember 1989), zweitens die Umwandlungsphase, die Verteilung neuer Rollen und neuer politischer Symbolik (Ende Dezember 1989 bis Mitte Januar 1990) und schließlich die Integrationsphase, eingeleitet durch die Übernahme von Ämtern in der Regierung der „Nationalen Verantwortung" Hans Modrows, und die Organisation von Politik im Modell parlamentarischer Demokratie (Mitte Januar 1990 bis zum 12.3.1990).

## 1. Differenzierung des politischen Einparteiensystems: die Liminal- und Ablösungsphase (Anfang Oktober 1989 bis Ende Dezember 1989)

Der innere Zerfall der SED kam explosionsartig bei den Feierlichkeiten zum 40. Jahrestag der DDR am 7. Oktober 1989 zum Ausdruck, zu einem Zeitpunkt, an dem Tausende DDR-Bürgerinnen und -Bürger ihr Land über Ungarn und die ČSSR verlassen hatten. Bereits im Vorfeld der Feiern hatten die ersten nicht offiziell genehmigten Demonstrationen stattgefunden.[16] „Exit" und „Voice" wurden gleichsam Aspekte der Trennung der Bevölkerung von der politischen Führung, die sich als Folge des distanzierenden Bürgerprotests zusehends auflöste: Am 18.10.1989 gab der Generalsekretär der SED, Erich Honecker, sein Amt auf, und Egon Krenz wurde für kurze Zeit sein Nachfolger; drei Tage nach der größten nicht von der politischen Führung organisierten Demonstration am 4.11.1989 in Berlin trat die Regierung Stoph zurück, und Hans Modrow wurde am 8.11.1989 zum neuen Ministerpräsidenten nominiert. Nachdem schließlich am 9.11.1989 die Mauer geöffnet war, begann der politische Differenzierungsprozeß des zentristisch organisierten Einparteienstaates: Am 1.12.1989 strich die Volkskammer die Führungsrolle der SED aus der Verfassung, und Bürgerrechtsgruppen und neue Parteien, die sich seit dem Sommer 1989 gebildet hatten, konnten an die Öffentlichkeit treten.

Bereits seit dem 4. Oktober 1989 gab es geheime Treffen einer „Kontaktgruppe" aus sieben Bürgerrechtsgruppen (Neues Forum, Initiative Frieden und Menschenrechte, Demokratie Jetzt, Demokratischer Aufbruch, Sozialdemokratische Partei, Grüne Partei und Vereinigte Linke), die ein Wahlbündnis gegen SED und Blockparteien schließen wollten (vgl. Semtner 1992: 17). Seit November beriet diese Kontaktgruppe über Organisationsformen eines Dialogs mit der SED-Führung, wie er in Dresden und Leipzig bereits aufgenommen worden war. In ihrer ersten öffentlichen Erklärung vom 10.11.1989 forderte die Kontaktgruppe einen „Runden Tisch", an dem sie mit den fünf Volkskammer-Parteien des „Demokratischen Blocks" über ein neues Wahlgesetz und eine Verfassungsreform verhandeln wollte. Die Vermittlung zwischen Kontaktgruppe und „Demokratischem Block" übernahm der Bund der Evangelischen Kirche in der DDR und die Berliner Bischofskonferenz (vgl. Semtner 1992: 21), die am 30.11.1989 die offiziellen Einladungen verschickten.

Damit war ein erster Schritt der öffentlichen Herauslösung politischer Gruppen aus der „Nischengesellschaft" (Gaus) bzw. aus dem politischen Block der Staatspartei vollzogen. Die politische Verortung des Runden Tisches war sorgfältig durchdacht: Er sollte ein Organ „außerhalb der noch bestehenden Strukturen" des DDR-Staates sein (Weiß-Interview in: Semtner 1992: 176). Die Kirchen boten seit den frühen achtziger Jahren ein gleichsam exterritoriales, „privates" Dach für soziale Bewegungen jenseits der inszenierten Politikformen der Parteien und Massenorganisationen. Zur ersten Sitzung traf sich der

---

16 Der Staatssicherheitsdienst zählte allein vom 1.10.1989 bis 5.11.1989 379 Demonstrationen mit über 2 Mio Teilnehmern; Zahlen, die sich in den Folgewochen steigerten (vgl. Thaysen 1990: 182).

Runde Tisch am 7.12.1989 um 14.00 Uhr deshalb im Kirchsaal des Dietrich-Bonhoeffer-Hauses der Herrnhuter Brüdergemeinde in der Ziegelstraße 30 in Berlin-Mitte. Die ersten drei Sitzungen fanden in den viel zu engen, semi-privaten Räumen der Kirchengemeinde statt, die dadurch – nicht zuletzt wegen der Medienpräsenz – in einen zentralen politisch-öffentlichen Ort der DDR verwandelt wurden.

Am Runden Tisch saßen 38 stimmberechtigte Mitglieder, je 19 Vertreterinnen und Vertreter der Oppositionsgruppen und je 19 der Altparteien und ausgewählter Massenorganisationen.[17] Die Gesamtzahl der am Runden Tisch als ordentliche Mitglieder und Berater Tätigen betrug schließlich 276 Personen (Thaysen 1990: 102). Zu Sachwaltern der (gesellschaftlichen) Harmonie wurden die Kirchen, die selbst kein Stimmrecht hatten. Die kirchlichen Moderatoren gaben dem Runden Tisch mehr als nur stilistisches Gepräge: Über den „Synodalstil der Sitzungsleitung" (Thaysen 1990: 36) hinaus wurde das Ergebnis des Runden Tisches von den seit den achtziger Jahren zwischen Staat und Gesellschaft vermittelnden Kirchen mitbestimmt.

Vom polnischen Modell inspiriert (Weiß-Interview in: Semtner 1992: 176; Poppe-Interview in: Semtner 1992: 168), sollte die Herauslösung aus den alten politischen Mustern der DDR allerdings zu Politikformen führen, die sich auch von jenen der Bundesrepublik unterschieden: Der Runde Tisch war die „Entdeckung einer ganz anderen politischen Struktur als die des Parlaments und der repräsentativen Demokratie" (Ullmann-Interview in: Semtner 1992: 148). Er verstand sich an seinem Beginn dezidiert nicht als Opposition zur Regierung im klassisch-parlamentarischen Sinne (vgl. Ullmann-Interview in: Semtner 1992: 137), sondern als konsensuale Diskussionsgemeinschaft, als zivilgesellschaftliche Öffentlichkeit (vgl. Entschließung, zit. in: Thaysen 1990: 51).

Die Bürgerbewegungen verstanden den Runden Tisch in der Tat als eine zivilgesellschaftliche Institution, die Entscheidungen berät, aber nicht trifft (vgl. Poppe-Interview in: Semtner 1992: 172) – nicht zuletzt deshalb, weil ihm dazu die demokratische Legitimation und die gesellschaftliche Repräsentativität fehlte. Beide demokratischen Prinzipien wurden zunächst gar nicht gesucht.

Der Runde Tisch verstand sich als „Schicksalsgemeinschaft" in einer krisenhaften Situation; er reklamierte für sich den Communitas-Gedanken (vgl. Turner 1989a: 94ff.) eines zivilgesellschaftlichen Diskurses aller gesellschaftlichen Gruppen, der neuen Bewegungen und Parteien wie auch der alten Eliten. Im gemeinsamen Diskussionsprozeß sollten bzw. mußten neue politische Rollen definiert und der vierzig Jahre lang besetzte Raum des Politisch-Öffentlichen neu vermessen werden. Die zentrale Idee der Initiatoren des Runden Tisches war es, politische Ab- und Ausgrenzungsmuster, Freund- und Feindbilder zu überwinden (vgl. Thaysen 1990: 174). Insbesondere das politische Links und Rechts mußte neu bestimmt werden, verstand sich doch die SED als linke, antifaschistische Partei, und sie besaß diesbezüglich nach wie vor das Definitionsmonopol. Rollenkonversion

---

17 Auf der konstituierenden Sitzung nahmen lediglich 30 Delegierte am Runden Tisch Platz; nach heftiger Kritik an der Exklusivität der Tischgesellschaft erhielten in der 2. Sitzung Vertreter des Gewerkschaftsbundes FDGB und Vertreterinnen des Unabhängigen Frauenverbandes (UFV) je zwei Stimmen am Tisch; später dann noch die „Vereinigung der gegenseitigen Bauernhilfe" (VdgB) und die „Grüne Liga" als oppositioneller Ausgleich. In den folgenden Sitzungen erhielten weitere Gruppen, darunter auch die Massenorganisation für Frauen, der Demokratische Frauenbund Deutschlands (DFD), einen Beobachterstatus.

und Neugestaltung der politischen Raumordnung konnten im Übergangsritual des Tischrunds erfolgen. Dieser ritualisierte politische Identitätsbildungsprozeß stellte aber implizit notwendigerweise die Machtfrage,[18] symbolisierte er doch das Aufbrechen des politischen Deutungsmonopols der SED und ihrer staatlichen Organisationen. Uwe Thaysen nennt die beiden ersten Sitzungen des Runden Tisches die Formierung zum „alten Machtkampf" (Thaysen 1990: 19ff.): Der Runde Tisch war Kritik- und Kontrollinstanz des „vormundschaftlichen Staates" (Henrich) und seines Organs, des Staatssicherheitsapparates (vgl. Poppe-Interview in: Semtner 1992: 168).

Das Communitas-Prinzip der Anfangsphase erscheint angesichts der gesellschaftlichen Macht- und Herrschaftskonstellationen zugleich als gefährlich und naiv: Dem Selbstverständnis der Tischinitiatoren konnte sich die SED zunächst problemlos anschließen. Egon Krenz erklärte auf der letzten Sitzung des „Demokratischen Blocks" im November 1989 den Runden Tisch für eine „zeitgemäße" Dialogform (Krenz zit. in: Thaysen 1990: 36); er war allerdings bestrebt, eine grundsätzliche politische Flurbereinigung zu verhindern: Der Runde Tisch sei „eine vorparlamentarische Diskussion" und keine „Nebenregierung" (Krenz, zit. in: Thaysen 1990: 124). Die alte Avantgardefunktion der SED sollte erhalten und Politik per se im SED-Apparat verortet bleiben.

Im Winter 1989/90 war die Situation extrem angespannt: Der Abwanderungsstrom in die Bundesrepublik riß nicht ab, Plünderungen und gewalttätige Demonstrationen wurden befürchtet; da der Staatssicherheitsapparat noch nicht zerschlagen war, hatten Putschgerüchte wie aus Gera einen realen Bedrohungswert,[19] und eine „chinesische Lösung" lag im Bereich des Möglichen. Die Gefährlichkeit der Liminalphase suchte die alte Elite zur Stabilisierung ihrer Herrschaft zu nutzen, indem sie signalisierte, daß innere und äußere Sicherheit nur durch ihren Apparat zu gewährleisten seien, hatte sie doch schließlich immer noch exklusiven Zugang zum Staats- und Sicherheitsapparat. Auch die Vertreter der SED/PDS am Runden Tisch pochten auf ihre Sachkompetenz, denn sie verfügten über „typische Politikfertigkeiten", insbesondere über einen „jahrzehntelang erzwungenen Informationsvorsprung" und besaßen nach wie vor den direkten Zugang zu den DDR-Medien (Thaysen 1990: 56).

Aber auch andere Herrschaftsstrukturen jenseits des „alten Machtkampfes" blieben den Protagonisten des Runden Tisches verborgen. Die harmonische Einheit der Vielfalt drohte bereits in der zweiten Sitzung zu zerbrechen, als weitere Gruppen Zugang zum Runden Tisch forderten. Wird die Zulassung dieser Gruppen im nachhinein als Kardinalfehler gewertet, weil dadurch ein halbherziges Repräsentationsprinzip eingeführt worden sei (vgl. Ullmann-Interview in: Semtner 1992: 137), so weist indes dieser Konflikt bereits auf die Problematik der Hermetik des Runden Tisches hin. Daß Gruppen wie der „Unabhängige Frauenverband" (UFV) Zugang zum Runden Tisch forderten, ist nicht nur eine Frage der Repräsentation von Interessen, sondern verweist auf Machtverteilungen in der (Zivil-)Gesellschaft und am Runden Tisch. Auch wenn mit der Integration bestimmter

---

18 Konrad Weiß und Gerd Poppe sehen dies kritischer; sie kritisieren, daß der Runde Tisch die Machtfrage nicht gestellt habe, weil er sich nicht explizit als Opposition zur Modrow-Regierung verstanden habe (vgl. Weiß-Interview in: Semtner 1992: 177; Poppe-Interview in: Semtner 1992: 168).
19 Der Runde Tisch wurde, so berichtet Uwe Thaysen, mit mehr als 10 Bombendrohungen überzogen (vgl. Thaysen 1990: 37).

Gruppen in die Tischgemeinschaft die Frage nach Herrschaft durch Ein- bzw. Ausschluß nicht weiter thematisiert wurde, offenbarte sich, daß der Runde Tisch Gefahr lief, alte Herrschaftsmuster zu reproduzieren.

Der Runde Tisch war mit dem Ziel angetreten, die Eigenständigkeit der DDR zu erhalten (Thaysen 1990: 50), eine Zielsetzung, die auf der Demonstration am 4.11.1989 in Berlin zum Ausdruck kam. Die Demonstrationen, Seismographen der politischen Befindlichkeit der DDR-Bevölkerung, zeigten aber ab Dezember 1989 eine veränderte Symbolik: Fahnen der Bundesrepublik und das Motto „Wir sind *ein* Volk" versinnbildlichten den Wunsch nach Vereinigung der beiden deutschen Staaten bzw. danach, an ökonomischen Errungenschaften der Bundesrepublik zu partizipieren. Diese politische Öffentlichkeit jenseits des Runden Tisches forcierte gewissermaßen die Dynamik des Passagerituals.

## 2. Schwellen- oder Umwandlungsphase: Der Runde Tisch wird zum Karree (Ende Dezember 1989 bis Mitte Januar 1990)

Den Abschluß der Vorbereitungszeit, der „Konstituierungsphase" des Runden Tisches (Ullmann-Interview in: Semtner 1992: 145), bildete seine Übersiedelung ins Schloß Niederschönhausen, dem Staatlichen Konferenzzentrum und einstigen Amtssitz des ersten und einzigen DDR-Präsidenten Wilhelm Pieck, ab der 4. Sitzung am 27.12.1989. Der Wechsel des Tagungsortes signalisierte eine „Professionalisierung" des Runden Tisches (Thaysen 1990: 98), der sich nun eine organisierte Struktur von Gremien schuf: Insgesamt 17 Arbeitsgruppen mit den klassischen Funktionen von Parlamentsausschüssen (vgl. Thaysen 1990: 102) wurden gebildet, eine „Prioritätengruppe", in die Vertreterinnen und Vertreter aller Gruppen entsandt waren, legte Arbeitsprogramme und Tagesordnungen fest, ein Sekretariat für die Geschäftsführung wurde eingerichtet, und eine Art Ältestenrat, die „Steuerungsgruppe", klärte strittige Fragen vorab (vgl. Semtner 1992: 53f.). Ab Ende Dezember 1989 beginnt das zuzutreffen, was Uwe Thaysen „politische Camouflage" (Thaysen 1990: 176) nennt: Der politische Rundgedanke wurde eckig-konturiert, die harmonische Diskursgemeinschaft kristallisierte parlamentarische Formen aus; man beriet sich nicht mehr an den engen Tischchen mit den zu kleinen Stühlchen des Kirchenraums (vgl. Thaysen 1990: 98), sondern zog sich in „Fraktionsräume" zurück.

Bevor es zur eigentlichen Wandlung kommen konnte, mußten sich die Vertreterinnen und Vertreter des alten Blocks Reinigungsritualen unterziehen: Die SED transformierte sich in die PDS, die Blockparteien bewegten sich aus dem „Demokratischen Block" heraus, die CDU beispielsweise spielte und drohte mit dem Austritt aus der Regierung Modrow. Lothar de Maizière nutzte eine persönliche Beleidigung am Runden Tisch, um sich selbst aus diesem Gremium des „alten" Regimes zurückzuziehen. Das Purgatorium ermöglichte eine veränderte politische Konstellation und erleichterte Statuspassagen: Die Blockparteien konnten an die westlichen Schwesterparteien angegliedert werden.

Die Umwandlungsriten der zweiten Passagenphase begannen bereits Mitte Dezember 1989. Bis zu diesem Zeitpunkt spielte die Regierung Modrow im Kalkül des Runden Tisches eine geringe Rolle, nun wandte er sich mit Forderungen dezidiert an die Regierung und entwickelte sich dadurch gleichsam zur (parlamentarischen) Opposition. Der Adressatenwechsel wurde am 18.12.1989 durch den Anspruch des Neuen Forums, ein Kontroll-

und Vetorecht gegenüber Entscheidungen der Regierung zu erwirken, eingeläutet. Zum Prüfstein für das Verhältnis zwischen Rundem Tisch und Regierung wurde dann Anfang Januar 1990 das „Amt für Nationale Sicherheit". Die Woche zwischen dem 8. und 15. Januar 1990 bildete die eigentliche Umwandlungsphase des Runden Tisches und die Einleitung der Integrationsphase: Hans Modrow wurde ultimativ aufgefordert, am 8. Januar 1990 gegenüber dem Runden Tisch persönlich den Nachweis zu erbringen, daß der Stasi-Apparat aufgelöst werde. Das Ultimatum verstrich, ohne daß Modrow erschien. Zurück blieb ein Machtvakuum zwischen Regierung, SED/PDS und Rundem Tisch (Thaysen-Interview in: Semtner 1992: 122), das schließlich „zur Kulmination und zur Peripetie" (Ullmann-Interview in: Semtner 1992: 145), dem dramatischen Höhepunkt des Umwandlungsritus, führte.

Am 15. Januar 1990 erschien Hans Modrow, dessen Regierung nach innen wie nach außen – insbesondere gegenüber der Bundesrepublik – zunehmend handlungsunfähig geworden war (vgl. Thaysen 1990: 80), überraschend in Niederschönhausen und beschwor die *Aufhebung der Trennung* zwischen Rundem Tisch und Regierung, weil „Demokratisierung ebenso wie die Stabilisierung und Reformen" den „Konsens aller verantwortlichen Kräfte" erforderten (Modrow zit. in: Semtner 1992: 69). Die eigentliche Katharsis bahnte sich am selben Abend an: Demonstranten hatten die Zentrale der Staatssicherheit in der Berliner Normannenstraße gestürmt; am Runden Tisch, der zu diesem Zeitpunkt noch in Niederschönhausen tagte, wurde ebenso wie in der Regierung befürchtet, daß dem Prinzip der Gewaltfreiheit damit ein Ende gemacht werde. In der folgenden „Woche der Wende" entschied die ausgedünnte Volkskammer[20] gegen einen neuen Staatssicherheitsdienst. Am 22.1.1990 war der „alte Machtkampf" für die neuen Kräfte am Runden Tisch gewonnen, die alte politische Raumstruktur begann sich – ausgestattet mit einer neuen Rollenstruktur – wieder zu festigen.

### 3. „Nationale Verantwortung": Integrationsphase
### (Mitte Januar 1990 bis 12. März 1990)

Bis Mitte Januar hatte der Runde Tisch alle klassischen Aufgaben einer Volksvertretung übernommen: Kontroll-, Initiativ-, Gesetzgebungs- und Öffentlichkeitsfunktion (vgl. Thaysen 1990: 97). Die Integrationsphase bedurfte nun der Angliederungs- und Binderiten, die ab dem 22.1.1990 inszeniert wurden. Hans Modrow bat die Vertreterinnen und Vertreter des Runden Tisches um Mitarbeit in seiner Regierung. Die SPD war aus Gründen der politischen Hygiene zunächst gegen eine Beteiligung an der Regierung, war sie doch die einzige Partei, die sich – im Unterschied zu CDU und LDP – als nicht korrumpiert präsentieren konnte. Auch die Oppositionsgruppen taten sich schwer, die SED/PDS-Regierung durch ihre Mitarbeit anzuerkennen, doch nach Episoden der Konspiration und sicherheitspolitischer Abklärungen zwischen der 9. und der 10. Sitzung (22.1.-29.1.1990) entschlossen sich alle Oppositionsgruppen für die „Verantwortung" des Mitregierens. Die bisher nicht in der Regierung vertretenen Parteien und Gruppierungen erhielten einen

---

[20] Abgeordnete wurden entlassen, und Nachrücker gab es schließlich nicht mehr (vgl. Thaysen 1990: 114).

Ministersitz ohne Geschäftsbereich. Von nun an wandelte sich auch das Verhältnis zwischen Rundem Tisch und Volkskammer: Die Umsetzung seiner Beschlüsse in der Volkskammer geschah „binnen Wochenfrist" (Thaysen-Interview in: Semtner 1992: 123), und z.T. übernahmen Volkskammerausschüsse direkt die Vorlagen des Runden Tisches (vgl. Semtner 1992: 103).

Der Binderitus war der Auftakt für den Wahlkampf und für die Differenzierung der oppositionellen Gruppen: Die SPD ließ sich nur auf den Angliederungsritus ein, weil sie mit Modrow vereinbaren konnte, den Wahltermin auf den 18. März 1990 vorzuziehen. Zwar jetzt mit Ministerposten ausgestattet, sollten die Bürgerrechtsgruppen nun das Nachsehen haben: Der politisch-öffentliche Raum war gleichsam schlagartig durch die organisierten Parteien besetzt. Die Architektur der Demokratie hatte als Abschluß des Passagerituals ihren neuen Grundriß bekommen: Politik als Regieren, Öffentlichkeit als exklusiver Ort, Organisierung als Bedingung öffentlicher Einflußnahme.[21] Die einzige Rettung schien den Bürgerrechtsgruppen eine deutliche *Trennung* von den Parteien der alten Bundesrepublik. Am 5.2.1990 faßte der Runde Tisch mehrheitlich den Beschluß, daß die Parteien und Gruppierungen „im Sinne der Chancengleichheit und eines fairen Wahlkampfes bis zum 18. März 1990 auf Gastredner aus der Bundesrepublik und Westberlin verzichten" (Protokoll, zit. in: Semtner 1992: 106). Doch SPD, CDU, DA und LDP hielten sich nicht an diesen Beschluß.

Dieser Konflikt war der Beginn neuer Bündnisstrukturen am Runden Tisch: „Seit Ende Januar gab es einen anderen Verlauf der Demarkationslinie CDU, Demokratischer Aufbruch und SPD gemeinsam gegen die Bürgerbewegungen. SED/PDS und FDGB stimmten mit den Bürgerbewegungen" (Poppe-Interview in: Semtner 1992: 167). Die Arena des „neuen Machtkampfes" (Thaysen 1990: 117ff.) verlagerte sich vom Runden Tisch weg auf die Straße und in die Wahlkampfbüros.

*IV. Konspiration und bündisches Prinzip: Die Kontinuität politischer Machtprinzipien und die Exklusivität von Öffentlichkeit*

Struktur und Elemente des Passagerituals machen deutlich, daß der Runde Tisch nicht nur Institution der Transformation, des radikalen Wandels und Bruchs mit den alten Herrschaftsformen, mit undemokratischen politischen Strukturen war, sondern daß er auch ein Ritual der Kontinuität, der Bewahrung, der Transferierung bekannter politischer, kultureller und habitueller Strukturen war. Das Fazit Uwe Thaysens, daß der Runde Tisch eine Form sei, „mehr oder minder geschlossene(r) politische(r) Systeme zu offenen Gesellschaften" zu überführen (Thaysen 1990: 175), muß zwar nicht völlig revidiert, aber doch ergänzt werden; ergänzt um den Aspekt, daß Verhaltenssicherheit oftmals durch nicht reflektierte, ritualisierte Formen erlangt wird. Die Organisationsform des Runden Tisches barg gewissermaßen diese tradierten Formen politischen Denkens, Handelns und Fühlens.

---

21 Die SPD hatte bereits bei den Beratungen um das Wahlgesetz für eine Sperrklausel und dafür plädiert, daß nur Parteien zu den Wahlen zugelassen sein sollten, war damit zwar nicht durchgedrungen, hatte aber deutliche Gegnerschaft zu den Bürgerbewegungen signalisiert (vgl. Semtner 1992: 90).

Der Runde Tisch war der ritualisierte Übergang von alten Formen exklusiver Öffentlichkeit hin zu neuen Formen öffentlichen Aus- und Abschlusses. Der Runde Tisch ist letztlich weniger eine Metapher demokratischer und gleicher Partizipation, sondern vielmehr Symbol für die Abgeschlossenheit der Zivilgesellschaft. Er war geeignet, die bündische Struktur moderner Politik zu erhalten und zugleich zu verbergen.

Uwe Thaysen konstatiert eine zeitliche Abfolge unterschiedlicher Funktionen, Tagungs-, Umgangs- und Verhandlungsformen, die mit verschiedenen Formen der Geheimhaltung einhergehen (vgl. Thaysen 1990: 25ff.). Die *Vorbereitung* des Runden Tisches durch die Kontaktgruppe erfolgte unter den Bedingungen der Konspiration. Dies war unter den gegebenen Umständen durchaus geboten, waren die Gruppierungen doch nach wie vor illegal und die Protagonistinnen und Protagonisten vor Verhaftungen nicht gefeit. Geheimnis und Konspiration waren nun aber auch das typische Muster des SED-Staates; auch der „Demokratische Block" tagte im November 1989 unter Geheimhaltung. Geheimnis und Konspiration bei der Bildung des Runden Tisches wurden allerdings Teil der inszenierten Öffentlichkeit der DDR: Die Spitzel der Staatssicherheit veröffentlichten gewissermaßen die geheimen Verhandlungen der Kontaktgruppe.

Symbolisierte das Plenum des Runden Tisches die neue Öffentlichkeit vor allem dadurch, daß das Fernsehen die Sitzungen live übertrug, so tagten alle Gremien unterhalb der Ebene des Plenums in der Regel unter Ausschluß der Öffentlichkeit (vgl. Thaysen 1990: 102f.). Die neue politische Raumvercodung von öffentlich, geheim und privat war damit durchgesetzt. Für sicherheitssensibel erklärte Themen wurden jenseits der zivilgesellschaftlichen Öffentlichkeit verhandelt: „Es gibt bestimmte Positionen für die Sicherheit eines Landes", so Konrad Weiß, „die vermutlich nie öffentlich behandelt werden können. ... Und ich habe es (nicht-öffentlich entschieden, B.S.) deswegen getan, weil es bei den Entscheidungen, an denen ich hinter verschlossenen Türen beteiligt war, um Menschenleben ging. Und Menschenleben sind für mich ein höheres Gut als das Recht auf Öffentlichkeit oder der Anspruch auf Demokratie" (Weiß-Interview in: Semtner 1992: 178). Höhepunkt der Konspiration und zugleich die Einleitung der *Integrationsphase* waren die Verhandlungen über die zweite Regierung Modrow. In geheimbündlerischer Manier wurde unter Ausschluß der Öffentlichkeit in privaten Räumen verhandelt.

Die Re-Etablierung bündisch-organisierter Politikmuster durch den Runden Tisch weist ein weiteres Merkmal auf, das durchaus typisch für (revolutionäre) Umwälzungsprozesse ist: die personelle Exklusivität der politisch handelnden Gruppe. Der Runde Tisch erhob, wie bereits ausgeführt, nie den Anspruch von Repräsentativität, sondern wollte ein Gremium wichtiger Persönlichkeiten „mit landesweiter Reputation" sein (Thaysen 1990: 43). Der Runde Tisch war gewissermaßen als Arkanum der Besten geplant. Konrad Weiß charakterisiert den Runden Tisch als „das alte Ideal des germanischen Things", in dem „Leute, die eigentlich gar kein Mandat haben, ... sich zusammensetzen, um ... zu verhandeln" (Weiß-Interview in: Semtner 1992: 181). Dies ist einer der Gründe, weshalb in der Konstituierungsphase so heftig gegen das Repräsentationsprinzip argumentiert wurde. Politisches Handeln, so die Vorstellung, bedürfe der Abgrenzung nach außen und der Kooptation bestimmter Persönlichkeiten.[22] Wie alle exklusiven Bünde hatte auch der

---

22 Dies ist ein Begriff von politischem Handeln, wie ihn Hannah Arendt in Anlehnung an die Idee der griechischen Polis formulierte und dessen Exklusivität kritisch thematisiert wird.

Runde Tisch spezifische Aufnahmeregeln und -kriterien, die politische Kompetenz, vor allem aber Reinheit und Unbelastetheit: „Unsere Legitimation war ... unsere eigene politische Unbelastetheit" (Weiß-Interview in: Semtner 1992: 181).

Auch die Bürgerbewegungen und neuen Parteien zelebrierten die Exklusivität des Runden Tisches; sie untermauerten sie mit einem gehörigen Schuß intellektuellen Mißtrauens der Bevölkerung gegenüber, die die deutsche Vereinigung verbal forderte bzw. durch Übersiedelung in die Bundesrepublik in die Tat umsetzte.[23]

Bislang aus dem politischen System Exkulpierte – die Bürgerbewegungen – erhielten am Runden Tisch ihre bündische Weihe, wenn auch nicht alle gleichermaßen und auf Dauer: Frauen sind aus dem Männerbund nach wie vor ausgeschlossen. Passageriruale integrieren, sie grenzen aber auch dauerhaft aus und produzieren dadurch neue bzw. reproduzieren alte Herrschaftsmuster: Sie hatten sich in der Regie des Rituals gleichsam hinter dem Rücken der Akteure (re)strukturiert. Geheimnis und bündische Organisation sind nun typische Modi der Exklusivierung von Politik und Öffentlichkeit. An diesem so definierten Ort des Politischen haben aber nur jene Akteure Bestand, die mit solchen Organisations- und Verfahrensweisen vertraut sind – die Parteien.

Der Runde Tisch tradierte Formen der Konspiration und der Geschlossenheit, die dem Politbüro der SED ebenso zu eigen waren, wie den sicherheitspolitischen Entscheidungen parlamentarischer Demokratien. Der Runde Tisch beteiligte sich auf diese Weise an der Produktion des Mythos der Demokratie als einem Aushandlungsprozeß freier, gleicher, rationaler Bürger und neuerdings Bürgerinnen, weil er Herrschaftsstrukturen auch der Zivilgesellschaft nicht thematisierte, sondern sie im Tischrund gewissermaßen aufgehoben sah. Der Runde Tisch hatte dadurch letztlich depolitisierende Wirkung. Der „Strukturwandel der Öffentlichkeit" im Übergang von der DDR zur BRD läßt sich somit weniger als Ent- denn als Re-Feudalisierung durch Parteien beschreiben.

*Literatur*

*Abélès, Marc*, 1993: Politische Inszenierungen und Rituale in kritischer Sicht. S. 57–78 in: *Marc Abélès* und *Werner Rossade* (Hg.): Politique Symbolique en Europe. Symbolische Politik in Europa. Berlin: Duncker & Humblot.

*Beck, Ulrich*, 1993: Die Erfindung des Politischen. Zu einer Theorie reflexiver Modernisierung. Frankfurt a.M.: Suhrkamp Verlag.

*Blaum, Verena*, und *Werner Löcher*, 1983: Öffentlichkeit. S. 542–546 in: *Wolfgang R. Langenbucher, Ralf Rytlewski* und *Bernd Weyergraf* (Hg.): Kulturpolitisches Wörterbuch Bundesrepublik Deutschland/Deutsche Demokratische Republik im Vergleich. Stuttgart: Metzler.

*Douglas, Mary*, 1981: Ritual, Tabu und Körpersymbolik. Sozialanthropologische Studien in Industriegesellschaft und Stammeskultur. Frankfurt a.M.: Suhrkamp Verlag.

*Edelman, Murray*, 1976: Politik als Ritual. Die symbolische Funktion staatlicher Institutionen und politischen Handelns. Frankfurt a.M./New York: Campus.

---

23 Die Unsicherheit gegenüber der Menge außerhalb des Tischrunds verdeutlicht eine Szene aus der 1. Sitzung, die Uwe Thaysen wiedergibt. Ein Demonstrationszug zieht lautstark am Sitzungsgebäude vorbei: „Hier draußen ist eine ganz große Menschenmasse mit Trommeln, Pfeifen und Geschrei – ,Stasi raus' – vor der Tür". Es entsteht Unruhe am Runden Tisch, der Lärmpegel draußen wird höher. Ibrahim Böhme schlägt vor: „Es gehen jetzt drei beherzte Männer 'raus und Frauen mit und stellen sich jetzt" (Thaysen 1990: 54).

*Edelman, Murray,* 1988: Constructing the Political Spectacle. Chicago/London: The University of Chicago Press.
*Gennep, Arnold van,* 1986: Übergangsriten. Frankfurt a.M./New York: Campus.
*Gerhard, Ute,* und *Jürgen Link,* 1991: Zum Anteil der Kollektivsymbolik an den Nationalstereotypen. S. 16–52 in: *Jürgen Link* und *Wulf Wülfing* (Hg.): Nationale Mythen und Symbole in der zweiten Hälfte des 19. Jahrhunderts. Strukturen und Funktionen von Konzepten nationaler Identität. Stuttgart: Klett-Cotta.
*Habermas, Jürgen,* 1982: A Reply to my Critics. S. 219–283 in: *John B. Thompson* und *David Held* (Hg.): Habermas. Critical Debates. London/Basingstoke: Macmillan Press.
*Habermas, Jürgen,* 1985: Theorie des kommunikativen Handelns. Band 2. Frankfurt a.M.: Suhrkamp Verlag.
*Herles, Helmut,* und *Ewald Rose* (Hg.), 1990: Vom Runden Tisch zum Parlament. Bonn: Bouvier Verlag.
*Kreisky, Eva,* 1994: Das ewig Männerbündische? Zur Standardform von Staat und Politik. S. 191–208 in: *Claus Leggewie* (Hg.): Wozu Politikwissenschaft? Über das Neue in der Politik. Darmstadt: Wissenschaftliche Buchgesellschaft.
*Mackow, Jerzy,* 1989: Polen im Umbruch. Die Wahlen 1989. Politische Hintergründe, Verlauf, Analyse, Zeitschrift für Parlamentsfragen 4: 561–580.
*Meyer, Thomas,* 1992: Die Inszenierung des Scheins. Essay-Montage. Frankfurt a.M.: Suhrkamp Verlag.
*Pateman, Carole,* 1989: The Civic Culture: A Philosophic Critique. S. 141–178 in: *Carole Pateman:* The Disorder of Women. Stanford: Stanford University Press.
*Pross, Harry,* 1974: Politische Symbolik. Theorie und Praxis der öffentlichen Kommunikation. Stuttgart u.a.: Verlag W. Kohlhammer.
*Rigotti, Francesca,* 1995: Der „runde Tisch" und der Mythos der symmetrischen Kommunikation. S. 290–297 in: *Ludgera Vogt* und *Andreas Dörner* (Hg.): Sprache des Parlaments und Semiotik der Demokratie. Berlin: de Gruyter.
*Rödel, Ulrich, Günter Frankenberg* und *Helmut Dubiel,* 1989: Die demokratische Frage. Frankfurt a.M.: Suhrkamp Verlag.
*Sarcinelli, Ulrich,* 1987: Symbolische Politik. Zur Bedeutung symbolischen Handelns in der Wahlkampfkommunikation der Bundesrepublik Deutschland. Opladen: Westdeutscher Verlag.
*Sauer, Birgit,* 1989: Jugendweihe in der DDR: Schule junger Revolutionäre?, Pädagogik und Schule in Ost und West 2: 104–109.
*Sauer, Birgit,* 1992: Mythen einer real-sozialistischen Gesellschaft. Ein Beitrag zur Analyse politischer Deutungsmuster in Fest- und Feiertagen der DDR. Berlin: Dissertation am Fachbereich Politische Wissenschaft der Freien Universität.
*Sauer, Birgit,* 1993: Rituel et mythe. Une contribution à l'analyse des jours fériés politiques en R.D.A. S. 79–100 in: *Marc Abélès* und *Werner Rossade* (Hg.): Politique Symbolique en Europe. Symbolische Politik in Europa. Berlin: Duncker & Humblot.
*Schoeler-Macher, Bärbel,* 1991: Fremd(körper) in der Politik. Die Normalität des politischen Alltags in Parteien und Parlamenten aus der Sicht von Frauen, Frauenforschung 1 und 2: 98–116.
*Schomburg-Scherff, Sylvia,* 1986: Nachwort. S. 233–255 in: *Arnold van Gennep:* Übergangsriten. Frankfurt a.M./New York: Campus.
*Semtner, Klemens,* 1992: Der Runde Tisch in der DDR. München: tuduv-Verlagsgesellschaft.
*Soeffner, Hans-Georg,* 1992: Die Ordnung der Rituale. Die Auslegung des Alltags 2. Frankfurt a.M.: Suhrkamp Verlag.
*Szabo, Mate,* 1989: Die politische Entwicklung Ungarns nach Kadar 1988/89. Rückkehr zur parlamentarischen Demokratie und zu Europa?, Gegenwartskunde 4: 425–436.
*Thaysen, Uwe,* 1990: Der Runde Tisch. Oder: Wo blieb das Volk? Der Weg der DDR in die Demokratie. Opladen: Westdeutscher Verlag.
*Turner, Victor,* 1989a: Das Ritual. Struktur und Anti-Struktur. Frankfurt a.M./New York: Campus.
*Turner, Victor,* 1989b: Vom Ritual zum Theater. Der Ernst des menschlichen Spiels. Frankfurt a.M./New York: Campus.

# III.
# Ent-Institutionalisierung und institutionelle Umbildung

# ORDNUNGSFORMEN DER GEWALT ODER AUSSICHTEN AUF DAS ENDE DES STAATLICHEN GEWALTMONOPOLS*

Heinrich Popitz zum 70. Geburtstag

Trutz von Trotha

*Zusammenfassung:* Im Rahmen einer neo-hobbesschen Perspektive zum Ort der Gewalt in der Gesellschaft untersucht der Beitrag anhand von historischen und empirischen Studien über Afrika, Südamerika, den melanesischen Raum (Papua-Neuguinea) und die okzidentalen Gesellschaften Westeuropas und Nordamerikas vier Typen gesamtgesellschaftlicher Ordnungsformen der Gewalt: die „neo-despotische", „parastaatliche", „postakephal-konstitutionelle" und „konstitutionell-wohlfahrtsstaatliche" Ordnung. Die These ist, daß sich das staatliche Gewaltmonopol weltweit in einer Krise befindet. Diese Krise zeichnet sich auch in den westlichen Gesellschaften ab, die auf dem Weg sind, die konstitutionell-wohlfahrtsstaatliche Ordnung der Gewalt zu einer „oligopolistisch-präventiven Sicherheitsordnung" umzuwandeln und mit ihr das Ende des staatlichen Gewaltmonopols einzuleiten. Dieser fünfte Typ einer Ordnungsform der Gewalt wird beschrieben und hervorgehoben, daß er die Grundlagen des okzidentalen Verständnisses über die Beziehungen zwischen Staat, Recht und Gesellschaft berührt.

„Im Prinzip ... ist mit der Durchsetzung zentraler Herrschaft im Alltag, wie wir sie heute kennen, eine Endstufe der Institutionalisierung von Macht erreicht." Mit diesem Satz endet die zweite Auflage des Buches über „Phänomene der Macht" von Heinrich Popitz (1992: 260). Hans Haferkamp (1988) hat seinen Rezensionsessay zur ersten Auflage des Popitzschen Buches unter die Überschrift „Machtsteigerung – und kein Ende?" gestellt und der Analyse von Popitz vorgehalten, daß sie die „Anzeichen eines rasanten Verfalls von Herrschaft" in den zeitgenössischen Gesellschaften des Westens unterschlage (Haferkamp 1988: 19). Diesen Gesichtspunkt von Haferkamp will ich aufnehmen. Anders als Haferkamp will ich im folgenden allerdings den Befund von Popitz über die Veralltäglichung staatlicher Herrschaft nicht infrage stellen. Er erscheint mir richtig und das um so mehr, weil es hier auf das Wort „im Prinzip" ankommt, mit dem Popitz sein Diktum einleitet.[1] Ich will jedoch fragen, ob wir mit Blick auf Entwicklungen der Staatlichkeit

---

* Meinem Kollegen an der Universität-Gesamthochschule Siegen, Thomas Herz, danke ich ganz herzlich für seine Kritik und Anregungen.
1 Die Delegitimierungen, Widerständigkeiten und ‚Verfallserscheinungen' von Herrschaft in den westlichen Staaten waren gar nicht das Thema von Popitz und die Einwände von Haferkamp verfehlen nicht nur das analytisch-theoretische Anliegen von Popitz, sondern haben zusätzlich einen herrschaftsrechtfertigenden Grundton, gegenüber dessen Augenwischerei die gewohnt kühlen Beobachtungen von Popitz um so eindringlicher sind. Dennoch hatte Haferkamp mit zahlreichen treffenden Hinweisen, die er in dem Schlagwort der kon-

in großen Teilen Afrikas, Lateinamerikas, Melanesiens, in den USA und in Europa diese „Endstufe", von der Popitz spricht, entweder als gegeben oder als „absurde Selbstverständlichkeit" (Popitz 1992: 231) eines Zentralisierungsprozesses von Herrschaft, der einmal in Gang gekommen ist und im Gefolge des Kolonialismus den Staat scheinbar weltweit durchgesetzt hat, zukünftig voraussetzen können. Ich will fragen, ob wir Zeugen eines Vorgangs sind, in dem das Prinzip staatlicher Herrschaft selbst oder wenigstens in der Form, wie wir es heute kennen, zur Disposition steht. Meine These ist: Das staatliche Gewaltmonopol befindet sich weltweit in einer Krise und mit ihm der Kern dessen, was Staatlichkeit ausmacht.

Ich gliedere meine Beobachtungen und Überlegungen in vier Abschnitte. Im ersten Abschnitt verknüpfe ich die soziologische Anthropologie der Gewalt von Popitz (1992: 43ff.) mit den Überlegungen von Marshall Sahlins (1978: 168ff.) zur „politische[n] Philosophie der Gabe" und Marcel Mauss' (1978) Konzept von der „totalen sozialen Tatsache" zu einer ‚neo-hobbesschen Perspektive' auf den zentralen Ort, den die Gewalt in der Organisation der sozialen Ordnung innehat. Ich unterscheide hierbei zwei Grundtypen von ‚Ordnungsformen der Gewalt'. Im zweiten und Hauptabschnitt erweitere ich die Typologie von Ordnungsformen der Gewalt. Mit Blick auf die Rolle der Gewalt in Politik und Verwaltung, die rechtliche ‚Domestikation'[2] der Zentralherrschaft, die Gewaltkultur und den Urbanisierungsgrad von Gesellschaften unterscheide ich vier Typen von ‚gesamtgesellschaftlichen Ordnungsformen der Gewalt': die ‚neo-despotische', ‚parastaatliche', ‚postakephal-konstitutionelle' und die ‚konstitutionell-wohlfahrtsstaatliche' Ordnung der Gewalt. Indem in diese Typologie Beobachtungen eingehen, die sich auf empirische Formen der Staatlichkeit in verschiedenen Regionen der Welt stützen, dient diese Typologie zugleich zum Beleg meiner Annahme, daß sich das Gewaltmonopol weltweit in einer Krise befindet. Im dritten Abschnitt gehe ich auf einige Aspekte der jüngsten Veränderungen in den Formen des Gewaltmonopols in den westlichen Wohlfahrtsstaaten ein, in denen sich Ausblicke auf ein Ende des staatlichen Gewaltmonopols in einer Ordnungsform der Gewalt bieten, die ich die ‚oligopolistisch-präventive Sicherheitsordnung' (OPSO) nenne. Zum Schluß fasse ich meine Überlegungen noch einmal kurz zusammen.

*I. Eine neo-hobbessche Perspektive oder zwei Grundtypen von Ordnungsformen der Gewalt*

„Zusammenleben heißt stets auch sich fürchten und sich schützen" (Popitz 1992: 44) – sich fürchten vor und sich schützen gegen die Gewalt. Die Furcht vor der Gewalt und das Bedürfnis und die Notwendigkeit, sich vor ihr zu schützen, bestimmen wesentlich mit, was wir Vergesellschaftung und soziale Ordnung nennen. Zusammenleben steht im Horizont der Gewalt und in diesem Sinne sind Vergesellschaftung und soziale Ordnung gewaltbestimmt.[3]

---

servativen Debatte von der „Unregierbarkeit" zusammenfassen konnte (Haferkamp 1988: 15), einen empirisch relevanten Punkt gemacht.

2 Den Begriff der ‚Domestikation' gebrauche ich hier im Sinne von Richard Thurnwald (1934: 15, 188).

3 Um allen Mißverständnissen vorzubeugen, halte ich es auch bei dem Gewaltbegriff, den

Der zentrale Ort der Gewalt für die Vergesellschaftung und die soziale Ordnung hat eine anthropologische Grundlage, die Popitz (1992: 43ff.) treffend wie kein anderer benannt hat: die menschliche „Verletzungsoffenheit" und „Verletzungsmächtigkeit", die „Entgrenzung des menschlichen Gewaltverhältnisses", die „Uferlosigkeit" der menschlichen Vorstellungsfähigkeit oder Phantasiebegabtheit des Menschen (vgl. dazu auch von Matt 1994) und die „Entgrenzung des Könnens".

Diese verschiedenen Seiten der Verfaßtheit des Menschen machen ihn äußerst verletzlich und unvergleichlich verletzungsmächtig. Kein genetisches Programm schränkt seine Gewalttätigkeit auf bestimmte Situationen ein. Seine Motivationen zur Gewalt sind so unterschiedlich und vielfältig, daß sie sich einer endlichen oder wenigstens einigermaßen überschaubaren Liste entziehen. Gewalt ist eine Handlungsressource für jedermann und zum Täter kann jeder werden. Den Opferkategorien sind keine Grenzen gesetzt. In ihren Gewaltphantasien sind Menschen maßlos zerstörerisch und gefahrlos allmächtig wie Gott und in ihren Opferalpträumen so unendlich verletzlich und nichtig, wie der Überlegene sich allmächtig fühlt und angesichts von Waffen fühlen kann, mit denen er den Gegner zu Boden geworfen hat und die inzwischen zu einer Ausrottungstechnologie entwickelt sind, die die Menschheit selbst ‚mit einem Schlag' vernichten kann.

Konfrontiert mit der Unaufhebbarkeit der Gewalt und der Furcht vor ihr liegt die Last des Friedens auf der politischen Ordnung. Sie hat zwei grundsätzlich verschiedene Formen, zwei Grundtypen von Ordnungsformen der Gewalt: die ‚Ordnung der gewalttätigen Selbsthilfe' und den ‚Staat' mit seinem Anspruch auf das Gewaltmonopol (zum folgenden vgl. mit zahlreichen Verweisen Trotha 1987: 106ff., 1986: 1ff., 1982: 11ff.).

---

ich verwende, mit Heinrich Popitz (1992: 48) – ebenso wie mit der reichsgerichtlichen Rechtsprechung bis in die Weimarer Zeit, mit Friedhelm Neidhardt (1986) oder der Gewaltkommission der Bundsregierung (Schwind/Baumann 1990: Bd. 1, 240f., Bd. 2, 302ff.). Nicht anders als die Genannten will ich den Begriff der Gewalt „nicht dehnen und zerren, wie es üblich geworden ist" (Popitz 1992: 48), besonders seit der Galtungsche Begriff der „strukturellen Gewalt" seinen ungerechtfertigten Siegeszug angetreten hat, der die Gewaltanalyse auf falsche Fährten gelockt und die entscheidenden Fragen vernebelt hat (Galtung 1969, 1978; siehe auch jüngst Galtung 1993 nunmehr mit einem Konzept der ‚kulturellen Gewalt"). Gewalt ist ein Typ von „Aktionsmacht" (Popitz 1992: 24ff., 43ff.), ein Machthandeln, das (a) zur absichtlichen Verletzung anderer führt oder mit einer solchen Verletzung unmittelbar droht. Der Bezug des Handelns, das ich ‚Gewalt' nenne, ist unter diesem Gesichtspunkt immer die körperliche Verletzlichkeit des Menschen (vgl. auch Trotha 1986: 28, Anm. 21). Im Unterschied zu Popitz (1992: 44f.) halte ich es allerdings für gerechtfertigt, (b) zwei weitere Typen von Aktionsmacht, nämlich von „materieller Schädigung" und „Minderung sozialer Teilhabe", zu den Formen der Gewalt hinzuzurechnen, wenn sie im unmittelbaren Wortsinne „handfeste" Formen annehmen und auf diese Weise nicht zuletzt einen direkten Bezug zur physischen Verletzung anzeigen. Gewalt ist danach gleichfalls die unmittelbare Zerstörung oder Drohung mit der Zerstörung von Hab und Gut eines Menschen oder einer Gruppe von Menschen. Vor Augen stehen mir das Zerschlagen einer Zimmereinrichtung, das Zertrümmern von Schaufensterscheiben, das Niederbrennen einer Hütte oder die Drohung, ein Dorf in Schutt und Asche zu legen, wenn die Menschen sich nicht den Forderungen des bzw. der Aktionsmächtigen beugen. Zur Gewalt gehört ebenso die bewaffnete Drohung mit der Vertreibung. Nicht anders als im Falle der ‚Gewalt gegen Personen' müssen die ‚Gewalt gegen Sachen' und der ‚Ausschluß von sozialer Teilhabe' allerdings sehr eng gefaßt sein, will man hier ebenfalls eine verhängnisvolle Ausweitung des Begriffs verhindern. Das heißt, es ist auf das deutlich Zerstörerische bzw. den gewalttätigen Zusammenhang des Tuns im Sinne der drohenden physischen Verletzung abzuheben.

In der Ordnung der gewalttätigen Selbsthilfe bleiben die Gesellschaft und ihre Teile – Haushalte, Verwandtschaftsgruppen, Residenzgruppen, Dörfer, Städte, Adelsstände usw. – als politische Einheiten erhalten. Ihre Autonomie wird im Recht auf gewalttätige Selbsthilfe gewährleistet. Der Verkehr zwischen den Mitgliedern der Gesellschaft hat die Form eines politischen Vertrags oder, wie es bei Marshall Sahlins (1978: 182) über die Beziehungen der Menschen in der ‚primitiven Gesellschaft' heißt: „... [A]lle [ihre, T.T.] Unternehmungen sind Friedensverträge". Das Werkzeug der Friedensstiftung ist die Gabe, der Grundsatz der Reziprozität, der ebenso allgegenwärtig wie die Gewalt ist, die er zu überwinden sucht.

Die allgegenwärtige Reziprozität hat stets die Bewunderung der Sozial- und Kulturanthropologen hervorgerufen. Aber in ihrem Rousseauismus haben sie häufig die Tatsache übersehen, daß die nichtstaatliche Ordnung ein Miteinander im Schatten der gewalttätigen Selbsthilfe ist. „Warre", wie es in der altertümlichen Schreibweise von Hobbes (1965: 64ff.) heißt, ist der unterschwellige Boden der „regulierten Anarchie" (Sigrist 1994). Im Rahmen ihrer Lewis Henry Morgan Vorlesung an der Universität von Rochester hat Elizabeth Colson (1974: 37) dafür die schöne Formulierung gefunden: „... [E]inige Menschen leben scheinbar in einem Rousseauschen Paradies, weil sie eine Hobbessche Sicht ihrer Situation haben: Sie gehen sacht, weil sie es für notwendig erachten, anderen nicht zu nahe zu treten." Typischerweise geht dementsprechend die Ordnung der gewalttätigen Selbsthilfe damit einher, daß sie neben den Tugenden des „sachten" Auftretens gleichfalls die Tugenden des Kriegers anerzieht, hoch- und wachhält und vielfach ganz in das Zentrum der männlich bestimmten Kultur rückt, wofür die Yanomamö in der Schilderung von Napoleon A. Chagnon (1977, 1971) ebenso wie der europäische Adel, bevor er mit dem Aufstieg des neuzeitlichen Staates ‚verhöflicht' (vgl. Elias 1969, Bd. 2: 351ff.) und schließlich verbürgerlicht worden ist, beispielhaft sind.

Die Ordnung der gewalttätigen Selbsthilfe hat die unterschiedlichsten Gestalten angenommen und ist in der Geschichte der Menschheit der historische ‚Normalfall'. Sie reicht von den reinen Selbsthilfeordnungen der akephalen Gesellschaften bis zu den Protostaaten, in denen die gewalttätige Selbsthilfe territorial (innerhalb des Machtbereichs der städtischen Zentren) und sozial (Kriegeradel) extrem eingeengt sein mag. Mit Blick auf weite Teile ihres ‚Hinterlandes' zähle ich zu ihnen jedoch auch die großen Reiche, von denen Michael Mann (1990, Bd. 1: 24ff.) in seiner „Geschichte der Macht" zu Recht sagt, daß sie kein Gewaltmonopol innehatten und in ihrem „äußeren Kreis", dem geographisch extensivsten Bereich, sich damit begnügten, durch Strafaktionen und Tributforderungen die Abhängigkeit dieser Bereiche vom politisch-militärischen Zentrum sicherzustellen. Otto Brunner (1973) hat in seiner bahnbrechenden Studie über „Land und Herrschaft" noch die spätmittelalterliche Landesverfassung als eine Ordnung der gewalttätigen Selbsthilfe charakterisiert, insofern sie „rechte Gewalt, Fehde und Widerstand, auch gegen die Obrigkeit", kannte und selbst dem einzelnen diese „rechte Gewalt" der Fehde zuerkannt hat (Brunner 1973: 440).

‚Staatliche Herrschaft' ist in wesentlichen Teilen ganz anders als die Ordnungen der gewalttätigen Selbsthilfe organisiert. Der Staat ist eine zentralisierte Gebietsherrschaft. Die Zentralgewalt verfügt über einen bürokratischen Herrschaftsapparat und ihre Verwaltungsbürokratie macht einen Anspruch auf direkte Herrschaftsausübung über die Beherrschten geltend und kann ihn zumindest in den beiden Kernbereichen staatlicher Herrschaftsressourcen, in der Rekrutierung von Soldaten und der Steuererhebung, weitgehend verwirklichen. Zentralität, Territorialität, Bürokratie und direkte Herrschaftsausübung verbinden sich mit dem Anspruch auf Monopole in den drei klassischen Bereichen der Normordnung: in der Normsetzung (Gesetzgebung, staatliche Rechtsprechung, staatliche Strafverfolgung), Sanktionierung von Normabweichung (staatliche Rechtsprechung, staatliche Strafverfolgung) und im Sanktionsvollzug (Gesetzes- und Urteilsvollzug). Der Anspruch kann zumindest teilweise durchgesetzt werden. Die Grundlage aller dieser Kennzeichen des Staates ist, daß der Staat das Monopol des legitimen physischen Zwangs nach außen und im Innern beansprucht und ihm einigermaßen erfolgreich Geltung zu schaffen vermag.

Diese Monopolisierung der Gewalt setzt voraus, daß der zentrale Herrschaftsapparat die Freiheit der gewalttätigen Selbsthilfe zerschlägt,[4] die die Ordnungen der gewalttätigen Selbsthilfe entsprechend ihrer unterschiedlichen „Stufen der Institutionalisierung von Macht" (Popitz 1992: 233ff.) den gesellschaftlichen Ordnungen und dem einzelnen in verschiedenartigen Formen und in sehr verschiedenem Maße zubilligt. Das schließt ein, daß es zu einer radikalen Umkehrung beim Umgang mit der Unaufhebbarkeit der Gewalt und der Furcht vor ihr kommt. Mit der Monopolisierung der Gewalt wird, um im Bild zu bleiben, ein vollständig neuer Boden der Vergesellschaftung und der sozialen Ordnung eingezogen, gezimmert aus dem stehenden Heer und den vielfältigen Einrichtungen der innerstaatlichen Zwangsgewalt, hauptsächlich von Polizei und Justiz. Die Dominanz der Selbsthilfe, die die akephale Ordnung bestimmt, weicht der gewalttätigen, unbedingten und hin und wieder rechtlich-staatlich domestizierten Dominanz des zentralen Herrschaftsapparates. Der Schrecken, der vom Recht der gewalttätigen Selbsthilfe ausgeht und Reziprozität zu einer „totalen soziale Tatsache" im Sinne von Marcel Mauss macht, weicht dem Schrecken, dessen Quelle die überlegene staatliche Zwangsgewalt ist und der das Monopol der legitimen physischen Gewalt als eine totale soziale Tatsache verankert.

Der staatliche Anspruch auf das Gewaltmonopol, sofern er vergleichsweise durchsetzungsmächtig und veralltäglicht ist, ist eine totale soziale Tatsache, weil, erstens, die staatliche Verwaltung grundsätzlich auf das Monopol des legitimen physischen Gewaltmonopols bezogen bleibt, wie die Forscher des Berliner Instituts für Bürgerrechte und öffentliche Sicherheit treffend hervorgehoben haben (Busch et al. 1988: 47ff.): „Wenn man vom Monopol legitimer physischer Gewaltsamkeit redet, darf man sich nicht auf die Apparate beschränken, die die physische Gewaltsamkeit des Staates unmittelbar repräsentieren. Man muß die Bürokratie insgesamt als die Herrschaft im Alltag behandeln. ... [Und – T.T.] [m]an könnte die verschiedenen Verwaltungszweige nach ihrer Nähe oder Ferne zur Polizei klassifizieren. Ganz entschwindet die Polizei nie." Zu Recht fügen sie noch hinzu, daß der untergründige Boden der staatlichen Ordnung nicht nur polizeilich, sondern ebenso militärischen Charakters ist (ebda, 49): „Tritt die Polizei spätestens dann auf den Plan, wenn die allgemeine Verwaltung sich nicht durchzusetzen vermag, so das Militär spätestens dann, wenn dem polizeilichen Akteur die Definitionsgewalt bürgerlichen Handelns entgleitet. ... Das Kontinuum Bürokratie-Polizei wird von der Polizei zum Militär fortgesetzt." Zweitens vollzieht sich im Staat die Austragung von Streit und Konflikt im „Schatten des

---

4 Das ist nicht nur metaphorisch gemeint. Gewalt steht am Anfang und üblicherweise am Ende der staatlichen Herrschaft. Jakob Burckhardt (o. J.: 57) sprach in diesem Zusammenhang vom „Prius" der Gewalt.

Leviathan" (Spittler 1980; vgl. auch Trotha 1986: 1ff., 1982: 11ff.). Drittens ist der Vorgang der Gewaltmonopolisierung mit einem Integrationsvorgang der Macht verbunden, der auf der „Endstufe" der Institutionalisierung von Macht – mit ihrer typischen Veralltäglichung zentraler Herrschaft – alle sozialen Einheiten in Abhängigkeit vom staatlichen Herrschaftsapparat bringt (Popitz 1992: 259f.). Es kommt im besonderen zu einer ‚Verstrafrechtlichung der Gesellschaft' und einer ‚Vergesellschaftung des Strafrechts' (Trotha 1986: 54ff.). Jüngste Entwicklungen in den westlichen Staaten sind die Debatten über die Gewalt in der Familie und Gewalt gegen Frauen, in denen der Anspruch auf das Gewaltmonopol bis in das Verhältnis der Familienmitglieder, Ehefrau und Ehemann vordringt. Ehe und Familie werden zur „offenen Ehe" und „offenen Familie" gemacht (vgl. Trotha 1990).

Mit den staatlichen Grundlagen der sozialen Ordnung wandelt sich die Bedeutung des Grundsatzes der Reziprozität. Einerseits nimmt sein Stellenwert als politisches Organisationsprinzip des unmittelbaren sozialen Verkehrs ab. Er wird zu einem sozialen Ordnungsprinzip und zieht sich mit wachsender Machtintegration vorrangig auf den sozialen Nahraum zurück. Er wird privatisiert. Andererseits wird der Reziprozitätsgrundsatz verstaatlicht. Der zentrale Herrschaftsapparat eignet sich die Aufgabe an, für den „sachten" Umgang der Menschen untereinander Sorge zu tragen. Dafür setzt er seinen Zwangsapparat ebenso wie all die Verteilungsmechanismen von Gütern, Status und gesellschaftlichen Chancen ein, die den Aufstieg des westlichen Wohlfahrtsstaates geprägt haben und seine heutige Erscheinungsform bestimmen. Der umfassende Regelungsanspruch des westlichen Wohlfahrtsstaates entspricht dem unbedingten Ausschließlichkeitsanspruch des Gewaltmonopols und ist das für die staatliche Ordnung, was der allgegenwärtige Reziprozitätsgrundsatz für den politischen Gegenpol, die akephale Gesellschaft, ist.

Gleichfalls verändern sich die Tugenden der Mitglieder der Gesellschaft. Sie werden zunehmend instanzenorientiert (Trotha 1982: 41ff.), ‚individualisiert' und ziehen, entmachtet und von der Bürde der gewalttätigen Selbsthilfe entlastet, schließlich im Bereich der männlich bestimmten Vergesellschaftung den Tugenden des Kriegers die Tugenden des pazifizierten Kriegers, des Politikers, des Managers, des Juristen und des Sportlers und friedlichen Abenteurers – und, analog, die managerial-unternehmerischen ‚Tugenden' der professionellen und organisierten Kriminalität – vor.

Mit dem Gewaltmonopol und den grundlegenden Veränderungen, die es in der Organisation der gesamten gesellschaftlichen und kulturellen Ordnung und in den Vergesellschaftungsprozessen nach sich zieht, rückt der Staat in den Mittelpunkt des Gewaltproblems. Zum einen wird er als Gewaltmonopolist selbst zum zentralen Gewaltproblem – worauf, selten genug, die zerbrechlichen Regelungssysteme der Gewaltenteilung und des Rechtsstaats Antworten zu geben versuchen. Zum anderen wird der Staat das Zentrum der Organisation der Gewalt und des Diskurses über sie. Mit seinen Institutionen – von der Schule bis zum V-Mann – und seiner „Benennungsmacht", die er im Zusammenhang der Gewalt hauptsächlich durch das Strafrecht ausübt (Sack 1990: 34), bestimmt der staatliche Herrschaftsapparat sowohl die Organisation als auch die Kultur der Gewalt, wozu besonders unsere Wahrnehmung, das heißt, die Bedeutung, die wir der Gewalt geben, gehören. Wie die Streitregelung im Schatten des Leviathans steht, steht der Gewaltdiskurs im Schatten des Kriminalitätsdiskurses der staatlichen Einrichtungen – mit den charakteristisch konfliktuellen Folgen, daß die Diskurse der Mitglieder des staatlichen Apparats und insbesondere des Polizei- und Justizapparats sich zum Guten wie zum Schlechten von den Diskursen, die die gesellschaftlichen Ordnungen und ihre Mitglieder bewegen, deutlich unterscheiden können.

Doch wie jede Form der Macht ist auch der Anspruch auf das Gewaltmonopol stets zerbrechlich und konfliktuell und seine Durchsetzung so voraussetzungsreich, daß der Anspruch, historisch gesehen, typischerweise uneingelöst bleibt und noch auf der „Endstufe" der Institutionalisierung von Herrschaft, die „im Prinzip" der westliche Staat erreicht hat, prekär ist. Ein Blick auf vier gegenwärtig bestehende Typen von Ordnungsformen der Gewalt kann diese Gegebenheit verdeutlichen.

*II. Zur Typologie von ‚Ordnungsformen der Gewalt'*

Ordnungsformen der Gewalt nenne ich die institutionalisierten Formen der Gewalt. Spätestens mit einer Zentralisierung der Herrschaft auf dem Niveau von ‚Groß-Häuptlingtümern' (Trotha 1994a: 225, 252ff.) und der entsprechenden sozialen Differenzierung ist jede Gesellschaft in dem Sinne ein Gefüge aus konfligierenden Ordnungsformen der Gewalt, als es nach Ständen, Schichten, sozialen Räumen oder Subkulturen differierende Institutionalisierungen der Gewalt gibt. Hier interessieren jedoch nur ‚gesamtgesellschaftliche' Ordnungsformen der Gewalt. Darunter verstehe ich solche binnengesellschaftlichen Formen der Institutionalisierung der Gewalt, die auf der umfassendsten Ebene einer sozialen Einheit institutionalisiert sind, das heißt, dort, wo in den Augen der Mitglieder einer Gesellschaft eine gesellschaftlich-kulturelle Mitgliedschaft definitiv endet, wo im Konfliktfalle zum Beispiel in vielen segmentären Gesellschaften typischerweise nur noch Krieg möglich ist, für Staaten der Bereich der Außenpolitik beginnt. Gesamtgesellschaftliche Ordnungsformen der Gewalt kennzeichnen eine Gesellschaft als ganze, nicht nur einzelne Teile von ihr.

Neben den beiden gesamtgesellschaftlichen Grundtypen von Ordnungsformen der Gewalt, die ich im ersten Abschnitt kurz skizziert habe, der Ordnung der gewalttätigen Selbsthilfe und des Staates, will ich im folgenden vier Typen gesamtgesellschaftlicher Ordnungen der Gewalt unterscheiden: die neo-despotische, parastaatliche, postakephal-konstitutionelle und die konstitutionell-wohlfahrtsstaatliche Ordnung. Das empirische Material zu der Kennzeichnung dieser vier Typen entnehme ich Studien zu Erscheinungsformen der Gewalt und des Gewaltmonopols in Latein- und Nordamerika und Europa und meinen eigenen Forschungen zum kolonialen und postkolonialen Staat in Westafrika und Papua-Neuguinea (Hanser/Trotha 1995; Trotha 1995, 1994a). Das empirische Material, das ich zugrundelege, macht deutlich, daß sich mit den vier Typen Gesellschaften kennzeichnen lassen, die nach den Regeln der internationalen Diplomatie als ‚Staaten' betrachtet werden. Mit Blick auf die Ordnung der Gewalt will ich indessen aufzeigen, daß die vier Typen gesamtgesellschaftlicher Ordnungsformen der Gewalt ausgeprägte Unterschiede in den Merkmalen aufweisen, die für die Ordnungsformen der Gewalt und den Staat im besonderen konstitutiv sind, so daß auch die Frage nicht unberührt bleibt, ob wir es in drei der vier Typen überhaupt mit Staaten zu tun haben. Die wesentlichen Gesichtspunkte, unter denen ich die verschiedenen Typen betrachte, sind die Rolle der Gewalt in Politik und Verwaltung, die rechtliche Domestikation der Zentralherrschaft, die Gewaltkultur und der Urbanisierungsgrad von Gesellschaften. Es ist das Zusammenspiel dieser gesellschaftlichen Teilordnungen und Bedingungen, die den verschiedenen Typen von gesamtgesellschaftlichen Ordnungsformen ihr je besonderes Gesicht geben.

## 1. Die neo-despotische Ordnungsform der Gewalt

Ich beginne mit der ‚*neo-despotischen*' Ordnungsform der Gewalt und beschreibe sie auf der Grundlage von Beispielen, die ich Schwarzafrika entnehme und für diese Region, wie mir scheint, kennzeichnend sind.[5]

Der Neo-Despotismus ist durch die überwältigende Wirklichkeit einer scheinbar fast ungezügelten Gewalt bestimmt, so daß Achille Mbembe (1991: 4) in einer Ausgabe der Zeitschrift „Politique Africaine", die bezeichnenderweise dem Thema „Gewalt und Macht" gewidmet war, über die afrikanische „Postkolonie" schrieb, sie sei eine „besondere Regierungsform der Produktion des Todes und der Unordnung". Die Entgrenzung der Gewalt bestimmt sowohl die Beziehungen zwischen verschiedenen politischen und sozio-kulturellen Ordnungen innerhalb des Territoriums der nachkolonialen Staaten als auch und vorrangig das Verhältnis zwischen der Herrschaftszentrale und den Beherrschten. Die conditio sine qua non für den Hobbesschen Gesellschaftsvertrag, daß nämlich der absolute Souverän die Sicherheit von Leib und Leben der ‚Untertanen' gewährleistet, scheint keine Gültigkeit zu haben.

Die Gewalt hat im Neo-Despotismus vor allem zwei Formen. Sie ist eine Gewalt der Verwaltung und der politischen Unterdrückung. Der Neo-Despotismus ist ein Verwaltungs- und ein politischer Despotismus. Während in den Diskussionen der internationalen Öffentlichkeit der politische Despotismus ganz die Kontroversen beherrscht, ist im Kontext der Fragen, die ich hier aufwerfe, der Verwaltungsdespotismus von nicht geringerer Bedeutung. Mehr als der politische Despotismus lenkt er den Blick auf die Kernprobleme des Gewaltmonopols, nämlich auf den Integrationsprozeß von Herrschaftszentrale und Gesellschaft und damit auf die Legitimität und Durchsetzbarkeit des Gewaltmonopols.

Der Neo-Despotismus ist nicht anders als der klassische Despotismus ein „kraftloser Staat" (Myrdal 1980; siehe auch Müller 1986), dessen „wirkliche Gestaltungskapazität kaum über den papierenen Rand seiner Programme hinausreicht" (Ballot 1986: 34). Die Reichweite, Durchsetzungs- und Ordnungsmacht des Staates sind sehr gering. Seinem Zugriff auf die Beherrschten sind enge Grenzen gezogen. Seine Einnahmen schöpft er fast ausschließlich aus zwei Quellen: Zöllen und Entwicklungshilfe. Dem entspricht, daß

---

5 Da ich die verschiedenen Typen der Einfachheit halber jeweils anhand eines regionalen Beispiels entwerfe, bergen sie die Gefahr, daß ihr analytischer Charakter konkretistisch in der Weise mißverstanden wird, daß zum Beispiel der despotische Ordnungstyp Afrika oder der parastaatliche Lateinamerika zugeschlagen wird. Gesamtstaatliche Ordnungen der Gewalt sind empirisch nicht notwendigerweise nur durch jeweils einen der vier genannten Typen repräsentiert. Gesamtstaatliche Ordnungen der Gewalt können auf unterschiedlichen Ebenen und Zusammenhängen durchaus verschiedene Ordnungsformen der Gewalt verbinden. Zum Beispiel enthält die parastaatliche Ordnung in Lateinamerika auch Bestandteile der despotischen Ordnungsform. So bestimmt die despotische Ordnungsform der Gewalt wesentlich das Verhältnis der Zentralgewalt zu den Regionen autochthoner oder bäuerlicher Gesellschaften, wohingegen in den urbanen Agglomerationen die parastaatliche Ordnungsform vorherrscht.

der neo-despotische Staat unter den drei Formen der Verwaltung – der despotischen, intermediären und bürokratischen – vorrangig auf die intermediäre und die despotische Verwaltung setzt. Er bedient sich lokaler Mittler und Makler und handelt willkürlich und unter Androhung von Gewalt. Eine rationale Bürokratie fehlt. Auf dem Wege einer Patrimonialisierung der Herrschaft wird die Bürokratie statt dessen personalisiert und zu einer Pfründe gestaltet (Ballot 1986; Callaghy 1984). Personalisierung beinhaltet, daß jede Person, die auch nur über ein kleines Stück öffentlicher Macht verfügt, dieses wie einen privaten Besitz betrachtet, so daß alle politischen und administrativen Beziehungen vorrangig persönliche Beziehungen sind. Im Zentrum des Netzes persönlicher Beziehungen steht der jeweilige Staatschef. Öffentliche Ämter sind Pfründe für den Amtsinhaber und seine Gefolgsleute. Der Staat ist Beute.

Die neo-patrimoniale Organisation der Bürokratie stellt den Zusammenhang zwischen zwei Tatsachen her, die scheinbar paradox sind, daß nämlich der Neo-Despotismus völlig überbürokratisiert erscheint und zugleich der Zugang zu den Beherrschten mit den Mitteln der intermediären und despotischen Verwaltung erfolgt. Aber der Neo-Despotismus teilt mit dem klassischen Despotismus, daß er eine Herrschaft in der und für die Hauptstadt und ihre Eliten und bestenfalls für die Eliten der größeren urbanen Zentren des Territoriums ist. Außerhalb dieser Zentren und ihrer Eliten bedient er sich der lokalen Statthalter und Gefolgsleute und der Gewalt, um sich bei allgemeinen Verwaltungsaufgaben wie der Kopfsteuererhebung, der Ausgabe von Personalausweisen oder der Sanierung der großstädtischen Elendsviertel durchzusetzen (dazu anschaulich Callaghy 1984: 284ff.; Spittler 1978: 52ff.; vgl. auch Bayard 1989).

So wie die Herrschaftszentrale sich damit zufrieden gibt, ihre Herrschaft über die Mehrheit der Beherrschten durch die situationale Macht der gewalttätigen Willkür sicherzustellen, so wenig lassen sich die Beherrschten von einem Monopolanspruch der Zentralgewalt auf die Gewalt beeindrucken, der vielfach nur ein scheinbarer Anspruch ist und noch öfter sich nicht durchsetzen läßt. Sieht man sogar einmal von den zahlreichen gewalttätigen Konflikten ab, die zwischen verschiedenen politisch-kulturellen Einheiten mit einiger Regelmäßigkeit stattfinden und von denen nur die außergewöhnlich blutigen als sogenannte ‚Stammeskriege' hin und wieder die ethnozentrische Aufmerksamkeit der Weltpresse und des Fernsehens und ihrer Leser und Zuschauer findet, ist die despotische Ordnungsform der Gewalt eine Ordnung, in der Gewalt zwischen verschiedenen Gruppen und in unterschiedlichen Zusammenhängen keiner staatlich wirksamen Kontrolle unterworfen ist. Das gilt vor allem für die Formen der Gewalt, die typisch für einen staatlichen Monopolisierungsvorgang der Gewalt sind, der noch ganz an seinem Beginn – oder am Ende des Staates – steht: Banditentum, Viehräuberei, Wegelagerei, bewaffneter Schmuggel. Christiane Strauch stellte jüngst in einem Tagungsbeitrag (referiert bei Trotha 1994b: 19f.) eindrucksvoll dar, wie im Gebiet der Sukuma in der Shinyanga-Provinz in Tansania der völlige Zusammenbruch des staatlichen Gewaltmonopols sogar dazu führte, daß es zu einer Reaktivierung einer vorkolonialen Institution der Sicherung von Recht und Ordnung, genannt „sungusungu", kam. „Sungusungu" meint in den Vorstellungen der Sukuma einen Ort bzw. eine Gesellschaft, der resp. die 24 Stunden pro Tag bewacht ist. Es ist der Begriff der Sukuma für das vorkoloniale Recht und die vorkoloniale Organisation des Notstandes. Als im Gefolge des Krieges von Tansania mit Uganda und großer wirtschaftlicher Schwierigkeiten Ende der sechziger Jahre Banden aus einstigen Armeesoldaten – wie gegenwärtig in Somalia – extreme Unsicherheit und Unordnung verbreiteten, griffen die Sukuma zur Institution des sungusungu, exekutierten die Viehräuber, Banditen und Wegelagerer und wurden mit diesen blutigen Maßnahmen der Unordnung ganz ohne Inanspruchnahme der Zentralgewalt Herr. Die Ordnung der gewalttätigen Selbsthilfe war an die Stelle der staatlichen Ordnung getreten.

Die neo-despotische Ordnungsform der Gewalt ist eine Herrschaft, in der die rechtliche Domestikation der Zentralgewalt so gut wie nicht vorhanden ist. Ohne eine verfassungsmäßige Ordnung der Gewaltenteilung oder einer, die, nicht anders als die Verwaltungsprogramme auch, nur auf dem Papier steht, und ohne eine entsprechende unabhängige Justiz ist die Zentralgewalt keiner wirksamen rechtlichen und institutionellen Kontrolle unterworfen. Militärherrschaft, ein diktatorischer Präsidentialismus oder ein ebenso diktatorisches Einparteiensystem sind die politischen Verfassungen, die das gewalttätige Gesicht des Neo-Despotismus prägen. Dieser Umstand läßt nicht nur den Verwaltungsdespotismus blühen, sondern wirkt sich besonders verheerend auf die Politik aus, in der der politische Despotismus eine blutige Spur zeichnet.

Im Unterschied zum Verwaltungsdespotismus ist der politische Despotismus vergleichsweise durchsetzungsfähig, weil sein Ziel nicht darauf gerichtet ist, die Menschen, die er buchstäblich ‚im Visier' hat, zu etwas zu bringen, sondern sie zu beseitigen oder wenigstens mundtot zu machen. Die Terrorisierung von politischer Opposition entspricht einer Herrschaft, die immer zu zerstören, aber nur in sehr engen Grenzen produktiv zu sein vermag. Die Verbindung mit modernen Technologien des Tötens, der Verfolgung (Automobil, Flugzeug, Hubschrauber) und Überwachung (Personalausweise, Pässe, Telephon, Briefverkehr), der Konzentration der Opposition in den städtischen Zentren und vor allem der geringen Zahl der politisch organisierten Bewegungen tut ein übriges. Die Kontrolle der Zentralgewalt ist im Neo-Despotismus nicht die Funktion eines verfassungsmäßigen Systems der Gewalten und Gegengewalten, sondern sie liegt in der Kraftlosigkeit der neo-despotischen Zentralgewalt. Sie liegt in der ‚Ordnung der Distanz', in der die Küste gegen das Hinterland, die Hauptstadt gegen den ‚Busch', die Zentralregierung gegen die Lokalverwaltung, die städtische Elite gegen die ‚Masse' der bäuerlichen Bevölkerung steht. Die Kontrolle der Zentralgewalt liegt in den strukturellen Herrschaftsdistanzen. Die Freiheit des Neo-Despotismus ist die Freiheit von Menschen, die von der Zentralgewalt nicht erreicht werden bzw. die sich dem Zugriff der Zentralgewalt in großem Umfang entziehen können. Die Freiheit des Neo-Despotismus ist die Freiheit des ‚Schlendrians'. Sie aber gehört dem Verwaltungsdespotismus und weniger dem politischen Despotismus an.

Mit dem Fehlen einer wirksamen institutionellen und rechtlichen Kontrolle und dem blutigen politischen Despotismus, der mit diesem Fehlen einhergeht, wird ein Kern des staatlichen Gewaltmonopols, seine Legitimität, berührt. Die Gewalt der Herrschaftszentrale wird tendenziell legitimitätslos im Sinne positiver Legitimitätstheorien und auf das verkürzt, was ich in anderem Zusammenhang die ‚Basislegitimität der Gewalt' genannt habe (Trotha 1994c: 70ff.). Für die politische und urbane Opposition ist eine solche Legitimation nicht ausreichend. Dementsprechend ist der Neo-Despotismus eine Ordnung des gewaltsamen Umsturzes, der gewalttätigen Rebellionen von städtischen Eliten und der opferreichen Unruhen verelendeter oder von der Verelendung bedrohter Städter. Das Leben der neo-despotischen Herrscher ist zwar nicht „arm" und „kümmerlich", wahrscheinlich auch nicht „einsam", bedenkt man die Bedeutung, die Klientelbeziehungen in ihm haben, sicherlich oftmals „roh", vor allem aber typischerweise „kurz". Die neo-despotische Ordnungsform der Gewalt verstrickt sich im Grundproblem der Gewaltbegrenzung, im blutigen Zirkel von Gewalt und Gegengewalt.

In der Kultur der Gewalt, die die Herrschenden in der neo-despotischen Ordnung errichten, wird die Gewalt gefeiert. Das gilt in einem spezifischen Sinn: Gewalt ist in der herrschenden Gewaltkultur nicht ein Mittel zum Zweck, und schon gar nicht ein bedauerliches Mittel zu einem guten Zweck. Gewalt ist statt dessen Zeichen der Macht, die sich als Macht feiert.

Institutionell ist diese Kultur der Gewalt an vielen Orten des Neo-Despotismus schon darin angelegt, daß das Militär die Regierung stellt oder sie zumindest für jedermann erkennbar kontrolliert. Vor allem aber gehört zur Kultur der Gewalt im Neo-Despotismus, daß sowohl auf der Ebene des politischen Despotismus als auch auf der des Verwaltungsdespotismus die Gewalt von den Machthabern in demonstrativer Offenheit ausgeübt wird, auf der Ebene des politischen Despotismus jene vielfältigen Formen hinzukommen, die ich die Techniken der ‚abgedunkelten Gewalt' (z.B. geheime Internierungslager, Einsperren von Menschen ohne öffentlichen Prozeß, das endemisch gewordene ‚Verschwinden'-Lassen von Menschen) nenne, und die Machthaber ausgefeilte Rituale der Machtdarstellung praktizieren.

Gewalt und die Drohung mit ihr sind im Neo-Despotismus nicht die letzten, sondern oft die ersten und einzigen Mittel, um von seiten der Machthaber Konflikte zu definieren und mit Konflikten umzugehen. Sie kommen so unverhüllt und willkürlich wie die Maschinenpistolenfeuer, mit denen auf offener Straße die politischen Gegner niedergestreckt oder Demonstranten zusammengeschossen werden, wie die Prügel, die eine Institution der Polizeiposten ist und die Bauern zur Ablieferung der Steuer antreibt, oder wie die schwerbewaffneten Patrouillen mit Lastwagen oder Jeeps in den volkstümlichen Vierteln der Städte. Die offene und demonstrative Gewalt begründet eine ‚Kultur des Gewaltbeweises', die das antagonistische Verhältnis von unbedingter Überlegenheit und unbedingter Unterwerfung hochhält und die zugleich so situational wie die Situationalität der Gewalt ist. Die Kultur des Gewaltbeweises ist eine Ordnung der situationalen Maßlosigkeit, von Machthabern, die sich öffentlich damit brüsten, kein Mitleid und kein Pardon zu kennen, des Triumphes des Überlegenen und der Erniedrigung des Vergewaltigten. Die Legitimität dieser demonstrativen Gewalt ist die ‚Basislegitimität der überlegenen Gewalt', mit der die überlegene Gewalt durch ihre bloße Tatsächlichkeit gerechtfertigt wird (Trotha 1994c: 75f.).

Die demonstrative Gewalt steht mit den Techniken der abgedunkelten Gewalt in einer engen Beziehung. Das gilt zuerst in einem instrumentellen Sinne, weil die Techniken der abgedunkelten Gewalt für etliche Probleme wie die der Legitimation in einem internationalen Kontext, der Gewaltressourcen, des Widerstands usw. Lösungen bietet. Hier interessiert nur die kulturelle Seite des Zusammenhangs. Sie ist darin zu finden, daß die Techniken der abgedunkelten Gewalt die imaginäre Seite der Gewalt gefangen nehmen. Im Verhältnis zwischen Herrschenden und Beherrschten institutionalisieren die abgedunkelten Techniken der Gewalt eine „besorgte fremde Gewalt", die über alles Kalkulier- und Erfahrbare hinausgeht (Popitz 1992: 51), weil sie dem Kalkulier- und Erfahrbaren durch Mauern, Keller, geheime Orte und Lügen entzogen ist. Auf der Ebene des politischen Despotismus erweitern auf diese Weise die Techniken der abgedunkelten Gewalt die Kultur des Gewaltbeweises zu einer politischen ‚Kultur der verallgemeinerten Furcht', die das politische Leben erstickt und auf die Rituale der Machtdarstellung und der Ergebenheit der Gewaltunterworfenen verkürzt.

Die Rituale der Machtdarstellung des Neo-Despotismus können so banal und alltäglich wie die täglichen Autofahrten des „Präsidenten" zu und von seinem Amtssitz sein, die in Höchstgeschwindigkeit auf Routen absolviert werden, die die Begleitfahrzeuge mit Bewaffneten leerfegen, und eine Zurschaustellung der Geschwindigkeit der Macht sind (vgl. Trotha 1994a: 70ff.). Sie können so lästig wie die Anordnung sein, daß bei der Ankunft hochrangiger auswärtiger Besucher sich ein großer Teil der Mitglieder der hauptstädtischen Verwaltung zur Begrüßung des Gastes einfinden muß, was zum Beispiel dazu führt, daß die gesamte Verwaltung regelmäßig mehrere Male im Monat zum Erliegen kommt. Sie können so festlich sein wie die Besuchsrituale von hochrangigen Angehörigen der Regierung in den Städten, Dörfern und Weilern des Landes, die von den Ergebenheitsadressen der lokalen Honoratioren und den Preisliedern auf die despotische Führung angefüllt sind, in denen in der Mythologisierung und Sakralisierung des Despoten als „Gründungsvater" noch die Gewalt als *„ordnungsstiftende* Erfahrung schlechthin" gegenwärtig bleibt (Popitz 1992: 61, Herv. i. Orig.; vgl. John-Nambo 1993; Kuyu-Mwissa 1993; van Rouveroy van Nieuwaal 1991; Toulabor 1986). Sie sind so inhaltsleer wie die Wahlen vor den (vorläufigen) Erfolgen der Demokratisierungsbewegungen, bei denen Dorfhäuptlinge einen Stapel von Briefumschlägen mit ausgefüllten Wahlzetteln in die Hand gedrückt bekamen, der Wahlleiter die Namen der Wähler vorlas und der Dorfhäuptling nach der Erwähnung jeden Namens den entsprechenden Umschlag in die Wahlurne warf (Spittler 1978: 56) und mit denen die gewalttätige Zentralmacht unterstrich, daß die Beherrschten selbst dort, wo sie eine Stimme haben, diese Stimme noch an die gewalttätige Macht abgegeben haben und die Zentralmacht aus eigenem Recht, das der überlegenen gewalttätigen Macht, handelt.

Auf der Seite der Beherrschten entspricht der Kultur der Gewalt, die die Herrschenden errichten, eine ‚Kultur der Widerständigkeit', die in den vielfältigen ‚Strategien der Widerständigkeit' den Umgang der Beherrschten mit der Zentralgewalt prägen. Es ist eine Kultur der Ohnmacht und einer Freiheit, die in der Distanz, der Verweigerung und der Defensive beim Umgang mit den Einrichtungen der staatlichen Gewalt liegt (Trotha 1994a: 411ff.).

Die neo-despotische gesamtgesellschaftliche Ordnungsform der Gewalt ist eine Ordnung, in der die überwiegende Mehrheit der Menschen Bauern sind, die nur in mehr oder minder geringem Umfang für den Markt produzieren.[6] Der Neo-Despotismus ist

---

[6] Zum Teil handelt es sich um ‚Bauernstaaten' im Spittlerschen Sinn, insofern die Existenz des Staates „vor allem durch Bauern gesichert ist" (Spittler 1981: 13). Viele Dritte Welt-Länder, unter ihnen vor allen Dingen die sogenannten Least Developed Countries (LDC), sind allerdings in den letzten zwei Jahrzehnten so in Abhängigkeit von der Entwicklungshilfe geraten, daß sie nicht mehr dem Spittlerschen Konzept des Bauernstaates entsprechen. In Extremfällen wie Moçambique, Somalia oder Tansania betrugen 1988 die Einnahmen der Zentralregierung aus der Entwicklungshilfe zwischen dem Zwei- bis Fünffachen der Einnahmen, die der Zentralregierung durch Steuern und andere Abgaben der Bevölkerung zuflossen (vgl. Bierschenk et al. 1993: 11ff.). Aufgrund dieser Entwicklung entsteht in diesen Ländern eine Struktur des Verhältnisses zwischen Bevölkerung und Zentralregierung, die einerseits die Herrschaft der Zentralregierung ganz auf eine politische Herrschaft ver-

eine bäuerliche Welt. Die Antagonismen des Neo-Despotismus sind die sozialen, kulturellen, wirtschaftlichen und politischen Antagonismen, die beim Aufeinandertreffen zwischen einer städtischen und einer bäuerlich-ländlichen (oder nomadischen) Kultur entstehen.

## 2. Die parastaatliche Ordnungsform der Gewalt

Ich komme zur ‚*parastaatlichen*' Ordnungsform der Gewalt. Ich stütze mich bei der Betrachtung dieses Ordnungstyps vorrangig auf die Analysen von Peter Waldmann (1994, 1992, 1991) über den lateinamerikanischen Staat und erläutere diesen Typ dementsprechend an Beispielen, die der lateinamerikanischen Wirklichkeit entnommen sind.

Die parastaatliche Ordnungsform der Gewalt teilt manches Merkmal des neo-despotischen Typs. Nicht anders als im neo-despotischen Staat ist die Gewalt, die von der Zentralgewalt ausgeht, Ausdruck eines ressourcenarmen, „kraftlosen Staates", dessen gesellschaftliche Integration und damit Kapazität zur Organisation und Kontrolle der Gesellschaft sehr begrenzt sind. Auch für die parastaatliche Ordnung der Gewalt trifft zu, daß der Prozeß der Staatsbildung nicht abgeschlossen ist und im Vergleich zu Europa ein effektives Gewaltmonopol gegenüber der Gesellschaft nie erreicht wurde (Koschützke 1994: 19f.; Spitta 1991: 140; Waldmann 1992: 22). Wie in der neo-despotischen Ordnung liegt die politische Macht sehr häufig in den Händen des Militärs. Gleichfalls fehlt der parastaatlichen Ordnungsform der Gewalt das System rechtsstaatlicher Kontrollen, ohne das es keine wirksame Domestizierung der zentralstaatlichen Gewalt gibt. Die Justiz als unabhängige Kraft besteht praktisch nicht (vgl. Waldmann 1992: 23, 1991: 36f.). Und nicht anders als die neo-despotische Ordnung ist die Gewalt, die die Zentralgewalt ausübt, typischerweise offen und demonstrativ.

Mit Blick auf die vier Bereiche (die Rolle der Gewalt in Politik und Verwaltung, die rechtliche Domestikation der Zentralherrschaft, die Gewaltkultur und der Urbanisierungsgrad von Gesellschaften), unter denen ich die gesamtgesellschaftlichen Ordnungsformen der Gewalt betrachte, zeigt die parastaatliche Ordnung jedoch augenfällige Besonderheiten. Ich beginne mit dem Urbanisierungsgrad, weil er ein Schlüssel für die zahlreichen, ganz anders gelagerten Probleme und Vergesellschaftungsformen der parastaatlichen im Unterschied zur neo-despotischen Ordnung ist.

Die parastaatliche Ordnung ist im Unterschied zum Neo-Despotismus eine Gewaltordnung der hochverstädterten Gesellschaft. Sie ist eine Ordnung der Urbanität, vor allem der urbanisierten Verelendung.[7] In diesem Urbanisierungsgrad spiegeln sich nicht nur die

---

einseitig, andererseits die Zentralregierung von der bäuerlichen Bevölkerung so unabhängig macht, daß sie an der Lage der Bevölkerung nicht einmal mehr unter dem Gesichtspunkt der Ausbeutung der Bevölkerung ein Interesse haben muß. Das wird sicherlich nicht folgenlos für die Entwicklung des Gewaltmonopols sein. Der Anspruch auf das Gewaltmonopol wird zu einer Funktion der Ansprüche, die die fremden Geldgeber geltend machen, d. h. zu einem Darstellungsproblem in den Beziehungen zwischen der Zentralregierung und den Geldgebern.

7 Die Vorherrschaft des Neo-Despotismus in Afrika und der parastaatlichen Ordnung in Lateinamerika ist in diesem Zusammenhang zu betrachten. Nach Schätzungen der Weltbank lag der Urbanisierungsgrad (Bevölkerung in Städten über 20.000 Einwohnern) im Jahre

spezifischen sozio-ökonomischen Grundlagen der parastaatlichen Ordnung, besonders die Durchsetzung der Marktabhängigkeit und, zusammen mit ihr, der Neuordnung der wirtschaftlichen Daseinsgrundlagen der Bevölkerung, die Land-Stadt-Migration und das hohe Bevölkerungswachstum, wider. Die Verstädterung beinhaltet gleichfalls, daß unter den Bedingungen großer sozio-politischer Konflikte, wie sie für die extremen Strukturen der Ungleichheit in den städtischen Agglomerationen der Dritten Welt kennzeichnend sind, sich das Problem von Sicherheit und Ordnung für die staatliche Herrschaftszentrale erheblich verschärft. Nicht nur vermag eine Erhebung verelendeter städtischen ‚Massen' fast alles hinwegzufegen, was den Mächtigen wert und teuer ist.[8] Die Ordnungsaufgaben des zentralen Machtapparats wachsen im Unterschied zu einer bäuerlichen Gesellschaft unvergleichlich an – von den Wohnverhältnissen über die Seuchenkontrolle bis zur Kontrolle wirtschaftlicher Tätigkeiten und politischer Bewegungen. Die Stadt ist eine *„Spirale von Organisationszwängen"* (Popitz 1995; Herv. i. Orig.), die die Herausforderung der Organisationsmacht der zentralen Herrschaftsinstanzen und der Basislegitimität, die mit ihr einhergeht, auf Dauer stellen (vgl. Trotha 1994c: 77f.). Die Stadt ist auch der Raum, in der Öffentlichkeit entsteht und mit ihr jenes immens vielgestaltige Gefüge organisierter oder organisierbarer Interessen, aus dem heraus soziale und politische Bewegungen entstehen können, die für die Herrschaftszentrale gefährlich werden können. „Die Stadt ist potentiell ein kritisches Pflaster" (Popitz 1995). Die Stadt ist ein Raum, in dem anders als in der neo-despotischen Ordnung nicht die Distanz, sondern die Nähe für die Herrschaftszentrale zum Problem und im Zusammenhang großer sozialer Konfliktlagen bedrohlich werden kann. Das gilt vor allem dann, wenn diese Konfliktlagen im Rahmen einer Ordnung angesiedelt sind, in der die Gewalt vom zentralen Herrschaftsapparat nicht monopolisiert und die gewaltsame Selbsthilfe nicht gebrochen ist und mit ihr eine Gewaltkultur fortbesteht, die von der gewaltsamen Selbsthilfe bestimmt ist.

Die parastaatliche Ordnung ist eine Ordnung, die von der Kultur der gewaltsamen Selbsthilfe in unterschiedlichen Formen, die den institutionellen Zusammenhängen entsprechen, geprägt ist. Letztere gibt sich in chronischen gewaltsamen Unruhen zu erkennen. Ihr sozialer Ort ist auf der einen Seite der nicht urbanisierte Raum abseits der städtischen

---

1990 in Afrika bei 34 Prozent, in Lateinamerika bei 72 Prozent. Nach UN-Schätzungen wird er bis zum Jahr 2000 in Afrika auf 39 Prozent, in Lateinamerika auf 80 Prozent ansteigen (vgl. Nohlen 1993: 88, 701).

Unter den Bedingungen extremer sozio-ökonomischer Ungleichheiten auf dem Land, zum Beispiel zwischen einer kleinen Schicht von Großgrundbesitzern und der ‚Masse' der Kleinbauern und Landarbeiter, kann die parastaatliche Ordnung den Umgang mit der Gewalt auf dem Land bestimmen. Diese parastaatliche Gewaltordnung auf dem Land ist aber typischerweise eng mit den urbanisierten Zentren verbunden, zu denen nicht nur die Großgrundbesitzerschicht vielseitige Beziehungen unterhält, sondern die auch das Migrationsziel der verelendeten ländlichen Bevölkerung sind.

8 In dem, was als „Bogotazo" in die Geschichte Kolumbiens eingegangen ist, „den manche Autoren für die größte städtische Erhebung Lateinamerikas halten", „strömten" im Jahr 1949 „Tausende von Armen, Arbeitern und Randständigen aus den Vorstädten Bogotas ins Stadtzentrum, um alles anzugreifen und zu zertrümmern, was für sie Macht und soziales Establishment verkörperte: Regierungs- und Verwaltungsgebäude, Banken, Kirchen, Klöster" (Waldmann 1994: 12). Der Bogotazo stand am Beginn der besonders blutigen Phase des (nicht endenden) kolumbianischen Bürgerkrieges, in der rund 200.000 Menschen umgekommen sein sollen (ebda, S. 12f.).

Zentren, in denen Polizei und Militär mit anderen bewaffneten Gruppierungen wie Guerillabewegungen, Banden, die für den Drogenhandel arbeiten, oder Bauernmilizen um die Kontrolle des Gebiets konkurrieren (Waldmann 1994: 6). In diesem Raum „galt seit jeher das Recht des Einflußreicheren und Stärkeren. Das Vertrauen in die Möglichkeit bewaffneter Selbsthilfe ist [dort – T.T.] viel stärker ausgeprägt als die Bereitschaft, sich dem Schutz des Gesetzes und seiner staatlichen Hüter anzuvertrauen" (ebda) – um so mehr als der Neo-Despotismus, der in den Beziehungen zwischen den staatlichen Ordnungshütern und den Bevölkerungen in diesen Regionen besteht, dem Vertrauen in die bewaffnete Selbsthilfe stets neue Nahrung gibt. Soweit die gewaltsame Selbsthilfe von Bevölkerungsgruppen in Anspruch genommen wird, die seit Jahrhunderten unterdrückt und verelendet sind, hat sie, anders als in der neo-despotischen Ordnung, eine Tendenz zur sozialrevolutionären Ideologisierung. Gewaltsame Selbsthilfe wird als Weg der Befreiung von Unterprivilegierung, Ausbeutung und Elend gedacht. Dementsprechend hat die parastaatliche Ordnung einen Zug zur politischen Ideologisierung von Konflikten, die der neo-despotischen Ordnung vergleichsweise fremd ist. Ist die neo-despotische Ordnung eine Ordnung, in der um Zugehörigkeit gerungen wird, die heutzutage vor allem in ethnischen Kategorien formuliert wird, kennzeichnet die Kultur der gewaltsamen Selbsthilfe in der parastaatlichen Ordnung, daß in ihr vorrangig die sozio-ökonomische Ungleichheit thematisiert wird.

Auf der anderen Seite hat die Kultur der gewaltsamen Selbsthilfe einen neuen Ort in den städtischen Agglomerationen gefunden. Hier ist sie zum einen in den Elendsvierteln verankert, deren Wachstum schon längst jeder Kontrolle der zentralen Verwaltungen entglitten ist, und zum anderen ist sie Teil des zentralen Herrschaftsapparats selbst.

Beispielhaft für die Kultur der gewaltsamen Selbsthilfe in den städtischen Elendsvierteln ist Rio de Janeiro, in dessen Elendsvierteln „die Polizei nicht mehr präsent" ist, in die sie „nur noch in bürgerkriegsähnlichen Blitzaktionen für einige Stunden" eindringt und in denen die Polizei von den Bewohnern „eher als Bedrohung denn als Schutz empfunden" wird (Fatheuer 1994: 25). Nicht anders als in den stadtfernen Regionen haben „Todesschwadronen" und „Kommandos", die sich im wesentlichen aus dem Drogenhandel finanzieren, die Ordnungsfunktion übernommen.[9] Es ist eine Ordnungsfunktion, die den Terror und das Massaker institutionalisiert[10] und die Gewalt zugleich kommerzialisiert hat (Waldmann 1994: 36ff.). Gewalt ist Teil der Ökonomie der Elendsviertel. Sie ist sowohl ein Mittel im Rahmen der Verfolgung ökonomischer Ziele als auch eine käufliche Dienstleistung. Wer zum Beispiel in Kolumbien einem anderen nach dem Leben trachtet, „muß ihn nicht mehr persönlich umbringen, sondern kann dies per Auftrag erledigen lassen. Allein in Medellin gibt es Dutzende von Büros, die von solchen Aufträgen leben" und dabei auf „viele Tausende von berufsmäßigen Mördern, sicarios genannt, meist Jugendliche zwischen 13 und 25 Jahren", zurückgreifen können (Waldmann 1994: 32).[11]

---

9 Dabei gilt die alte Regel schon längst nicht mehr, nach der die Konkurrenz mit der polizeilichen Ordnungsmacht nicht dazu führen darf, Polizisten zu ermorden. So wurden zum Beispiel am 23. April 1993 vier Polizisten am hellichten Tage während eines illegalen Autorennens im Beisein von 500 Menschen öffentlich exekutiert (Fatheuer 1994: 29).

10 Im Bundesstaat Rio kommen mehr Kinder gewaltsam ums Leben als im Krieg in Bosnien (Fatheuer 1994: 23).

11 Es finden sich in Kolumbien regelrechte „Killer-Schulen", wie der Journalist András Petyko

Die Kultur der gewaltsamen Selbsthilfe in den Elendsvierteln der städtischen Zentren ist jedoch nicht nur institutionell, sondern in der Entstehung eng mit einer Zentralgewalt verbunden, die von einer politischen „Kultur des Ausnahmezustandes" beherrscht ist und in Verbindung mit der Kultur der gewaltsamen Selbsthilfe eine „Kultur der Vernichtung" (Koschützke 1994: 15) hat entstehen lassen, die unterschiedlichste Personenkategorien, vom einfachen Dieb über die Mitglieder sozialer Protestbewegungen bis zu den Mitgliedern der politischen Opposition, mit dem gewaltsamen Tod bedroht.

Die Kultur des Ausnahmezustandes hat viele Wurzeln. In Lateinamerika reicht sie vom katholischen Traditionalismus spanischen Ursprungs über den Nationalismus, den Kult des Militärischen, den Rassismus und die blanke Verachtung gegenüber Indios, Afroamerikanern und die sogenannte Mischlingsbevölkerung, den Antikommunismus bis zur Ideologie der „nationalen Sicherheit" (Werz 1994; Spitta 1991: 141ff.). Ihr Kern sind ein integristischer Absolutheitsanspruch,[12] die radikale Militarisierung des Denkens, die ebenso kompromißlose Verabsolutierung des Zwecks und die Legitimierung von Folter und tödlicher Gewalt.

Kennzeichnend für diese Kultur des Ausnahmezustands ist, daß sie in Verbindung mit der Kultur der gewaltsamen Selbsthilfe den staatlichen Herrschaftsapparat institutionell selbst zu einem Gefüge konkurrierender Einrichtungen macht, von denen ein Teil, wie Nachrichtendienste oder Militäreinheiten, die Anwendung von Gewalt bei der Durchsetzung ihrer Ziele im Innern beansprucht und sich in parastaatlichen Organisationen zusammenfindet, die das Gewaltmonopol privatisieren – weshalb es auch fragwürdig ist, in einem strengen Sinne von „Staatsterrorismus" zu sprechen (vgl. Garzón Valdés 1991).

In Brasilien wetteiferten die verschiedenen Abteilungen in den Streitkräften, den Nachrichtendiensten und der Polizei bei der Verfolgung all derer, die die jeweiligen Einrichtungen zu Feinden erklärt hatten, „ermittelten, verhafteten und verhörten jeweils auf eigene Faust" und entzogen sich in der ersten Hälfte der siebziger Jahre „weitgehend der Kontrolle durch die staatliche Führungsspitze" (German 1991: 114). Sie unternahmen Brandstiftungen in öffentlichen Verkehrsmitteln, Bombenanschläge und stifteten selbst die Militärpolizei von Rio de Janeiro zu einer Rebellion an, um deren finanzielle Gleichstellung mit den Streitkräften durchzusetzen (German 1991: 120f.). Ein politisches Wochenmagazin berichtete von 72 Organisationen der Geheimpolizei, in denen sich „die Reaktionäre, die Mißtrauischen, die Sadisten" austoben würden (German 1991: 115). In den ‚Todesschwadronen', die ihre Mitglieder aus diesen Organisationen und den Angehörigen der professionellen und organisierten Kriminalität rekrutierten, löste sich im Prozeß der parastaatlichen Desintegration des staatlichen Gewaltmonopols die Grenze zwischen staatlichen Einrichtungen und privaten Unternehmungen endgültig auf. Der Staat begann, sich zu einem zentralen Herrschaftsapparat zu entwickeln, in dem kein legitimes Gewaltmonopol institutionalisiert ist.

---

(1995) die Ausbildungsstätten nennt, in denen „Selbstverteidigungsgruppen", „die von hohen Armeeoffizieren gedeckt" werden, ihre Mitglieder von Experten im Töten politischer und sozialer Gegner ausbilden lassen.

12 Diesen Anspruch hat der argentinische General Ibérico Saint Jean im Jahre 1976 auf die berühmt-berüchtigte Formel gebracht (zit. n. Spitta 1991: 145): „Zuerst werden wir alle Subversiven töten; dann ihre Helfershelfer; dann die Sympathisanten; dann die Indifferenten und zuletzt die Lauen."

Diese Privatisierung des staatlichen Herrschaftsapparates wird zusätzlich dadurch vorangetrieben, daß die verschiedenen geheimdienstlichen und parastaatlichen Einrichtungen zu Werkzeugen völlig privater Ziele und des persönlichen Ehrgeizes ihrer Anführer umfunktioniert werden. Die Einrichtungen werden zu persönlichen Ressourcen im Kampf um Geld und politische und sozio-ökonomische Macht. „Staatshandeln wird als solches privat", wie Koschützke (1994: 15) schreibt. Nicht anders als im Neo-Despotismus ist die „extreme Korruption der politischen Klasse der lateinamerikanischen Länder" (Koschützke 1994: 14) eine Ausdrucksform der Tatsache, daß der Staat Beute ist und die parastaatlichen Einrichtungen die modernen, mehr oder minder klandestinen Varianten von Söldnertruppen sind, mit denen die ‚Kondottiere' in den zentralen Herrschaftsapparaten der parastaatlichen Ordnung sich den Weg zu Geld und Macht ebnen und hin und wieder buchstäblich freibomben.

Typischerweise gehört zu diesem Prozeß der Privatisierung des staatlichen Gewaltmonopols, daß die Grenzen zwischen den Institutionen des Staates und den Organisationsformen der Kriminalität fallen. Es kommt zu einem undurchschaubaren Gefüge aus Drogenbanden, Glücksspielkartellen und anderen Formen mehr oder minder organisierter Kriminalität, in dem die Beziehungen zu Polizei, Justiz und Politik das gesamte Spektrum umfaßt, das von Konkurrenz und Konflikt über geduldetes Nebeneinander bis zu unmittelbarer Teilhabe von Mitgliedern des staatlichen Apparates reicht.[13] Der Staat als Ordnungsmacht verzahnt sich mit den Strukturen einer lokalen Selbstjustiz, die auf der Privatisierung des staatlichen Gewaltmonopols durch lokale Patrone beruhen, die als Unternehmer auf einem kriminellen Markt agieren.

Die Justiz als eine Institution, die die Zentralgewalt domestiziert, sie auf das Gewaltmonopol verpflichtet und dieses in rechtsstaatlichen Bahnen hält und die zugleich die Korruption und Integration zwischen den Apparaten der staatlichen Herrschaft und den Institutionen der bewaffneten, privaten und lokalen Macht in den Grenzen hält, die die Voraussetzung sind, um die Ordnungsfunktion des Staates zu gewährleisten, gibt es nicht. In der parastaatlichen Ordnung ist die Justiz auf die Inhalte der Kultur des Ausnahmezustandes verpflichtet, was institutionell unter anderem darin zum Ausdruck kommt, daß ein großer Bereich der justiziellen Ordnungsfunktion einer Militärjustiz überantwortet ist, die ein wesentlicher Träger der Kultur des Ausnahmezustandes ist. Die Justiz ist ebenfalls weitgehend ohnmächtig, gegen die Privatisierung der Gewalt durch Gangsterbosse und ihre kriminelle Zusammenarbeit mit den Institutionen der Polizei oder den Mitgliedern der politischen Entscheidungsinstanzen vorzugehen. Soweit sie nicht selbst korrumpiert und vor allen Dingen politisch instrumentalisiert ist, ist sie als Ordnungsmacht marginalisiert.

---

13 So ist es nicht verwunderlich, daß zum Beispiel eine Mehrheit von 84 Prozent der Brasilianer die Polizei für korrupt und ineffizient hält und lediglich 40 Prozent derjenigen, die bei einem Raubüberfall zu Schaden gekommen sind, suchen anschließend die Polizei auf. Die anderen 60 Prozent halten den Weg zur Polizei für nutzlos oder sind der Ansicht, daß die Polizei gegen eine entsprechende Beteiligung an der Beute mit den Räubern zusammenarbeitet. Auf der Ebene der Elendsviertelbewohner heißt das, daß sie zu den lokalen Gangsterbossen mehr Vertrauen haben, die nicht anders als die Polizei ihren Machtbereich mit großer Brutalität unter Kontrolle halten, aber vergleichsweise berechenbar erscheinen (Waldmann 1992: 20).

Im Zusammenspiel von einem ressourcenarmen Staat, einer Ordnung lokaler Selbstjustiz, sozialrevolutionären Bewegungen, terroristischen Apparaten der Zentralgewalt, einer Kultur der gewaltsamen Selbsthilfe, des Ausnahmezustands und der Vernichtung und einer korrumpierten oder ohnmächtigen Justiz entsteht in der parastaatlichen Ordnung ein Gefüge vielfältiger Agenturen und Akteure der Gewalt, die sowohl kooperieren als auch in gewalttätigen Konflikten aufeinandertreffen. Die Privatisierung des Gewaltmonopols in der parastaatlichen Ordnung der Gewalt vervielfältigt und veralltäglicht die Gewalt.

### 3. Die postakephal-konstitutionelle Ordnungsform der Gewalt

Mit Blick auf die Problemlagen eines Staatsbildungsvorgangs teilt die *,postakephal-konstitutionelle Ordnungsform der Gewalt'* viele Erscheinungsformen, die die neo-despotische Ordnung kennzeichnen. Sie ist eine agrarwirtschaftlich bestimmte Ordnung, deren Vielfalt in kultureller, ethnischer, sozialer und politischer Hinsicht und deren geringe Integration in einen gemeinsamen Staatsverband alle bestehenden Organisationsressourcen des Staates bei weitem übersteigt. In Papua-Neuguinea werden manche Gebiete sogar offiziell als „non-governmental areas" eingestuft. Diese stehen fast gänzlich jenseits eines dauerhaften staatlichen Einflusses. Die Bevölkerung dieser Regionen lebt weitgehend außerhalb des Bereiches, für den die staatliche Verwaltung Interesse hat und Ansprüche geltend macht bzw. zu machen vermag. Kulturell, sozial, rechtlich, politisch und ökonomisch ordnen die Menschen in diesen Regionen ihre Angelegenheiten nach eigenständigen Vorstellungen, Bedürfnissen und Traditionen. Die „Nicht-Regierungsgebiete" markieren den äußersten Pol einer differentiellen Struktur zentralherrschaftlicher Machtintegration, deren Kerne die urbanen Zentren sind. ‚Binnen-' und ‚Außenintermediarität' kennzeichnen das Verwaltungshandeln ebenso wie der Einsatz despotischen Handelns, insbesondere durch spezialisierte Polizeieinheiten, mit denen Verwaltung durch sehr unordentliche Weise sichergestellt wird (vgl. Trotha 1994a).[14] Die staatliche, das heißt bürokratisch-direkte Verwaltung konzentriert sich vorrangig auf die Hauptstadt und die städtischen Zentren. Die Lokalverwaltung begnügt sich in den Regionen, die den städtischen Zentren ferner sind, aber den Großteil der Bevölkerung beheimaten, weitgehend mit einer stationären Herrschaft (vgl. ebda), die in den peripheren Gebieten heutzutage wieder hinter den Integrationsgrad der Macht, den die koloniale Herrschaft erreicht hatte, zurückgefallen ist (Hanser/ Trotha 1995).

Aber die postakephal-konstitutionelle Ordnung unterscheidet sich von der neo-despotischen Ordnung durch zwei wesentliche Gegebenheiten. Zum einen setzt sie sich aus Gesellschaften zusammen, die sozial außerordentlich egalitär sind und politisch selbst das Häuptlingstum nur selten und in ganz schwachen Formen ausgebildet haben. Es sind

---

14 In Papua-Neuguinea wird dieses despotische Verwaltungshandeln vor allem durch die gefürchtete Mobile Riot Squad demonstriert – wobei man bei ihrem Namen weniger auf das Substantiv ‚riot' als auf das Adjektiv ‚mobile' schauen muß, wenn man die Adressaten ihres Handelns im Auge hat. Zu ihrem despotischen Verwaltungshandeln gehört zum Beispiel, daß sie bei der Suche und Ergreifung von Räuberbanden, sogenannten ‚raskals', ganze Dörfer einäschert – so widerfuhr es beispielsweise einem Dorf nahe Popondetta, der Hauptstadt der Oro Province, im März 1992.

dementsprechend Gesellschaften, die wie in Papua-Neuguinea eine ausgeprägte Kultur der gewalttätigen Selbsthilfe entwickelt haben und der reinen Selbsthilfeordnung unter den akephalen Gesellschaften relativ nahekommen. Diese Tatsache schließt ein, daß gewalttätige Selbsthilfe sowohl in profaner als auch übernatürlicher Form – in Gestalt von Todeszauber – neben und im Zusammenspiel mit kompensatorisch-konsensuellen Streitregelungsweisen im Sinne von Sahlins und Colson eine beherrschende Rolle spielt. Vor allem der Einsatz von Aktionsmacht durch materielle Schädigung, Blockade von Verbindungswegen, die staatlicherseits zu öffentlichen Straßen deklariert sind, und die Drohung mit Gewalt gehören zum festen Streitregelungsinventar dieser Gesellschaften. Zum anderen unterscheidet sich die postakephal-konstitutionelle Ordnung der Gewalt von dem größten Teil der gegenwärtigen Staaten der Dritten und Vierten Welt dadurch, daß sie auf der Ebene des Zentralstaates ein eigenwilliges und eigenständiges, aber vergleichsweise funktionierendes parlamentarisches System und vor allem eine rechtsstaatliche Ordnung besitzt, die, wie in Papua-Neuguinea, die Unabhängigkeit der Justiz in eindrucksvoller Weise gewährleistet und deren Praktiken und Diskurse sich an der britisch-australischen Rechtsordnung und -tradition orientieren. Zusammen mit einem bemerkenswert freien Pressewesen, das eine kritische Öffentlichkeit gewährleistet, sichert die unabhängige Dritte Gewalt, daß der exekutive Primat und besonders die alltägliche Durchsetzung von Sicherheit und Ordnung rechtlich domestiziert sind. Gänzlich anders als in der parastaatlichen Ordnungsform der Gewalt gibt es keine Kultur des Ausnahmezustandes, auch wenn in einigen begrenzten Situationen[15] und Regionen, in denen sich gewaltsame Sezessionsbewegungen entwickelt haben, auch zum Mittel des Ausnahmezustandes gegriffen wird.

Im Zusammenspiel von einer Kultur gewaltsamer Selbsthilfe, die den akephal-egalitären Gesellschaftsstrukturen komplementär ist, einer parlamentarisch-rechtsstaatlichen Verfassungsordnung, die den Despotismus ebenso wie die vielfältigen Formen der privatisierten Gewalt des parastaatlichen Terrorismus und der Selbstjustiz krimineller Barone und Bosse einschränkt oder gar verhindert, und einer geringen gesellschaftlichen Integration und Durchsetzungsfähigkeit der staatlichen Verwaltung läßt sich die postakephal-konstitutionelle Ordnungsform der Gewalt als eine ‚Kultur der gewalttätigen Verhandlung' und eine politisch-administrative ‚Kultur der Untätigkeit', der „Vermeidung" (vgl. Brunton 1986: 37), charakterisieren, in der der staatliche Anspruch auf das Gewaltmonopol oft bis zur Unkenntlichkeit zurückgenommen ist und die Anwendung von Gewalt zur Lösung von Konflikten institutionalisiert ist, aber die „Eigendynamik entfesselter Gewalt", von der Peter Waldmann (1994) spricht, begrenzt bleibt. In der Kultur der gewalttätigen Verhandlung und der Untätigkeit ist die Gewalt als Konfliktaustragungs- und Streitregelungsform zugleich veralltäglicht und eingegrenzt.

In Papua-Neuguinea regeln die Kulturen der gewalttätigen Verhandlung und der Untätigkeit vor allem drei zentrale Konfliktbereiche: die Stammeskriege, Landkonflikte und die Kriminalität der sogenannten „raskals".

Zu den folgenschwersten Konfliktbereichen in Papua-Neuguinea zählen die regelmäßig wiederkehrenden Auseinandersetzungen zwischen verschiedenen „Stämmen" oder verschiedenen Klanen innerhalb von „Stämmen", beides „Stammeskämpfe" genannt, die vor allem

---

15 Zum Beispiel wurde über Port Moresby, der Hauptstadt Papua-Neuguineas, Mitte der achtziger Jahre für ein halbes Jahr der Ausnahmezustand erklärt, um dem Problem der „raskals", der Banden, auf polizeistaatliche Art Herr zu werden.

das zentrale Hochland von Papua-Neuguinea zu einem äußerst konfliktreichen Gebiet machen (vgl. Strathern 1992: 233ff.; Dorney 1991: 301ff.; Rath 1989: 106ff.; Mapusia 1986).[16] Mehr als hundert Menschen kommen jedes Jahr in tribalen Auseinandersetzungen um, bei denen meist einige Hundert, manchmal mehrere Tausend Krieger aufeinandertreffen. Anlässe für tribale Kämpfe sind so verschieden wie Landstreitigkeiten, Diebstahl, Verkehrsunfälle, Brautpreiszahlungen, Todesfälle, Wettschulden, Gerichtsentscheidungen, die eine der streitenden Parteien nicht bereit ist, hinzunehmen. Seit der Unabhängigkeit Papua-Neuguineas im Jahre 1975 gehören besonders Anschuldigungen wegen Korruption und Wahlen zu den Parlamenten und anderen Einrichtungen zu den Gelegenheiten, bei denen mit steter Regelmäßigkeit intensive Auseinandersetzungen ausbrechen. Über die engeren Anlässe hinaus kämpfen die Beteiligten um politischen Einfluß, wirtschaftliche Interessen und die Kontrolle von Boden, der mit dem Vordringen des Marktes und der Verwaltung zu einer wirtschaftlichen Größe unerwarteten Ausmaßes geworden ist. Insbesondere seit Mitte der achtziger Jahre sind die Auseinandersetzungen härter und folgenreicher geworden, weil zunehmend Gewehre in den Kämpfen verwendet werden. Die Ausweisung eines Kampfgebietes als „Feuerzone", mit denen die staatlichen Entscheidungsgremien vor einem Betreten der Gebiete warnen und die formellen juristischen – aber stets ungenutzten – Möglichkeiten der Polizei einzuschreiten erweitern, ist in diesem Sinne wörtlich zu verstehen. Tribale Kämpfe selbst fallen nicht unter die Regelungen des Strafrechts, und es ist zu vermuten, daß die Polizei die Toten in tribalen Kämpfen nicht in der Kriminalstatistik registriert – schon allein deshalb, weil Tod und schwere Verletzungen in diesen Auseinandersetzungen üblicherweise keine polizeilichen Untersuchungen nach sich ziehen.[17]

Wenn der Ausbruch von Gewalttätigkeiten, vor allen Dingen durch den Einsatz von selbstgefertigten Gewehren oder solchen, die auf dem schwunghaften schwarzen Markt erworben wurden, eine gewisse Intensität erreicht hat, greift die Polizei bzw. eine spezielle Einsatztruppe ein. Typischerweise geschieht dies nach langen Verzögerungen und ebenso charakteristisch ist, daß diese Einsätze der Logik despotischer Verwaltung und paramilitärischen Regeln folgen und selbst wiederum Opfer fordern. Kennzeichnenderweise gehen die Kämpfe nach den Einsätzen der Polizei weiter, wobei die streitenden Parteien sich auf Orte, Zeiten und Taktiken verlegen, die das Eingreifen der Polizei unwirksam machen. Hinzukommt, daß im Falle einer Eskalation des Konflikts die Polizei sich oftmals zurückzieht, „weil sie sieht, daß die Gruppen nicht mehr zu steuern sind" (Kolma 1993), und die Polizei sich unverhüllten Drohungen gegenübersieht. In einer Auseinandersetzung im März 1993 im südlichen Hochland warnten einflußreiche Führer der streitenden Parteien die Polizei ausdrücklich davor einzuschreiten, „weil ... (die Polizisten, T.T.) getötet werden könnten" (ebda).

Sofern die kriegerischen Auseinandersetzungen nicht dadurch enden, daß die Beteiligten selbst die Kämpfe abbrechen oder eine Verhandlungslösung erreichen, versuchen politisch einflußreiche Persönlichkeiten und die Verantwortlichen in Polizei und Verwaltung, eine

---

16 Nach polizeilichen Angaben kommt es jedes Jahr zu mehr als 100 tribalen Auseinandersetzungen (vgl. Mapusia 1986: 61; Rath 1989: 108).
17 Die beteiligten Krieger, deren die Polizei habhaft werden kann, werden individuell summarischer Delikte angeklagt, zu denen das Tragen einer offensiven Waffe, die Absicht zu kämpfen, Vorbereitung und Unterstützung eines Kampfes und der Kampf selbst gehören.

Beendigung durch Verhandlungen zu erreichen. Zu diesem Zwecke wurden auch seit Ende der siebziger Jahre auf der Provinzebene Verhandlungsinstitutionen entwickelt, die eine relativ erfolgreiche Vermittlungstätigkeit beanspruchen.

Mit der Kommerzialisierung des Bodens sind in Papua-Neuguinea Kompensationsansprüche für den Erwerb und die Nutzung von Land von seiten privater Unternehmen und der öffentlichen Hand zu einem Konfliktherd ersten Ranges geworden. An die Stelle des „Kämpfens mit Nahrungsmitteln" (Young 1971) ist das Kämpfen um Geld getreten, in dem Kompensationszahlungen für Landnutzungen den beherrschenden Platz einnehmen. Die Forderungen sind oftmals „unverschämt", wie Sean Dorney (1991: 327) bemerkt und anschaulich belegt, und enden vielfach in einem Konfliktzirkel nie zu befriedigender Ansprüche, der dem gewalttätigen Zirkel der Selbsthilfe nichtstaatlicher Gesellschaften analog ist und von dem Untätigkeitszirkel von Politik und Verwaltung, die es bei immer erneuerten Versprechungen belassen, verfestigt wird. Im Partizipationsjargon des Diskurses über die Rechte autochthoner Bevölkerungen wird dieser Zirkel „Landbesitzer Beteiligung" genannt.

Im Laufe eines Konfliktes um Kompensationsforderungen kommt es üblicherweise zur Blockierung des Zugangs zu einem Gebiet, zur Drohung, Gebäude, die auf einem Stück Land errichtet wurden, zu zerstören, oder es werden, wie im Falle von Pipelines, Telephon- und Telegrafenleitungen, die entsprechenden Verbindungen, gekappt. Die Verantwortlichen in Verwaltung und Politik antworten auf diese gewaltsamen Selbsthilfeaktionen mit großer Zurückhaltung beim Einsatz der Polizei – das gilt selbst, wenn auch in reduziertem Maße, für die Hauptstadt und die wenigen städtischen Zentren. In allen Fällen werden Verhandlungslösungen gesucht, in denen typischerweise weder die Legitimität der Forderungen noch die der Selbsthilfeaktionen grundsätzlich in Frage gestellt werden.[18] Die Verhandlung ist dabei sowohl ein Mechanismus, um die gewaltsame Konfrontation zu vermeiden, die angesichts der polizeilichen und politischen Ressourcen stets vor einem ungewissen Ausgang steht, als auch die Eröffnung eines neuen Zirkels der administrativen Untätigkeit.

Der dritte zentrale Konfliktbereich ist das Anwachsen der registrierten Straßen- und Einbruchskriminalität und der Vergewaltigung in den städtischen Zentren und ihrem Umland. Sie wird in Papua-Neuguinea unter dem Stichwort des „raskal"-Problems intensiv diskutiert. „Raskalism" umfaßt ein breites Spektrum von Bandenkriminalität, die von der Kriminalität jugendlicher Banden in den Elendsvierteln der Städte bis zum organisierten Waffenhandel reicht. Wesentlich ist, daß „raskalism" vielfältige gewalttätige Formen hat und vor allem die Sicherheit des öffentlichen Raums und der Geschäftswelt erheblich beeinträchtigt. Manche Überlandstraße ist für regelmäßige Benutzer nur nach Absprachen mit den dominierenden Raskals der Region und entsprechenden Zahlungen an sie gefahrlos zu benutzen. Mit Einbruch der Dunkelheit leert sich in den Städten der öffentliche Raum, was der Beobachtung eines Mitarbeiters der Law Reform Commission von Papua-Neuguinea (referiert bei Rath 1989: 106) entspricht, daß das Anwachsen von Einbrüchen, Überfällen und Vergewaltigungen die Einwohner von Port Moresby zu einer der sicherheitsbewußtesten Menschengruppen in der Welt gemacht hat. Entwicklungshelfer und

---

18 Ich sehe hier von der besonderen Problematik von Sezessionsbewegungen und des sie begleitenden Terrorismus ab, für die in Papua-Neuguinea der Krieg in Bougainville beispielhaft ist.

ausländische Experten leben in äußerster Vorsicht. Auf dem Universitätscampus von Waigani im Hauptstadtdistrikt patrouilliert die Polizei, um die Studierenden vor Übergriffen von außen und die Lehrer und Lehrerinnen vor Diebstahl, Raub und Vergewaltigungen von seiten der Studierenden zu schützen. Die Kriminalitätssituation und der sie begleitende Diskurs über den Zusammenbruch von Recht und Ordnung brachte die Regierung im Sommer und Frühherbst 1985 dazu, über Port Moresby den Ausnahmezustand zu verhängen und eine despotische Verwaltungslösung zu suchen. Nächtliche Ausgangssperren in anderen städtischen Zentren des Landes kehren in unregelmäßigen Abständen wieder. Diesen massiven und teilweise paramilitärischen Maßnahmen steht jedoch gegenüber, daß der staatliche Zwangsapparat außerhalb der großen städtischen Zentren entweder so gut wie nicht in Erscheinung tritt oder sein Wirken sogar völlig einstellt. Polizeistationen verweigern die Zusammenarbeit mit den örtlichen Gerichten. Polizeibeamte machen sich auf und davon. Bezirksrichter[19] schließen eigenmächtig ihr Gerichtsgebäude oder fliehen vor den Drohungen derer, die sie zu richten haben.

Die drei bisher dargestellten Typen von gesamtgesellschaftlichen Ordnungsformen der Gewalt aus dem afrikanischen, lateinamerikanischen und melanesischen Raum zeigen an, daß es längst zu einer Auseinanderentwicklung der Wirklichkeit staatlicher Strukturen und ihrer Repräsentation auf internationaler Ebene gekommen ist, wenn wir im Sinne der klassischen neuzeitlich-okzidentalen Vorstellung davon ausgehen, daß das Gewaltmonopol ein konstitutives Merkmal des Staates ist. Während in der Tradition der kolonialen Universalisierung des Staates und unter der Vorherrschaft der Staaten der einst Ersten und Zweiten Welt die internationale Staatengemeinschaft von der Utopie der Staatlichkeit bestimmt ist, machen die drei gesamtgesellschaftlichen Ordnungsformen der Gewalt deutlich, daß der Kern von Staatlichkeit in weiten Bereichen des Globus entweder nie erreicht wurde oder sich in einem Zerfallsprozeß befindet – der, im Blick auf den Zerfall der Zweiten Welt, also des ehemaligen sowjetischen Machtbereiches, inzwischen sogar einstige Bastionen der Staatlichkeit erreicht hat und dort geradezu dramatische Formen annimmt.

Aber der Vorgang, in dem das staatliche Gewaltmonopol kulturell und institutionell zerfällt, macht mittlerweile selbst nicht mehr vor den klassischen okzidentalen Nationalstaaten halt, obwohl der Prozeß sich hier in vergleichsweise wenig sichtbaren und scheinbar ganz und gar undramatischen Schritten vollzieht. Die Form, die in den westlichen Staaten die Auflösung des Gewaltmonopols hat, wird ‚Privatisierung' genannt und betrifft vorrangig die Einrichtungen und Funktionen, mit denen die politische Philosophie und Staatstheorie seit Hobbes den staatlichen Herrschaftsapparat legitimiert hat: die Gewährleistung von Leben und Eigentum der Untertanen bzw. Bürger. Es kommt zu einer Ordnung, die ich die ‚oligopolistisch-präventive Sicherheitsordnung' nenne, die an die Stelle der konstitutionell-wohlfahrtsstaatlichen Ordnung der Gewalt tritt.

---

19 Bezirksrichter („District Court magistrate") sind die höchsten Richter unterhalb der Gruppe der Richter des National Court, dessen Sitz in der Hauptstadt Port Moresby ist.

## 4. Die konstitutionell-wohlfahrtsstaatliche Ordnungsform der Gewalt

Die ‚*konstitutionell-wohlfahrtsstaatliche Ordnungsform der Gewalt*', die in den sechziger und frühen siebziger Jahren unseres Jahrhunderts wohl ihren Höhepunkt erreicht hatte, ist dadurch gekennzeichnet, daß das Gewaltmonopol des Staates durch die Grundsätze des modernen westlichen Verfassungsstaates und die der Rechtsstaatlichkeit, die mit diesem Verfassungsstaat einhergehen, in einem hohen Grade domestiziert ist, und daß der Integrationsvorgang der Macht, den der westliche Wohlfahrtsstaat durchgesetzt hat, im großen und ganzen die Stufe erreicht hat, die Popitz als „Endstufe" markiert, und in seinem Gefolge der Prozeß der Verstrafrechtlichung der Gesellschaft und der Vergesellschaftung des Strafrechts selbst in die Binnenverhältnisse von Ehe und Familie und das Verhältnis der Geschlechter hineinreicht.

Aber diese konstitutionell-wohlfahrtsstaatliche Ordnung kennt nicht nur eine erhebliche Variationsbreite in der Durchsetzung des staatlichen Gewaltmonopols als Teil des Integrationsprozesses von Macht, die den radikalen Unterschieden folgt, die vor allem die Gesellschaft und Kultur der USA von den europäischen Nationalstaaten trennen und letztere als wesentlich pazifizierter und machtmäßig integrierter ausweisen. Die einzelnen Varianten der konstitutionell-wohlfahrtsstaatlichen Ordnung führen vor Augen, daß auch innerhalb dieser Ordnungen strukturelle Arrangements bestehen, die die Vorstellung von Popitz über eine ‚Endstufe' der Machtintegration zwar nicht „im Prinzip" brüchig werden, aber das Bild empirisch doch wesentlich zwiespältiger erscheinen lassen. Dafür sind ebenfalls die USA beispielhaft.

Die Geltung des Gewaltmonopols ist in der konstitutionell-wohlfahrtsstaatlichen Ordnung sozialstrukturell unterschiedlich verteilt. Zum einen ist die Sanktionsgeltung des Rechtssystems unterschichtlastig. Daran hat sich trotz aller vehementen Kritik in den letzten dreißig Jahren nichts geändert. Mehr noch, wie Stanley Cohen (1987: 50ff.) in seinem einflußreichen Buch über „Konstruktionen und Visionen der sozialen Kontrolle" hervorhebt: „Der Zugriff auf die, die es schon immer getroffen hat, verstärkt sich." Zum anderen ist die Nichtgeltung des Gewaltmonopols sozialstrukturell und vor allem sozialräumlich bemerkenswert variabel. Das gilt hauptsächlich in Form einer differentiellen Verteilung der Gewalt in öffentlichen Räumen, die, wenn man die Anfänge des Gewaltmonopols vor Augen hat, zum Kernbereich des staatlichen Gewaltmonopols gehören (vgl. Trotha 1994a: 65f.).

Die Elendsviertel der metropolitanen Agglomerationen, insbesondere in den Vereinigten Staaten, sind ökonomisch, sozial, ethnisch-kulturell und nach der Geltung des Gewaltmonopols segregiert. In manchen Stadtteilen der USA nähert sich die Ordnungsform der Gewalt lateinamerikanischen Verhältnissen. Gewalt und die Drohung mit ihr wird eine veralltäglichte Erfahrungswelt. Sie werden zu „Kristallisationspunkten" (Miller 1968) von Subkulturen Jugendlicher und Heranwachsender und bestimmen die alltäglichen Lebens- und Interaktionsformen der Menschen – von den kleinen Geschäften, die die Sicherheitsvorkehrungen des Bankwesens übernehmen, bis zu den Interaktionsformen des öffentlichen Raums, in denen auf neue und andere Weise, die der Urbanität des Raums entspricht, die Vorsicht wiederkehrt, die die Mitglieder akephaler Gesellschaften in ihren Begegnungen walten lassen. Die Polizei bewegt sich in manchen der segregierten urbanen Räume wie in einem besetzten Land und nimmt Formen der Durchsetzung staatlicher Herrschaft an, die der parastaatlichen Ordnung ziemlich nahekommen. Vor allem kommt es gegenüber bestimmten Bevölkerungs- und Altersgruppen wie jugendlichen und heranwachsenden Afroamerikanern zu einer polizeilichen Privatisierung des legitimen Gewaltmonopols, in der die rechtsstaatliche Domestizierung des Gewaltmonopols aufgehoben ist und systematisch illegitime Praktiken angewendet werden, die von Polizeibrutalität über willkürliche Festnahmen bis zur Korruption in den verschiedensten Varianten und auf den verschiedensten Ebenen reicht (vgl. Skolnick/Fyffe 1993). Mit dem zunehmenden Ausländeranteil in den mitteleuropäischen Großstädten und einer Ghettobildung, die mit ihm einhergeht, wird diese polizeiliche Privatisierung des Gewaltmonopols auch zunehmend das europäische Bild der Geltung des Gewaltmonopols bestimmen (vgl. Dubet/Lapeyronnie 1994: 141ff., 165ff.).

Gehören die Nichtgeltung des Gewaltmonopols in den urbanen Elendsvierteln vorrangig zu den traditionellen Aufgabenbereichen der Kriminologie, ohne daß sie diese allerdings als ein herrschaftssoziologisches und noch weniger als ein Problem der vergleichenden politischen Anthropologie begreift, und die polizeilichen Kontrollstrategien der kritischen Polizeiforschung zu, die ihren Innovationsreichtum teilweise genau dadurch erzielt, daß sie ihren Gegenstand herrschaftssoziologisch verortet (vgl. Busch et al. 1985), ist einer anderen Form der Einschränkung des Gewaltmonopols, die in den konstitutionell-wohlfahrtsstaatlichen Ordnungen verankert ist, sozialwissenschaftlich keine eigenständige Aufmerksamkeit zugekommen. Es ist eine analoge Form zu der, die in der postakephal-konstitutionellen Ordnung vorherrscht und wie die polizeiliche Privatisierung des Gewaltmonopols auf den zentralen Herrschaftsapparat selbst verweist. Ich nenne sie die ‚opportunistische' Einschränkung des staatlichen Gewaltmonopols.[20] Zusammengefaßt handelt es sich um die Tatsache, daß die Justiz, hauptsächlich in Gestalt von Polizei und Staatsanwaltschaft, das Gewaltmonopol des Staates bewußt – und meist in enger Abstimmung mit den politisch-administrativen Entscheidungsgremien – nicht durchsetzt. So blockieren Lastkraftwagenfahrer nicht nur ungehindert Straßen und Grenzübergänge, sondern sie erhalten hin und wieder uneingeschränkte politische Unterstützung von hochrangigen Politikern und Regierungsvertretern. Squatters oder andere subkulturelle Bewegungen besetzen Häuser und halbe Straßenzüge und handeln sich dafür Mietverträge ein. Oder, um jüngste Beispiele aus der Bundesrepublik Deutschland zu nehmen: Rechtsradikale Jugendliche und junge Erwachsene sind unter den Augen der Polizei ungestraft gewalttätig und können die Untätigkeit der Polizei sogar als Komplizenschaft ver- oder wenigstens mißverstehen.

Die Einschränkungen des staatlichen Gewaltmonopols in der konstitutionell-wohlfahrtsstaatlichen Ordnung, die in diesen und anderen Erscheinungen aufscheinen, bleiben indessen insofern begrenzt, als sie weder rechtlich und institutionell noch sozial oder kulturell zu dominanten Beziehungsmustern und Prozessen zwischen Staat und gesellschaftlicher Ordnung werden und den Kernbereich und das dominante Erscheinungsbild

---

20 Mit dem Adjektiv ‚opportunistisch' nehme ich sowohl den formalrechtlichen Zusammenhang, den der Opportunitätsgrundsatz des Ordnungswidrigkeiten- und Polizeirechts (indirekt auch des Strafrechts) herstellt, als auch den politischen Kontext dieser Form der Einschränkung des Gewaltmonopols auf. Der Ethnologe Jean Poirier (1993) gebraucht für vergleichbare Erscheinungen den, wie ich meine, etwas mißverständlichen Begriff „Gewalt durch Unterlassung".

der Institutionen des Gewaltmonopols nicht bestimmen. Dies wird mit den Wandlungen zu einer oligopolistisch-präventiven Sicherheitsordnung, die sich in den westlichen Industriestaaten abzeichnen, anders. Sie berühren den institutionellen Kernbereich des staatlichen Gewaltmonopols und die dominanten Beziehungen zwischen staatlichem Herrschaftsapparat und gesellschaftlichen Ordnungen.

### III. Die ‚oligopolistisch-präventive Sicherheitsordnung' oder Aussichten auf das Ende des staatlichen Gewaltmonopols

Im Mittelpunkt der Entwicklung der konstitutionell-wohlfahrtsstaatlichen Ordnung zu einer ‚oligopolistisch-präventiven Sicherheitsordnung' (OPSO) stehen fünf Vorgänge: das bemerkenswerte Anwachsen der privaten Sicherheitsindustrie und privaten Sicherheitsdienstleistungen, die Privatisierung des Gefängnisses, die Ausbreitung ‚kommunitärer Kontrollordnungen', der Aufstieg des präventionsgerichteten Sicherheitsdiskurses und die Technisierung des ‚Polizierens'.[21]

Sicherheit war schon immer so käuflich wie das Haus in einem bürgerlichen Wohnviertel, die Alarmanlage oder Wachmannschaften. In den letzten drei Jahrzehnten hat sich jedoch in den marktwirtschaftlichen westlichen Staaten ein eigenständiger privatwirtschaftlicher Sicherheitsmarkt etabliert, der mehr oder minder kräftig expandiert, auf dem die vielfältigsten personalen Sicherheitsdienstleistungen und technischen Sicherheitseinrichtungen angeboten, nachgefragt und gehandelt werden und der mit dem Höhenflug der Privatisierung staatlich-öffentlicher Dienstleistungen und dem Zusammenbruch des „sozialdemokratischen Zeitalters", wie sich Alain Touraine (1994) etwas pathetisch ausdrückt, den Bereich erfaßt hat, der zum Kernbereich des staatlichen Gewaltmonopols, der Gewährleistung der öffentlichen Sicherheit und Ordnung und des strafrechtlichen Sanktionssystems, gehört (zum folgenden vgl. Cohen 1993, 1987: 63ff.; Voß 1993; Brusten 1992: 179ff.; Diederichs 1992; Narr 1992; Nogala 1992; Pilgram 1991; Matthews 1989; Stacharowsky 1985). Seit dem Kollaps der Zweiten Welt entwickelt sich darüber hinaus Osteuropa zu einem bevorzugten Expansionsfeld der westeuropäischen Sicherheitsunternehmen.

Es ist ein vielgestaltiger Markt, der auf der Angebotsseite von Werkschutz, Bewachungs- und Streifendiensten über private Ermittlungsdienste, Werttransportunternehmen bis zu den Betrieben der Sicherheitstechnik reicht.[22] Zu einem besonderen Markt, der jedoch

---

21 Ich gehe hier nicht auf die interessante Linie der Entwicklung zu einer Privatisierung des Gewaltmonopols ein, die im immensen Wachstum der Professionen und parastaatlichen Institutionen der sozialen Hilfe und Kontrolle zu suchen ist, das sich mit dem inzwischen Geschichte gewordenen Siegeszug der Resozialisierungsordnung verbunden hat und in dem die Hilfe-Professionen und -Einrichtungen begonnen haben, gleichsam von innen heraus sich der Funktionen des staatlichen Gewaltmonopols zu bemächtigen (vgl. Naucke 1993: 139ff.).

22 Nach der Umsatzsteuerstatistik der Bundesrepublik Deutschland gab es im Jahr 1960 332 Betriebe, die Fahrzeug-, Grundstücks- und Gebäudebewachung anboten und einen Jahresumsatz von zusammen 109 Millionen hatten. 1988 war die Zahl dieser Betriebe auf 798 angewachsen. Sie erwirtschafteten zu diesem Zeitpunkt einen Jahresumsatz von zusammen 2,05 Milliarden Mark (Voß 1993: 83).

erst in den Anfängen steckt, hat sich das Gefängnis entwickelt (vgl. Stern 1992; Pilgram 1991; Weigend 1989). Unternehmen wie Corrections Corporation of America betreiben Gefängnisse in lateinamerikanischen Ländern und in den USA. Nachdem zuerst örtliche Haftanstalten und Einrichtungen des Jugendstrafvollzugs privaten Firmen überlassen wurden, werden in jüngster Zeit auch Gefängnisse geringer Sicherheitsstufe für erwachsene Straftäter von der Privatwirtschaft betrieben. In Großbritannien wurden 1992 die ersten Schritte auf dem Weg zur Privatisierung des Gefängniswesens abgeschlossen, als in Nordengland in einem privatwirtschaftlich geführten Untersuchungsgefängnis – wiederum geringer Sicherheitsstufe – die ersten 320 Gefangenen eingesperrt wurden.

Der Sicherheitsmarkt ist oligopolistisch strukturiert. Von Großbritannien berichtet Michael Voß (1993: 83), daß es im Bereich der Sicherheitsdienstleistungen immerhin die stattliche Zahl von etwa 1.000 einzelnen Unternehmen gibt, aber 75 bis 85 Prozent der Nachfrage von fünf Großunternehmen befriedigt wird. Entsprechendes gilt für die Bundesrepublik Deutschland, wo im Jahre 1986 von nur 35 Betrieben fast eine Milliarde Mark umgesetzt worden sind (Voß 1993: 83). Im Gefängnisbereich ist eine andere als eine oligopolistische, wenn nicht gar quasi-monopolistische Anbieterstruktur nicht in Sicht und unwahrscheinlich. In allen Wirtschaftsbereichen, die öffentliche Dienstleistungen anbieten, die für unverzichtbar gehalten werden, bestehen derartig strukturierte Märkte.

An der Schnittstelle zwischen staatlicher und privater Kontrolle liegt die Ausbreitung kommunitärer Kontrollordnungen. In der Form von Privatpolizeien und Wachdiensten, mit denen die wohlhabenden Bewohner von Appartmentkomplexen und Villenvierteln Sicherheit und Ordnung in Gestalt von Wagenburgen der Privatheit organisieren, fallen die kommunitären Kontrollformen weitgehend mit der privatwirtschaftlichen Privatisierung von Sicherheit zusammen. Sofern die ganzen Angelegenheiten nicht einer Hausverwaltung übertragen sind, ist das kommunitäre Element hier einerseits auf die Nachbarschafts-, Eigentümer- oder Mieterversammlung, die über die entsprechenden Fragen zu entscheiden haben, andererseits auf die individuellen Beziehungen der Bewohner zu den Wachmannschaften beschränkt, die zu vertrauten Personen im alltäglichen Leben werden. Stärker kommen die kommunitären Bestandteile in verschiedenen Formen des „community policing" zum Tragen, für die in Deutschland der „Kontaktbereichsbeamte" oder die Heranziehung von Freiwilligenpolizeien zu Streifendiensten und vergleichbaren Tätigkeiten beispielhaft sind (vgl. Hausmann/Hornbostel 1994; Feltes 1990; Feltes/Rebscher 1990). In ihrer engen Anbindung an die staatliche Polizei haben solche Sicherheitseinheiten von Freiwilligen den Charakter parastaatlicher Einrichtungen (vgl. Göschl/Lustig 1994). Die reinsten Formen kommunitärer Kontrollordnungen sind dagegen jene nachbarschaftlichen Kontrolleinrichtungen, in denen die Bewohner eines Viertels selbst die Überwachungs- und Kontrollaufgaben übernehmen. In der Bundesrepublik Deutschland geben sich solche Bewegungen kommunitärer Privatisierung Namen wie „Nachbarn schützen Nachbarn" (vgl. Welt am Sonntag, 13. November 1994, S. 34).

Zum Wachstum des privatwirtschaftlichen Sicherheitsmarktes gesellen sich der Aufstieg eines präventiv gerichteten Sicherheitsdiskurses und eine Technisierung des Polizierens. Die Wurzeln des Sicherheitsdiskurses reichen weit in das 19. Jahrhundert hinein. Mit dem Umbau der konstitutionell-wohlfahrtsstaatlichen zur oligopolistischen Sicherheitsordnung erhält der Sicherheitsdiskurs jedoch dadurch einen neuen Charakter, daß er die Ideen einer repressiv organisierten Generalprävention und Spezialprävention, die sowohl repressive als auch präventive Elemente enthält, durch die Idee der ‚Bevölkerungskontrolle' ergänzt und erweitert.[23] In der Bevölkerungskontrolle ist das Polizieren[24] nicht mehr auf das Individuum ausgerichtet. An seine Stelle treten die Bevölkerung insgesamt und spezielle Gruppen von Menschen im besonderen, die auf der Grundlage von statistisch ermittelten Risiken beobachtet, kontrolliert oder sanktioniert werden (vgl. dazu und zum folgenden Feeley/Simon 1994; Cohen 1993: 220f.; siehe auch Hornbostel 1994). Das Risikokalkül, das die Bevölkerungskontrolle bestimmt, heißt umgekehrt, daß die Möglichkeiten für potentielle Straftäter eingeengt und die Risiken der Entdeckung und Bestrafung erhöht werden sollen. Dazu gehören ‚target hardening', wie es im Angelsächsischen in einer militaristischen Sprache heißt, derer sich ein Teil der Sicherheitsplaner, -aktivisten und -behörden bedient, „situationsbezogene Kriminalitätsprävention, räumlich und zeitliche Verringerung von Kriminalitätschancen, Kriminalitätsprävention durch Architektur" (Cohen 1993: 221). Diese Entindividualisierung beinhaltet, daß die Bevölkerungskontrolle in weiten Bereichen keiner starken moralischen Grundlegung und keines demonstrativen Zwangs bedarf und gerade dadurch zugleich für moralische Kreuzzüge von sozialen Bewegungen wie Anti-Raucher-, Anti-Drogen- oder feministische Bewegungen gegen Gewalt gegen Frauen offen sind, die den Kriminalitäts- und Abweichungsdiskursen regelmäßig alte und neue Anliegen zuführen (vgl. Treiber 1984; Erikson 1978; Gusfield 1963).

Kennzeichnend für den Sicherheitsdiskurs in der oligopolistischen Sicherheitsordnung ist, daß Sicherheit eine vergleichsweise unbestimmte Vorstellung ist, so vage und vielfältig wie die Kundenbedürfnisse des Sicherheitsmarktes und das sozio-kulturelle und individuelle Verhältnis zu Sicherheitsrisiken. Das Ziel der Sicherheit kann bedeuten, die Kriminalitätsfurcht der Menschen zu verringern, das Vertrauen in die Sicherheitsbehörden zu stärken, die Straßenbeleuchtung zu verstärken, die Menschen zu veranlassen, ihre Wohnungen und Häuser gründlicher gegen Einbrüche zu sichern oder gar zu jener umfassenden „strukturellen Vorbeugung" von Kriminalität zu gelangen, unter der der einstige Landespolizeidirektor Alfred Stümper von Baden-Württemberg „die Vermeidung oder jedenfalls Reduzierung aller gesetzlichen, politischen, organisatorischen, funktionellen, finanziellen, sozialen, wirtschaftlichen, kulturellen und sonstigen Strukturen" verstand, „durch die kriminelles Handeln begünstigt, u.U. gefördert, eventuell sogar aufgelöst werden kann" (zit. n. Nogala 1989: 30).

Im Markt der Sicherheit, im Austausch zwischen den Mitgliedern des Sicherheitsoligopols und unter den Ansprüchen der Bevölkerungskontrolle gewinnt die Technisierung des Polizierens eine Schlüsselfunktion. Nogala (1989: 47ff.) hat mit großer Sorgfalt das ganze Inventar der heutigen Sicherheitstechnologie aufgelistet und seine Bestandteile nach

---

23 Fritz Sack (siehe Papendorf 1994: 44) sieht in der Bevölkerungskontrolle der präventiven Sicherheitsordnung allerdings Anzeichen dafür, daß in moderner Form eine Polizei wiederkehrt, wie sie schon einmal das Ancien Régime gekannt hat, als man den Begriff ‚Polizei' noch mit der Endung ‚cey' geschrieben hat (vgl. auch Trotha 1993). Diese Sacksche Sichtweise schließt die Frage ein, ob die Idee und die Praktiken der Bevölkerungskontrolle nicht älteren Ursprungs sind, das spezifisch Neue weniger in den Kontrollvorstellungen als in den Organisationsformen und besonders in den Technologien, die diese Ideen zur Verfügung haben, zu suchen ist.
24 Darunter verstehe ich jenes Ensemble von Kontrollstrategien der Beobachtung und des repressiven und präventiven Eingriffes, jene „Praxis" der Institutionen, die die Aufgabe haben, die öffentliche Sicherheit und Ordnung zu gewährleisten (Lüdtke 1992: 25).

verschiedenen Funktionen geordnet. Es ist das Zeughaus einer Kontrolltechnologie von Detektions-, Identifikations-, Informations-, Organisations- und Kommunikationstechnologien, die die vertrauten ‚Wanzen' des modernen Spionageromans ebenso wie den Abhörlaser, die Videokamera oder Datenbanken umfassen. Die Technisierung entspricht sowohl den wirtschaftlichen Interessen der Sicherheitsindustrie als auch den Rationalisierungsanliegen der Sicherheitsdienstleistungen und -behörden (Produktion). Sie kommt der Notwendigkeit entgegen, den schnellen und effizienten Austausch zwischen den privaten und staatlich-öffentlichen Organisationen des Sicherheitsbereiches zu gewährleisten (Kooperation, Kommunikation, Integration) und ist der Unbestimmtheit der Idee von Sicherheit, den Vorstellungen von Risiko, Prävention und Verstetigung der Kontrolle und der relativen moralischen Gleichgültigkeit komplementär, die die Bevölkerungskontrolle anleiten (präventive Kontrolle zu beliebigen Zwecken).

Diese fünf Entwicklungen zu einer oligopolistischen Sicherheitsordnung (OPSO) berühren nicht nur die Grundfesten der Organisation des Gewaltmonopols in der konstitutionell-wohlfahrtsstaatlichen Ordnung, sie sind auch dabei, wesentliche Grundlagen unseres Verständnisses von Staat, Recht und Gesellschaft – besonders Westeuropas – umzustürzen.[25]

Die OPSO zerbricht das vergleichsweise einheitliche Gefüge der Institutionen des staatlichen Gewaltmonopols zugunsten eines Gefüges von staatlich-öffentlichen, privatwirtschaftlichen, parastaatlichen und kommunitären ‚Institutionen der Sicherheitsherrschaft und der Lebensformkontrolle'. Dieses Gefüge hat kein Zentrum mehr. Es ist zersplittert und in seinen privatwirtschaftlichen und kommunitären Formen Teil des Alltagslebens selbst. Es ist ein Gefüge von „zunehmend eigenständigen und unabhängigen Regierungen jenseits des Zentrums und außerhalb des öffentlichen Bereichs" (Shearing 1995). Die Quellen der sozialen Kontrolle und der Sanktionen sind in diesem Gefüge vielfältig (South 1995: 5). Die Einheit der Ordnung wird in der OPSO weniger institutionell als durch die Verallgemeinerung der Kontrollstrategien und -technologien und die dominanten Sicherheitsdiskurse hergestellt.

Aber diese Einheit ist in der OPSO begrenzt, denn die OPSO ist eine Ordnung der sozialen und kulturellen Ungleichheit, Segregation und Antagonismen. Sie stimmt in diesen Merkmalen mit zahlreichen Kennzeichen der parastaatlichen Ordnungsform der Gewalt überein.

Die OPSO setzt an die Stelle der Verantwortung des politischen und administrativen Herrschaftszentrums, für den Schutz von ‚Leib, Leben und Eigentum' zu sorgen, die Kaufkraft des Käufers auf dem Markt der „Sicherheitsgüter", wie Wolf-Dieter Narr (1992: 11) die privatwirtschaftlich-marktmäßig organisierten Aufgaben von Polizei und Justiz treffend nennt. Die OPSO übersetzt dementsprechend die Struktur mehr oder minder hoher ökonomischer Ungleichheit in die soziale Ungleichheit der Sicherheit und verfestigt sie. Sie trägt auf diese Weise dazu bei, die schon bestehenden Unterschiede in den Sicherheitsgarantien und Strafverfolgungsintensitäten zu verfestigen und zu verstärken, die die Gliederung des öffentlichen Raums und die Wohngebiete in der konstitutionell-wohlfahrtsstaatlichen Ordnung der Gewalt zeigen und zum Beispiel in den USA extreme Aus-

---

25 Im Sinne der Anmerkung 23 gehe ich hier nicht auf die historische Frage ein, inwieweit die oligopolistische Sicherheitsordnung teilweise als ‚Wiederkehr' historisch bekannter Strukturelemente und Prozesse verstanden werden kann (siehe auch South 1995).

maße haben. Auf ihrer privatwirtschaftlichen Seite ist die OPSO eine Ordnung, die nach dem Grundsatz arbeitet: ‚Zahle oder laß Dich ausrauben!' Diejenigen, die nichts zahlen können, haben in ihr das Nachsehen.

Die sozioökonomische Ungleichheit schließt die Segregation des öffentlichen Raums ein und verstärkt sie dort, wo sie, wie in den städtischen Agglomerationen insbesondere der USA, schon heute gegeben ist. Die OPSO ist eine Ordnung der Schlagbäume.[26] Es sind Schlagbäume des Privaten und der Sicherheit, die den Schlagbäumen der sozialen und ethnischen Segregation des urbanen Raums hinzugefügt werden und die sich wechselseitig stützen.

Die sozio-ökonomischen, kulturellen und politischen Gegensätze, die diese Ordnung der Ungleichheit und Segregation enthält, setzen sich in den Antagonismen der Gewaltkulturen, die die OPSO einschließt, fort. Auf der einen Seite finden wir in den befriedeten Räumen des Wohlstands und der veralltäglichten Bevölkerungskontrolle das, was ich die ‚Kultur des verallgemeinerten Aggressivitätsverdachts' nenne,[27] in der eine hohe Empfindlichkeit und wache Aufmerksamkeit für alle Formen dessen besteht, was in dieser Kultur als ‚Aggressivität' bezeichnet wird, die von gewaltsamem Verhalten über Unmutsäußerungen und Unhöflichkeiten bis zum Wagemut reicht. In den unbefriedeten und sich selbst überlassenen Armutsvierteln wird statt dessen diese Kultur des verallgemeinerten Aggressivitätsverdachts zu einer ‚Kultur der Gewaltnormalisierung' umgekehrt, die gewalttätige Konfliktlösung in einem nicht unerheblichem Maße veralltäglicht, indem die Menschen sie hilflos und leidend hinnehmen, mittels „Techniken der Neutralisierung" verharmlosen (vgl. Sykes/Matza 1968) und in Teilkulturen, zu denen vor allen Dingen diejenigen der Jugendlichen und Heranwachsenden und der kriminellen Verhaltensordnungen gehören, sogar verherrlicht. Es richtet sich in der OPSO eine ‚Kultur der konflikträchtigen und gewalttätigen Grenze' ein, die den bewachten Schlagbäumen und den Grenzen des Wohlstands, der Armut und der Marginalisierung folgt. Es ist eine ‚Kultur des „No Trespassing"', die den ungehinderten Wechsel zwischen den Räumen der segregierten Ordnungen einzuschränken sucht. Sie verleiht der OPSO einen Zug verallgemeinerter Konfliktbereitschaft, der sich auch die Bewohner der befriedeten Räume des Wohlstands nicht entziehen können. Ein Zug von Konflikt- und Gewaltgegenwärtigkeit dringt in das Netz der sozialen Beziehungen ein, mit dem ein Stück weit der Schrecken der gewalttätigen Selbsthilfe der akephalen Ordnung wiederkehrt. Bewegungen, die die Techniken der Selbstverteidigung propagieren, finden großen Zuspruch und ziehen Mitglieder unterschiedlichster Sozialschichten, Altersgruppen und Räume an. Die Diskrepanz zwischen der Erfahrung, Opfer einer kriminellen Handlung zu werden, und einer gesteigerten und verallgemeinerten Kriminalitätsfurcht ist für die OPSO konstitutiv – um so mehr, insofern eine Kultur der konflikträchtigen und gewalttätigen Grenze eine mobilisierungsfähige

---

[26] Ich gehe hier auf die außerordentlich folgenreiche und soziologisch interessante Erscheinung nicht ein, daß die OPSO einen neuen Typ von Raum enthält, den ich ‚paraprivat' nenne und der zum Beispiel für die großen Einkaufs- oder Freizeitzentren charakteristisch ist. Einerseits besteht dieser paraprivate Raum auf einer neuen Grenzziehung, indem er einen einst öffentlichen in einen quasi-privaten Raum umwandelt. Andererseits werden innerhalb dieses Raumes die Grenzen zwischen öffentlichem und privatem Raum, öffentlichem und privatem Recht unklar (vgl. Voß 1993: 89ff.).

[27] Aus verschiedenen Gründen habe ich diese Kultur früher etwas mißverständlich ‚Kultur der Aggressivität' genannt (Trotha 1986: 41f.).

Bedeutungsressource für soziale Bewegungen und ihre Kriminalitätsdiskurse ist (vgl. Reuband 1992).

Die OPSO enthält ein Paradoxon. Sie ist eine Ordnung, in der der Kernbereich staatlicher Herrschaft zur Disposition privater Ordnungsweisen gestellt ist. Gleichzeitig ist sie jedoch eine Ordnung des ‚harten Staates'. Entsprechend der Adam Smithschen Einsicht, daß dem Staat diejenigen Aufgaben und Dienstleistungen vorbehalten sind, die „ihrer ganzen Natur nach niemals einen Ertrag abwerfen, der hoch genug für eine oder mehrere Privatpersonen sein könnte, um die anfallenden Kosten zu decken, weshalb man nicht von ihnen erwarten kann, daß sie diese Aufgabe übernehmen" (zit. n. Recktenwald 1989: 151), und gemäß der traditionellen Aufgabenstellung und rechtlichen und institutionellen Voraussetzungen, die die bisherige konstitutionell-wohlfahrtsstaatliche Ordnung auszeichnet, liegt in der OPSO das Schwergewicht der privatwirtschaftlichen Sicherheitsherrschaft (zumindest anfänglich noch) in den Bereichen der rationalisierten und technisierten Bevölkerungskontrolle und der leichten Kriminalität. Das gilt auch für die privaten Gefängnisse. Dies bedeutet umgekehrt, daß den staatlichen Strafverfolgungsinstanzen, hauptsächlich der Polizei auf der einen und dem Strafvollzugswesen auf der anderen Seite, die ‚Bekämpfung' der schweren Kriminalität und die Gefängnisse hoher Sicherheitsstufen zugewiesen werden. Im privatwirtschaftlichen Bereich kehrt sozusagen der englische ‚Bobby' wieder und wird der offene Vollzug weitergeführt, wohingegen im öffentlichen Bereich eine Reduktion der Polizei und der Strafvollzugsinstanzen auf die Problembereiche vollzogen wird, für deren Umgang gewaltbestimmte und klandestine Handlungsmuster als angemessen definiert werden, für die der polizeiliche Scharfschütze in Tarnuniform und der V-Mann die Symbolfiguren sind und das Hochsicherheitsgefängnis und der „Todesflügel" stehen. Die staatlichen Sicherheitsbehörden sind die Institutionen der unnachgiebigen Härte. Ihre Methoden werden ‚vergeheimdienstlicht' und in bestimmten Bereichen militarisiert, was im Drogenkrieg der USA und in der Terrorismusbekämpfung schon im ganz engen Sinne zu verstehen ist.

Auf dem Weg vom staatlichen Gewaltmonopol zur (teil)privatisierten, oligopolistischen, dezentralen und vielgestaltigen Sicherheitsordnung und von der vorherrschend repressiven und spezialpräventiven Kriminalitätskontrolle zur präventiven Bevölkerungskontrolle, bestimmt von Ungleichheit, Segregation und Gegensätzen sozialer, kultureller, politischer und ökonomischer Art, durchzogen von Schlagbäumen und gekennzeichnet von staatlichen Institutionen der Kriminalitätskontrolle, deren Diskurse und Handlungsmuster von der Technologie der ‚Sicherheit', dem ‚Kampf' und dem ‚Krieg' gegen die schwere und organisierte Kriminalität bestimmt sind, berührt die OPSO zahlreiche Vorstellungen, die der westliche Verfassungsstaat spätestens seit den bürgerlichen Revolutionen des 18. und 19. Jahrhunderts entwickelt hat. Ich will mich auf drei Vorstellungen beschränken, auf die Ideen des freiheitlichen Strafrechts, des gesellschaftlichen Konsens und eines Staates, der für die Sicherheit aller Bürger verantwortlich ist.

Zu den einzigartigen Erfindungen der westlichen Staatsentwicklung gehört die Verbindung zwischen Gewaltmonopol und Rechtsstaat mit individuellen Grundrechten. Die OPSO zerreißt diese Verbindung[28] und verkürzt das rechtsstaatliche Strafrecht und seine

---

28 Dies ist in einem typologisch-systematischen und nicht in einem historischen Sinn gemeint. Historisch war dieser Zusammenhang immer zerbrechlich. Als systematisches Problem des freiheitlichen Strafrechts reicht er bis zur spezialpräventiven Wende des Strafrechts zurück,

Institutionen um ihren freiheitssichernden Zweck, deren Kern die individuellen Grundrechte sind. Wie Wolfgang Naucke (1993: 154) verzweifelt schreibt: „Kommt nun, wie es tatsächlich geschieht, der Zweck des Strafrechts, die Freiheitsgarantie, aus dem Blick, so ist das Strafen nur noch Mittel zum (nun beliebigen) Zweck, zur Vorteilssicherung ..., zur Erhöhung der inneren Sicherheit, zur Risikoverminderung, zur Daseinsvorsorge". Weder die privaten Institutionen der Kriminalitäts- und Lebensformkontrolle noch die Grundsätze der Bevölkerungskontrolle und präventiv gerichteten Sicherheitsdiskurse noch staatliche Sicherheitsbehörden, die sich im Krieg mit der Kriminalität befinden, sichern und befördern den freiheitssichernden Zweck des Strafrechts. In der privatwirtschaftlich organisierten Kriminalitäts- und Lebensformkontrolle ist Freiheitssicherung zur Grenznutzenrechnung verkürzt. Was der ‚Schlendrian' für die despotische Ordnung ist (Trotha 1994a: 411ff.), ist in der OPSO die Gewinnrechnung des Unternehmers, dessen Kontrollstrategien dort ihre Grenzen finden, wo Aufwand und Ertrag in der betriebswirtschaftlichen Rechnung in keinem Verhältnis mehr zueinander stehen.[29] Nichts anderes gilt für die Bevölkerungskontrolle, deren Prinzip es ist, an die Stelle der Domestikation des staatlichen Gewaltmonopols, die durch ein strenges materielles und prozessuales Strafrecht und hauptsächlich durch hohe Zugangshindernisse für den Raum des Privaten bewerkstelligt wird, die veralltäglichte Kontrolle der Normadressaten zu setzen. Im präventiven Sicherheitsdiskurs, wie Naucke betont, sind der Zweck der Freiheitssicherung und insbesondere die individuellen Freiheitsrechte nicht enthalten. Die verfahrensrechtlichen Figuren der ‚harten Strategien' der staatlichen Sicherheitsbehörden sind „Lauschangriff", verdachtsunabhängige Großkontrollen, „finaler Rettungsschuß", der Ausschluß der Öffentlichkeit bei der Zeugeneinvernahme von V-Männern oder der Skandal der Todesstrafe, die vor allem diejenigen trifft, die in den segregierten Räumen der Armut und der Kultur der Gewaltnormalisierung leben.

Die Strukturen der Ungleichheit, Segregation, Antagonismen und Schlagbäume, die in der OPSO sowohl erzeugt wie der fraglosen Wirklichkeit von unveränderlichen Gegebenheiten zugewiesen werden, kündigen die Idee von der Einheit der gesellschaftlichen Ordnung und der ungeteilten Mitgliedschaft und berühren die konsensuelle Grundlage sozialer Ordnung, das, was Durkheim das „Kollektivbewußtsein" genannt hat. Im klassischen westlichen Verfassungsstaat besteht ein enger Zusammenhang zwischen Gewaltmonopol und Wertkonsens, zwischen monopolisierter Macht und der Idee von der Einheit einer Normativität, in der sich die Mitglieder der Gesellschaft über alle Unterschiede hinweg ihrer gemeinsamen Verbundenheit und Abhängigkeit versichern und deren Kern die Verpflichtung ist, die Gewalt aus dem gesellschaftlichen Verkehr zu verbannen. Diese Einheit war und ist entgegen dem Durkheimschen Diktat immer sehr brüchig, in vielerlei Hinsicht Fiktion. Aber sie ist eine funktionale Fiktion, insofern sie den Anspruch auf

---

für die Franz v. Liszt und das „Marburger Programm" von 1882 die strafrechtstheoretischen Grundlagen lieferten (vgl. Naucke 1982). Gleichfalls knüpft die OPSO an der konstitutionell-wohlfahrtsstaatlichen Ordnung der Gewalt an, für die die Theorie und Praxis der „Resozialisierung" konstitutiv ist, deren Kritik in den siebziger Jahren die kriminalpolitische Debatte bestimmt hat.

29 Nicht anders als im Despotismus kann, soziologisch betrachtet, die ‚Freiheit', die die Grenznutzenrechnung garantiert, beträchtlich sein. Aber es ist nicht die rechtlich garantierte Freiheit der klassischen freiheitlich-rechtsstaatlichen Verfassungsordnung.

ungeteilte Mitgliedschaft aufrechterhält und unter den Bedingungen von funktionierenden Systemen der Machtkontrolle, der Ordnung der Gewichte und Gegengewichte, zur Verständigung zwischen den konfliktreichen Zielen, Werten, Interessen und Weltanschauungen anhält. Die OPSO kennt diese Einheit auf der gesamtgesellschaftlichen Ebene nicht – möglicherweise mit all den Folgen, die gerade in den westlichen Nationalstaaten ohne die Tradition des Common Law in den Exzessen der Integrationsrituale zutage getreten sind. Vielleicht kehren mit der OPSO in gewandelter Gestalt Wirklichkeiten und Ideen wieder, die am Anfang der bürgerlich-industriellen Gesellschaft gestanden haben, als die Armen der großstädtischen Elendsviertel und die jugendlichen Altersgruppen in der Kultur der Gewaltnormalisierung als die ‚gefährlichen Klassen‘, die gleichsam einer anderen ‚Rasse‘ zugeordnet wurden, aus der normativen Einheit ausgeschlossen und ihre Lebensräume dem ‚Dschungel der Großstadt‘ überantwortet wurden.

In der OPSO wird der Kern des neuzeitlichen Gesellschaftsvertrages, den die politischen Philosophen und Verfassungsrechtler seit Hobbes diskutiert haben, neu geordnet. Seit Hobbes rechtfertigt sich das Gewaltmonopol dadurch, daß dem Staat die Verantwortung zukommt, für alle Bürger die gleichen Sicherheitsgarantien zu geben und sie zu gewährleisten. Die OPSO (teil)privatisiert diese Verantwortung und weist sie auf diesem Wege den privatwirtschaftlichen, parastaatlichen und kommunitären Institutionen der Sicherheitsherrschaft und der Lebensformkontrolle zu. Die klassische Sicherheitsverantwortung des Staates wird segmentiert und im Sinne des klassischen Modells von Staatlichkeit entpolitisiert. Sie wird an (käufliche) Mitgliedschaften in Sicherheitsordnungen gebunden, die der Markt und die kommunitären Sicherheitsbewegungen anbieten. Im Zusammenhang der entstehenden modernen Sicherheitstechnologien, der Strategien der Bevölkerungskontrolle und der Zurückdrängung der Freiheitssicherung unter den vielfältigen Zwecken des Strafrechts und seiner Einrichtungen bedeutet diese Neuordnung von Verantwortung paradoxerweise aber nicht das definitive Ende, sondern einen eigenartigen Triumph des politischen Philosophen des Leviathan und eine Niederlage seiner großen Gegenspieler, der Philosophen und Verfassungsrechtler der Gewaltenteilung, die staatliches Gewaltmonopol und Freiheit zusammengebracht haben.

Die OPSO setzt an die Stelle der politischen Ordnung des Hobbesschen Gesellschaftsvertrages eine gesellschaftliche Ordnung der vervielfältigten Hobbesschen Verträge.[30] Immer dann, wenn eine Person eine besondere Dienstleistung in Anspruch nimmt, geht sie einen Vertrag ein, in dem sie im Austausch gegen Sicherheit und Ordnung auf mehr oder minder umfangreiche Rechte, die im klassischen bürgerlichen Rechtsstaat zum Teil noch als unveräußerlich angesehen wurden, gegenüber dem Dienstleistungsunternehmen verzichtet. Zum Beispiel überprüfen Kreditunternehmen Bankauszüge, Fluggesellschaften durchsuchen das Gepäck und führen Körperkontrollen durch, an den Zugängen zu Wohnvierteln wird der Ein- und Ausgang registriert, in Kaufhäusern überwachen Kameras das ganze Geschehen oder Lebensversicherungen überprüfen die Krankheitsgeschichte ihrer potentiellen Kunden. Der Hobbessche Gesellschaftsvertrag ist auf dem Markt der OPSO zum Flugticket, Kauf- und Mietvertrag geworden.

---

30 Diese Beobachtung verdanke ich einem Vortrag von Clifford Shearing, der unter dem Titel „Reinventing Policing" (1995) veröffentlicht ist, in seiner schriftlichen Fassung diese Beobachtung jedoch nicht enthält.

## IV. Schlußbetrachtung

Die Durchsetzung des Anspruchs auf das legitime staatliche Gewaltmonopol ist in großen Teilen der Welt eine Fiktion. Die agrarische neo-despotische Ordnung enthält sie ebenso wenig wie die agrarische postakephal-konstitutionelle oder urbane parastaatliche Ordnung. In der konstitutionell-wohlfahrtsstaatlichen Ordnung ist sie in den segregierten urbanen Räumen der Armut, rassisch-ethnischen Diskrimierung und Unterprivilegierung augenfällig prekär. Unter den Norbert Eliasschen (1985: 80ff.) Gesichtspunkten einer zweiten Stufe des Pazifizierungsprozesses, auf der nach der innerstaatlichen Befriedung die globale, zwischenstaatliche Pazifizierung folgt, vermag dieser fiktionale Charakter des Gewaltmonopols zu einer gefährlichen Illusion zu werden, denn es scheint mir im Sinne von Elias richtig zu sein, daß der Weltfrieden ohne ein hohes Maß innerstaatlicher Pazifizierung eine Chimäre ist.

Es gehört sicherlich zu den Eigenheiten der europäischen Staatsentwicklung, daß sie unter den Bedingungen des rechtsstaatlichen Wohlfahrtsstaates nicht nur eine bemerkenswerte Durchsetzung des Anspruchs auf das legitime Gewaltmonopol, sondern vor allem seine rechtsstaatliche Einhegung erzielt und auf diese Weise eine beachtliche Sicherheitsleistung zu Wege gebracht hat. Es ist eine Ordnung, die durch hohe Entmachtung, hohe Entlastung und hohe Instanzenorientierung gekennzeichnet ist. Aber es hat den Anschein, daß mit der oligopolistisch-präventiven Sicherheitsordnung, die sich in ersten Umrissen abzeichnet, diese Entwicklung an ihr Ende gekommen ist und wir mit ihr einem neuen Typ von gesamtgesellschaftlicher Ordnung der Gewalt entgegengehen.

In der Form der OPSO ist diese Ordnung die Wiederkehr eines Stücks historischer ‚Normalität'. Gesellschaftlichen Ordnungen, insbesondere in Gestalt der Institutionen des oligopolistischen Marktes der präventiven Sicherheits- und Lebensformkontrolle, eignen sich die Herrschaftsaufgaben des politischen Zentrums an. Das beinhaltet nicht, daß die gewalttätige Selbsthilfe der akephalen Ordnung als allgemeiner Boden des gesellschaftlichen Verkehrs wiederersteht. Aber es bedeutet, daß die Unterschiede in der differentiellen gesamtgesellschaftlichen Struktur der Gewalt und der Furcht vor der Gewalt deutlicher, im Vergleich der Pole kraß werden. Hohe Entmachtung, hohe Entlastung und hohe Instanzenorientierung in den Räumen und Institutionen der Sicherheitsoligopole stehen geringer Entmachtung, hoher Belastung und geringer Instanzenorientierung in den Kulturen der Gewaltnormalisierung und an den Grenzen der Strukturen der Segregation und Ungleichheit gegenüber. Die Merkmale der „Endstufe" der Machtintegration, von der Heinrich Popitz spricht, werden segmentiert. Es ist ebenfalls nicht von der Hand zu weisen, daß die Gewalt und die Furcht vor der Gewalt wieder stärker unser Bewußtsein und die gesellschaftlichen und politischen Konflikte prägen werden. Das sind noch keine „Aussichten auf den Bürgerkrieg", die Hans Magnus Enzensberger (1994) eröffnet sieht, der in seinem zornigen Essay über die weltweite Entfesselung der Gewalt glaubt, die Rückkehr des Hobbesschen Naturzustandes ausmachen zu können. Aber im leichtfertigen ideologischen Umgang des Neo-Liberalismus mit der Privatisierung des Kerns von moderner Staatlichkeit, des Gewaltmonopols, wird im unmittelbaren Wortsinne ein ‚Spiel mit dem Feuer' getrieben. Denn anders als den akephalen Ordnungen steht den modernen Großgesellschaften die kommunitäre Grundlage der Gabe nicht mehr zur Verfügung – abgesehen davon, daß auch die akephale Gesellschaft nicht den Rousseauschen Frieden kennt.

## Literatur

Ballot, Frank, 1986: Politische Herrschaft in Kenia. Der neo-patrimoniale Staat 1963–1978. Rheinfelden: Schäuble.
Bayard, Jean-François, 1989: L'Etat en Afrique. La politique du ventre. Paris: Fayard.
Bierschenk, Thomas, Georg Elwert und Dirk Kohnert, 1993: Einleitung: Entwicklungshilfe und ihre Folgen. S. 7–39 in: Thomas Bierschenk und Georg Elwert (Hg.): Entwicklungshilfe und ihre Folgen. Ergebnisse empirischer Untersuchungen in Afrika. Frankfurt a.M./New York: Campus.
Brunner, Otto, 1973 (1939): Land und Herrschaft. Grundfragen der territorialen Verfassungsgeschichte Österreichs im Mittelalter. Darmstadt: Wissenschaftliche Buchgesellschaft.
Brusten, Manfred (Hg.), 1992: Polizei-Politik. Streitfragen, Kritische Analysen und Zukunftsperspektiven, Kriminologisches Journal, 4. Beiheft. München: Juventa.
Brunton, Brian, 1986: Crime, Politics and Economics. S. 30–40 in: Louise Morauta (Hg.): Law and Order in a Changing Society Society. Canberra: Department of Political and Social Change/Research School of Pacific Studies, Australian National University.
Burckhard, Jacob, [o.J.] (1905/1868–1873): Weltgeschichtliche Betrachtungen. Historisch-kritische Gesamtausgabe. Mit einer Einleitung und textkritischem Anhang von Rudolf Stadelmann. [O.O.:] Neske.
Busch, Heiner, Albrecht Funk, Udo Kauss, Wolf-Dieter Narr und Falco Werkentin, 1985: Die Polizei in der Bundesrepublik. Frankfurt a.M./New York: Campus.
Callaghy, Thomas M., 1984: The State-Society Struggle. Zaire in Comparative Perspective. New York: Columbia University Press.
Chagnon, Napoleon A., 1971 (1967): Die soziale Organisation und die Kriege der Yanomamö-Indianer. S. 131–189 in: Morton Fried, Marvin Harris und Robert Murphy (Hg.): Der Krieg. Zur Anthropologie der Aggression und des bewaffneten Konflikts. Frankfurt a.M.: Fischer.
Chagnon, Napoleon A., 1977 (1968): Yanomamö. The Fierce People. New York u.a.: Holt-Rinehart-Winston.
Cohen, Stanley, 1987 (1985): Visions of Social Control. Crime, Punishment and Classification. Cambridge/Oxford: Polity Press/Basil Blackwell.
Cohen, Stanley, 1993: Soziale Kontrolle und die Politik der Rekonstruktion. S. 209–237 in: Detlev Frehsee, Gabi Löschper und Karl F. Schumann (Hg.): Strafrecht, soziale Kontrolle, soziale Disziplinierung, Jahrbuch für Rechtssoziologie und Rechtstheorie, Bd. 15. Opladen: Westdeutscher Verlag.
Colson, Elizabeth, 1974: Tradition and Contract. The Problem of Order. Chicago: Aldine.
Diederichs, Otto, 1992: ‚Sicherheit ist Kapital' – Private Sicherheitsdienste in Zahlen und Fakten, Bürgerrechte und Polizei/CILIP, Heft 3: 24–31.
Dorney, Sean, 1991: Papua New Guinea. People, Politics and History since 1975. Sidney u.a.: Random House.
Dubet, François, und Didier Lapeyronnie, 1994 (1992): Im Aus der Vorstädte. Der Zerfall der demokratischen Gesellschaft. Stuttgart: Klett-Cotta.
Elias, Norbert, 1969 (1936): Über den Prozeß der Zivilisation. Soziogenetische und psychogenetische Untersuchungen, 2 Bde. Bern, München: Francke.
Elias, Norbert, 1985: Humana conditio. Beobachtungen zur Entwicklung der Menschheit am 40. Jahrestag eines Kriegsendes (8. Mai 1985). Frankfurt a.M.: Suhrkamp.
Enzensberger, Hans Magnus, 1994 (1993): Aussichten auf den Bürgerkrieg. Frankfurt a.M.: Suhrkamp.
Erikson, Kai T., 1978 (1966): Die widerspenstigen Puritaner. Zur Soziologie abweichenden Verhaltens. Stuttgart: Klett-Cotta.
Fatheuer, Thomas, 1994: Jenseits des staatlichen Gewaltmonopols. Drogenbarone, Todesschwadrone und Profiteure: die andere Privatisierung in Rio de Janeiro. S. 23–38 in: Dietmar Dirmoser et al. (Hg.): Jenseits des Staates? Lateinamerika. Analysen und Berichte, Bd. 18. Bad Honnef: Horlemann.
Feeley, Malcolm, und Jonathan Simon, 1994: Actuarial Justice: the Emerging New Criminal Law. S. 173–201 in: David Nelken (Hg.): The Futures of Criminology. London u.a.: Sage.
Feltes, Thomas, 1990: Polizei, Bürger und Gemeinwesen, Neue Kriminalpolitik 2: 32–39.

*Feltes, Thomas*, und *Erich Rebscher* (Hg.), 1990: Polizei und Bevölkerung. Holzkirchen: Felix.
*Galtung, Johan*, 1969: Violence, Peace, and Peace Research, Journal of Peace Research 6: 167–192.
*Galtung, Johan*, 1978: Der besondere Beitrag der Friedensforschung zum Studium der Gewalt. S. 9–32 in: *Kurt Röttgers* und *Hans Saner* (Hg.): Gewalt. Grundlagenprobleme in der Diskussion der Gewaltphänomene. Basel/Stuttgart: Schwabe.
*Galtung, Johan*, 1993 (1990): Kulturelle Gewalt, Der Bürger im Staat 43, Heft 2: 106–112.
*Garzón Valdés, Ernesto*, 1991: Staatsterrorismus: Legitimation und Illegitimität. S. 317–354 in: *Hans Werner Tobler* und *Peter Waldmann* (Hg.): Staatliche und parastaatliche Gewalt in Lateinamerika. Frankfurt a.M.: Vervuert.
*German, Christiano*, 1991: Brasilien. Militärherrschaft und Nachrichtendienste (1964–1985). S. 105–130 in: *Hans Werner Tobler* und *Peter Waldmann* (Hg.): Staatliche und parastaatliche Gewalt in Lateinamerika. Frankfurt a.M.: Vervuert.
*Göschl, Alexandra*, und *Sylvia Lustig*, 1994: Die bayrische Sicherheitswacht – ein Modell zur Wahrung des staatlichen Gewaltmonopols? S. 143–151 in: *Stefan Hornbostel* (Hg.): Allgemeine Verunsicherung und Politik der Inneren Sicherheit. Arbeitsgruppe „Soziologie der Politik" der Deutschen Gesellschaft für Soziologie, Dokumentation Nr. 6. Jena: Friedrich-Schiller-Universität.
*Gusfield, Joseph R.*, 1963: Symbolic Crusade. Status Politics and the American Temperance Movement. Urbana, Ill.: University of Illinois Press.
*Haferkamp, Hans*, 1988: Machtsteigerung – und kein Ende?, Soziologische Revue 11: 13–19.
*Hanser, Peter*, und *Trutz von Trotha*, 1995: Streit, Macht und das Wechselverhältnis zwischen staatlichen und nicht-staatlichen Streitregelungseinrichtungen bei den ELEMA in Papua-Neuguinea. DFG-Abschlußbericht zu dem gleichnamigen Forschungsprojekt. Siegen: Universität-Gesamthochschule Siegen.
*Hausmann, Christopher*, und *Stefan Hornbostel*, 1994: Vom Abschnittsbevollmächtigten zum Kontaktbereichsbeamten. Kontinuitäten polizeilicher Strategien und verändertes Sicherheitsempfinden. S. 152–169 in: *Stefan Hornbostel* (Hg.): Allgemeine Verunsicherung und Politik der Inneren Sicherheit. Arbeitsgruppe „Soziologie der Politik" der Deutschen Gesellschaft für Soziologie, Dokumentation Nr. 6. Jena: Friedrich-Schiller-Universität.
*Hobbes, Thomas*, 1965 (1651): Leviathan, or the Matter, Form, and Power of a Commonwealth, Ecclesiastical and Civil. Dent u.a.: Everyman's Library.
*Hornbostel, Stefan* (Hg.), 1994: Allgemeine Verunsicherung und Politik der Inneren Sicherheit. Arbeitsgruppe „Soziologie der Politik" der Deutschen Gesellschaft für Soziologie, Dokumentation Nr.6. Jena: Friedrich-Schiller-Universität.
*John-Nambo, Joseph*, 1993: L'Etat gabonais et sa violence. S. 173–181 in: *Etienne Le Roy* und *Trutz von Trotha* (Hg.): La violence et l'Etat. Formes et évolution d'un monopole. Paris: Harmattan.
*Kolma, Caspar*, 1993: Tribal war leaves for dead in the Highlands, *Papua New Guinea Post-Courier*, 26. März 1993: 5.
*Koschützke, Albrecht*, 1994: Editorial: Jenseits des Staates. S. 7–20 in: *Dietmar Dirmoser et al.* (Hg.): Jenseits des Staates? Lateinamerika. Analysen und Berichte, Bd. 18. Bad Honnef: Horlemann.
*Kuyu-Mwissa, Camille*, 1993: La privatisation de la violence institutionnalisée au Zaïre. S. 165–171 in: *Etienne Le Roy* und *Trutz von Trotha* (Hg.): La violence et l'Etat. Formes et évolution d'un monopole. Paris: Harmattan.
*Lüdtke, Alf*, 1992: Einleitung: „Sicherheit" und „Wohlfahrt". Aspekte der Polizeigeschichte. S. 7–33 in: *Ders.* (Hg.): „Sicherheit" und „Wohlfahrt". Polizei, Gesellschaft und Herrschaft im 19. und 20. Jahrhundert. Frankfurt a.M.: Suhrkamp.
*Mann, Michael*, 1990: Geschichte der Macht, 2 Bde. Frankfurt a.M./New York: Campus.
*Mapusia, Mike*, 1986: Police Policy towards Tribal Fighting in the Highlands. S. 57–69 in: *Louise Morauta* (Hg.): Law and Order in a Changing Society. Canberra: Department of Political and Social Change/Research School of Pacific Studies, Australian National University.
*Matthews, Roger* (Hg.), 1989: Privatizing Criminal Justice. London: Sage.
*Matt, Peter von*, 1994: Das Schicksal der Phantasie. Studien zur deutschen Literatur. München/Wien: Hanser.

*Mauss, Marcel,* 1978 (1923/24): Die Gabe. Form und Funktion des Austauschs in archaischen Gesellschaften. S. 9–144 in: *Ders.:* Soziologie und Anthropologie, Bd. 2: Gabentausch, Soziologie und Psychologie, Todesvorstellung, Körpertechniken, Begriff der Person. Frankfurt a.M. u.a.: Ullstein.

*Mbembe, Achille,* 1991: Désordres, résistances et productivité, Politique Africaine 42: 2–8.

*Miller, Walter B.,* 1968 (1958): Die Kultur der Unterschicht als ein Entstehungsmilieu für Bandendelinquenz. S. 343–351 in: *Fritz Sack* und *René König* (Hg.): Kriminalsoziologie. Frankfurt a.M.: Akademische Verlagsgesellschaft.

*Müller, Johann Baptist,* 1986: Herrschaftsintensität und politische Ordnung. Berlin: Duncker & Humblot.

*Myrdal, Gunnar,* 1980 (1968): Asiatisches Drama. Eine Untersuchung über die Armut der Nationen. Frankfurt a.M.: Suhrkamp.

*Narr, Wolf-Dieter,* 1992: Der Markt der Sicherheit, das Gewaltmonopol des Staates und die Bürgerrechte, Bürgerrechte und Polizei/CILIP, Heft 3: 6–13.

*Naucke, Wolfgang,* 1982: Die Kriminalpolitik des Marburger Programms 1882, Zeitschrift für die gesamte Strafrechtswissenschaft 94: 525–564.

*Naucke, Wolfgang,* 1993: Schwerpunktverlagerungen im Strafrecht, Kritische Vierteljahresschrift für Gesetzgebung und Rechtswissenschaft 76: 135–162.

*Neidhardt, Friedhelm,* 1986: Gewalt. Soziale Bedeutungen und sozialwissenschaftliche Bedingungen des Begriffs. S.109–147, in: *Bundeskriminalamt* (Hg.): Was ist Gewalt? Auseinandersetzungen mit einem Begriff, Bd. 1: Strafrechtliche und Sozialwissenschaftliche Darlegungen. Wiesbaden: Bundeskriminalamt.

*Nogala, Detlef,* 1989: Polizei, avancierte Technik und soziale Kontrolle. Funktion und Ideologie technikbesetzter Kontrollstrategien im Prozeß der Rationalisierung von Herrschaft. Pfaffenweiler: Centaurus.

*Nogala, Detlef,* 1992: Sicherheit als Ware und Dienstleistung – zur Entwicklung einer zukunftsträchtigen Industrie, Bürgerrechte und Polizei/CILIP, Heft 3: 18–22.

*Nohlen, Dieter* (Hg.), 1993: Lexikon Dritte Welt. Länder, Organisationen, Theorien, Begriffe, Personen. Reinbek: Rowohlt Taschenbuch.

*Papendorf, Knut,* 1993: Fritz Sack – der Streitbare. Ein Portrait, Neue Kriminalpolitik 5, Heft 3: 42–44.

*Petyko, András,* 1995: Ungebrochene Kultur der Gewalt in Kolumbien, Neue Zürcher Zeitung, 4. Januar 1995: 5.

*Pilgram, Arno,* 1991: Private Perspektiven?, Neue Kriminalpolitik 3, Heft 4: 22–25.

*Poirier, Jean,* 1993: La violence par prétérition. Une nouvelle forme de la violence institutionelle. S. 183–198 in: *Etienne Le Roy* und *Trutz von Trotha* (Hg.): La violence et l'Etat. Formes et évolution d'un monopole. Paris: Harmattan.

*Popitz, Heinrich,* 1992: Phänomene der Macht. Tübingen: Mohr.

*Popitz, Heinrich,* 1995: Der Aufbruch zur artifiziellen Gesellschaft. Tübingen: Mohr.

*Rath, Günter,* 1989: Papua-Neuguinea. Ein südpazifisches Entwicklungsland auf dem Weg in das Jahr 2000. Hamburg: Institut für Asienkunde.

*Reuband, Karl-Heinz,* 1992: Objektive und subjektive Bedrohung durch Kriminalität. Ein Vergleich der Kriminalitätsfurcht in der Bundesrepublik Deutschland und in den USA 1965–1990, Kölner Zeitschrift für Soziologie und Sozialpsychologie 44: 341–351.

*Recktenwald, Horst Claus,* 1989: Adam Smith (1723–1790). S. 134–155 in: *Joachim Starbatty* (Hg.): Klassiker des ökonomischen Denkens, Bd. 1: Von Plato bis John Stuart Mill. München: Beck.

*Rouveroy van Nieuwaal, Emile A. B. van,* 1991: The Togolese Chiefs: Caught between the Scylla and Charybdis?, Africa Focus 7: 121–152.

*Sack, Fritz,* 1990: Das Elend der Kriminologie und Überlegungen zu seiner Überwindung, ein erweitertes Vorwort. S. 15–55 in: *Philippe Robert*: Strafe, Strafrecht, Kriminologie. Eine soziologische Kritik. Frankfurt a.M. u.a.: Campus/Edition de la Maison des Sciences de l'Homme.

*Sahlins, Marshall,* 1978 (1972): Stone Age Economics. London: Tavistock.

*Schwind, Hans-Dieter,* und *Jürgen Baumann* (Hg.), 1990: Ursachen, Prävention und Kontrolle von Gewalt. Analysen und Vorschläge der Unabhängigen Regierungskommission zur Verhinderung und Bekämpfung von Gewalt (Gewaltkommission), Bd. 1: Endgutachten und Zwischengutachten der Arbeitsgruppen, Bd. 2: Erstgutachten der Unterkommissionen. Berlin: Duncker & Humblot.
*Shearing, Clifford,* 1995: Reinventing Policing: Policing as Governance. In: *Detlev Frehsee, Albrecht Funk, Herbert Reinke, Fritz Sack* und *Michael Voß* (Hg.): Privatisierung staatlicher Sozialkontrolle: Befunde, Konzepte und Tendenzen. Baden-Baden: Nomos (im Druck).
*Sigrist, Christian,* 1994 (1967): Regulierte Anarchie. Untersuchungen zum Fehlen und zur Entstehung politischer Herrschaft in segmentären Gesellschaften Afrikas. Hamburg: Europäische Verlagsanstalt.
*Skolnick, Jerome H.,* und *James J. Fyfe,* 1993: Above the Law. Police and the Excessive Use of Force. New York u.a.: Free Press.
*South, Nigel,* 1995: Privatization, Private Policing and the Administration of Sanctions: Historical Remarks and Contemporary Observations. In: *Detlev Frehsee, Albrecht Funk, Herbert Reinke, Fritz Sack* und *Michael Voß* (Hg.): Privatisierung staatlicher Sozialkontrolle: Befunde, Konzepte und Tendenzen. Baden-Baden: Nomos (im Druck).
*Spitta, Arnold,* 1991: „Partisanen kann man nur auf Partisanenart bekämpfen". Über die ideologischen Wurzeln und Rechtfertigungen der „Guerra sucia" in Lateinamerika (insbesondere in Argentinien). S. 133–162 in: *Hans Werner Tobler* und *Peter Waldmann* (Hg.): Staatliche und parastaatliche Gewalt in Lateinamerika. Frankfurt a.M.: Vervuert.
*Spittler, Gerd,* 1978: Herrschaft über Bauern. Die Ausbreitung staatlicher Herrschaft und einer islamisch-urbanen Kultur in Gobir (Niger). Frankfurt a.M./New York: Campus.
*Spittler, Gerd,* 1980: Streitregelung im Schatten des Leviathan. Eine Darstellung und Kritik rechtsethnologischer Untersuchungen, Zeitschrift für Rechtssoziologie 1: 4–32.
*Spittler, Gerd,* 1981: Verwaltung in einem afrikanischen Bauernstaat. Das koloniale Französisch-Westafrika 1919–1939. Freiburg i.Br./Zürich: Atlantis.
*Stacharowsky, Heiner,* 1985: Private Sicherungsdienste: Polizeiersatz im Wartestand?, Kriminologisches Journal 17: 228–234.
*Stern, Vivien,* 1992: Private Gefängnisse, Neue Kriminalpolitik 4, Heft 2: 16–17.
*Strathern, Andrew,* 1992: Let the bow go down. S. 229–250 in: *R. Brian Ferguson* und *Neil L. Whitehead* (Hg.): War in the Tribal Zone. Expanding States and Indigenous Warfare. Santa Fe: School of American Research Press.
*Sykes, Gresham M.,* und *David Matza,* 1968 (1957): Techniken der Neutralisierung: Eine Theorie der Delinquenz. S. 360–371 in: *Fritz Sack* und *René König* (Hg.): Kriminalsoziologie. Frankfurt a.M.: Akademische Verlagsgesellschaft.
*Thurnwald, Richard,* 1934: Die menschliche Gesellschaft in ihren ethno-soziologischen Grundlagen. Bd. 5: Werden, Wandel und Gestaltung des Rechtes im Lichte der Völkerforschung. Berlin, Leipzig: de Gruyter.
*Toulabor, Comi M.,* 1986: Le Togo sous Eyadéma. Paris: Karthala.
*Touraine, Alain,* 1994: Der Staat zerbricht, Die Woche, 7. April 1994: 23.
*Treiber, Hubert,* 1984: Die gesellschaftliche Auseinandersetzung mit dem Terrorismus: Die Inszenierung ‚symbolischer Kreuzzüge' zur Darstellung von Bedrohungen der normativen Ordnung von Gesellschaft und Staat. S. 320–363 in: *Fritz Sack* und *Heinz Steinert* (Hg.): Protest und Reaktion. Analysen zum Terrorismus 4/2. Opladen: Westdeutscher Verlag.
*Trotha, Trutz von,* 1982: Recht und Kriminalität. Auf der Suche nach Bausteinen für eine rechtssoziologische Theorie des abweichenden Verhaltens und der sozialen Kontrolle. Tübingen: Mohr.
*Trotha, Trutz von,* 1986: Distanz und Nähe. Über Politik, Recht und Gesellschaft zwischen Selbsthilfe und Gewaltmonopol. Tübingen: Mohr.
*Trotha, Trutz von,* 1987: Zwischen Streitanalyse und ‚negativem Evolutionismus'. Skizzen über einige Probleme der Rechtsethnologie aus soziologischer Perspektive, Zeitschrift für vergleichende Rechtswissenschaft 86: 61–137.
*Trotha, Trutz von,* 1988: Zur Entstehung von Recht. Deutsche Kolonialherrschaft und Recht im „Schutzgebiet Togo", 1884–1914, Rechtshistorisches Journal 7: 317–346.

Trotha, Trutz von, 1990: Zum Wandel der Familie, Kölner Zeitschrift für Soziologie und Sozialpsychologie 42: 452–473.
Trotha, Trutz von, 1993: Rezension von Alf Lüdtke (Hg.): „Sicherheit" und „Wohlfahrt". Polizei, Gesellschaft und Herrschaft im 19. und 20. Jahrhundert, Soziologische Revue 16: 384–387.
Trotha, Trutz von, 1994a: Koloniale Herrschaft. Zur soziologischen Theorie der Staatsentstehung am Beispiel des „Schutzgebietes Togo". Tübingen: Mohr.
Trotha, Trutz von, 1994b: Einleitung. S. 9–30 in: *Wilhelm Möhlig* und *Trutz von Trotha* (Hg.): Die Legitimation von Herrschaft und Recht. Köln: Rüdiger Köppe.
Trotha, Trutz von, 1994c: „Streng, aber gerecht" – „hart, aber tüchtig". Über Formen von Basislegitimität und ihre Ausprägungen am Beginn staatlicher Herrschaft. S. 69–90 in: *Wilhelm Möhlig* und *Trutz von Trotha* (Hg.): Die Legitimation von Herrschaft und Recht. Köln: Rüdiger Köppe.
Trotha, Trutz von, 1995: Gewalt, Staat und Basislegitimität. Notizen zum Problem der Macht in Afrika und anderswo. In: *Claudia Ortner-Buchberger, Heidi Willer* und *Till Förster* (Hg): Macht der Identität – Identität der Macht. Münster u.a.: LIT (im Druck).
Voß, Michael, 1993: Privatisierung öffentlicher Sicherheit. S. 81–102 in: *Detlev Frehsee, Gabi Löscher* und *Karl F. Schumann* (Hg.): Strafrecht, soziale Kontrolle, soziale Disziplinierung, Jahrbuch für Rechtssoziologie und Rechtstheorie, Bd. 15. Opladen: Westdeutscher Verlag.
Waldmann, Peter, 1991: Staatliche und parastaatliche Gewalt: Ein vernachlässigtes Forschungsthema. S. 21–41 in: *Hans Werner Tobler* und *Peter Waldmann* (Hg.): Staatliche und parastaatliche Gewalt in Lateinamerika. Frankfurt a.M.: Vervuert.
Waldmann, Peter, 1992: Staatliche und parastaatliche Repression in Lateinamerika. Ebenhausen: Stiftung Wissenschaft und Politik. Forschungsinstitut für Internationale Politik und Sicherheit.
Waldmann, Peter, 1994: Gesellschaften im Bürgerkrieg. Zur Eigendynamik entfesselter Gewalt. Unveröffentlichtes Manuskript. Augsburg: Universität Augsburg, Lehrstuhl für Soziologie/Sozialkunde.
Weigend, Thomas, 1989: Privatgefängnisse, Hausarrest und andere Neuheiten. Antworten auf die Krise des amerikanischen Strafvollzugs, Bewährungshilfe 36: 289–301.
Werz, Nikolaus, 1994: Die ideologischen Wurzeln der „Doktrin der nationalen Sicherheit" in Lateinamerika. S. 163–191 in: *Dietmar Dirmoser et al.* (Hg.): Jenseits des Staates? Lateinamerika. Analysen und Berichte, Bd. 18. Bad Honnef: Horlemann.
Young, Michael W., 1971: Fighting with Food: Leadership, Values and Social Control in a Massim Society. Cambridge: Cambridge University Press.

# DIE „SCHMUTZIGEN JAHRE"

## Die Ent-Institutionalisierung der italienischen Parteien

### Silvano Belligni

*Zusammenfassung:* Im Gegensatz zu den meisten gängigen Interpretationen der politischen Krise Italiens wird hier die Annahme der Diskontinuität des geschichtlichen Verlaufs der „Ersten Italienischen Republik" vertreten. Schlüsselbegriff dieser Analyse ist „Tangentopoli", mit dem der politisch-kriminelle Komplex der politischen Geschäftemacherei bezeichnet wird, der in den achtziger Jahren aufgebaut worden ist. Dieser Aufbau von Tangentopoli ist von einem dramatischen Ent-Institutionalisierungprozeß der etablierten politischen Parteien begleitet, in dem sich die traditionellen Massenintegrationsparteien (einschließlich des Pci) in „political machines" verwandeln. Die Abwesenheit integrativer und moralisch verpflichtender Institutionen wird von den neuen „political machines" dazu benutzt, die öffentlichen Schulden zu steigern, ihre partikularistischen Interessen zu verteidigen und Raum für neue, fragwürdige politische Aufsteiger zu schaffen.

### *I. Konsoziative Parteienherrschaft?*

In der Geschichte der konsolidierten westlichen Demokratien gibt es nur wenige Fälle, die mit der umfassenden und tiefgreifenden politischen Krise, die Italien zum Ausgang dieses Jahrhunderts erfaßt hat, verglichen werden könnten. Das politische System ist aus dieser Krise vollkommen verändert hervorgegangen: Die Hauptakteure haben gewechselt, die Regeln der politischen Konkurrenz sind verändert und die zentrale Bedeutung und Vorrangstellung, die das politische System noch bis vor kurzem gegenüber anderen sozialen Subsystemen eingenommen hat, sind erheblich geschwächt worden. Man könnte unschwer die allgemeinen Ursachen dieser Krise in der ganzen Geschichte der italienischen Republik zurückverfolgen; ihre spezifischen Bedingungen sind jedoch in den achtziger Jahren zu suchen, den Jahren von „Tangentopoli".[1] Dieser einschneidende Zeitabschnitt ist bisher noch nicht im Detail analysiert worden. Es gibt noch viel zu wenig Informationen darüber, wie sich die geheimen Praktiken der Bereicherung der Parteien auf Kosten des Staates verbreitet haben und der heute nicht mehr rückgängig zu machende Umwandlungsprozeß der Parteien im einzelnen vollzogen hat.

Sozialwissenschaftler haben sich bislang nur wenig dafür interessiert, diesen Zeitraum genau zu analysieren. Überall tauchen jetzt plötzlich die unterschiedlichsten alltagswissen-

---

1 Der Name Tangentopoli setzt sich aus den Begriffen „tangenti" (Bestechungsgelder) und „metropoli" (Großstadt) zusammen und bezieht sich auf Mailand, wo die Schmiergeldaffairen im Frühjahr 1992 aufgedeckt worden sind. Dieser Begriff wird im Text als terminus technicus beibehalten (Anmerkung der Übersetzerin).

schaftlichen Interpretationen der Geschichte der italienischen Republik auf, wobei auffällt, daß sie von einer stillschweigenden Annahme ausgehen, die übrigens auch von den Sozialwissenschaftlern weitgehend geteilt wird: Die achtziger Jahre stellten den Niedergang der „Ersten italienischen Republik" dar und ließen sich als emergente Folge des atypischen Verlaufs ihrer Geschichte erklären. Sie seien, anders ausgedrückt, die notwendige Folge eines von Anfang an bestehenden Erbfehlers, die späte *Enthüllung* schon immer bestehender Eigenarten. Versteht man die achtziger Jahre aber als die bloße Vollendung bereits vorher bestehender struktureller Bedingungen, so bedeutet dies, daß man sie als eigenständiges Analyseobjekt nicht ernst nimmt; sie werden höchstens aus historischen oder soziographischen Gründen gewürdigt. Die analytischen Anstrengungen richten sich vielmehr auf die langfristigen Tendenzen und diejenigen kulturellen und strukturellen Faktoren, die aufgrund ihrer jeweiligen Entwicklung und Wechselwirkung miteinander den gegenwärtigen Zustand kumulativ hervorgebracht und immer wieder reproduziert hätten (vgl. Ginsborg 1989; Putnam 1993; Salvadori 1994).

Die Vertreter dieser analytischen Perspektive erkennen die kausalen Ursachen des gegenwärtigen Zustandes zum einen in solchen allgemeinen Charakterzügen wie dem amoralischen Familismus (Banfield 1958) oder dem mangelnden staatsbürgerlichen Bewußtsein, die die italienische Kultur in weiten Teilen des Landes geprägt hätten; zum anderen in den „transformistischen"[2] Neigungen der Elite und der politischen Klasse, die mit einem Mangel an Grundkonsens zwischen den verschiedenen sozialen Gruppen einhergingen. Die Epochen des Risorgimento, der Gegenreformation und der autonomen Stadtrepubliken werden gleichsam historisch zurückverfolgt und nach dem vermeintlich unveränderlichen italienischen Nationalcharakter und den ungelösten Grundkonflikten durchforstet, in der Annahme, diese könnten für die regressive politische Kultur und die Unterentwicklung der nationalen bürgerlichen Tugenden der Italiener verantwortlich gemacht werden.

Diese kulturelle Vorbelastung wird sodann auf der einen Seite mit den institutionellen Verfahren in Verbindung gebracht, die für viele fortgeschrittene Demokratien typisch sind und die auch in Italien nach seiner Befreiung durchgesetzt worden sind, nämlich Verhältniswahlrecht, Dominanz des Parlaments über die Regierung, indirekte Legitimierung von Regierung und Staatsspitze sowie ein Zweikammersystem. Auf der anderen Seite wird das kulturelle Erbe mit unterschiedlichen internen und externen Bedingungen in Verbindung gebracht, die entweder die „Erste Republik" selbständig hervorgebracht hat, wie die Stärke und das Ansehen der demokratischen Massenparteien, oder aber auf die Einbindung Italiens in die internationale Politik zurückzuführen sind, wie die Blockierung jeglichen Regierungswechsels aufgrund der Präsenz einer starken kommunistischen Partei, die als Anti-System-Partei und anti-westlich eingestuft worden ist.

Ausgehend von diesen analytischen Annahmen hat sich immer mehr eine vulgäre Reinterpretation der italienischen Nachkriegszeit und der gegenwärtigen politischen Krise

---

2 Unter dem Begriff „trasformismo" wird die Abkoppelung der politischen Elite von den Interessen der Gruppen in der Sozialstruktur verstanden; anstatt die Aufgabe der Interessenvermittlung wahrzunehmen, befriedigen sie ihre eigenen Klasseninteressen nach einem ganz bestimmten Verteilungsmuster (siehe hierzu Fußnote 2 des Beitrags von Elisabeth Fix, in diesem Band); Veränderungen werden nur zu dem Zweck der Sicherstellung der eigenen Interessenwahrnehmung unter sich wandelnden Bedingungen vorgenommen; vgl. Tranfaglia 1994 (Anmerkung der Übersetzerin).

durchgesetzt, deren Untersuchungsgegenstand insbesondere die politischen Parteien sind und die unter Schlagworten wie „Parteienherrschaft" und „Konsoziativismus" von sich reden macht. Demnach sei die Entwicklung des italienischen politischen Systems und sein derzeitiger Zustand mit dem Konzept „konsoziative Parteienherrschaft" interpretierbar (Romano 1993: 12). Dabei wird der Begriff Parteienherrschaft in polemischer Absicht gebraucht, um die Beziehungen zu bezeichnen, die sich zwischen den übermächtigen Parteien einerseits sowie den Regierungsorganen und den Interessen in der Zivilgesellschaft andererseits eingespielt haben. Weniger polemisch wird der Begriff „konsoziativ" gebraucht, wenn darunter die Art der Beziehungen verstanden wird, die die Parteien und die verschiedenen Parteiflügel innerhalb der politischen Klasse zur Erhaltung ihrer Machtpositionen untereinander pflegen und die fest in allen öffentlichen Bereichen verwurzelt sind. Der Konsoziativismus habe die ganze Geschichte der italienischen Republik überschattet, ohne deutlich nach außen in Erscheinung getreten zu sein. Er sei vielmehr hinter dem kampffreudigen Auftreten und stark ideologisch geprägten Darstellungsstil der Politiker, die schon immer die politischen Auseinandersetzungen in Italien gekennzeichnet hätten, verborgen und unerkannt geblieben.

Natürlich sprechen einige gute Gründe dafür, sich dieser Interpretationsrichtung in der einen oder anderen Version anzuschließen. Es gibt aber viel überzeugendere Gründe dafür, eine ganz andere Forschungsrichtung einzuschlagen, die den einzelnen Zeitabschnitten in der Geschichte der italienischen Republik viel größere Aufmerksamkeit schenkt und dem politischen Wandel der achtziger Jahre die entscheidende Bedeutung beimißt.

Die diesem Beitrag zugrundeliegende Hypothese geht daher davon aus, daß die italienische Gesellschaft in den letzten fünfzehn Jahren eine Phase fortschreitender institutioneller Zersetzung durchgemacht hat, die ihr ursprüngliches, ohnehin labiles Gleichgewicht gestört und ihre innere Struktur unwiderruflich verändert hat (North 1990: 23). Diesem Prozeß der *Ent-Institutionalisierung* liegt der Verfall der traditionellen Institutionen der Interessenvermittlung zugrunde, vor allem der Massenparteien, die zu bloßen strukturellen Gebilden opportunistischer Interessenaggregierung verkümmert sind und jegliche Wertorientierung und Integrationsfähigkeit verloren haben (March/Olsen 1989: 186). Dieser sehr schnell verlaufende Umwandlungsprozeß hat dem politischen System und den öffentlichen Institutionen die nur schwer wieder herzustellende normative Grundlage und die notwendigen intermediären Organisationen entzogen, ohne die sie keine breite Unterstützung finden. Auf diese Weise ist eine nicht mehr aufzuhaltende Kumulation der Transaktionskosten auf dem politischen und ökonomischen Markt in Gang gebracht worden. Diese leise Transformation des institutionellen Gefüges der „Ersten italienischen Republik" während der achtziger Jahre hat „Tangentopoli" hervorgebracht und in den neunziger Jahren dann die dramatischen Verfallserscheinungen ans Tageslicht gefördert.

## *II. Die Phase der Diskontinuität*

Die hier vorgestellte Hypothese besagt also, daß die nach der Regierung der sogenannten „nationalen Solidarität" (1977-1978) einsetzende Phase eine Phase der *Diskontinuität* im Vergleich zu den vorangegangenen Phasen in der Geschichte der italienischen Republik darstellt. Macht man sich die Mühe, die trügerische Statik einiger Parameter zu hinterfragen und hinter die Fassade der starren, traditionellen politischen Handlungsweisen zu blicken, dann entdeckt man, daß sich im Verlauf dieser diskontinuierlichen Phase sowohl das äußere Erscheinungsbild und die Strategien der Hauptakteure – insbesondere der Parteien – als auch deren Interaktionslogik verändert haben. Wenn es überhaupt sinnvoll ist, von der „Zweiten Republik" zu sprechen, so könnte man sagen, daß ihre Basis in dieser Phase der Diskontinuität angelegt worden ist. Die in dieser Zeit entstandenen Neuerungen haben sich in drei politischen Bereichen geltend gemacht: Zum einen im Bereich der sichtbaren Politik, das heißt, in der Struktur der Parteienkonkurrenz, der Dynamik innerhalb der Regierung und zwischen den kollektiven Akteuren, sowie in den ideologischen Auseinandersetzungen; zum anderen und insbesondere im Bereich der verborgenen, unsichtbaren Politik, in dem die eigentliche Regierungspolitik vollzogen worden ist, in den geheimen politischen Tauschgeschäften, dem Klientelismus, der Ämtervergabe und Bestechung; und schließlich in dem undurchschaubaren Bereich, in dem die Interaktions- und Ränkespiele zwischen offizieller Regierung einerseits und informeller Regierung (sottogoverno) andererseits ausgetragen worden sind. Im folgenden werde ich näher auf diese drei Politikbereiche eingehen.

Der *erste* Bereich der mehr oder minder sichtbaren Politik ist vermutlich am besten untersucht worden, auch wenn – soweit ich sehen kann – bisher noch nicht alle Schlußfolgerungen daraus gezogen worden sind. Bereits bei den Wahlen des Jahres 1979 hatte sich eine grundlegende Veränderung der bis dahin dominierenden Parteienkonstellation abgezeichnet, die sich im darauf folgenden Jahrzehnt stabilisierte: Die seit jeher gewohnte Konfrontation zwischen der traditionellen Regierungspartei (nämlich der Christdemokratischen Partei, Dc) einerseits und der Oppositions- und „Anti-System"-Partei (nämlich der Kommunistischen Partei Italiens, Pci) andererseits begann sich durch die zunehmende politische Marginalisierung der Kommunistischen Partei aufzulockern. Bis dahin hatte sie einen entscheidenden Einfluß auf die italienische Parteiengeschichte gehabt, obwohl sie im Kontext einer *„blockierten Demokratie"* handeln mußte. An Stelle der Konfrontation zwischen diesen beiden Parteien setzte eine immer härtere Konkurrenz zwischen den fünf Parteien der Regierungskoalition ein, insbesondere zwischen der Christdemokratischen und der Sozialistischen Partei (Psi), die im Laufe der Jahre zunehmend in ein persönliches Duell zwischen den Führern beider Parteien ausgeartet ist (Corbetta et al. 1988: 457; Scoppola 1991: 399).

In dieser neuen Parteienkonstellation bestanden die eigentlichen Interessen der gegnerischen Parteien nicht mehr darin, das politische System um bestimmter Werte willen zu verteidigen oder zu verändern, sondern vielmehr darin, die politische „Mitte" zu kontrollieren und sich einen privilegierten Zugang zu Ämtern und öffentlichen Geldern zu verschaffen. In dem folgenden Jahrzehnt veränderte sich der Wahl*kampf* in Wahl*absprachen* und es setzte gleichzeitig ein „Zyklus der Ent-Mobilisierung" ein (Corbetta et al. 1988: 452). Die Folge hiervon war die Veränderung der drei Hauptparteien: Die Kommunistische Partei verlor an Stimmen und politischem Gewicht und nahm immer mehr die Rolle eines passiven Beobachters des politischen Spiels ein, aus der sie jedoch Profit zu schlagen wußte (Scoppola 1991: 395–399; Mastropaolo 1994: 27). Die Dc wurde in ihrer traditionellen Rolle als Hüterin der Mitte zunehmend von der Sozialistischen Partei herausgefordert. Diese wiederum verstand es, aus ihrer wachsenden Koalitionsmacht eine Hauptressource zu machen, mit deren Hilfe sie um Regierungsposten auf allen Ebenen schacherte (Pasquino 1983: 104).

Diese tiefgreifende Veränderung der drei wichtigsten Parteien fand in einem allgemeinen gesellschaftlichen Klima der Ent-Ideologisierung statt. Eine derartige Entwicklung ist umso bemerkenswerter, wenn man sich die dramatische Zeit der Protestbewegungen in Erinnerung ruft, die in den berüchtigten „bleiernen Jahren" gipfelten (Tarrow 1990). Die um sich greifende Frustration in den Reihen der sozialen Bewegungen führte dazu, daß sich die Einstellung der Bürger, vor allem im linken Spektrum, veränderte und sie sich immer mehr in die Privatsphäre zurückzogen. Kollektive Klassenaktionen gingen allmählich zurück, insbesondere nach der Niederlage, die die Arbeiter von FIAT in ihrem „Kampf der 35 Tage" hinnehmen mußten, der schließlich völlig im Sande verlief. Während politische Partizipation und kollektive Konfliktaustragungen abnahmen, setzte sich eine individualistische Konsumorientierung insbesondere bei der jüngeren Generation immer mehr durch. Die entideologisierte Demokratie begann mehr und mehr, die Züge zunächst einer postpolitischen, dann einer eindeutig anti-politischen Demokratie anzunehmen.

### III. Die schmutzigen Jahre

Dieser erste, sichtbare Politikbereich, ohne den man die Übergangsphase gar nicht verstehen würde, stellt den äußeren Rahmen für den *zweiten* Bereich dar, in dem sich die unsichtbare, geheime Politik entfaltet hat. Hier konnten sich die Beziehungen zwischen den Vertretern der immer stärker auswuchernden Illegalität einerseits und Parteien, Parlament und Regierung andererseits entfalten. Nicht zufällig ist dieser Bereich bisher am wenigsten empirisch untersucht worden, so daß die folgenden Beobachtungen nur vorläufiger Natur sein können.

Bei der Analyse des italienischen Falls stellen die Ergebnisse der Untersuchungen der Staatsanwaltschaft, die eine komplette Regierungsmannschaft unter Anklage gestellt hat, eine unverzichtbare dokumentarische Quelle dar. Dieses aufschlußreiche Gerichtsmaterial, das Akten zur Einleitung von Ermittlungsverfahren, zur Eröffnung des Gerichtsprozesses, Anklageschriften der Staatsanwaltschaft und Gerichtsurteile umfaßt, sowie weitere Forschungsergebnisse legen die Annahme nahe, daß sich in Italien gegen Ende der siebziger und Anfang der achtziger Jahre ein *Regierungssystem mit einer hochentwickelten Korruption* etabliert hat. Anders ausgedrückt: Der Diffusionsprozeß der politischen Illegalität ist kumulativ verlaufen, wobei er ausgerechnet in dieser Phase seinem Höhepunkt zustrebte.

Der Zeitpunkt, in dem die Eliten rauschende Feste gaben und den Luxus auskosteten, daß Italien in der Rangliste der stärksten Industrienationen den prestigeträchtigen fünften Platz eingenommen hatte, fiel ironischerweise mit dem Zeitpunkt zusammen, in dem Italien auf einem anderen Gebiet seinen ruhmlosen Einzug in die Kategorie der Länder der Dritten und Vierten Welt hielt. Mit diesen hatte Italien nämlich gemeinsam, daß Korruption keine zufällige und begrenzte Erscheinung mehr war, sondern durchgängige und allgegenwärtige politische Praxis. Korruption war nun kein bloßer Zufall mehr; sie prägte vielmehr einen ganz bestimmten *Lebensführungsstil* und wurde damit zu einem Merkmal *des* Systems und nicht bloß im System (Belligni 1993: 140).

Dies bedeutet wohlgemerkt nicht, daß die illegalen Verwaltungspraktiken, die bis dahin keineswegs das normale öffentliche Alltagsleben und die Praktiken der Parteienregierung gekennzeichnet haben, völlig unerwartet entstanden wären und sich plötzlich im ganzen Land verbreitet hätten. Schließlich ist die ganze Geschichte der italienischen Republik von zumeist unaufgedeckt gebliebenen Affären durchsetzt gewesen. Es gab schon immer politische und finanzielle Abenteurer, die gleichzeitig im politischen und ökonomischen Markt agiert haben und dabei straffrei geblieben sind. Die Entwicklung Italiens ist von der Präsenz der Mafia durchdrungen und durch die Hypothek der „verdeckten Buchführung" von seiten der Staats- und großen Privatunternehmen belastet. Diese dunkle Seite Italiens verbindet sich mit einer langen Liste brisanter Skandale, dem Skandal von Fiumicino, den Bananen- und Ölskandalen, den Schwarzgeldern der Montedison und dem Lockheed-Skandal. Diese Liste kann unschwer fortgesetzt werden mit Stichworten wie Loge P2, Gladio, Gelli, Crociani, Sindona, Calvi, Ortolani und dem sogenannten „Stamm der Staatsbojaren", wobei die vielen politischen Drahtzieher, die seit Kriegsende auf der Hinterbühne der Macht ihre staatsgefährdenden Intrigen und Machenschaften entfaltet haben, nicht vergessen werden dürfen (Scalfari 1974; Turone 1984; Galli 1991; Silj 1994). Auch die große Bedeutung, die der Tausch von Abgeordnetenstimmen, die klientelistischen Praktiken und Ämterpatronagen in der italienischen Republik seit jeher gehabt haben, sollte nicht unterschätzt werden. Nicht zuletzt haben auch die ausländischen Großmächte mit ihren geheimen Finanzierungen nicht unerheblich mit dazu beigetragen, die Machtstrukturen der Regierungsparteien aufzubauen und immer weiter zu festigen (Amato 1976, 1992; Di Palma 1978; Graziano 1980; Cafagna 1993; Pizzorno 1993).

In eben diesen Jahren präsentierte sich Italien noch, wenn auch nicht durchgängig und ganz widerspruchsfrei, von einer ganz anderen, nämlich positiven Seite. Damit konnte es zwar seine negative und illegale Seite nicht gänzlich ausgleichen, aber ihr doch zumindest ein deutliches Gegengewicht entgegensetzen. Dieses andere Italien wurde von verschiedenen radikalen Bewegungen und einer Minderheit getragen, die zum Widerstand gegen die geheimen Machenschaften entschlossen waren. Es waren dies Richter und staatstragende Kräfte im höheren Beamtentum (Stajano 1991), Journalisten, die weder gekauft, noch käuflich sind, unbestechliche Politiker und eine Opposition, die oft genug fest dazu entschlossen war, ihre Kontrollfunktion gewissenhaft wahrzunehmen (Barca 1994: 67). Diese beachtliche kritische Minderheit hat damals zumindest bewirken können, daß Staatsverrat und Ämterschacher nicht ungehemmt und zügellos ausarten konnten, sondern sozial versteckt werden mußten und damit in ihrer Entwicklungsgeschwindigkeit gebremst wurden. Auch sorgte sie dafür, daß die politischen und moralischen Kosten der Illegalität in dieser Zeit noch hoch gehalten werden konnten, so daß sie sich noch nicht in ihrer ganzen Unverfrorenheit und Arroganz öffentlich zeigen konnte, wie sie es dann wenig später typischerweise getan hat (Galli 1991: 159).

Angesichts dieses äußerst auffälligen Unterschiedes zwischen den achtziger und den neunziger Jahren dürfte es schwer sein, die Hypothese von der Kontinuität der Entwicklung der italienischen Republik aufrecht zu erhalten. Im Verlauf der achtziger Jahre ist das, wie immer zu beurteilende Gleichgewicht zwischen offizieller und informeller Regierung, das noch in der vorangegangenen Phase bestanden hatte, empfindlich gestört worden. Auch wenn die politische Klasse der regierenden Fünf-Parteien-Koalition sich verbal dem Ziel der Regierungsfähigkeit verschrieben hatte, regierte sie faktisch kaum, was auch der hohen Konflikthaftigkeit im Inneren der Koalition zuzuschreiben war. Statt dessen wurden ihre verdeckten Aktivitäten unterhalb der offiziellen Regierungsebene umso emsiger, auf der sie nun mit Hilfe unerlaubter Mittel (wie Klientelismus und Ämtervergabe) versuchte, ihre Machtposition zu festigen (Pasquino 1991: 41). Dabei bediente man sich immer mehr der Schmiergelder (tangenti), die dann in den neunziger Jahren eine so entscheidende Rolle spielen sollten. All dies trug sich in einem Klima weitgehender Gleichgültigkeit von seiten der Bürger zu. Auch seitens der Vertreter in den höchsten Machtzentren wurden die Reaktionen gegen die zunehmende Verbreitung der Schmiergelder immer schwächer und verhaltener (Berlinguer 1981; Dogliani/Monticelli 1986; Revelli 1994; Rodotà 1994; Barca 1994; Bonanni 1994).

Zu Beginn der neunziger Jahre sind die illegalen politischen Transaktionen in Italien schon längst nicht mehr nur eine Ausnahme- und Randerscheinung des öffentlichen Lebens, sondern das dominante Strukturelement des politischen Alltags. Es hat sich landesweit durchgesetzt, sowohl zentrale wie periphere institutionelle Bereiche von Regierung und Verwaltung erfaßt, sämtliche Entscheidungsebenen der kollektiven Akteure durchsetzt und schließlich auch weite Bereiche der Gesellschaft geprägt. Als diese illegalen Praktiken erst einmal auf einem derartig hohen Entwicklungsniveau angelangt waren und sich im gesamten Regierungsapparat eingenistet hatten, konnte dadurch ein beachtlicher Teil an Ressourcen „erwirtschaftet" werden, der dann von der politischen Klasse zur Konsensschaffung und Selbsterhaltung investiert wurde. Als später der Sättigungszustand der über Schmiergelder hergestellten politischen Beziehungen erreicht worden war, wurde für ihn der abfällige Begriff „Tangentopoli" geprägt, der zu Recht den achtziger Jahren ihren Namen gegeben hat.

Bislang habe ich das Explanandum beschrieben, nämlich die Entstehung und das Überhandnehmen illegaler und korrupter Praktiken im politischen Alltag der Parteien, um auf diese Weise demokratischen Konsens herzustellen. Ich komme jetzt zur Analyse des Explanans und der unabhängigen Faktoren, die diesen Entstehungsprozeß erklären helfen.

*IV. Die Geldherrschaft*

Die Analyse der Ursachen für Tangentopoli legt vor allem die Frage nahe, weshalb das „Korruptionsspiel", also der unerlaubte Tausch von Zugangsprivilegien zu den öffentlichen Gütern gegen monetäre Gegenleistungen, ab einem gewissen Punkt für fast alle Beteiligten reizvoll oder zumindest hingenommen wurde. Diese Frage betrifft in erster Linie die Parteien und Parteipolitiker, also eher diejenigen, die Schmiergelder angenommen und weniger diejenigen, die sie gezahlt haben. Die Bereitschaft eines großen Teils des öffentlichen und privaten Unternehmertums, unter bestimmten Bedingungen an diesem Spiel teilzunehmen, scheint eine Konstante zu sein. Diese läßt sich einerseits als natürliche Folge des Umstandes erklären, daß stets nach den effizientesten Mitteln zur Profitsteigerung gesucht wird; andererseits läßt sie sich auch historisch und mit der besonders stark ausgeprägten Neigung des italienischen Kapitalismus erklären, aus allem Profit zu schlagen, und gleichzeitig mit dem schon sprichwörtlich gewordenen mangelnden Staatsbewußtsein und moralischen Grundüberzeugungen in Verbindung bringen. Daher war keiner überrascht und nur wenige darüber empört, als sich herausstellte, daß die bekanntesten privaten und öffentlichen Industrie- und Finanzgruppen des Landes in Tangentopoli verstrickt waren.

Das Problem spitzt sich demnach auf folgende Fragen zu: Weshalb haben immer mehr Politiker es vorgezogen, illegale Einnahmen als Mittel der politischen Konkurrenz einzusetzen? Warum haben sich große Teile der politischen Klasse auf illegale Transaktionen eingelassen oder sie toleriert? Die Antwort, Geld habe in der Politik eine immer größere Rolle gespielt, mag richtig sein, aber sie ist gleichzeitig unvollständig. Andere Faktoren kommen ins Spiel, die wiederum weitere nach sich ziehen und die allesamt zu erklären sind (della Porta 1992b: 65).

Es ist inzwischen eine allgemein akzeptierte Tatsache, daß Geld zunehmend die einzige Ressource wird, über die Parteipolitiker bei Wahlen verfügen, wenn andere politische Ressourcen, die keine Geldmittel erfordern, versiegt oder fragwürdig geworden sind, wie etwa die Identifikation mit der Partei, die Kampfbereitschaft und das parteipolitische Engagement. Es wird nicht nur mehr Geld benötigt, um diese knappen oder überhaupt fehlenden traditionellen Mittel des politischen Kampfes und der Konsensbeschaffung zu ersetzen, sondern auch, um die steigenden Kosten zu decken. Letztere wiederum sind erstens deshalb entstanden, weil die inner- und zwischenparteiliche Konkurrenz um Wählerstimmen immer schärfer geworden ist, denn die Wählerschaft ist immer weniger durch Parteizugehörigkeit oder traditionelle Loyalität an ein bestimmtes Wahlverhalten gebunden; es müssen daher ganz spezifische und nachdrückliche Initiativen zur Wählermobilisierung ergriffen werden. Die Kostensteigerung ist zweitens auf die Notwendigkeit zurückzuführen, daß Parteien auf kapitalintensive Technologien zur Wahlwerbung in den Medien und beim Wahlmarketing zurückgreifen müssen, um überholte Formen politischer Propaganda und Kommunikation zu ersetzen.

Die steigende Bedeutung des Geldes ist aber nicht allein auf die Parteien, sondern vor allem auf die *Parteipolitiker* zurückzuführen. Geld war für diese zunächst ein bloßes Mittel in ihrem Streben nach politischer Macht, ihrer Leidenschaft für Politik und ihrer Hingabe an eine Sache oder an die Partei; dann jedoch ist Geld zum Selbstzweck geworden, zum einzigen Mittel, um in einer Gesellschaft, die zunehmend anomische Züge annahm und durch keine ideologischen Überzeugungen mehr integriert werden konnte, soziale und politische Anerkennung zu finden. Der für Tangentopoli typische Parteipolitiker lebt nicht mehr *für*, sondern ausschließlich *von* der Politik (Chiesa 1992: 18; Bobbio 1992b).

Will man diese veränderte Präferenzstruktur der Politiker von Tangentopoli bewerten, so sollte man noch einen anderen Faktor berücksichtigen, der mit den oben angeführten Faktoren zusammenhängt und deren Effekte noch verstärkt. Es besteht nicht nur ein größerer Geldbedarf, um den Parteiapparat, die politische Karriere und zunehmend auch den individuellen Luxus zu finanzieren, sondern es ist auch die Anzahl derjenigen gestiegen, die in die Politik gehen und eine Karriere anstreben, die im Vergleich zu anderen Karrieren mehr Geld und vor allem *höheres Ansehen* einzubringen verspricht.

In der zweiten Hälfte der siebziger Jahre hielt eine neue politische Klasse auf der institutionellen Bühne Einzug, die ihren Aufstieg den neuen Strukturen der territorialen und funktionalen Dezentralisierung verdankte und ihre Tätigkeiten unter deren Schutz entfaltet hat, nämlich in lokalen Gesundheitseinrichtungen, in der Stadtverwaltung, in Schulbehörden usw. Diese Erweiterung der Aktionssphäre professioneller und semi-professioneller Politiker ist, so meinen die einen, der perverse Effekt des sozialen Demokratisierungsprozesses, der von den kollektiven Bewegungen in den vorangegangenen Jahren eingeleitet worden ist. Andere wiederum sind der Ansicht, die Erweiterung der Sphäre professioneller und semi-professioneller Politik sei auf die Bürokratie und Demagogie zurückzuführen, mit der die neuen Instanzen der Volksfürsorge und -kontrolle und der dezentralen Entscheidung institutionalisiert worden sind. Wie dem auch sei, es steht zumindest fest, daß bei vielen unter den neuen politischen Verwaltungsbeamten (die übrigens zum größten Teil nicht über die konventionellen Aufstiegskanäle der Partei in die Politik gekommen sind) hohe Lebenshaltungs- und Karriereansprüche geweckt worden sind – und dies ausgerechnet in einer Situation, in der die ideologische Entspannung zum Motivationsverlust beigetragen hat, an der Politik als „Dienst an der Sache" teilzunehmen, und die am wenigsten Interessierten von der Politik Abstand genommen haben. Der Boden, auf dem die neuen politischen Verwaltungsbeamten einst politisch groß geworden waren, war ihnen entzogen worden und sie traten mit einer opportunistischen Grundhaltung in die Parteien ein: Sozialer Aufstieg und Karriere wurden zu den dominierenden Motiven dieser *politischen Aufsteiger* (Pizzorno 1992: 44). Es verbreitete sich ein Anspruchsdenken auf neue Positionen und öffentliche Ressourcen, die man zu privaten Zwecken zu appropriieren suchte (Belligni 1988: 439; Barca 1994: 73).

*V. Die Träger des Ent-Institutionalisierungsprozesses*

Die Veränderung der Präferenzstruktur der Politiker in Richtung einer opportunistischen und privatistischen Orientierung und die Durchsetzung eines gegenüber illegalen Praktiken nicht gerade abweisenden Regierungsstils hängen direkt mit der Auflösung von Bindungen und der Lockerung von Kontrollmechanismen zusammen, was die Führer und Vertreter der Massenparteien dazu zwang, moralisch und politisch auf die Parteibasis zu reagieren. Unter dieser Perspektive erscheint ihr Abdriften in die Politik des Schacherns um Posten und Ämter in den achtziger Jahren als *Folge* der zunehmenden ideellen und organisatorischen Schwäche der Parteien und als Ausdruck einer Krise in ihren Beziehungen zu den Gruppen in der Sozialstruktur. Mit anderen Worten: Die *Schwäche und zunehmende Ent-Institutionalisierung der Parteien* und eben nicht, wie viele Theoretiker meinen, ihre Stärke und angebliche Parteienherrschaft sind die Ursache für die explosionsartige Zunahme illegaler Praktiken und die Entstehung von Tangentopoli in den achtziger Jahren.

Viele Untersuchungsergebnisse bestätigen, daß die Parteipolitiker die Verbindungen zu den sozialen Gruppen gelockert haben. Dieser bereits seit einiger Zeit anhaltende Distanzierungsprozeß hat sich in den einzelnen Parteien ganz unterschiedlich ausgewirkt und kam dann in den achtziger Jahren zum Abschluß, als sich die Identitäts- und Organisationskrise der Kommunistischen Partei Italiens zuspitzte. Bevor ich auf diese zu sprechen komme, möchte ich jedoch einen Blick darauf werfen, wie sich dieser Ablösungs- oder „Emanzipationsprozeß" der Politiker in den beiden anderen Parteien, in der Christdemokratischen und in der Sozialistischen Partei, vollzogen hat.

Die Christdemokratische Partei hat hierbei zweifellos eine Art Vorreiterrolle gespielt. Unmittelbar nach dem Zweiten Weltkrieg hat sie sich sehr bald auf der Basis des im Süden verbreiteten Klientelismus etabliert und damit ihre frühere, eher liberal ausgerichtete Struktur der Honoratiorenorganisation ersetzt. Als sich die engen Verbindungen der Christdemokraten zum Katholizismus und zu den Vertretern der Industrie, die sie gleichzeitig gepflegt hatte, aufzulösen begannen, baute die Partei auch im Norden „eine Machtbasis auf, die auf dem von einem lokalen Boß kontrollierten Parteiapparat beruhte ... und von einer neuen Klasse von Parteipolitikern geführt wurde" (Allum 1993: 41). Dieser Prozeß der ideenmäßigen Ablösung des christdemokratischen politischen Personals von der katholischen Basis kam bereits in den sechziger Jahren zu einem Ende. Danach wurden die Zugehörigkeitsbeziehungen zur Christdemokratischen Partei (Dc) fast überall systematisch durch vertragsähnliche Verhältnisse ersetzt.

In vieler Hinsicht verlief dieser Prozeß in der Sozialistischen Partei ähnlich wie in der Christdemokratischen Partei. Er setzte hier jedoch erst später und zwar seit der Teilnahme der Sozialisten an den Mitte-Links-Regierungen ein. Nach dem Scheitern der Reformprojekte in den sechziger Jahren und dem Bruch mit dem Arbeiterflügel entstanden in der Partei erbitterte Flügelkämpfe, auf die ein vollkommen ziel- und kopfloses Herumregieren folgte. In der zweiten Hälfte der siebziger Jahre setzte sich als Reaktion auf die anhaltenden Stimmenverluste bei den Wahlen eine Führungsriege durch, die der Vergangenheit der Partei äußerst kritisch gegenüberstand und fest dazu entschlossen war, die Sozialistische Partei auf neuen Kurs und die Beziehungen zu den anderen Massenparteien ins Gleichgewicht zu bringen. Unter der charismatischen Führung von Bettino Craxi wurden Ideologie und Programmatik grundlegend revidiert und der Kommunikationsstil drastisch erneuert. Diese Veränderungen waren darauf ausgerichtet, der Partei Wähler aus der aufsteigenden Arbeiter-, der Mittelschicht und der Schicht der Freiberuflichen zuzuführen, die die Partei aus Überzeugung wählen würden (Pasquino 1983: 104; Anderlini 1984: 73). Tatsächlich aber wurden diese Neuorientierungen hauptsächlich mittels einer Strategie durchgesetzt, die darin bestand, Schlüsselpositionen und -rollen in der Regierung und auf den untergeordneten Entscheidungsebenen einzunehmen. Die Kontrolle über die Stimmabgabe im Austausch für Vergünstigungen wurde dabei zum wichtigsten Instrument, um das Gleichgewicht mit den anderen größeren Parteien herzustellen (Spotts/Wieser 1986: 81). Durch diese Strategie wurde eine Klasse von Politikern herangezüchtet, die keinerlei Bindungen mehr mit der sozialistischen Tradition und den von ihr geschaffenen Strukturen hatte. Für sie wurde die Partei zum Sprungbrett für ihre eigene Karriere und zum Mittel der individuellen Bereicherung.

In diesem allgemeinen Transformationsprozeß war allerdings der ausschlaggebende Faktor zur Veränderung der politischen Szene die Umwandlung der Kommunistischen Partei (Pci). Im Gegensatz zu den oben beschriebenen beiden Parteien vollzog sich deren Transformation nicht nur auf dem Wege eines bereits seit längerer Zeit anhaltenden Veränderungsprozesses, sondern auch über ein fast tragisch zu nennendes Entscheidungsdilemma, in dem sich die Führungsgruppe der Partei zunehmend gefangen sah. Auch wenn man nicht behaupten kann, der Kommunistischen Partei sei jegliche Praxis des „horizontalen" oder „vertikalen" Tauschs auf dem politischen Markt gänzlich fremd gewesen, so sind ihre Politik und Organisation doch von einer vollkommen anderen Struktur und einem ausgesprochen kämpferischen Charakter geprägt gewesen. Obwohl sich bereits in den sechziger Jahren organisatorische Schwächen abzuzeichnen begannen, hat sie sich in den siebziger Jahren durch die damals starken sozialen Bewegungen wieder politisch anregen und neue Mitglieder zuführen lassen (Barbagli/Corbetta 1978; Hellman 1988). Die Organisation der Kommunistischen Partei war nach wie vor dazu in der Lage, politische

Identitäten zu prägen und ein deutliches Gegengewicht zu den damals einsetzenden Tendenzen des politischen Disengagements zu bilden. Hierdurch konnte in den Reihen der Partei der Stil des ideologisch-programmatischen Aktivismus aufrechterhalten und der Degeneration von Politik in Klüngelwirtschaft effektiv entgegengewirkt werden (Shefter 1977: 5; Tarrow 1977a: 203; 1977b: 211).

Diese Situation begann sich nach dem erdrutschartigen Wahlausgang von 1975 zu verändern, der den Linken zur Stimmenmehrheit in allen wichtigen Städten und zahlreichen Regionen Italiens verhalf. Um in den sich bildenden Koalitionsregierungen nicht in Konflikt mit schwierigen und in administrativen Dingen oft vollkommen desinteressierten Verbündeten zu geraten, entwickelten die Politiker des Pci (von denen viele außerhalb der kommunistischen Tradition politisch sozialisiert worden sind) fraternisierende Verhaltensmuster, die oft in regelrechte Komplizenschaft ausarteten.

Der „historische Kompromiß", die demütigende „nationale Solidarität", die dramatischen Ereignisse des Terrorismus und schließlich die Niederlage der Richtung Enrico Berlinguers verbreiteten in den Reihen der Partei Enttäuschung und Frustration; manche wandten sich schließlich ganz von ihr ab. Zu Beginn der achtziger Jahre befand sich die militante kommunistische Organisation bereits in einem nicht mehr aufzuhaltenden Verfallsprozeß. Der Kontakt und das Vertrauensverhältnis zwischen kommunistischer Basis, Parteiorganisation und Parteiführung schwächten sich zunehmend ab. Die letztere sah sich damit in einer Situation zunehmender Ungebundenheit und der Versuchung ausgesetzt, ihre Bezugsgruppen zu wechseln. Es machte sich eine Schicht von „Bezugsgruppenwechslern" (Pizzorno 1992: 46) breit, von denen einige bald darauf in dem Untersuchungsmaterial der Staatsanwaltschaft auftauchten – zunächst in Turin und Parma, wo die ersten Skandale bekannt wurden, und später dann in Mailand.

Man muß hinzufügen, daß die Beteiligung der Politiker der Kommunistischen Partei an den illegalen Transaktionen insgesamt begrenzt geblieben ist. Sofern ihre Teilhabe daran entdeckt wurde, waren die korrupten Praktiken nur in Ausnahmefällen vergleichbar intensiv und systematisch wie in den anderen Parteien. In dem Maße jedoch, in dem die Vorstellung von der „Andersartigkeit" der Kommunistischen Partei im politischen Alltag und in der öffentlichen Meinung allmählich verblaßte, fielen die Risikokalküle von Bestechern und Bestochenen günstiger aus und die Systemeffekte konnten sich durchsetzen.

*VI. Parteiapparate und Geschäftspolitiker*

Es gibt zwei Haupthindernisse zu überwinden, wenn der zunehmenden „Nachfrage" von seiten einer immer größeren Anzahl von Politikern nach korrupten Beziehungen ein entsprechendes Angebot von seiten der Gesellschaft gegenüberstehen soll. (In der Begriffswelt des ehemaligen Führers der Sozialistischen Partei, Bettino Craxis (1994: 29), handelt es sich dabei übrigens um die Nachfrage nach „zusätzlichem Einkommen" für Berufspolitiker.) Das Verhältnis zwischen „Nachfrage" von seiten der Parteipolitiker und „Angebot" von seiten der Gesellschaft kann sich auch umkehren, so daß letztere die „Nachfrage" anregt und die Entwicklung eines breiten politischen Schwarzmarktes fördert. Der erste Hinderungsgrund für das Zusammentreffen von Angebot und Nachfrage betrifft die *internen Risiken*, die mit der Methode der Annahme und Vergabe von Schmiergeldern verbunden sind. Die stets gegenwärtige Möglichkeit, daß illegale Verträge wegen ihrer Geheimhaltung und Regelwidrigkeit gebrochen werden können, treibt die Transaktionskosten hoch. Der zweite Grund betrifft die *externen Risiken;* sie ergeben sich aus der Möglichkeit, daß die Illegalität denunziert und politisch und juristisch sanktioniert wird.

Das *erste* Risiko wird dadurch gesenkt, daß man vor Ort ein Geflecht von Parteiapparaten mit dem Ziel aufbaut, die korrupten Tauschakte für die jeweiligen Parteien möglichst reibungslos und sicher zu gestalten. Dem *zweiten* Risiko wird dagegen durch die Errichtung eines zentralen Protektionssystems begegnet. Es hat zum Ziel, die bei den illegalen Aktivitäten voraussichtlich entstehenden Kosten zu senken, die Wahrscheinlichkeit zu vermindern, daß sie überhaupt entdeckt werden, und für den Fall, daß sie enthüllt werden, den Schaden der politischen, juristischen und sozialen Sanktionen zu begrenzen. Diese beiden Punkte seien in diesem und in dem nächsten Abschnitt behandelt.

Der erste Punkt betrifft den (im V. Abschnitt) behandelten Transformationsprozeß im Inneren der Partei und zwischen den einzelnen Parteien. In den achtziger Jahren wurde die Parteiorganisation dahingehend verändert, daß die Struktur der politischen Vermittlung immer mehr dem Modell der „political machine" glich. Dieser strukturellen Veränderung liegt, wie gezeigt worden ist, der Wandel in der klassischen Beziehung zwischen Parteiführung, -organisation und Wählerbasis zugrunde, die für die traditionellen Massenintegrationsparteien charakteristisch war. Dem Verbindungsglied zwischen Parteiführung und Wählerbasis, den Parteimitgliedern, wird dabei zunehmend eine unbedeutende Rolle zugeschrieben, wodurch sich die Distanz zwischen Parteiführung und Wählerschaft verkürzt und plebiszitäre Züge annimmt. Diese Tendenz, Parteien im Sinne Otto Kirchheimers in „catch-all-parties", das heißt, in professionelle Wahlmaschinen umzufunktionieren, ist übrigens nicht nur in Italien zu beobachten und bedarf deshalb keiner weiteren Erörterung. Für die hier diskutierten Zwecke kommt es vor allem auf zwei strukturelle Veränderungen an. Erstens verschiebt sich das Machtzentrum im Inneren der Partei von der Rolle der Parteiorganisation zu derjenigen der Parteipräsentation; zweitens geht die Bedeutung der Parteimitläufer zurück, also der eingeschriebenen Mitglieder, die vor allem durch kollektive, ideologische, gemeinschafts- und identitätsbezogene Motive aktivierbar waren; zunehmende Bedeutung erlangen dagegen diejenigen, die die Partei aus eigennützigen Gründen selektiv unterstützen, um Status, Macht und Einkommen zu erlangen.

Die „catch-all-party" ist nicht vollkommen zu einer „political machine" geworden; letztere ist Ausdruck ihrer Degeneration und bezieht sich typischerweise auf organisatorische Auswüchse, die sich von den Zielen der Partei als professionellem Wahlapparat abgekoppelt haben. Die „political machine" faßt Untergruppen in der Partei zusammen, deren Mitglieder gemeinsame Geschäftsinteressen verfolgen, zu deren Realisierung auch illegale und kriminelle Mittel eingesetzt werden.

Derartige intermediäre Opportunitätsstrukturen entwickeln sich in der italienischen Parteienlandschaft zwar in je unterschiedlicher Art und zu verschiedenen Zeitpunkten, insgesamt tragen sie jedoch dazu bei, daß die traditionellen Motive der Parteiidentität und -ideologie zunehmend in den Hintergrund treten. Diese Organisationsauswüchse der „political machine" verselbständigen sich zunehmend, um neuralgische Entscheidungszentren und Machthochburgen in der Verwaltung (Ämter, Ministerien, Leitungsebenen öffentlicher Behörden) zu kontrollieren und miteinander kurzzuschließen. Hieraus leiten sie die für sie typischen Ressourcen ab, nämlich Beziehungsressourcen durch Aufbau von

Patronage, Wählerstimmen durch Klientelismus und immer mehr auch Finanzmittel durch Korruption. Andere typische Betätigungsfelder sind die Vermittlung öffentlicher Arbeits- und Dienstleistungen, die Erledigung von Lizenzgesuchen und Zulassungen, die Vergabe und der Entzug von staatlichen Zuwendungen und Subventionen. Hierdurch gelingt es den „political machines", ein eigenes Abgabensystem parallel zum staatlichen Steuersystem aufzubauen, in dem ausgewählte Empfängerkategorien illegale Vorteile im Austausch für geheime Finanzabgaben erhalten (Forte 1992: 81).

In der italienischen Variante der „political machines" hat der sogenannte Geschäftspolitiker die Leitung inne. Er hat die Aufgabe der Vermittlung zur öffentlichen Wirtschaft zum Beruf gemacht und bedient sich dabei nicht nur seiner Kompetenz, Beziehungen herzustellen, sondern auch derjenigen, „nicht veröffentlichungsfähige Geschäfte" (Pizzorno 1992: 23f.) abzuwickeln, kurz, seiner „Illegalitätskompetenz" (Pizzorno/della Porta 1993: 445). An seiner Seite arbeitet der Drahtzieher, ein „brasseur d'affaires", der die Verbindung zum System der korruptionsbereiten Unternehmen herstellt. In die „political machine" werden einige Rollen der traditionellen Parteiorganisation einverleibt, so etwa diejenige des Sekretärs der Parteiverwaltung (des Schatzmeisters) – später einer der unfreiwilligen Hauptdarsteller von Tangentopoli. Dieser übernimmt das Amt, die Zahlungen in Empfang zu nehmen, die die Eintreiber von Schmiergeldern von den Bestechern erhalten, diese dann an eventuell vorhandene Komplizen zu verteilen und – mit Einverständnis der politischen Führung – auf verschiedene ausländische Konten umzuleiten. Dort steht es dann der Partei, den Parteiflügeln oder den einzelnen nationalen und lokalen Parteipolitikern zur Verfügung (Chiesa 1992: 14ff.; Di Pietro 1994: 51).

Der durch die „political machine" aufgebaute und kontrollierte politische Schwarzmarkt ist durch unterschiedliche Handlungsstile (und -grade) gekennzeichnet, die je nach Art der Produkte und Akteure variierten. Erste Fallstudien und die Gerichtsverhandlungen haben die Dynamik offen gelegt, in der die politische Geschäftemacherei typischerweise abgelaufen ist. Viele Einzelheiten über die Art der angewandten Mechanismen und ihre Verbindung untereinander sind jedoch noch empirisch und theoretisch unerforscht.

Die bislang ertragreichste empirische Untersuchung über die Korruption in Italien hat drei unterschiedliche Organisationseinheiten herausgearbeitet, mit deren Hilfe unerlaubt öffentlicher Mehrwert geschöpft wird. Die unterste Strukturebene bildet die „Parteifraktion", die um einen konkreten Korruptionsvorgang herum gebildet wird. Bereits sehr viel stabiler und auf größere Kontinuität ist die nächste Strukturebene, auf der „das Geschäfts-Komitee" seine Aktivitäten entfaltet; es arbeitet in der Regel im Strukturschatten einer bestimmten öffentlichen Behörde, mit einem niedrigen Grad arbeitsteiliger Spezialisierung, fließenden Grenzen und von Fall zu Fall vorgenommenen Anpassungsstrategien zwischen den Akteuren. Auf der dritten Ebene ist der „Clan" angesiedelt, eine sehr viel kompliziertere, hierarchisch gegliederte Organisation, die hoch arbeitsteilig strukturiert ist (della Porta 1992a: 147–168).

Die einzelnen, auf Parteiflügeln oder Absprachen aufgebauten innerparteilichen Gruppen können sich außerdem zu sogenannten „Überparteien" zusammenschließen, das heißt, zu strukturübergreifenden Koalitionen, die feste Beziehungsnetze zwischen den Parteien spinnen. Diese Überparteien regeln den Schwarzmarkt nach einem genauen Verteilungsschlüssel mit den öffentlichen und den privaten Akteuren. Die Institutionalisierung derartiger *Ringe* auf lokaler und nationaler Ebene stellt höchstwahrscheinlich das reifste Entwicklungsprodukt von Tangentopoli dar, auch wenn es noch mit beträchtlichen Risiken behaftet ist.

Mit der Verbreitung der „political machines" hat sich das Spiel der Korruption systematisch etablieren und als relativ stabiles Kooperationsmuster durchsetzen können. Die „Maschinen" garantieren die ständige Wiederholung dieser Spielrunden und schaffen damit für die Partner der illegalen Transaktionen vielfältige Anreize zur Reziprozität und zur Herstellung von Vertrauen. Damit werden die Risiken des Verrats minimiert und die Kosten, aus dem Spiel auszuscheiden, erhöht. Erst die Existenz dieser „political machines" hat dazu beigetragen, daß die Korruption von der Phase des Kleinhandels in diejenige des Großunternehmens übergeleitet werden konnte. Als automatisch angewandte Methode wurde sie schließlich zum Strukturelement des politischen Systems und seiner Umwelt (Di Pietro 1994: 76). Die Rückwirkungen dieses Entwicklungserfolges der Korruption auf die Parteiorganisation als ganze blieben nicht aus: Das Spiel der Korruption übertrug seine eigene Funktionslogik auf die gesamte Parteiorganisation und wurde somit zu ihrem dominanten Strukturmerkmal.

*VII. Die Strategien*

Ich komme jetzt auf das oben erwähnte zweite, mit illegalen politischen Transaktionen behaftete Risiko zu sprechen. Es bezieht sich auf die Einschätzung der Effizienz und Autonomie der Kontrollinstrumente der Justiz sowie auf die Glaubwürdigkeit der Sanktionsmittel, der strafrechtlichen, administrativen, politischen, aber auch der sozialen Sanktionsmittel, mit denen Bestecher wie Bestochene im Falle ihrer Entdeckung zu rechnen haben. Nur wenn es gelingt, die Kosten für die Teilnahme an dem Spiel der Korruption niedrig zu halten, wird es vorteilhaft sein, es mit- und weiterzumachen.

Trotz des Mangels an empirischen Untersuchungen auf diesem Gebiet dürfte es nicht abwegig sein, auf eine ganze Reihe von Regierungsmaßnahmen hinzuweisen, die in dieser Periode bewußt ergriffen worden sind, um „den in Korruptionsaffären verstrickten Politikern ein Sicherheitsnetz auszuwerfen" (Rodotà 1994: 28). Dies geschah dadurch, daß die Überwachung der Korruptionsmaschinerie in die Zuständigkeit der parteipolitischen Institutionen, in erster Linie in diejenige der Regierung überführt wurde. Durch ein ganzes Paket von Entscheidungen und Nicht-Entscheidungen wurde versucht, die dem Staat und den Bürgern zur Verfügung stehenden Mittel zur Verhütung, Untersuchung und Bestrafung der von Parteipolitikern und Bürokraten betriebenen Klüngelwirtschaft zu neutralisieren oder zumindest zu schwächen. Dabei scheute man sich nicht, sowohl die Autonomie der Justiz, die parlamentarische und administrative Kontrolle, als auch die Möglichkeit der öffentlichen Meinung einzuschränken, sich umfassend über die Bestechungsaffären zu informieren und entsprechend zu reagieren.

Die in dieser Hinsicht eklatanteste und durchgreifendste Maßnahme richtete sich gegen die Unabhängigkeit der Richter und hatte zum Ziel, sie – wie es formuliert wurde – „wieder den Interessen der Regierung anzunähern". Auch wenn diese Strategie unter dem Etikett der „Regierungsfähigkeit" durchgeführt wurde, so war sie in Wirklichkeit durch die „zunehmende Unfähigkeit der Regierungsparteien" motiviert, „sich an die von den Richtern wahrgenommene Kontrollfunktion der Justiz anzupassen" (Neppi Modona 1993:

1329). Die vielen Vorschläge und Initiativen zur Justizreform, die sich während dieses ganzen Jahrzehnts gegenseitig ablösten, können im großen und ganzen als „Ausdruck des Versuchs" verstanden werden, „die Aufgaben des Staates (bzw. der Regierungsparteien) auch auf den Bereich der Justiz auszudehnen, um so die Risiken, die mit den strafrechtlichen Initiativen zur Verfolgung der Illegalität und des Machtmißbrauchs einhergehen, einzugrenzen oder ganz zu eliminieren" (ibid.). Die zunehmende Konfliktträchtigkeit zwischen Exekutive und Justiz gipfelte dann in dem Referendum über die zivile Verantwortlichkeit der Richter vom Jahre 1987 und in der Kampagne zur Entlegitimierung des „Consiglio Superiore della Magistratura", die von der damaligen Koalitionsregierung und dem Präsidenten der Republik, Francesco Cossiga, durchgeführt worden waren. Dieser „Normalisierungsversuch" wurde erst – wenn auch nur vorübergehend – unterbunden, als die Mailänder Richter Anfang 1992 ihre Ermittlungen aufnahmen, die unter dem Namen „mani pulite" bekannt gewordenen Aktionen in Gang kamen und die Wahlergebnisse vom April 1992 zum Einbruch der bisherigen Regierungsparteien führten (Neppi Modona 1993: 1329f.; Rodotà 1994: 30ff.).

Der Konflikt zwischen Justiz und Regierung wurde von dem Versuch der letzteren begleitet, die Kontrollfunktionen des Parlaments über die öffentlichen Ausgaben zu schwächen. Dieser Versuch hing wiederum mit der allgemeineren Tendenz zur „Einschränkung der Aufgaben des Parlaments" und zum Rückgang der zentralen Stellung zusammen, die das Parlament noch bis in die siebziger Jahre aufrechterhalten und behauptet hatte. Diese Tendenz wirkte sich zugunsten der Exekutive (und darin vor allem des Premiers) aus. Die Einschränkung des parlamentarischen Handlungsspielraums ging auch auf Kosten der Kontrollfunktion der Opposition, die ohnehin schon geschwächt und, wie bereits betont, nicht immer in angemessener Weise ausgeübt worden war (Floridia/Sicardi 1992: 326; Ricolfi 1993: 136; Barca 1994: 71; Rodotà 1994: 24).

Was die öffentliche Verwaltung betrifft, so wurde sie in ihrer traditionell unbedeutenden Rolle bestätigt, nach der ihr lediglich technische Vollzugsaufgaben zugewiesen werden und „in der das wenige, das funktioniert, von den Kabinetten und den Kanzleien der Ministerien oder von Entscheidungen, die direkt von den Regierungsparteien gefällt worden sind, übergangen wird" (Barca 1992: 244f.). Im Inneren der Verwaltung jedoch fand die „typisch italienische Verwechslung zwischen Kontrolleuren und Kontrollierten sowie zwischen politischer und bürokratischer Macht" (ibid.) immer wieder neue Nahrung, so daß sich ein breites Feld für jede Art von Unterschlagung und Machtmißbrauch auftat (Cassese 1992: 244f.; Zamorani 1994: 9).

Noch immer hat die Korruptionswirtschaft in denjenigen Unternehmen, an denen der Staat beteiligt ist, ein bevorzugtes Betätigungsfeld gefunden. Als die Parteien Ende der achtziger Jahre begannen, in dieses Feld einzudringen, kam dies einem qualitativen Sprung gleich (Barca 1994: 68). Damals einigten sich die unterschiedlichen Flügel der Christdemokratischen und der Sozialistischen Partei auf einen nationalen Verteilungsschlüssel, der den vorangegangenen Versuch, eine allgemeingültige Regelung für Ernennungsverfahren in den öffentlichen Behörden zu finden, außer Kraft setzte. All dies geschah zudem, ohne daß sich in den Institutionen und im Lande angemessene Reaktionen gegen die von diesen Ereignissen ausgehende Bedrohung erhoben hätten (Rodotà 1994: 29).

Im Zuge dieser Vorkommnisse schlich sich die Methode der „Sondergesetze" ein; so wurden Sondergesetze anläßlich des Erdbebens in Irpinien, der Fußballweltmeisterschaft und der Feierlichkeiten zur Entdeckung Amerikas durch Christoph Kolumbus und viele andere mehr erlassen. Sie folgten vor allem der Logik, dem Parlament und dem Rechnungshof die Kontrolle über den Anstieg der öffentlichen Ausgaben und über die Umleitung des Geldflusses in private Unternehmen zu entziehen, so daß private Verhandlungen geführt, unter der Hand Aufträge vergeben und Preisabsprachen getroffen werden konnten (Barca 1994: 79; Il Mondo 1992: 71). Mit diesen Maßnahmen wurden die Regeln der öffentlichen Ausgaben und der Finanzen vorsätzlich derart umgebogen, daß es möglich wurde, Pfründe unkontrolliert an territorial spezifische und funktional organisierte Interessengruppen umzuverteilen. Die Parteien nahmen hierbei die wichtige Rolle des Gatekeepers und Gebühreneintreibers ein (Barca 1994: 80; Tocci 1994: 126ff.; Della Seta/Salzano 1993: 67–94).

Schließlich ist eine andere Regierungsmaßnahme zu nennen, die in diesem Zusammenhang strategisch bedeutsam war, nämlich die Übernahme der Kontrolle des Informationssektors. Dies führte zur Errichtung eines öffentlich-privaten Medienoligopols, das hauptsächlich dem Schutz der Machtelite diente und ganz der Kultur der Illegalität entsprach, aus der Tangentopoli ihren Nutzen zog.

Die Informationsmedien, insbesondere das Fernsehen, wurden zu Trägern einer sanften Kulturrevolution, die Werte wie Konsumorientierung, Karrierismus, Konformismus, Hedonismus und Disengagement als modern und ethisch vertretbar propagierten, während sie öffentliche Tugenden in das Zeitalter des Viktorianismus verwiesen und als archaisch und sektiererisch verhöhnten. Diese im kulturellen Deutungssystem Italiens traditionell angelegten Wertorientierungen haben die öffentliche Meinung in den achtziger Jahren stark beeinflußt. Durch die günstige Wirtschaftskonjunktur und die Illusion der vollen Kassen, die durch die vielfältigen Möglichkeiten zur öffentlichen Verschuldung entstanden war, wurden Wohlfahrtsansprüche genährt, die diesen Wertorientierungen noch weiteren Vorschub gaben. Ihrer Dominanz ist es auch zuzuschreiben, wenn die Verbreitung der Schmiergeldzahlungen nicht so stark sozial geächtet wurde, daß sich Protest erhoben hätte und sich die Korrupten dadurch zumindest gezwungen gesehen hätten, sich sozial zu verbergen (Davigo et al. 1993: 8). Wen wundert es noch, wenn sich in diesem Wertmilieu schließlich das Korruptionsspiel für viele wie ein aufregendes – und zudem noch einträgliches und risikofreies – Gesellschaftsspiel ausnahm?

*VII. Schlußfolgerungen*

Betrachtet man das Zeitalter von Tangentopoli unter makrosoziologischer Perspektive, dann erscheint es als eine Phase in der politischen Entwicklung Italiens, die mit der vorangegangenen Geschichte der Republik gebrochen hat und Sondermerkmale aufweist. Diese lassen sich in bezug auf die Transformation der Parteien und des Parteiensystems wie folgt zusammenfassen.

Zunächst ist festzuhalten, daß sich die *Form der Parteiorganisation* verändert hat. Die damals laut gewordene politische Polemik, die darauf abzielte, die Veranwortung für den Niedergang der „Ersten Republik" den Massenparteien aufzubürden, richtete sich ganz offensichtlich auf ein eingebildetes und nur rhetorisch beschworenes Ziel. Wie dargestellt worden ist, ist die Massenintegrationspartei gleichzeitig mit dem Rückgang der sozialen

Bewegungen der siebziger Jahre zerfallen. Auch die Kommunistische Partei Italiens, die letzte Partei, die die Bezeichnung „Partei" noch am ehesten beanspruchen konnte, befand sich seit ihrer Führung unter Berlinguer und ihrer Niederlage im Konflikt über die gleitende Lohnskala in einem irreversiblen Umwandlungsprozeß.

Obwohl es zunächst so aussah, als ob sich die Parteien der achtziger Jahre auf das Kirchheimersche Modell professioneller Wahlapparate zubewegen würden, trat eine andere Entwicklung ein (Farneti 1982: 217–229). Die Jahre Tangentopolis waren vielmehr durch die Dominanz der „political machines" gekennzeichnet. Diese haben ein weit verbreitetes Geflecht im öffentlichen und privaten Bereich geschaffen, das organisatorische Untereinheiten von einer oder mehreren Parteien mit Teilen der Staatsverwaltung, einigen Gruppen von Unternehmen und in manchen Fällen auch mit kriminellen Organisationsspitzen in Verbindung gebracht hat. In bezug auf diese neuen Parteien Orwellschen Zuschnitts sind die historischen Parteiengebilde zu bloßen propagandistischen Hülsen, Masken oder Behältern zusammengeschrumpft, in (und hinter) denen sich verschiedene Kombinationen von geheimen Interessenkoalitionen verbergen. Sie haben keinen anderen Zweck, als den Staat auszurauben. Der aus diesem leisen Transformationsprozeß der Parteien entstandene politisch-kriminelle Komplex der Geschäftemacherei läßt für Politik als moralisch begründete, zivile Leidenschaft oder fairen Machtkampf keinen Raum. Je mehr man sich als unbestechlich und vital erweist, desto mehr wird man in eine Außenseiterrolle gedrängt, die mit systematischen Konkurrenznachteilen verbunden ist. Dies geht so weit, daß derjenige, der die dominante Handlungslogik ablehnt, vom politischen Spiel ausgeschlossen wird.

Sollte sich die hier vorgestellte Sichtweise als realistisch erweisen, dann sind diejenigen Analysen des italienischen Falls, die von der Existenz einheitlicher Parteiengebilde, die sich in bezug auf ihre Ideen und ihre Organisationsstruktur klar voneinander abgrenzen lassen, verkürzt oder zumindest irreführend. Dies trifft auf die sogenannten klassischen Analysemodelle zu, die schon seit über zwanzig Jahren die Funktionsweise und Interaktionsdynamik der italienischen Parteien mit Begriffen wie „unvollständiges Zweiparteiensystem", „polarisierter" oder „zentripetaler Pluralismus" belegt haben. Gleichermaßen gilt dies für die aktuellen Versuche, die die Probleme der italienischen Republik mit Begriffen wie „Konsoziativismus" und „Parteienherrschaft" belegen (Galli 1966; Sartori 1982; Farneti 1983; Pasquino 1991; Pizzorno 1993).

Zweifellos ist es ein wesentliches Merkmal von Tangentopoli, daß der Gegensatz zwischen Regierung und Opposition als Konfliktlinie an Bedeutung verloren hat. Soll der Sachverhalt, daß sich die Parteien aufgrund von Absprachen immer mehr einander angleichen und in der Arena der unsichtbaren Politik zu einer Art „Einheitspartei für öffentliche Ausgaben" verschmelzen, unbedingt mit dem Begriff des Konsoziativismus belegt werden, dann sollte zumindest der Unterschied zu der vorangegangenen politischen Phase aufgezeigt werden. In dieser waren die Tauschbeziehungen auf einem bilateralen Monopol aufgebaut, das von der Christdemokratischen Regierungspartei einerseits und der Kommunistischen Oppositionspartei andererseits gebildet worden war. Sie standen einander in einem harten ideologischen Konkurrenzkampf gegenüber und wurden darin durch jeweils unterschiedliche soziale Mandate unterstützt, auch wenn sie unter der ständigen Androhung der politischen Blockierung und Unregierbarkeit zu Kompromissen und pragmatischen Abkommen veranlaßt wurden. In den achtziger Jahren dagegen hat die Schwächung der Kommunistischen Partei Italiens dazu beigetragen, daß aus ihrer negativen Integration eine subalterne Integration wurde. Für diese neue Konstellation erscheinen die Begriffe *„machine-style-politics"* und *„feudalismo di macchina"* angemessener als der Begriff des Konsoziativismus zu sein, um Struktur und Dynamik der Beziehungen zwischen den Untergruppierungen im politisch-kriminellen Komplex der Geschäftemacherei zu beschreiben.

Diese angestellten Überlegungen schließen den Begriff der Parteienherrschaft aus, sofern darunter eine empirische Regierungsform verstanden wird, in der die ausschlaggebenden Entscheidungen von einflußreichen Parteiorganisationen getroffen werden, die aufgrund ihres Zusammenhalts langfristige Strategien und nicht bloß kurzfristige Anpassungstaktiken entwickeln. In den „schmutzigen Jahren" haben die fragmentierten und opportunistischen Parteien vielmehr ihre Hauptrolle auf diejenige des Gatekeepers reduziert. In der streng nach Proporzgesichtspunkten gegliederten Festung, mit der die Zugangswege zu den öffentlichen Entscheidungen verteidigt worden sind, haben sich diese neuen Parteigebilde als Spezialisten eingerichtet. In den Augen der Bürger machen derartige opportunistische und parasitäre Organisationen nicht mehr das politisch-ethische Zentrum des Systems aus. Wenn sie nicht Gegenstand der Verachtung und des Mißtrauens sind, dann wird in ihnen bestenfalls ein Zweckverband zur Verteidigung partikularistischer Interessen erkannt. Dieser Umwandlungsprozeß ist schließlich so weit gegangen, daß die politischen Konkurrenten, die sich auf der öffentlichen Bühne zur Behauptung ihrer Vormachtstellung gegenüberstehen, als Anti-Parteien-Parteien und Antipolitiker auftreten, wenn sie in der Wählerschaft soziale Unterstützung finden wollen.

Bekanntlich ist der Untergang der Massenintegrationspartei in anderen Ländern stetiger und weniger traumatisch verlaufen als in Italien. Dies ist vor allem darauf zurückzuführen, daß dort traditionelle und angesehene öffentliche Institutionen vorhanden waren, die das Verhalten der Individuen und sozialen Gruppen normativ geregelt und allgemeine Unterstützung hergestellt haben. In Italien hingegen, wo die Legitimation der Institutionen schon immer von den Parteien abgeleitet worden ist, ist der Untergang der Massenintegrationspartei mit einem dramatischen Prozeß der *Ent-Intitutionalisierung* zusammengetroffen. Er hat zum völligen Zusammenbruch der – wie immer brüchigen – Pfeiler geführt, die in der Vergangenheit (vor allem in den siebziger, den sogenannten „bleiernen Jahren") die Demokratie abgestützt haben. Die Quintessenz der „italienischen Krise" läßt sich abschließend wie folgt zusammenfassen: In Abwesenheit sozial anerkannter und moralisch integrierender Institutionen ist die Demokratie zum Opfer des Beutezuges der „political machines" geworden; sie hat sich von den Taktiken der Vertreter partikularistischer Sonderinteressen erpressen lassen; und zu guter Letzt hat sie sich auch noch durch die Kampagnen eines neuen Medienschwindlers hinters Licht führen lassen. Das Ende der Geschichte dürfte – auch anderswo – hinlänglich bekannt sein.

Übersetzt von *Birgitta Nedelmann*.

## Literatur

*Allum, Percy,* 1993: Cronaca di una morte annunciata: la Prima Repubblica italiana, Teoria Politica IX: 31–55.
*Amato, Giuliano,* 1976: Economia, politica e istituzioni in Italia. Bologna: Il Mulino.
*Amato, Giuliano,* 1992: Le istituzioni, figlie della politica. S. 177–196 in: *Giuliano Urbani* (Hg.): Dentro la politica. Milano: Il sole-24 ore.
*Amato, Giuliano, Sabino Cassese, Federico Coen* und *Ernesto Galli della Loggia,* 1983: Affarismo e politica: quali risposte alla questione morale?, Mondoperaio XXXVI: 2–13.
*Anderlini, Fausto,* 1984: Il PSI: appropriazione di potere e paralisi politica, Democrazia e Diritto XXIV: 57–85.
*Axelrod, Robert,* 1984: The Evolution of Cooperation. New York: Basic Books.
*Banfield, Edward C.,* 1958: The Moral Basis of a Backward Society. New York: The Free Press.
*Barbagli, Marzio,* und *Piergiorgio Corbetta,* 1978: Partito e movimento: aspetti del rinnovamento del Pci, Inchiesta VIII: 3–46.
*Barca, Luciano,* und *Sandro Trento* (Hg.) 1994: L'economia della corruzione. Roma-Bari: Edizioni Laterza.
*Barca, Luciano,* 1994: La patologia degli anni Ottanta. S. 63–83 in: *Luciano Barca* und *Sandro Trento:* L'economia della corruzione. Roma-Bari: Edizioni Laterza.
*Belligni, Silvano,* 1988: La regione Piemonte. S. 431–497 in: Isap-Archivio. Le relazioni fra amministrazione e partiti, vol. 1. Milano: Giuffrè Editore.
*Belligni, Silvano,* 1993: Un sistema ad alta corruzione? Questione Giustizia XII: 140–148.
*Belligni, Silvano,* 1994: Partitocrazia e consociativismo, Nuvole IV: 6–10.
*Berlinguer, Enrico,* 1981: Intervista a Eugenio Scalfari, La Repubblica, 28.7.1981.
*Bobbio, Luigi,* 1992: Il mariuolo, il partito e il sistema, Linea d'ombra 73: 4–6.
*Cafagna, Luciano,* 1993: La grande slavina. L'Italia verso la crisi della democrazia. Venezia: Marsilio.
*Cassese, Sabino,* 1992: Maladministration e rimedi, Foro Italiano CXV: 243–250.
*Cazzola, Franco,* 1988: Della corruzione. Bologna: Il Mulino.
*Cazzola, Franco,* 1992: L'Italia del pizzo. Fenomenologia della tangente quotidiana. Torino: Einaudi.
*Chiesa, Mario,* 1992: Confessioni che cambiano la storia. Estratti degli interrogatori del 23, 27, 30 marzo 1992, L'Espresso, 28.6.1992: 12–22.
*Colombo, Gherardo, Piercamillo Davigo* und *Antonio Di Pietro,* 1993: Noi obbediamo alla legge, non alla piazza, Micromega 5: 7–14.
*Corbetta, Piergiorgio, Arturo M.L. Parisi* und *Hans M.A. Schadee,* 1988: Elezioni in Italia. Bologna: Il Mulino.
*Craxi, Bettino,* 1994: Il caso C. Milano: Giornalisti Editori.
*D'Auria, Gaetano,* 1993: I controlli sulle opere pubbliche di competenza dello Stato, Il foro italiano CXVI: 237–252.
*Della Porta, Donatella,* 1992a: Lo scambio occulto. Bologna: Il Mulino.
*Della Porta, Donatella,* 1992b: Il denaro corrompe chi non lo ha, Politica e Economia XVIII: 65–68.
*Della Porta, Donatella,* 1993: Corruzione, clientelismo e cattiva amministrazione: note sulle dinamiche degli scambi corrotti in Italia, Quaderni di Sociologia XXXVII: 31–50.
*Della Seta, Piero,* und *Edoardo Salzano,* 1993: L'Italia a sacco. Roma: Editori Riuniti.
*Di Palma, Giuseppe,* 1977: Surviving without Governing. The Italian Parties in Parliament. Berkeley: University of California Press.
*Di Pietro, Antonio,* 1994: Requisitoria al processo Cusani. Proc. n. 2738/93, 19.04.1994.
*Dogliani, Mario,* und *Antonio Monticelli,* 1986: Politica e questione morale, Sisifo III: 35–40.
*Farneti, Paolo,* 1980: La coalizione monopolistica, Biblioteca della Libertà XVII: 133–143.
*Farneti, Paolo,* 1983: Il sistema dei partiti in Italia 1946–1979. Bologna: Il Mulino.
*Floridia, Giuseppe G.,* und *Stefano Sicardi,* 1991: Le relazioni governo-maggioranza-opposizione nella prassi e nell'evoluzione regolamentare e legislativa, Quaderni Costituzionali XI: 225–289.
*Forte, Francesco,* 1992: Come uscire dal gioco delle tangenti, Mondoperaio VII: 81–87.
*Galli, Giorgio,* 1966: Il bipartitismo imperfetto. Bologna: Il Mulino.
*Galli, Giorgio,* 1984: Italia sotterranea. Roma-Bari: Edizioni Laterza.

*Galli, Giorgio*, 1991: Affari di Stato. Milano: Kaos Edizioni.
*Ginsborg, Paul*, 1989: Storia d'Italia dal dopoguerra a oggi. Torino: Einaudi.
*Graziano, Luigi*, 1980: Clientelismo e sistema politico. Il caso dell'Italia. Milano: Angeli.
*Hellman, Steve*, 1988: Italian Communism in Transition: The Rise and Fall of Historic Compromise in Turin. New York/London: Oxford University Press.
*Huntington, Samuel P.*, 1968: Political Order in Changing Societies. New Haven/London: Yale University Press.
*La Palombara, Joseph*, 1987: Democracy, Italian Style. New Haven/London: Yale University Press.
*Il Mondo*, 1992: Il denaro facile. Dizionario della corruzione in Italia. Milano: Rizzoli.
*Lepre, Aurelio*, 1993: Storia della prima Repubblica. Bologna: Il Mulino.
*Mastropaolo, Alfio*, 1993: Il ceto politico. Roma: La Nuova Italia.
*Mastropaolo, Alfio*, 1994: Fare destra negli anni Ottanta, Nuvole IV: 25-28.
*March, James G.*, und *Johan P. Olsen*, 1989: Rediscovering Institutions. The Organizational Basis of Politics. New York: The Free Press.
*Mény, Ives*, 1994: Leçons françaises du cas italien, Le Monde, 20.9.1994.
*Neppi Modona, Guido*, 1993: Giustizia e potere politico. S. 1326-1332. Enciclopedia Garzanti del Diritto. Milano: Garzanti.
*North, Douglass C.*, 1990: Institutions, Institutional Change and Economic Performance. Cambridge: Cambridge University Press.
*Novelli, Diego* (o.J.): Una storia di tangenti. Torino: La Rete.
*Panorama* 1992: Mani pulite. Cles, Nuova Stampa Mondadori.
*Pasquino, Gianfranco*, 1983: Sources of Stability and Instability in the Italian Party System, West European Politics VI: 93-110.
*Pasquino, Gianfranco*, 1991: La repubblica dei cittadini ombra. Milano: Garzanti.
*Pasquino, Gianfranco*, 1992: I partiti: come competono e quali alleanze riescono a formare. S. 157-196 in: *Giuliano Urbani* (Hg.): Dentro la politica. Come funzionano il governo e le istituzioni. Milano: Il sole - 24 ore.
*Pizzorno, Alessandro*, 1992: La corruzione nel sistema politico. S. 13-74 in: *Donatella della Porta:* Lo scambio occulto. Bologna: Il Mulino.
*Pizzorno, Alessandro*, 1993: Le difficoltà del consociativismo. S. 285-313 in: *Ders.:* Le radici della politica assoluta. Milano: Feltrinelli.
*Pizzorno, Alessandro*, und *Donatella della Porta*, 1993: ‚Geschäftspolitiker' in Italien. Überlegungen im Anschluß an eine Studie über politische Korruption, Kölner Zeitschrift für Soziologie und Sozialpsychologie 45: 439-464.
*Putnam, Robert D.*, 1993: Making Democracy Work. Princeton: Princeton University Press.
*Revelli, Marco*, 1984: Politica italiana: le avventure del consociativismo, Teoria Politica X: 7-28.
*Ricolfi, Luca*, 1993: L'ultimo Parlamento. Roma: La Nuova Italia Scientifica.
*Rodotà, Stefano*, 1994: Su alcune ragioni istituzionali della corruzione. S. 21-32 in: *Luciano Barca* und *Sandro Trento:* L'economia della corruzione. Roma-Bari: Edizioni Laterza.
*Romano, Sergio*, 1993: L'Italia scappata di mano. Milano: Longanesi.
*Roncarolo, Franca*, 1990: Le nomine del „sottogoverno". Evidenze da un'indagine empirica, Sisifo VII: 10-14.
*Salvadori, Massimo L.*, 1994: Storia d'Italia e crisi di regime. Bologna: Il Mulino.
*Sapelli, Giulio*, 1993: Imprese e partiti nel circuito della corruzione, Quaderni di Sociologia XXXVII: 51-67.
*Sartori, Giovanni*, 1982: Teoria dei partiti e caso italiano. Milano: SugarCo.
*Scalfari, Eugenio*, 1974: Razza padrona. Milano: Feltrinelli.
*Schily, Otto*, 1993: La banalità della corruzione, Micromega 2: 87-93.
*Scoppola, Pietro*, 1991: La repubblica dei partiti. Bologna: Il Mulino.
*Scott, James C.*, 1972: Comparative Political Corruption. Englewood Cliffs: Prentice Hall.
*Shefter, Michael*, 1977: Patronage and its Opponents. A Theory and Some European Cases. Western Societies Program Occasional Paper, n. 8. Ithaca/New York: Cornell University.
*Silj, Alessandro*, 1994: Malpaese. Roma: Donzelli Editore.

*Spotts, Frederic,* und *Theodor Wieser,* 1986: Italy. A Difficult Democracy. Cambridge: Cambridge University Press.
*Stajano, Corrado,* 1991: Un eroe borghese. Torino: Einaudi.
*Tarrow, Sidney,* 1977a: Between Center and Periphery. Grassroot Politicians in Italy and France. New Haven/London: Yale University Press.
*Tarrow, Sidney,* 1977b: The Italian Party System between Crisis and Transition, American Journal of Political Science XXI: 193–224.
*Tarrow, Sidney,* 1990: Democrazia e disordine. Roma-Bari: Edizioni Laterza.
*Tocci, Walter,* 1994: Partiti, finanza e mattone. S. 119–134 in: *Luciano Barca* und *Sandro Trento:* L'economia della corruzione. Roma-Bari: Edizioni Laterza.
*Tranfaglia, Nicola,* 1994: Trasformismo. S. 95–98 in: *Paul Ginsborg* (Hg.): Stato dell' Italia. Milano: Bruno Mandadori, il Saggiatore.
*Turone, Giuseppe,* 1984: Corrotti e corruttori dall'unità d'Italia alla P2. Roma-Bari: Edizioni Laterza.
*Giuliano Urbani* (Hg.), 1992: Dentro la politica. Come funzionano il governo e le istituzioni. Milano: Il sole – 24 ore.
*Vannucci, Alberto,* 1992: La realtà economica della corruzione politica. Analisi di un caso, Stato e Mercato XXXIV: 63–95.
*Vassallo, Salvatore,* 1994: Il governo di partito in Italia. Bologna: Il Mulino.
*Zamorani, Mario,* 1994: Politica e appalti dopo il sisma di Tangentopoli. Milano: Arca Edizioni.
*Zampini, Adriano* (o.J.): Il faccendiere. Torino: Edizioni Zeta.

# DIE GENESE DER „BEWEGUNGSPARTEI" ALS NEUER PARTEITYP IM POLITISCHEN SYSTEM ITALIENS

Elisabeth Fix

*Zusammenfassung:* Ziel dieser Untersuchung ist es, die Bedingungen für Entstehung und Erfolg eines neuen Parteientyps im politischen System Italiens zu erklären. Gegenwärtig befindet sich Italien in einem tiefgreifenden Transformationsprozeß, dessen grundlegende Ursachen entscheidende Strukturdefekte der politischen Institutionen sind. Diese haben eine schwerwiegende Legitimationskrise der Parteien als zentrale Instanzen der politischen Interessenvermittlung bewirkt. Als direkte Antwort auf diese Situation entstand zu Beginn der achtziger Jahre eine Reihe neuer Parteien, die sich als „Bewegungsparteien" charakterisieren lassen. Untersuchungsgegenstände sind „Lega Nord", Mario Segnis Referendumsbewegung, „La Rete" und „Forza Italia". Aus dem systematischen Vergleich dieser vier „Parteien" läßt sich der Typ der „Bewegungspartei" herausarbeiten. Sein zentrales Merkmal ist die bewußte Abgrenzung von den Zielsetzungen, Organisationsformen und Mobilisierungsstrategien der etablierten Parteien.

## *I. Einleitung*

Italien befindet sich gegenwärtig in einem für westeuropäische Demokratien einzigartigen Transformationsprozeß.* Ein gesamtes, sich bisher durch Kontinuität auszeichnendes Parteiensystem ist zusammengebrochen. Die beiden ältesten Massenintegrationsparteien, die Christdemokratische Partei (Dc) und die Sozialistische Partei (Psi), die eine tragende Rolle bei der Bildung der politischen Identitäten in Italien gespielt hatten, sind zu politischen Randfiguren geworden. Reform und Erneuerung sind die Zauberformeln, die beide Parteien beschwören und durch Umwandlung ihres Parteinamens – in Ppi bzw. Si – nach außen demonstrieren. Die politische Bühne beherrschte aber seit den nationalen Wahlen im Frühjahr 1994 an ihrer Stelle eine ganze Reihe neuer politischer Formationen, die auch einen neuen Parteityp repräsentieren: die Bewegungspartei. Zwei dieser neuen politischen Gruppierungen, nämlich die bereits in den achtziger Jahren gegründete Lega Nord und die erst wenige Wochen vor der Wahl im März 1994 ins Leben gerufene Forza Italia, sind zu tonangebenden politischen Kräften geworden. Bis vor kurzem haben sie zusammen mit der Nationalen Allianz (An), der ehemaligen faschistischen Partei (Msi), und den ehemaligen Christdemokraten des christdemokratischen Zentrums (Ccd) eine Regierungskoalition gebildet. Dieser Vorgang der vollständigen Ersetzung einer alten Regierungskoalition von Parteien, die in Staat und Gesellschaft seit Jahrzehnten fest verankert waren, durch neue und – im Falle der Forza Italia Berlusconis – frisch gekürte und daher politisch noch nicht ausreichend verortbare politische Gruppierungen, stellt ein Novum in West-

---

* Anm. der Redaktion: Das Manuskript wurde um die Jahreswende 1994/95 abgeschlossen.

europa dar. Ein derartiger Prozeß ist im Regelfall nur im Zuge revolutionären Systemwandels zu beobachten. Auch die italienischen Wahlforscher Renato Mannheimer und Giacomo Sani bezeichnen den Wahlakt vom Frühjahr 1994 deshalb als Revolution, nämlich als eine „Revolution durch Wahlen" (Mannheimer/Sani 1994).

Diese Revolution erfolgte aber, wie alle Revolutionen, keineswegs unerwartet, sondern hatte schon seit Beginn der achtziger Jahre ihre Vorläufer in dem Versuch der damals regierenden Parteien, das politische System, das die vordringlichen sozialen und politischen Probleme nicht mehr zu lösen vermochte, zu reformieren. Die Handlungsunfähigkeit der wichtigsten politischen Organe, des Parlamentes und der Regierung, resultierte in erster Linie aus den Effekten der Parteienfragmentierung im Parlament, welche ihrerseits das Ergebnis eines Verhältniswahlsystems ohne jegliche Sperrklausel war. Dadurch wurde die Konsensfindung unter den Fraktionen erschwert und erforderte komplexe Aushandlungsmechanismen. Die schwierige Mehrheitsfindung wurde aber noch durch institutionelle Faktoren verstärkt, so vor allem durch die uneingeschränkte Gleichberechtigung beider Kammern beim Gesetzgebungsprozeß und durch die internen Verfahrensregelungen des parlamentarischen Alltags. So hat z.B. die Vorschrift der geheimen Abstimmung über Gesetze Heckenschützen aus den Reihen der Regierungskoalition immer wieder Anreize gegeben, die Verabschiedung von Gesetzen zu torpedieren. Paradoxerweise wurden nun diejenigen Parteien, die im Jahre 1948 die Verfassung in dieser Form geschaffen hatten, aufgrund der Eigendynamik der Institutionen selbst zu deren Opfern. Die inzwischen eingeleiteten Reformen, auf die im Hinblick auf Inhalte und Effekte noch einzugehen sein wird, haben zwar bewirkt, daß sich die Handlungskapazität der Akteure der „blok-kierten" Demokratie erhöht hat. Zugleich aber endeten die Reformbestrebungen der Akteure, die diese Krise bewirkt hatten, an der Grenze, über welche hinaus sie ihr Machtpotential trotz Erosionsprozessen nicht mehr hätten aufrechterhalten können. Diese Akteure waren die etablierten politischen Parteien. Da die Parteien in Italien nicht nur an den Schalthebeln der staatlichen Macht saßen, sondern in großem Umfang auch die gesellschaftlichen Interaktionen durch ein ausdifferenziertes System von Kontrollmechanismen beeinflußt haben, entwickelte sich die Krise des politischen Systems zwangsläufig zur Gesellschaftskrise. Die italienischen Wähler reagierten sensibel auf diese Situation, wodurch der seit vierzig Jahren als stabil zu betrachtende Wählermarkt in Bewegung geriet (Corbetti et al. 1988; Caciagli/Spreafico 1990; Sani 1992).

Die ersten Indikatoren für eine tatsächliche Veränderung des Wählermarktes waren die Resultate der Kommunalwahlen des Jahres 1990 und des Referendums über die Abschaffung der sogenannten Präferenzstimmen vom Juni 1991 (Sani 1992: 540). Nach dem bisherigen Wahlsystem konnten die Wähler einzelne Kandidaten auf den Listen durch Präferenzstimmen begünstigen. Dabei kam es zu einem, für die italienische Demokratie, nicht seltenen Paradox: Der Freiheitsraum des Wählers, der durch die Möglichkeit, den individuellen Kandidaten durch Abgabe von Präferenzstimmen zu stärken, erweitert werden sollte, wurde im Endergebnis eingeschränkt und der Handlungsraum der Parteiorganisation erweitert. Durch diese vorgebliche Wahlfreiheit war es möglich, Präferenzstimmen von einzelnen Kandidaten im Austausch für Gegenleistungen von den Parteien zu kaufen. Das Ergebnis des Referendums, in dem eben dieses System zur Entscheidung anstand, war eindeutig: 95 Prozent aller Wähler stimmten dafür, die Präferenzstimmen auf eine zu reduzieren. Dieser Ausgang hatte eine hohe symbolische Bedeutung, da er eine Demonstration gegen die Parteienherrschaft war. Mit Beginn der neunziger Jahre verloren somit die Parteien des „alten Systems" zunehmend und schnell an Legitimität (Pasquino 1995).

In Reaktion auf diese Situation entstand in Italien eine neue Generation von Parteien, die ich als „Bewegungsparteien" bezeichnen möchte. Bewegungsparteien unterscheiden sich von den traditionellen Parteien vor allem in der Art und Weise, wie Wählergruppen mobilisiert werden. Im folgenden soll aufgezeigt werden, warum und auf welche Weise sich diese neuen Bewegungsparteien im politischen System Italiens etablieren konnten. In einem ersten Schritt werde ich zu diesem Zweck die Entstehungsbedingungen der ersten Bewegungspartei Italiens, der Lega Nord untersuchen und ihre spezifischen Mobilisierungsstrategien herausarbeiten. Sie betrat in den achtziger Jahren die politische Bühne und kann somit als „Organisationsinnovateur" (Nedelmann 1975: 20) bezeichnet werden. Im zweiten Schritt sollen dann die Mobilisierungsstrategien der anderen, in den neunziger Jahren entstandenen, neuen Bewegungsparteien analysiert werden. Durch einen systematischen Vergleich der Entstehungsbedingungen der untersuchten neuen politischen Formationen versuche ich in einem letzten Schritt eine typologische Bestimmung der „Bewegungspartei".

## *II. Die Lega als Prototyp einer Bewegungspartei*

Die in den achtziger Jahren verschärft auftretende Legitimationskrise der traditionellen Parteien war für neue politische Akteure ein Anreiz, um in der Eigenschaft als politischer Unternehmer aufzutreten und neue Formen der Kommunikation zwischen Gesellschaft und Staat zu erfinden.

Die erste Erscheinung der manifest werdenden Krise war die Lega, die, chronologisch betrachtet, die erste Protagonistin einer „Bewegungspartei" in Italien war. Es ist symptomatisch, daß ihre ersten organisatorischen Wurzeln (Diamanti 1993) im Veneto zu finden sind, wo die Leghen-Bewegung mit der Gründung der Liga Veneta im Jahre 1980 ihren Ausgangspunkt nahm. Ihre Mobilisierung erfolgte auf der Basis einer tiefen gesellschaftlichen Krise des Veneto. Aufbauend auf den beiden Wertstrukturen der venetischen Gesellschaft, des Katholizismus einerseits und der Familie als Ressource für die Gestaltung der ökonomischen Beziehungen andererseits, bildete sich ein spezifisches Arbeitsethos heraus. Danach war Arbeit als „Opfer" zu erbringen, um im Jenseits „erlöst" zu werden, wobei das Engagement auf dem Arbeitsmarkt und der dadurch erzielte Erfolg die Belohnung für das auf Erden erbrachte Opfer seien (Riccamboni 1992: 76). Beide Werte haben eng vernetzte kulturelle Milieus mit starken lokalen Bezügen entstehen lassen. Die Liga veneta benutzte und politisierte eben diese Werte, um sich im Veneto als neue politische Kraft zu etablieren. Nach dem Zweiten Weltkrieg hatte im Veneto ein Prozeß der Industrialisierung stattgefunden, der die ursprünglich tief agrarisch geprägten Milieus sanft aufbrach. Die grundlegenden sozialen Strukturen wurden nicht zerstört, sondern als Potential zum Aufbau neuer, moderner, ökonomischer Formen genutzt. Seit den fünfziger Jahren bis zu Beginn der siebziger Jahre entwickelte sich auf der ökonomischen Basis des Familienbetriebs eine florierende Landschaft von ökonomisch sehr erfolgreichen Kleinunternehmen, die Güter des traditionellen Handwerksektors produzierten, wie Textilien,

Möbel, Lederwaren oder Keramik (Bagnasco 1977; Riccamboni 1992). Während diese Güter vor allem in den siebziger Jahren auf dem europäischen Markt stark nachgefragt wurden, gerieten die Kleinunternehmen zu Beginn der achtziger Jahre aufgrund eines Markteinbruchs in die Krise (Anastasia 1986: 176–183). Diese Krise führte zu sozialen Veränderungen, die nicht ohne Auswirkungen auf die politische Landschaft des Veneto bleiben konnten.

Unter politischen Aspekten betrachtet hatte sich gerade der Veneto durch eine hohe Wählerstabilität ausgezeichnet: Seit Bestehen des italienischen Nationalstaates beherrschte die Christdemokratische Partei bzw. ihre Vorläufer die politische Arena.[1] Ihr zentraler „Transmissionsriemen" war die Organisation der katholischen Kirche, die durch ihr Netzwerk von katholischen Vereinigungen, in denen große Teile der Bevölkerung organisiert waren, systematisch den Christdemokraten Loyalitäten sicherte. Die Rolle der Kirche als *Organisation* ist der Schlüssel zur Erklärung des Wandels der politischen Identitäten und damit auch des Wahlverhaltens, der den Aufstieg der Lega im Veneto begünstigt hat. Dabei ist zwischen der Kirche als Organisation, d.h. den kirchlichen Funktionären wie den Bischöfen und Priestern, und der Kirche als Institution, d.h. als normsetzende und wertgebende Instanz, zu unterscheiden.

Als Organisation hat die katholische Kirche das politische Verhalten der Veneter dadurch beeinflußt, daß sie schon seit der Periode der österreichischen Herrschaft das soziale Leben vollständig kontrolliert hat. So führte die Kirche die Aufsicht über zentrale Sozialisationsinstanzen wie die Schulen. Sie lieferte Ressourcen, ohne die der stark agrarisch strukturierte ökonomische Sektor nicht funktionieren konnte, indem z.B. der Pfarrer einer Gemeinde als einziger über das notwendige Expertenwissen verfügte. Zudem kontrollierte sie den Sozialsektor (Trigilia 1986: 111ff.; Riccamboni 1992: 22). Ihren zentralen politischen Stellenwert erlangte die Kirche aber durch die nationalstaatliche Einigung, die eine Konfliktlinie zwischen den liberalen staatsgründenden Eliten und der ihre materiellen und immateriellen Besitzstände verteidigenden katholischen Kirche hervorbrachte. Nachdem sich die politischen Eliten Nord- und Süditaliens, deren wirtschaftliche und gesellschaftliche Interessen sich eigentlich aufgrund unterschiedlicher Gesellschaftsstrukturen und politischer Kulturen in Nord- und Süditalien nicht auf einen Nenner bringen ließen, durch die Kompromißformel des „trasformismo"[2] zu einer Interessengemeinschaft verbündet hatten, beschloß die katholische Kirche, politisch aktiv zu werden, um ihre Interessen wahren und durchsetzen zu können. Aufbauend auf dem organisatorischen Baustein der Pfarrei, die den venetischen Kommunen ihre Identität verlieh, und dem sozialen Baustein der

---

1 Die Dominanz der Christdemokraten im Veneto bedeutet allerdings nicht, daß andere Parteien in dieser Region bedeutungslos gewesen wären: Neben den christdemokratischen Hochburgen der gesamten Provinz Vicenza und von Großteilen der Provinzen Padova, Treviso und Verona gibt es Zonen, in denen die Sozialisten und die Kommunisten ihre Bastionen haben (Diamanti/Riccamboni 1992: 5).

2 Dem „Trasformismo" liegt ein bestimmtes Muster der Konfliktvermittlung zugrunde, das sich spieltheoretisch wie folgt reformulieren ließe: In einer Situation, in der sich die heterogenen Interessen von zwei oder mehreren Konfliktakteuren gegenüberstehen, ist die Option „Exit" nicht gegeben, so daß Zwang zur Kooperation besteht. Die Konfliktpartner verfügen dabei über *qualitativ* unterschiedliche, aber funktional äquivalente Ressourcen, die sie in die Tauschbeziehung einbringen; zu Details vgl. Graziano (1984: 83f.) und Tullio-Altan (1986: 76–85).

Familie, förderte die Kirche in den siebziger Jahren des 19. Jahrhunderts die Entstehung einer katholischen Bewegung, die der Kern der ersten rudimentären katholischen Partei, der sog. „Opera dei Congressi e dei Comitati Cattolici", war. Organisatorisch wurde diese katholische Bewegung von einem dichten Netzwerk von katholischen Assoziationen getragen, das zunächst aus Gesellschaften zur gegenseitigen Hilfeleistung und landwirtschaftlichen Kooperativen bestand. Später entwickelten sich auch Gewerkschaften und landwirtschaftliche Kassen und Banken, die den Bauern günstige Kredite anboten. Aber nicht nur das Arbeitsleben war organisiert. Je nach Bedürfnislage wurden auch im Sektor Freizeit und Kultur Vereinigungen gegründet. Zudem entwickelten sich Frauenvereinigungen und Jugendgruppen. Dieses Beziehungsgeflecht verfestigte sich zu einer *Subkultur*, die ihren Mitgliedern klare Normen zur Handlungsorientierung lieferte sowie das gesamte gesellschaftliche und ökonomische Leben innerhalb dieses spezifischen Territoriums regelte. Diese katholische „Subkultur" konnte sich aber nicht zur dominanten Kultur entwickeln, da zum Zeitpunkt ihrer Entstehung die liberalen Eliten das politische Terrain Italiens beherrschten.[3] Aus diesen strategischen Ressourcen schöpfte die Parteiorganisation der Christdemokraten nach dem Zweiten Weltkrieg, so daß die Solidarität der Mitglieder in den Assoziationen, verstärkt über ihre Familienbande, nahezu blinde Loyalität gegenüber den Christdemokraten erzeugte, denn die Dc wurde im politischen System als institutionalisierte „Schutzpatronin" der Religion angesehen (Diamanti 1986: 59). Da die Kirche und damit die Christdemokraten durch ihr dichtes Organisationsgefüge von Assoziationen das Individuum in all seinen Lebensphasen und -lagen erfaßte, kann die Dc[4] im Veneto als „demokratische Integrationspartei" (Neumann 1968) beschrieben werden. Der Katholizismus war so tief in Gesellschaft und Individuum als *Institution* verankert, daß der erste Generalsekretär der christdemokratischen Dc, Alcide de Gasperi, in den Anfängen der Dc gänzlich auf eine strukturierte Parteiorganisation verzichten wollte, da er glaubte, die Wählerunterstützung sei in Norditalien durch das dichte Netzwerk von Assoziationen und durch die soziale Kontrolle von seiten des lokalen Priesters und Bischofs sowie, in Süditalien, der lokalen Notabeln gesichert (Leonardi 1980: 249f.).

Die Kehrseite der Medaille der sozialen Kontrolle im Veneto war die Erzeugung eines Einstellungsmusters der Passivität in bezug auf politisches Engagement. Ilvo Diamanti weist anhand einer Studie über Jugendliche in der „weißen" Provinz Vicenza nach, daß politische Partizipation in den fünfziger Jahren als „Verpflichtung" empfunden wurde, der aber kein konkretes politisches Engagement folgte, wenngleich auch die latente Bindung an die Dc sehr hoch war, was sich darin zeigt, daß sie von 70 Prozent aller Befragten unterstützt wurde (Diamanti 1986: 57ff.). Diese politische Passivität spiegelt sich auch in den regionalen Mitgliedschaftsraten der Dc wider: Im interregionalen Vergleich ist der Organisationsgrad der Dc im Nordosten des Landes, d.h. auch in der Region Veneto,

---

3 Auch die sozialistische Bewegung bildet nach demselben Muster eine Subkultur aus, die heute noch in der Emilia-Romagna, der Toskana sowie in den Bereichen des Veneto, in denen die Kirche keine starke Basisorganisation aufweisen konnte, lebendig ist (Riccamboni 1992).
4 Die Definition der Dc als „demokratischer Integrationspartei" ist sicherlich nur zutreffend, wenn man ihre Wirkungsweise in der „katholischen Subkultur" analysiert. In Süditalien wurde das „linkage" zwischen Individuum und politischem System aufgrund des Fehlens einer „civil society" durch personenbezogene Bindungen der Klientel an ihren Patron sowie durch Praktizierung von Patronage hergestellt.

am niedrigsten (vgl. Anderlini 1989: 279, Abb. 1). Die Christdemokraten wurden vorwiegend gewählt, weil sie im Veneto als Garanten der Interessen der Kirche und als Verteidiger der katholischen Werte gegen deren „Feinde", wie beispielsweise die Kommunisten und Sozialisten, gesehen wurden. Aufgrund der Strukturdefekte des politischen Systems, welche die Mehrheitsbildungen zunehmend erschwerte, mußten die Christdemokraten nach neuen Koalitionspartnern, auch im Lager ihrer ideologischen Gegner, suchen. Mit der erstmaligen Beteiligung der Sozialistischen Partei an der Regierung begann im Jahre 1963 eine Periode der Mitte-Links-Koalitionen. Infolge des damit einhergehenden relativen Machtverlustes der Christdemokraten innerhalb der Regierungskoalition waren diese bestrebt, den Parteiapparat von Mechanismen der Unterstützung, die sie nicht selbst ihrer direkten Kontrolle unterwerfen konnten, unabhängiger zu machen. In diesem Zusammenhang reduzierten sie vor allem den bisher gewichtigen Einfluß der parteinahen, aber autonomen, vor allem im Veneto mitgliederstarken katholischen Vereinigungen und Verbände zugunsten einer Förderung der direkten Mitgliedschaft in der Dc durch Erweiterung der Anzahl lokaler Parteiapparate. Seit Beginn der sechziger Jahre setzte zudem ein Säkularisierungsprozeß ein, der zwar nicht die Institution Religion, aber die Organisation Kirche wachsender Kritik, auch seitens der nach wie vor religiös orientierten Veneter, aussetzte (Pace 1986). Als Folge dieser Entwicklungen mußte die Dc im Veneto einen zunehmenden Verlust von Wählerstimmen aufgrund von Zugehörigkeit (Parisi/Pasquino 1977: 223ff.) hinnehmen. Sie sah sich dadurch in eine Situation versetzt, in der sie nach funktionalen Äquivalenten suchen mußte, um ihre Hochburg im Veneto zu sichern. So stellte die Dc eine Verbindung zwischen lokaler Identität und Bindung an die Familie her, welche die ökonomische und ideelle Basis der Kleinbetriebe war (Pace 1986: 246, Tab. 5 und 6). Die Dc-Funktionäre, die alle relevanten Positionen in Staat und Verwaltung kontrollierten, wurden zu „politischen Unternehmern" (Riccamboni 1992: 83): Sie sicherten die finanzielle Grundlage der Kleinunternehmen und erhielten dafür im Austausch, aufgrund der vielfältigen, sich wechselseitig überschneidenden Bindungen der Familie und der Kleinbetriebe, politische Unterstützung (Allum 1985: 61f.). Die Christdemokraten des Veneto präsentierten sich damit als eine Partei, die aufgrund ihrer dominanten Position in den nationalen Regierungskoalitionen eine zentrale Verteilungsinstanz war, welche staatliche Ressourcen zugunsten ihrer Klientel in den lokalen Kontexten nach ihren Präferenzen umverteilen konnte. Dieses Potential sank aber in den achtziger Jahren rapide. Die Koalitionen der Dc mit anderen Parteien auf nationaler Ebene führten dazu, daß immer mehr Akteure über die Verteilung der Ressourcen mitbestimmten, so daß die Dc ihr Verteilungsmonopol verlor. Umfragen, wie z.B. in der weißen Hochburg der Provinz Vicenza in den achtziger Jahren, belegen ein zunehmend negatives Bild von der Dc im Veneto: Nur 47 Prozent der Befragten schreiben ihr „Effizienz" und 45 Prozent „rechtschaffenes Verhalten" zu. Hingegen sehen 68 Prozent in ihr eine „alte" Partei und 73 Prozent eine „Partei, die vom Klerus dominiert wird" (Riccamboni 1992: 84, Tab. 2.23).

In dieser politischen und ökonomischen Krise der achtziger Jahre entstand im Jahre 1980 die Liga veneta. Ihr organisatorischer Gründungskern war die „Società filologica veneta", die sich schon in den siebziger Jahren formiert hatte. Das wesentliche Ziel dieser Gruppe war die Weckung des Bewußtseins, daß der Veneto eine eigenständige Sprache und Kultur und daher regionale Identität besitze, die gegenüber Eingriffen des Nationalstaates geschützt werden müsse (Diamanti 1992: 233). Die späteren Aktivisten der Liga veneta erklärten die Existenz eines eigenständigen „venetischen Volkes", das durch einen besonderen „Persönlichkeitscharakter" geprägt sei. Die Gemeinsamkeit der Muttersprache erzeuge gemeinsame objektive Bedürfnisse, deren Basis die moralischen, kulturellen und sozialen Traditionen seien. Die zentralen sozio-kulturellen Merkmale der territorialen Identität des Veneto seien der Katholizismus und das spezifische Arbeitsethos. Arbeit wird dabei als „zentrale Aktivität der menschlichen Existenz und als spezifisches und besonderes Merkmal der Leute im Veneto" betrachtet, wie es einer der Aktivisten der Liga veneta formulierte[5] (Diamanti 1992: 238). Nach Meinung der Leghisten teilten die Menschen im Veneto mehrheitlich diese Wertvorstellung. Daher bedürfe die Arbeit eines besonderen Schutzes durch die Politik. Ein zweiter, von der Mehrzahl der Veneter geteilter Wert, sei der Katholizismus. Er spiele nach wie vor eine dominante Rolle in allen Dimensionen des täglichen Lebens, da er die Handlungsorientierungen der Veneter steuere. Der katholische Glauben wird dabei als zentraler Wert der Privatsphäre angesehen, als Möglichkeit, eine *individuelle* Identität zu bilden. Ausdrücklich verurteilt wird sowohl die Einmischung des Staates in die Angelegenheiten der Religion als auch deren Instrumentalisierung durch die Politik. Diese Auffassung kommt prägnant im folgenden Zitat eines Aktivisten zum Ausdruck: „Die Religion spielt eine bedeutsame Rolle und ich würde ohne weiteres sagen, daß sie an erster Stelle unter allen Werten steht und sogar wie eine Verhaltensweise anzusehen ist (...) In der Politik aber darf die einzige Rolle der Religion diejenige sein, die Leute, die Ämter übernehmen, zum rechtschaffenen Handeln anzuleiten, nicht aber, konfessionsgebundene Parteien zu unterstützen. Daher bin ich keineswegs damit einverstanden, daß Bischöfe zur Einheit der Katholiken in der Politik aufrufen" (Diamanti 1992: 239f., Übers. E.F.). In diesem Zitat werden implizit auch zugleich zwei Gruppen genannt, die eben diese postulierten Werte der venetischen Gesellschaft „mißbraucht" haben: Die katholische Kirche und die christdemokratische Partei, die durch ihre Interaktionen bewirkt haben, daß Religion nicht mehr Angelegenheit der Privatsphäre, sondern der Öffentlichkeit ist.

Diese beiden zentralen Werte, Katholizismus und Arbeit, der von der Liga so definierten venetischen „Identität" seien nicht nur durch die grundsätzlichen Haltungen der Organisation Kirche und der Christdemokratischen Partei verletzt worden, sondern auch durch deren konkrete Handlungen. Laut Liga veneta seien die Bewohner des Veneto von den Früchten ihrer Arbeit entfremdet worden. Die Christdemokratische Partei, die in Rom am Schalthebel der Macht sitze, habe die Arbeitserträge an sich genommen und in den Süden Italiens umverteilt. Dieses Verhalten habe sich in systematischer Weise reproduziert. Die „Feinde" der Bewohner des Veneto seien somit die Christdemokratische Partei und die sie unterstützende katholische Kirche. Die Dc, so wird weiter argumentiert, könne diesen durch Ungerechtigkeit gekennzeichneten Umverteilungsmechanismus nur ins Werk setzen, weil Italien ein Zentralstaat sei, der aus Bevölkerungsgruppen bestehe, deren Norm- und Wertsysteme nicht miteinander vereinbar seien. Um zu verhindern, daß die Christdemokratische Partei dieses Instrument der Umverteilung weiterhin zu Zwecken ihrer eigenen Machterhaltung einsetze, müsse der Zentralstaat in einen Föderalstaat umgewandelt werden. Die Existenz des Zentralstaates habe auch dazu geführt, daß sich die anderen,

---

5 Das Zitat stammt aus Interviews, die Ilvo Diamanti mit 38 Aktivisten der Liga veneta und der „Unione del popolo veneto", einer Absplatung der Liga veneta, geführt hat.

außerhalb des Territoriums des Veneto gewählten Parteien, derselben Instrumente bedienen könnten (vgl. hierzu das Zitat eines Aktivisten der Liga veneta, abgedruckt in: Diamanti 1992: 239). Damit hat die Liga veneta als erste Organisation der Leghen bereits den Grundstein für einen allgemeinen Vorstoß gegen das System der Parteienherrschaft gelegt. Um sich nun von den Parteien, die der Parteienherrschaft beschuldigt wurden, bewußt abgrenzen zu können, hat sich die Liga veneta als „Bewegung" und nicht in Form einer Partei konstituiert. Die Konstruktion einer eigenständigen politischen Identität des Veneto, die gegen die vielfältigen Ausprägungen der politischen Identität des Zentralstaates gerichtet ist, erfolgt dabei über die bewußte Verwendung der venetischen und venezianischen Dialekte, durch die sich das „venetische Volk", ja sogar die „venetische Nation" definieren lasse. Die Politisierung des Dialekts erfüllt dabei zwei Funktionen der Grenzziehung: Zum einen konnte die Liga veneta durch Setzung einer kulturellen Grenze, der Sprachgrenze, auch zugleich eine politische Grenze ziehen. Hierdurch wurde es ihr möglich, Forderungen nach Abschaffung des Zentralstaates zu stellen. Zum zweiten erlaubte die Verwendung der volksnahen Dialekte, diejenigen Themen und Probleme, die den einzelnen Wähler bewegen, wie beispielsweise wachsender Steuerdruck, Ineffizienz der Verwaltungen etc., aus dem Dialog mit dem Wähler aufzunehmen und in politische Forderungen umzusetzen. Um das Stimmungsbarometer der Bevölkerung messen zu können, bevorzugten die Aktivisten der Liga veneta als Orte der Mobilisierung bewußt die Piazzen, „Bars" oder sogar die Straßenbahn (Diamanti 1992: 234). Auf diese Art und Weise traten sie in einen bewußten politischen Dialog mit „dem Mann auf der Straße" ein. Dennoch blieben die Wahlerfolge der Liga veneta in dieser Anfangsphase der Leghen-Bewegung eher bescheiden. Die Hauptursache dafür dürfte wohl sein, daß die Liga veneta eine *regionale* Identität schaffen wollte, welche mit der im Veneto vorherrschenden Identifizierung mit dem *lokalen* Kontext nicht zu vereinbaren war (Riccamboni 1992).

Die ersten Wahlerfolge erzielte die Leghen-Bewegung mit ihrer Ausbreitung in die dem Veneto benachbarte Lombardei. Im Jahre 1982 begründete Umberto Bossi die Lega lombarda. Mit diesem Wechsel des Schauplatzes war aber auch ein wichtiger Einschnitt in der Geschichte der Leghen-Bewegung verbunden. Es gelang Bossi nämlich, die beiden Leghen, Liga veneta und Lega lombarda, zu vereinen und der Leghen-Bewegung einen neuen Charakter zu geben: Sie transformierte sich in der Ära Bossi von einer regionalistischen „Anti-Parteien"-Bewegung zu einer populistischen Bewegungspartei.[6] Bossi griff zwar die Themen auf, die die Liga veneta bereits auf die Agenda gesetzt hatte, nämlich vor allem die Kritik an der Praxis der etablierten Parteien, die den Zentralstaat als Instrumentarium der Umverteilung von Ressourcen aus dem „arbeitsamen" Norden in die klientelistischen Strukturen des Südens benutzten. Er veränderte aber den Ausgangspunkt zur Mobilisierung von Wählern in *qualitativer* Art und Weise. Auch er hatte, den Pfaden der Liga veneta folgend, versucht, die lombardischen Dialekte zur Ausgangsbasis für politische Forderungen nach Autonomie der Lombardei gegenüber dem Zentralstaat zu ma-

---

6 Roberto Biorcio (1991, 1992) hat die Lega lombarda in die Kategorie der „populistischen" Parteien eingeordnet. Als gemeinsame Merkmale populistischer Bewegungen benennt er: 1. den Bruch mit den typischen symbolischen Codes der traditionellen politischen Formen, 2. den Appell an den „Gemeinsinn", 3. die Rückkehr zu den alten „authentischen" Gemeinschaftstraditionen und 4. den Bezug auf eine charismatische Führungspersönlichkeit (Biorcio 1992: 119).

chen (Biorcio 1991: 68). Dabei mußte er allerdings zur Kenntnis nehmen, daß selbst die Aktivisten der Lega lombarda sich in nur unzureichendem Maße der lombardischen Dialekte in ihrer Alltagssprache bedienten (Cesareo et al. 1989: 68).[7] Daher faßte er den Beschluß, eine auf gemeinsamen kulturellen Werten basierende sogenannte „Interessengemeinschaft" zur Basis einer neuen politischen Identität zu wählen. Sprache spielt auch in dieser Konzeption eine wichtige Rolle, wenngleich nicht mehr die ausschlaggebende, da sich kulturspezifische Erfahrungen im Gebrauch sprachlicher Codes reflektierten. Der zentrale kulturelle Wert der Lombarden, so Bossi, sei sein spezifisches Arbeitsethos. Daher zeichnet er das Bild des „rechtschaffenen Arbeiters", der bereit ist, „die Ärmel hochzukrempeln", um durch Eigeninitiative für das Wohl seiner Familie zu sorgen. Dieses Positivbild konfrontiert die Lega lombarda mit dem Negativbild der Bevölkerung Süditaliens, deren ökonomische Grundlagen wohlfahrtsstaatliche Transferleistungen der bürokratischen Apparate des Zentralstaates seien. Darüber hinaus unterstellt die Lega lombarda den Süditalienern Neigungen zur Verschwendungssucht (Confalonieri 1990: 5). Durch diese Polarisierung von Wertvorstellungen und ihre Zuschreibung auf die Lombarden bzw. Norditaliener wurden die Süditaliener als Fremdgruppe definiert. Auch die Liga veneta hatte die Süditaliener bereits als politische Fremdgruppe bestimmt. Es lassen sich aber bedeutsame Unterschiede in der jeweiligen Begründung von Liga veneta und Lega lombarda für die Festsetzung ihrer Fremdgruppen erkennen, die zugleich auch die Stufen des Wandels der Lega von einer regionalistischen Bewegung zu einer populistischen Bewegungspartei bezeichnen. Die Aktivisten der Liga veneta leiteten die politische Identität einer von ihr postulierten venetischen Nation aus objektiv erkennbaren, da *zugeschriebenen* Merkmalen ab, in welchen sich die Veneter deutlich von den Süditalienern unterschieden. Umberto Bossi hat hingegen die politische Identität der Lombarden auf subjektiven Faktoren aufgebaut: Die Lombarden unterschieden sich von den Süditalienern durch eine subjektiv *erworbene*, d.h. je nach Situation immer wieder neu definierbare Gemeinsamkeit von *Interessen*. Dieses Konzept der Interessengemeinschaft als Grundlage der politischen Identität ermöglichte der Lega lombarda *vielfältige* Anschlußmöglichkeiten in bezug auf die Themenwahl. Dieses Konzept wurde bereits im ersten Programmentwurf der Lega lombarda vom März 1982 pointiert formuliert:

„Lombarden! Es spielt keine Rolle, wie alt ihr seid, welche Arbeit ihr macht, welche politische Richtung ihr vertretet: was zählt ist, daß ihr – und daß wir – alle Lombarden sind. (...) Und als Lombarden haben wir in der Tat ein grundlegendes *gemeinsames Interesse,* dem gegenüber die Gründe für unsere *Teilung in Parteien* jeglicher Couleur in den Hintergrund treten müssen (...) Dieses unser gemeinsames Interesse ist die Befreiung der Lombardei aus den Händen der *gierigen* und alles erstickenden Hegemonie der *zentralistischen Regierung* in Rom, durch die Erlangung einer lombardischen Autonomie im *erweiterten Umfeld* der Autonomie der Po-Ebene und der Alpenregion. Es ist eine Frage des Überlebens der Lombardei, – in ethnischer, kultu-

---

7 Bossis vorwiegende Absicht war es, um jeden Preis politische Karriere zu machen. Da sich das Gedankengut der Regionalpartei des Aosta-Tales, sprachliche Identität mit Forderungen nach Autonomie zu verknüpfen, bewährt hatte, versuchte Bossi, aus den existierenden lombardischen Dialekten, die im lombardischen Alltagsleben keine zentrale Rolle spielen, sogar eine eigene lombardische Sprache zu konstruieren (Bossi 1992: 53; Vimercati 1990: 7; Diamanti 1993: 56).

reller und ökonomischer Hinsicht" (abgedruckt in Vimercati 1990: 148, Übers. u. Hervorh. E.F.).

Das Konstrukt der „Interessengemeinschaft" erlaubte es der Lega, ihren Aktionsraum *territorial* zu erweitern. Das Konzept des „Interesses" bedarf stets zweier Pole, einer „Wir-Gruppe" und einer oder mehrerer „Fremdgruppen", die jeweils unterschiedliche Ziele verfolgen. Erst aus der Kontrastierung der Ziele lassen sich die jeweils eigenen Interessen verdeutlichen. Als Fremdgruppe identifizierte die Lega nun stereotyp „die Süditaliener", deren Interesse aufgrund der von den Norditalienern zu unterscheidenden Mentalität, in diametralem Gegensatz zu denjenigen der Lombarden und, generell, der Norditaliener, stehe. Das funktional offene Konzept der „Interessengemeinschaft" ermöglichte der Lega, den Kreis ihrer Feinde, je nach Situation, zu erweitern. Zunächst stigmatisierte die Lega lombarda in der Anfangsphase ihrer Identitätsbildung die „Süditaliener" im allgemeinen, wobei sie später die in Norditalien lebenden Arbeitsmigranten aus dem Süden, sofern sie sich der lombardischen Mentalität angepaßt hatten, wieder aus dieser Gruppe ausnahm (Diamanti 1992: 242; Diamanti 1993: 60; Biorcio 1991: 61). Als in der zweiten Hälfte der achtziger Jahre der Anteil der aus außereuropäischen Ländern kommenden Immigranten anstieg, baute die Lega auf dieser Gruppe ein zweites Feindbild auf (Segatti 1992: 273ff.; Biorcio 1991: 58–67). Es wurde argumentiert, daß diese beiden Gruppen, die Süditaliener und die Immigranten aus außereuropäischen Staaten durch ihre konsumorientierte Haltung das „Arbeitsethos" der Bevölkerung des Nordens zerstörten. Die im produktiven Norden erwirtschafteten Ressourcen würden durch wohlfahrtsstaatliche Transferleistungen in den unproduktiven Süden umverteilt. Durch diese Definition politischer „Feinde" erhielt die Lega lombarda die Möglichkeit, ihre territoriale Identität von der Lombardei auf den gesamten Norden Italiens auszuweiten. Daher wurde sie auch in die Lage versetzt, ihre Organisation über die engen Grenzen der Region Lombardei hinaus auf das gesamte Gebiet Norditaliens auszudehnen. Schon zwei Jahre nach Aufstellung der ersten Kandidaten anläßlich der Kommunalwahlen des Jahres 1985 gelang es der Lega lombarda bei den Wahlen zum nationalen Parlament im Jahre 1987, beeindruckende Wahlerfolge im gesamten Territorium der Lombardei zu erzielen. Diese boten bereits bestehenden Regionalbewegungen wie der Liga veneta und der in Piemont beheimateten piemontesischen Union (Unione piemonteisa) Anreize, die politischen Vorstellungen Umberto Bossis zu übernehmen und für eigene Wahlerfolge nutzbar zu machen. Daher schlossen sich diese drei Bewegungen nach den politischen Wahlen im Jahre 1987 zu einem Bündnis zusammen, als dessen Grundlage sie die „unseren drei Völkern gemeinsamen Prinzipien, nämlich Autonomie, Föderalismus und Solidarität" benannten (Vallauri 1994: 207). Damit war die staatliche Organisation Italiens als Einheitsstaat in Frage gestellt. Es gelang diesem norditalienischen Wahlbündnis bei den Wahlen zum Europäischen Parlament im Juni 1989, zwei Abgeordnete ins Europaparlament nach Straßburg zu entsenden. Angespornt durch diese Erfolge, proklamierte Umberto Bossi auf dem ersten ordentlichen Kongreß der Lega im Dezember 1989 erstmals eine auf gemeinsamen kulturellen Interessen der Völker des Po-Alpen-Raumes in Norditalien beruhende sogenannte „Republik des Nordens". Deren Interessenraum unterscheide sich von den beiden anderen, nach Bossis Vorstellung ins Leben zu rufenden drei Teilrepubliken bzw. „Makro-Regionen" Italiens, welche die Territorien des Zentrums und Süditalien umfassen sollten. Als organisatorische

Folge dieses politischen Programms formierten sich noch im selben Jahr die einzelnen Teil-Leghen Norditaliens zur Allianz des Nordens (Alleanza Nord). Diese erhielt im Jahre 1991, nach der offiziellen Ausrufung der „Republik des Nordens" die Bezeichnung Lega Nord. Durch diese Ausweitung des Organisationsraumes erlangte die Lega das Potential, auch auf nationaler Ebene zu einem relevanten Faktor zu werden, da durch ihre Forderungen, zuerst nach Autonomie der einzelnen Regionen des Nordens, dann aber sogar nach einem grundlegenden Umbau des Zentralstaates zu einem föderalistischen Staat, die Fortexistenz eines zentralistischen Nationalstaates in Frage gestellt war. Auf diese Herausforderung mußten die übrigen Akteure des politischen Systems reagieren.

Des weiteren geht die Lega davon aus, diese territorialspezifischen Interessen seien von sozio-ökonomischen Positionen und ursprünglichen Parteipräferenzen unabhängig. Diese Annahme erlaubt es ihr, Wähler aus allen sozialen Schichten als Individuum anzusprechen (Donegà 1994: 103ff.). Im Unterschied zu den Massenintegrationsparteien ist die Lega daher in der Lage, Individuen unabhängig von ihren spezifischen Gruppenbindungen oder Klassenzugehörigkeiten zu mobilisieren. Es gelingt ihr auf diese Weise, das Potential der latenten Unzufriedenheit vieler Norditaliener mit dem Funktionieren ihres politischen Systems zur Wählerwerbung zu benutzen. Dabei werden vor allem folgende Quellen der Unzufriedenheit des Individuums benannt: Die Ineffizienz der staatlichen Institutionen, der hohe Steuerdruck und die politische Korruption sowie Ungerechtigkeiten des Sozialsystems (Bossi 1992: 175).

*Tabelle 1*: Meinungen der Italiener über das politisch-institutionelle System

|  | 1986 | 1988 | 1990 | 1992 |
|---|---|---|---|---|
| Beschränkung der Macht der politischen Parteien | 24,4% | 30,0% | 32,2% | 37,4% |
| Kampf gegen die Korruption des Staates | 64,9% | 65,7% | 68,4% | 73,7% |
| Effizienzsteigerung bei den öffentlichen und sozialen Diensten | 55,8% | 61,5% | 66,5% | 65,8% |
| weniger Steuern | 43,4% | 49,2% | 53,0% | 53,6% |

*Quelle*: Sondaggi Eurisko-Sinottica, 1986-1992 (abgedruckt in Biorcio 1993: 135, übersetzt von E.F.).

Die allgemeine Ursache dieser Mißstände sei die Vereinigung der von gegensätzlichen Mentalitäten geprägten Gesellschaften Nord- und Süditaliens in einen Nationalstaat. Die konkreten Verursacher der bestehenden Krise jedoch seien die etablierten Parteien. Um sich deutlich von ihnen abzugrenzen, versteht sich die Lega Nord selbst als „Bewegung". Die Träger der Parteienherrschaft werden beschuldigt, den Zentralstaat dafür zu instrumentalisieren, die Ressourcen der „arbeitsamen" Norditaliener in die unproduktiven Strukturen Süditaliens zu investieren. Dadurch sei die Staatsverschuldung gestiegen, so daß der Staat gezwungen sei, die Steuern ständig zu erhöhen. Die Lega unterstellt ferner, die Politiker der Parteienherrschaft bedienten sich zur Sicherung ihres Stimmpotentials inkompetenter Süditaliener in der Verwaltung, was zur Folge habe, daß die staatlichen Behörden ineffizient arbeiteten. Durch den Einfluß des süditalienischen Klientelismus sei, so folgert die Lega, die politische Korruption im gesamten politischen System drastisch angestiegen.

In dieser Argumentationskette ist von zentraler Bedeutung, daß die Lega nicht nur die Mißstände des politischen Systems anprangert, sondern das Individuum so anspricht, daß ihm *konkrete* und *persönliche* Betroffenheit von den negativen Effekten dieser Mißstände suggeriert wird. Die aktuelle Auswahl aus dem Spektrum attraktiver Themen erfolgt dabei in Abhängigkeit von der politischen Gesamtsituation (Segatti 1992: 274). Eine derartige Mobilisierungsstrategie legt eine direkte, persönliche Kommunikation zwischen Parteiaktivisten und potentiellen Wählern nahe, denn nur durch den persönlichen Austausch von Argumenten können eventuell neu auftretende Quellen der Unzufriedenheit erschlossen werden. Die Suche des Kontakts mit dem „einfachen Mann" ist daher zentraler Bestandteil der Bemühungen der Aktivisten der Lega Nord. Wie schon zuvor für die Liga Veneta sind auch für die Lega lombarda „Bars", Straßenbahnen oder auch der Arbeitsplatz bevorzugte Orte der direkten Kontaktaufnahme.

Ein weiteres Instrumentarium, mit dessen Hilfe es Bossi gelungen ist, individuelle Wähler aus ganz unterschiedlichen sozialen Lagern (Mannheimer 1991: 130) zu gewinnen, ist seine bewußt einfache Gedankenführung, die er mit einer stark mit Bildern und Symbolen arbeitenden, polemisch gefärbten und vulgären Sprache vermittelt. Der Lega-Spezialist Biorcio hat in Tiefeninterviews herausgefunden, daß die volksnahe einfache Sprache Bossis Gefühle erzeugt wie: „Wenn Bossi redet, ist es, als würde ich selbst reden" (Biorcio 1991: 70).

Diese revolutionäre Form der Mobilisierung von Wählern hängt unmittelbar mit der Art der Organisationsstruktur der Lega Nord zusammen. In ihr sind zwei Merkmale kombiniert, derer eine „Bewegungspartei" ohne feste ideologische Grundsätze bedarf, um ihre dauerhafte Vertretung auf der politischen Bühne sicherzustellen: Die im Vergleich zu Parteien mit einem festen ideologischen Programm notwendige größere Manövrierfähigkeit von „Bewegungsparteien" erfordert sowohl Flexibilität nach unten, d.h. gegenüber der Basis der Bewegung, als auch Zentralisierung und Hierarchisierung nach oben, d.h. in bezug auf die Organe der „Bewegungspartei", welche die politischen Entscheidungen treffen. Die „Bewegung" ist daher in konzentrischen Kreisen organisiert. Der innerste Zirkel der Lega besteht aus ihren Gründungsmitgliedern und aus ausgewählten ordentlichen Mitgliedern und stellt den Kopf der Bewegung dar. In seinem Zentrum werden die Handlungsabsichten der Lega festgelegt. Nach abgestuften Rechten und Pflichten übernehmen die Aktivisten und die Unterstützer die Aufgaben der Kommunikation mit den Wählern. Diese beiden Gruppen sind aufgrund der sich ständig wandelnden Anforderungen aus dem politischen System flexibel einsetzbar. Diese Flexibilität in der Organisationsstruktur und die Schwierigkeiten, das Entscheidungszentrum dieser Organisation auf eine legitime Basis zu stellen, weisen die Lega somit stärker als Bewegung denn als Partei aus. Legt man organisatorische Kriterien an, besitzen Parteien nämlich festgelegte und daher nicht willkürlich oder situationsspezifisch zu verändernde Maßstäbe, nach denen sie politische Entscheidungen treffen. Dennoch ist die Lega auch eine Partei, da sie sich, um an den Wahlen teilnehmen zu können, unter dieser rechtlichen Form in das Register der kandidierenden Organisationen eintragen lassen mußte. Da sie beabsichtigt, feste Bindungen mit den vom politischen System entfremdeten Individuen einzugehen und diese Bindungen auf Dauer zu stellen (Lawson 1980), vereinigt sie zwei widersprüchliche Merkmale, die dazu berechtigen, sie als erste Ausprägung eines neuen Typs von Partei im italienischen politischen System zu bezeichnen, nämlich als „Bewegungspartei".

## III. Die italienischen Bewegungsparteien der neunziger Jahre

Durch den „Wind aus dem Norden", so der Titel der Autobiographie Bossis, wurden Opportunitätsstrukturen geschaffen, die es anderen „Bewegungsparteien" erleichterten, sich zu konstituieren (Diamanti 1993: XV; Mannheimer 1993: 254; Diamanti/Mannheimer 1994: XI; Cartocci 1994: 91). So entstanden zu Beginn der neunziger Jahre weitere Bewegungen, die sich auch die Form einer Partei gaben, um am Wettbewerb um die parlamentarische Macht teilzunehmen. Ihr Ziel war es aber, die Mißstände, die durch die Parteienherrschaft in der Gesellschaft und im politischen System entstanden waren, zu beseitigen (Nedelmann 1992: 534). Das Spektrum dieser neuen Formationen war breitgefächert: Die Initiative zur Bildung dieser neuen Bewegungen ging dabei von prominenten Einzelpersönlichkeiten aus, welche ehemals Mitglieder traditioneller Parteien gewesen sind, aber eine grundlegende Reform der staatlichen Institutionen und neue Wege in der Transformation von gesellschaftlichen Interessen in Politik anstrebten. Als wichtigste neue Akteure sind hier die Liste zur Einführung einer einzigen Präferenzstimme (Lista per la preferenza unica) sowie ihre Nachfolgeorganisationen und die Anti-Mafia-Bewegung Das Netzwerk (La Rete) zu nennen.

### 1. Die Referendums-Bewegung Mario Segnis

Auf Initiative des prominenten Christdemokraten Mario Segni hin entstand 1989 die Liste zur Einführung einer einzigen Präferenzstimme. Ihr Hauptziel war es, die schon seit den siebziger Jahren begonnenen, aber in der Sackgasse steckengebliebenen institutionellen Reformen voranzutreiben. Erstes Teilziel war die Reduktion der Präferenzstimmen von drei bzw. vier (je nach Größe des Wahlbezirks) auf eine einzige. Weitere Etappenziele betrafen die Einführung des Mehrheitswahlrechtes in allen Kommunen und die Änderung des Wahlsystems für den Senat (Messina 1992: 123). Zur Erreichung dieser Ziele wählten die Initiatoren dieser Reformbewegung ein Mittel, von dem sie sich erhofften, Bewegung in die von den Parlamentariern und der politischen Klasse festgefahrene Situation zu bringen: Die direkte Befragung der Wahlbürger durch ein Referendum. Daher bezeichnete man die neue politische Gruppierung, die aus diesen Gründen entstand, auch als Liste des Referendums. Die Entscheidung, die Institutionenreform durch die Initiierung von Volksbefragungen voranzutreiben, hatte dabei einen, über die inhaltlichen Forderungen hinausreichenden, symbolischen Stellenwert: Die italienische Zivilgesellschaft sollte Anreize erhalten, selbst im Kampf gegen die Parteienherrschaft aktiv zu werden. Die Initiatoren des Referendums suchten also den direkten, nicht durch die etablierten Parteien vermittelten Dialog mit dem einzelnen Bürger. Sie erstrebten, möglichst breite Teile der Bevölkerung aus allen politischen Lagern zu mobilisieren, da für die Einleitung eines Referendums mindestens 500.000 Unterschriften erforderlich sind (Pasquino 1992). Da die Initiatoren des Referendums aber reformwillige Kräfte aus ganz *unterschiedlichen* Parteien sowohl der Regierung als auch der Opposition vereinigten, konnten sie diese Hürde nehmen. Trotz unterschiedlicher Motivlagen der einzelnen Mitglieder der Referendumsbewegung (Pasquino 1995) entstand zum erstenmal in der Geschichte der italienischen Parteien ein parteienübergreifendes Wahlbündnis. So verbündeten sich unter einem gemeinsamen

Banner der Christdemokrat Mario Segni, der katholische Historiker Pietro Scoppola sowie ein Vertreter der Unabhängigen Linken, Senator Gianfranco Pasquino, und der Verfassungsrechtler Serio Galeotti. Durch den Zusammenschluß von Vertretern ideologisch ganz unterschiedlicher Parteien zu einem Wahlbündnis sollte der Wähler, unabhängig von seinen bisherigen Bindungen an die etablierten politischen Parteien, als *Individuum* dazu bewegt werden, seinen *eigenständigen* Beitrag zur Reform des bewegungsunfähig gewordenen politischen Systems zu leisten. Die Wahl des Verfahrens des Referendums als Form direkter Wählerbeteiligung war dementsprechend geeignet, den einzelnen Italiener *persönlich* und Parteigrenzen überschreitend zu bewegen. Insbesondere Mario Segni war immer wieder bestrebt, reformwillige Kräfte aus dem rechten und linken Spektrum der alten Parteien zu sammeln. So versuchte er, seinen im Herbst 1992 gegründeten Pakt für die Reform (Patto per la riforma) mit der von einem linksorientierten Regenbogenbündnis getragenen Demokratischen Allianz (Ad) zu vereinigen.

Die Basis dieser neuen Bewegung, welche sämtliche in der italienischen Parteienlandschaft vertretenen ideologischen Positionen umfaßte, bildeten „fünf Seelen" (Corriere della Sera, 1.10.1993): Auf dem linken Flügel gruppierten sich die dem Pds nahestehende Union der Progressisten und die Sozialistischen Zirkel. Das liberale Feld belegte die republikanische Komponente. Liberale und christdemokratische Ideen prägten das vierte Glied der neuen Bewegung, die Liberal-demokratische Union. Die fünfte Komponente war Segnis eben genannter Pakt für die Reform. Durch die Vielfalt der in dieser Bewegung vertretenen Reformkräfte sollte die Basis des Konsenses über die einzuleitenden Institutionenreformen breiter werden. Diesem allumfassenden Bündnis, das immerhin an seinen beiden Außenpolen einen christdemokratischen und einen kommunistischen Flügel zu vereinigen hatte, war aber nur eine kurze Lebensdauer beschieden, so daß es bereits wieder im Herbst 1994 zerbrach.

Ausgehend vom Kern seiner eigenen Bewegung vermochte es Segni dennoch, im Januar 1994 mit den Repräsentanten von drei der vier verbleibenden „Seelen", nämlich ohne die Demokratische Allianz, eine neue Bewegung zu formieren, den Pakt für Italien (Patto per l'Italia). Mario Segni strebte danach, in dieses als Wahlbündnis gebildete Kartell von Mitte-Links-Kräften auch die Dc unter der Führung ihres reformwilligen Generalsekretärs Mino Martinazzoli einzugliedern. Dieses Ziel konnte er allerdings nicht erreichen. Das mit 4,6 Prozent der Wählerstimmen relativ schlechte Abschneiden bei den Wahlen vom Frühjahr 1994, dem bereits Schwierigkeiten vorausgegangen waren, das erforderliche Quorum an Unterschriften zur Unterstützung der Kandidaturen zu erreichen, brachte Segni zu der bitteren Erkenntnis, daß *Strukturdefekte* des spezifischen Typs von politischer Formation, den er mitbegründet hatte, Ursache für das Wahldebakel seien: „Wir hatten keine engmaschige Organisationsstruktur ... Das ist der Preis, den man zahlt, wenn man keine Partei sein will" (Corriere della Sera, 23.2.1994). Diese geringe Ausdifferenzierung der Organisationsstruktur, die ein wesentliches Merkmal sozialer oder politischer Bewegungen im Unterschied zu formalen Parteien ist (Raschke 1987: 21), spiegelte zugleich aber die Heterogenität der politischen Meinungen und Ideologien der einzelnen Strömungen innerhalb dieser Bewegungspartei wider. Diese Meinungsvielfalt und die dadurch gegebene Möglichkeit zur Bildung parteienübergreifender Allianzen war eine wesentliche Voraussetzung für die Einleitung der Schritte zur notwendigen Institutionenreform, erschwerte aber zugleich die Bildung eines gemeinsamen, auf Dauer angelegten Kernbestands von politischen Überzeugungen. Die fehlende gemeinsame ideologische Basis führte dazu, daß insbesondere Mario Segni aus taktischen Gründen immer wieder nach neuen Bündnispartnern suchte, wobei er auch zeitweilig Allianzen mit den Kräften des „alten" Regimes, wie z.B. mit der Dc, anstrebte. Diese Wankelmütigkeit Segnis mündete schließlich in die Zersplitterung der Liste des Referendums und in deren Aufspaltung in Teilbewegungen.

## 2. Das Netzwerk Leoluca Orlandos

Während die Liste des Referendums sowie ihre Nachfolgeorganisationen versucht hatten, Mißstände des politischen Systems durch ein Bündnis von im System etablierten Akteuren, und somit „von oben", zu beseitigen, war im Jahre 1991 eine weitere Bewegung entstanden, die dasselbe Ziel „von unten" aus verfolgte. Sie nannte sich Das Netzwerk (La Rete). Die treibende Kraft bei der Formierung dieser Bewegung war der ehemalige populäre Bürgermeister von Palermo, Leoluca Orlando, der nach seinem Austritt aus der christdemokratischen Partei Das Netzwerk im Herbst 1991 als Sammelbecken von Christdemokraten, parteilich nicht organisierten katholischen Aktivisten, Kommunisten und prominenten Hinterbliebenen von Opfern der Mafia gründete. Der Name Das Netzwerk hat eine starke symbolische Bedeutung, denn das Hauptziel des zu konstituierenden „Netzwerkes" ist der moralische und politische Kampf gegen das „Netz" der Mafia und gegen die, dieses „Netz" zur Befestigung der eigenen Macht benutzenden und unterstützenden politischen Parteien in den Regierungen auf lokaler, regionaler und auch auf nationaler Ebene. Daher sieht Das Netzwerk im systematischen Zusammenhang zwischen der politischen Rolle der Mafia und dem System der Parteienherrschaft einen wesentlichen Strukturdefekt des Funktionierens des politischen Systems in Italien. Der wichtigste Nutznießer dieses Systems war die Dc, die mächtigste Partei Siziliens. Da sie durch ihre, für fast die gesamte Nachkriegszeit dominante Position auf nationaler Ebene, auch die Ressourcen des Staatsapparates kontrollierte, konnte sie in einer Gesellschaftsstruktur, die, wie die sizilianische, von wirtschaftlicher Armut und klientelistischen Abhängigkeitsbeziehungen geprägt ist, die Schlüsselposition in Verteilungskonflikten erlangen: So verteilte sie im Austausch gegen politische Loyalität sowohl materielle Güter, wie beispielsweise Kredite und Land im Rahmen der staatlichen Entwicklungsprogramme für den Mezzogiorno, als auch immaterielle Güter, wie Stellen in der staatlichen Verwaltung oder den staatlich kontrollierten Großunternehmen.[8] Soziale und politische Verbindungen zur Dc waren daher für den einzelnen Bürger entscheidende Voraussetzungen zur Erlangung eines Arbeitsplatzes und eine wesentliche Bedingung für den sozialen Aufstieg (Mastropaolo 1992: 125).

Bereits zu Beginn der siebziger Jahre hatten sich erste Gruppen gebildet, die gegen die sich wechselseitig überschneidenden und daher verstärkenden Mechanismen der sozialen Kontrolle durch das eng vernetzte System von Dc und Mafia protestierten. Die Träger dieser Gruppen kamen aus lose organisierten Vereinigungen einer katholischen Bewegung, die gegen die Unterstützung der Praktiken der Dc durch die Hierarchie der katholischen Kirche protestierte und sich für eine moralische Erneuerung der Politik auf der Basis der

---

8 Die italienische Sprache hat für dieses System sogar einen eigenen Begriff geprägt, der nur schwer ins Deutsche übersetzbar ist: „sottogoverno" (Regierung durch Ämtervergabe an regierungstreue Personen).

christlichen Ethik einsetzte. Diese Gruppierung, die auch einen politischen Zweig in Form der Bewegung „Stadt für den Menschen" (Città per l'uomo) ausgebildet hatte, war ein wesentlicher Grundpfeiler beim Aufbau des Netzwerkes in den neunziger Jahren. Leoluca Orlando, der bereits zu diesem Zeitpunkt einen grundlegenden Wandel in den Formen der politischen Kommunikation der Dc anstrebte, hatte bereits in den siebziger Jahre enge Kontakte zu der genannten Bewegung „Stadt für den Menschen" unterhalten (Mastropaolo 1992: 126). Als er in der reformunfähigen Dc zunehmend an Einfluß verlor, fand auch ein Annäherungsprozeß zwischen Orlando und anderen, politisch eher linksorientierten Gegnern der Mafia und des Systems der Parteienherrschaft statt, wie Vertretern der Grünen und des Pci (Mastropaolo 1992: 135ff.). Schon seit Mitte der achtziger Jahre hatte Orlando Kontakt zu Hinterbliebenen von prominenten Opfern der Mafia gesucht, wie z.B. zu Nando Dalla Chiesa, dem Sohn des 1982 von der Mafia ermordeten Präfekten von Palermo. Auf diese Weise entwickelte sich, ähnlich wie im Falle von Mario Segnis Reform-Allianz, eine breite Koalition von politischen Kräften ganz unterschiedlicher politisch-ideologischer Richtungen, die sich zu dem gemeinsamen Hauptziel, Mißstände der Funktionsweise des politischen Systems zu beseitigen, vereinigt hatten und sich Das Netzwerk nannten.

Die Bewegung Segnis und diejenige Orlandos unterscheiden sich aber vor allem in bezug auf ihre Organisationsformen: Während Mario Segnis Referendumsbewegung ein loses Bündnis von reformwilligen und kritikfähigen Eliten der etablierten Parteien darstellte, weist Das Netzwerk eindeutig den Charakter einer sozialen Bewegung auf. Ein wesentlicher Anspruch des „Netzwerkes" ist es, die Gesellschaft „von der Basis" her zu reformieren. Daher spricht Das Netzwerk das *Individuum,* das von den politischen und sozialen Mißständen der „unheiligen Allianz" von Mafia und politischer Macht *konkret* und *persönlich* betroffen ist, an und ist bestrebt, es zur aktiven Mitarbeit an der Beseitigung dieser Mißstände zu motivieren. Dieser Wunsch nach aktiver politischer Teilnahme möglichst breiter Teile der Bevölkerung kommt auch in der dezentralen, auf Entscheidungsautonomie der einzelnen, auf lokaler Ebene angesiedelten „Arbeitseinheit" ausgerichteten Organisationsstruktur zum Ausdruck. In jeder Basiseinheit steht das Engagement für die Belange der kleinen Einheit, des Stadtteils oder der Stadt, im Vordergrund. Der Einsatz für die Belange der lokalen Gemeinschaft wird dabei so hoch gewichtet, daß die Bedingung für eine Mitarbeit nicht an die offizielle Mitgliedschaft in der Bewegung gebunden ist. Die Mitglieder der lokalen Basiseinheiten wählen einen „regionalen Koordinator", der die Aktivitäten der lokalen Einheiten aufeinander abstimmt und darüber hinaus sicherstellt, daß die regionalen Aktivitäten mit den Grundsätzen des Statuts der Bewegung übereinstimmen (Vallauri 1994: 223f.). Das diese Organisationsstruktur offenkundig anleitende Subsidiaritätsprinzip läßt deutlich die Handschrift der katholischen Bewegung, aus der „Stadt für den Menschen" hervorgegangen ist, erkennen. Darüber hinaus beweist aber die Offenheit der Bewegung gegenüber einer aktiven Mitarbeit auch von Personen, die ihr nicht beitreten wollen, das Motiv, eine Reform der Institutionen und der Gesellschaft unbürokratisch durch breiten Konsens zwischen unterschiedlichen politischen Kräften „von unten" ins Werk zu setzen.

### 3. Die Forza Italia Silvio Berlusconis

Die Herausforderung der Parteienherrschaft war bereits in vollem Gange und erste wichtige Weichen zur Institutionenreform, wie vor allem die Einführung eines neuen Wahlrechts waren bereits gestellt, als Silvio Berlusconi sich entschloß, vom Privatunternehmer eines Firmenimperiums zum politischen Unternehmer einer Bewegungspartei zu werden. Über die genauen Motive seiner Handlung ist viel spekuliert worden. Nach Berlusconis Angaben trieb ihn die Befürchtung, die Demokratische Partei der Linken könne einen Wahlsieg über das intern gespaltene Mitte-Rechts-Lager erringen, dazu, in die Politik zu gehen (Corriere della Sera, 20.1.1994). Mit diesem Argument hatte sich Berlusconi bereits erstmals anläßlich des Kommunalwahlkampfes von 1993 in die Politik eingemischt. So hatte er, obwohl selbst nicht Römer, in den römischen Kommunalwahlkampf eingegriffen: Am 23. November 1993 hatte er seine Unterstützung für den Bürgermeisterkandidaten der Neofaschisten, seinen späteren Koalitionspartner, Gianfranco Fini, bekundet. Er stilisierte dessen Gegner, den Kandidaten einer Regenbogenkoalition, bestehend aus Grünen, Pds, der Liste Pannella sowie der Allianz für Rom, Francesco Rutelli, zum „Kommunisten", um ihn für einen Teil der römischen Wählerschaft zu diskreditieren. Zu diesem Zeitpunkt hatte Berlusconi bereits die Gründung von Forza Italia beschlossen. Die Ausführungsgehilfen und „Gründungsmitglieder" waren 26 Manager von Berlusconis Firmentrust Fininvest, die am 10. September 1993 in Berlusconis Privatsitz bei Mailand versammelt wurden, um Instruktionen für den Kurs der nächsten Monate des Wahlkampfes für die nationalen Wahlen im März zu erhalten.

Dieser Vorgang war symptomatisch: Fininvest-Funktionäre übernahmen alle Aufgaben, die Parteien in politischen Systemen zu erfüllen haben: Interessenaggregation, Wählermobilisierung und Rekrutierung von politischem Personal. Nachdem Berlusconi Ende Januar der italienischen Öffentlichkeit angekündigt hatte, nun persönlich in die politische Arena zu steigen, gingen Fininvest-Mitarbeiter dazu über, das Projekt Forza Italia in der Gesellschaft zu verankern und mit einer rudimentären Organisationsstruktur zu versehen. Diese bestand aus sogenannten Clubs, die eiligst gegründet wurden, um eine inhaltliche und organisatorische Basis für den Wahlkampf zu schaffen. Nach dem Statut ist es Ziel dieser Clubs, „mit kulturellen, gesellschaftlichen und *in weiterem Sinne auch politischen* Initiativen (zu) versuchen, die Anerkennung, Verbreitung und Vertiefung der liberal-demokratischen Gesinnung des Lebens und der Gesellschaft zu fördern" (zit. nach Die Zeit, 6.5.1994; Hervorh. E.F.). Die Clubs werden somit als Organ zur Sammlung von Gleichgesinnten in der Gesellschaft und nicht als genuiner Bestandteil der Parteiorganisation verstanden. Broschüren und Kassetten geben den Clubmitgliedern Aufschluß über die inhaltliche Füllung dieser „liberal-demokratischen Gesinnung". In nur wenigen Wochen schossen 13.000 Clubs, über ganz Italien verteilt, wie Pilze aus dem Boden. Diesen Clubs übergeordnet war der eigentliche Organisationskern, die „Bewegung", in deren Mitgliedschaftsliste man sich einschreiben konnte. Durch die Gründung einer „Bewegung" anstelle einer Partei wollte sich Forza Italia ausdrücklich von den traditionellen Parteien abgrenzen, was der Generalsekretär der Forza Italia in folgende Worte kleidete: „Forza Italia ist eine Meinungs*bewegung*, eine freie Vereinigung von Personen und *keine* politische Partei" (Corriere della Sera, 6.1.1994, Übers. E.F.). Berlusconi hat diese Beschreibung der Grundeigenschaften von Forza Italia inhaltlich noch präzisiert:

„Ich habe keine traditionelle Partei gegründet und auch nicht die Absicht, eine politische Kraft des alten Typs auf den Weg zu bringen. (...) Bei den nächsten Wahlen steht die Beurteilung der Regierung des Landes und ihrer Fähigkeit zur Verwirklichung eines Programms, das in Richtung Reformen arbeitet, an. Nach meiner Auffassung von Politik war und ist sie (Forza Italia, E.F.) noch immer lediglich ein modernes Instrument, um das Primat der Institutionen und die Politik, die in diesen Institutionen gemacht wird, zu bestätigen" (La Repubblica, 22.11. 1994, Übers. E.F.).

In beiden Selbstbeschreibungen von Forza Italia wird ausdrücklich betont, daß diese neue politische Formation keine Partei, sondern lediglich eine Bewegung ist. Sie besitzt nur eine diffuse Organisationsstruktur. So hat ein Ex-Mitglied von Forza Italia enthüllt, daß diese Bewegung zwar formal Organe besitze, in denen theoretisch eine innerparteiliche Willensbildung auf demokratischem Weg stattfinden könne. Beispielsweise existiere – laut Statut – eine Versammlung. Diese trete aber niemals zusammen. Auch die Mitgliedschaftsliste könne von den Bewegungsmitgliedern nicht eingesehen werden. Hingegen werde ihr Informationspotential von der Parteiführung benutzt, um Machtstrukturen zu befestigen (La Repubblica, 22.11.1994). Faktisch bedeutet dies, daß Forza Italia zwar Organisationsstrukturen besitzt, daß es aber das Organisationsprinzip dieser Bewegung ist, die tatsächliche Machtstruktur vor den Mitgliedern zu verbergen, um diese, wie Figuren auf dem Schachbrett, hin und her schieben zu können. Unter demokratietheoretischer Perspektive betrachtet, lehnt Forza Italia aber nicht nur die Form ab, in der moderne Massenparteien sich organisiert haben, sondern verweigert sich auch der Aufgabe von Parteien, Interessen zu vermitteln. Nach ihrer Vorstellung sollen Interessenvermittlung und Wählerzustimmung zu einem bloßen Akklamationsakt absinken, in welchem die Repräsentanten der Institutionen die Zustimmung erhalten, ihr Ziel, das politische und ökonomische System zu reformieren, verwirklichen zu können.

Das eigentliche hinter dem Aufruf zu Reformen stehende Motiv Berlusconis war es aber, günstige ökonomische Bedingungen für sein Firmenimperium Fininvest zu schaffen. Den Weg dazu hat er nach seiner Wahl zum Ministerpräsidenten auch zielsicher beschritten, indem er die politischen Maßnahmen den Bedürfnissen seines Firmentrusts anpaßte. Da Berlusconi in der italienischen Wählerschaft den zunehmenden Trend zur Wahl von Bewegungen, die das System der Parteienherrschaft ins Zentrum ihres Programms stellten, erkannt hatte, baute er seine gesamte Wahlkampagne auf diesem Thema auf. So wurde beispielsweise bei der Kandidatenauslese auch darauf geachtet, daß den sich zur Wahl Stellenden keine politische Vergangenheit im Sinne einer Karriere in den Parteiorganisationen des alten Systems nachgewiesen werden konnte. Berlusconi gab sich zudem das Image eines Selfmademan, der für seinen Erfolg als Unternehmer gegen den Widerstand der Kräfte der Parteienherrschaft habe kämpfen müssen. Dadurch war er zugleich in der Lage, sich in seiner Person als neuer, eben nicht in das System der Parteienherrschaft verwickelter, Faktor zu stilisieren und der Wählerschaft anzubieten. Es gelang Berlusconi, anhand seiner Lebensgeschichte den Italienern zu suggerieren, die Repräsentanten der Parteienherrschaft würden kreatives und innovatives Handeln, wie es beispielsweise die Führung eines Privatunternehmens erfordere, systematisch zu verhindern suchen, um die verkrusteten Strukturen ihrer Macht aufrechterhalten zu können. Damit wandte er sich an den Wähler als Individuum, dessen Handlungsfreiheit und Autonomie durch die verflochtenen Interaktionen der alten Parteien gravierend eingeschränkt worden war. Der

Wähler wurde somit nicht als Mitglied einer bestimmten sozialen, kulturellen oder territorialen Gruppe angesprochen, sondern als Einzelindividuum, das sich in einer Situation der Deprivation befinde. Die Auswahl der Themen, die er dem derart deprivierten Wähler anbot, erfolgte nach einem ausgeklügelten Konzept, das er direkt aus den Normen, die sein berufliches Handeln als Unternehmer anleiteten, auf die Politik übertrug: Durch fortlaufende Begleitumfragen wurden die Wünsche der Wähler sowie die Determinanten ihrer Wahlentscheidung ermittelt. Dabei wurden die einzelnen Segmente des Wählermarktes analysiert, wobei systematisch untersucht wurde, welche Kandidaten aufgrund ihrer Pluspunkte für das jeweilige Segment des Wählermarktes ein gutes Angebot für den Wähler darstellten. Dadurch konnten während des gesamten Wahlkampfes ständige Anpassungen an die Stimmungslagen der Wähler erfolgen (Mannheimer 1994: 40). Die Themen wurden zudem werbewirksam allabendlich über die Fernsehbildschirme der Fininvest-Fernsehketten verkündet. Auf diese Art und Weise konnte Berlusconi ohne festes Programm 21 Prozent der Wähler aus ihren bisherigen Parteibindungen lösen.

### IV. Entstehungsbedingungen und Typ der Bewegungspartei: Versuch einer Systematisierung

Parteien haben in modernen Massendemokratien die Aufgabe, eine Verbindung zwischen Individuen und politischer Ebene in Form von Kommunikationskanälen herzustellen. Ihre Entstehung muß vor dem Hintergrund des historischen Prozesses der Demokratisierung von Gesellschaften gesehen werden. Dieser bewirkte eine Mobilisierung und Integration der Individuen in das politische System, so daß sich auf nationaler Ebene ein politisches Kommunikationssystem entwickeln konnte. Die Komplexität der Interaktionen innerhalb dieses Kommunikationssystems erforderte aber die Ausbildung von Organisationen, die als Vermittlungsinstanzen fungieren konnten. Diese Aufgabe der Vermittlung übernahmen vor allem in den Anfangsphasen des Demokratisierungsprozesses die Parteiorganisationen.[9] Die von Nationalgesellschaft zu Nationalgesellschaft unterschiedliche Konstellation von Spaltungsstrukturen führte zur Ausprägung unterschiedlicher Parteisysteme (Lipset/Rokkan 1967), so daß die Genese und Evolution der einzelnen Partei*typen* gesellschaftsspezifisch und – aufgrund der jeweils spezifischen Konfiguration von Spaltungsstrukturen – pfadabhängig erfolgte (Rokkan 1975: 2; North 1990). Eine Analyse der Entstehungsbedingungen eines neuen Parteityps als „Organisationsinnovateur" (Nedelmann 1975: 20) muß daher die Institutionen der gesellschaftlichen Interessenvermittlung untersuchen, die aus den beabsichtigten und nicht-beabsichtigten Folgen der Handlungen der etablierten Parteien hervorgegangen sind. Diese Institutionen schränken das Set der verfügbaren Handlungsoptionen und Handlungsalternativen der Organisationsinnovateure ein. Dadurch werden die Grenzen des Handlungsraumes, innerhalb dessen Organisationsinnovateure zwischen Handlungsalternativen abwägen können, bestimmt. Zugleich verändert sich durch den Eintritt eines Organisationsinnovateurs aber auch das Set der Handlungsalternativen

---

9 Neben den Parteiorganisationen fungieren auch Verbände und soziale Bewegungen als intermediäre Instanzen. Rucht (1993) und vor allem Nedelmann haben sich ausführlich mit der Interaktionsdynamik des Interessenvermittlungsprozesses von neuen sozialen Bewegungen (1984, 1995) und politischen Parteien befaßt (1987).

der bereits etablierten Akteure im Handlungsraum so, daß neue Möglichkeiten zur Allianzbildung entstehen. Sowohl etablierte Parteien als auch Organisationsinnovateure stehen somit stets im Spannungsfeld von Institutionen*persistenz* und Interaktions*dynamik*. Da Parteien als zentrale Träger der gesellschaftlichen Interessenvermittlung Austauschbeziehungen sowohl mit Individuen und sozialen Gruppen als auch mit der politischen Entscheidungsebene eingehen, steht ihnen ein Potential *vielfältiger* „Anschlußfähigkeiten" (Luhmann 1984) zur Verfügung. Ich will daher versuchen, die Ursachen für die Entstehung der Bewegungsparteien im politischen System Italiens aufzuzeigen, indem ich diese durch die Krise der Interessenvermittlungsmechanismen der alten Parteien erkläre. Diese Krise wurde durch die *nicht-beabsichtigten Auswirkungen* der von den alten Parteien geschaffenen Institutionen im Prozeß der Interessenvermittlung zwischen Gesellschaft und Staat ausgelöst. Die nicht-beabsichtigten Folgen des Interaktionsgeflechtes der etablierten Parteien bewirkten zwei sich wechselseitig durchdringende Krisen: Die, auch zeitlich, erste Krise war der Legitimationsverlust der institutionalisierten Austauschbeziehungen der etablierten Parteien mit den Individuen bzw. sozialen Gruppen. Diese Krise bedingte wiederum eine Krise auf der Ebene des politischen Systems in Form einer Systemblockade. Die Systemblockade führte zu einer Verstärkung der Legitimationskrise der Interessenvermittlung. Beide Krisen lieferten potentiellen Organisationsinnovateuren Anreize, auf der Basis der veränderten Opportunitätsstrukturen als „politische Unternehmer" aktiv zu werden.

Der zentrale Schlüssel zum Verständnis der Entstehung der neuen Bewegungsparteien in Italien ist die Entwicklung der Christdemokratischen Partei: Sie hat sich bereits zu Beginn der sechziger Jahre von einem überwiegend[10] als „demokratische Integrationspartei" (Neumann 1968: 342) zu charakterisierenden Parteityps zur „Patronage-Partei" (Weber 1980: 839; Neumann 1968: 335) gewandelt. Die sich im Verlauf dieses Wandlungsprozesses neu herausbildenden Institutionen der Interessenvermittlung ließen die Christdemokraten und die mit ihnen eine Regierungskoalition bildenden Parteien zu Staat *und* Gesellschaft beherrschenden Akteuren werden. Daher hat die Dc einen wesentlichen Beitrag zur Entstehung der von den Bewegungsparteien kritisierten Parteienherrschaft geleistet. Die Genese der Bewegungsparteien im italienischen politischen System kann als Reaktion auf den Wandel und die daraus resultierende gesellschaftliche Legitimationskrise der Interessenvermittlungsmechanismen der Christdemokraten verstanden werden. Bis in die unmittelbare Nachkriegszeit war die Dc eine „demokratische Integrationspartei". Ihre zentrale Wählerbastion war die katholische Subkultur im Veneto und in der östlichen Lombardei. Die Christdemokraten waren der weltliche und politische Arm der katholischen Kirche, die durch ihr dichtes Netzwerk von Solidarität erzeugenden Vereinigungen und Verbänden eine effiziente soziale Kontrolle über die Bevölkerung ausübte. Der hohe Organisationsgrad

---

10 Auch in der frühen Nachkriegsphase kann die Dc nicht als *reiner* Typ einer „demokratischen Integrationspartei" charakterisiert werden. Die Merkmale einer „demokratischen Integrationspartei" wies sie aber vor allem in der katholischen Subkultur des Veneto auf, die das wichtigste Wählerreservoir in der frühen Nachkriegszeit darstellte. In bezug auf ihre Wähler in Süditalien kann die Dc schon immer als „Patronage-Partei" bezeichnet werden. Dieser „Zwittercharakter" der Dc ist ein Beispiel für Georg Simmels zentrale Erkenntnis, daß die „gleiche Form der Vergesellschaftung an ganz verschiedenem Inhalt, für ganz verschiedene Zwecke auftritt, und umgekehrt, daß gleiche inhaltliche Interessen sich in ganz verschiedenen Formen der Vergesellschaftung als seine Träger oder Verwirklichungsarten kleidet" (Simmel 1992: 21).

der Bevölkerung ermöglichte es der Dc, den einzelnen Wähler als Mitglied einer *sozialen Gruppe* anzusprechen. Durch die vielfältigen Einbindungen der einzelnen Individuen in die katholischen Assoziationen war die Gesellschaft der katholischen Subkultur sowohl sozial als auch politisch integriert. Die Grundlage dieser Integration bildete dabei die hohe Wertschätzung der Institution Religion für das Alltagsleben. Solange es die Dc vermochte, sich als Verteidigerin der katholischen Werte gegen ihre vorgeblichen Feinde – vor allem die Kommunisten und Sozialisten – darzustellen, konnte sie auf die parteipolitische Loyalität der Bevölkerung der katholischen Subkultur vertrauen. Der Rückzug der katholischen Kirche aus dem politischen Leben infolge des Zweiten Vatikanums und eine mit Beginn der sechziger Jahre eintretende Säkularisierungswelle lockerten die Bindungen der nach wie vor tief religiösen Veneter an die Organisation Kirche und an deren „Beschützerin", die Dc. Dieser Prozeß wurde noch verstärkt, als die Christdemokraten aufgrund der immer schwieriger werdenden Mehrheitsverhältnisse neue Koalitionspartner in den „atheistischen" Sozialisten suchten. Die Erweiterung der Koalition um einen Partner aus dem gegnerischen ideologischen Lager hatte zur Folge, daß sich die Mechanismen der gesellschaftlichen Interessenvermittlung grundlegend wandelten.

Die Dc wollte aufgrund ihres innerhalb der Regierungskoalition gesunkenen Machtpotentials vom Einfluß parteinaher, aber dennoch autonomer Vereinigungen unabhängiger werden und stärkte daher ihren Parteiapparat. Sie verlieh den innerparteilichen Strömungen (correnti) stärkeren Einfluß. Die Vielfalt dieser Strömungen erleichterte der Dc auch die Ausdehnung ihres parteipolitischen Einflußbereiches auf Süditalien, dessen Wählerpotential seit Beginn der sechziger Jahre einen Ersatz für den zunehmenden Stimmenrückgang in der katholischen Subkultur bilden sollte. Im Unterschied zum Veneto ermöglichte die durch klientelistische Austauschbeziehungen geprägte Gesellschaft Süditaliens aber lediglich lose und somit dem Wechsel anheimgegebene Bindungen der jeweiligen Klientel an parteipolitische Akteure. Daher war die Existenz unterschiedlicher Strömungen eine günstige Voraussetzung, um flexibel auf die jeweilige Situation des Austausches von materiellen Gütern gegen politische Loyalitäten reagieren zu können.

Durch ihr intensives Engagement in Süditalien wandelte sich die Dc daher zu einer „Patronage-Partei". Die wichtigste Ressource für die Ausübung von Patronage als neuer Form der gesellschaftlichen Interessenvermittlung war die Macht der Dc als dauerhaft dominanter Regierungspartei. Aufgrund dieser Position konnte sie den Zugang zur staatlichen Verwaltung sowie zu den schon im Faschismus geschaffenen und nicht wieder aufgelösten staatlichen und halbstaatlichen Unternehmen kontrollieren. Zur Befestigung ihres Einflusses in Süditalien institutionalisierte sie daher das „Regieren durch die Kontrolle des Unterbaus": Im Austausch gegen die Abgabe von Stimmpaketen bei der Wahl wurden die Stellen im öffentlichen Dienst auch in Norditalien und in Rom bevorzugt mit Süditalienern besetzt. Da sich dieses Machtmittel bewährte, schleuste die Dc regierungstreue Personen auch in die Schlüsselpositionen der staatlich kontrollierten Betriebe ein.

Als die Sozialisten 1963 in die Regierung eintraten, war die Dc gezwungen, ihre zentrale Stellung als „Schleusenwärterin" mit ihnen zu teilen. Seither wurden die zu verteilenden Ämter nach Parteienproporz vergeben. Durch diese Praktiken wurde nicht nur der Staat, sondern auch die Gesellschaft von den (Regierungs-)Parteien vollständig durchdrungen. So entwickelte sich das von den Bewegungsparteien zum Hauptpunkt der Anklage erhobene System der Parteienherrschaft. Die Unterstützung dieser Parteien basierte in zunehmendem Ausmaß auf einem komplexen System des Tausches von Vergünstigungen aller Art gegen Zustimmung bei den Wahlen. Die Interessenvermittlung zwischen Staat und Gesellschaft durch die Mechanismen der *sozialen* Integration wurde somit zunehmend durch den Mechanismus des *individuellen* Tausches ersetzt. Eine wesentliche Voraussetzung für die Institutionalisierung des Mechanismus, Ämter nach Parteienproporz zu verteilen, war das Verhältniswahlrecht (Pasquino 1995). Dieses reproduzierte den grundlegenden Strukturdefekt des politischen Systems, nämlich die schwierige Mehrheitsfindung, in immer stärkerem Maße. Daher bedienten sich die Regierungsparteien auch zeitweilig des Potentials der mitgliederstarken Oppositionspartei, der damaligen Kommunisten, indem sie diese gegen Zustimmung bei einzelnen Gesetzen am Mechanismus des Parteienproporzes bei der Ämtervergabe beteiligten. Erst als die Sozialistische Partei durch die Auswirkungen der Parteienherrschaft eine Führungsposition in der Regierungskoalition übernehmen konnte, so daß sich die Christdemokraten in ihrer Machtstellung bedroht sahen, waren zumindest einige Teile innerhalb der Dc zur Einleitung grundlegender Institutionenreformen bereit, u.a. zur Einführung eines Wahlrechtssystems mit starken Elementen der Mehrheitswahl (Pasquino 1995). So versuchte mit Mario Segni ein ehemaliger Christdemokrat, eine parteienübergreifende Bewegung zur überfälligen Reform der Institutionen zu bilden, um die negativen Auswirkungen der Parteienherrschaft auf Staat und Gesellschaft zu beseitigen. Er hatte erkannt, daß das auf diese Weise praktizierte System der Parteienherrschaft auf lange Sicht unweigerlich einen Machtverlust der Dc in ihrer Regierungsrolle bewirken würde. Diese Reformbemühungen nahmen in den achtziger Jahren ihren Anfang und erreichten zu Beginn der neunziger Jahre ihren Höhepunkt.

Die Krise der Parteienherrschaft machte sich besonders in den Zonen bemerkbar, in denen die Christdemokraten ihre Wählerhochburgen hatten (Mannheimer/Sani 1987: 85ff.; Biorcio/Natale 1989: 390; Caciagli 1988: 439; Corbetta et al. 1988: 72). Genau in diesen Gebieten formierten sich die ersten Bewegungsparteien: Die Lega Nord entstand und florierte zuerst in den Gebieten der „weißen" Subkultur des Veneto und der Ostprovinzen der Lombardei (Diamanti 1993: 35). Das Netzwerk entstand unter Führung des aus der Dc ausgetretenen Orlando im christdemokratisch regierten Sizilien. Die Kritik an der von der Dc und ihren Koalitionspartnern begründeten und vervollkommneten Parteienherrschaft war der Anstoß zur Genese der genannten Bewegungsparteien. Vergleicht man die Entstehungsbedingungen der untersuchten vier Bewegungsparteien, so kann man zwei Ursachenbündel unterscheiden: 1. Die Entstehung der *Lega Nord* und *Des Netzwerkes* ist auf den *Legitimationsverlust der institutionalisierten Austauschbeziehungen* der etablierten Parteien, insbesondere der Dc, mit den einzelnen Individuen bzw. sozialen Gruppen zurückzuführen. 2. Die Gründung der *Liste des Referendums* und der *Forza Italia* ist eine Antwort auf die aufgrund dieser Legitimitätskrise entstandenen *Systemblockade*.

Die Bewegungsparteien Lega Nord und Das Netzwerk entstanden als Reaktion auf den Wandel der Dc von einer „demokratischen Integrationspartei" zu einer „Patronage-Partei". Die grundlegende Veränderung der Interessenvermittlungsmechanismen verletzte Grundwerte des Katholizismus. So ist es nicht zufällig, daß sich die erste Teil-Lega in der katholischen Subkultur des Veneto formierte. Die Liga veneta entstand, als sich die Dc im Veneto nicht mehr in erster Linie in der Rolle einer Beschützerin der katholischen Kirche, sondern als „politische Unternehmerin" sah, die sich aufgrund ihres privilegierten Zugangs zu Verteilungsgütern politische Loyalitäten erkaufen könne. Als die Dc zu Beginn der achtziger Jahre aufgrund der dominant werdenden Rolle der Sozialisten in der Regierung auch dieses Verteilungsmonopol verlor und zudem eine ökonomische Krise die im Veneto vorherrschende Struktur der Kleinunternehmen auf der Basis eines Familienbetriebs erschütterte, waren günstige Voraussetzungen für neue politische Formationen gegeben, um die negativen Effekte des Patronage-Systems der Christdemokraten zu politisieren. In dieser Situation nahm die Leghen-Bewegung zunächst im Veneto, später in der Lombardei und in ganz Norditalien, ihren Aufschwung. Die Liga veneta klagte die Dc an, zwei wesentliche Werte, den Katholizismus und das Arbeitsethos der Veneter, durch die Ausübung von Patronage verletzt zu haben. Sie argumentierte, daß die Dc nicht mehr die durch die Religion vorgegebenen sozialen Normen, wie beispielsweise Rechtschaffenheit, befolgt habe, sondern sich der hierarchischen Organisation der katholischen Kirche bedient habe, um höchst weltliche Ziele, nämlich die Sicherung ihres Machterhalts, zu erreichen. Des weiteren habe sie aufgrund ihres intensiven politischen Einsatzes in Süditalien die Früchte der Arbeit der „strebsamen" Veneter in den unproduktiven Süden umverteilt. Daher forderte die Liga veneta die Abschaffung des Zentralstaates und weitreichende Autonomie. Dieser argumentativen Grundlinie ist auch der Begründer der Lega lombarda, Umberto Bossi, gefolgt. Ihm gelang es, die von der Liga veneta skizzierten Probleme systematisch so zu einer allgemeinen Kritik an der Parteienherrschaft auszuweiten, daß sich die Lega auch über das spezifische Gebiet der katholischen Subkultur hinaus auf den gesamten Norden Italiens ausdehnen konnte.

Auch Das Netzwerk entstand als Antwort auf die Mißachtung der katholischen Werte durch die Dc. Schon zu Beginn der siebziger Jahre hatten sich erste katholische Gruppen formiert, um ihre Stimme gegen das Zusammenspiel von Dc, der sie unterstützenden Hierarchie der katholischen Kirche und der Mafia zu erheben. Auch sie forderten eine Rückbesinnung der Politiker auf die Werte der katholischen Religion und Moral, die durch die einzelnen Mechanismen der Parteienherrschaft zerstört worden seien. Die katholische Basis dieser Bewegung kommt auch stark in ihrer dezentralen und auf dem katholischen Subsidiaritätsprinzip aufbauenden Organisationsstruktur zum Ausdruck. Um ihre Basis in der Gesellschaft Süditaliens zu erweitern und zu vertiefen, suchte Orlando systematisch den Anschluß an Kritiker der Parteienherrschaft aus anderen politischen Lagern, wie beispielsweise dem linken Spektrum des Parteiensystems.

Die Liste des Referendums und Forza Italia sind nicht als *unmittelbare* Antwort auf die Legitimationskrise der etablierten Interessenvermittlungsstrukturen der Parteien entstanden. Beide reagierten auf die durch diesen Prozeß verursachten, von den etablierten Parteien aber nicht beabsichtigten Folgen, nämlich die Blockade des politischen und des ökonomischen Systems. Die Liste des Referendums beabsichtigte, grundlegende Strukturdefekte des politischen Systems, welche die Entstehung der Parteienherrschaft begünstigt hatten, wie z.B. das Verhältniswahlsystem oder die Reduktion der Präferenzstimmen, durch Institutionenreform zu beseitigen. Da es ihren Vertretern aber nicht gelang, ihre Reformprojekte im Parlament durchzusetzen, wandten sie sich durch Einleitung einer Volksbefragung direkt an das Volk. Da für die Initiierung einer Volksbefragung eine hohe Anzahl von Unterschriften aus der Bevölkerung gesammelt werden muß, schlossen sich Vertreter ganz unterschiedlicher politischer Parteien zusammen und bildeten erstmals ein parteienübergreifendes Wahlbündnis, um trotz unterschiedlicher Ausgangsmotive das gemeinsame Ziel der Reformen zu verwirklichen. Es verdient hervorgehoben zu werden, daß wichtige

Anstöße zur Begründung der Liste des Referendums aus dem christdemokratischen Lager kamen. Nicht nur der prominente Christdemokrat, Mario Segni, sondern auch einzelne große katholische Vereinigungen, die der Christdemokratischen Partei nahestehen, haben als Initiatoren bei der Gründung der Reformallianz mitgewirkt und ihren Beitrag zur Unterschriftensammlung geleistet (Pasquino 1995). Das zeigt, daß zumindest Teile der Christdemokraten die durch einen wesentlichen Anteil von der Dc verursachten Mißstände des politischen Systems erkannt haben und beseitigen wollten. Im Unterschied zu der stark katholischen Bewegung Das Netzwerk ist es der Referendumsbewegung aber nicht gelungen, die Zivilgesellschaft *dauerhaft* von unten zu mobilisieren, wenngleich sie sicherlich wichtige Impulse für deren stärkere Aktivierung gegeben hat.

Während die Liste des Referendums versucht hat, Strukturdefekte des politischen Systems zu beseitigen, hat Silvio Berlusconis Forza Italia die politische Bühne mit dem Ziel betreten, die durch die Parteienherrschaft verursachte Ineffizienz und Unproduktivität des ökonomischen Systems abzubauen. Die Förderung der Privatinitiative in der Wirtschaft ist ein wesentlicher Punkt im politischen Programm von Forza Italia. Damit forderten sie auch den Rückzug des Staates aus den Großunternehmen. Somit thematisierte Forza Italia einen zentralen Kritikpunkt am System der Parteienherrschaft, denn die Kontrolle der staatlichen Unternehmen durch die Regierungsparteien war eine wesentliche Voraussetzung für die Befestigung der Parteienherrschaft. Die hohe Zustimmung der Italiener bei den Wahlen vom Frühjahr 1994 ist aber nicht auf eine Aktivierung oder gar Mobilisierung der Zivilgesellschaft zurückzuführen, sondern auf das Mitte der neunziger Jahre stark angewachsene Ausmaß politischer Frustration über anscheinend nicht veränderbare politische und ökonomische Gesamtkonstellationen.

Trotz aller Unterschiede in den Entstehungsbedingungen ist allen vier hier untersuchten neuen politischen Formationen gemeinsam, daß die Kritik an den Wirkungsmechanismen der Parteienherrschaft der Anstoß zu ihrer Gründung war. Aus diesem Grund haben sie sich die Form und Identität einer „Anti-Partei*en*-Partei" gegeben, die sich dadurch auszeichnet, daß sie „nicht auf die Behebung von Mißständen in der Sozialstruktur ab(hebt), sondern auf solche im und des politischen Systems selbst" (Nedelmann 1992: 534ff.).

Folgende Strukturdefekte des politischen Systems wurden von den einzelnen Repräsentanten der neuen politischen Formationen hervorgehoben: Für die Lega Nord bestand der entscheidende Strukturdefekt des politischen Systems in der zentralstaatlichen Verfaßtheit, welche die Parteienherrschaft in die Lage versetzt habe, durch Umverteilung der Ressourcen des „produktiven" Nordens in den „unproduktiven" Süden, Macht zu gewinnen und zu erhalten. Als Allheilmittel forderte sie die Abschaffung des Zentralstaates und seine Ersetzung durch ein föderalistisches Staatengebilde. Das Netzwerk beklagte als zentralen Struktureffekt die Verflechtung der Parteienherrschaft mit der Mafia. Daher war sein Hauptziel der Kampf gegen die Mafia und die politische Korruption. Die parteienübergreifenden Allianzen zur Reform des Institutionensystems unter der Führung von Mario Segni sahen die Strukturdefekte des politischen Systems als von den Systemeffekten der Parteienherrschaft verursacht. Da sie die alten Parteien jedoch als reformunfähig einschätzten, suchten sie die breite Unterstützung der Wähler, um die Reformen durch Abhaltung von Referenden in Gang setzen zu können. Die bisher als letzte neue Formation entstandene Forza Italia bzw. deren Führung, Silvio Berlusconi, beschuldigte die alten Parteien, durch ihre Aktivitäten im politischen und gesellschaftlichen System produktive

Entwicklungen im ökonomischen System gebremst und behindert zu haben. Mit seiner Kandidatur gegen die alten Parteien wollte Berlusconi bewirken, daß die „unproduktive Parteienherrschaft" durch effiziente Privatinitiative ersetzt werde. Zusammenfassend kann man feststellen, daß die *Parteienherrschaft* im Zentrum der Kritik aller neuen politischen Formationen stand.

Um sich von den alten Parteien deutlich abgrenzen zu können, gründeten sich die neuen politischen Formationen in Form einer „Anti-Partei-Partei", nämlich als „Bewegung", die nur zum Zwecke der Kandidatur bei den Wahlen auch als „Partei" auftrat. Ihre Organisierung in Form einer „Bewegung" beinhaltete aber nicht nur das Ziel, sich von den „alten" Parteien abzugrenzen, sondern muß unter dem Gesichtspunkt der Mobilisierung gesehen werden. Da die *inhaltliche* Zielscheibe der Bewegungsparteien die Strukturdefekte des politischen Systems waren, als deren hauptverantwortliche Akteure sie die „alten" Parteien bzw. deren spezifische *Form* der Kommunikation mit den Wählern identifiziert hatten, führten sie bewußt eine *qualitativ neue Form* der Kommunikation mit dem Wähler ein. Im Unterschied zu den „alten" Parteien, die den individuellen Wähler als Mitglied einer sozialen Gruppe ansprachen, wandten sie sich an das mit den Effekten der Parteienherrschaft unzufriedene und dadurch von ihr entfremdete Einzelindividuum. Auf diese Art und Weise waren sie in der Lage, Probleme zu thematisieren, die das Individuum, unabhängig von seiner Zugehörigkeit zu einer sozialen Gruppe, *persönlich* und *konkret* betrafen. Somit gewannen sie ein breites Spektrum von Themen, die sie sowohl *situationsspezifisch* als auch *flexibel* auf die politische Tagesordnung setzen konnten. Diese beiden Ziele konnten sie auch organisatorisch erreichen, indem sie sich in Form einer „Bewegung" organisierten, deren Charakteristikum es ist, vielfältige Anschlußmöglichkeiten zu bieten. Um diese neue Form der Kommunikation zwischen Wählern und zu Wählenden bzw. Gewählten auf Dauer aufrechterhalten zu können, formierten sie sich als Parteien, die ich mit dem Typ der „Bewegungspartei" bezeichnet habe. Da der Grad der Unzufriedenheit mit der Funktionsweise des politischen Systems in Italien sehr hoch war, gelang es diesen neuen politischen Formationen, sich nicht nur als neue politische Akteure im System zu etablieren, sondern sogar die „alten" Parteien abzulösen und die Regierungsverantwortung zu übernehmen.

*Literatur*

*Allum, Percy,* 1985: Al cuore della Democrazia Cristiana: il caso veneto, Inchiesta 15: 54–63.
*Anastasia, Bruno,* 1986: L'industria diffusa in Veneto. S. 171–184 in: *Fausto Anderlini* und *Cesco Chinello* (Hg.): Operai e scelte politiche. Il caso delle zone bianche e economia diffusa del Veneto. Milano: Franco Angeli.
*Anderlini, Fausto,* 1989: La DC: Iscritti e modello di partito, Polis 3: 277–304.
*Bagnasco, Arnaldo,* 1977: Tre Italie. La problematica territoriale dello sviluppo italiano. Bologna: Il Mulino.
*Biorcio, Roberto,* und *Paolo Natale,* 1989: La mobilità elettorale degli anni ottanta, Rivista italiana di scienza politica 19: 385–430.
*Biorcio, Roberto,* 1991: La Lega come attore politico: dal federalismo al populismo regionalista. S. 34–82 in: *Renato Mannheimer* (Hg.): La Lega lombarda. Milano: Feltrinelli.
*Biorcio, Roberto,* 1992: Crisi dei partiti tradizionali e rinascita del populismo in Italia ed in Francia, Quaderni di Sociologia 36: 119–134.

*Bossi, Umberto* (mit *Daniele Vimercati)*, 1992: Vento dal Nord. La mia Lega, la mia vita. Milano: Sperling & Kupfer.
*Caciagli, Mario*, 1988: Quante Italie? Persistenze e trasformazione delle culture politiche subnazionali, Polis 2: 429–457.
*Caciagli, Mario*, und *Alberto Spreafico* (Hg.), 1990: Vent'anni di elezioni in Italia. 1968–1987. Padova: Liviana.
*Cartocci, Roberto*, 1994: Fra Lega e Chiesa. L'Italia in cerca di integrazione. Bologna: Il Mulino.
*Cesareo, Vicenzo, Giancarlo Rovati* und *Marco Lombardi*, 1989: Localismo politico: il caso della Lega lombarda. Comitato Regionale Lombardo Democrazia Cristiana. Varese: La Tipografia Varesina.
*Confalonieri, Maria Antonietta*, 1990: „Si avanza uno strano guerriero": qualche idea sulla Lega Lombarda, Ulisse 3: 3–7.
*Corbetta, Piergiorgio, Arturo Parisi* und *Hans M.A. Schadee*, 1988: Elezioni in Italia. Struttura e tipologia delle consultazioni politiche. Bologna: Il Mulino.
*Diamanti, Ilvo*, 1992: La mia patria è il Veneto. Valori e proposta politica delle Leghe, Polis 6: 225–255.
*Diamanti, Ilvo*, und *Gianni Riccamboni*, 1992: La parabola del voto bianco. Elezioni e società in Veneto (1946–1992). Vicenza 1992: Neri Pozza.
*Diamanti, Ilvo*, und *Renato Mannheimer*, 1994: Introduzione. S. VII–XXII in: *Ilvo Diamanti* und *Renato Mannheimer* (Hg.): Milano a Roma. Guida all'Italia elettorale del 1994. Roma: Donzelli.
*Diamanti, Ilvo*, 1993: La Lega. Geografia, storia e sociologia di un nuovo soggetto politico. Roma: Donzelli.
*Diamanti, Ilvo*, 1986: La filigrana bianca della continuità. Senso comune, consenso politico, appartenenza religiosa nel Veneto degli anni '50, Venetica 6: 55–81.
*Donegà, Claudio*, 1994: Strategie del presente. I volti della Lega. S. 81–135 in: *Giovanni de Luna* (Hg.): Figli di un benessere minore. La Lega 1979–1993. Firenze: La Nuova Italia.
*Farneti, Paolo*, 1985: The Italian Party System (1945–1980). London: Frances Pinter.
*Graziano, Luigi*, 1984: Clientelismo e sistema politico: il caso dell'Italia. Milano: Franco Angeli.
*Lawson, Kay*, 1980: Political Parties and Linkage. S. 3–24 in: *Kay Lawson* (Hg.): Political Parties and Linkage. A Comparative Perspective. New Haven/London: Yale University Press.
*Leonardi, Roberto*, 1980: Political Power Linkages in Italy: The Nature of the Christian Democratic Party Organization. S. 243–265 in: *Kay Lawson* (Hg.): Political Parties and Linkage. A Comparative Perspective. New Haven/London: Yale University Press.
*Lipset, Seymour M.*, und *Stein Rokkan*, 1967: Cleavage Structures, Party Systems, and Voter Alignments: An Introduction. S. 1–64 in: *Seymour M. Lipset* und *Stein Rokkan* (Hg.): Party Systems and Voter Alignments: Cross-National Perspectives. New York: The Free Press.
*Luhmann, Niklas*, 1984: Soziale Systeme. Grundriß einer allgemeinen Theorie. Frankfurt a.M.: Suhrkamp.
*Mannheimer, Renato*, und *Giacomo Sani*, 1994: La rivoluzione elettorale. L'Italia tra la prima e la seconda repubblica. Milano: edizione Anabasi.
*Mannheimer, Renato* (Hg.), 1991: La Lega Lombarda. Milano: Feltrinelli.
*Mannheimer, Roberto*, 1992: Chi vota Lega e perché. S. 122–158 in: *Renato Mannheimer* (Hg.): La Lega lombarda. Milano: Feltrinelli.
*Mannheimer, Renato*, 1993: L'elettorato della Lega Nord, Polis 7: 253–274.
*Mannheimer, Renato*, und *Giacomo Sani*, 1987: Il mercato elettorale. Identikit dell'elettore italiano. Bologna: Il Mulino.
*Mastropaolo, Alfio*, 1992: Machine Politics and Mass Mobilization in Palermo: Epitaph for a Failed Revolt. S. 123–141 in: *Roberto Leonardi* und *Fausto Anderlini* (Hg.): Italian Politics: A Review, Bd. 6. London/New York: Pinter.
*Messina, Sebastiano*, 1992: La grande riforma. Uomini e progetti per una nuova repubblica. Roma/Bari: Laterza.
*Nedelmann, Birgitta*, 1975: Handlungsraum politischer Organisationen. Entwurf eines theoretischen Bezugsrahmens zur Analyse von Parteienentstehung, Sozialwissenschaftliches Jahrbuch für Politik 4: 9–118.

*Nedelmann, Birgitta*, 1984: New Political Movements and Changes in Processes of Intermediation, Social Science Information 23: 1029–1048.
*Nedelmann, Birgitta*, 1987: Individuals and Parties: Changes in Processes of Political Mobilization, European Sociological Review 3: 181–202.
*Nedelmann, Birgitta*, 1992: Italien in „kreativer Konfusion"? Zur Selbstreformierung einer reformbedürftigen Demokratie, Staatswissenschaften und Staatspraxis 3: 524–555.
*Nedelmann, Birgitta*, 1995: Soziale Bewegungen. S. 330–342 in: *Wolfgang Jäger* und *Wolfgang Welz* (Hg.): Regierungssystem der USA. Lehr- und Handbuch. München/Wien: Oldenbourg.
*Neumann, Sigmund*, 1968: Parteiensysteme und Integrationsstufen. S. 335–343 in: *Kurt Lenk* und *Franz Neumann*, 1968: Theorie und Soziologie der politischen Parteien. Neuwied: Luchterhand.
*North, Douglass C.*, 1990: Institutions, Institutional Change and Economic Performance. Cambridge: Cambridge University Press.
*Pace, Enzo*, 1986: Religione e politica nella società veneta. S. 238–258 in: *Fausto Anderlini* und *Cesco Chinello* (Hg.): Operai e scelte politiche. Il caso delle zone bianche e economia diffusa del Veneto. Milano: Franco Angeli.
*Parisi, Arturo*, und *Gianfranco Pasquino*, 1977: Relazioni partiti-elettori e tipi di voto. S. 215–249 in: *Arturo Parisi* und *Gianfranco Pasquino* (Hg.): Continuità e mutamento elettorale in Italia. Bologna: Il Mulino.
*Pasquino, Gianfranco*, 1992: The Electoral Reform Referendums. S. 9–24 in: *Robert Leonardi* und *Fausto Anderlini* (Hg.): Italian Politics: A Review, Bd. 6. London/New York: Pinter.
*Pasquino, Gianfranco*, 1995: Die Reform eines Wahlrechtssystems: Der Fall Italien. S. 279–304 in: *Birgitta Nedelmann* (Hg.): Politische Institutionen im Wandel. Sonderheft 35 der Kölner Zeitschrift für Soziologie und Sozialpsychologie. Opladen: Westdeutscher Verlag.
*Raschke, Joachim*, 1987: Zum Begriff der sozialen Bewegung. S. 19–29 in: *Roland Roth* und *Dieter Rucht* (Hg.): Neue soziale Bewegungen in der Bundesrepublik Deutschland. Bonn: Bundeszentrale für politische Bildung.
*Riccamboni, Gianni*, 1992: L'identità esclusa. Comunisti in una subcultura bianca. Vicenza: Liviana.
*Rokkan, Stein*, 1975: Towards a Generalized Concept of Verzuiling. A Preliminary Note, Note for Huyse Workshop on „Language and Religion in Politics". London 8.-12.4.1975: 1–9 (Typoskript).
*Rucht, Dieter*, 1993: Parteien, Verbände und Bewegungen als Systeme politischer Interessenvermittlung. S. 251–275 in: *Oskar Niedermayer* und *Richard Stöss* (Hg.): Stand und Perspektiven der Parteienforschung in Deutschland. Opladen: Westdeutscher Verlag.
*Sani, Giacomo*, 1992: La destrutturazione del mercato elettorale, Rivista italiana di scienza politica 22: 539–565.
*Segatti, Paolo*, 1992: L'offerta politica e i candidati della Lega alle elezioni amministrative del 1990, Polis 6: 357–280.
*Simmel, Georg*, 1992 (1908): Soziologie. Untersuchungen über die Formen der Vergesellschaftung. Frankfurt a.M.: Suhrkamp.
*Trigilia, Carlo*, 1986: Grandi partiti e piccole imprese. Comunisti e democristiani nelle regioni a economia diffusa. Bologna: Il Mulino.
*Tullio-Altan, Carlo*, 1986: La nostra Italia. Arretratezza socioculturale, clientelismo, trasformismo e ribellismo dall'Unità ad oggi. Milano: Feltrinelli.
*Vallauri, Carlo*, 1994: I partiti italiani da de Gasperi a Berlusconi. Roma: Gangemi.
*Vimercati, Daniele*, 1990: I lombardi alla nuova crociata. Il „fenonemo Lega" dall' esordio al trionfo. Cronaca di un miracolo politico. Milano: Mursia.
*Weber, Max*, 1980 (1921): Wirtschaft und Gesellschaft. Grundriß der verstehenden Soziologie (hg. von Johannes Winckelmann). Tübingen: Mohr (Siebeck).

# IV.
# Institutionalisierung von Konflikten und defizitäre institutionelle Vermittlung

# POLITISCHE ETHNIZITÄT

## Das Beispiel der Vereinigten Staaten

Sighard Neckel

*Zusammenfassung:* Am Beispiel der gegenwärtigen Dynamik interethnischer Konflikte in den Vereinigten Staaten von Amerika wird eine Theorie der politischen Konstruktion von Ethnizität vorgestellt. Im Unterschied zu kulturtheoretischen oder sozialstrukturellen Erklärungen der gegenwärtigen Re-Ethnisierung der USA wird gezeigt, daß ethnische Grenzziehungen weder durch primordiale kulturelle Unterschiede noch durch ökonomische Zwänge etabliert werden, sondern Ergebnisse politischer Aushandlungsprozesse sind. Im Mittelpunkt der Darstellung steht dabei die zunehmende Bedeutung selbsterzeugter Konstruktionen von Ethnizität in der amerikanischen Gesellschaft, wie sie am deutlichsten in den politisch wirkungsvoll gewordenen „panethnischen" Zugehörigkeitskategorien zum Ausdruck kommen. Eine Analyse der inneren Konstruktionsprinzipien dieser panethnischen Kategorien ergibt, daß sie durch die politischen Erfordernisse einer Konkurrenz um gleiche Rechte und materielle Ressourcen veranlaßt worden sind. „Politische Ethnizität" ist daher Element eines politischen Prozesses wechselseitiger ethnischer Schließungen, was in der zeitgenössischen amerikanischen Debatte auch als „ethnischer Separatismus" beschrieben wird.

Der sozialphilosophische Diskurs unserer Gegenwart ist weithin von der Frage bestimmt, wie die normative Geltung universalistischer Rechte mit dem wachsenden Bedürfnis von Kollektiven zu vereinbaren ist, Anerkennung für die Besonderheit ihrer kulturellen Lebensform zu erlangen (vgl. Taylor 1993). Den Hintergrund dieser Debatten um den normativen Status von Gleichheit und Differenz in der Demokratietheorie (Brumlik und Brunkhorst 1993) gibt eine Entwicklung der Zeitgeschichte ab, in deren Verlauf die ethnische Homogenität moderner Nationalstaaten sich durch Einwanderung zunehmend aufgelöst hat. Wenn die Einwohnerschaft eines Landes in unterschiedliche ethnische Gemeinschaften zerfällt, kann dies nicht ohne Folgen für den klassischen Begriff von politischer Souveränität bleiben. Historisch ist er von der Vorstellung eines ethnisch und kulturell einheitlichen Staatsvolkes geprägt (vgl. Walzer 1992: 140ff.). Demokratische Gemeinwesen sehen sich heute daher mit der Herausforderung konfrontiert, ihr politisches Selbstverständnis neu bestimmen zu müssen. Das hat den Definitionskampf um die Staatsbürgerschaft zu einer der wichtigsten politischen Konfliktlinien werden lassen.

Zwei Pole dieses Definitionskampfes, der sich schon längst nicht mehr auf den Streit mit Worten beschränkt, sind hierbei zu unterscheiden (vgl. Brubaker 1993). Politischer Ethnozentrismus – dokumentiert etwa im deutschen „ius sanguinis" – sucht die Geltung staatsbürgerlicher Rechte für jene Personengruppen zu monopolisieren, die der Exklusivität bestimmter askriptiver Merkmale genügen. Er trägt damit zu einer Ethnisierung der Politik in modernen Gesellschaften bei, deren Gewaltpotential sich in der europäischen Gegenwart in blutigen Konflikten entlädt. Die Politik einer ethnisch neutralen Inklusion hingegen – z.B. in Frankreich und in den USA – erhebt zum Kriterium der politischen Zugehörigkeit die Zustimmung der Person zu den grundlegenden Maximen der staatlichen Ordnung. Inklusion strebt somit an, Multiethnizität in gesellschaftliche Integration zu verwandeln.

Doch auch inklusive Politik entgeht nicht einer eigenen Problematik. Will sie die gesellschaftlichen Bedingungen in der Nutzung von Rechten nicht einfach als unerheblich betrachten, hat sie der Tatsache Rechnung zu tragen, daß allein durch Rechtsgleichheit nicht entschieden ist, ob die Angehörigen unterschiedlicher Kollektive eines Gemeinwesens von den staatsbürgerlichen Rechten auch in gleicher Weise Gebrauch machen können. Die *Gleichwertigkeit gleicher Rechte* ist über den Tatbestand juristischer Gleichheit hinaus vom Grad der Anerkennung bedingt, die insbesondere minoritäre Lebensentwürfe in einer sozialen Gemeinschaft erfahren (Lukes 1993). Diskriminierungen in der Nutzung politischer Rechte und die Versagung von Lebenschancen, die staatsbürgerrechtlich verbürgt sind, können als Ausdruck sozialer Mißachtungen begriffen werden (Honneth 1992), die das normative Gebot der Rechtsgleichheit faktisch unterminieren.

In einer Reihe von Ländern der westlichen Welt haben die sozialen Konsequenzen mangelnder Gleichwertigkeit staatsbürgerlicher Rechte zu einer Mobilisierung ethnischer Minderheiten geführt, die die Schutzwürdigkeit ihrer kulturellen Lebensformen und besondere Garantien bei der Verwirklichung von Lebenschancen zu politischen Forderungen erheben. In ihnen werden Selbstbestimmung als Recht auf kulturelle Identität und Rechtsgleichheit als Anspruch auf exklusive Zugangschancen zu kollektiven Gütern formuliert. Am weitesten fortgeschritten dürfte dieser Prozeß gegenwärtig in den USA sein, weshalb es nicht überrascht, daß die eingangs erwähnte sozialphilosophische Diskussion auch hier ihren Ausgang nahm. Als multiethnisches Einwanderungsland par excellence haben sich die USA bis in den Wahlspruch des Staatswappens hinein („E Pluribus Unum") auf Inklusion verpflichtet. Gleichzeitig jedoch hat sich der Konflikt um die Geltung kollektiver Rechte von ethnischen Minderheiten inzwischen so weit gesteigert, daß zeitgeschichtliche Beobachter einen ethnischen Separatismus im Entstehen sehen (Steele 1993), und die sozialwissenschaftlichen Experten für Bedrohungsszenarien „Kulturkriege" (Hunter 1991) und den „clash of civilizations" (Huntington 1993) vorhergesagt haben.

Im Zentrum dieser Entwicklung einer erstarkten ethnischen Mobilisierung in den Vereinigten Staaten steht ein Wandel in der öffentlichen Bedeutung von Ethnizität selbst. Er ist dadurch gekennzeichnet, daß Ethnizität als *kulturelles* Konzept sozialer Zuordnung an Trennschärfe verliert und gerade dadurch ihre Wirksamkeit als *politisches* Organisationsprinzip erhöht. Dieser gesellschaftliche Positionswechsel der Ethnizität von Kultur zu Politik findet seinen Fluchtpunkt in korporatistischen Konzepten gesellschaftlicher Ordnung, in denen – wie Michael Walzer dies antizipierend beschrieben hat – „sich ethnische Gruppen nicht länger nach dem Vorbild freiwilliger Vereinigungen organisieren, sondern statt dessen irgendeine politische Stellung und irgendwelche juristischen Rechte genießen" (Walzer 1992: 160).

Der Politisierung von Ethnizität in Gestalt korporatistischer Ordnungskonzepte und separatistischer Bewegungen ist Element eines Prozesses gesellschaftlicher Veränderungen in den USA, in dessen Verlauf ethnische Minoritäten an politischer Macht gewonnen haben und nunmehr mit den Methoden der politischen Konkurrenz versuchen, der Monopolisierung von kollektiven Gütern durch eigene Strategien der Usurpation zu begegnen. Sie verwenden dabei *politisch mobilisierungsfähige* Konzepte von Ethnizität, die die Grenzziehungen ethnischer Zugehörigkeit selbst folgenreich ändern. Es ist dieser Vorgang der Entstehung einer „politischen Ethnizität", der hier in seinen Ursachen und Konsequenzen am Beispiel der USA untersucht werden soll. Ihm liegen Prozesse der „Konflikttransformation" (vgl. Nedelmann 1986) zugrunde, die Wertkonflikte in Interessengegensätze überführen und kulturellen Dissens in politische Konkurrenz verwandeln.

Die Analyse der Transformation ethnischer Konflikte in den USA setzt voraus, sich über das Scheitern des Konzeptes ethnischer Assimilation Rechenschaft abzulegen, das diese Transformationen erst ausgelöst hat. Dies wird Gegenstand des ersten Schrittes der folgenden Darstellung sein (I). Anschließend werden in Diskussion zweier maßgeblicher Erklärungsansätze für die anhaltende ethnische Segregation die theoretischen Argumente dafür benannt, warum entgegen kulturtheoretischer und sozialstruktureller Analysen ethnischer Konflikte eine Theorie der politischen Aushandlung ethnischer Grenzziehungen an Bedeutung gewinnt (II). Erprobt wird diese politische Theorie von Ethnizität durch eine Analyse der gegenwärtigen Formen des politischen „framing" (Snow et al. 1986) von Ethnizität in den Vereinigten Staaten, das durch die praktische Wirksamkeit „panethnischer" Kategorien gekennzeichnet ist (III). Eine Untersuchung der inneren Konstruktionsprinzipien dieser panethnischen Kategorien ergibt, daß sie durch die politischen Erfordernisse einer sozialen Konkurrenz um Rechte und Ressourcen veranlaßt worden sind. Analytisch läßt sich „politische Ethnizität" als Ausdruck einer Politik wechselseitiger ethnischer Schließungsversuche erfassen, womit die Transformation ethnischer Konflikte in den Rahmen einer umfassenderen Theorie der politischen Strukturierung sozialer Ordnung gestellt wird (IV). Zum Schluß sollen einige Dilemmata aufgezeigt werden, die die ethnische Mobilisierung politischer Interessen für die demokratische Entwicklung in multiethnischen Gesellschaften hat (V).

*I. Das Scheitern der Assimilation und die Auflösung der Fremdheit*

Von allen Zweigen der amerikanischen Sozialforschung hat die Untersuchung ethnischer Beziehungen in der *urban sociology* bis auf den heutigen Tag die größte Bedeutung gehabt. Ihr Begründer, Robert E. Park, der sich Chicago zum Präzedenzfall nahm, faßte sein Studium der Einwanderung in jener optimistischen Voraussage zusammen, die später als *melting pot* berühmt werden sollte. Diese Vision von der Integrationskraft der amerikanischen Gesellschaft ging einmal von dem evolutionären Modell einer zunehmenden Assimilation der Rassen und Ethnien aus. Formuliert in einer Zeit, in der zwischen 1900 und 1930 die Bevölkerung Chicagos pro Dekade jeweils um eine halbe Million Menschen wuchs, nahmen Autoren der Chicago School wie Robert E. Park und Ernest Watson Burgess an, daß es typischerweise der vier Stufen von Kontakt, Konkurrenz, Anpassung und Assimilation bedürfe, um zu einer Integration der ethnischen Gruppen zu gelangen (Park und Burgess 1921; Park 1928).

Zwei Erfahrungen der amerikanischen Gesellschaft haben diese Hoffnung zunichte gemacht: Zum einen ist die Theorie der kulturellen Assimilation offensichtlich nur auf Gruppen von Menschen anwendbar, die aus eigenem Antrieb ein fremdes Land betreten haben. Jene schwarzen Amerikaner, die die Nachfahren afrikanischer Sklaven sind, sind bis heute die am stärksten benachteiligte und pauperisierte Gruppe der USA. So lebten 1990 fast 32 Prozent aller Schwarzen unterhalb der Armutsgrenze (vgl. Hacker 1992: 93ff.). Sie stellen damit vor allen anderen Minderheiten die noch immer am stärksten von Armut gezeichnete Ethnie dar.

Zum zweiten ist anhand der Daten zum Heiratsverhalten (Mare und Winship 1991), zur räumlichen Segregation (Massey und Denton 1993) sowie zur Einkommens- und Beschäftigungsstruktur (U.S. Department of Labor 1992) festzustellen, daß der Prozeß einer zunehmenden Assimilation in die amerikanische Gesellschaft auf den Kreis jener europäischen Ethnien beschränkt blieb, die mit der zweiten großen Einwanderung um die Jahrhundertwende auf den neuen Kontinent kamen. Jenseits davon fand und findet keine wechselseitige Angleichung statt. Vielmehr erleben die USA im Zuge einer dritten Immigrationswelle von durchschnittlich 600.000 Einwanderern pro Jahr, die seit den siebziger Jahren vor allem aus Asien und Lateinamerika stammen (vgl. Lash und Urry 1994: 172), eine erneute Ethnisierung der Gesellschaft. Sie formiert sich entlang der Groblinien weiß, asiatisch, indianisch, hispanisch und schwarz in politischen Bewegungen (etwa der „Nation of Islam" des schwarzen Antisemiten Louis Farrakhan), verlangt kulturelle Autonomie (z.B. als Forderung nach Spanisch als zweiter Landessprache) und hat schließlich sozial zu einer Vervielfältigung interethnischer Konflikte geführt, deren Fanale in den achtziger und neunziger Jahren die Aufstände von Miami und Los Angeles waren.

Die klassische Theorie der kulturellen Assimilation ist im Verlauf dieser Entwicklung in zwei Schritten dekonstruiert worden. Zunächst führte Milton Gordon (1964) die Unterscheidung von kultureller und struktureller Assimilation ein, um auf diese Weise Prozesse der kulturellen Anpassung oder Akkulturation von jenen der sozialstrukturellen Desintegration unterscheiden zu können. Hiermit wurde eine bis heute in den USA anhaltende Debatte darüber eröffnet, ob die Ursachen des offensichtlichen Scheiterns einer ethnischen Integration in den Eigenheiten der kulturellen Orientierungen bestimmter ethnischer Gruppen zu sehen sind oder in ökonomischen Zwängen, die einen sozialen Aufstieg dieser Gruppen nicht zugelassen haben, welcher als Voraussetzung für eine erfolgreiche Assimilierung gelten kann.

Die beiden Erklärungskonzepte, die sich in diesem Zusammenhang gegenüberstehen, gehen zum einen auf die Theorie der „culture of poverty" von Oscar Lewis (1961, 1968) zurück. Hiernach reproduzieren die Subkulturen der armen Einwanderer in sich selbst kulturelle Werte, die wenig geeignet sind für die Ausbildung jenes individualistischen und kompetitiven Persönlichkeitstypus, der für einen Erfolg in der amerikanischen Leistungsgesellschaft erforderlich ist. Lewis studierte dies am Beispiel lateinamerikanischer Armutsgebiete, in denen seiner Beobachtung nach ein Muster abgesenkter Ambitionen und kurzfristiger Handlungsorientierungen von einer Generation auf die nächste übertragen wird, so daß eine Arbeitsethik sich nicht herausbilden kann.

Den sozialwissenschaftlichen Gegenpol hierzu bildet jene sozialstrukturell argumentierende Forschungsrichtung, die sich am wahrscheinlich berühmtesten Buch der amerikanischen *urban sociology* in den letzten Jahren orientiert, der Untersuchung „The Truly Disadvantaged" von William Julius Wilson (1987). Wilson versucht darin zu zeigen, daß es erst die Veränderung des Arbeitsmarktes im Zuge einer zunehmenden Tertiärisierung der amerikanischen Wirtschaft gewesen ist, die zu einer Blockade der Integration ethnischer

Gruppen und zu einer fortwährenden Reproduktion der Ghettos der innerstädtischen Unterklasse geführt hat. Danach haben vor allem jene African-Americans, die nach dem Zweiten Weltkrieg aus dem ländlichen Süden der USA in die Industriegebiete des Nordostens gewandert sind, mittlerweile jene Blue-Collar-Jobs verloren, die einen Aufstieg aus der Armut erhoffen ließen. Für den High-Tech-Sektor zu gering qualifiziert, stellen die *ghetto poor* das geeignete Reservoir für die unqualifizierte Arbeit dar, die der eminent gewachsene Dienstleistungssektor der Unterklasse noch anbieten kann. Auch hat es eine Verlagerung der amerikanischen Industrie aus den Städten heraus in die weiteren *suburbs* gegeben, in denen gegen einen massiven Zuzug von ethnischen Gruppen aber ökonomische und soziale Schranken errichtet sind. So verbleibt in den innerstädtischen Wohngebieten der Armen eine zunehmend homogen werdende Masse arbeitsloser und unterbezahlter Menschen, die für die nachwachsende Jugend kein Rollenmodell sozialer Aspirationen mehr hat.

Wilson zufolge sind es also keine vorgängig schon eingelebten Kulturmuster, die für die Reproduktion ethnischer Unterklassen verantwortlich sind. Vielmehr habe sich – und zwar im Grunde quer zu Rasse und ethnischer Zugehörigkeit – die ökonomische Chancenstruktur für die am geringsten ausgebildeten Teile der amerikanischen Gesellschaft derart dramatisch verschlechtert, daß die Wertmuster des amerikanischen Lebensstils an gemeinschaftlicher Geltung verloren. Somit liegt bei den *ghetto poor* kein „cultural lag" hinsichtlich der amerikanischen Werte vor, sondern allenfalls eine kulturelle Adaption des Wandels der eigenen Existenzbedingungen.

Tatsächlich können sich die Vertreter der sozialstrukturellen Erklärungsrichtung auf eine Vielzahl von Daten berufen, die davon Zeugnis ablegen, daß die Wertmuster des amerikanischen Traums – Familie, Aufstieg, community – geradezu in einem steigenden Maße von außereuropäischen Ethnien geteilt werden (McClosky und Zaller 1984). Qualitative Studien dokumentieren, daß auch noch die Anomie in den schwarzen Ghettos der Gegenwart nicht einen fundamentalen Wertedissens zur moralischen Grundlage hat, sondern einen Entzug der sozialen Bedingungen, unter denen die allgemein vorherrschenden Werte realisierbar erscheinen (vgl. Anderson 1990). Selbst die männliche schwarze Jugend – *die* Krisengruppe der amerikanischen Gesellschaft überhaupt – kann nicht als kulturell vollständig desintegriert gelten. Zwar hat hier – am populärsten ausgedrückt in der Musik von HipHop und Rap – jede Form kultureller Anpassung an die Stereotypen weißen Verhaltens alle soziale Wertschätzung verloren, doch ist es umgekehrt der *black culture* in erheblichem Maße gelungen, ihrerseits auf die Kulturstile der amerikanischen Gesellschaft insgesamt Einfluß zu nehmen.[1]

Jene Theorien der „culture of poverty", die die kulturelle Fremdheit von ethnischen Minderheiten gegenüber den Wertmustern und Lebensstilen der westlichen Konkurrenzgesellschaft betonen, scheinen also wenig erklärungsfähig für das Phänomen anhaltender ethnischer Segregation zu sein. Jedenfalls in unserer Gegenwart weisen ethnische Gruppen, nachdem sie eingewandert sind und eine Generationenfolge durchlaufen haben, kaum mehr eine *grundlegende* Distanz zur dominanten Kultur auf, die sich nach dem Zweiten Weltkrieg durch Medien, Konsum und Mobilität sowieso zunehmend globalisiert hat und

---

1 Zur Inkorporation der *black culture* in die amerikanische Massenkultur am Beispiel von Los Angeles vgl. Davis (1990); mit Bezug auf die in dieser Hinsicht bedeutendste kulturelle Praktik, die populäre Musik, vgl. Diederichsen (1993).

zu einem Feld gemeinsamer Praktiken wurde. Ethnische Differenzierungen innerhalb der Kultur der Vereinigten Staaten sind heute mehr als Variationen zu begreifen denn als völlig gegensätzliche Modelle.

Andererseits kann aber auch der sozialstrukturelle Ansatz von Wilson, der Ende der siebziger Jahre sogar von einer abnehmenden Bedeutung von Rasse für die soziale Plazierung sprach (1978), nicht verständlich machen, warum dann Rasse und Ethnizität die wichtigsten Organisationsmerkmale der amerikanischen Gesellschaft blieben und sich nicht etwa gegen andere – ethnisch neutrale – ausgetauscht haben. So hat – um nur ein Argument von Wilson aufzunehmen – die massenhafte Migration von Schwarzen in die nordöstlichen Städte der USA keineswegs eine Abschwächung der Segregation zur Folge gehabt, sondern eine Rekonstruktion ethnischer Grenzen in Schulen, Arbeit und Nachbarschaften (Lemann 1991). So ist schließlich unter den Immigranten der letzten dreißig Jahre und deren Kindern die Tendenz zur ausschließlich ethnischen Selbstidentifizierung inzwischen so übermächtig geworden, daß sich die „New York Times", als sie über entsprechende Forschungsergebnisse berichtete, die Schlagzeile gab: „Ein leidenschaftliches ‚Nein' zur Assimilation in Amerika" (Sontag 1993). Übrigens geht dieses ‚Nein' bei den untersuchten lateinamerikanischen und asiatischen Jugendlichen nicht im geringsten mit einer Ablehnung der englischen Sprache einher, die sie mit überwältigender Mehrheit bevorzugen, weil sie an der amerikanischen Kultur teilhaben wollen. In dieser Kultur allerdings möchten sie als Angehörige ethnischer Gruppen deutlich identifizierbar bleiben.

## *II. Die politische Konstruktion von Ethnizität*

Weder die These von der Persistenz gleichsam primordialer Formen kultureller Fremdheit noch jene von der ethnischen Einebnung durch sozialstrukturellen Wandel kann den heutigen Prozeß einer Re-Ethnisierung der amerikanischen Gesellschaft erklären. Als dritter Schritt einer Dekonstruktion der klassischen Assimilationstheorien empfiehlt es sich daher, auf die selbsterzeugten sozialen Konstruktionen von Ethnizität zu achten, mit anderen Worten: auf die *ausgehandelten* ethnischen Grenzziehungen, die heute nicht von kulturellen Fremdheitserfahrungen und auch nicht direkt durch das Wirken ökonomischer Zwänge verursacht sind, sondern durch *politische Konkurrenz* um materielle Ressourcen und staatsbürgerliche Rechte (vgl. auch Neckel 1994).

Ich nehme damit eine analytische Perspektive ein, wie sie in der Nationalismusforschung Benedict Anderson (1983) und in den Theorien ethnischer Konflikte Fredrik Barth (1969) begründet haben.[2] Ethnische Zugehörigkeiten sind danach interpretationsoffene Kategorien sozialer Zuschreibungen, an deren Konstruktion ethnische Gruppen selbst sowie Dritte nach Stärke ihrer jeweiligen Definitionsmacht beteiligt sind. Die Ethnizität einer Gruppe besteht dann nicht gleichsam naturalistisch aus dem Inhalt bestimmter kultureller Praktiken an sich, sondern aus der Form des Verhältnisses, das diese Praktiken zu jenen anderer haben. „The ethnic boundary ... defines the group, not the cultural stuff that it encloses" (Barth 1969: 15). Der „cultural stuff" (wie Sprache, Religion, Lebensgewohnheiten, hi-

---

2 Zur kreativen Anwendung dieses Konzeptes vgl. Nagel (1994); zur kritischen Diskussion vgl. zuletzt Jenkins (1994).

storische Überlieferung) stellt einzig das Material dar, mit dem der permanente Aushandlungsprozeß ethnischer Zugehörigkeit auf individueller und kollektiver Ebene operiert (vgl. auch Nagel 1994). Einen ethnischen Indikationswert erhalten kulturelle Praktiken jedoch nur im Verhältnis zu denen jeweiliger Bezugsgruppen. Folglich können sich ethnische Selbst- und Fremddefinitionen mit sich ändernden Bezugsgruppen selber verändern. Frederik Barth zufolge ist Ethnizität nicht schon immer gegeben, sie wird vielmehr erst in sozialen Interaktionen erzeugt, in denen durch Selbst- und Fremdbilder kategoriale Abgrenzungen zwischen verschiedenen Gruppen von Menschen hergestellt werden. Diese Grenzziehungen aber sind wechselhaft, dem gesellschaftlichen Wandel unterworfen. Ihre Bewertungen stehen dem sozialen Deutungskampf offen.

Aufschlußreich ist, daß die konstruktivistischen Theorien der Ethnizität in Untersuchungen über ethnische Konflikte entwickelt worden sind, die sich im Zuge politischer Prozesse wie Nationenbildung (vgl. Calhoun 1993) und Demokratisierung (Horowitz 1985) in multiethnischen Gesellschaften eingestellt haben. Für die Konstruktionsprozesse von Ethnizität, die nach Barth durch Relationierung jeweils relevanter Bezugsgruppen vonstatten gehen, scheinen politische Konkurrenzverhältnisse besonders gute Ansatzpunkte zu bieten. Nationenbildung setzt Themen auf die politische Agenda, die der Verteilungsgerechtigkeit kollektiver Güter und der Gleichheit von Rechten eine besondere Bedeutung für die gesellschaftliche Integration unterschiedlicher Ethnien verschaffen. Demokratisierung stellt politische Bedingungen interethnischer Beziehungen her, die durch ein abgesenktes Repressionsniveau politischer Herrschaft gekennzeichnet sind. Demokratisierung kann daher als struktureller Anreiz für ethnische Mobilisierungen wirken.

Ethnische Mobilisierungen jedoch gehorchen eigenen Gesetzen, die sich nicht umstandslos aus kulturellen Traditionen speisen, sondern den politischen Zwecksetzungen der Mobilisierung geschuldet sind. Aus Gründen der Koalitionsbildung, der Organisations- und Konfliktfähigkeit müssen tradierte Muster ethnischer Zugehörigkeit dynamisiert und zu neuen Mustern umgearbeitet werden. Hierbei kommt – wie jüngst noch einmal die nationalistische Verwandlung jugoslawischer Intellektueller bewiesen hat (vgl. Janigro 1992) – der Definitionsmacht gesellschaftlicher Eliten eine erhebliche Bedeutung zu. Machtchancen – auch dies ist am Beispiel der gegenwärtigen Kriege im Balkan aufgezeigt worden (vgl. Elwert 1992) – spielen für die politischen Gruppierungsprozesse von Ethnizität eine weitaus wichtigere Rolle als kulturelle Traditionen, die eher den politischen Konfliktlinien „nacherfunden" werden. Ethnische Narrationen sind dabei zur politischen Formierung besonders geeignet, weil sie einen „Gemeinsamkeitsglauben" erzeugen, der der „politischen Vergemeinschaftung fördernd entgegenkommt" (Weber 1980: 237).

Die konstruktivistische Theorie von Ethnizität – dies sei gegenüber manchen ihrer Versionen betont, die ein Substrat von „Konstruktionen" nicht kennen – hat in sich selbst einen politischen Kern. Auffindbar ist er in der politischen Relationierung ethnischer Bezugsgruppen, die innerhalb eines Gemeinwesens um Rechte und Ressourcen konkurrieren. Damit verspricht eine politische Theorie von Ethnizität auch Aufschluß darüber geben zu können, was die ethnische Mobilisierung in einer Gesellschaft wie den USA zu begründen vermag, deren ethnische Beziehungen sich im Verlauf eines langen politischen Prozesses schließlich mühselig demokratisiert haben.

## III. Die Entstehung panethnischer Kategorien in den Vereinigten Staaten

Evidenz gewinnt die konstruktivistische Sichtweise allein schon, wenn man sich die ethnischen Kategorien ansieht, an denen sich heute die amerikanische Gesellschaft orientiert. Das wesentlichste Merkmal dieser ethnischen Selbstdefinitionen dürfte wohl sein, daß ihr im strengen Sinne alle ethnischen Inhalte fehlen. Nur ein unverbesserlicher europäischer Ethnozentrist wird etwa annehmen können, daß es unter Chinesen, Koreanern und Vietnamesen keine gravierenden ethnischen Unterschiede gibt. Und doch figurieren sie in der öffentlichen Selbst- und Fremdbezeichnung unter dem Begriff der „Asian Americans", vor allem dann, wenn die Unterscheidung von nicht-asiatischen Gruppen von Wichtigkeit ist. Gleiches gilt für die 547 Stämme der „Native Americans" zwischen Alaska und New Mexico, das weite Spektrum der „Hispanics" und die „African Americans", die unter sich zwischen den in den USA geborenen Schwarzen und den Nachkommen karibischer und afrikanischer Einwanderer unterscheiden.[3]

Wir können hier einen Wandel in den Kategorien der Selbstidentifizierung erkennen, dessen Anfang schon Robert E. Park (1955: 157ff.) beobachten konnte, als er bemerkte, daß das Leben von Immigranten in den ethnischen Enklaven der amerikanischen Städte den heimischen Provinzialismus der Einwanderer aufgelöst habe, um Platz für ein Nationalgefühl in der Fremde zu machen. So sind Park zufolge etwa Württemberger und Westfalen erst in Amerika Deutsche geworden, als sie hier plötzlich auf Iren, Polen und Italiener trafen. Die *panethnischen* Identifikationen, die im Amerika der Gegenwart für die ethnischen Grenzziehungen am bedeutendsten sind, legen Zeugnis einer weiteren Stufe der Entprovinzialisierung ab, benennen sie doch schon nicht mehr das Land, sondern nurmehr den Kontinent der eigenen Herkunft als maßgeblich für die ethnische Selbst- und Fremdidentifizierung. Als Katalysator der ansteigenden Abstraktheit ethnischer Selbstdefinitionen kommt hierbei den amerikanischen Städten in all ihrer Dichte und multiethnischen Diversität eine eigenständige Bedeutung zu. Die amerikanischen Städte verändern die Relevanzkriterien in der Identifizierung ethnischer Bezugsgruppen: Heute mehr denn je zu globalen Zentren geworden, werden in ihnen feinere ethnische Differenzen einfach zerrieben.

Öffentlich wirksam werden die panethnischen Identifikationen auch in der urbanen Lebenswelt jedoch nur, weil sie mittlerweile eine Bedeutung für die gesamte politische Sphäre der USA erlangt haben. Indikatoren hierfür sind etwa neuartige politische Organisationen, die die *umbrella terms* panethnischer Kategorien benutzen, von der „Asian Women United" bis zum „National Council of African American Men".[4] Diese panethnischen Organisationsbildungen tragen der Tatsache Rechnung, daß die Regeln der politischen Repräsentation und Ressourcenverteilung in den Vereinigten Staaten sich selbst nach Maßgabe panethnischer Kategorien verändert haben. Die Zusammensetzung von

---

3 Insgesamt wird die Anzahl von „ethnic groups" in den Vereinigten Staaten am Anfang der 90er Jahre auf 106 beziffert, die in viele Teilgruppen differenziert sind; vgl. Thernstorm (1990); Buenker und Ratner (1992).

4 Zur Entstehung und Bedeutung panethnischer Kategorien und Organisationen in der heutigen Politik der USA vgl. Padilla (1985); Gimenez et al. (1992); Espiritu (1992); Nagel (1994).

Juries und Geschworenengerichten, die Repräsentanz ethnischer Gruppen in politischen Gremien, committees und boards auf lokaler wie nationaler Ebene, die Verteilung staatlicher Ressourcen und der Zugang zu öffentlichen Einrichtungen, die Inhalte von Antidiskriminierungsvorschriften und Minderheitsschutzgesetzen – für all diese Fragen der Verteilung politischer Macht und staatlicher Ressourcen sind heute ethnizitätsbezogene Regeln entweder schon vorhanden oder sie werden im Zuge eines allgemeinen Definitionskampfes um die Maßstäbe von Gerechtigkeit und Fairneß von panethnischen Bewegungen heftig gefordert.

Das umkämpfte Terrain ethnizitätsbezogener Gerechtigkeitsnormen dokumentiert, daß der amerikanische Staat die interethnischen Beziehungen heute in weitaus stärkerem Maße zu regulieren versucht, als dies noch in der Nachkriegsgeschichte der USA der Fall gewesen ist. Ursache hierfür ist der politische Erfolg ethnischer Minderheiten im Kampf gegen ihre Diskriminierung, den maßgeblich die schwarze Bürgerrechtsbewegung der fünfziger und sechziger Jahre begründet hat (vgl. im folgenden Sitkoff 1981; Bloom 1987). Im Zuge dieser Entwicklung wurden zunächst die legale Apartheid abgeschafft sowie jene gesetzlich gedeckten Formen der Diskriminierung verbannt, die von der Einschränkung des Wahlrechts bis zur rassistischen Reglementierung des Alltagsverhaltens reichten.[5] Mitte der sechziger Jahre weiteten sich die staatlichen Interventionen zugunsten ethnischer Minoritäten auch auf gesellschaftliche Bereiche aus, die bisher keine direkte politische Regulation erfahren hatten. Das *Fair Housing Act* (1968) sollte der rassischen Diskriminierung auf dem Wohnungs- und Häusermarkt vorbeugen, das *Economic Opportunity Act* (1964) diente der Gleichberechtigung auf dem Arbeitsmarkt. Im Gefolge dieser Gesetzgebung initiierte die Bundesregierung seit 1965 Programme der *affirmative action*, die zum ersten Mal eine *aktive* Förderung der Lebenschancen von ethnischen Minderheiten vorsahen und – als ausgleichende Gerechtigkeit für die historisch erfahrene Diskriminierung – einen bevorzugten Zugang von Angehörigen ethnischer Minoritäten zu öffentlichen Institutionen und Bildungseinrichtungen ermöglichen sollten (zur Geschichte der „affirmative action" vgl. Jencks 1992).

Insgesamt durchlief der Kampf gegen die ethnische Diskriminierung in den USA eine Entwicklung, in der zunächst institutionelle „Abwehrrechte" gegen Benachteiligungen durchgesetzt werden konnten, die langsam zu „positiven Rechten" an der Verwirklichung von Lebenschancen ausgebaut wurden. Selbst schon Ausdruck erfolgreicher sozialer Kämpfe, bildeten die errungenen institutionellen Sicherungen ethnischer Gleichberechtigung den Ausgangspunkt einer erneuten ethnischen Mobilisierung, die sich im gleichen Maße die *Gleichwertigkeit* gleicher Rechte zum Ziel nahm, wie es zum Erfahrungsbestand ethnischer Minoritäten gehörte, trotz der Durchsetzung juristischer Gleichheit eine anhaltende soziale Mißachtung in Kauf nehmen zu müssen.

Die politischen Konstruktionen von Ethnizität veränderten sich im Verlauf dieses Prozesses erheblich. Ursprünglich ganz vom Ziel der Gleichberechtigung und der gemeinsamen Integration aller ethnischen Minderheiten getragen – ausgedrückt etwa im Namen der

---

5 Meilensteine dieses Erfolgs der Bürgerrechtsbewegung waren die Aufhebung aller Gesetze über die legale Rassentrennung an öffentlichen Schulen (1954), die *Civil Rights Act* von 1957, die die Verwirklichung des Wahlrechtes betraf, und die Bürgerrechtsgesetze von 1964/65, die erstmals verbindliche bundesstaatliche Maßnahmen zur Unterbindung aller Formen rassischer Benachteiligung vorsahen.

ältesten Bürgerrechtsorganisation, der „National Association for the Advancement of Colored People" – stellte sich schon am Ende der sechziger Jahre eine Hinwendung zum ethnischen Separatismus und politischen Nationalismus ein (vgl. Newman et al. 1978). Enttäuscht darüber, daß die rechtliche Gleichstellung die soziale Verelendung von Schwarzen vor allem im Nordosten des Landes nicht eingedämmt hatte, und zusätzlich radikalisiert durch den „white backlash" rassistischer Gewalt, entstand in Gestalt der Black Muslim-Bewegung die erste ethnische Organisation, die eine separatistische Ideologie zur politischen Programmatik erhob. Später auch von der indianischen Minderheit aufgenommen, verstärkte sich der separatistische Trend im Zuge der neuen Einwanderungswelle, die die USA seit Ende des Vietnam-Krieges erreichte. Die Flüchtlinge und Migranten aus Südostasien und Lateinamerika trugen kaum mehr zum Bestand multiethnischer Minoritätenorganisationen bei, sondern bildeten eigene Gruppierungen, die zunächst die nationale, dann die kontinentale Herkunft zum Prinzip ihrer Organisierung nahmen (vgl. Omi und Winant 1986).

Die gemeinsamen Organisationsformen ethnischer Minderheiten in den USA waren in Zeiten dominant, in denen sich das Ziel juristischer Gleichberechtigung für alle gleichermaßen stellte und die Anzahl neu hinzukommender Migranten relativ begrenzt war. In dem Maße jedoch, wie große Einwanderergruppen in schneller Folge auf die schon anwesenden ethnischen Minderheiten trafen und sich die politischen Ziele von der Gleichheit der Rechte zu deren sozialer Gleichwertigkeit verschoben, bildeten sich Organisationen heraus, die die qualitative Unterschiedlichkeit ethnischer Gruppen betonten.

Die Strategie panethnischer Organisation wurde hierbei wesentlich durch Anreize motiviert, die nunmehr von der staatlichen Regulationsweise ethnischer Beziehungen in den USA selbst ausgingen. Die wichtigsten Faktoren waren die Immigrationspolitik, die Bedeutung staatlicher Census-Daten, veränderte politische Bedingungen ethnischer Koalitionsbildungen sowie die Implementierung von Wohlfahrtsprogrammen:

a) So ist seit der *Immigration Act* von 1965 das System nationaler Quoten für die Zulassung von Einwanderung durch kontinentale Klassifikationen ersetzt worden. Alle damit einhergehenden Konflikte zwischen den verschiedenen ethnischen Gruppen, die sich u.a. an der „Kontingentierung" und der Zulässigkeit des Familiennachzuges entzünden, haben damit von vornherein panethnische Bezugspunkte erhalten.

b) Ebenfalls panethnisch strukturiert sind die Kategorien der Bevölkerungsstatistik, mit denen seit 1980 das *U.S. Bureau of Census* arbeitet (vgl. Lee 1993). Im Wechsel gegen nationale und rassische Kriterien wurden die vorher unbedeutenden kontinentalen Klassifikationen als institutionelle Grenzmarken der Ethnien politisch etabliert. Dies trieb nicht nur den Wandel ethnischer Selbstdefinitionen voran, sondern trug vor allem dazu bei, eine Mobilisierung entlang dieser panethnischen Kategorien politisch sinnvoll zu machen. „Numbers are an indicator of whose country it is" (Horowitz 1985: 194) – Censusdaten beeinflussen die Allokation staatlicher Ressourcen und die Verteilung politischer Macht. Die Veränderung in der Bevölkerungszählung löste daher einen ethnischen Mobilisierungsschub aus und führte zur Organisierung panethnischer Gruppen, die sich durch die neue Datengrundlage Vorteile versprachen oder Nachteile zu befürchten hatten. Gerade kleinere ethnische Gruppen nahmen den Census zum Anlaß verstärkter Aktivitäten, um voraussehbaren Benachteiligungen zu entgehen, und dies nicht ohne Erfolg. So dokumentierte der U.S. Census von 1990 bei den „Native Americans" einen Anstieg der entsprechenden Selbstidentifizierung, der weder durch Geburten noch Zuwanderung erklärbar war, seinen Grund aber in den speziellen Vergünstigungen finden dürfte, die mit diesem ethnischen Status bei der Zuweisung staatlicher Mittel verbunden sind (vgl. Nagel 1994: 160f.). Weil sie eine panethnische Indifferenz der asiatischen Ethnien antizipierten, führten auch die Organisationen der „Asian Americans" innerhalb der eigenen Nationalitätengruppen eine öffentliche Kampagne durch, bei der sie für die „richtige" Selbstethnisierung, d.h. die kontinentale Bezeichnung warben (vgl. Lee 1993).

c) Die nach panethnischen Kategorien geordneten Daten des U.S. Census von 1990 stellten auch die Kriterien dar, nach denen die Wahlbezirke für den amerikanischen Kongreß verändert wurden (Lee 1993). Der politische Zuschnitt von *election districts* entlang ethnischer Grenzen ist lange Zeit eine bevorzugte Methode der weißen Mehrheit gewesen, den politischen Einfluß ethnischer Minoritäten zu begrenzen. Vor allem auf lokaler Ebene und in „umkämpften Gebieten" dienten hierzu auch ethnische Proporzsysteme, die in der Verteilung von Ressourcen und Macht solange zu Gunsten der weißen Mehrheit funktionierten, wie die ethnischen Minderheiten zur Koalitionsbildung kaum fähig oder bereit waren.[6] Die neuen panethnischen Relevanzen in der Politik der USA haben auch diese Situation verändert. Sie fördern Koalitionsbildungen von ethnischen Minoritäten, deren interne Differenzen sich angesichts der Notwendigkeit der Bildung von Großgruppen relativieren. Verstärkt werden Koalitionsbildungen noch durch Eigenheiten des amerikanischen politischen Systems, das in seinem Prinzip der „lokalen Demokratie" horizontal zwar bemerkenswert offen für die Artikulation von Bürgern ist, durch die gleichzeitige Dezentralisierung vertikaler Entscheidungsprozesse die Erfolgsaussichten politischer Bewegungen jedoch nachhaltig fragmentiert. Das institutionelle Strukturmerkmal amerikanischer Politik, „Artikulation ohne Aggregation" zu gewähren (vgl. Nedelmann 1995: 332f.), läßt panethnische Mobilisierung zu einer rationalen Strategie in der Erhöhung der Aggregationschancen gerade von Minderheitenforderungen werden. Vor allem Schwarze und Hispanics wählen heute nicht länger mehr selbstverständlich liberale Politiker der weißen Mittelklasse, sondern bevorzugen eigene Repräsentanten, wobei ethnische Koalitionen eine notwendige Voraussetzung für deren Erfolg sind (Windhoff-Héritier 1992: 34ff.). Die panethnische Mobilisierung der African Americans und der Hispanics hat dazu geführt, daß sich die politischen Vertretungen zu Gunsten der Minoritäten verändert haben. Im gleichen Maße jedoch ist auch die Ethnisierung der Politik, d.h. die Abhängigkeit politischer Entscheidungen von ethnischen Koalitionen und Gegensätzen, zu einem Problem innerhalb der Minoritäten geworden. Ethnische Patronage in der Politik („Stimmen gegen Jobs"), ein uraltes Prinzip der weißen Mehrheit der USA, belastet nun auch die ethnischen Minderheitenkoalitionen (vgl. Windhoff-Héritier 1992: 91ff.) und verlegt die Sprengsätze interethnischer Konkurrenz mitten in die Bündnisse der Minoritäten hinein.

d) Strukturelle Anreize zur ethnischen Selbstidentifizierung entlang panethnischer Kategorien enthalten schließlich auch die Programme der *affirmative action,* die seit der Regierungszeit Lyndon B. Johnsons vom amerikanischen Staat initiiert worden sind. Generell

---

[6] Am Beispiel New Yorks werden diese Techniken politischer Schließung plastisch von Windhoff-Héritier (1992) beschrieben.

kann festgestellt werden, daß die Entwicklung staatlicher Wohlfahrtsprogramme und der Zuwachs ethnischer Mobilisierung in den Vereinigten Staaten parallel verliefen (Roosens 1981). Dies hat seine Ursache in den wirtschaftlichen Veränderungen der USA seit Ende der sechziger Jahre, die die ökonomische Lage gerade der wenig Qualifizierten in der schwarzen Bevölkerung erheblich verschlechtert haben. *Affirmative action* dagegen bietet Gelegenheit, den Fährnissen des Marktes jedenfalls teilweise entgehen zu können, weil hier nicht Qualifikation, sondern das askriptive Merkmal ethnischer Zugehörigkeit entscheidend für die Wahrnehmung materieller Lebenschancen ist. Entsprechend sind die Kriterien ethnischer Zugehörigkeit zu einem wichtigen ökonomischen Faktor für die Minoritäten geworden. Staatliche Programme, designiert für bestimmte ethnische Großgruppen, haben in der Folge ebenso panethnische Selbstidentifikationen ausgelöst, wie sich die Demonstration eines panethnischen Selbstverständnisses als nützlich erweist, um der Benachteiligung kleinerer ethnischer Gruppen zu entgehen. So haben die Fallstudien von Padilla (1985) und Espiritu (1992) gezeigt, daß innerhalb der *ethnic communities* immer dann panethnische Identifikationen gewählt werden, wenn die Größe der für staatliche Hilfe kandidierenden Gruppe einen Vorteil in der Allokation von Ressourcen darstellen kann.

Vorgänge wie diese dokumentieren, daß es die Regeln politischer Institutionen und die Inhalte staatlicher Politik selbst sind, durch die politische Konstruktionen von Ethnizität hervorgebracht werden (vgl. Nagel 1986).[7] Dies trifft vor allem dann zu, wenn staatliche Institutionen und Ressourcen zum Unterpfand der Lebenschancen ethnischer Minderheiten werden. Das „framing" ethnischer Konstruktionen bezieht sich dann auf die günstigste Art und Weise, in die Verfügung dieser Ressourcen zu gelangen.

Demgegenüber stellt die *kulturelle* Konstruktion von Ethnizität keine hiervon getrennte Größe dar, sondern ist als Element der politischen Konstruktionsprozesse selbst zu begreifen. Deutlich wird dies etwa an den amerikanischen Universitäten, wo in den achtziger Jahren panethnische Curricula in Form spezieller Studienfächer etabliert wurden („African American Studies", „Asian Studies" etc.), die den Angehörigen ethnischer Minderheiten eigene Möglichkeiten akademischer Bildung und Karriere verschaffen. Begleitet von hef-

---

7 Damit wird nicht einer institutionalistischen Sichtweise das Wort geredet, wie sie etwa die philosophische Anthropologie Arnold Gehlens begründet hat, der Handlungen und Symbole bekanntlich durch Institutionen gesteuert sah. Vielmehr ist die politische Institutionalisierung von ethnischen Minderheitsregeln in den USA zu verstehen als eine ‚Verstetigung kollektiver Handlungserfolge sozialer Bewegungen' (vgl. Honneth 1985: 180ff.), die selbst erst die Institutionen geformt haben, an denen sich ihr Handeln nunmehr ausrichtet. Der hier dargestellte Fall einer kollektiven Orientierung an den (veränderten) Regeln politischer Institutionen stellt damit ein gutes Beispiel für die Richtigkeit einer soziologischen Perspektive der Wechselwirkung zwischen Handlungen und Institutionen dar, die in der zeitgenössischen Soziologie z.B. durch die Theorie der Strukturierung von Anthony Giddens vertreten wird (vgl. Giddens 1992: 67ff.). Kollektive Handlungen (hier: ethnische Mobilisierungen) strukturieren im Ergebnis sozialer Kämpfe den Gehalt politischer Institutionen (hier: z.B. affirmative action), deren Regeln und Ressourcen dann wieder den handlungsstrukturierenden Bezugspunkt nachfolgender Mobilisierungen (hier: panethnischer Bewegungen) bilden. Institutionen sind damit Ergebnis und Ausgangspunkt eines durch kollektives Handeln bewirkten sozialen Wandels zugleich.

tigen Debatten um „political correctness" und „multiculturalism",[8] hat die wissenschaftliche Konstruktion panethnischer Fächer – wie sie vor allem die Geschichtswissenschaft betreibt[9] – die Implementierung entsprechender Programme eher kulturell verstärkt als deren Ursache zu sein. Dabei ist den wissenschaftlichen Konstrukten panethnischer Identitäten eine kulturelle Trennschärfe ebensowenig eigen, wie die panethnischen Kategorien auch nur annähernd Auskunft geben können über den sozialen Status der ihnen subsumierten ethnischen Gruppen.[10] Die Re-Ethnisierung der Gesellschaft der Vereinigten Staaten, wie sie nach dem historischen Scheitern der Assimilation als Konkurrenz panethnischer Gruppierungen entstand, ist ein originär politischer Vorgang, dessen Logik im folgenden einer abschließenden Analyse unterzogen werden soll.

## IV. Die politische Logik panethnischer Mobilisierung

Legt man das innere Konstruktionsprinzip der panethnischen Kategorien frei, ergibt sich eine Antwort darauf, was gegenwärtig die Re-Ethnisierung der Vereinigten Staaten vorantreibt. Die ethnischen Minderheiten machen sich heute die Einsicht zunutze, daß in politischen Demokratien wie den USA das Gesetz des *Vorrangs der größeren Zahl* maßgeblich ist. Dieser Regel folgend, konstruieren sich ethnische Großgruppen in der Absicht, dadurch ihren politischen Einfluß zu verstärken.

Von einzelnen Angehörigen oder Teilgruppen einer panethnischen Kategorie kann dabei die eigene Ethnizität je nach Kontext mal tribal, mal national, mal kontinental definiert werden, was je kollektive Vorteile für die Wahrnehmung politischer und ökonomischer Interessen gewährt. Allerdings sind diesen symbolischen Strategien auch soziale Grenzen gesetzt, weil es eine gesellschaftliche Hierarchie in der Macht von Ethnien gibt, den öffentlichen Ausdruck ihrer Ethnizität zu entscheiden. Während die Angehörigen der untereinander stark assimilierten europäischen Ethnien die besten Möglichkeiten haben, selbst über ihre jeweiligen „ethnischen Optionen" (Waters 1990) zu verfügen, ist die Definitionsmacht der African Americans mit Sicherheit am geringsten. Aufgrund der rassistischen Traditionen der USA bleiben sie für Weiße oftmals einfach nur „schwarz". Hieran zeigt sich, daß die Spannweite ethnischer Definitionen symbolisch weder grenzenlos noch unbeeinflußt von sozialer Machtverteilung ist. Gerade in ihren modernsten Versionen tendieren sie dazu, rassische Merkmale als gleichsam letzte Materialität ethnischer Zuschreibungen zu betonen.

Gleichwohl eignen sich die panethnischen Klassifizierungen dazu, wechselnde ethnische Koalitionen und Gegnerschaften zu erlauben, je nach strategischem Vorteil, Konfliktpartner und politischem Thema. So ist die Beziehung zwischen Schwarzen und Juden, die bis in

---

8 Vgl. hierzu die – politisch gegensätzlichen – Stellungnahmen von D'Souza (1991); Berman (1992) sowie Hughes (1993).
9 Als Beispiele aus dem Bereich der „Asian American Literature" können hier etwa die Arbeiten von Takaki (1989) und Chan (1991) betrachtet werden.
10 Dies hat am Beispiel der Asian Americans, die weithin als erfolgreiche „Modell-Minorität" der USA gelten, kürzlich noch einmal ein Bericht der „New York Times" über einen entsprechenden Datenreport gezeigt, der auf die gravierenden Unterschiede in den Lebenslagen der asiatischen Ethnien in den USA aufmerksam machte, vgl. New York Times, 19. Mai 1994: 1, A 13 („Southeast Asians Highly Dependent on Welfare in U.S.").

die sechziger Jahre politisch verbündet waren, heute von Feindschaft bestimmt (McPherson 1992; West 1994), während das Verhältnis der black community zu den Hispanics viel von der vormaligen Spannung verlor. Die Hispanics wiederum sind in sich um die Gegensätze zwischen Mexikanern, Kubanern und Menschen aus Puerto Rico organisiert, treten nach außen hin aber dennoch als panethnische Einheit auf (Padilla 1985). Für sie und die schwarzen Amerikaner sind die Asiaten zu einem Objekt alltäglicher Aggressionen geworden, während Weiße mit Asiaten im Aufbau sicherer Nachbarschaften kooperieren, im Bildungssektor aber erbitterte Konkurrenten sind. Gegen die sozialen Exklusivitätsansprüche der weißen Mehrheit wird schließlich unter dem Begriff der „people of color" mobilisiert, der alle ethnischen Differenzen bis auf die eine hinfällig werden läßt.

Der soziale Sinn dieser wechselnden symbolischen Bezüge auf die eigene Ethnizität entschlüsselt sich, wenn man bedenkt, welche Zwecke hierdurch realisiert werden sollen. Diese sind einerseits dadurch bestimmt, der Ungleichheit und Diskriminierung zu begegnen, die die ethnischen Minderheiten insgesamt erleiden, aber auch eigene Vorteile in der interethnischen Konkurrenz zu erlangen, nachdem der Weg einer ethnisch neutralen Assimilierung sich für die meisten als gescheitert erwiesen hat. Nicht mehr die soziale Integration *jenseits* aller ethnischen Unterschiede wird nunmehr zur Forderung erhoben, sondern ein öffentlich verbürgter Anteil an Rechten und Ressourcen *je nach* Größe und Lebenslage der ethnischen Gruppe.

Bezugspunkt der panethnischen Strategien sind hierbei die Institutionen des Staates, weiter gefaßt: der öffentlichen Sphäre. In ihr ist zwischen Antidiskriminierungsgesetzen und *affirmative action*, zwischen Multikulturalismus und der weißen Furcht vor dem Ende der westlichen Zivilisation ein heftiger Kampf um Anrechte und Anteile entbrannt – von der geforderten Pflicht zur Multiethnizität aller Schulen bis zur Beschäftigungsgarantie ethnischer Minderheiten im öffentlichen Sektor, wie überhaupt im gesamten politisch kontrollierten Bereich der Ressourcenverteilung nach den Regeln der *Civil Rights Acts* von 1964.

Der Grund dieser Konzentration auf den Staat seitens der Minoritäten liegt nicht zuletzt in einem strukturellen Problem, dem sich jede individuelle Bemühung um Aufstieg und Integration ausgesetzt sieht. In dem Maße nämlich, wie in der amerikanischen Gesellschaft trotz des Grundsatzes rechtlicher Gleichheit der Rassismus nicht zu beseitigen ist, und gleichzeitig die Ökonomie zunehmend die Fähigkeit verliert, die Mittel für individuelle Subsistenz und soziale Mobilität bereitstellen zu können, müssen der Staat und die öffentlichen Institutionen zu zentralen Adressaten der ethnischen Minderheiten werden, ihre je kollektiven Interessen und Chancen zu wahren. Der Staat wird dadurch selbst zur Ressource, um deren Nutzung ein Kampf zwischen den verschiedenen Ethnien entbrennt.

In ihrem Druck auf die öffentliche Sphäre reagieren die ethnischen Minderheiten aber auch darauf, daß sich nach den Erfolgen der Bürgerrechtsbewegung ethnische Diskriminierungen in den Vereinigten Staaten von der juristischen Ebene auf die *informellen* Bereiche des Alltags verlegt haben (vgl. Feagin 1991). So sind fast drei Jahrzehnte nach der Verabschiedung des *Fair Housing Act* die Städte der USA heute ethnisch nicht weniger segregiert als in den sechziger Jahren, als die höchsten Gerichte jede Diskriminierung im Wohnungsbereich untersagten. Dies hat nicht mehr als die Veränderung der *Methoden* bewirkt, durch die ethnische Segregationen hergestellt werden: Umzug der weißen Mittelklasse in teure Nachbarschaften und Sicherung ihrer Umgebung durch das „block busting" in angrenzenden Wohnbezirken und lokale Vorschriften gegen „unerwünschte Nutzung" (vgl. Schwab 1982: 410ff.; Schneider-Sliwa 1994: 24f.).

Soziologisch lassen sich derartige Methoden der Diskriminierung als *soziale Schließungen* begreifen: Sie tragen zur „Hemmung der Ausbreitung von Gemeinschaften" (Weber 1980: 203) bei. Doch auch die minoritäre Gegenseite macht von Schließungen Gebrauch. In Erwiderung sozialer Ausschlüsse praktizieren die ethnischen Minderheiten Methoden der Gegenwehr, die selbst wiederum als Schließungen fungieren. Frank Parkin (1983) hat in Erweiterung der Weberschen Theorie die „monopolistische Exklusion", die von privilegierten Gruppen zur Sicherung ihrer Vorteile angewandt wird, von der „solidaristischen Usurpation" seitens untergeordneter Kollektive unterschieden. Deren Aktionen richten sich auf jene Ressourcen, die sich Privilegierte zuvor monopolistisch aneignen konnten. Die Strategien der weißen Mehrheit, ihre sozialen Privilegien trotz rechtlicher Gleichheit von Minderheiten zu konservieren, folgen ganz dem Muster „exklusiver" Schließungen. Sie sind in den letzten Jahrzehnten wieder zunehmend ethnisch geworden, nachdem Weiße *affirmative action* als gleichsam negativen Anreiz zur eigenen Selbstethnisierung wahrnehmen und sich bei ihnen ein panethnisch-europäisches Selbstbewußtsein eingestellt hat, das seine Vormachtstellung durch die politischen Erfolge ethnischer Minoritäten bedroht sieht (vgl. Gamson und Modigliani 1987).

Die ethnischen Grenzziehungen hingegen, wie sie die Minoritäten der USA im Kampf für verbürgte Anteile und Anrechte politisch durchzusetzen versuchen, sind Ausdruck der „usurpatorischen" Strategie, öffentliche Ressourcen und Rechte in politisch geschützte Reservate zu überführen, die dort von der weißen Mehrheit nicht monopolisiert werden können. Die „politische Ethnizität" der panethnischen Mobilisierung ist Teil einer Politik wechselseitiger ethnischer Schließungsversuche, die die Gesellschaft der USA im ganzen kennzeichnet. Konstitutiv hierfür ist ein politisches Machtgefälle, das zwischen den europäischen und den außereuropäischen Ethnien unbeschadet ihrer rechtlichen Gleichheit fortexistiert.

Gleichheit von Rechten – dies hat die amerikanische Erfahrung gezeigt – ist kein Damm gegen heimliche Diskriminierung. Die Verallgemeinerung von Rechten und die sozialen Strategien der Herstellung von Ungleichheit verlaufen statt dessen nicht selten in gegensätzlichen Bewegungen. Alexis de Tocqueville berichtete dies über die USA bereits vor mehr als 150 Jahren: „So scheint in den Vereinigten Staaten das Vorurteil gegen die Neger in dem Grade zu wachsen, als sie aufhören, Sklaven zu sein, und die Ungleichheit setzt sich in dem Maße in den Sitten fest, als sie aus den Gesetzen verschwindet" (Tocqueville 1976: 399).

Durch öffentliche Mobilisierung versuchen die ethnischen Minderheiten, gegen derartige informelle Prozesse erneut formelle Schranken errichten zu lassen. Sie suchen den Konflikt in der politischen Sphäre, wozu es der Bildung von Kollektiven bedarf. Diesem Zweck entsprechend werden panethnische Kategorien entworfen, die sich hier als möglichst erfolgreich erweisen sollen. Das Regelwerk der politischen Sphäre überträgt sich dadurch auch auf die symbolische Konstruktion von Ethnizität – in all seinen Konsequenzen: Hierarchisierung konkurrierender Ansprüche, Wiederholung des Prinzips von Mehrheit und Minderheit in der Minderheit selbst, Bekräftigung ethnischer Differenz durch Abgrenzung nach außen – gleichsam eine eigene Version jener Doktrin von „separate but equal", die durch die schwarze Bürgerrechtsbewegung einst erfolgreich bekämpft werden konnte.

Die Politik wechselseitiger Schließungen endet nicht an der Grenze zur weißen Mehrheit, sondern setzt sich innerhalb der Minderheiten fort. Deutlich wird dies an den neuartigen Formen interethnischer Konkurrenz, deren deprimierendste Variante sicher der öffentliche Streit zwischen der *black community*, den „Native Americans" und den Mexikanern ist, welcher Gruppe von ihnen der Status zukommt, das zur ausgleichenden Gerechtigkeit am stärksten legitimierte Opfer der rassistischen Geschichte der USA zu sein. Die Schwarzen verweisen auf die zweihundertjährige Sklaverei, die „Native Americans" auf den Raub ihres Landes, den allerdings auch die Mexikaner hinsichtlich der südwestlichen Bundesstaaten der heutigen USA beklagen. Der Streit entfacht sich dann an der Frage nach der *Anciennität* des Opferstatus, der eine Bevorzugung in der Zuteilung von Ressourcen gegenüber anderen ethnischen Gruppen begründen soll.[11]

Welche Rolle der aktuelle *soziale Status* bei der Berechtigung für affirmative action zukommt, ist Gegenstand der Kontroverse, ob der materielle Erfolg z.B. einiger Asiaten diese als Kandidaten für unterstützende Maßnahmen ausscheiden läßt, obgleich sie Formen der sozialen Diskriminierung doch kaum weniger als andere ethnische Gruppen erfahren. Und schließlich ist strittig, ob angesichts einer allgemeinen Benachteiligung die *Hautfarbe* maßgeblich für besondere Anrechte ethnischer Gruppen sein soll oder aber deren *Geschichte*. Ersteres bezöge inklusive der karibischen, afrikanischen und mancher asiatischen Einwanderer alle dunkelhäutigen Bürger der USA ein; letzteres nur jene in den USA geborenen Schwarzen, die noch die Auswirkungen der legalen Apartheid zu erleiden hatten. Im Verlauf dieser Debatte ist die panethnische Bezeichnung „African American" schließlich selbst Gegenstand des Streites geworden (vgl. Davis 1991). Jene Farbigen, die nicht in den USA geboren sind, präferieren die Bezeichnungen „black" oder „colored", da sie in „African American" einen Akt der symbolischen Ausgrenzung betrachten.

### V. Jenseits des Partikularismus

Im Ergebnis dieser politischen Konstruktionen von Ethnizität entsteht das Dilemma, daß das Scheitern der sozialen Integration ethnischer Gruppen in den USA eine Dynamik der Selbstethnisierung unter ihnen entfacht hat, die nun von sich aus zur ethnischen Segregation der Vereinigten Staaten beiträgt. Im Zuge der Demokratisierung ethnischer Beziehungen in den USA sind tradierte ethnische Gemeinschaften zu politisch mobilisierungsfähigen panethnischen Gruppen transformiert worden, die im Kampf um Anteile und Anrechte neue Segregationen erzeugen. Diese beruhen nicht auf kultureller Fremdheit, sondern auf politischer Konkurrenz, und sie gründen nicht in primordialer Unterschiedlichkeit, sondern im politischen Konflikt um die Gleichheit von Lebenschancen.

Das politische Streben der ethnischen Minoritäten nach der Gleichwertigkeit gleicher

---

11 Daß derartige Argumentationen nicht akademischer Spitzfindigkeit entspringen, sondern eminent praktische Bedeutung in öffentlichen Diskursen haben, konnte von mir während einer Debatte des Schulkomitees einer öffentlichen Schule in Durham, North Carolina, beobachtet werden, bei der es um die historisch begründete Legitimation bestimmter ethnischer Quoten unter den Schülern ging.

Rechte endet in einer Politik wechselseitiger Schließung, für die der Partikularismus der eigenen ethnischen Gruppe der alleinige Maßstab ist. Auf der symbolischen Ebene steigert sich die politische Ethnizität in einen ethnischen Separatismus bis hin zu staatengründenden Modellen, in denen eigene Nationen proklamiert und „Apartheid als Menschenrecht eingeklagt wird" (Enzensberger 1992: 62). Dabei ist ethnischer Separatismus – wie auch Kritiker aus den ethnischen Minderheiten selber betonen (Steele 1993) – durchaus keine unausweichliche Folge der Demokratisierung multiethnischer Gesellschaften. Er steht hierzu vielmehr im Widerspruch. Separatismus trägt nicht zur gegenseitigen Anerkennung minoritärer Lebensformen bei, sondern treibt zwischen den Minderheiten eine soziale Konkurrenz hervor, die alle Merkmale jener Herrschaft trägt, von der sich ethnische Mobilisierungen doch emanzipieren wollen.

Und dennoch legt die gegenwärtige Re-Ethnisierung der USA auch Zeugnis von einer anderen Entwicklung inmitten der amerikanischen Gesellschaft ab. Belegt das *panethnische* Muster der ethnischen Mobilisierung doch auch, wie weitgehend die Legitimität politischer und sozialer *Gleichheit* im Bewußtsein selbst der unterschiedlichsten ethnischen Gruppen gemeinsam verankert ist – auch wenn es Strategien der Herstellung von Ungleichheit sind, in denen das Gleichheitsmotiv heute zum Tragen kommt. Das Dilemma des Multikulturalismus ist es, zwischen dem universalistischen Prinzip gleicher Rechte und dem partikularistischen Anspruch auf Anerkennung von Differenz noch keinen gerechten Weg gefunden zu haben. Auch ethnische Bewegungen kennen ihn nicht. Die Untiefen neuer Ungerechtigkeiten können sie kaum vermeiden, weil sie ihnen zunächst und vor allem *ausgesetzt* sind.

*Literatur*

*Anderson, Benedict,* 1983: Imagined Communities. Reflections on the Origin and Spread of Nationalism. London: Verso.
*Anderson, Elijah,* 1990: Streetwise. Race, Class, and Change in an Urban Community. Chicago and London: University of Chicago Press.
*Barth, Fredrik,* 1969: Introduction. S. 9–38 in: *Ders.* (Hg.): Ethnic Group and Boundaries. The Social Organization of Cultural Difference. Boston: Little, Brown.
*Berman, Paul* (Hg.), 1992: Debating P.C. The Controversy over Political Correctness on College Campuses. New York: Laurel.
*Bloom, Jack M.,* 1987: Race, Class, and the Civil Rights Movement. Bloomington: Indiana University Press.
*Brubaker, Roger,* 1993: Citizenship and Nationhood in France and Germany. Cambridge, Mass.: Harvard University Press.
*Brumlik, Micha,* und *Hauke Brunkhorst* (Hg.), 1993: Gemeinschaft und Gerechtigkeit. Frankfurt a.M.: Fischer.
*Buenker, John D.,* und *Lorman A. Ratner* (Hg.), 1992: Multiculturalism in the United States. A Comparative Guide to Acculturation and Ethnicity. Westport: Greenwood.
*Calhoun, Craig,* 1993: Nationalism and Ethnicity, Annual Review of Sociology 19: 211–239.
*Chan, Sucheng,* 1991: Asian Americans. An Interpretive History. Boston: Twayne Publishers.
*Davis, Mike,* 1990: City of Quartz. London: Verso.
*Davis, James,* 1991: Who is Black? One Nation's Definition. University Park: Pennsylvania State University Press.
*Diederichsen, Diedrich,* 1993: Schwarze Musik und weiße Hörer. S. 53–96 in: *Ders.:* Freiheit macht arm. Das Leben nach Rock'n'Roll 1990–1993. Köln: Kiepenheuer & Witsch.

*D'Souza, Dinesh,* 1991: Illiberal Education. The Politics of Race and Sex on Campus. New York: Macmillan.
*Elwert, Georg,* 1992: Afrikanische Pfade für Europas Zukunft? Gegenwärtige und zukünftige Entwicklung europäischer Nationalismen. Vortrag, 26. Deutscher Soziologentag Düsseldorf.
*Enzensberger, Hans Magnus,* 1992: Die große Wanderung. Dreiunddreißig Markierungen. Frankfurt a.M.: Suhrkamp.
*Espiritu, Yen,* 1992: Asian American Panethnicity. Bridging Institutions and Identities. Philadelphia: Temple University Press.
*Feagin, Joe R.,* 1991: The Continuing Significance of Race. Antiblack Discrimination in Public Places, American Sociological Review 56: 101–116.
*Gamson, William,* und *André Modigliani,* 1987: The Changing Culture of Affirmative Action. S. 137–171 in: Research in Social Movements. Conflict and Change. Greenwich, Conn.: JAI Press.
*Giddens, Anthony,* 1992: Die Konstitution der Gesellschaft. Grundzüge einer Theorie der Strukturierung. Frankfurt a.M./New York: Campus.
*Gimenez, Marta E., Fred A. Lopez* und *Carlos Munoz,* 1992: The Politics of Ethnic Construction. Hispanic, Chicano, Latino? Beverly Hills: Sage.
*Gordon, Milton M.,* 1964: Assimilation in American Life. The Role of Race, Religion and National Origin. New York: Oxford University Press.
*Hacker, Andrew,* 1992: Two Nations. Black and White. Separate, Hostile, Unequal. New York: Scribner's.
*Honneth, Axel,* 1985: Kritik der Macht. Reflexionsstufen einer kritischen Gesellschaftstheorie. Frankfurt a.M.: Suhrkamp.
*Honneth, Axel,* 1992: Kampf um Anerkennung. Zur moralischen Grammatik sozialer Konflikte. Frankfurt a.M.: Suhrkamp.
*Horowitz, Donald L.,* 1985: Ethnic Groups in Conflict. Berkeley: University of California Press.
*Hughes, Robert,* 1993: The Culture of Complaint. New York: Oxford University Press.
*Hunter, James Davison,* 1991: Culture Wars. The Struggle to Define America. New York: Basic Books.
*Huntington, Samuel P.,* 1993: The Clash of Civilizations?, Foreign Affairs 72: 22–49.
*Janigro, Nicole,* 1992: „Jugoslawismus" – Geschichte und Scheitern eines Modells, Prokla 22 (Heft 87): 207–224.
*Jencks, Christopher,* 1992: Rethinking Social Policy. Race, Poverty, and the Underclass. Cambridge, Mass.: Harvard University Press.
*Jenkins, Richard,* 1994: Rethinking Ethnicity. Identity, Categorization and Power, Ethnic and Racial Studies 17: 3–22.
*Lash, Scott,* und *John Urry,* 1994: Economies of Signs and Space. London: Sage.
*Lee, Sharon M.,* 1993: Racial Classifications in the U.S. Census 1890–1990, Racial and Ethnic Studies 17: 75–94.
*Lemann, Nicolas,* 1991: The Promised Land. The Great Black Migration and How it Changed America. New York: Knopf.
*Lewis, Oscar,* 1961: The Children of Sanchez. New York: Random House.
*Lewis, Oscar,* 1968: The Culture of Poverty. S. 187–200 in: *Daniel Patrick Moynihan* (Hg.): On Understanding Poverty. Perspectives from the Social Sciences. New York: Basic Books.
*Lukes, Steven,* 1993: The Politics of Equal Dignity and the Politics of Recognition. Vortrag im Rahmen des Inaugurationskolloquiums zur Georg-Simmel-Gastprofessur am Fachbereich Sozialwissenschaften der Humboldt-Universität zu Berlin. 7./8. Dezember.
*Mare, Robert D.,* und *Christopher Winship,* 1991: Socioeconomic Change and the Decline of Marriage for Blacks and Whites. S. 175–202 in: *Christopher Jencks* und *Paul E. Peterson* (Hg.): The Urban Underclass. Washington: The Brookings Institution.
*Massey, Douglas S.,* und *Nancy A. Denton,* 1993: American Apartheid. Segregation and the Making of the Underclass. Cambridge, Mass.: Harvard University Press.
*McClosky, Herbert,* und *John Zaller,* 1984: The American Ethos. Cambridge, Mass.: Harvard University Press.

*McPherson, James*, 1992: To Black and Jews: Hab Rachmones. S. 84–88 in: *Michael Lerner* (Hg.): Tikkun. An Anthology. Oakland/Jerusalem: Tikkun Books.
*Nagel, Joane*, 1986: The Political Construction of Ethnicity. S. 93–112 in: *Stephen Olzak* und *Joane Nagel* (Hg.): Competitive Ethnic Relations. New York: Academic Press.
*Nagel, Joane*, 1994: Constructing Ethnicity. Creating und Recreating Ethnic Identity and Culture, Social Problems 41: 152–176.
*Neckel, Sighard*, 1994: Gefährliche Fremdheit. Notizen zu Zygmunt Bauman, Ästhetik und Kommunikation 23 (Heft 85/86): 45–49.
*Nedelmann, Birgitta*, 1986: Das kulturelle Milieu politischer Konflikte. S. 397–414 in: *Friedhelm Neidhardt, M. Rainer Lepsius* und *Johannes Weiß* (Hg.): Kultur und Gesellschaft (KZfSS-Sonderheft 25). Opladen: Westdeutscher Verlag.
*Nedelmann, Birgitta*, 1995: Soziale Bewegungen. S. 330–342 in: *Wolfgang Jäger* und *Wolfgang Welz* (Hg.): Regierungssystem der USA. Lehr- und Handbuch. München/Wien: Oldenbourg.
*Newman, Dorothy K.* et al., 1978: Protest, Politics, and Prosperity. Black Americans and White Institutions 1940–1975. New York: Pantheon Books.
*Omi, Michael*, und *Howard Winant*, 1986: Racial Formations in the United States. From the 1960s to the 1980s. New York: Routledge, Kegan & Paul.
*Padilla, Felix*, 1985: Latino Ethnic Consciousness. The Case of Mexican Americans and Puerto Ricans in Chicago. Notre Dame: University of Notre Dame Press.
*Park, Robert E.*, 1928: Human Migration and the Marginal Man, American Journal of Sociology 33: 881–893.
*Park, Robert E.*, 1955 (1925): Immigrant Community and Immigrant Press. S. 152–164 in: *Ders.*: Society. Glencoe, Ill.: Free Press.
*Park, Robert E.*, und *Ernest W. Burgess*, 1921: Introduction to the Science of Sociology. Chicago: University of Chicago Press.
*Parkin, Frank*, 1983: Strategien sozialer Schließung und Klassenbildung. S. 121–135 in: *Reinhard Kreckel* (Hg.): Soziale Ungleichheiten (Soziale Welt Sonderband 2). Göttingen: Schwartz.
*Roosens, Eugeen E.*, 1981: Creating Ethnicity. The Process of Ethnogenesis. Newbury Park: Sage.
*Schneider-Sliwa, Rita*, 1994: Kernstädte – Nährboden der Gewalt. S. 21–47 in: *Hans Joas* und *Wolfgang Knöbel* (Hg.): Gewalt in den USA. Frankfurt a.M.: Fischer.
*Schwab, William A.*, 1982: Urban Sociology. A Human Ecological Perspective. Reading, Mass.: Addison-Wesley.
*Sitkoff, Harvard*, 1981: The Struggle for Black Equality 1954–1980. New York: Hill & Wang.
*Snow, David* et al., 1986: Frame Alignment Processes, Micro-Mobilization, and Movement Participation, American Sociological Review 51: 464–481.
*Sontag, Deborah*, 1993: „A Fervent ‚No‘ to Assimilation in New America", New York Times, 29. Juni.
*Steele, Shelby*, 1993: The New Sovereignty. S. 341–354 in: *Joseph Epstein* (Hg.): The Best American Essays 1993. New York: Ticknor & Fields.
*Takaki, Ronald*, 1989: Strangers from a Different Shore. A History of Asian Americans. New York: Penguin.
*Taylor, Charles*, 1993: Multikulturalismus und die Politik der Anerkennung. Frankfurt a.M.: S. Fischer.
*Thernstorm, Stephan* (Hg.), 1990: Harvard Encyclopedia of American Ethnic Groups. Cambridge, Mass.: Harvard University Press.
*Tocqueville, Alexis de*, 1976: Über die Demokratie in Amerika. München.
*U.S. Department of Labor*, 1992: Employment and Earnings. Washington, D.C.: U.S. Government Printing Office.
*Walzer, Michael*, 1992: Zivile Gesellschaft und amerikanische Demokratie. Berlin: Rotbuch.
*Waters, Mary*, 1990: Ethnic Options. Choosing Identities in America. Berkeley: University of California Press.
*Weber, Max*, 1980: Wirtschaft und Gesellschaft. Grundriß der verstehenden Soziologie. 5. Aufl. Tübingen: Mohr.

*West, Cornel,* 1994: On Black-Jewish Relations. S. 101–116 in: *Ders.:* Race Matters. New York: Vintage.
*Wilson, William Julius,* 1978: The Declining Significance of Race. Blacks and Changing American Institutions. Chicago: University of Chicago Press.
*Wilson, William Julius,* 1987: The Truly Disadvantaged. The Inner City, the Underclass, and Public Policy. Chicago: University of Chicago Press.
*Windhoff-Héritier, Adrienne,* 1992: City of the Poor, City of the Rich. Politics and Policy in New York City. Berlin/New York: de Gruyter.

# INTERMEDIÄRE INSTITUTIONEN ODER DIE KONSTRUKTION DES „EINEN"

## Das Beispiel der DDR[1]

Rainer Weinert

*Zusammenfassung:* Die Existenz intermediärer Institutionen sagt etwas über die Chancen von Gesellschaften aus, ökonomische, soziale und politische Interessen zu artikulieren und politisch durchzusetzen. Intermediäre Institutionen sind die zentralen Instanzen der Differenzierung in modernen Industriegesellschaften. Sie erhöhen die Flexibilität und Anpassungselastizität des Gesamtsystems (das „Viele"); fehlen sie, wird die Anpassungselastizität verringert. Für die realsozialistischen Gesellschaften wie der DDR war demgegenüber die Zwangshomogenisierung vorhandener institutioneller Strukturen und deren Transformation in eine mono-organisationale Struktur (das „Eine") charakteristisch. Verbände, Parteien und Gewerkschaften wurden als nachgeordnete „Massenorganisationen" fusioniert. Der Beitrag basiert auf den institutionssoziologischen Arbeiten von M. Rainer Lepsius und Theo Pirker und faßt zentrale Ergebnisse einer umfassenden Befragung ehemaliger Wirtschaftsführer der DDR zusammen. Am Beispiel des Freien Deutschen Gewerkschaftsbundes der DDR wird die nachrangige Bedeutung von Massenorganisationen gezeigt.

## *I. Einleitung*

Institutionssoziologische Analysen sind von der klassischen Fragestellung Emile Durkheims angeleitet: Wie ist gesellschaftliche Integration möglich? Nach Durkheim riskieren Gesellschaften, in Zustände der Anomie zu verfallen, sofern Religion nicht mehr die Funktion der Integration erfüllen könne. Anomie könne zum einen durch den „Kult der Nationen", zum anderen durch die Berufsverbände gebannt werden. Institutionen seien nicht nur aufgrund ihres instrumentellen Aspektes, sondern vor allem wegen ihres „moralischen Einflusses" bedeutsam. Der Durkheimschen Soziologie liegt die Frage nach der Art der Gestaltung der gesellschaftlichen Institutionenordnung zugrunde, auf die die Antworten sowohl in der theoretischen Diskussion wie in der politischen Auseinandersetzung bis

---

[1] Ich knüpfe an die institutionssoziologischen Arbeiten von M. Rainer Lepsius (1990; 1994) und Theo Pirker an (Pirker 1991; Otto/Pirker 1992); bei der Legitimationskonstruktion kommunistischer Gesellschaften fasse ich einige Ergebnisse zusammen, die im Rahmen einer umfassenden Befragung ehemaliger Wirtschaftsführer der DDR gewonnen wurden (Pirker et.al. 1995); die empirischen Ergebnisse zum Freien Deutschen Gewerkschaftsbund entstammen dem von mir geleiteten Forschungsprojekt *„Entlegitimierung, Zerfall und Auflösung. Der Zusammenbruch des Freien Deutschen Gewerkschaftsbundes und dessen Auswirkungen auf den Prozeß der Gewerkschaftseinheit",* das im Rahmen des „DDR-Schwerpunktprogramms" von der Deutschen Forschungsgemeinschaft gefördert wird.

heute umstritten geblieben sind (Otto/Pirker 1992): Soll sie nach dem Prinzip des „Einen" oder des „Vielen" (Marramao 1989), nach demjenigen der einheitlichen bzw. vereinheitlichten Gesamt-Repräsentanz gesellschaftlicher Ordnung oder nach demjenigen der Vielfalt von Partizipations-Repräsentanten gestaltet werden? Der Marxismus-Leninismus hat die politisch-ideologischen Voraussetzungen für eine Gesellschaftsordnung geschaffen, die dieses zentrale Organisationsproblem moderner Gesellschaften zugunsten des „Einen" endgültig zu lösen versprochen hat. Die Einheit der Gesellschaft unter der Führung der Arbeiterklasse und deren Partei, verbunden mit dem eschatologischen Versprechen einer humanen und herrschaftsfreien Zukunft, eine Transsubstantiation des Reichs der Notwendigkeit in das Reich der Freiheit (Friedrich Engels), war der politisch-ideologische Gegenentwurf zu den kapitalistisch verfaßten Gesellschaften des Westens.

Der Träger gesellschaftlicher Entwicklung ist in marxistischer Perspektive der Klassenkampf, in kapitalistischer Perspektive der Institutionenkampf. Insofern besteht ein zentraler Unterschied zwischen sozialistischen und kapitalistischen Gesellschaften in der Bedeutung, die sie der Kategorie *Klassenkampf bzw. Institutionenkampf* beimessen. Um M. Rainer Lepsius zu zitieren:

„Die gegenwärtige Auflösung der politischen, wirtschaftlichen und sozialen Ordnung des Ostblocks zeigt die Mängel von Ordnungsvorstellungen, die, von der Klassenanalyse ausgehend, keine differenzierte Institutionenanalyse zu entwickeln vermochten. Durch die Auflösung, Homogenisierung und politische Fusion von Institutionen wurden die Gesellschaften des Ostblocks zunehmend ökonomisch entwicklungsgehemmt, kulturell ritualistisch und in der Lebensführung auf bloße Fügsamkeit diszipliniert. Das bestehende Institutionengefüge des Westens ist seinerseits nicht ohne Mängel. Doch im Vergleich mit dem Ostblock zeigt es, daß die Ausdifferenzierung, Heterogenität und konfliktorische Koordination von Institutionen größere Freiheit in der Lebensführung, raschere Anpassungselastizität in der Problemverarbeitung und höhere Differenzierung von Wertbeziehungen ermöglichen. Das war auch Webers Meinung und Hoffnung bei aller Beschwörung der Dunkelheit einer bürokratischen Nacht" (Lepsius 1990: 7).

Nach dem Selbstverständnis realsozialistischer Gesellschaften war mit der Lösung der Klassenfrage auch die „Institutionenfrage" entschieden. Die Analyse der autokratischen partei- und massenorganisatorischen Struktur kommunistischer Gesellschaften bietet sich deshalb für eine institutionssoziologische Betrachtung an, weil die unitarische Konstruktion realsozialistischer Gesellschaften als endgültige Überwindung partikularer Interessenorganisation westlicher Provenienz betrachtet wurde. Durch sie seien die Interessen der „Werktätigen" effektiver umsetzbar. Daher ist der negative Bezug zu den kapitalistischen Institutionen und den für sie typischen Effizienzkriterien und Handlungsorientierungen für realsozialistische Gesellschaften prägend. Sie lassen sich in diesem Sinne als *fremdreferentiell* bezeichnen, denn sie legitimieren sich über die bewußte Verletzung und Aufhebung der Normen westlicher Demokratien.

Die Hypothese, der in diesem Beitrag nachgegangen wird, besagt, daß das Vorhandensein intermediärer Institutionen in modernen Industriegesellschaften die Flexibilität und Anpassungselastizität des Gesamtsystems erhöht und daß umgekehrt deren Fehlen die Anpassungselastizität senkt. Der zuletzt erwähnte Zusammenhang trifft für die realsozialistischen Gesellschaften zu, für die die Zwangshomogenisierung vorhandener institutioneller Strukturen und deren Transformation in eine mono-organisationale Struktur (Rigby 1990) charakteristisch war. Die Existenz und das Funktionieren intermediärer Institutionen sind an bestimmte Voraussetzungen geknüpft, vor allem an die Ausdifferenzierung von Handlungsarenen, die festgelegte Zuständigkeiten und Kompetenzen besitzen. In institutioneller Perspektive liegt hier der zentrale Unterschied zwischen mono-organisational verfaßten Herrschaftssystemen sozialistischer Prägung und pluralistisch verfaßten Gesellschaftssystemen westlicher Prägung. Die Selbstlegitimierung der ersteren erfolgte primär über die Ablehnung und Überwindung kapitalistisch verfaßter Gesellschaften. Daher bietet es sich an, zunächst auf deren institutionellen Aufbau einzugehen. Danach wird das Argument der Entdifferenzierung kommunistischer Gesellschaften aufgegriffen und anhand der DDR analysiert, wobei das Beispiel der größten Massenorganisation der DDR, des Freien Deutschen Gewerkschaftsbundes (FDGB), herangezogen wird.

## II. Elemente einer Soziologie intermediärer Institutionen

Der Begriff der Institution ist so alt wie die Disziplin der Soziologie selbst. Dennoch ist er bis heute schillernd geblieben und es ist nicht immer klar, auf welche Sachverhalte er sich eigentlich bezieht (Hechter 1990). Sieht man einmal von den älteren Theorien ab, dem anthropologischen Institutionenverständnis Gehlens oder dem psychologisierenden Veblens, besteht auch in der gegenwärtigen Literatur noch ein erhebliches Ausmaß an Unklarheit: Die „Neue institutionelle Ökonomie" versteht (mikroökonomisch) unter Institutionen Märkte, Unternehmen, Kooperationen (Williamson 1985) oder ganz allgemein gesellschaftliche „Spielregeln" (North 1992); die neuere Theorie politischer Institutionen hingegen faßt Institutionen als gesellschaftliche Regelungsmuster bzw. Sozialregulatoren (Göhler 1990 a, 1990 b; Rehberg 1990) oder als Organisationen (Otto/Pirker 1992) auf. Auch die Abgrenzung zwischen ‚institutionellen Mustern' und deren organisatorischer Umsetzung bleibt häufig analytisch verschwommen. Diese Unklarheit läßt sich womöglich darauf zurückführen, daß die Sinnhaftigkeit derartiger gesellschaftlicher Regelungs- bzw. Regulierungsmuster von den entsprechenden organisatorischen Manifestierungen nicht immer zu trennen ist und diesen durch Verbreitung bzw. Aufrechterhaltung von Wert- oder Leitideen zur Selbstlegitimation dient. Diese Unklarheit sei hier dadurch gelöst, daß eine begriffliche Trennung zwischen Institut, Institution und Organisation vorgeschlagen wird; das jeweilige gesellschaftliche Regulierungsmuster wird als *Institut* und die dem Institut zuzuordnenden aggregierten Regulierungsinstanzen als *Institution* bezeichnet. Davon wird wiederum die konkrete *Organisation* unterschieden. So würde beispielsweise dem Institut Geld oder Währungsstabilität die Institution Zentralbank und der konkreten Organisation die deutsche Bundesbank oder die Landeszentralbank von Berlin-Brandenburg entsprechen; dem Institut einer ökonomisch effizienten und ethisch einwandfreien Verwaltung („Sauberkeit in der Verwaltung") würden die Institutionen der Finanzkontrolle und die konkrete Organisation des Bundesrechnungshofes gegenüberstehen; dem Institut der Einkommenssicherung würde die Institution der Gewerkschaft entsprechen, von der die konkreten Gewerkschaftsorganisationen zu unterscheiden wären; oder das Institut des Privateigentums schließlich hätte seine institutionelle Entsprechung in den Arbeitgeberverbänden, von denen die konkreten Organisationen, z.B. Gesamtmetall, zu unterscheiden wären. Der Zusammenhang von Institut-Institution-Organisation ist nicht statisch, sondern einem ständigen Veränderungsdruck ausgesetzt. So können traditionelle Institute erschüttert werden[2] oder gar ganz verschwinden, neue können auftauchen und sich fest etablieren. Empirisch fundierte Organisationsanalysen sind notwendig, um Aussagen über die Dynamik, Ausrichtung und Veränderung von Institutionalisierungsprozessen machen zu können.

Die hier vorgeschlagene Definition knüpft an die neueren institutionstheoretischen Analysen an, wonach Institutionen als organisatorische Umsetzungen bestimmter Leitideen und Wertorientierungen verstanden werden, die im Rahmen des gesellschaftlichen Entwicklungsprozesses als arbeitsteilige, auf Dauer angelegte „Regulatoren" fungieren. Sie geben sowohl für Individuen wie für kollektive Akteure Handlungsmuster vor, die ihrerseits auf die umfassende Ordnung der Gesellschaft oder aber auf gesellschaftliche Teilbereiche ausgerichtet sind und diese strukturieren. Vergleichbare Definitionen finden sich in der entsprechenden Literatur häufig, u. a. bei Gebhardt (1992), der Institutionen als „soziale Vermittlungsinstanzen" versteht, die als „Kreuzungspunkt von handelnden Subjekten, sinnstiftenden Ideensystemen und sich in Gesellungsformen objektivierenden Regel- und Normenstrukturen" fungieren (Gebhardt 1992: 351). Alle diese Analysen leiten die Pluralität von Institutionen jeweils aus der Pluralität gesellschaftlicher Werte und Interessen ab. Die ausdifferenzierten Institutionen repräsentieren und regulieren spezifische soziale Handlungskontexte und wirken somit als Garanten einer Wertorientierung innerhalb eines bestimmten gesellschaftlichen Teilbereichs. In diesem Sinne haben Institutionen nicht nur instrumentalen (Regelungs-)Charakter, sondern sie können auch als Wahrer bzw. Hüter und Verwalter bestimmter Leitideen und sozialer Wertmuster bezeichnet werden. Leitideen können keinen Anspruch auf Allgemeingültigkeit erheben, sondern sind sektoral und/oder regional begrenzt. Demokratien schöpfen aus dieser Pluralität von zum Teil miteinander konkurrierenden Ideen, Interessen und Institutionen und den daraus entstehenden Konfliktlagen und Konsenszwängen die Kraft zu Veränderung, Stabilität oder aber Flexibilität.

Institutionelle Ordnungen legen den Grad der Organisationsfähigkeit von Interessen und deren Durchsetzungschancen fest, gleichzeitig aber auch die Entscheidungskompetenzen und die Verfügungsgewalt über Ressourcen (Lepsius 1994). Die Existenz intermediärer Institutionen sagt etwas über die Chancen von Gesellschaften aus, bestimmte ökonomische, soziale und politische Interessen artikulieren und durchsetzen zu können. Für Gesellschaftssysteme, die intermediäre Institutionen aufweisen, ist es charakteristisch, daß die zwischen den einzelnen Subsystemen bestehenden ‚Räume' unvollständig reguliert sind. Die inter-institutionellen Räume werden durch die Wahrnehmung spezifischer, in-

---

2 Ein bedeutendes Beispiel für diesen Zusammenhang ist der Zusammenbruch der gemeinwirtschaftlichen Unternehmen der Gewerkschaften, vor allem des Wohnungsbaukonzerns „Neue Heimat" in den achtziger Jahren. Dieser Zusammenbruch bildet den Kulminationspunkt eines Entlegitimierungsprozesses, der bereits Anfang der fünfziger Jahre eingeleitet wurde. Ein allgemeines Verbandsinteresse an der Besetzung des Politikfeldes gewerkschaftseigener Wohnungsbau existierte in den DGB-Gewerkschaften schon 1953 nicht. Damit konnte das Konzept der gemeinwirtschaftlichen Unternehmen der Gewerkschaften durch diese politisch nicht mehr vermittelt werden. Zielbestimmung und Rechtfertigung gemeinwirtschaftlicher Wohnungsbaupolitik der Gewerkschaften waren seit 1954 nicht Bestandteil gewerkschaftlicher Willensbildungsprozesse, sondern erfolgten extern durch Repräsentanten dieser Unternehmen (Weinert 1994).

teressenorientierter Vermittlungsleistungen miteinander verbunden, was wiederum eine Vielzahl intermediärer Institutionen voraussetzt. Intermediäre Institutionen erfüllen wesentliche Funktionen im politischen System, vor allem diejenige der Interessenbündelung und -integration nach innen (gegenüber ihrer Klientel) sowie der Interessenvertretung nach außen. So müssen beispielsweise die Industrie- und Handelskammern intern die verschiedenen Wirtschaftsinteressen aufeinander abstimmen, um so nach außen als das Organ *der* Wirtschaft auftreten zu können. Ebenso müssen die Gewerkschaften intern die Interessen der unterschiedlichen Beschäftigtengruppen miteinander in Übereinstimmung bringen, damit sie nach außen als Repräsentantinnen *der* Arbeitnehmerschaft auftreten können. Deshalb übernehmen intermediäre Institutionen die Doppelfunktion der Repräsentation gesellschaftlicher Ausdifferenzierungsprozesse einerseits und der Sicherung gesellschaftlicher Integration andererseits. Intermediäre Institutionen leiten ihre Legitimität zum einen aus der Übernahme funktional spezifischer Aufgaben und zum anderen aus der Regelung bereichsübergreifender Konflikte ab. Damit tragen sie gleichzeitig zur Legitimation des gesamten politischen Systems bei. *Intermediarität* bedeutet also nicht wertneutrale Vermittlung oder Umsetzung von Interessen im Sinne eines einfachen Dezisionismus, sondern stellt im Gegenteil *politisches* Handeln dar, denn mit der Ausdifferenzierung gesellschaftlicher Teilbereiche geht die Pluralisierung von Machtzentren einher.

Intermediäre Institutionen bewegen sich sozialstrukturell auf einer Ebene, die nicht zwingend den Interventionen der ‚obersten' Gewalten im Rahmen der politischen Verfaßtheit einer Gesellschaft unterworfen ist. Daher können sie einen relativ hohen Grad an *Autonomie* erlangen. Dieser Entscheidungs- und Handlungsfreiraum ist Voraussetzung dafür, daß intermediäre Institutionen die Funktion der Regulierung nach innen und diejenige der Vertretung der ihnen zugeordneten gesellschaftlichen Teilbereiche nach außen erfüllen können. Dabei muß ihnen eine quasi hoheitliche Definitions-, Explikations- und Interpretationskompetenz zugebilligt werden. Anders ausgedrückt könnte man intermediäre Institutionen auch als organisatorische Materialisationen gesellschaftlicher Wertideen bezeichnen, denen die zentrale Aufgabe zukommt, diese Werte durch zeitlich variable Explikationen in handlungsrelevante Vorgaben und Verfahrensweisen zu transformieren, das heißt, sie operabel zu machen. Hieraus ergeben sich zwei Basisfunktionen, eine expressive Funktion der Normsicherung im Sinne einer gesellschaftlichen Akzeptanz und eine instrumentelle der Normbefolgung bzw. -durchsetzung. Institutionen verfügen jedoch nicht über absolute Autonomie. Im Gegensatz zu der Annahme der neoliberalen wirtschaftswissenschaftlichen Theorie ist absolute Autonomie nicht der Endzustand einer Entwicklung, sondern ein funktionales Erfordernis, um die erwähnten Regulierungs- und Vertretungsfunktionen zu erfüllen. Die jeweiligen Ausprägungen institutioneller Autonomie waren und sind jedoch in der Praxis politisch umstritten. Dies belegen die periodisch wiederkehrenden Diskussionen über die Verantwortung der Tarifvertragsparteien im Rahmen der Tarifautonomie oder die Debatten, die bestimmte gutachterliche Stellungnahmen von Rechnungshöfen in der Öffentlichkeit auslösen;[3] oder, um ein drittes Beispiel zu nennen,

---

3 Die Gutachten des Landesrechnungshofs in Sachsen-Anhalt über die Bewilligung der überhöhten Bezüge von Mitgliedern der Landesregierung oder des Rechnungshofs in Mecklenburg-Vorpommern über die Kosten der Mülldeponie Schönberg waren von dem offensichtlichen Bedauern der staatlichen Seite begleitet, die eigene Definitionskompetenz fallspezifisch nicht durchsetzen zu können.

der Konflikt zwischen Bundesbank und Bundesregierung im Vorfeld der Währungsunion. Der gemeinsame Nenner dieser Konflikte ist die Brechung staatlicher Definitions-, Explikations- und Interpretationskompetenz durch die organisatorische Autonomisierung von Institutionen; Ursachen, Interessen und Konstellationen dieser Konflikte können wichtige Aufschlüsse über die gesellschaftliche Dynamik, Richtung und Richtungsänderung von Institutionalisierungsprozessen geben.

Analytisch können gesellschaftliche Vermittlungsleistungen danach unterschieden werden, zwischen welchen gesellschaftlichen Ebenen und in welche Richtungen intermediäre Institutionen eine Verbindung herstellen. Von der Vermittlung zwischen der Mikro- und Makroebene *(vertikale Interessenvermittlung)* ist die Dimension *horizontaler Interessenvermittlung* zu unterscheiden. Letztere bezieht sich auf Leistungen der Regulierung und Überwachung innerhalb eines gesellschaftlichen Teilsegments sowie auf solche der Vermittlung und Übersetzung in andere, horizontal angesiedelte Teilsegmente. Vertikale und horizontale Leistungen der Vermittlung sind beide auf die Erhöhung der Anpassungselastizität des Gesamtsystems ausgerichtet, die vor allem durch die Partizipationserhöhung der Betroffenen realisiert wird. In der sozialwissenschaftlichen Literatur werden unter intermediären Institutionen bzw. unter dem „intermediate sector" in erster Linie Interessenorganisationen verstanden. Es gibt eine lange Theorietradition etwa im Bereich industrieller Beziehungen oder sozialpolitischer und wohlfahrtspolitischer Verbände, in denen traditionell Probleme der Vermittlung von Interessen der Klientel mit denjenigen der Vertreter der staatlichen Politik sowie die Kooperations- und Konfliktaustragung mit dem ‚Gegenüber' (Gewerkschaften vs. Arbeitgeberverbände) im Vordergrund stehen. Neben den klassischen Interessenorganisationen sind für moderne Industriegesellschaften jedoch auch regulative intermediäre Institutionen charakteristisch, die allgemein Politik und Wirtschaft vermitteln, wie etwa die Zentralbanken und die Institutionen der öffentlichen Finanzkontrolle. Über ihre Interpretationskompetenz hinaus üben sie außerdem einen nicht unwesentlichen „moralischen Einfluß" aus (Otto/Pirker 1992).[4]

Die allgemeine Tendenz zur Ausdifferenzierung neuer gesellschaftlicher Teilbereiche erhöht zwar gemeinhin die Anpassungselastizität moderner Gesellschaften, sie stellt gleich-

---

[4] Die Analyse dieser allgemeinen Funktion regulativer intermediärer Institutionen, vor allem die „Sozialkomponente der Finanz- und Geldwirtschaft" und die „Finanz- und Geldkomponente der Gesellschaft", um eine Formulierung Fritz Karl Manns zu erweitern, ist nur im Rahmen der Soziologie, nicht jedoch in demjenigen der Volks- und Betriebswirtschaftslehre zu leisten. Dies gilt auch dann, wenn John M. Keynes dieses Problem frühzeitig erkannt hatte. In einer Rede vor der Berliner Universität im Jahre 1926 sagte er: „Ich glaube, daß die ideale Größe für die Organisations- und Kontrolleinheit irgendwo zwischen dem Individuum und dem modernen Staat liegt. Daher glaube ich, daß der Fortschritt in der Richtung der Entwicklung und Anerkennung halb-autonomer Körperschaften im Rahmen des Staates liegt; – Körperschaften, die nach ihrem Wirkungskreis nur nach dem Kriterium des Allgemeinwohls handeln, so wie sie es auffassen, und aus deren Erwägungen Motive privaten Vorteils völlig ausscheiden – wobei man ihnen allerdings in mancher Hinsicht, solange der menschliche Altruismus nicht gewachsen ist, für ihre Gruppe, Klasse oder Fakultät gewisse Vorteile belassen muß –; Körperschaften, die unter normalen Umständen innerhalb bestimmter Grenzen größtenteils autonom sind, aber letzten Endes der Souveränität der Demokratie, die sich im Parlament verkörpert, unterstehen" (Keynes 1926: 31). Keynes erwähnt als Beispiele die Universitäten, die Bank of England, die großen Eisenbahngesellschaften und den Londoner Hafen.

wohl keinen Automatismus zur Lösung jeder neuen Konfliktlage dar. So können beispielsweise Institutionenbildungen scheitern oder neue Institutionen bestehende Konfliktlagen verschärfen (Rieger 1992). Wie die derzeitige Debatte über den „Umbau des Sozialstaates" zeigt, regen Situationen schrumpfender öffentlicher Ressourcen oder gar verschärfter materieller Armut Reform- und Neuordnungsdiskussionen an, die für Experimente wenig Spielraum lassen; umgekehrt erlahmt in Perioden materiellen Wohlstands der politische und ökonomische Antrieb für strukturelle Innovationen, obwohl gerade diese die besten Voraussetzungen hierfür bieten würden.[5] In beiden Fällen lassen sich Reformen und Neuordnungen als Auseinandersetzungen um die Interessen der Institutionen und damit auch über ihre Ressourcen verstehen.

Bei dieser hier nur thesenhaft beschriebenen Eingrenzung handelt es sich zunächst um Annäherungs- bzw. Typisierungsversuche, was insbesondere in den Grauzonen deutlich wird, in denen sich gesellschaftliche Segmente überlappen oder die Regulierungsfelder sich zwar nicht formal, aber real in übergeordnete Teilbereiche verlagern. Dabei können intermediäre Institutionen, deren Funktionsfähigkeit in dem beschriebenen Sinne im Normalfall gefestigt scheint und deren Zuständigkeit weitgehend akzeptiert wird, entweder funktions- bzw. wirkungslos werden, weil übergeordnete Sachzwänge sich als stärker erweisen oder der institutionelle Legitimationsanspruch in Zweifel gezogen wird.

### III. Der institutionelle Gegen-Entwurf kommunistischer Gesellschaften

Während das westliche Gesellschaftsmodell einer Dynamik nach dem Prinzip des „Vielen" folgt, war das sowjetische Gesellschaftsmodell an einer anderen Entwicklungskategorie orientiert, demjenigen der Unität. Dabei wurde das „Eine" als „Einheit" im Sinne der (wieder-)versöhnten Gemeinschaft auf einer höheren Ebene gesellschaftlichen Bewußtseins definiert (Weinert 1995). Kapitalistische Gesellschaften beruhen nicht auf einem in sich geschlossenen ideologischen System als Legitimationsgrundlage. Sie verfügen vielmehr über gewachsene Strukturen und, wenn man so will, über eine ‚historische Kompetenz'. Der sowjetische Gegenentwurf kehrte dieses Verhältnis um: Der Marxismus-Leninismus beanspruchte, der Partei der Arbeiterklasse die wissenschaftlich fundierte Einsicht in historische Gesetzmäßigkeiten zu liefern, die sie in die Lage versetzten sollte, einen neuen Gesellschaftstyp durchzusetzen. Es ist dieses teleologische Geschichtsverständnis, die Annahme von der welthistorischen Mission der Arbeiterklasse, die die Leninsche „Partei neuen Typs" zum Aufbau einer „Gesellschaft neuen Typs" befähigen sollte. Sozialismus hat sich primär als Überwindung des Kapitalismus verstanden; damit war er als Gesellschaftsordnung *fremdreferentiell* (Pirker 1995). Die unverbundenen, miteinander konkurrierenden Handlungsarenen wurden zugunsten eines vereinheitlichten Einen aufgelöst und in einer höheren Gesamtrationalität der Planung aufgehoben. *Einheit* im Sozialismus wurde als die historisch endgültige Überwindung von Partikularinteressen aufgefaßt, die durch die Partei repräsentiert wurde. Die Legitimation der Partei als Trägerin der welthistorischen Mission der Arbeiterklasse wurde auf die Oktoberrevolution in Rußland zurückgeführt.

---

5 Dieses grundsätzliche Dilemma von Reformpolitik hat John M. Keynes (1926) in seiner erwähnten Rede hervorgehoben.

Der hieraus abgeleitete Primat der (Partei-)Politik und das Monopol der Berufsrevolutionäre auf das „richtige Bewußtsein" begründeten den gesellschaftlichen Kompetenzkompetenz-Anspruch der Partei (Lepsius 1994), aus dem sie zwangsläufig die alleinige Verantwortung für die Steuerung und Verwaltung sämtlicher gesellschaftlicher Bereiche ableitete.

Die Repräsentanz des einheitlichen gesellschaftlichen Willens erfolgte durch ein neues generalisiertes Medium, die Politik. Sie sollte die Planung, Steuerung und Kontrolle der Gesellschaft ermöglichen. Nach Lenin ließ sich revolutionäres Bewußtsein nicht durch die Organisation gesellschaftlicher Interessen „von unten" entwickeln, sondern nur durch das „Hineintragen" von außen in Gestalt der Partei und ihres politischen Kerns. Die Kompetenzkompetenz der Partei reduzierte sich in der marxistisch-leninistischen Orthodoxie somit personell auf die Nomenklatura und organisatorisch auf die Verhärtung der Linienfunktionen („demokratischer Zentralismus"). Mit dieser personellen und organisatorischen Konstruktion des Einen mußte der Leninismus Verbände, Parteien und Gewerkschaften jeglicher Art als Manifestationen von Partikularinteressen ablehnen. Den sozialistischen Machthabern kam es gerade auf die Überwindung der Partikularität, auf welcher Ebene auch immer, als politisches Programm an. Deshalb erkannten sie in der Existenz bürgerlicher Interessenorganisationen eine Bedrohung der aufzubauenden neuen Gesellschaftsordnung. Die politische Konsequenz hieraus war die Zwangshomogenisierung bzw. politische Fusionierung vorhandener Handlungsarenen und Interessenvertretungen zugunsten der Kompetenzkompetenz der Partei.

Die Legitimationskonstruktion der neuen sozialistischen Gesellschaften läßt sich mit Pirker (1995) folgendermaßen zusammenfassen:

1. Entsprechend dem marxistischen Verständnis sind die sozialistischen Gesellschaften *Klassenstaaten,* in denen das historische Subjekt nicht das Individuum, sondern die Arbeiterklasse ist; die Höherrangigkeit der kollektiven Wesenheit „Klasse" wird geschichtsphilosophisch begründet (Lepsius 1990: 241); dadurch wird die Beschränkung bzw. Eliminierung der Bürgerrechte legitimierbar, denn die Politikformulierung erfolgt durch die Partei der Arbeiterklasse, der Nomenklatura.
2. Politikformulierung und -durchsetzung erfolgen durch den bewußten Teil der Arbeiterklasse, den Berufsrevolutionären; die Gesellschaft wird planvoll über den *Primat der Parteipolitik* organisiert.
3. Kapitalistisch verfaßte Märkte werden durch eine zentrale Planung bei administrierten Preisen abgelöst; Privateigentum wird abgeschafft und eine neue Form des Eigentums etabliert, das *Kollektiveigentum.*[6]
4. Die Legitimationsbasis der sozialistischen Gesellschaften ist eine bestimmte Interpretation des Marxismus, der Kanon des orthodoxen *Marxismus-Leninismus.*

---

6 Gerade an dieser Kategorie des Kollektiveigentums wird deutlich, daß zur Erklärung sozialistischer Gesellschaften der Rekurs auf feudalistische Ordnungen unzureichend ist, da in diesen Gesellschaften ökonomische Eigenrechte existierten, die von anderen, etwa politischen oder religiösen Rechten, unterscheidbar waren. Insofern ist auch der Begriff des „Neopatrimonialismus" unzutreffend, den Günther Roth (1987) zur Erklärung sowjetkommunistischer Herrschaft entwickelt hat, weil patrimoniale Herrschaft Eigenrechte voraussetzt, die es gerade in den sozialistischen Gesellschaften nicht gab.

Die Kategorie des Einen wurde im Sozialismus über die Entdifferenzierung gesellschaftlicher Komplexität mittels einer mono-organisationalen Struktur unter dem Primat der Parteipolitik realisiert. Damit gab es grundsätzlich keine Eigenkompetenzen außerhalb der Partei, keine parteineutralen Räume der Willensbildung und Entscheidungsfindung, da jenseits der Partei keine legitimen, unabhängigen Wertbegründungen existierten (Lepsius 1994). Eine Entwicklungsdynamik war für leninistische Parteien nur auf der Basis gesamtgesellschaftlich fusionierter Interessen und nicht als Ergebnis fraktionierter Interessen in ausdifferenzierten Handlungsarenen mit autonomen Entscheidungskompetenzen denkbar. In der Präambel des Parteistatuts der SED wurde das Eine als höherrangige kollektive Wesenheit beispielsweise so definiert, daß die Partei die „höchste Form der gesellschaftlich-politischen Organisation der Arbeiterklasse" sei, die „führende Kraft der sozialistischen Gesellschaft, aller Organisationen der Arbeiterklasse und der Werktätigen, der staatlichen und gesellschaftlichen Organisationen". Somit führte die Fusionierung gesellschaftlicher Interessen sozialstrukturell zur Abschaffung der sozialen Grundlagen für Koalitionsbildungen, die durch das Verbot der Fraktionsbildung abgesichert wurde (Weinert 1995). Intermediarität als Ausdifferenzierung gesellschaftlicher Interessen wurde damit unter Strafandrohung gestellt.

Die Destruktivität kapitalistischer Wirtschaftsprozesse sollte durch eine gesamtgesellschaftliche zentrale Planung mit administrierten Preisen ersetzt werden, die gleichzeitig die Bedürfnisse der Beschäftigten systematisch berücksichtigen sollte. Die Bedürfnisse der „Werktätigen" wurden nach dem Postulat der neuen sozialistischen Wohlfahrt als erfüllt betrachtet, da es auf wirtschaftlicher und sozialer Sicherheit sowie einer egalitären Lohnstruktur beruhte (Riese 1990). Ökonomisch ließen sich deshalb die realsozialistischen Gesellschaften allgemein über die Dimensionen des Kollektiveigentums, der staatlichen Mengenplanung und dem Wohlfahrtspostulat bestimmen (Weinert 1995).

Kommunistische Herrschaft zeichnete sich demnach durch die Abschaffung von autonomen intermediären Institutionen aus. Sie stellte eine bewußte politische Zäsur in der gesellschaftlichen Ordnung dar. Diese folgenreiche Strukturentscheidung verhinderte in den sozialistischen Gesellschaften der Nachkriegsperiode sowohl die kooperative, wie die konfliktuelle Vermittlung der Ordnungsvorstellungen der herrschenden (Partei-)Elite, der bürokratischen Zentralgewalten, der sozialen Gruppierungen mit den Alltagserfahrungen der einzelnen (Zwangs-)Mitglieder. Sie wurden vielmehr durch ideologische Indoktrination und mit Gewalt miteinander in Beziehung gesetzt. Diese fehlenden institutionalisierten Vermittlungsleistungen unter dem Kompetenzkompetenz-Anspruch der Partei führten zur Einengung der Entscheidungsbefugnisse der nachgeordneten Parteiinstanzen bei Routineangelegenheiten; als problematisch beurteilte Sachverhalte dagegen wurden zur Entscheidung auf die nächsthöhere Hierarchieebene verlagert (Lepsius 1994: 20). Diese Verlagerung der Entscheidung von unten nach oben mußte zur Häufung von Einzelfallentscheidungen der Leitungsinstanzen der Partei führen, da die omnipotente Lenkungs- und Definitionsmacht der Partei die Risikobereitschaft und Selbstverantwortung unterhalb der Leitungsebene lähmte.

## IV. Das Beispiel der Massenorganisation Gewerkschaft

Ein zentrales Strukturmerkmal westlicher Industriegesellschaften ist das breitgefächerte System der institutionalisierten industriellen Beziehungen. Im Sozialismus war die hierarchische Linienstruktur der Massenorganisationen diejenige Instanz, die die vielfältigen Interessenstandpunkte zu vereinheitlichen hatte. Die größte und wichtigste Massenorganisation der DDR war der Freie Deutsche Gewerkschaftsbund (FDGB), dessen Selbstverständnis in der Präambel des FDGB-Statutes wie folgt formuliert wurde:

„Unter Führung der SED wirken die Gewerkschaften für die Gestaltung der entwickelten sozialistischen Gesellschaft, mit der grundlegende Voraussetzungen für den allmählichen Übergang zum Kommunismus in der DDR geschaffen werden. Der Freie Deutsche Gewerkschaftsbund anerkennt die führende Rolle der Sozialistischen Einheitspartei Deutschlands, des bewußten und organisierten Vortrupps der Arbeiterklasse und des werktätigen Volkes in der sozialistischen DDR. Er steht fest zur Sozialistischen Einheitspartei Deutschlands, zu ihrem Zentralkomitee und schließt die Arbeiter, Angestellten und Angehörigen der Intelligenz eng um die Partei zusammen. Als Organisation der machtausübenden Klasse sind die Gewerkschaften berufen, in der weiteren Etappe der gesellschaftlichen Entwicklung auf der Grundlage des Marxismus-Leninismus als Schulen des Sozialismus und Kommunismus, als Interessenvertreter der Arbeiterklasse und aller Werktätigen die schöpferische Aktivität, das sozialistische Arbeiten, Lernen und Leben der Millionen Gewerkschafter zu entfalten, daß die Ideen von Marx, Engels und Lenin das Leben in der DDR immer mehr prägen und ihre Vollendung finden" (zit. nach Hertl/Weinert 1991: 11).

Kern seiner Selbstdefinition war es demnach, „Organisation der machtausübenden Klasse" zu sein. Seine Funktion läßt sich als Spezifizierung des neuen generalisierten Mediums Politik verstehen, die die Repräsentanz des einheitlichen gesellschaftlichen Willens sicherstellen sollte. Diese Spezifizierungsfunktion besteht in der Erfüllung bestimmter Hilfsaufgaben für die Partei,[7] nämlich die Orientierung und Fixierung der Werktätigen auf die SED. Der FDGB versuchte, als „Schule des Sozialismus und Kommunismus" das Leben in der DDR im Sinne von Marx, Engels und Lenin zu prägen, und gleichzeitig als Interessenvertreter der Arbeiterklasse aufzutreten und deren schöpferische Aktivitäten zu entfalten. Die Aufgaben, als Organisator und Agitator der machtausübenden Klasse zu wirken, wurden also durch ein ideologisch determiniertes Aufgabenprogramm und bestimmte Hilfsaufgaben für die Partei präjudiziert. Bevor gezeigt wird, wie der FDGB diese Aufgaben wahrnahm, sei zuvor die organisatorische Konkretisierung der gesellschaftlichen Entdifferenzierungstendenz kurz aufgezeigt.

Mit 9,6 Millionen Mitgliedern war der FDGB die größte Massenorganisation der SED. Der Organisationsgrad betrug 97,4 Prozent. Der FDGB war damit eine „reiche" Massenorganisation, seine Einnahmen allein aus Mitgliedsbeiträgen betrugen fast eine Milliarde Mark. Normativ war seine Monopolstellung in der Verfassung der DDR (Art. 44,1) und im Arbeitsgesetzbuch der DDR gesichert. Der FDGB setzte sich aus einem umfassenden und engmaschigen Apparat zusammen: 343.012 Gruppen, 24.910 Abtei-

---

7 In der Geschäftsordnung für den Apparat des FDGB waren die Beschlüsse und Dokumente der SED für Tätigkeiten der Abteilungen des Bundesvorstandes vorrangig (Hertle/Weinert 1991).

lungsgewerkschaftsorganisationen, 46.692 Betriebsgewerkschaftsorganisationen, 1.698 Kreisvorstände der Fachabteilungen, 237 FDGB-Kreisvorstände, 211 Bezirksvorstände der Fachabteilungen, 15 FDGB-Bezirksvorstände. Mit 16.250 Kadern verfügte der FDGB über die größte Zahl hauptamtlicher politischer Funktionäre aller Massenorganisationen (FDGB 1990). Die Kader der Nomenklatur der SED waren mit der des FDGB systematisch verkoppelt: Die Vorsitzenden der Vorstände aller Ebenen waren gleichzeitig kraft Amt kooptierte Mitglieder der SED-Parteileitung der gleichen Ebene. Damit war über die Kaderpolitik die Dominanz der SED auf personeller Ebene gesichert. Die Mitglieder des Sekretariats und der Abteilungsleiter des Bundesvorstandes des FDGB waren Nomenklaturkader des Zentralkomitees der SED. Die Sitzungen des Politbüros fanden dienstags statt, das Sekretariat des FDGB tagte immer mittwochs, wobei im ersten Tagesordnungspunkt stets die Auswertung der Beschlüsse der vorangegangenen Politbüro-Sitzung behandelt wurden (Hertle/Weinert 1991). Diese organisatorische Konkretisierung verdeutlicht exemplarisch das Strukturprinzip des Mono-Organisationalismus, das im personal- und organisationspolitischen Ineinssetzen von Partei und Massenorganisation besteht.

Der FDGB erfüllte in dieser Struktur Aufgaben, die ihm vom Partei- und Staatsapparat übertragen worden waren, also in hohem Maße quasi-hoheitliche Aufgaben. Diese können *erstens* als politisch-ideologische Legitimations- und Kontrollfunktionen mit generalisierter Interessen- und Wertbezogenheit *(Binnen-Legitimation)* bezeichnet werden; *zweitens* als Organisierung der öffentlichen Inszenierung des Massenvertrauens für Partei und Staat bei gleichzeitiger Institutionalisierung des Mißtrauens *(Außen-Legitimation); drittens* als Verteilungsinstanz für soziale Leistungen in einer Mangelgesellschaft, deren Gewährung von politisch-ideologischem Wohlverhalten abhängig gemacht wurde *(Anbieter knapper Sozialstaatsleistungen)* (Weinert 1993).

Diese Konstruktion der Gewerkschaft als einer weisungsgebundenen Massenorganisation stieß jedoch immanent auf eine Reihe von Problemen. Wie für die Selbstlegitimierung kommunistischer Gesellschaften allgemein, so galt auch für die Massenorganisationen das Merkmal der Fremdrefentialität. Für den FDGB erwuchs hieraus die Notwendigkeit, die Aufgabe partikularer Interessenwahrnehmung, die für bürgerliche Gewerkschaften typisch ist, abzuwerten. Dies fiel dem FDGB insofern nicht schwer, als er auf die marxistisch-leninistische Tradition zurückgreifen konnte, nach der diese Formen von Interessenvertretung als „Ökonomismus" oder „Nurgewerkschaftlertum" verhöhnt wurden.[8] Gleichwohl war das Selbstverständnis des FDGB insofern gebrochen, als es ständig aus den Betrieben und Kombinaten Berichte gab, in denen der FDGB als „Staatsgewerkschaft" bezeichnet wurde. Nach dem Ungarn-Aufstand vom Jahre 1956 erkannte er die Chance, sich vom Odium der Staatsgewerkschaft zu befreien und sogenannte Arbeiterkomitees einzurichten. Dieser Plan ist zeitweilig in der DDR diskutiert worden, um befürchtete Übergriffe von seiten

---

8 Nach Theo Pirker ist die Verachtung von Gewerkschaften ein Desiderat von Marxisten jeglicher Couleur: „Die Marxisten haben sich schon seit Marx und Engels – von Bebel und Kautsky ganz zu schweigen – über Lenin und Trotzky bis hin zu Stalin mit den Gewerkschaften als Organisationen der unmittelbaren materiellen und ideellen Interessen der arbeitenden Klassen schwergetan. Marx und Engels haben in ihren Schriften von den Gewerkschaften, insbesondere von den britischen Trade Unions, nur mit großer Verachtung gesprochen. ‚Unionism' und ‚Nurgewerkschaftlertum' gehörte für sie zu den Wörtern, die man so wie ‚Bourgeoisie' nur ausspuckend aussprechen sollte" (Pirker 1990: 9).

der Partei frühzeitig abwehren zu können. In diesem Zusammenhang schlug der FDGB-Vorsitzende Warnke vor, diese Arbeiterkomitees „Betriebsräte" zu taufen, da diese Bezeichnung „die Agitation gegen uns, wir hätten die Betriebsräte abgeschafft, mehr als unwirksam machen (würde)" (zit. nach Eckelmann et al. 1990: 47). Die Vorsitzende einer Fachabteilung sah hierin die Gefahr, daß die Arbeiterkomitees von der SED gegen den FDGB mißbraucht werden könnten: „Die Gewerkschaften von der Verantwortung für die aktive Mitarbeit am Aufbau von Staat und Wirtschaft zu entbinden, heißt letzten Endes ein Zurückweichen vor der verleumderischen Behauptung der erbittertsten Feinde der Arbeiterklasse, daß die Gewerkschaften in den sozialistischen Ländern keine echten Gewerkschaften seien, sondern Staatsgewerkschaften" (zit. nach Eckelmann et al. 1990: 48).

Das andere Problem bestand für den FDGB darin, daß die „Werktätigen" nicht über ein ausreichendes „Klassenbewußtsein" verfügten, sondern vielmehr in weiten Teilen von traditionellem „Arbeitnehmerbewußtsein" geprägt waren. Über die internen Berichte aus den Betrieben und Kombinaten erhielt die Leitung des FDGB regelmäßig Kenntnis von derartigen devianten Bewußtseinslagen.[9] Die Ursachen dieses „Ökonomismus" bei den Werktätigen verweisen auf grundlegende Probleme der Institutionenordnung der DDR wie anderer kommunistischer Gesellschaften. Das zentrale Problem bezog sich auf die Kategorie des Kollektiveigentums. Vor dem Hintergrund der sich modernisierenden DDR-Wirtschaft konnten die damit verbundenen Schwierigkeiten nicht gelöst werden. In den sechziger Jahren wurde im Rahmen der Wirtschaftsreform „Neues Ökonomisches System der Leitung und Planung" (NÖS) versucht, diese Kategorie des Kollektiveigentums zu flexibilisieren und damit in gewisser Weise lockerer umzugehen; dieser Versuch scheiterte jedoch, und die zentralistischen Wirtschaftsstrukturen wurden unter Erich Honecker weiter verstärkt.[10] Die, wenn man so will, soziale Dimension dieser Kategorie bestand in der faktischen Nicht-Akzeptanz des Kollektiveigentums seitens der „Werktätigen". Der Ausspruch „Volkseigentum ist niemandes Eigentum!" wurde zum geflügelten Wort in der DDR und war der Parteiführung durchaus bewußt (Pirker et al. 1995).

Indem Kollektiveigentum formal gesetzt und als Überwindung des Kapitalismus mit seiner Ausbeutung der Arbeiterklasse definiert wurde, galten grundsätzlich sämtliche politischen, sozialen und ideologischen Probleme als gelöst, die sich auf diese Kategorie beziehen ließen. Das Institut des Kollektiveigentums wurde nicht als Ursache neuer Problemkonstellationen gesehen, die ihrerseits neuartiger Formen der Institutionenbildungen partikularer Interessenvertretung bedurft hätten. Damit mußte die Selbstlegitimation kommunistischer Herrschaft notgedrungen von den materiellen Problemen abstrahieren, die Max Weber schon 1918 als die zentralen angesehen hatte, nämlich die Trennung der Arbeiter von den Betriebsmitteln:

---

9 So wurde beispielsweise das Produktionsaufgebot im Jahre 1961, das ausgerechnet die Parole hatte, „In der gleichen Zeit für gleiches Geld mehr produzieren", so kommentiert, daß „jeder Hammerschlag, den die Kollegen mehr tun, auch bezahlt werden (müsse)"; oder gar: „Den Arbeitern ist es doch egal, wo sie arbeiten, ob im Kapitalismus oder Sozialismus. In Westdeutschland geht es den Arbeitern nicht schlecht. Wir verdienen zwar alle sehr gut, aber für unser Geld kann man sich nicht viel kaufen." Vgl. die ausführliche Darstellung bei Eckelmann et al. (1990: 67ff.).

10 Die internen Diskussionen der Wirtschaftsführer der DDR über die Reformintentionen des „NÖS" und den Ursachen ihres Scheiterns sind ausführlich dokumentiert in Pirker et al. (1995).

„Solange es Bergwerke, Hochöfen, Eisenbahnen, Fabriken und Maschinen gibt, werden sie nie in dem Sinne Eigentum eines einzelnen oder mehrerer einzelner Arbeiter sein, wie die Betriebsmittel eines Handwerks im Mittelalter Eigentum eines einzelnen Zunftmeisters oder einer örtlichen Werkgenossenschaft oder Zunft waren" (Weber 1988: 499).

Von diesen materiellen Problemen mußte fortan durch die formale Implementation des Kollektiveigentums abgesehen werden, wodurch die realsozialistischen Gesellschaften sozial entleert und objektiv-materielle Probleme in die Sphären des „richtigen Bewußtseins" abgedrängt wurden. Dieser „Unterinstitutionalisierung" sozialer Konfliktlagen lag insofern eine idealistische Konstruktion von Gesellschaft, Sozialismus und Kommunismus zugrunde. „Richtiges Bewußtsein" war deshalb nicht nur eine Kategorie sozialer Disziplinierung, sondern das zentrale Instrument zur Lösung und Überwindung materieller Probleme. Der „politisch bewußte Werktätige" erkenne den Zusammenhang seiner eigenen Klassenlage, nämlich Mitglied der herrschenden Klasse zu sein, deren welthistorische Mission er mittragen müsse. Diese Konstruktion führte zu der für sozialistische Gesellschaften typischen Verschmelzung von Individualmotivation und ‚Weltmotivation', die sich in solchen Parolen wie „Mein Arbeitsplatz – Kampfplatz für den Frieden" u.ä. niederschlug.[11] Dieses Verschmelzen unterschiedlicher gesellschaftlicher Aggregationsebenen verwies auf das Fehlen institutionalisierter Vermittlungsstrukturen zwischen „unten" und „oben".

Da durch die Eliminierung sozialer Grundlagen für Koalitionsbildungen Intermediarität unter Strafandrohung gestellt war, versuchten die realsozialistischen Gesellschaften, dieses Defizit durch umfassende Kontrolltätigkeiten zu substituieren. Diese sind deshalb charakteristisch für derartige Massenorganisationen (Weinert 1993). So unterhielt der FDGB ein hochformalisiertes Berichtswesen zur Ideologiekontrolle; die Berichte wurden von den FDGB-Funktionären in den Betrieben, Kreisen und Bezirken regelmäßig erstellt und im Bundesvorstand zu einem republikweiten Ideologie-Kontrollbericht zusammengefaßt, der u.a. an das ZK der SED, das Ministerium für Staatssicherheit und an das Ministerium des Innern geleitet wurde. Gleichwohl scheinen diese Berichte außerhalb des FDGB keinen nachhaltigen Einfluß auf die Leitungsebene der SED ausgeübt zu haben. Ihnen kommt funktional allein unter dem Aspekt mangelnder Vermittlungsstrukturen und damit der Funktionen von Massenorganisationen in sozialistischen Gesellschaften eine Bedeutung zu.[12]

Mit der normativ gewollten „Unterinstitutionalisierung" der Artikulation materieller Interessen der Arbeitnehmer verlagerten die kommunistischen Massenorganisationen frühzeitig ihre Arbeit auf sekundäre Betätigungsfelder. Diese bestanden für den FDGB etwa in der Verteilung sozialstaatlicher Leistungen, vor allem in dem Angebot attraktiver Ferienaufenthalte. Der Feriendienst des FDGB hatte vor allem nach dem Bau der Mauer faktisch eine staatspolitische Funktion, nämlich diejenige, eine Kompensation für das vorenthaltene Grundrecht auf Freizügigkeit zu schaffen (Weinert 1993).

---

11 „Wer gut arbeitet, arbeitet für den Arbeiter- und Bauern-Staat; wer schlecht arbeitet, unterstützt die Bonner Ultras, wir arbeiten ausgezeichnet" – so ein Beispiel aus der Kampagne für das Produktionsaufgebot im Jahre 1961; vgl. Eckelmann et al. (1990: 66f.).
12 So beklagte sich etwa der letzte FDGB-Vorsitzende Harry Tisch, daß im Politbüro die Berichte des FDGB nicht zur Kenntnis genommen wurden, sondern nur die Informationsberichte des ZK der SED (Pirker et al. 1995).

Trotz der Größe des FDGB, seines umfassenden Berichtswesens und seiner Präsenz in den Betrieben und Kombinaten war diese Massenorganisation innerhalb des Parteiapparates der SED von sekundärer Bedeutung und wurde von der Nomenklatura der Partei nicht sonderlich ernst genommen. Organisatorisch kam diese Nachrangigkeit in der Tatsache zum Ausdruck, daß es innerhalb der Zuständigkeit Günter Mittags im ZK-Apparat eine gesonderte Abteilung gab („Gewerkschaften und Sozialpolitik"), von der der FDGB-Vorsitzende Harry Tisch meinte, sie habe eine Art Über-Gewerkschaftspolitik gemacht. Gleichwohl hatte die Bedeutung des FDGB nach dem VIII. Parteitag der SED 1971 zugenommen, auf dem der neue Kurs, die „Einheit von Wirtschafts- und Sozialpolitik", verkündet wurde. Nach dem Sturz Ulbrichts stellte dieses Programm den politischen und ökonomischen Gegenentwurf der Parteibürokratie zur gescheiterten technokratischen Reform des „NÖS" dar. Der neue Generalsekretär Erich Honecker vertrat eine „Arbeiterpolitik", die die Reform-Initiatoren und -Träger sowie Wirtschaftsführer entmachten, die Sozialpolitik dagegen aufwerten sollte. Diese wurde vom FDGB freudig aufgenommen. Die ausdrückliche Erwähnung von Sozialpolitik als eine der Hauptaufgaben der SED – bis dahin galt Sozialpolitik als ein für den Kapitalismus charakteristisches Instrument zur Besänftigung der Arbeiterklasse – ist denn auch das Ungewöhnliche dieses Programms.[13] Sein Kernstück war die „Lösung der Wohnungsfrage", die ausschließlich über den Neubau gelöst werden sollte; die planmäßige Steigerung der Realeinkommen (und damit der Konsumquote); Anhebung der Mindestlöhne und Mindestrenten; Erhöhung der Produktion von Konsumgütern und Dienstleistungen; Ausbau der „gesellschaftlichen Konsumtionsfonds" (Bildung, Qualifizierung, Kindereinrichtungen etc.) und andere Maßnahmen mehr. Parteiintern konnte sich nunmehr der FDGB über die Festlegungen dieser Hauptaufgabe zusätzlich legitimieren, indem etwa sein Vorsitzender auf die Einhaltung der sozialpolitischen Ziele pochen konnte. Dieses Instrument stand dem FDGB unter Ulbricht nicht zur Verfügung.

Sieht man einmal von den aktuellen Handlungserfordernissen ab – der Ablösung des Ulbrichtschen Ökonomismus einerseits und der Notwendigkeit eines sozialpolitischen Präventivprogramms nach dem Einmarsch von Truppen des Warschauer Pakts in die CSSR andererseits – so ist das Besondere der neuen Hauptaufgabe darin zu sehen, daß die inhaltliche Füllung hinsichtlich des kulturellen wie materiellen Mindeststandards sozialistischer Gesellschaften stark von den eigenen Erfahrungen der SED-Elite geprägt wurde, insbesondere von denjenigen, die der Generalsekretär Erich Honecker während der Weltwirtschaftskrise gemacht hatte. Dies hatte zur Folge, daß die Finanzierung der Grundbedürfnisse (sichere Arbeitsplätze, niedrige Mieten, Sicherung der Lebensbedürfnisse usw.) von den effektiven Kosten entkoppelt wurde. Diese Sicherung der Grundbedürfnisse stellte die sozialistische Mindestkultur und damit gleichzeitig die zentrale Legitimationsgrundlage

---

13 Harry Tisch hierzu: „Auf dem VIII. Parteitag wurde auch festgelegt, das Gesicht mehr dem Volk und der Arbeiterklasse zuzuwenden, und dabei spielten diese Sozialaspekte eine wichtige Rolle. Der Wohnungsbau kam ebenfalls ins Gespräch ... die ganzen lohnpolitischen Fragen, der Produktivlohn wurde eingeführt, und die sozialen Fragen wie Versorgung der Kinder, Kinderkrippen, Schulen, diese ganzen Probleme wurden stärker hochgezogen mit der Einheit von Wirtschafts- und Sozialpolitik. Es wurde nicht nur über technische Fragen diskutiert, sondern über die Bedürfnisse, die das Volk hat. Das war meiner Meinung nach eine richtige Entscheidung ... die auch bis zum Schluß durchgehalten wurde" (zit. nach Pirker et al. 1995: 122).

dieser Gesellschaften dar. Das strukturelle Defizit dieser Mindestkultur und Mindestversorgung lag in der Ermangelung eines dynamischen Elementes, das das steigende Lebens- und Bedürfnisniveau hätte abfedern können. Die Einfrierung der Mindestversorgung führte in den siebziger und achtziger Jahren notwendigerweise dazu, daß die Mindestversorgung hinter die tatsächlichen Erwartungen und Ansprüche der Bevölkerung zurückfiel. Dieser Zusammenhang ist für den FDGB insofern von Bedeutung, als diese Massenorganisation eben nicht für die Reallokation der Produktivkräfte, sondern für die Aufrechterhaltung des sozialistischen Status quo eintrat.

## VI. Schlußbemerkung

Die Institutionenordnung der DDR war durch die Konstruktion des „Einen" als monoorganisationales System geprägt, die das „Viele" negieren mußte. Die soziale Grundlage für die Artikulation partikularer Interessen wurde eliminiert, Intermediarität unter Strafandrohung gestellt. Damit hatten Rationalitätskriterien partikularer Interessen keine Sanktionsmittel für ihre Durchsetzung. Legt man die eingangs vorgenommene Differenzierung westlicher Industriegesellschaften nach Institut – Institution – Organisation zugrunde, dann kann man sagen, daß die sozialistischen Gesellschaften in Institute und Organisationen zerfielen, in denen die Ebene der intermediären Institutionen fehlte. In sozialistischen Gesellschaften gab es verschiedene, wenn auch wenige Institute (wie Recht auf Arbeit oder Produktivitätserhöhung usw.), die miteinander in Konflikt geraten konnten; und es gab die Ebene der Organisationen, die durch das Konzept der Massenorganisationen politisch diszipliniert und auf Exekutivfunktionen reduziert war. Die strukturelle Vermittlung zwischen der Ebene des Instituts mit derjenigen der Organisation blieb aus und damit auch die Wahrnehmung vertikaler und horizontaler Vermittlungsleistungen, die für demokratische Industriegesellschaften typisch sind. Interessendurchsetzung erfolgte jenseits dieser Einteilung durch den omnipotenten Kompetenzkompetenz-Anspruch der Partei. Diese Ablehnung „bürgerlicher" Institutionenordnungen und -vermittlungsprozesse war ein politisch gewollter und bewußter Akt. Insofern ist eine schematische Gegenüberstellung von demokratischen mit sozialistischen Organisationsstrukturen wenig ergiebig. Eine Betrachtung der sozialistischen Gesellschaften unter dem Aspekt moderner Industriegesellschaften eröffnet jedoch einige interessante Vergleichsperspektiven. So wurden seit den siebziger Jahren unterschiedliche ökonomische Reformbestrebungen diskutiert und – damit zusammenhängend – eine größere Partizipation von verschiedenen sozialen Gruppen an den gesellschaftlichen Vorhaben erwartet. Die Konstruktion des „Einen" im Sozialismus hatte jedoch keine Mechanismen hervorgebracht, die ökonomisch die Anpassungselastizität und politisch die Partizipationschancen hätten erhöhen können. Die Artikulation und politische Durchsetzungschance partikularer Interessen ist jedoch in modernen Industriegesellschaften ein wesentliches Element zur Dynamisierung und Elastizitätserhöhung des Gesamtsystems. Institutionelle Mechanismen zur Dynamisierung und Elastizitätserhöhung fehlten in sozialistischen Gesellschaften hingegen völlig. Die relative Flexibilität des DDR-Systems in den achtziger Jahren ist in erster Linie Einrichtungen zuzuschreiben, die politisch außerhalb des Parteiapparates angesiedelt waren, wie den Kirchen, und Einrichtungen, die ökonomisch außerhalb des Planes lagen, wie der Bereich Kommerzielle Koordinierung.

Die im Sozialismus zur Wahrnehmung ‚partikularer Interessen' formal zuständigen Massenorganisationen, wie der FDGB, sanken dagegen zu Wächtern des Status quo herab.

*Literatur*

*Eckelmann, Wolfgang, Hans-Hermann Hertle* und *Rainer Weinert,* 1990: FDGB intern. Innenansichten einer Massenorganisation der SED. Berlin-Ost: Treptower Verlagshaus.
FDGB 1990: Finanzpolitischer Bericht an den außerordentlichen Kongreß. o.O. (Berlin/Ost): o.V.
*Gebhardt, Winfried,* 1992: Individualisierung, Pluralisierung und institutioneller Wandel, Der Staat 23: 347–365.
*Göhler, Gerhard,* 1990a: Einführung: Politische Ideengeschichte – institutionalistisch gelesen. S. 7–19 in: *Gerhard Göhler, Kurt Lenk, Herfried Münkler* und *Manfred Walther* (Hg.): Politische Institutionen im gesellschaftlichen Umbruch. Opladen: Westdeutscher Verlag.
*Göhler, Gerhard,* 1990b: Einführung: Ökonomische Theorie politischer Institutionen. S. 155–167 in: *Gerhard Göhler, Kurt Lenk* und *Rainer Schmalz-Bruns* (Hg.): Die Rationalität politischer Institutionen. Baden-Baden: Nomos Verlag.
*Hechter, Michael,* 1990: The Emergence of Cooperative Social Institutions. S. 13–33 in: *Michael Hechter, Karl-Dieter Opp* und *Reinhard Wippler* (Hg.), Social Institutions. Their Emergence, Maintenance and Effects. Berlin: de Gruyter.
*Hertle, Hans-Hermann,* und *Rainer Weinert,* 1991: Die Auflösung des FDGB und die Auseinandersetzung um sein Vermögen. Berliner Arbeitshefte und Berichte zur sozialwissenschaftlichen Forschung Nr. 45.
*Keynes, John Maynard,* 1926: Das Ende des Laissez-Faire. München: Duncker & Humblot.
*Lepsius, M. Rainer,* 1990: Interessen, Ideen, Institutionen. Opladen: Westdeutscher Verlag.
*Lepsius, M. Rainer,* 1994: Institutionenordnung als Rahmenbedingung der Sozialgeschichte der DDR. S. 17–30 in: *Hartmut Kaelble, Jürgen Kocka* und *Hartmut Zwahr* (Hg.): Sozialgeschichte der DDR. Stuttgart: Klett-Cotta.
*Marramao, Giacomo,* 1989: Macht und Säkularisierung. Frankfurt a.M.: Neue Kritik.
*North, Douglass C.,* 1992: Institutionen, institutioneller Wandel und Wirtschaftsleistung. Tübingen: J.C.B. Mohr.
*Otto, Gerhard,* und *Theo Pirker,* 1992: Epiprolog: Intermediäre Institutionen in pluralistisch verfaßten Gesellschaften. S. 173–188 in: *Theo Pirker* (Hg.): Die Bizonalen Sparkommissare. Opladen: Westdeutscher Verlag.
*Pirker, Theo,* 1990: Gewerkschaften im real nicht mehr existierenden Sozialismus. S. 9–13 in: *Theo Pirker, Hans-Hermann Hertle, Jürgen Kädtler* und *Rainer Weinert:* FDGB: Wende zum Ende. Köln: Bund Verlag.
*Pirker, Theo,* 1991: Soziologie als Politik, hrsg. v. *Rainer Weinert.* Berlin: Schlezky & Jeep.
*Pirker, Theo,* 1995: Kommunistische Herrschaft und Despotismus. S. 363–375 in: *Theo Pirker, M. Rainer Lepsius, Rainer Weinert* und *Hans-Hermann Hertle* (Hg.): Der Plan als Befehl und Fiktion. Opladen: Westdeutscher Verlag.
*Pirker, Theo, M. Rainer Lepsius, Rainer Weinert* und *Hans-Hermann Hertle* (Hg.), 1995: Der Plan als Befehl und Fiktion. Opladen: Westdeutscher Verlag.
*Rehberg, Karl-Siegbert,* 1990: Eine Grundlagentheorie der Institutionen: Arnold Gehlen. S. 115–144 in: *Gerhard Göhler, Kurt Lenk* und *Rainer Schmalz-Bruns* (Hg.): Die Rationalität politischer Institutionen. Baden-Baden: Nomos Verlag.
*Rieger, Elmar,* 1992: Strategien der Institutionenbildung, Journal für Sozialforschung 32: 157–175.
*Riese, Hajo,* 1990: Geld im Sozialismus. Regensburg: Transfer Verlag.
*Rigby, Thomas H.,* 1990: The Changing Soviet System. Mono-organisational Socialism from its Origins to Gorbachev's Restructuring. Aldershot: Edward Elgar.
*Roth, Günther,* 1987: Politische Herrschaft und persönliche Freiheit. Frankfurt a.M.: Suhrkamp.
*Weber, Max,* (1924) 1988: Gesammelte Aufsätze zur Soziologie und Sozialpolitik. Tübingen: J.C.B. Mohr.

*Weinert, Rainer,* 1993: Massenorganisationen in mono-organisationalen Gesellschaften. S. 125–150 in: *Hans Joas* und *Martin Kohli* (Hg.): Der Zusammenbruch der DDR. Frankfurt a.M.: Suhrkamp.
*Weinert, Rainer,* 1994: Das Ende der Gemeinwirtschaft. Frankfurt a.M.: Campus.
*Weinert, Rainer,* 1995: Wirtschaftsführung unter dem Primat der Parteipolitik. S. 285–308 in: *Theo Pirker, M. Rainer Lepsius, Rainer Weinert* und *Hans-Hermann Hertle* (Hg.): Der Plan als Befehl und Fiktion. Opladen: Westdeutscher Verlag.
*Williamson, Oliver E.,* 1985: The Economic Institutions of Capitalism: Firms, Markets, Relational Contracting. New York: Free Press.

# VERTRAUEN: DIE FEHLENDE RESSOURCE IN DER POSTKOMMUNISTISCHEN GESELLSCHAFT

Piotr Sztompka

*Zusammenfassung:* Der Weg der ehemaligen kommunistischen Gesellschaften Mittelosteuropas zu Demokratie und Marktwirtschaft westlichen Typs ist voller Hindernisse. Ein großer Teil der Probleme ist dem Mangel an kulturellen Ressourcen und dabei vor allem dem Vertrauensverlust zuzuschreiben. Ausgehend von der früheren Arbeit über „social becoming" wird eine Theorie des Vertrauens vorgeschlagen. Eine „Kultur des Mißtrauens" durchzieht postkommunistische Gesellschaften auf allen Ebenen des sozialen Lebens. Ein Teil dieses Syndroms ist auf das Erbe des Realsozialismus zurückzuführen. Der größere Teil jedoch ist in gegenwärtigen gesellschaftlichen Bedingungen zu suchen: die neuen Risiken, die verbreitete Anomie, die Ineffizienz der politischen Elite und das Gefühl relativer Deprivation nach der revolutionären Euphorie und enttäuschten Hoffnungen. Zur Wiederherstellung von Vertrauen werden verschiedene Maßnahmen vorgeschlagen, wie konsistente Reformpolitik, stärkere Einhaltung der Gesetze, beschleunigte Eingliederung in die westlichen Demokratien und schließlich Anerkennung von Vertrauen als sozialem Wert.

## I. Einleitung

Die Geschichte Mittelosteuropas steckt voller positiver und negativer Überraschungen. Der Zusammenbruch des Kommunismus, den die meisten zwar gewünscht, jedoch nicht wirklich erwartet hatten, war zweifellos eine angenehme Überraschung. Eine überaus unangenehme Überraschung ist dagegen der schwierige Prozeß des Übergangs zur Demokratie, zumal im Jahre 1989 alles viel einfacher erschien. Die demokratische Gesellschaftsordnung kann nur dann erreicht werden, wenn ernsthaft versucht wird, die Hindernisse, Blockaden und „Friktionen" (Etzioni 1991; Sztompka 1992) zu verstehen, die den Weg zu ihrer Verwirklichung verstellen.

In diesem Beitrag konzentriere ich mich auf ein Hindernis, das besonders schwer zu überwinden scheint, nämlich der überall anzutreffende *Mangel an Vertrauen*. Dieses Problem wird sowohl theoretisch als auch empirisch untersucht. Zunächst werde ich eine Theorie des Vertrauens entwerfen, die auf meinen Grundüberlegungen zum dynamischen und aktiven Konstruktionsprozeß der sozialen Wirklichkeit basiert (Sztompka 1991a). Dabei werde ich versuchen, wesentliche Erkenntnisse aus einer Reihe von früheren Untersuchungen über Vertrauen zu integrieren (Barber 1983; Luhmann 1979; Eisenstadt/ Roniger 1984; Gambetta 1988; Giddens 1990 et al.). In dem sich anschließenden empirischen Teil werde ich belegen, daß die postkommunistischen Gesellschaften in einem tiefsitzenden *Syndrom des Mißtrauens* gefangen sind. Die hier vorgestellte Theorie des Vertrauens wird auf diesen konkreten Fall angewendet, wobei versucht wird, die fortbestehenden Bedingungen von Mißtrauen aufzuzeigen. Danach wird es schließlich möglich sein, einige politische Handlungsanweisungen zur Wiederherstellung von Vertrauen anzuführen.

## II. Die soziologische Theorie des Vertrauens

### 1. Soziales Werden und Vertrauen

Seit einiger Zeit habe ich ein theoretisches Modell der sozialen Wirklichkeit zu formulieren und weiterzuentwickeln versucht, das auf Erkenntnissen der historischen Soziologie sowie auf modernen „Agency"-Theorien aufbaut (Sztompka 1991a, 1993a, 1994). Die so entstandene Theorie des *sozialen Werdens* („theory of social becoming") betrachtet die Gesellschaft als einen fortwährenden eigendynamischen Prozeß, der sich mittels „sozioindividueller Praxis" vollzieht und in dem in spezifischer Weise handlungsfähige Akteure innerhalb gegebener struktureller Kontexte handeln, wodurch sie sowohl ihre eigenen Handlungsbedingungen als auch den strukturellen Kontext verändern. In dieser Eigendynamik werden die Bedingungen künftigen Handelns ständig verändert. Unter „Agency" verstehe ich das sich verändernde Handlungspotential, das sich aus der Kombination von strukturellen Bedingungen einerseits und der Fähigkeit zu kreativem Handeln von Akteuren andererseits ergibt.

Die Stärke des Handlungspotentials hängt davon ab, über welche handlungsmäßigen und strukturellen *Ressourcen* eine Gesellschaft verfügt. Zum einen handelt es sich dabei um ganz konkrete Ressourcen, wie etwa Kapital, Infrastruktur, Naturvorkommen, Bevölkerungsgröße, geopolitische Lage usw., zum anderen um abstrakte Ressourcen, wie etwa Konsens, Identität, Loyalität, Unternehmergeist, Zivilisationsgrad usw. Unter diesen zuletzt genannten Ressourcen, die als *kulturelle oder moralische Ressourcen* bezeichnet werden können, kommt *Vertrauen* eine besonders große Bedeutung zu. „When trust is destroyed, societies falter or collapse" (Bok 1978: 26). In der Begrifflichkeit der Theorie des sozialen Werdens läßt sich Vertrauen somit als eine *kulturelle Ressource verstehen, die für die Realisierung des Handlungspotentials in Praxis und damit auch für das eigendynamische Potential der Gesellschaft unerläßlich ist.*

Diese hervorgehobene Bedeutung, die dem Vertrauen hier zugesprochen wird, erklärt sich aus der Tatsache, daß Vertrauen eine *Ressource zur Bewältigung der Zukunft* ist. „Sozioindividuelle Praxis" orientiert sich immer an der Zukunft und wird in seinem Verlauf durch die Antizipation der zukünftig relevanten Bedingungen geprägt. Da die Zukunft einer Gesellschaft stets komplex und ungewiß ist, trägt Vertrauen dazu bei, Komplexität zu reduzieren und Ungewißheit zu mindern, indem einige Aspekte der Zukunft als bekannt angenommen und dadurch gewissermaßen „ausgeklammert" werden. Auf diese Weise ist es möglich, das Handeln so fortzusetzen, als ob alles einfacher und gewisser wäre.

Vertrauen bezieht sich auf die sozial erzeugten Aspekte der Zukunft, auf die *soziale Umwelt von Handeln,* oder – anders ausgedrückt – auf die Bedingungen, die von anderen Akteuren und deren Handlungen geschaffen werden. Diese anderen Akteure haben ebenso wie wir selbst Handlungsfreiheit und produzieren im Prinzip eine Vielfalt von Handlungen. Einige dieser Handlungen werden zu unserem Vorteil sein, andere zu unserem Nachteil. Wie die anderen handeln werden, ist nicht mit Sicherheit vorauszusagen. Stets besteht die Möglichkeit, daß sie sich für solche Handlungen entscheiden, die für uns nachteilig sind. Dieses Risiko wächst in dem Maße, in dem die Anzahl, Heterogenität und räumliche Distanz der möglichen Handlungspartner zunehmen, und sie sich auf diese Weise der Überwachung und Kontrolle entziehen, kurz, in dem die soziale Umwelt komplexer und unpersönlicher wird (Luhmann 1979: 8). Das durch die komplexe Umwelt verursachte Risiko ist nicht zu vermeiden, denn zur Aufrechterhaltung des sozialen Lebens muß interagiert werden. Daher wird unter einer bestimmten *Annahme* über das zukünftige Handeln der anderen gehandelt, wobei Vertrauen geschenkt oder aber entzogen wird.

## 2. Der Begriff des Vertrauens

Vertrauen sei hier als *Annahme bzw. Wette über das künftige Handeln anderer* definiert. Diese knappe Formulierung hat eine Reihe von Implikationen. Zunächst bezieht sich Vertrauen auf menschliches *Handeln* und nicht auf Naturereignisse, denen gegenüber eher Hoffnungen zum Ausdruck gebracht werden als Vertrauen. Die beiden folgenden Aussagen sollen diesen Unterschied verdeutlichen: „Ich hoffe, daß uns das Erdbeben nicht erreicht." Aber: „Ich vertraue darauf, daß die Feuerwehr auf ein solches Ereignis gut vorbereitet ist." Hoffnung bezieht sich auf die Einstellung zu Ereignissen, die außerhalb der menschlichen Kontrolle liegen und an die man sich höchstens anpassen kann, wenn sie eingetreten sind. Vertrauen bezieht sich dagegen auf die Einstellung zu Ereignissen, die von menschlichem Handeln erzeugt worden sind und die daher zumindest soweit kontrolliert werden können, wie das Handeln der anderen überwacht werden kann.

Die zweite Implikation der hier unterstellten Definition von Vertrauen bezieht sich darauf, daß sowohl Vertrauen als auch Hoffnung auf *unsichere* Ereignisse gerichtet werden, das heißt, auf solche, die sich unserem kognitiven Verständnis zumindest teilweise entziehen. So kann man nicht ernsthaft sagen: „Ich vertraue darauf, daß die Sonne morgen aufgehen wird." Oder: „Ich hoffe, daß die Nacht anbrechen wird."

Drittens ist diese Ungewißheit über die zukünftigen sozialen Bedingungen auf die *kontingenten* Handlungen anderer zurückzuführen, das heißt, auf solche Handlungen, bei denen die Akteure ihre Wahlfreiheit umsetzen. Vertrauen drückt dabei die Erwartung auf bestimmte Handlungsergebnisse aus, obwohl – theoretisch gesehen – auch andere Ergebnisse möglich sein könnten. Kein Vertrauen liegt allerdings in jenen Fällen vor, in denen bestimmte Handlungen – von wem auch immer – erzwungen werden. So würde man nicht sagen: „Ich vertraue darauf, von meinem Sklaven bedient zu werden" (als ob dieser frei entscheiden könnte). Oder: „Ich vertraue darauf, daß der Sträfling im Gefängnis bleibt" (als ob er eine andere Wahl hätte).

Die vierte Implikation besagt, daß man in der Regel nur dem Handeln *anderer* vertraut, nicht aber dem eigenen, das man einfach ausführt. Eine Aussage wie: „Ich vertraue darauf, daß ich mir heute abend die Zähne putze", würde sonderbar sein, denn diese Handlung führe ich einfach aus, sofern ich es will. Ausnahmefälle sind Situationen der emotionalen Erregung, des Rausches oder der Handlungsunfähigkeit, in denen die Kontrolle über den eigenen Willen verloren geht und man sich selbst entfremdet wird. Entsprechend könnte man dann sagen: „Ich bin so wütend, daß ich mir selbst nicht mehr traue." Oder: „Ich habe soviel Alkohol getrunken, daß ich meiner Fahrtüchtigkeit nicht mehr vertraue."

Vertrauen ist fünftens als *Annahme bzw. Wette* über künftiges Handeln anderer definiert worden. Dies beinhaltet zwei weitere Punkte. Zum einen drückt sich darin die Verpflichtung aus, die jemand eingeht, wenn er bei irgendwelchen Tätigkeiten anderen vertraut – wenn er etwa eine Frau, der er vertraut, heiratet; einen Politiker, dem er vertraut, wählt; bei einem Verkäufer, dem er vertraut, Waren kauft oder einem Partner, dem er vertraut, Geld leiht. Zum anderen verknüpft derjenige, der vertraut, seinen Einsatz mit der Erwartung, daß das Handeln der anderen voraussichtlich vorteilhaft für ihn sein wird – etwa, daß die Ehefrau auf die Kinder aufpassen, der Politiker regieren, der Verkäufer nicht betrügen oder der Schuldner zahlungsfähig sein wird.

Sechstens kann der *Inhalt* der mit einem Einsatz verbundenen Annahme mehr oder weniger anspruchsvolle Erwartungen umfassen. Vertrauen beinhaltet, daß sich die anderen als vertrauenswürdig erweisen, das heißt, daß sich ihr zukünftiges Verhalten durch eine Kombination folgender sieben Merkmale auszeichnen wird, nämlich Berechenbarkeit, Effizienz, Zuverlässigkeit, soziales Engagement, Universalismus, Verantwortlichkeit und Uneigennützigkeit (vgl. auch Barber 1983).

### 3. Die Bezugsobjekte des Vertrauens

Vertrauen kann unterschiedlichen sozialen Objekten entgegengebracht werden und mehr oder minder stark verallgemeinert sein.

So ist es erstens möglich, Vertrauen in die soziale Ordnung ganz allgemein oder in eine bestimmte soziale Ordnung zu setzen. Entsprechend sagt man etwa: „Amerika ist eine großartige Gesellschaft." Oder: „Demokratie ist die einzig gerechte Regierungsform." Diese Art von Vertrauen kann als *„allgemeines* Vertrauen" bezeichnet werden, denn es stiftet „ontologische Sicherheit" für Individuen, das heißt, „confidence in the continuity of their self-identity and the constancy of surrounding social and material environments of action" (Giddens 1990: 92).

Vertrauen kann sich zweitens auf ganz bestimmte institutionelle Sphären der Gesellschaft richten, also auf die Wirtschaft, die Wissenschaft, das Bildungswesen, die Medizin, das Recht, das politische System usw. Diese Art *institutionellen* Vertrauens kommt in Aussagen wie: „Die deutsche Wirtschaft funktioniert", oder: „Schwedens Gesundheitssystem ist hochentwickelt", zum Ausdruck.

Drittens liegt *technologisches* Vertrauen vor, wenn Expertenwissen der Bezugpunkt des Vertrauens ist (vgl. Giddens 1990: 27). So kann dem Transportsystem, der Telekommunikation, dem Verteidigungssystem, den Finanzmärkten und Computer-Systemen vertraut werden. Obwohl der durchschnittliche Benutzer diese Systeme selbst nicht durchschauen kann, ist er alltäglich auf sie angewiesen – und muß ihnen vertrauen.

Vertrauen kann viertens konkreten Organisationen wie zum Beispiel einer bestimmten Regierung, Vereinigung, Universität, einem Krankenhaus oder einem Gerichtshof entgegengebracht werden. So sagen wir zum Beispiel: „Harvard ist eine sehr gute Universität", oder: „Sony ist das zuverlässigste Unternehmen". Diese Form wird hier als *Organisations-*Vertrauen bezeichnet.

Fünftens ist es möglich, Vertrauen in Produkte zu haben, das heißt, in alle Arten von Gütern zur Befriedigung verschiedener menschlicher Bedürfnisse. Vertrauen kann sich in diesem Fall entweder allgemein auf einen bestimmten Warentyp richten („Cornflakes sind gesund") oder auf Erzeugnisse aus einem bestimmten Land („Japanische Maschinen benötigen keine Reparatur"), auf ganz bestimmte Produkte einer besonderen Firma („Ich kaufe nur Erzeugnisse von IBM") oder sogar auf Produkte einer bestimmten Person („Wenn John Le Carré diesen Roman geschrieben hat, muß er spannend sein"). Diese Art sei *kommerzielles* Vertrauen genannt.

*Positions*-Vertrauen liegt sechstens vor, wenn den Inhabern bestimmter Positionen, beispielsweise Anwälten, Richtern, Ärzten, Priestern und Vertretern vergleichbarer Berufsgruppen vertraut wird, und zwar ungeachtet ihrer jeweiligen Persönlichkeitsmerkmale.

Siebtens schließlich kann man einzelnen Personen vertrauen, wobei die wahrgenommene individuelle Kompetenz, Fairneß, Integrität, Großzügigkeit und ähnliche Tugenden Basis des Vertrauens sind. *Persönliches* Vertrauen ist dann am größten, wenn bestimmten Personen hervorragende Eigenschaften zugeschrieben werden und sie als charismatisch gelten.

Sämtliche der eben unterschiedenen Bezugsobjekte des Vertrauens sind ungeachtet ihrer unterschiedlichen Erscheinungsformen auf *menschliches Handeln* reduzierbar. Vertrauen richtet sich letztendlich immer auf soziales Handeln und erst davon abgeleitet auf dessen Effekte oder Produkte. Im Falle kommerziellen Vertrauens vertraut man dem Handeln der Hersteller bestimmter Waren, der Qualitätsprüfer, der Distributeure u.a. Bei technologischem Vertrauen wird den Handlungen derjenigen vertraut, die Expertenwissen erstellt haben und auf seiner Basis professionell handeln (wie etwa Piloten, Fluglotsen und Flugzeugtechniker). Liegt institutionelles Vertrauen, etwa in die Regierung, vor, so vertraut man den Handlungen derjenigen, die den verfassungsrechtlichen Rahmen geschaffen haben, die die Regierungsfunktionen tatsächlich wahrnehmen und die die Ausübung der Regierungsgeschäfte kontrollieren (z.B. der Mitglieder des Verfassungsgerichts, der parlamentarischen Untersuchungsausschüsse, der freien Presse oder den Bürgerbeauftragten und letztlich den Wählern). Selbst im Falle des positionellen und des persönlichen Vertrauens würde die Behauptung, man vertraue Personen, im Grunde eine Kurzformel sein, denn tatsächlich werden in beiden Fällen Vorteile entweder von Rollenträgern oder von konkreten Individuen erwartet.

Die mit Vertrauen ausgestatteten Bezugsobjekte (soziale Ordnung, Institutionen, Experten, Organisationen, Produkte, Positionen oder Personen) können sich entweder in der eigenen Gesellschaft befinden („Ich vertraue der polnischen Regierung", „Ich fliege stets mit der polnischen Fluggesellschaft LOT"). In diesem Fall erscheint es sinnvoll, von internem Vertrauen zu sprechen. Oder die Vertrauensobjekte sind in anderen Gesellschaften angesiedelt, die als *„Bezugsgesellschaften"* funktionieren und auf die Neid, Bewunderung oder Zugehörigkeitswünsche projiziert werden (sei es z.B. auf „Amerika", auf „den Westen" oder auf „Europa"). Für den letzten Fall sei der Begriff externes Vertrauen eingeführt.

Von *konzentriertem* Vertrauen soll dann gesprochen werden, wenn sich Vertrauen auf ganz spezifische Objekte richtet. So gibt es zum Beispiel Gesellschaften, in denen interpersonalen, privaten Beziehungen großes Vertrauen entgegengebracht wird, während unpersönlichen Institutionen tiefes Mißtrauen entgegenschlägt. *Diffuses* Vertrauen (oder

Mißtrauen) liegt dagegen vor, wenn es mehr oder weniger gleichmäßig auf mehrere soziale Objekte verteilt ist. In diesem Sinne spricht man bekanntlich auch von der Atmosphäre des Vertrauens oder des Mißtrauens, die eine Gesellschaft beherrscht und das gesamte gesellschaftliche Leben nachteilig prägt. Gesellschaftlich verbreitetes und sichtbares Vertrauen (oder Mißtrauen) wird zur normativen Erwartung und zum Bestandteil der Kultur. Ist erst eine derartige *Kultur des Vertrauens* bzw. *Mißtrauens* entstanden, muß Vertrauen bzw. Mißtrauen bei allen Handlungsvollzügen demonstriert werden, ob die Individuen davon überzeugt sind oder nicht. Abweichungen werden hingegen auf unterschiedliche Weise sanktioniert. Diese Mechanismen zur Herstellung von Konformität sorgen dafür, daß Vertrauen bzw. Mißtrauen von einem Individuum zum anderen übertragen wird.

### 4. Die Begründung von Vertrauen

Vertrauen kann direkt und indirekt gerechtfertigt werden. Eine direkte Rechtfertigung liegt vor, wenn die Vertrauenswürdigkeit unmittelbar aus den Objekten selbst abgeleitet wird. Indikatoren der Vertrauenswürdigkeit sind das *Ansehen* oder die vertrauenswürdige Erscheinung, die Personen und andere Bezugsobjekte über die Zeit hinweg erworben haben. So kann etwa eine Person einen guten Ruf aufgrund ihres stets uneigennützigen, hilfsbereiten Verhaltens oder ihrer langen, untadeligen Erfahrung als Fahrer genießen. Produkte von bestimmten Unternehmen, beispielsweise von Mercedes oder IBM, können seit langem als zuverlässig gelten. Professionelles Spezialwissen, über das etwa das US-amerikanische Telefonnetz oder die Lufthansa verfügt, kann für seine Effizienz bekannt sein. Die verschiedenen Bezugsobjekte des Vertrauens können auch durch immanente Indikatoren ihre Vertrauenswürdigkeit anzeigen. So kann eine Person nach den geltenden kulturellen Standards vertrauenswürdig erscheinen, da sie korrekt gekleidet ist, selbstbewußt auftritt oder sicher Auto fährt. Ebenso haben bestimmte Berufsrollen einen Vertrauensvorschuß („Berufe öffentlichen Vertrauens"), so etwa der Notar, der Priester, der Rechtsanwalt, der Richter usw. Aber auch ganze Klassen oder soziale Schichten wie der Adel, die Ritter oder die Oberschicht können als vertrauenswürdig gelten, wenn ihnen „Ehre" zugeschrieben wird oder sie von dem Prinzip des „noblesse oblige" angeleitet werden. In manchen Gesellschaften steigt die immanente Vertrauenswürdigkeit mit zunehmendem Alter der Personen; hier genießen die Ältesten, die „Gerontokratie", das größte Vertrauen.

Indirekt wird Vertrauen gerechtfertigt, wenn sich die Vertrauenswürdigkeit auf Kontroll- und Überwachungsinstanzen bezieht, die damit betraut sind, Vertrauen herzustellen. In diesen Fällen beruht Vertrauenswürdigkeit auf *Zuverlässigkeit*. Für die Insassen eines Omnibusses etwa ist dessen Fahrer im allgemeinen unbekannt, doch nehmen sie an, daß dieser gut ausgebildet, fahrtüchtig und gesund ist; ferner wird Verkehrspolizisten vertraut, daß sie dessen zu schnelles Fahren verhindern.

### 5. Die Funktionen von Vertrauen

Anderen Vertrauen zu schenken, hat integrierendes und in diesem Sinne positives Handeln zur Folge. So haben Gabriel Almond und Sidney S. Verba (1965: 228) beobachtet:

„Belief in the benignity of one's fellow citizens is directly related to one's propensity to join with others in political activity." Auf Vertrauen gegründete Interaktionen sind frei von Angst und Hintergedanken und erlauben den Akteuren Spontaneität und Offenheit. Es ist nicht notwendig, die anderen auf Schritt und Tritt zu überwachen und zu kontrollieren und ihnen ständig „auf die Finger zu sehen". Wenn Vertrauen um sich greift und zur Vertrauenskultur wird, ist zudem die Wahrscheinlichkeit groß, daß sich das allgemeine Niveau der Mobilisierung, Aktivität und Unabhängigkeit erhöhen wird.

Vertrauen hat allerdings nicht nur positive Auswirkungen für diejenigen, die es schenken, wie auch Diego Gambetta (1988: 221) festgestellt hat: „It is important to trust, but it may be equally important to be trusted." Vertrauen zu genießen, bedeutet, vorübergehend von den sonst geltenden sozialen Zwängen befreit zu sein. Vertrauenswürdige Personen, Rollen, Organisationen und Institutionen erhalten einen „Vertrauenskredit", eine vorübergehende Entlastung von unmittelbarer sozialer Kontrolle. Dadurch wird für diese Akteure Spielraum für Nonkonformität, Innovation und Originalität, kurz, für Handlungsfreiheit geschaffen. „Possibilities of action increase proportionally to the increase in trust" (Luhmann 1979: 40). Daher ist es für einen Politiker, Wissenschaftler, Sportler oder Arzt ebenso wichtig, einen Vertrauenskredit zu erhalten, wie für Institutionen, etwa die Armee, die Polizei oder die Regierung.

Vertrauen hat nicht nur für die Interaktionspartner selbst wichtige Funktionen, sondern auch für die Umwelt, in der Vertrauen herrscht. In der Regel erweitert es den Interaktionsbereich und ermöglicht eine größere Dichte der zwischenmenschlichen Beziehungen. Dadurch wird das Syndrom der „pluralistischen Ignoranz", das spontanes kollektives Handeln verhindert, überwunden. Vertrauen regt Kooperation und gegenseitige Hilfe an, dämpft Konflikte und mäßigt persönliche Auseinandersetzungen (Parry 1976: 129).

Wie alle anderen Ressourcen, so kann sich auch Vertrauen erschöpfen. Mißtrauen entsteht, wenn die mit Vertrauen ausgestatteten Personen oder Objekte die in sie gesetzten Erwartungen nicht erfüllen. Dieses ist vermutlich noch größer, wenn es auf eine Phase vorherigen Vertrauens folgt. Jeder Vertrauensbruch oder -mißbrauch hat unmittelbare und übermäßige Reaktionen zur Folge und tiefes Mißtrauen macht sich breit.

Wird Vertrauen entzogen, so hat dies höchst dysfunktionale Konsequenzen sowohl für die Empfänger als auch für die Spender von Vertrauen. Die ersteren haben nunmehr ihre Kreditwürdigkeit und damit auch den Handlungsspielraum verloren, der ihnen bis vor kurzem noch zur Verfügung stand, um ihre Ziele zu verfolgen. Dabei stehen sie nun unter dem prüfenden Blick und der Kontrolle eben derjenigen, die ihnen einst ihr Vertrauen geschenkt haben. Zwang, nackte Gewalt und Geheimniskrämerei werden wieder zu den vorherrschenden Mitteln der Durchsetzung. Die Tendenz zum Despotismus nimmt nach dem Prinzip einer sich selbst erfüllenden Vorhersage zu und die Distanz zu denjenigen, denen man früher vertraut hat, wird immer größer. Ebenso groß ist der Schaden für diejenigen, die anderen Vertrauen geschenkt haben und deren Vertrauen mißbraucht worden ist. Sie fühlen sich betrogen, desillusioniert, enttäuscht. Derart Betrogene kennen nur zwei Reaktionen; entweder bittere Feindseligkeit und blinder Haß gegenüber den einst vertrauten Personen oder aber Apathie und Resignation. Kreativität und Aktivität schlagen in Abgeschlossenheit und Passivität, wenn nicht sogar in Destruktivität, um.

## 6. Die funktionalen Substitute von Vertrauen

Das gesellschaftliche Leben läßt kein Vakuum zu. Schwindet Vertrauen, entstehen daher andere soziale Mechanismen als funktionale *Kompensationen* oder *Substitute*, um die allgemeinen Bedürfnisse nach Ordnung, Berechenbarkeit, Effizienz, Fairneß usw. zu befriedigen. Einige dieser Substitute dürften zweifellos als pathologisch einzustufen sein.

Die erste Reaktion ist *Schicksalsergebenheit*, das heißt, Aktivität schlägt in Fatalismus um. Die Rückbesinnung auf übernatürliche oder metaphysische Kräfte – wie Gott, Vorhersehung, Schicksal – dient hier als eine Art Rettungsring, der scheinbare Sicherheit verleiht. Diese Kräfte helfen, eine Situation zu strukturieren, die nicht verändert werden kann und in der man alles auf sich zukommen läßt. Anthony Giddens (1990: 133) hat dieses Gefühl als „vague and generalized sense of trust in distant events over which one has no control" beschrieben, das zwar auf der psychologischen Ebene dazu beitragen kann, Trost zu spenden und Angst zu unterdrücken; auf der gesellschaftlichen Ebene jedoch hat es destruktive Auswirkungen, nämlich Passivität und Stagnation.

Die zweite, eher als pervers einzustufende Art, in der Vertrauensverlust substituiert werden kann, ist die *Korruption* (Elster 1989: 266). Ihre gesellschaftliche Verbreitung verleitet zu dem Trugschluß, als ob das Chaos geordnet, berechenbar und kontrollierbar sei. Mit Bestechung meint man, Entscheidungsträger kontrollieren und vorteilhafte Entscheidungen herbeiführen zu können. „Geschenke" an Ärzte, Lehrer und Firmenchefs sollen Gefälligkeiten und eine bevorzugte Behandlung sicherstellen. Das intakte soziale Gewebe wird von einem Netz wechselseitiger Gefälligkeiten, Beziehungen und Tauschgeschäften durchzogen und schließlich von einer „Pseudo-Gemeinschaft" (Merton 1968: 163) von Bestechern und Bestochenen ersetzt; die zynische Welt gegenseitiger Manipulation und Ausbeutung gewinnt die Oberhand (vgl. Gambetta 1988: 158–175).

Der dritte Mechanismus zur Kompensation von Vertrauensverlust besteht in zunehmender *sozialer Kontrolle*. Da die eigentlich zuständigen öffentlichen Instanzen als ineffizient und lasch gelten, eignen sich Privatleute die Aufgabe an, diejenigen zu überwachen, an deren Kompetenz, Integrität und Verantwortungsgefühl gezweifelt wird. Entsteht beispielsweise zwischen Geschäftsleuten Mißtrauen, hat der Handschlag zur Besiegelung des Geschäftsabschlusses keinen sozialen Sinn mehr. Statt dessen werden Bankgarantien eingefordert und Streitigkeiten auf dem Rechtsweg ausgetragen. Das Mißtrauen kann jedoch die Instanzen selbst erfassen, die eigentlich Vertrauen herstellen und sichern sollten. Wird etwa der Polizei ein schlechtes Urteil ausgestellt, treten private Sicherheitsagenturen an ihre Stelle. Gelingt es den Banken nicht, fällige Schulden einzutreiben, werden Inkassobüros auftreten, die vor Zwangsmaßnahmen nicht zurückschrecken.

Der vierte Kompensationsmechanismus für Vertrauensverlust kann als *Ghettoisierung* bezeichnet werden; gemeint ist der Rückzug einer sozialen Gruppe von der von ihnen als fremd und bedrohlich empfundenen Umwelt und die Errichtung undurchdringbarer Grenzen nach außen. Das diffuse Mißtrauen gegenüber der sie umgebenden Gesellschaft wird durch eine starke Loyalität gegenüber der Binnengruppe (Ethnie, Familie oder Herkunft) kompensiert und mit Xenophobie und Feindlichkeit gegenüber Außengruppen begleitet. Diese sozialen Ghettos umfassen zahlenmäßig begrenzte, enge Beziehungen, die sich von anderen Gruppen, Organisationen und Institutionen isolieren und deutlich abheben. Indem sie sich auf diese Weise von der äußeren Welt abschneiden, reduzieren sie gleichzeitig deren Komplexität und Unsicherheit.

Das fünfte Substitut von Vertrauensverlust besteht in der Reaktion, die „*Paternalisierung*" genannt sei. In einer „Kultur des Mißtrauens", in der Existenzängste immer unerträglicher werden, entsteht sehr schnell die Sehnsucht nach einer starken Vaterfigur, einem autokratischen Führer (einem „Führer", „Duce" oder „Generalissimo"), der all die „fremden", mit Argwohn betrachteten Personen, Organisationen und Institutionen mit eisernem Besen hinwegfegen und den Anschein von Ordnung, Berechenbarkeit und Kontinuität im gesellschaftlichen Leben – notfalls mit Gewalt – wiederherstellen würde. Tritt ein derartiger Führer dann wirklich in Erscheinung, folgt man ihm oft mit blindem Vertrauen.

Die sechste Reaktion, mit der mangelndes gesellschaftliches Vertrauen kompensiert werden kann, wird hier als *Externalisierung* von Vertrauen bezeichnet. Herrscht ein Klima des Mißtrauens gegenüber den einheimischen Politikern, Institutionen, Produkten usw. vor, orientiert man sich zunehmend an den Führern, Organisationen oder Gütern ausländischer Gesellschaften und schenkt diesen Vertrauen. Dabei bleibt es kaum aus, daß Idealisierungsvorgänge einsetzen, die durch die räumliche Distanz, eine selektive Medienberichterstattung und das Fehlen eigener Erfahrungen noch beschleunigt werden. Das Ergebnis derartiger Verzerrungen und Verlagerungen von Vertrauen nach außen kann der Glaube an ausländische Wirtschaftshilfe oder Militärunterstützung, an die herausragenden Vorteile der US-amerikanischen Demokratie oder an die unfehlbare Qualität japanischer Autos sein.

*III. Das Syndrom des Mißtrauens in der postkommunistischen Gesellschaft*

Die begrifflichen Klärungen sollen nun zur Analyse des konkreten Falls der postkommunistischen Gesellschaften in Mittelosteuropa herangezogen werden. Dabei soll zunächst die Diagnose belegt werden, wonach dort ein durchgängiger Vertrauensverlust oder, in anderen Worten, ein *Syndrom des Mißtrauens* vorherrscht. Danach sollen die Ursprünge dieses Phänomens dargelegt werden. Ihre Analyse erlaubt schließlich, einige Spekulationen über Maßnahmen zur Wiederherstellung von Vertrauen anzustellen.

1. Die Diagnose: Der durchgängige Vertrauensverlust

Das auf allen gesellschaftlichen Ebenen und in allen Sphären vorherrschende Mißtrauen ist in Mittelosteuropa auch noch fünf Jahre nach dem Ende des Realsozialismus eine soziale Tatsache. Um diese Diagnose zu belegen, lassen sich zwei Wege einschlagen. Erstens können *Indikatoren sozialen Verhaltens* näher unter der Frage betrachtet werden, welche typischen Formen tatsächlichen oder beabsichtigten Verhaltens auf Vertrauensverlust schließen lassen. Zweitens können *verbale Indikatoren* analysiert werden, das heißt, in Meinungsumfragen erhobene spontane Äußerungen und Bewertungen von verschiedenen Aspekten des sozialen Lebens, in denen verschiedene Formen von Mißtrauen direkt artikuliert werden. Diese empirischen Belege beziehen sich nur auf ein Land, nämlich Polen;

in anderen Ländern des postkommunistischen Europas könnten vermutlich ähnliche Tendenzen ausgemacht werden.

Betrachtet man zunächst die Indikatoren tatsächlichen oder beabsichtigten Verhaltens, so ist der Beschluß, auszuwandern, der vielleicht deutlichste Indikator für Mißtrauen in die Überlebensfähigkeit der eigenen Gesellschaft. Er ist der sichtbarste Ausdruck für die Hischmansche Option des „Exit" (Hirschman 1970), die gewählt werden kann, wenn die Lebensbedingungen unerträglich werden und keine Aussicht auf Verbesserung erkennbar ist. Der Flüchtlingsstrom aus Ostdeutschland im Jahre 1989 oder die „boat people", die aus Haiti, Kambodscha, Vietnam oder Kuba geflohen sind, sind Beispiele einer Situation, in der die Bürger jegliches „interne Vertrauen" in das politische oder wirtschaftliche System ihrer Herkunftsgesellschaft verloren haben. Gleichzeitig setzt das funktionale Substitut des „externalisierten Vertrauens" ein, das in so verschwommenen Begriffen wie „freie Welt", „der Westen" usw. oder in spezifischeren Vorstellungen vom auserwählten, ersehnten Einwanderungsland (sei es die USA, Kanada oder Deutschland usw.) zum Ausdruck kommt. Was den polnischen Fall betrifft, so ist nach wie vor die Auswanderung beträchtlich, obwohl die ursprünglichen politischen Beweggründe, Polen zu verlassen, nicht mehr gegeben sind. Die Emigranten rekrutieren sich hauptsächlich aus Berufsgruppen mit einem höheren Bildungsniveau (Ärzte, Ingenieure) sowie aus freiberuflichen Kategorien, wie Künstler, Musiker und Sportler. Bei der Vergabe von Einreisevisa für die USA fallen auf Polen die durchgehend größten Anteile, woraus zu schließen ist, daß auch unter den Bewerbern Polen die größte Gruppe bilden. Noch aufschlußreicher sind Umfragedaten, nach denen 29 Prozent der polnischen Bürger ernsthaft eine Auswanderung in Erwägung ziehen (Central and Eastern Eurobarometer 1993).

Ein ähnliches Phänomen, das im Grunde nur eine Variante der „Exit"-Option darstellt, ist der Rückzug aus der öffentlichen Sphäre und die Flucht in die Privatsphäre, in die Familie, Freundschaftskreise, Arbeitsgruppen oder der freiwilligen Vereinigungen. In diesen Ghettos finden Menschen das „horizontale" Vertrauen, das den Mangel an „vertikalem" Vertrauen in Institutionen funktional kompensiert. Im Kommunismus wurde dieses Verhalten als „inneres Exil" bezeichnet, das allerdings bis in die Gegenwart hinein fortzubestehen scheint. Ein deutliches Anzeichen hierfür ist die Wahlenthaltung. So zogen es fast 50 Prozent der polnischen Bürger vor, den ersten demokratischen Präsidentschaftswahlen fernzubleiben; bei den letzten Kommunalwahlen lag die Wahlbeteiligung bei nur rund 34 Prozent, in den Städten sogar bei nur 20 Prozent. Was Verhaltensweisen im ökonomischen Bereich betrifft, ist auffallend, daß nun Großfamilien oder Verwandte mobilisiert werden, um Kapital oder Arbeitskräfte für geschäftliche Vorhaben zu beschaffen. Es ist ganz erstaunlich, daß in einem relativ armen Land wie Polen enorme Geldsummen für humanitäre Zwecke gesammelt werden können, so lange sie spontan und privat und nicht von der Regierung initiiert werden. Die selben Personen, die hohe Summen für Aktionen zugunsten herzkranker Kinder spenden, scheuen keine Tricks, um Steuern zu hinterziehen.

Eine alternative Reaktion auf Mißtrauen kann auch in der Hirschmanschen Option des Protestes (Hirschman 1970) bestehen. Die Anzahl von „Protestbekundungen" ist dabei ein deutlicher Hinweis auf veröffentliches Mißtrauen. Natürlich muß dieser Protest von einem Minimum an Vertrauen in die Durchsetzungsfähigkeit der protestierenden Gruppen oder Bewegungen begleitet sein. Das Mißtrauen in offizielle Politik von oben wird auf diese Weise durch Vertrauen in „alternative Politik" von unten funktional substituiert. In den postkommunistischen Gesellschaften sind Protestkundgebungen relativ häufig gewesen. So sind in Polen wiederholt Streiks, Straßenkundgebungen, Protestversammlungen und -märsche, Straßenblockaden und Fastenaktionen organisiert worden, die dem allgemeinen Mißtrauen gegen die Regierung oder dem gezielten Mißtrauen gegen konkrete politische Maßnahmen Ausdruck verliehen.

Mißtrauen entdeckt man auch in solchen Verhaltensarten, die auf eine entferntere Zukunft gerichtet sind. Sind die Vorstellungen über die Zukunft unklar oder negativ, läßt sich eine Orientierung auf die Gegenwart und eine Fixierung auf den unmittelbaren Augenblick feststellen, die auf Kosten eines weiter gesteckten zeitlichen Horizonts gehen. In diesem Sinne bezeichnen einige Autoren das gegenwärtige Polen als eine „wartende Gesellschaft", die abgeneigt sei, „to plan and think of the future in a long time perspective" (Tarkowska 1994: 64–66). Allgemeines Mißtrauen in die Zukunft spiegelt sich dabei in vielerlei Dingen wider. Ein schlagendes Beispiel sind die individuell getroffenen Entscheidungen über die Ausbildung und den späteren Beruf, die kaum auf den gegenwärtigen Arbeitsmarkt abgestimmt noch überhaupt langfristig geplant sind. Sie scheinen vielmehr darauf abzuzielen, die Adoleszenz künstlich zu verlängern und einige Jahre im angenehmen akademischen Milieu zu verbringen. Wie könnte man sonst die hohe Popularität erklären, die Studiengänge wie Archäologie (und insbesondere Archäologie des Mittelmeerraums!), Kunstgeschichte, Theologie, Philosophie, Psychologie usw. derzeit genießen (Statistik über die Studienanfänger der Jagiellonian Universität Kraków 1992, 1993, 1994)? Ähnliche Einstellungen kann man belegen, wenn man sich die vorherrschenden Verhaltensmuster im wirtschaftlichen Bereich vor Augen führt. Dazu gehören etwa die auffallend hohen Geldausgaben für Konsumartikel, die auf Kosten von Investitionen gehen. Die meisten zögern noch immer, in Privatunternehmungen zu investieren; nur 14 Prozent ziehen dies ernsthaft in Erwägung und nur 7 Prozent sind bereit, Wertpapiere als Geldanlage zu nutzen (Gazeta Wyborcza, 30.4.1994). Aber auch dann, wenn investiert wird, treten auffällige Verhaltensmuster auf. Nach wie vor fließen die meisten Investitionen in die Bereiche Handel, Dienstleistungen und Finanzgeschäfte anstatt in den Produktions- oder Baubereich (Poland: An International Economic Report 1993/1994: 125). Hierin kommt die Unsicherheit über gesetzliche Regelungen, die „Terms of Trade" und die Kontinuität der Wirtschaftspolitik zum Ausdruck. Unmittelbares Gewinnstreben anstatt langfristiger Gewinnkalküle ist die rationale Antwort auf derartige weit verbreitete Befürchtungen.

Auch im Sparverhalten drückt sich Mißtrauen aus. So erklären 59 Prozent der polnischen Bürger, zu sparen sei vollkommen unvernünftig (Gazeta Wyborcza, 18.10.1994). Die wenigen, die sich zum Sparen entschließen, legen durchschnittlich rund 36 Prozent ihres ersparten Geldes in Devisen an, obwohl die Sparzinsen (jährlich etwa 3,5 Prozent) im Vergleich zu der Verzinsung von Spareinlagen in einheimischer Währung (etwa 30 Prozent) deutlich niedriger sind. Dabei sind der US-Dollar und die Deutsche Mark die bevorzugten Währungen (Gazeta Wyborcza, 3.4.1994); 25 Prozent der Polen sehen in einem Sparguthaben in US-Dollar den besten Schutz vor der Inflation (CBOS 1994). Hierin kann man ein weiteres Symptom für die Externalisierung von Vertrauen erkennen.

Die Externalisierung von Vertrauen wird noch offensichtlicher, wenn man das Konsumverhalten betrachtet. Ausländische Waren werden durchweg den einheimischen vorgezogen, obwohl die einheimischen Produkte von vergleichbarer Qualität und vor allem billiger sind. Dies trifft ebenso für landwirtschaftliche Produkte, Nahrung, Kleidung und technische Geräte wie für Kraftfahrzeuge zu. Positive Stereotypisierungen von ausländischen Fabrikaten und Herstellern sind zum Allgemeingut geworden und werden kritiklos übernommen – deutsche Präzision, japanischer Erfindungsreichtum, französischer Komfort, italienischer Stil oder konkreter, Mercedes als Synonym für das beste Auto, IBM für den besten Computer, Sony für die besten audiovisuellen Geräte usw.

Institutionelles Mißtrauen läßt sich im Bereich der Wirtschaft am besten dadurch veranschaulichen, daß man das typische Verhalten von Investoren an der Wertpapierbörse, einer neuen Institution in der polnischen Wirtschaft, analysiert. Anstatt sorgfältig die Geschäftsberichte der Unternehmen zu verfolgen, stützen sich die meisten Investoren allenfalls auf Preiskurven, am liebsten aber auf obskure Rezepte (besonders in Mode ist derzeit „Elliott Waves"). Die wildesten Gerüchte scheinen eine größere Glaubwürdigkeit zu besitzen als offizielle Äußerungen, statistische Daten oder Wirtschaftsprognosen. Von einer Art Herdentrieb umgetrieben, imitieren sie einander blind und schwanken dabei zwischen Begeisterung und Verzweiflung.

Die Verbreitung einer Spielleidenschaft dürfte allgemein ein Alarmzeichen für fehlendes Vertrauen in individuelle Leistungs- und Durchsetzungsfähigkeit sein. Dieser Vertrauensverlust wird durch Vertrauen in die Macht des Glücks und Zufalls kompensiert. Zwar liegen hierzu keine genauen Daten vor, doch sprechen die Popularität von Glücksspielen (Lotto und andere), neue Ketten von Spielbanken und Bingo-Unternehmen sowie zahlreiche Spielshows im Fernsehen (wie etwa das „Glücksrad") für sich selbst.

Auch im Dienstleistungsbereich ist das Mißtrauen in öffentliche Institutionen eklatant. Die meisten ziehen private Dienstleistungsunternehmen den öffentlichen vor. Als zum Beispiel der staatlich organisierte Gesundheitssektor sein früheres Monopol verlor, wechselte ein großer Teil der Patienten trotz der hohen Kosten sofort zu Privatärzten und -kliniken. Immer mehr Schüler aller Stufen gehen in Privatschulen, obwohl sie dort vergleichsweise hohe Stundenzahlen absolvieren müssen. Diese Entwicklung hat inzwischen auch die Hochschulen erfaßt; Studenten verlassen selbst hoch angesehene staatliche Universitäten zugunsten von neuen privaten Einrichtungen. Die einzige Garantie für gute Dienstleistungen ist Geld – so scheint die Devise zu lauten, die diesen Erscheinungen zugrunde liegt.

Das allgemein verbreitete Mißtrauen in Gesellschaft und öffentliche Sicherheit wird an den vielen Arten von Selbstverteidigungs- und Schutzmaßnahmen sichtbar, die immer mehr um sich greifen. An die Stelle von Vertrauen tritt erhöhte Wachsamkeit. Der Verkauf von Gewehren, Gaspistolen, Alarmanlagen, einbruchsicheren Türen, speziellen Schließanlagen und weiteren Anti-Diebstahls-Vorrichtungen für Haus und Auto sowie die Ausbildung von Wachhunden sind zu einem florierenden Geschäft geworden. Der Durchbruch des privaten Sicherheitssektors wird insbesondere an den vielen privaten Sicherheitsdiensten, Detektivbüros, Inkassobüros usw. sichtbar, die ihre Dienste als Alternative zu der unzuverlässigen Arbeit der staatlichen Behörden anbieten. Freiwillige Zusammenschlüsse schießen wie Pilze aus dem Boden, um die Bürger vor Mißbrauch aller Art zu schützen: Konsumentenvereinigungen, Mieterschutzverbände, Interessengruppen zum Schutz der Kreditnehmer oder der Steuerzahler usw.

Neben den Verhaltensindikatoren lassen sich auch zahlreiche verbale Indikatoren – direkt geäußerte Meinungen, Einschätzungen und Erwartungen – als Belege für das vorherrschende Mißtrauen in Polen anführen. Einigen Aufschluß darüber geben insbesondere die Erhebungen von Meinungsforschungsinstituten, die derzeit Hochkonjunktur in Polen haben. Kein Tag vergeht, an dem nicht entsprechende Ergebnisse in den Zeitungen veröffentlicht werden, wobei die relevanten Daten für das hier diskutierte Thema derart übereinstimmend sind, daß sie trotz methodischer Vorbehalte ernstzunehmen sind. Gesellschaftlich vorherrschende Meinungen schaffen soziale Tatsachen, oder, wie William I. Thomas vor langer Zeit in seinem berühmt gewordenen Theorem bemerkt hat: „If men define situations as real, they are real in their consequences" (zit. in Sztompka 1986: 229).

Ganz allgemein wäre der beste Indikator für Vertrauen dann gegeben, wenn die bisher durchgeführten Systemreformen unterstützt, die von ihnen erzielten Erfolge gewürdigt und ihre Zukunftsaussichten positiv eingeschätzt werden würden. Tatsächlich unterstützen jedoch nur 29 Prozent der Polen die Reformen uneingeschränkt und ganze 56 Prozent sind ihnen gegenüber mißtrauisch (Central and Eastern Eurobarometer 1993). Einer anderen Umfrage zufolge sehen 58 Prozent der Befragten die gegenwärtige politische und wirtschaftliche Situation als eine Verschlechterung gegenüber früher an (Gazeta Wyborcza, 22.2.1994). In bezug auf die einzelnen Reformmaßnahmen erklären nur 32 Prozent, Demokratie sei eine gute Sache, während 55 Prozent mit den demokratischen Institutionen unzufrieden sind (Central and Eastern Eurobarometer 1993). Entsprechend glauben nur 29 Prozent, daß Privatisierung die Situation verbessere (Gazeta Wyborcza, 17.4.1994). Aufgefordert, die konkreten Veränderungen zu benennen, die tatsächlich stattgefunden haben, reagieren die Befragten auffallend negativ und heben einseitig die Schattenseiten der Reformen hervor. Die einschneidenden Veränderungen sind nach diesen Aussagen der Anstieg von Verbrechen (93 Prozent), die zunehmende Wirtschaftskriminalität (89 Prozent), die vergrößerten Klassenunterschiede zwischen Armen und Reichen (87 Prozent), die schwindende gegenseitige Anteilnahme und Hilfsbereitschaft unter der Bevölkerung (62 Prozent) sowie die geringere soziale Sicherheit und Fürsorge (57 Prozent) (Gazeta Wyborcza, 17.6.1994).

Ein weiterer Indikator, um allgemeines Vertrauen zu messen, ist die Beurteilung der gegenwärtigen sozioökonomischen Situation im Vergleich zur Vergangenheit. Auch hier herrscht eindeutig Mißtrauen vor. 53 Prozent der befragten Polen haben das Gefühl, jetzt schlechter zu leben als früher (Gazeta Wyborcza, 17.6.1994). Auf die Situation ihrer Mitbürger angesprochen, glaubt etwa die Hälfte der Befragten, die Menschen seien unter den Bedingungen des Realsozialismus allgemein zufriedener gewesen. Dieses in der Tat schokkierende Ergebnis wird von drei unabhängigen Meinungsumfragen bestätigt, die den Anteil der Personen, die zu dieser Aussage gelangten, auf 48, 52 bzw. 54 Prozent beziffern (Gazeta Wyborcza, 28.6.1994).

Noch pessimistischer reagieren die Polen auf die Frage, wie sie die künftige Entwicklung ihrer Gesellschaft einschätzen. Nur 20 Prozent vertrauen auf eine Verbesserung der Situation, 32 Prozent erwarten eine Wendung zum Schlimmeren und nur 36 Prozent hoffen auf zumindest gleichbleibende Verhältnisse (Gazeta Wyborcza, 17.4.1994). Auf die konkretere Frage nach der wirtschaftlichen Entwicklung äußern 62 Prozent, an keine Verbesserung zu glauben (Central and Eastern Eurobarometer 1993); 55 Prozent erwarten einen Anstieg der Lebenshaltungskosten (CBOS 1994). Das fehlende Vertrauen in die

Zukunft wird in der Auflistung der Probleme bestätigt, die den Polen gegenwärtig Sorgen bereiten; 73 Prozent sind über die schlechten Zukunftsaussichten ihrer Kinder beunruhigt (CBOS 1993). Der Rückgang der Geburtenrate mag mit dieser Art von Ängsten zusammenhängen.

Auch das Mißtrauen gegen Institutionen und Positionen kommt in unterschiedlichen Erscheinungen zum Ausdruck. Politiker werden mit größtem Argwohn betrachtet, der sich etwa darin äußert, daß 87 Prozent einer auf nationaler Ebene erhobenen Stichprobe die Auffassung vertreten, Politiker würden sich nur um ihre eigenen Interessen und ihre Karriere kümmern und das öffentliche Wohl vernachlässigen (Gazeta Wyborcza, 11.7.1994). 48 Prozent halten die öffentliche Verwaltung für durch und durch korrupt (Gazeta Wyborcza, 19.3.1994). Das korrekte Verhalten von Ministerien und Verwaltungsbehörden wird angezweifelt; 49 Prozent der polnischen Bürger schenken den von Ministern gegebenen Informationen keinen Glauben (Gazeta Wyborcza, 25.3.1994) und 60 Prozent sind überzeugt, daß die vom staatlichen Statistikamt veröffentlichten Daten zur Inflationsrate oder zum Wachstum des Bruttosozialprodukts nicht stimmen (CBOS 1994). Wie gering das Vertrauen in die „fiduciary responsibility" (Barber 1983) von Regierung oder Verwaltung ist, zeigt sich daran, daß 70 Prozent die öffentliche Bürokratie für vollkommen unsensibel gegenüber den menschlichen Leiden und Beschwerden halten (Giza-Poleszczuk 1991: 76). Von Fairneß und Gerechtigkeit könne in öffentlichen Institutionen nicht die Rede sein. Ferner meinen 71 Prozent, daß in Staatsunternehmen „good work is not a method of enrichment" (Koralewicz/Ziółkowski 1990: 55) und 72 Prozent sind der Meinung, daß die Menschen in Polen nicht durch erfolgreiche Arbeit, sondern durch Beziehungen vorwärtskommen (Giza-Poleszczuk 1991: 86). Von solchen negativen Einschätzungen werden auch die Gerichte nicht verschont; so behaupten 79 Prozent, daß Gerichtsurteile für Personen aus unterschiedlichen sozialen Schichten verschieden ausfallen (Giza-Poleszczuk 1991: 88). Die Polizei wird seit jeher mit Mißtrauen betrachtet, entsprechend gering wird die öffentliche Sicherheit bewertet. So geben 56 Prozent der befragten Polen an, das Haus nach Einbruch der Dunkelheit möglichst nicht mehr zu verlassen (Polityka, 14.5.1994), 36 Prozent fühlten sich weder bei Nacht noch bei Tage auf den Straßen sicher (CBOS 1993). Die Frage, „Ist Polen ein im Inneren sicherer Staat?", verneinen 67 Prozent und nur 26 Prozent fühlen sich sicher (Gazeta Wyborcza, 21.3.1994). Das Klima des Mißtrauens hat selbst die Katholische Kirche erfaßt, die bisher als die vertrauenswürdigste unter den öffentlichen Institutionen galt. Dies trifft insbesondere dann zu, wenn die Katholische Kirche mehr politische Rollen übernimmt. Eine solche Kompetenzerweiterung mißbilligen 54 Prozent, und 70 Prozent würden es lieber sehen, wenn die Kirche ihre Aktivitäten auf das religiöse Gebiet beschränken würde (Gazeta Wyborcza, 10.5.1994). Es hat den Anschein, als ob jeder Kontakt mit dem politischen Bereich das Vertrauensklima vergiften würde.

Das gleiche Phänomen tut sich auf, wenn Vertrauen in Positionen und Personen betrachtet wird. Die Übernahme eines öffentlichen Amtes ist keineswegs mit Popularitätsgewinn verbunden – ganz im Gegenteil! Das gegenüber Politikern gezeigte Mißtrauen ist beträchtlich. In der Beliebtheitsskala der bekanntesten Persönlichkeiten Polens belegen denn auch drei Personen die vorderen Plätze, die zwar öffentlich auftreten, allerdings kein politisches Amt besitzen, nämlich der oppositionelle Intellektuelle Jacek Kuroń, Kardinal Joseph Glemp und der berühmte Herzchirurg Zbigniew Religa (Gazeta Wyborcza,

18.6.1994). Auf die gegenteilige Frage, „Wer hat Schande über Polen gebracht?", nennen 49,7 Prozent der Befragten die Namen von drei polnischen Staatspräsidenten, nämlich Bolesław Bierut, Wojciech Jaruszelski und Lech Wałesa (Polityka, 25.6.1994). Der Fall Lech Wałesas ist dabei besonders aufschlußreich, denn seine Popularität sank dramatisch, nachdem er das Präsidentenamt übernommen hatte. So erklären 24 Prozent der Befragten, er bringe durch die Art, wie er sein Präsidentenamt ausführe – ganz im Gegensatz zu seinem früheren Status als charismatischer Führer und Held der Nation – nunmehr Schande über Polen (Polityka, 25.6.1994).

Obwohl die Massenmedien heute sehr viel unabhängiger vom Staat sind, ergeht es ihnen in den Meinungsumfragen nicht viel besser. Offensichtlich ist es ihnen noch nicht gelungen, das Vertrauen, das sie durch ihre instrumentelle Rolle unter dem Realsozialismus zerstört haben, wiederzugewinnen. Noch immer sagen 48 Prozent, sie glauben dem Fernsehen nicht, und 40 Prozent mißtrauen den Zeitungen (Central and Eastern Eurobarometer 1993).

Kehrseite des breiten Mißtrauens im Inneren Polens, das sich in so zahlreichen Erscheinungen äußert, ist das starke externalisierte Vertrauen in den Westen. 49 Prozent der befragten Polen kennen die Verträge zur Europäischen Einigung und 48 Prozent sind zur Europäischen Union und ihrer Politik positiv eingestellt. Nicht weniger als 80 Prozent würden einen Beitritt Polens zur Europäischen Union begrüßen, wobei 43 Prozent für einen sofortigen Beitritt plädieren (Central and Eastern Eurobarometer 1993). Die Unterstützung für einen Beitritt zur NATO ist sogar noch größer, was mit dem traditionellen Mißtrauen gegenüber Rußland und anderen östlichen Nachbarstaaten Polens zusammenhängen dürfte.

Die hier vorgenommene Diagnose der Situation des Postkommunismus ist zweifellos unvollständig. Viele Aspekte des gesellschaftlichen Lebens konnten aus Gründen mangelnden Datenmaterials nicht berücksichtigt werden. So tentativ das hier gezeichnete Bild aber auch sein mag, es ist dennoch in sich schlüssig. Es hat den Anschein, als sei Vertrauen derzeit die knappste der sozialen Ressourcen, während die „Kultur des Mißtrauens" tief verwurzelt zu sein scheint. Hat der Vertrauensschwund erst dieses niedrige kulturelle Niveau erreicht, breitet sich Mißtrauen wie eine ansteckende Krankheit aus, die immer ernster wird. Mißtrauisch zu sein, ist jetzt eine ganz „normale", allgemein akzeptierte Reaktion; Vertrauen zu haben, wird dagegen als Zeichen von Naivität und Leichtgläubigkeit gedeutet und mit Spott und anderen „negativen" Sanktionen bestraft. Zynismus wird als Tugend gefeiert – ein ebenso niederschmetterndes wie paradoxes Ergebnis des rasanten Vertrauensschwundes.

## IV. Die Ursachen des Mißtrauens

Um Maßnahmen vorschlagen zu können, wie das verlorene Vertrauen zurückgewonnen werden kann, reicht die Beschreibung der Tatsachen nicht aus. Es muß erklärt werden, wie Vertrauen schwinden und Mißtrauen entstehen konnte. Einen Teil der Erklärung findet man in der Vergangenheit, genauer gesagt, im Erbe des kommunistischen Systems, das die polnische Kultur und Mentalität der Menschen stark beschädigt hat. Da ich mich diesem Aspekt bereits an anderer Stelle zugewandt habe (Sztompka 1993b), will ich mich hier auf die gegenwärtigen Bedingungen und Schwierigkeiten der postkommunistischen Gesellschaften konzentrieren, die vielleicht erklären können, warum auch nach fünf Jahren des Aufbaus einer offenen, demokratischen und marktwirtschaftlich organisierten Gesellschaft westlichen Typs das *Syndrom des Mißtrauens* weiterhin derart ausgeprägt ist.

Die wichtigste Bedingung ist dabei die *Ungewißheit* (Unsicherheit, Doppeldeutigkeit, Undurchsichtigkeit) der „Lebenswelt" des Postkommunismus, die in vielfältiger Weise deutlich wird. Sie zeigt sich zunächst in der weithin verbreiteten „environment of risk that collectively affects large masses of individuals" (Giddens 1990: 35). Das brennendste Problem ist die Arbeitslosigkeit, von der gegenwärtig 15,7 Prozent der polnischen Arbeitskräfte direkt betroffen sind (Poland: An International Economic Report 1993/94: 77); 69 Prozent der Bevölkerung erkennen darin das vorrangigste Problem des Landes (CBOS 1994). Drohende oder tatsächliche Arbeitslosigkeit schafft Angst, Unsicherheit und Enttäuschung; allgemeines Mißtrauen in das System und die Zukunft ist die offensichtliche Folge. Eine fast ebenso große Bedrohung stellen das Inflationsrisiko und die finanzielle Instabilität dar. Die jährliche Inflationsrate ist mittlerweile zwar unter frühere Spitzenwerte gefallen, sie bewegt sich jedoch noch immer auf einem hohen Niveau zwischen 35 und 40 Prozent (Poland: An International Economic Report 1993/94: 22). Selbstverständlich wird dadurch das Vertrauen in die polnische Währung, in den Sinn von Spareguthaben und in die Stabilität der „Terms of Trade" untergraben. So verwundert es nicht, daß 64 Prozent der Polen die Inflation zu ihren größten Alltagssorgen zählen (CBOS 1994). Die ständig schwankende Steuerpolitik und immer wieder neue Steuerlasten wirken sich höchst schädlich aus, insofern jede Sicherheit über das künftige Einkommen genommen wird und Betrug, Steuerhinterziehung und sogar Verbrechen gerechtfertigt erscheinen. „When people feel that they are being taken advantage of, why should they not rip off the system in return" (Elster 1989: 180)? Für die Verbreitung zusätzlichen Mißtrauens in das Finanzsystem haben zweifellos die Zusammenbrüche einiger neu gegründeter Privatbanken sowie einige Male auch des Wertpapiermarktes gesorgt, der noch kurz vorher einen nie dagewesenen Boom erlebt hatte. Ein drittes Risiko geht vom freien Wettbewerb und Markt aus und trifft Produzenten ebenso wie Konsumenten. Die Frühphase der Kapitalakkumulation fördert brutales, aggressives und ungehemmtes Geschäftsverhalten; Preistreiberei, Qualitätsnachlaß, Aufnahme von Scheinkrediten, Fälschung von Dokumenten und unlautere Werbung werden allgemein praktiziert. Ein viertes Risiko stellt die Eskalation der Kriminalität dar, sie schafft ein Klima allgemeiner Unruhe und permanenter Bedrohung. Das um sich greifende organisierte Verbrechen und die Verbreitung der ausländischen Mafia sind weitere Quellen der Angst. Den größten Schaden für das allgemeine Vertrauen dürften jedoch die immer wieder aufgedeckten Fälle von Amtsmißbrauch und „Weiße-Kragen-Kriminalität" unter den Eliten in Politik und Verwaltung anrichten. Wenn das Parlament wiederholt die Immunität von Abgeordneten aufheben muß, wenn Minister, Bürgermeister oder Bankenchefs entlassen und strafrechtlich verfolgt werden müssen, hat dies verheerende Wirkungen für das öffentliche Vertrauen.

Eine weitere Ursache für das allgemein herrschende Gefühl der Ungewißheit ist die normative Desorganisation oder Anomie. So besteht das Rechtssystem aus einem Mosaik alter und neuer, meistens inkonsistenter Teilregelungen, die immer wieder verändert und zudem noch willkürlich ausgelegt werden. Die alte Verfassung ist aus Ergänzungen und Zusatzartikeln zusammengeflickt und die neue noch immer nicht verabschiedet, da das in sich zerstrittene Parlament noch über 27 Einzelvorschläge heftig debattiert. Das Rechtsstaatsprinzip wird immer wieder verletzt, sei es durch Entscheidungen, die ohne Rechtsgrundlage getroffen werden – auch von seiten der höchsten Amtsträger (einschließlich des Präsidenten); sei es durch die Praxis des Parlaments, rückwirkende Gesetze zu erlassen. Kein Wunder, wenn hierdurch das Vertrauen in die Kontinuität, Stabilität und Ordnung des gesellschaftlichen Lebens nachhaltig untergraben wird.

Weiten Teilen der Bevölkerung sind die Mechanismen einer auf Pluralismus aufbauenden Demokratie völlig unbekannt. Die schwindelerregende Anzahl von politischen Parteien, Clubs und Fraktionen, die auf der politischen Bühne agieren, die permanenten persönlichen Fehden zwischen den führenden Politikern sowie die geheimniskrämerische Atmosphäre, die Entscheidungsprozesse umgibt, führen insgesamt zu einer Stimmungslage, die Anthony Giddens wie folgt umschrieben hat: Viele haben das Gefühl „of being caught up in a universe of events we do not fully understand and which seems in large part outside of our control" (Giddens 1990: 2f.). Obwohl der britische Soziologe diese Beschreibung in einem anderen Kontext gemacht hat, trifft sie dennoch die gegenwärtige Gefühlslage in der polnischen Gesellschaft.

Ein zweiter allgemeiner Faktor, der den Vertrauensverlust erklärt, ist die wahrgenommene *Ineffizienz* und Schwäche derjenigen Kontrollinstanzen, die Sicherung von Ordnung wahren sollten. Die mit der Rechtsdurchsetzung betrauten Instanzen, angefangen von der Polizei über die Staatsanwaltbüros bis hin zu den Gerichten, gelten in der öffentlichen Meinung häufig als unfähig oder, noch schlimmer, als voreingenommen oder korrupt. Die Unfähigkeit der Polizei, die Welle von Straßenverbrechen, Einbruchs- und Autodiebstählen und die Machenschaften der Mafia einzudämmen, ist eklatant. In mehreren regionalen Polizeibehörden sind zudem Fälle offener Korruption aufgedeckt worden und haben zur Entlassung hoher Polizeioffiziere geführt. Weithin ist bekannt, wie halbherzig die „Weiße-Kragen-Kriminalität" verfolgt wird, vor allem dann, wenn dadurch Politiker belastet werden würden. Ebenso hat eine Reihe von Gerichtsurteilen, in denen unverhältnismäßig geringe Strafen oder sogar Freisprüche verhängt worden sind, das allgemeine Gerechtigkeitsempfinden verletzt (der Prozeß der Generäle Ciaston und Platek oder die Strafaussetzung für den Mörder des berühmten oppositionellen Priesters Vater Popieluszko sind nur einige Beispiele aus der jüngsten Vergangenheit). In den Augen der Bürger wird auch das Einfordern von Steuern und Gebühren vernachlässigt, was um so schwerer wiegt, als Schmuggel und Steuerhinterziehung gewaltige Ausmaße angenommen haben (schätzungsweise 10 Billionen polnische Zloty; Poland: An International Economic Report 1993/94: 130). Die Folge dieser Vorkommnisse ist, daß Vertrauen in ordnungsgemäße Gesetzgebungsprozesse und in die Durchsetzung von normativen Standards, Fairneß und Gerechtigkeit noch weiter zerrüttet wird.

Ein dritter Faktor, der das Aufkommen von Mißtrauen erklärt, bezieht sich auf das wahrgenommene Bild der neuen *politischen Eliten*. Diese genügen ihren kürzlich übernommenen Aufgaben nicht, wie sich an unterschiedlichen Erscheinungen zeigt. Zunächst gibt es unter der politischen Elite ganz offensichtliche Fälle von Egoismus; viele ihrer Mitglieder ziehen es vor, ihre privaten und partikularistischen Interessen zu verfolgen, anstatt sich um das öffentliche Wohl zu kümmern. Die Öffentlichkeit ist über die ständigen persönlichen Kämpfe, schmutzigen Anschuldigungen und über die offen gezeigte Feindschaft, die sich auf der obersten Ebene der politischen Hierarchie abspielen, entsetzt.

Die Gehälter und Nebeneinnahmen der Politiker werden als überhöht und ungerechtfertigt empfunden. Auswüchse von Begünstigungen und Vetternwirtschaft werden mit Abscheu verfolgt. Hinzu kommen noch die offensichtlicheren Fälle, in denen sich die höchsten Amtsträger als inkompetent und ignorant erwiesen haben, oder in denen sie falsch informiert waren und einmal gefaßte Entscheidungen schnell wieder zurückgenommen haben. Politische Äußerungen, Wahlversprechen und politische Entscheidungen sind zudem von offensichtlichen Widersprüchen durchzogen. So manches Gesetz wird zwar verabschiedet, aber nicht durchgesetzt. Entscheidungen der Zentralregierung werden nicht selten von den lokalen Behörden ignoriert, während umgekehrt Entscheidungen der Zentralregierung gegen den Willen von Kommunalregierungen getroffen werden. Die Information der Öffentlichkeit und der Umgang mit den Medien sind weitere Bereiche, die offensichtliche Schwierigkeiten bereiten. Geheimhaltungspraktiken und sogar wiederholte Versuche, die Geheimhaltung zu legalisieren, um so den Medien den Zugang zur Arbeitsweise des Staates zu versperren, entfremden die Politiker immer mehr von der breiteren Öffentlichkeit. Hinzu kommen fortwährende Versuche, die Berichterstattung der Medien zu beeinflussen, das Fernsehen zu kontrollieren und sie Zensurmaßnahmen zu unterwerfen. Nicht zuletzt kommt noch die Willkür von Entscheidungen hinzu; dabei werden Gesetze manchmal überschritten, zuweilen aber auch deutlich verletzt und gelegentlich selbst Grundprinzipien der Rechtsordnung gebrochen (z.B. das dem römischen Recht entnommene „lex retro non agit" oder das demokratische Grundprinzip der Gleichheit aller Bürger vor dem Gesetz, einschließlich der höchsten Staatsbeamten).

Der vierte und letzte Faktor, durch den sich die Wirkungen der bislang erwähnten Faktoren noch verstärken, ist das relativ hohe *Anspruchsniveau*, das sich im „glorreichen Jahr 1989" entwickelt hat. Erfahrungen von Vertrauen und Mißtrauen hängen immer auch von den Maßstäben ab, mit denen soziale Objekte bewertet werden (Barber 1983: 83). Diese Maßstäbe wurden in der Siegeseuphorie über den Kommunismus sehr hoch angesetzt. Beispiele sind etwa: „Der Übergang wird reibungslos und schnell erfolgen"; „Der Lebensstandard wird schon bald angehoben werden"; „Die demokratisch gewählte Machtelite wird aus intellektuell und moralisch untadeligen Personen bestehen"; „Der Staat wird nur zugunsten des öffentlichen Wohls und der Bürger handeln". Dabei ist es interessant zu sehen, wie das Erbe des Realsozialismus diese Erwartungen noch verstärkt hat. All das, was der Sozialismus versprochen, aber nie eingelöst hatte, sollte nun in einer freien, demokratischen Ordnung verwirklicht werden. So unterstützen 40 Prozent der Bevölkerung das paternalistische Modell des „Wohlfahrtsstaates", der die Bürger beschützt und sie mit Grundgütern versorgt (Mikołejko 1991: 62). Konkreter ausgedrückt, glauben 53 Prozent, daß sich die Regierung um jene kümmern solle, die der Hilfe bedürfen, während nur 13 Prozent diese Verantwortung der Familie zusprechen (CBOS 1994). Einer anderen Umfrage zufolge beanspruchen nicht weniger als 90 Prozent, der Staat solle für Arbeitsplätze, Wohnungen, Bildungsstätten, Gesundheitsdienste und sogar für Freizeiteinrichtungen sorgen (Koralewicz/Ziółkowski 1990: 100). Allerdings weichen diese Träume drastisch von den Realitäten ab, die die Übergangsphase präsentierte. Das Auseinanderklaffen von Ansprüchen und Wirklichkeit ist stets eine enttäuschende und schmerzhafte Erfahrung (Gurr 1970). Insofern wirkt das tiefe und durchgängige Mißtrauen, das bereits unter den früheren Bedingungen des Realsozialismus eingeimpft worden ist, unvermindert weiter.

## V. Maßnahmen zur Wiederherstellung von Vertrauen

Wie läßt sich dieser Teufelskreis von immer tieferem Mißtrauen und Vertrauensbrüchen beenden, wie der Trend umkehren? Direkt kann Vertrauen vermutlich nur in geringem Ausmaß wiederhergestellt werden. Moralische Appelle, das Vertrauen wieder aufzurichten, werden nicht viel nützen, wenn auch die Moralisten und Prediger selbst von dem vorherrschenden Klima des Mißtrauens, der „Mißtrauens-Kultur", erfaßt sind. Es muß vielmehr indirekt vorgegangen und versucht werden, die *strukturelle Umwelt*, das heißt, die positiven sozialen und politischen Bedingungen für Vertrauen wieder herzustellen. Ist der erste Schritt einmal getan und sind Ansätze des Vertrauens erkennbar, dann ist es wahrscheinlich, daß ein sich selbst verstärkender Vertrauensprozeß einsetzt. Ist Vertrauen erst einmal vorhanden, breitet es sich vermutlich immer weiter aus.

Vertrauensbildende Maßnahmen sollten auf der obersten strategischen Ebene ansetzen, das heißt, auf der Ebene des Regimes, der Regierung, der zentralen Institutionen und durch eine konsistente Regierungspolitik herbeigeführt werden. Der Kampf ist an sechs Fronten gleichzeitig zu führen.

Zunächst müßte die Regierung die *Unsicherheit* in ihrer Politik durch *Bestimmtheit* ersetzen. Um die Stetigkeit und Irreversibilität einer pro-demokratischen Politik zu sichern, muß diese an einem klaren Muster und einer eindeutigen Logik orientiert sein und den unerschütterlichen, reformorientierten Willen der Regierenden unter Beweis stellen. Zu diesem Zweck sollte die Regierung vollendete Tatsachen schaffen und es vermeiden, den eingeschlagenen demokratischen Kurs zu verzögern und spontan zu verändern. Die Bürger müssen erkennen, daß die Regierenden wissen, was sie machen und wohin sie gehen, daß sie ein klares Programm haben und dieses beharrlich verfolgen. Dagegen ist der Eindruck einer versuchsweise angelegten, experimentierfreudigen Politik zu beseitigen, auch wenn Politiker dann keine Entschuldigung mehr im Falle ihres Scheiterns haben. Jon Elster (1989: 176) hat zu diesem Problem sehr treffend gesagt: „The very notion of ‚experimenting with reform' borders on incoherence, since the agents' knowledge that they are taking part in an experiment induce them to adopt a short time horizon that makes it less likely that the experiment will succeed."

Zweitens wäre gegen *Willkür* und für mehr *Berechenbarkeit* einzutreten. Der Schlüssel hierzu liegt in Rechtsstaatlichkeit, Verfassungsmäßigkeit und gerichtlicher Kontrolle sowie in der Effizienz der Durchführungsorgane. In der Gesetzgebung und der Anwendung der Gesetze darf kein Platz für Voluntarismus, Willkür und opportunistische Überschreitung oder Modifizierung von Gesetzen sein. Die unerschütterlichen Verfassungsprinzipien müssen die Grundlagen der sozialen und politischen Organisation exakt definieren und Vorkehrungen treffen, wonach einfache Ergänzungen verhindert werden. Die Verfassung muß, mit anderen Worten, so behandelt und gelebt werden, als ob sie Ewigkeitswert besäße. Gesetze müssen für alle Bürger ungeachtet ihres Status verbindlich sein, Gesetze und bürgerliche Pflichten ausnahmslos eingehalten werden. Strenge Maßnahmen zur Verbrechensbekämpfung müssen ergriffen werden.

Drittens muß *Rechtsunsicherheit* bekämpft und die *Persönlichkeitsrechte* stärker geschützt werden. Grundlegende Bürgerrechte sind zu garantieren, darunter das Recht auf Privateigentum. Eine konsequente Privatisierung und die verfassungsrechtliche Gewährleistung des Privateigentums sind hierbei von zentraler Bedeutung. Die Sicherheit von

Investitionen und wirtschaftlichen Transaktionen muß durch klare und präzise Finanzgesetze, Bankstatuten und Handelsgesetze gewährleistet werden. Zur Wiederherstellung des Vertrauens in die eigene Währung bedarf es einer strikten und konsequenten Währungspolitik.

Viertens ist gegen *Geheimniskrämerei* anzugehen und für größere *Durchsichtigkeit* und *Vertrautheit* zu kämpfen. Die Regierungspolitik muß möglichst offen und transparent sein. Zu diesem Zweck ist eine wirksame Medienpolitik auszuarbeiten und durchzuführen. Die Entwicklung von pluralistischen, unabhängigen Medien, von eigenständigen statistischen Ämtern, von Volkszählungsbehörden und von Zentren zur Überwachung der Reformen sollte vorangetrieben werden. Politiker müssen der Öffentlichkeit vertrauter und ihr auch als Privatpersonen vorgestellt werden. Zu begrüßen wäre ferner die fortlaufende Befragung und Veröffentlichung der öffentlichen Meinung; die Umfrageergebnisse wirken dann nämlich positiv auf die Öffentlichkeit zurück, die bestehende Unkenntnis über die Meinungen anderer wird abgebaut und die vertrauensschädigende „pluralistische Ignoranz" beseitigt.

Fünftens gilt es, den *Zentralismus* zu bekämpfen und den *Pluralismus* zu unterstützen. Polen bedarf der fortschreitenden Dezentralisierung, bei der Kompetenzen an die lokalen Autoritäten delegiert und die lokalen Einheiten mit Autonomie und Selbstverwaltung ausgestattet werden. Nur wenn die Bürger fühlen, daß eine Reihe von öffentlichen Angelegenheiten tatsächlich von ihnen abhängt, werden sie öffentliche Verantwortung und Loyalität gegenüber den politischen Institutionen entwickeln. „Political systems that leave more decisions to the individual (...) can generate more trust" (Elster 1989: 180). Pluralismus sollte sich als Prinzip auch bei politischen Zugehörigkeiten, Konsumentscheidungen und kulturellen Wünschen durchsetzen. Je breiter und unterschiedlicher die Bereiche, in denen vertrauensbildende Verpflichtungen eingegangen werden, desto stärker wird Vertrauen unterstützt werden.

Sechstens schließlich müßte sich das Bemühen darauf richten, *Inkompetenz* von Personen in verantwortlichen Positionen zu bekämpfen und *Integrität* als Maßstab durchzusetzen. Urteile über politische, wirtschaftliche und andere Systeme sowie Institutionen, in denen Expertise verlangt wird, werden über die Begegnung mit deren Vertretern gebildet, das heißt, mit Ministern und Bürgermeistern, Bank- und Postangestellten, Busfahrern und Stewardessen, Sekretärinnen und Lehrern, Ärzten und Krankenschwestern. All diese Personen arbeiten an den Eingangsstellen (Giddens 1990: 90) sozialer Systeme und Institutionen. Verhalten sie sich professionell, kompetent und seriös, sind sie aufrichtig am Gegenüber interessiert und hilfsbereit, dann können sie Vertrauen einflößen. Schlechte Erfahrungen und enttäuschende Begegnungen mit diesen Personen an den Eingangstellen sozialer Systeme und Institutionen werden dagegen unmittelbar auf das gesamte System übertragen, und dies selbst dann, wenn sie nur aus zweiter Hand oder über die Medien vermittelt wurden. Unabdingbare Grundvoraussetzung für das allgemeine Vertrauen, das Vertrauen in Institutionen und Positionsinhaber ist daher die umfassende Ausbildung, akribische Überprüfung und sorgfältige Rekrutierung der Inhaber solcher Positionen, die sozial exponiert sind. Dies gilt in besonderem Maße für alle politischen Ämter.

Ein großer Teil der eben genannten politischen Aufgaben würde durch eine engere Einbindung in die westlichen Demokratien erheblich unterstützt werden, wobei eine zweifache Wirkung erzielt werden könnte. Zum einen würde der Handlungsspielraum der

Bürger über die nationalen Grenzen hinaus erweitert und auf konsolidierte demokratische Systeme ausgedehnt werden können. Dadurch könnte der negative Einfluß der eigenen, brüchigeren Umwelt abgeschwächt und insgesamt das Gefühl allgemeiner Sicherheit, Zuversicht und Ordnung gefördert werden. Zum anderen müßten die strengen Ansprüche der entwickelten westlichen Demokratien in Polen als Standards übernommen werden und die Verfassungsprinzipien, Politikstile, Gesetze, Finanzoperationen, den Aufbau des Militärs sowie die Kriterien in Technologie und Konsum anleiten. Diese Einbindung in die westlichen Demokratien würde die Einhaltung der Reformpolitik garantieren, da von Anfang an Verpflichtungen eingegangen werden müßten, die nur schwer wieder rückgängig zu machen wären. Die Aufgabe zur Durchsetzung derartiger, über internationale Verträge abgesicherter Reformen würde dann zuverlässigeren internationalen Organen übertragen sein, die aufgrund ihres Bonus in der Lage wären, das Vertrauensniveau indirekt anzuheben.

Die bisher genannten Strategien, einschließlich derjenigen, sich schrittweise in die westlichen Demokratien einzubinden, zielen auf die Bedingungen in der sozialen Umwelt von Vertrauen ab. Doch könnten auch Maßnahmen erwogen werden, die sich direkt auf die Wiederherstellung von Vertrauen konzentrieren und seinen *intrinsischen Wert* betonen. Dabei wären als ergänzende Anweisungen an die Politik drei Wege in Richtung *vertrauensbildender Maßnahmen* zu nennen, deren Bedeutung freilich geringer ist und die schwerer einer Erfolgskontrolle zu unterziehen sind, als die zuvor genannten indirekten Maßnahmen.

Erstens müßte in der frühen Sozialisation und in der Schule mehr Nachdruck auf die Herstellung von Vertrauen gelegt werden. Das Erlernen von Vertrauen in einem intakten Familienleben ist äußerst wichtig, um schon früh Vertrauen zu schaffen (Eisenstadt/Roniger 1984: 31). Nicht minder wichtig ist es, die Vertrauensbeziehung zwischen Lehrern und Schülern zu stärken. Auch die Lehrpläne insbesondere der Fächer Geschichte und Literatur bieten sich dafür an, Vertrauen systematisch und anhand von Beispielen einzuüben.

Zweitens müssen dahingehend Anstrengungen unternommen werden, die Vorstellungswelt der Individuen so zu prägen, daß Vertrauen mit anderen moralischen Ressourcen in Verbindung gebracht wird. Zum Beispiel könnte sehr viel durch einen Rekurs auf die Religion gewonnen werden, indem man sich auf die dort betonte metaphysische Zuversicht oder auch auf die irdischeren Tugenden des Vertrauens in andere bezieht. In einem Land wie Polen, in dem sich mehr als 90 Prozent der Bevölkerung als Katholiken verstehen, dürfte diese Strategie erfolgversprechend sein.

Drittens muß gezeigt werden, daß Vertrauen nicht zuletzt instrumentell wertvoll ist und es sich letztlich lohnt, sich vertrauenswürdig zu verhalten. Vertrauen muß im eigenen Interesse liegen. Will man zum Beispiel mehr Vertrauen in das Regime oder in die Regierung schaffen, wäre es ratsam, „(to) encourage citizens to participate on the instrumental ground of furthering their interests and checking that their interests have indeed been furthered"– (Parry 1976: 142). Umgekehrt müssen die formellen und informellen sozialen Kontrollinstanzen danach trachten, daß Vertrauensbruch verurteilt wird und sich daher schlichtweg nicht auszahlt.

Natürlich sind alle diese hier unterbreiteten Vorschläge sehr allgemein und können bestenfalls als erste Richtlinien angesehen werden. Sie in konkrete politische Maßnahmen umzusetzen, wird alles andere als einfach sein. Eines ist aber sicher, die Vertrauenskrise ist nicht zu überwinden, wenn politischer Wille und Entschlossenheit fehlen, um in der aufgezeigten Richtung weiterzugehen.

*Literatur*

*Almond, Gabriel,* und *Sidney S. Verba,* 1965: Civic Culture. Boston: Little Brown and Company.
*Almond, Gabriel,* und *Sidney S. Verba,* 1980: The Civic Culture Revisited. Boston: Little Brown and Company.
*Barber, Bernard,* 1983: The Logic and Limits of Trust. New Brunswick: Rutgers University Press.
*Bok, Sissela,* 1978: Lying: Moral Choice in Public and Private Life. New York: Pantheon Books.
*CBOS Bulletin,* Veröffentlichungen des Meinungsforschungszentrums in Warszawa.
*Central and Eastern Eurobarometer,* Veröffentlichungen der Kommission der Europäischen Gemeinschaft, Bruxelles.
*Dahrendorf, Ralf,* 1979: Life Chances: Approaches to Social and Political Theory. Chicago: The University of Chicago Press.
*Dasgupta, Partha,* 1988: Trust as a Commodity. S. 49–71 in: *Diego Gambetta* (Hg.): Trust. Oxford: Basil Blackwell.
*Eisenstadt, Shmuel N.,* und *Luis Roniger,* 1984: Patrons, Clients and Friends. Cambridge: Cambridge University Press.
*Elster, Jon,* 1989: Solomonic Judgements. Cambridge: Cambridge University Press.
*Etzioni, Amitai,* 1991: A Socio-Economic Perspective on Friction. Washington: Georgetown University, Ms.
*Gambetta, Diego* (Hg.), 1988: Trust: Making and Breaking Cooperative Relations. Oxford: Basil Blackwell.
*Gazeta Wyborcza:* Verschiedene Ausgaben.
*Giddens, Anthony,* 1990: The Consequences of Modernity. Cambridge: Polity Press.
*Giza-Poleszczuk, Anna,* 1991: Stosunki międzyludzkie i życie zbiorowe. S. 71–94 in: *Mirosława Marody* (Hg.): Co nam zostało z tych lat. London: Aneks.
*Gurr, Ted,* 1970: Why Men Rebel. Princeton: Princeton University Press.
*Hechter, Michael,* und *Satoshi Kanazawa,* 1993: Group Solidarity and Social Order in Japan, Journal of Theoretical Politics 5: 455–493.
*Hirschman, Albert O.,* 1970: Exit, Voice, and Loyalty: Responses to Decline in Firms, Organizations, and States. Cambridge: Harvard University Press.
*Koralewicz, Jadwiga,* und *Marek Ziółkowski,* 1990: Mentalność Polaków. Poznań: Nakom.
*Lane, Christel,* und *Reinhard Bachmann,* 1994: Risk, Trust and Power: The Social Constitution of Supplier Relations in Britain and Germany. University of Cambridge, Ms.
*Lipset, Seymour M.,* und *William Schneider,* 1987: Confidence Gap: Business, Labor and Government in the Public Mind. Baltimore: The Johns Hopkins University Press.
*Listhaug, Ola,* und *Matti Wiberg,* 1993: Confidence in Political and Private Institutions. In: *Hans-Dieter Klingemann* und *Dieter Fuchs* (Hg.): Citizens and the State (im Druck).
*Luhmann, Niklas,* 1979: Trust and Power. New York: John Wiley.
*Merton, Robert K.,* 1968: Social Theory and Social Structure. New York: The Free Press.
*Mikołejko, Anna,* 1991: Poza autorytetem? Społeczeństwo polskie w sytuacji anomii. Warszawa: Key-Tex.
*Nowak, Stefan,* 1981: A Polish Self-Portrait, Polish Perspectives 3: 13–29.
*Parry, Geraint,* 1976: Trust, Distrust and Consensus, British Journal of Political Science 6: 129–142.
*Poland: An International Economic Report 1993/1994.* Warsaw: Warsaw School of Economics.
*Polityka:* Verschiedene Ausgaben.
*Rose, Richard,* 1994: Postcommunism and the Problem of Trust. Journal of Democracy 4: 18–30.
*Rueschemeyer, Dietrich, Evelyne H. Stephens* und *John D. Stephens,* 1992: Capitalist Development & Democracy. Cambridge: Polity Press.

*Sztompka, Piotr,* 1986: Robert K. Merton: An Intellectual Profile. London: Macmillan Press.
*Sztompka, Piotr,* 1991a: Society in Action: The Theory of Social Becoming. Cambridge: Polity Press (und Chicago University Press).
*Sztompka, Piotr,* 1991b: The Intangibles and Imponderables of the Transition to Democracy, Studies in Comparative Communism 34: 295–311.
*Sztompka, Piotr,* 1992: Dilemmas of the Great Transition, Sisyphus 2: 9–28.
*Sztompka, Piotr,* 1993a: The Sociology of Social Change. Oxford: Basil Blackwell.
*Sztompka, Piotr,* 1993b: Civilizational Incompetence: The Trap of Post-Communist Societies, Zeitschrift für Soziologie 2: 85–95.
*Sztompka, Piotr* (Hg.), 1994: Agency and Structure: Reorienting Social Theory. New York: Gordon & Breach.
*Tarkowska, Elzbieta,* 1994: A Waiting Society: The Temporal Dimension of Transformation in Poland. S. 57–71 in: *Andrzej Flis* und *Peter Seel:* Social Time and Temporality. Kraków: Goethe Institut.

Übersetzt von *Thomas Koepf.*

# V.
# Veränderung politischer Institutionen im gesellschaftlichen Wandel

# DIE REFORM EINES WAHLRECHTSSYSTEMS

## Der Fall Italien

### Gianfranco Pasquino

*Zusammenfassung:* Im allgemeinen haben politische Akteure kein Interesse daran, diejenigen politischen Spielregeln zu verändern, von denen sie selbst profitieren. Handeln sie unter den institutionellen Bedingungen eines reinen Verhältniswahlsystems, dann werden die meisten politischen Akteure von ihm profitieren und reformfeindlich eingestellt sein. Erst wenn neue politische Akteure Reformabsichten verfolgen und neue institutionelle Verfahren mobilisieren, um diese zu realisieren, werden sich die herkömmlichen Interessenkalküle drastisch verändern. In Italien war dies der Fall. Das reine Verhältniswahlsystem hat die politische Kultur und die politischen Spielregeln nachhaltig geprägt. Reformversuche waren stets an der Abwehrhaltung der dominanten politischen Parteien gescheitert. Erst als neue Akteure die Reformfrage dem Verfahren des abrogativen Volksentscheids zuführten, änderte sich die verfahrene Lage. Die Ergebnisse der beiden Wahlreferenden waren unterschiedlich. Das neue Wahlgesetz für das Parlament sieht vor, daß 75 Prozent der Sitze nach dem Mehrheitswahlrecht, 25 Prozent nach dem Verhältniswahlrecht gewählt werden. Für die Kammer gilt eine 4 Prozent-Sperrklausel. Das neue Wahlgesetz hat bereits erhebliche politische Konsequenzen gehabt. Derzeit steht das Problem der Reform der institutionellen Reformen an.

## I. Theoretische Vorüberlegungen

In einem normal funktionierenden politischen System sind die meisten politisch relevanten Akteure in der Lage, Kosten und Nutzen politisch bedeutsamer Veränderungen gegeneinander abzuwägen. Sie werden sich unter der Bedingung einer relativ gleichmäßigen Verteilung der politischen Ressourcen mit den jeweilgen partikularistischen Vorteilen zufriedengeben und sich wenig um die kollektiven Kosten kümmern, die bei normalem Funktionieren des politischen Systems anfallen. Daher werden wahrscheinlich nur sehr wenige das System in Frage stellen, und sollte dies dennoch geschehen, wird man davon ausgehen dürfen, daß diese Herausforderung von der vom System benachteiligten Minderheit ausgeht. Gleichzeitig dürfte gerade diese Minderheit am wenigsten Ressourcen mobilisieren und Machtmittel aufbringen können, um ihrer Herausforderung des politischen Systems Nachdruck zu verleihen. Der größte Teil der politisch relevanten Akteure wird daher wahrscheinlich den Status quo gegenüber einer Veränderung der Lage bevorzugen, denn sie würde Unsicherheit hinsichtlich der künftigen Verteilung der politischen Machtressourcen bedeuten. Selbstverständlich würde jeder politische Akteur solche Reformen und Situationen bevorzugen, die mit Sicherheit seine politische Macht vergrößern. Nur wenige und ganz sicher nicht die bereits fest etablierten politischen Akteure sind dazu bereit, ihre wie immer geringe, aber sichere Machtposition gegenüber einer noch so großen, aber unsicheren Machtposition aufs Spiel zu setzen. Weiter wird man vermuten dürfen, daß wahrscheinlich nur sehr wenige bereit sein werden, Reformkoalitionen zu bilden, denn die eventuell eroberten neuen Machtressourcen müßten dann zwischen den Koalitionspartnern geteilt werden.

Diese theoretischen Vorüberlegungen legen die Annahme nahe, daß die mächtigste Koalition, die sich voraussichtlich in einer Reformsituation bilden wird, eine negative Koalition sein wird, die sich gegen jegliche Veränderung des politischen Systems zusammenschließt. Ferner wird man damit rechnen können, daß es Reformbefürworter gibt, die über die Systemverbesserungen hinaus partikularistische Vorteile und individuellen Nutzen aus der bevorstehenden Veränderung ziehen wollen. Auf jeden Fall werden die Anstöße für einen Reformprozeß so lange äußerst schwach sein, wie sich das politische Spiel auf die institutionalisierten Akteure beschränkt, nämlich auf Regierung und Parlament, auf Politiker, organisierte Parteien, Parteiführer und unterschiedliche innerparteiliche Fraktionen. Nur in zwei äußerst seltenen Fällen ist vorherzusehen, daß ein Reformprozeß überhaupt in Gang kommen könnte – ob er erfolgreich sein würde, steht dahin. Der erste Fall tritt dann ein, wenn in das politische Spiel auch externe Akteure einbezogen werden, also solche, die außerhalb der politischen Institutionen und Parteien stehen. Der zweite Fall ergibt sich, wenn eine allgemeine Situation der Unsicherheit oder gar Krise aufkommt, in der nicht nur die wahrgenommenen Vorteile abnehmen, sondern die Kosten für die politisch relevanten Akteure steigen und keiner der institutionellen Akteure und politischen Parteien mehr in der Lage ist, sichere Kosten-Nutzen-Kalküle in bezug auf gegebene Reforminitiativen anzustellen.

Bei all diesen Überlegungen über das voraussichtliche rationale Handeln politischer Akteure in Situationen institutioneller Reformen ist es wichtig festzuhalten, daß keine Systemreform auf einen einzigen Handlungsakt zurückzuführen ist, selbst eine solche nicht, die von einzelnen hervorragenden Persönlichkeiten (wie etwa Charles de Gaulle) in die Wege geleitet worden ist. Vielmehr besteht sie aus einem Bündel unterschiedlicher Entscheidungen und Handlungssequenzen. Daher ist folgender Zusammenhang zu beachten: Wenn es einer Reformkoalition gelingt, im Laufe der Zeit neue Träger und breitere Unterstützung für ihr Vorhaben zu gewinnen, dann kann es vorkommen, daß einige Entscheidungen und Handlungsweisen negative Folgen für die Zusammensetzung der Reformkoalition selbst haben. Einige Reformträger können sich aus der Koalition zurückziehen und diese damit schwächen und sogar zu einer Minderheitenposition gegenüber der konservativen Koalition zusammenschrumpfen lassen. Der Ausgang von Reformprozessen ist niemals ein für alle Mal gegeben, sondern stets der Gefahr erneuter Veränderungen ausgesetzt – bis auf einen Fall. Dieser Fall tritt dann ein, wenn die Reformkoalition solche strukturellen Veränderungen im Institutionengefüge und in den Wahlgesetzen bewirkt hat, daß sie selbst hierdurch in ihrer internen Zusammensetzung und ihrem Zusammenhalt günstig beeinflußt worden ist, d.h., wenn die Koalition das Ergebnis des Kampfes um Reformen ist und durch diesen noch weiter zusammengeschweißt worden ist. In diesem Fall wird der Ausgang des Reformvorhabens so lange gewiß sein, wie die fragliche Koalition zusammenhält und ihre weitere Existenz durch das Interesse angeleitet wird, ihre von den neuen institutionellen Veränderungen abgeleitete Macht aufrecht zu erhalten. Andererseits werden aber auch Reformgegner dazu angehalten werden, enger zusammenzurücken; wenn die gegebenen Wahlgesetze und institutionellen Bestimmungen ihnen zum Sieg verhelfen, werden sie nur ein begrenztes Interesse daran haben, diese zu verändern. Diese Dynamik war im großen und ganzen für die Fünfte Französische Republik kennzeichnend. Im Vergleich zum institutionellen Wandel der Vierten Französischen Republik ist der Prozeß der Veränderung der Wahlgesetze und der Institutionen in Italien ganz anders verlaufen: Weder gab es eine herausragende Persönlichkeit wie die Charles de Gaulles, noch eine sich auf diese berufende Reformbewegung; auch lag keine politisch-institutionelle Krise vor, die ähnlich tiefgreifend und ernst war wie diejenige, die die Vierte Französische Republik damals durchgemacht hatte. In Italien mußten daher funktionale Äquivalente zum französischen Reformfall erfunden und mobilisiert werden, damit ein politisches Herrschaftssystem in Bewegung geriet, das sehr viel länger als das französische überlebt hatte und in dem die Interessenstandpunkte der Reformer sehr viel tiefer mit dem alten System verquickt waren als in Frankreich. Aus diesen und anderen Gründen erscheint der Reformprozeß der politischen Institutionen in Italien sehr viel schwerfälliger und komplizierter als in Frankreich. Eines steht jedoch schon heute fest: Der Reformprozeß ist noch lange nicht abgeschlossen. Die oben vorgestellten Hypothesen seien im folgenden auf diesen Prozeß angewandt: Die Hypothese über die lange Überlebensdauer der konservativen Koalition; die Hypothese über die Notwendigkeit, externe Akteure in die Reformkoalition einzubeziehen; und die Hypothese über die Unsicherheit und Unvollständigkeit des Reformausgangs.

## II. Die Vorläufer der Wahlrechtsreform

Seit der zweiten Hälfte der siebziger Jahre wird ernsthaft von einer Reform des Wahlrechtssystems gesprochen. Aber bereits um die Jahreswende 1952/53 war eine heiße und entscheidende Diskussion entbrannt, die in der Annahme einer einschneidenden Veränderung des Verhältniswahlrechts gipfelte. Die damalige Regierungsmehrheit (die von der Christdemokratischen Partei (Dc), Sozialdemokratischen Partei (Psdi), Republikanischen Partei (Pri) und Liberalen Partei (Pli) gebildet wurde) sorgte nach großen Auseinandersetzungen dafür, daß ein Wahlgesetz angenommen wurde, wonach diejenige Koalition, die fünfzig Prozent der Stimmen plus einer Stimme auf sich vereinen konnte, zwei Drittel der Parlamentssitze erhalten sollte. Die linke Opposition nannte dieses Gesetz sofort und ganz treffend einen „Gesetzesschwindel". Weniger treffend war der Vergleich mit dem sogenannten Hypermehrheitsgesetz von Acerbo (so benannt nach seinem Urheber Giacomo Acerbo), das im Jahre 1924 vom faschistischen Regime angewandt worden war. Danach erhielt diejenige Liste, die die meisten, mindestens jedoch fünfundzwanzig Prozent der Wählerstimmen auf sich vereinen konnte, sechzig Prozent der Parlamentssitze. Auf diese Weise gewann natürlich die faschistische Liste die Wahlen und erhielt außerdem noch die abnorm große Mehrheitsprämie. Ganz im Gegensatz hierzu wurde der „Gesetzesschwindel" des Jahres 1953 angewandt, denn die Koalitionsparteien verfehlten die absolute Mehrheit um ca. 70.000 Wählerstimmen. Danach wurde der „Gesetzesschwindel" abgeschafft. Beide Gesetze jedoch, sowohl das Gesetz von Acerbo wie auch der „Gesetzesschwindel", hinterließen nachhaltige Spuren in der italienischen politischen Klasse. Sie war nunmehr davon überzeugt, mit welch großen Schwierigkeiten, Kosten und undemokratischen Absichten die Reform des Verhältniswahlrechts verbunden sein würde.

## III. Der politische Kontext

Diese vom Acerbo-Gesetz und dem „Gesetzesschwindel" hinterlassenen psychologischen und politischen Effekte dürfen nicht unterschätzt werden. Seit dem Faschismus haben die Kommunisten und die kritische öffentliche Meinung Verhältniswahlrecht mit Demokratie gleichgesetzt. Nur so ist die heftige Kritik und Abwehrhaltung der Kommunisten zu verstehen, die aufkamen, als die Sozialisten um die Zeitschrift „Mondoperaio" das Thema der Wahlrechtsreform in die Debatte einführten. Dabei war der Zeitpunkt, den die Sozialisten für ihren Vorstoß gewählt hatten, außerordentlich günstig. Der von den Kommunisten formulierte historische Kompromiß konnte nicht in ein konkretes Regierungsbündnis umgesetzt werden. Die dritte Phase des italienischen politischen Systems – so die von Aldo Moro stammende, nicht ganz genaue Bezeichnung dieses Zeitabschnitts – konnte nach dem Ableben ihres Architekten nicht mehr verwirklicht werden. Aus der Sicht der Sozialisten bestand noch immer die Gefahr einer unfruchtbaren, bipolaren Konfrontation zwischen einerseits Christdemokraten, die seit jeher die Regierungsmacht innehatten, und andererseits Kommunisten, die schon immer in der Opposition waren. Die Sozialisten hatten sich stets in die Enge getrieben und gezwungen gefühlt, mit den Christdemokraten zusammen die sogenannte Regierungsfähigkeit zu gewährleisten, obwohl diese ihrerseits nicht bereit gewesen waren, den sogenannten Reformismus zu garantieren. Kurz, die Sozialisten sahen nun den Augenblick gekommen, um sowohl der regierenden Christdemokratischen als auch der opponierenden Kommunistischen Partei den Hahn abzudrehen und das Verhältnis in ein Mehrheitswahlrecht zu verändern (Amato 1980).

Das Argument, das System grundlegend verändern zu wollen, verlieh den Sozialisten zumindest in dieser ersten Phase eine gewisse Stärke. Das Mehrheitswahlrecht, insbesondere nach dem französischen Modell zweier Wahlgänge, hätte künftig jegliche Koalition zwischen Christdemokraten und Kommunisten vereitelt. Ein bipolarer Wettbewerb wäre entstanden, in dem die Kommunisten gezwungen gewesen wären, mit den Sozialisten ein Bündnis einzugehen, in dem die letzteren die Oberhand gehabt hätten. Hinter diesem Systemargument verbarg sich jedoch noch ein Parteienargument. Sofern die Kommunisten die Wahlen in Koalition mit den Sozialisten gewinnen wollten (und angesichts ihrer Wählerbasis und ihren Zielgruppen hatten sie gar keine andere Alternative), war es klar, daß die Sozialisten in dem Bündnis der Linken das Sagen gehabt hätten. Ganz ähnlich wie in Frankreich unter Mitterand konnten auch in Italien nur die Sozialisten der Wählerschaft garantieren, daß die Kommunisten das linke Bündnis nicht dominieren würden. Zwei Wahlgänge nach französischem Vorbild hätten einen Bipolarismus hervorgebracht, der dem ganzen politischen System zugute gekommen wäre, denn er hätte einen Machtwechsel eingeleitet. Gleichzeitig wäre er auch für die Sozialistische Partei (Psi) von Vorteil gewesen, denn er hätte den Sozialisten die Führungsrolle innerhalb der Linken und im System zugespielt. Aber die Wahlergebnisse waren für die Sozialisten anhaltend ungünstig und die Wählerbasis der Pci schwächte sich nur sehr langsam ab. Als der Parteiführer der Psi, Bettino Craxi, dann im August 1983 Ministerpräsident wurde, wurden die Reformvorhaben der Sozialisten schnell zu den Akten gelegt. Jetzt ging es ihnen nur noch darum, geeignete Mittel zur Stärkung der Entscheidungsbefugnisse der Regierung und ihres Chefs zu finden.

Die Kommunisten waren aus tiefsitzender Überzeugung Anhänger des Verhältniswahlrechts und befürchteten, ein Mehrheitswahlrecht würde sie in ihrem politischen Einfluß beschneiden oder gar ganz isolieren; die Sozialisten wünschten eine Wahlrechtsreform, die endlich die von der italienischen Variante erzeugten Probleme des Verhältniswahlrechts überwinden würde; als Reformkraft blieben somit nur noch die Christdemokraten, von denen aber die meisten auch das Verhältniswahlrecht befürworteten. So sah in groben Zügen die Rollenverteilung aus, als im November 1983 eine Parlamentarische Kommission zur institutionellen Reform eingesetzt wurde.

## IV. Verhältniswahlrecht und politisches System

Die wenigen ernst zu nehmenden kritischen Stimmen gegen das italienische Verhältniswahlrecht richteten sich auf seine Besonderheiten im Vergleich zu anderen Varianten von Verhältniswahlen. Dabei wurde jedoch sehr schnell klar, daß die Konsequenz dieser Kritik darin bestanden hätte, das Verhältniswahlrecht selbst in Frage zu stellen. Die italienische Version enthielt einige Merkmale, die jeweils isoliert voneinander betrachtet unproblematisch gewesen wären, aber in ihrer Wechselwirkung miteinander negative Effekte erzeugten. Das Verhältniswahlrecht enthielt zwei kleine Sperrklauseln, die beide erfüllt sein mußten, um ins Parlament zu gelangen: Erstens mußten 300.000 Stimmen auf nationaler Ebene errungen und zweitens mußte ein Abgeordneter in einem Wahlbezirk (circoscrizione[1]) direkt gewählt werden, was ungefähr 60.000 Wählerstimmen entsprach. Außerdem sah die Sitzverteilung einen gemeinsamen nationalen Wahlkreis vor, in den alle diejenigen Stimmen in einen gemeinsamen Topf geworfen wurden, die von den Parteien nicht benutzt worden waren, um Abgeordnete in den einzelnen Wahlbezirken zu wählen. Zehn Prozent der Parlamentssitze wurden nach diesem Verfahren verteilt, was vor allem den kleinen Parteien zugutekam, die fast alle ihre Abgeordneten auf diese Weise rekrutierten. Daher lautete die italienische Formel des Verhältniswahlrechts: „Mit der größten Anzahl an Reststimmen herrschen!"

Im Laufe der Zeit und mit Zunahme der Anzahl der Wähler verfehlten diese Klauseln jedoch ihren Zweck, und fast jede kleinere Gruppierung konnte sich Eingang in das Parlament verschaffen. Unmittelbare und sichtbare Folge des Versagens der Sperrklauseln war, daß sich das italienische Parlament seit Mitte der siebziger Jahre beträchtlich fragmentierte: Die Zahl von ursprünglich acht parlamentarischen Gruppen in der Abgeordnetenkammer stieg zunächst auf dreizehn und dann auf siebzehn Gruppen. Diese Fragmentierung war natürlich auch das Ergebnis der hohen Zahl an Abgeordneten insgesamt, nämlich 630. Das Wahlsystem bestand aus höchst ungleichen Wahlbezirken: Wenige kleine Wahlbezirke, die jeweils weniger als zehn Abgeordnete stellten, einige mittelgroße, in

---

[1] Italien ist in 27 Wahlbezirke (circoscrizioni) aufgeteilt, die sich aus einer oder mehreren Provinzen oder Regionen zusammensetzen. Jeder Wahlbezirk umfaßt wiederum eine unterschiedlich große Anzahl an Wahlkreisen (collegi). Ich werde im folgenden „circoscrizione" mit Wahl*bezirk* und „collegio" mit Wahl*kreis* übersetzen. (Diese und alle folgenden Anmerkungen wurden von der Übersetzerin hinzugefügt, B.N.)

denen je fünfzehn bis dreißig Abgeordnete gewählt wurden, und zwei sehr große Wahlbezirke, Rom und Mailand, aus denen jeweils mehr als fünfzig Abgeordnete rekrutiert wurden. Den kleinsten Parteien und Gruppierungen gelang es natürlich in den großen Wahlbezirken, die notwendige Stimmenzahl auf sich zu vereinen, um jenen Sitz zu erringen, der ihnen die parlamentarische Vertretung garantierte. Um schließlich die Machtfülle, die den Parteien durch die Listenwahl zuwuchs, zu dämpfen, war es dem italienischen Wähler gestattet, mit drei oder vier Stimmen zum Ausdruck zu bringen, welchen Kandidaten er (oder sie) auf der Liste bevorzugte (die sog. Präferenzstimme). Diese Möglichkeit wurde jedoch in der politischen Praxis fast ausschließlich von den Parteien oder Parteiflügeln (den berüchtigten „correnti") ausgeschöpft. In der Kommunistischen Partei waren es die Stärke des Parteiapparats, die Disziplin der Parteiarbeiter und die Bereitschaft der Parteimitglieder, die die Präferenz des nicht-organisierten Wählers außer Kraft setzten und bestimmten, welcher Kandidat die Präferenzstimme erhalten sollte. In der Christdemokratischen und, in geringerem Ausmaß, der Sozialistischen Partei war es der Kampf zwischen den Parteiflügeln, der darüber bestimmte, wer gewählt und wer nicht gewählt werden sollte. Der einzelne Wähler hatte keinerlei Aussicht darauf, den von ihm (oder ihr) bevorzugten Kandidaten zu wählen (Pasquino 1993). Die unmittelbare Folge dieser parteispezifischen Kontrolle der Präferenzstimme für die Disziplin der Fraktionen war für die Parteien je unterschiedlich. Die kommunistischen Abgeordneten, die ihre Wahl der Stärke des Parteiapparates zu verdanken hatten, bildeten eine hoch disziplinierte parlamentarische Gruppe. Die christdemokratischen und sozialistischen Abgeordneten dagegen, die ihre Wahl den jeweiligen Parteiflügeln zu verdanken hatten, legten diesen gegenüber eine rigorose Disziplin an den Tag, was oft der Regierungsdisziplin widersprach und die Verwirklichung von unpopulären Gesetzesvorhaben erschwerte.

Zu diesen Eigentümlichkeiten und damit verbundenen spezifischen Folgen der italienischen Variante des Verhältniswahlrechts kommt noch eine weitere klassische Konsequenz hinzu, die mit dieser Art des Wahlrechts als solcher verbunden ist, nämlich die Produktion und Reproduktion instabiler Regierungskoalitionen. In anderen politischen Systemen wird diese mit der Verhältniswahl verbundene Instabilität durch eine positive Erscheinung kompensiert, nämlich durch eine gewisse Systemflexibilität und einen begrenzten, aber effektiven Austausch der politischen Klasse. In Italien jedoch hat die Instabilität der Regierungen nicht nur jede Flexibilität vereitelt, sondern sie hat auch jegliche politische Produktivität der Regierungen selbst verhindert. Zu Instabilität, Inflexibilität und Unproduktivität kommt noch eine Erscheinung, die in Italien mit dem Begriff „lottizzazione" (Parzellierung) belegt ist. Zur Stützung ihrer Instabilität gingen die Regierungen nämlich zu einem Mechanismus über, nach dem die zahlreichen Ämter in Politik und öffentlicher Verwaltung ganz exakt nach der Parteienstärke verteilt wurden. Schließlich entwickelten sich die Parteien in einem System, in der die Gesellschaft schon immer zu schwach gewesen ist, um sich autonom zu organisieren, zu wahrhaften Machtträgern. Aber erst das Verhältniswahlrecht sorgte dafür, daß sie eine Parteienherrschaft begründen konnten. Wann immer es opportun und notwendig erschien, wurde auch die stärkste Opposition, die Kommunistische Partei, in die Parteienherrschaft mit einbezogen; die dabei angewandten Praktiken sind, wenn auch nicht ganz zutreffend, auf den Begriff des „Konsoziativismus" gebracht worden.

Zu Beginn der achtziger Jahre ließ sich die politische Situation in Italien wie folgt definieren: Das Verhältniswahlrecht stellte das Hauptinstrument für die Errichtung der Parteienherrschaft dar; diese wiederum hatte unmittelbar die Ämterverteilung nach dem Verfahren des Parteienproporzes zur Folge, wodurch die Parteienherrschaft reproduziert wurde; dadurch wurde jeglicher Koalitionswechsel verhindert. Anstöße zum Systemwandel konnten nur von denjenigen ausgehen, die mit dem Funktionieren des Systems unzufrieden oder der Ansicht waren, daß die Verteilung der Ressourcen nicht ihrer eigentlichen Macht entsprach. Besser als alle anderen politischen Akteure konnte sich die Sozialistische Partei aufgrund ihrer Position innerhalb der politischen Konstellation und ihrer Beurteilung durch die öffentliche Meinung zur Trägerin und Interpretin einer solchen Auffassung machen und darauf hoffen, sie positiv sowohl zum besseren Funktionieren des politischen Systems wie auch zum eigenen Machtzuwachs in die Tat umzusetzen.

## Die Akteure

In einem durch Parteienherrschaft geprägten politischen System wird jede institutionelle Reform, die die Macht der wichtigsten Akteure, nämlich der politischen Parteien, angreift, folgerichtig als politische Maßnahme betrachtet, die in der ausschließlichen Kompetenz der Parteien bleiben muß. Die Parteien können hierauf am besten mit der Errichtung einer Parlamentarischen Kommission reagieren, was sie, wie oben erwähnt, tatsächlich auch getan haben. Betrachtet man die institutionelle Reform als politisches Thema, so zeichnet es sich durch eine sehr hohe Anzahl von technischen Einzelheiten aus. Man könnte fast den Eindruck haben, hinter seiner hohen Komplexität verberge sich die Absicht, die Darstellung dieses Themas in den Massenmedien zu erschweren und die einzelnen Bürger und organisierten Gruppen davon abzuschrecken, sich damit zu befassen. In Italien machte sich bis zu einem gewissen Zeitpunkt der Unternehmerverband Confindustria für die institutionellen Reformen stark, während sich die Industriearbeitergewerkschaft insgesamt aus der Debatte und den mit ihr verbundenen Vorschlägen und Konflikten heraushielt. Sogar der einflußreiche Juristenstand, der seit jeher die Verfassung beschworen, gepriesen und ausgelegt hatte, war angesichts der einzelnen Stellungnahmen und Vorschläge zu den institutionellen Reformen weitgehend hilflos, denn sie erforderten analytische Fähigkeiten zum Systemvergleich und Kenntnisse über das faktische Funktionieren politischer Systeme. Auf diese Weise blieb das Problem der institutionellen Reformen weitgehend im parlamentarischen Bereich und unter der Kontrolle der politischen Parteien.

Die Sozialisten machten sich für die institutionellen Reformen nur in propagandistischer Weise stark und instrumentalisierten sie, um die traditionelle Bipolarität zwischen Christdemokraten und Kommunisten zu brechen. Ansonsten verbanden sie damit keine weitergehenden Absichten. So fiel die Initiative zu Wahlrechtsreformen den Christdemokraten zu, die einige von ihnen tatsächlich auch ergriffen. Weshalb die Kommunisten hingegen in ihrer konservativen Haltung gegenüber dem Wahlsystem verharrten, hatte zwei Gründe. Zum einen hielten sie, nicht ganz zu Unrecht, an der Gleichsetzung von Verhältniswahlrecht und Demokratie fest, zum anderen befürchteten sie, die mit ihrer Oppositionsrolle verbundenen Vorteile zu verlieren, wenn Craxi seinen Einfluß auch auf die Regierungsmacht geltend machen würde. Die Sozialisten ihrerseits hatten schon weit mehr von der italienischen Variante des Verhältniswahlrechts profitiert, als ihnen nach einem strikt proportional verfahrenden Verteilungsmodus an Ressourcen zugestanden hätte. Sie wurden sich auf jeden Fall sehr schnell der Tatsache bewußt, daß sie ihre Koalitionsmacht nur auf der Grundlage einer proportionalen Repräsentation aufrecht erhalten konnten. Nur diese konnte ihnen garantieren, den Preis für ihre Zusammenarbeit sowohl auf nationaler als auch auf lokaler Ebene hoch zu halten. Um die Reformierung des Verhältniswahlrechts zu begründen, muß man sich entweder von eben diesem benachteiligt fühlen oder Anhänger einer ganz bestimmten Auffassung von Demokratie sein, nämlich Demokratie als Machtwechsel.

Zumindest ein Teil der politischen Linken, d.h. auch Gruppen innerhalb der Kommunistischen und Sozialistischen Partei und der Linksintellektuellen, hatte die Vorstellung vom Machtwechsel nie aufgegeben. Daher erhoben sich in der eigens eingesetzten Parlamentarischen Kommission zur institutionellen Reform einige Stimmen der Unabhängigen Linken, um einen Vorschlag zur Reform des Verhältniswahlrechts zu formulieren (Freund 1992). Was die Christdemokraten betrifft, so dürfte es verständlich sein, daß eine Partei, die prozentual dreimal so groß ist wie die Sozialistische Partei, sich in der untergeordneten Regierungsrolle nicht wohl fühlen konnte. Aber auch unter den Christdemokraten gab es solche, die dem Verhältniswahlrecht aus Überzeugung anhingen, insbesondere unter den Linken innerhalb der Dc. Diese waren gleichzeitig am wenigsten geneigt, mit den Sozialisten eine privilegierte Beziehung zu unterhalten. So mußte der christdemokratische Vorschlag zur Wahlrechtsreform gleichzeitig unterschiedliche Ziele verfolgen: Der proportionale Wahlausgang durfte nicht ganz eliminiert werden; der Bruch mit den Sozialisten mußte verhindert werden; die politischen Kräfte mußten wieder in ein Gleichgewicht gebracht werden; und die Dc mußte wieder in den Mittelpunkt der politischen Konstellation rücken. Dabei kommt es nicht auf die phantasievollen, technischen Einzelheiten an, mit denen die Dc versuchte, diese verschiedenen, von ihr verfolgten Ziele miteinander zu verbinden: Eine Mehrheitsprämie für diejenige Koalition, die mehr als 50 Prozent der Stimmen plus einer Stimme, d.h. also, bereits die Mehrheit, erzielt; sie sollte umgekehrt proportional zu den von der jeweiligen Partei erzielten Stimmen verteilt werden. Damit wären die kleinsten Parteien begünstigt und an die Koalition gebunden worden. Der beste Beweis dafür, daß sie vor einer unlösbaren Aufgabe standen, bestand darin, daß es den Christdemokraten nicht gelang, eine diesbezügliche Gesetzesvorlage zu unterbreiten (Ruffilli 1987). Es kam vielmehr darauf an, daß die Christdemokraten in der öffentlichen Meinung und insbesondere bei den für die institutionellen Probleme besonders aufmerksamen Gruppierungen innerhalb des Katholizismus als Wahlrechtsreformer galten. Während die Kommunisten von unlösbaren Widersprüchen zerrieben wurden und die Sozialisten ihre Vorstellung von einer Großen Institutionellen Reform (die ebenso groß wie ungenau war) wieder in die Debatte einbrachten, wurde die Wahlrechtsreform außer von einigen Linksintellektuellen vor allem von einigen Christdemokraten und katholischen Bewegungen ins Leben gerufen.

Angesichts dieses überaus komplizierten Prozesses, der nun ins Rollen kam, ist es sehr wichtig, zu betonen, daß die Reformakteure von Anfang an teils aus dem Parlament, teils aus der Gesellschaft kamen. Es bildete sich eine quer durch die Parteien und Gesellschaft gehende Reformgruppe, die auf italienisch „trasversale" genannt wurde, denn sie überquerte tatsächlich Politik, Gesellschaft, Regierungs- und Oppositionsparteien und brach überdies mit den herkömmlichen Parteiloyalitäten. Genauer gesagt, es war eine Gruppierung, die nach zwei Gesichtspunkten zusammengesetzt war: Zum einen durchkreuzte und teilte sie die politisch parlamentarische Klasse, zum anderen fügte sie einige Teile eben dieser Klasse, die ursprünglich in der Minderheit waren, mit anderen sozialen Sektoren zusammen, deren innerer Zusammenhalt nur schwer zu beurteilen ist. Wichtig war auch die Haltung der Presse, vor allem der Tageszeitungen und führender Wochenzeitschriften. Das ganz strikt nach dem Parteienproporz funktionierende staatliche Fernsehen nahm von der Existenz einer Wahlrechtsreformdebatte praktisch keine Notiz, und dies vielleicht schon deshalb nicht, weil es gar nicht wußte, wie man über die technischen Einzelheiten des Problems berichten sollte. Die Presse dagegen war der Debatte gegenüber aufgeschlossener, wußte jedoch nicht, welchen Standpunkt sie einnehmen sollte. Von dem Zeitpunkt an, ab dem der Konflikt um die Wahlrechtsreform in einen Kampf gegen die Parteienherrschaft transformiert worden war, reihte sich auch die Presse unter die Reformbefürworter ein und führte ihnen dadurch nicht zu unterschätzende Ressourcen in Form von Wissen und Mobilisierung zu.

Mitte der achtziger Jahre verhinderten jedoch die politischen Umstände in Parlament und Regierung, daß das Thema weiter vorangetrieben wurde. Die eingesetzte Parlamentarische Kommission zur institutionellen Reform beendete ihre durchaus beachtliche Arbeit in einem allgemeinen Klima der Verwirrung und Enttäuschung, ohne vom Parlament beachtet worden zu sein. Um weitere Spannungen und Konflikte innerhalb und zwischen den Parteien zu vermeiden, zogen es die Parteien vor, die Debatte über die Ergebnisse der Kommissionsarbeit erst gar nicht auf die parlamentarische Tagesordnung zu setzen. Kurz, sie entschieden, nicht zu entscheiden. Unter großen Schwierigkeiten wurde die Debatte in den Spalten der Tageszeitungen und den Fachzeitschriften fortgesetzt. Es fanden auch organisierte Treffen von Kulturvereinen, Berufsorganisatonen und Parteisektionen statt. Um mit Marx zu sprechen: Eine Art sozio-kultureller Maulwurf schien am Werk zu sein, der seine Arbeit der Informierung, Sensibilisierung und allgemeinen Politisierung bereits an der Oberfläche betrieb. Auch einige reformorientierte Parlamentarier nahmen sich dieser Arbeit an: Christdemokraten, Vertreter der Unabhängigen Linken, Radikale und sogar Kommunisten. Das Problem entwickelte sich auf diese Weise ganz allmählich weiter, u.a. auch unter dem Druck einiger Presseorgane, die die aufgeschlosseneren Teile der öffentlichen Meinung vertraten. So wurde im Mai 1988 eine Debatte im Parlament eigens zu diesem Zweck anberaumt und gleichzeitig in der Abgeordnetenkammer und im Senat geführt. Konkrete politische Ergebnisse blieben jedoch noch aus. Der Fortgang der Reformen wurde außerdem noch dadurch erschwert, daß in der Dc Reformgegner sowohl die Position des Parteisekretärs (mit Arnaldo Forlani) als auch diejenige des Ministerpräsidenten (mit Giulio Andreotti) eroberten. In der Psi bremste Bettino Craxi alle Reformen, die nicht dazu angetan waren, die Macht seiner eigenen Partei zu stärken. Dazu wäre nur die Einführung einer Sperrklausel in der Lage gewesen, die die Wähler der kleineren Parteien der Mitte dazu angehalten hätte, die Psi zu wählen. Alle anderen Reformen erschienen ihr ungewiß, wenn nicht sogar gefährlich. Die Kommunistische Partei befand sich unter ihrem Parteisekretär Alessandro Natta, der alles andere als angesehen und innovativ war, in einem Prozeß zunehmender Verknöcherung. Zu diesem Zeitpunkt stand noch nicht einmal fest, ob der Argwohn gegenüber der Übermacht der Parteien und dem Parteienproporz allgemein überwog.

Bereits seit einiger Zeit streiten sich die Gelehrten darüber, welches Phänomen, Ereignis oder welcher Akteur die Krise und den Umbruch des italienischen politischen Systems eingeleitet und die sogenannte italienische Revolution ausgelöst haben mag (Gilbert 1994). Zahlreiche Anwärter werden hierfür genannt, so etwa der Fall der Berliner Mauer, die Entstehung der Lega Lombarda oder die Gerichtsprozesse, die unter dem Namen „Mani pulite" bereits in die Geschichte eingegangen sind. Dabei wird viel zu oft das Wahlreferendum vom 9. Juni 1991 vergessen. Ich möchte hier die Gelegenheit ergreifen, ihm den gebührenden Platz in der Analyse einzuräumen. Zunächst jedoch sei gefragt: Welches ist der Auslöser der Wahlrechtsreformen, wer tritt für sie ein und welches sind dabei die Motive?

### V. Der Auslöser der Reform: Das Wahlreferendum

In dieser Situation des politischen und institutionellen Stillstands wurde ein Gesetz debattiert und dann auch verabschiedet, das die Aufgaben und das Funktionieren der Gemeinden und Provinzen regeln sollte. Die wenigen Wahlrechtsreformer, die im Parlament vertreten waren, nahmen diese Gelegenheit für den Versuch wahr, dieses anstehende Gesetz mit neuen Wahlmechanismen auszustatten. Es handelte sich hierbei vor allem um Vertreter aus den Reihen der Dc und Pci, wobei die letztere gerade im Begriff stand, sich in die Demokratische Partei der Linken (Partito democratico della sinistra, Pds) zu verwandeln. Aber alle von ihnen ausgearbeiteten Gesetzesvorschläge wurden von der Regierung Andreotti und dem Innenminister Antonio Gava zurückgewiesen. Die Universitätsvereinigung der katholischen Italiener (Federazione Universitaria Cattolici Italiani, FUCI) brachte nicht ganz zufällig die Vorstellung eines Referendums über das Verhältniswahlrecht ins Gespräch, womit sie zunächst nicht mehr als einen Versuchsballon starten wollte (1. April 1990). Einige Parlamentarier sahen sich hierdurch veranlaßt, eine neue Gruppierung ins Leben zu rufen. Die notwendigen Verbündeten fanden sie in den politisch fortschrittlichsten Teilen der Gesellschaft. Gleich nach der Verabschiedung des Gesetzes über Gemeinden und Provinzen (das keine neuen Wahlmechanismen enthielt) wurde im Juni 1990 das Komitee zur Förderung von Wahlreferenden (Comitato Promotore dei Referendum Elettorali, COREL) gegründet. Es setzte sich aus parlamentarischen Abgeordneten der Dc, Pci, der Unabhängigen Linken, Radikalen, Republikanern und Liberalen, sowie aus Vertretern der FUCI (s.o.), den Christlichen Vereinigungen der italienischen Arbeiter (Assoziazioni Cristiane Lavoratori Italiani, ACLI), der Nationalen Vereinigung der Wählerinnen (Associazione Nazionale Donne Elettrici, ANDE) und einer Freizeitorganisation (Ente Nazionale Democratico di Azione Sociale, ENDAS) zusammen (Pasquino 1992). Den Vorsitz des COREL übernahm ein gemäßigter Christdemokrat, Mario Segni. Als Sohn des ehemaligen Präsidenten der Republik, Antonio Segni (1962–1964), war er der italienischen Öffentlichkeit bereits bekannt, jedoch eher aufgrund seines wohlklingenden Familiennamens als durch eigene politische Verdienste. Besser als jeder andere erschien der Vorsitzende Segni außerdem dazu geeignet, die öffentliche Meinung davon zu überzeugen, das Referendum sei kein kommunistischer Trick zur Machtergreifung; auch war er der richtige Mann, um Anschluß an Verbände, wie etwa den Industrieverband, zu finden, was den Linken nie gelungen wäre.

Das COREL bereitete drei Fragen vor: Die erste betraf die Erweiterung des Mehrheitswahlrechts auf alle italienischen Gemeinden; die zweite die Veränderung des Verhältniswahlrechts zum Senat in ein System, das zu drei Vierteln nach dem Mehrheitswahlrecht und zu einem Viertel nach dem Verhältniswahlrecht zusammengesetzt sein sollte; die dritte Frage betraf die Reduzierung der Präferenzen, die man bei den Wahlen von Kandidaten zum Ausdruck bringen konnte, von damals drei oder vier auf eine einzige Präferenz. Die Auswahl der zum Referendum vorgelegten Fragen und die daraus folgenden Ergebnisse waren von der Art des institutionalisierten Verfahrens abhängig. In Italien sind Referenden ausschließlich abrogativ, d.h., der Wähler hat die Macht, ein bestehendes Gesetz ganz oder einzelne Artikel daraus abzuschaffen. Dagegen ist es nach dem italienischen Verfahren des Referendums nicht möglich, neue Gesetze zu schaffen und zu verabschieden. Was Wahlgesetze betrifft, so muß die mit dem Referendum verbundene Gesetzesänderung auf jeden Fall die Wahl des Parlaments (der Kammer und/oder des Senats) gestatten, ohne daß zusätzliche gesetzliche Maßnahmen ergriffen werden müssen. Diese Einschränkung erklärt, weshalb das Ergebnis bezüglich der Abgeordnetenkammer wirklich nur marginale Bedeutung haben konnte, denn sie betraf nur die Reduktion der (drei oder vier) Präferenzstimmen auf eine einzige Stimme. Es war unmöglich, das bestehende Gesetz hinsichtlich seiner proportionalen Komponente zu verändern und gleichzeitig ein solches Gesetz zu erhalten, das die sofortigen Wahlen zur Abgeordnetenkammer gestattet hätte.

Auf alle Fälle stand das Problem nun mit aller Klarheit im Raum. Die Schwierigkeiten, vor denen sich nun das COREL gestellt sah, schienen unüberwindlich. Zu finanziellen und organisatorischen Hindernissen kamen auch noch Kommunikationsprobleme, denn das Fernsehen schwieg sich nach wie vor zu diesem Thema aus. Die begrenzte Unterstützung, wenn nicht sogar Feindseligkeit der Parteien stellte das größte politische Hindernis dar. Trotzdem gelang es dem COREL, etwas mehr als die erforderlichen 500.000 Unterschriften einzusammeln. Da die Unterschriftensammlung von unterschiedlichen Teilen innerhalb des Komitees organisiert worden war, läßt sich überschlagen, welchen Erfolgsanteil sie jeweils daran hatten: Ungefähr 190.000 Unterschriften wurden von kommunistischen Organisationen gesammelt; ungefähr 100.000 von Radikalen, die, was Referenden betrifft, durch ihre diesbezüglichen langjährigen Erfahrungen bevorzugt waren; ungefähr 100.000 von der ACLI (s.o.), einer Organisation, die territorial gut verankert ist. Die übrigen Unterschriften wurden von Ad hoc-Komitees (an denen die katholischen Bewegungen einen beträchtlichen Anteil hatten) oder gleich in den Gemeinden selbst gesammelt. Als sich herausstellte, daß das COREL genügend Unterschriften zusammen hatte, um das Referendum durchzuführen, entbrannte ein erbitterter, mit haarkleinen und verzwickten verfassungsrechtlichen Argumenten gespickter politischer Kampf (Pasquino 1992).

Nach Meinung der Sozialisten, vertreten insbesondere vom damaligen stellvertretenden Parteisekretär Giuliano Amato und vom Ministerpräsidenten Giulio Andreotti unterstützt, war das Referendum nicht nur nicht verfassungsgemäß, sondern „höchst verfassungswidrig" (incostituzionalissimo). Das Verfassungsgericht (Corte Costituzionale) war dem Standpunkt der Sozialisten gegenüber sehr aufgeschlossen, nicht zuletzt deshalb, weil – wie es der Zufall so will – eine beträchtliche Anzahl der ihm angehörenden Richter von eben diesen Sozialisten gewählt worden war. Ihnen oblag es nun also, das entscheidende Urteil über die Zulässigkeit der beim Referendum vorzulegenden Fragen zu fällen. Zwar wurden sie als verfassungskonform angesehen, aber die beiden ersten Fragen dennoch mit der Begründung zurückgewiesen, sie seien wegen der Art, in der sie gestellt worden waren, unzulässig. So blieb nur noch jene Frage übrig, die nicht nur als die harmloseste galt, sondern auch als die am wenigsten geeignete, das Wählervolk zu mobilisieren, nämlich diejenige über die Anzahl der Präferenzstimmen. Ein anderes Hindernis, das sich auf dem Weg zur Wahlrechtsreform auftat, betraf die Wahlbeteiligung. Die Ergebnisse italienischer Referenden sind nur dann gültig, wenn mehr als die Hälfte der Wahlberechtigten an ihnen teilgenommen hat. Wenn man die Wähleranteile jener Parteien zusammenzählte, die gegen das Referendum eingestellt waren, mußte man ein deutliches Unterschreiten der erforderlichen Wahlbeteilung erwarten. Zwei weitere Bedenken kamen hinzu, die den Gang zu den Urnen erschwerten. Erstens konnte das Ergebnis des Referendums tatsächlich als bedeutungslos, wenn nicht sogar als Beschneidung der individuellen Wahlfreiheit erscheinen, nämlich die Reduktion der Anzahl der Präferenzstimmen von drei oder vier auf nur eine Präferenz. Zweitens konnte die ganze Auseinandersetzung um das Referendum als interner Konflikt innerhalb der politischen Klasse verstanden werden, womit den Wählern einmal mehr bestätigt worden wäre, daß sich die Politiker vorzugsweise nur mit sich selbst beschäftigten.

Angesichts dieser Situation mußte das COREL gleichzeitig an zwei Fronten kämpfen. Der Verdacht, es könne sich um eine selbstbezogene politische Auseinandersetzung handeln, konnte bald zerstreut werden. Dazu trugen zum einen die heterogene Zusammensetzung des COREL und zum anderen die Beteiligung von Parlamentariern, die keiner direkten Parteidirektive unterstanden, sowie von Vertretern sozialer und kultureller Organisationen bei, vor allem aber auch die Unterstützung der Kampagne durch Tageszeitungen wie die gemäßigte „Il Giornale" und die fortschrittliche „La Repubblica". Man begriff nun sehr schnell, daß sich in dem vom COREL geführten Kampf zwei Gruppen gegenüberstanden, eine kleinere, reformorientierte Gruppe innerhalb der politischen Klasse, die von Teilen innerhalb der Gesellschaft unterstützt wurde, einerseits, und starren Gruppen innerhalb der politischen Klasse andererseits, die sich nicht scheuten, sich selbst als Vertreter der Parteienherrschaft zu bezeichnen.

Das COREL verfolgte zwei Strategien, um der ersten Kritik zu begegnen, die zur Abstimmung anstehende Frage und deren Antworten seien bedeutungslos. Es argumentierte einerseits, die Stimmen zugunsten der zugegebenermaßen engen Fragestellung könnten als Befürwortung einer umfassenderen und gründlicheren Wahlrechtsreform interpretiert werden. Andererseits, so betonte das COREL, könne der Wähler mit einer einzigen Präferenzstimme viel deutlicher zum Ausdruck bringen, welchen Kandidaten er (oder sie) wählen möchte, anstatt diese Entscheidung dem Parteiapparat oder den Parteiflügeln zu überlassen. Kurz: „Wähl Deinen eigenen Kandidaten und fordere Wahlrechtsreformen!" Gegen die zweite Kritik, es handele sich um eine allein die politische Klasse selbst betreffende Frage, hob das COREL das Argument hervor, der Ausgang des Referendums würde eine Machtverschiebung von den Parteien zugunsten der Bürger bedeuten (Warner/Gambetta 1994). Die Art und Weise, wie sich die Wahlkampagne entwickelte, gab der Deutung des Referendums immer mehr Auftrieb, nach der sie eine Kampfansage an die Parteienherrschaft war. Dazu trug auch noch bei, daß die etablierten Parteien selbst einige grundlegende Fehler begingen.

Tatsächlich versuchten die Gegner des Referendums mit allen Mitteln die Erfüllung des Quorums zu verhindern, um dadurch das Referendum für nichtig erklären zu lassen. Der Parteivorsitzende der Psi, Bettino Craxi, forderte die Wähler auf, am Wahltag ans

Meer zu fahren; der Führer der Lega, Umberto Bossi, ermunterte sie zu einem Spaziergang; der christdemokratische Innenminister Antonio Gava schließlich empfahl, zu Hause zu bleiben und Karten zu spielen. Um so größer war dann die Überraschung, als die Wahlbeteiligung auf stattliche 62,5 Prozent kam. Unter den Wählern waren viele, die den Führern der beiden großen Parteien, der Dc und der Psi, sowie der Lega ihren Gehorsam verweigert hatten. Ganze 95,6 Prozent stimmten der Frage und damit der Wahlrechtsreform zu (McCarthy 1993). Damit war zum ersten Mal in der Geschichte der italienischen Referenden eine Frage mit überwältigender Mehrheit der Wahlberechtigten bejaht worden. Bei allen vorangegangenen Referenden hatten die Gegner zusammen mit den ungültigen Stimmen und den Stimmenthaltungen immer nur eine knappe Mehrheit ausgemacht. Unter politischem Gesichtspunkt stellte diese außergewöhnlich große Befürwortung die Legitimität der Regierenden in Frage und ermutigte das COREL gleichzeitig dazu, seine Anstrengungen fortzusetzen.

Von der Erfolgswelle getragen, startete es gleich eine neue Kampagne zur Unterschriftensammlung für zwei weitere, neu formulierte Fragen, die vorher in ihrer alten Fassung vom Verfassungsgericht für nicht zulässig erklärt worden waren. Die Unterschriftensammlung, die vom Oktober bis Dezember 1991 durchgeführt wurde, war dieses Mal sehr viel leichter zu organisieren. Es kamen insgesamt über 1 Million Unterschriften zusammen. „Nichts ist so erfolgreich wie der Erfolg!" – diese Devise bestätigte sich auch hier wieder. Aber die Reformgegner sprangen zu diesem Zeitpunkt noch nicht auf den fahrenden Zug auf, so daß das COREL weitgehend seine ursprüngliche Zusammensetzung behielt. Auch die im Parlament vertretenen Gegner der Abschaffung des Verhältniswahlrechts blieben sich treu. Die Befürworter des Mehrheitswahlrechts jedoch sahen sich in ihrer Position dadurch bestärkt, daß die Demokratische Partei der Linken (Pds) nun, nachdem die lange Phase der organisatorischen Umbildung endlich abgeschlossen worden war, mehrheitlich die Aufgabe der Reform der Institutionen und des Wahlrechts an die oberste Stelle gerückt hatte. Auch die Einstellung der öffentlichen Meinung begann, sich grundlegend zu ändern. Dieser Meinungsumschwung wurde seit Februar 1992 noch weiter beschleunigt und verfestigt, als die Untersuchungen des „Mani pulite" begannen. Teile der öffentlichen Meinung erkannten nun allmählich und notgedrungen in der Reform des Wahlrechtssystems ein unverzichtbares Mittel zur Bekämpfung und endgültigen Überwindung der Parteienherrschaft. Die Devise, unter der die Kampagne des Referendums nunmehr stand, lautete ganz eindeutig: „Personen, Programme und Koalitionen wählen!" Bewußt oder unbewußt profitierte hiervon eine Anti-Parteien-, wenn nicht sogar Anti-Politik-Haltung, die die italienische Wählerschaft schon immer ausgezeichnet hatte und die von der Parteienherrschaft nur noch weiter genährt worden war. Bei den Parlamentswahlen im April 1992 zog die Lega Nord den größten politischen Nutzen aus diesem Ressentiment gegen die Parteienherrschaft.

Unter dem Druck der öffentlichen Meinung wurde das Parlament dazu veranlaßt, unmittelbar eine neue Parlamentarische Kommission zur Institutionellen Reform einzusetzen. Die Massenmedien gaben nicht mehr nur die öffentliche Meinung wieder, sondern sie verstärkten sie noch weiter. Hieran nahmen auch das staatliche und, in geringerem Ausmaß, das private Fernsehen teil, denn der Freund Bettino Craxis, Silvio Berlusconi, hatte für die Wünsche des sozialistischen Parteivorsitzenden ein offenes Ohr. Die Tagesordnung der neu eingesetzten Parlamentarischen Kommission wurde jedoch mit neuen

Themen überfrachtet, wie die Reform des Staates (der sog. Föderalismus) und die Revision der Regierungsform (hin zu einem sog. Neo-Parlamentarismus). Dennoch stellte das Referendum über die Wahlrechtsreform nach wie vor eine scharfe Waffe dar. Sofern das Parlament nicht in der Lage sein sollte, bis zum 15. April 1993 ein neues Wahlgesetz für die Gemeinden und ein neues Wahlgesetz für den Senat zu verabschieden, würde dem Präsidenten der Republik die Aufgabe zufallen, einen Zeitpunkt zwischen dem 15. April und dem 15. Juni festzusetzen, an dem das Referendum stattfinden sollte. Die neue Kommission nahm ihre Arbeit im September 1992 auf. Ihr Vorsitzender war Ciriaco De Mita, der sich für dieses Amt durch seine Reformbereitschaft qualifiziert hatte, aber als Ministerpräsident (von April 1988 bis Mai 1989) faktisch nichts unternommen hatte. Es wurde sehr schnell klar, daß die internen Konflikte die Arbeit der Kommission lähmten und sie daher nicht in der Lage war, eine Vorlage zur Wahlrechtsreform zu unterbreiten.

Zweckmäßigerweise wurde die Ausarbeitung des neuen Wahlgesetzes für die Gemeinden der Ständigen Parlamentarischen Kommission für Verfassungsfragen anvertraut. Gerade noch rechtzeitig, um ein Referendum zu vermeiden, legte diese Kommission zwei unterschiedliche Wahlvorschläge vor, die beide auf dem Mehrheitswahlrecht beruhten: Das erste betraf das kommunale Wahlrecht für Gemeinden bis zu 15.000 Einwohnern, das zweite die getrennten Wahlen des Bürgermeisters mit einer Mehrheitsprämie für die ihn unterstützende Liste oder Koalition von Listen. Für das Wahlgesetz zum Senat konnte keine Einigkeit erzielt und auch kein Kompromiß im Parlament gefunden werden. Daher wurde es notwendig, das Referendum abzuhalten, dessen Ausgang schon abzusehen gewesen wäre, wenn nicht ganz unerwartet ein Komitee gebildet worden wäre, das sich ohne jede Selbstironie „Komitee für das Nein zu den Reformen" nannte. Es bestand fast ausschließlich aus Vertretern der Linken: Sogenannte demokratische Kommunisten, die der Pds angehörten, Grüne, sowie Vertreter des Netzwerkes (La Rete). Diese Neuerscheinung erhielt zwar eine beachtliche Sichtbarkeit in der Öffentlichkeit, aber, wie sich bald herausstellte, eine weniger beachtliche Anzahl an Wählerstimmen. Die Mehrheit der Pds führte eine regelrechte Wahlkampagne für ein Ja zum Referendum durch, unterstützt von einigen Christdemokraten und, wie könnte es anders sein, auch von Segni, der inzwischen aus der Dc ausgetreten war, um die „Populari per la Riforma" zu gründen, sowie von den Förderorganisationen des Referendums. Die Wahlbeteiligung lag jetzt mit 77,1 Prozent der Wahlberechtigten eindeutig höher als beim ersten Referendum, und der Anteil der Ja-Stimmen glich mit seinen 82,7 Prozent einer wahren Lawine (Corbetta/Parisi 1994). Auch wenn die genauen Größenverhältnisse sehr schwer abzuschätzen sind, so kann man doch folgern, daß die Presse, und noch deutlicher die öffentliche Meinung nun mit aller Entschiedenheit auf die Einführung eines neuen und die Abschaffung des alten politischen Parteiensystems drängten.

Auch dieses Mal ist es sicher gerechtfertigt, davon auszugehen, daß in der Befürwortung der zum Referendum anstehenden Frage zwei verschiedene Motive verborgen waren. Das erste bestand in der eindeutigen Absicht, das Wahlrecht, die Parteien und die Politik zu reformieren. Das zweite Motiv dagegen zielte darauf ab, das Parteiensystem ganz zu zerstören und es durch eine direkte Beziehung zwischen Wähler und Kandidaten zu ersetzen, kurz, die Republik der Parteien durch eine Republik neuer Honoratioren zu ersetzen. Diese Ambivalenz zwischen Reformierung und Zerstörung der Parteien kommt immer deutlicher zum Vorschein und wird zum konstitutiven Element des Übergangs des italienischen politischen Systems zur sogenannten Zweiten Republik. Die auf das Referendum unmittelbar folgenden Ereignisse zeigen, wie eng die Wahlrechtsreformen nach wie vor in die allgemeine Dynamik des politischen Systems verstrickt sind. Am 22. April 1993 trat Giuliano Amato, einer der wichtigsten Gegner des Referendums, von seinem Regierungsamt zurück; die neue Regierung erhielt offiziell den Auftrag, die Verabschiedung neuer Wahlgesetze im Parlament zu überwachen und im Falle seiner Untätigkeit selbst die Initiative zu übernehmen. Zunächst schien es tatsächlich so, daß der Leiter des Referendums, Mario Segni, den vakanten Regierungsposten übernehmen sollte. Aber seine notorische Unentschlossenheit und der Widerstand der Christdemokraten gegen ihren abtrünnigen Parteigenossen machten den Weg für eine unparteiische Regierung unter dem Vorsitzenden der Banca d'Italia, Azeglio Ciampi, frei (Pasquino/Vassallo 1994). Großes Aufsehen erregte noch ein anderes Ereignis, auch wenn es nicht länger als nur einen knappen Tag andauerte, nämlich der Rücktritt der drei in der Regierung Ciampi vertretenen Pds-Minister, darunter auch der Vize-Präsident des COREL, der Abgeordnete Augusto Barbera. Die Kürze der Amtszeit der post-kommunistischen Minister ist auf die Entscheidung der Abgeordnetenkammer zurückzuführen, den Mailänder Richtern die Erlaubnis zu entziehen, ihre Untersuchungen gegen Bettino Craxi fortzuführen. Unverzüglich reichten daraufhin die drei Minister der Pds ihre Rücktrittsgesuche ein – eine Geste, die ebenso aufsehenerregend und edel wie ineffizient und kontraproduktiv war. Was die Wahlrechtsreformen betrifft, so hatten die Rücktritte nur geringen Einfluß. Was jedoch den politischen Wandlungsprozeß insgesamt betrifft, so hatten sie erheblichen und zwar negativen Einfluß auf die Einschätzung der Pds als einer regierungsfähigen Kraft.

Der Einfluß, den die Wahlreferenden bisher auf die Reform des Wahlgesetzes und die Institutionen ausgeübt haben, läßt sich wie folgt zusammenfassen: Sie haben die Regierungsparteien (vor allem die Dc und die Psi) in eine Krise gestürzt, die herkömmlichen Fünf-Parteien-Koalitionsregierungen aufgebrochen und positive Bedingungen für einen politischen Wandel durch Veränderung der Parteienkonstellation und durch Aufwertung des Einflusses der Wähler geschaffen. Die Wähler können nunmehr dank der Existenz eines sensibleren Wahlmechanismus größeren Einfluß auf die Wahl der parlamentarischen Abgeordneten ausüben.

### VII. Die neuen Wahlgesetze

Rein verfassungsrechtlich gesehen hätte das Wahlgesetz für den Senat unverändert bleiben und so formuliert werden können, wie es die Wähler im Referendum zum Ausdruck gebracht hatten. Es wäre noch nicht einmal nötig gewesen, die Einmannwahlkreise neu zu bestimmen; man hätte ihre Grenzen höchstens in Hinblick auf die Zahl der Wähler gleichmäßiger ziehen können. Das Wahlgesetz für die Abgeordnetenkammer mußte dagegen vollkommen neu geschrieben werden. Das einfachste Verfahren wäre die sog. Fotokopie gewesen, d.h., man hätte einfach die für den Senat jetzt gültigen Mechanismen auf die Kammer übertragen können, nämlich: Einmannwahlkreise, Verteilung von 75 Prozent der Sitze nach dem Mehrheitswahlrecht und 25 Prozent nach dem Verhältniswahlrecht. Aber die Einheitlichkeit der Wahlgesetze war nicht obligatorisch – und so brach eine, sich über drei Monate hinziehende erbitterte Debatte aus. In ihr zeichneten sich drei Positionen ab, die sich auch in der Parlamentarischen Kommission und in den Tageszeitungen niederschlugen.

Die erste Position wurde hauptsächlich von den Christdemokraten getragen und vom Abgeordneten Sergio Mattarella vorgetragen. Sie beinhaltete die Ansicht der Einheitlichkeit der beiden Wahlgesetze von Kammer und Senat mit einigen Varianten hinsichtlich der proportionalen Quote der Sitze und der Art ihrer Verteilung. Die zweite Position stellte eine radikale Neuerung dar. Sie wurde von Marco Pannella, dem Abgeordneten der Radikalen vertreten, der den Übergang zum Mehrheitswahlrecht nach britischem Vorbild befürwortete, wobei das emotionale Engagement, mit der er diese Position vertrat, eindeutig seine sachliche Kompetenz übertraf. Die dritte Position wurde offiziell von der Pds vertreten; ihr schlossen sich, wenn auch weniger entschieden, der größte Teil der politischen Kommentatoren und die „Italienische Gesellschaft der Politischen Wissenschaften" an. Sie befürworteten zwei Wahlgänge nach französischem Modell, wobei allerdings einige entscheidende Details offen blieben (so etwa, ob zum zweiten Wahlgang nur die beiden erstplazierten Kandidaten antreten sollten, und, wenn nicht, wie hoch der Prozentsatz sein sollte, um zum zweiten Wahlgang zugelassen zu werden). In dieser zähen Debatte erstaunte die Unfähigkeit des Abgeordneten Mario Segni, eine klare Position zu beziehen. Durch seine Entscheidungsunfähigkeit hat der Leiter des Referendums freiwillig darauf verzichtet, die Millionen an Wählerstimmen in die Waagschale zu werfen, die den Sieg des Referendums herbeigeführt und damit den Weg für Wahlrechtsreformen frei gemacht hatten.

Die Vertreter dieser Positionen führten nach außen technische Motive für ein besseres Funktionieren des Systems an. Aber dahinter verbargen sich natürlich politische Motive, um die Geschicke der eigenen Partei oder der von ihnen vertretenen politischen Richtungen mehr oder minder direkt zu begünstigen. Ein anderes politisches Phänomen trat im Laufe der Debatte über die Wahlrechtsreform in den Vordergrund, nämlich das neue Gesetz zu den Bürgermeisterwahlen. Dieses kam in einigen wichtigen Städten, wie Mailand, Turin, Ravenna, Ancona, Siena und Belluno zur Anwendung. So unterschiedlich die Wahlergebnisse im einzelnen ausfielen, so eindeutig beeinflußten sie dennoch die Positionen zweier Hauptakteure, nämlich der Dc und der Lega. Den christdemokratischen Bürgermeisterkandidaten gelang es in keiner der relevanten Städte, zum zweiten Wahlgang durchzukommen. Im Durchschnitt erhielten sie nur 10–15 Prozent der Stimmen, womit es der Dc nicht wie in der Vergangenheit gelang, breitere Unterstützung zu finden. Die berühmte christdemokratische Mittelposition war damit endgültig verloren gegangen. Hieraus zogen die Christdemokraten eine zweifache Lehre: Erstens die Ablehnung von zwei Wahlgängen, da diese ihre Aussichten auf Einzug in das Parlament erheblich gesenkt hätten; und zweitens das Ziel, eine möglichst hohe proportionale Quote für die Zuweisung der Parlamentssitze durchzusetzen. Die Wahlergebnisse für die Lega fielen unterschiedlich aus. In Turin und Belluno hatte sie verloren, in Mailand und einigen mittelgroßen Städten des Nordens dagegen gewonnen. In Turin hatte sie sogar nur 20 Prozent der Wählerstimmen erzielen können, so daß sie vom zweiten Wahlgang ausgeschlossen war. In Mailand lag sie schon nach dem ersten Wahlgang eindeutig an der Spitze und setzte sich dann auch im zweiten erfolgreich durch. Wider Erwarten verlor sie aber in Belluno im zweiten Wahlgang gegen einen Kandidaten der Pds. Aber im allgemeinen blieb sie prozentual gesehen in der Mehrzahl der nordöstlichen und -westlichen Gemeinden die größte Partei. Die von der Lega aus den Lokalwahlen gezogene Lehre war ganz schlicht: Der einfache Wahlgang würde ihre Kandidaten bei den nationalen Wahlen begünstigen. Zwei Wahlgänge wären für sie verhängnisvoll gewesen, denn für eine Antisystempartei wie die Lega wäre es sehr schwer gewesen, die notwendigen Verbündeten zu finden. Ihre Koalitionsfähigkeit und -bereitschaft sind außerordentlich begrenzt, wenn nicht sogar überhaupt nicht ausgeprägt.

Was die Pds betrifft, so war sie in der unerwarteten Lage, eine zentrale Partei bei der Bildung von Koalitionen zu sein oder doch eine solche zu werden. Koalitionen, die sich beim ersten Wahlgang noch nicht ganz verwirklichen ließen, hätten dann beim zweiten gebildet werden können. Da wahrscheinlich der Kandidat der Pds im linken Wählerspektrum der stärkere sein würde, war es für die Pds nur folgerichtig, wenn sie für zwei Wahlgänge eintrat. Zu diesem ganz eindeutigen Parteiinteresse kam ein zweifaches Systeminteresse hinzu. Ein System mit zwei Wahlgängen hätte nicht nur die Bildung einer neuen Parteienkonstellation um die beiden Pole „gemäßigt" bzw. „fortschrittlich" begünstigt, sondern es wäre auch das einzige System gewesen, das es erlaubt hätte, den Wählern eine Regierungsalternative anzubieten. So entsprachen zwei Wahlgänge eher den Versprechungen und Hoffnungen, die während der Wahlkampagne zum Referendum gemacht worden waren. Dieser Lösung stand jedoch entgegen, daß die Sozialisten, deren Führungskrise nun voll ausgebrochen war, wenig geneigt waren, zwei Wahlgänge zu unterstützen; daß die Christdemokraten und die Lega den einfachen Wahlgang bevorzugten; daß sich die Pds nicht hundertprozentig hinter die Lösung zweier Wahlgänge stellte; und schließlich die technischen und politischen Ungereimtheiten der Position Segnis. Der einfache Wahlgang war daher für Kammer und Senat beschlossene Sache. Die beiden nun noch verbliebenen Konfliktgegenstände waren infolgedessen die Höhe des Prozentsatzes der proportionalen Quote und die Art und Weise ihrer Zurechnung.

Bei den Referenden war eines der am weitesten verbreiteten und verständlichsten Argumente gewesen, die Anzahl der Parteien zu reduzieren. Es kam auch den Forderungen der vier größten politischen Parteien entgegen. Die Wählerbasis der Dc war durch die hohe Fragmentierung zerbröckelt. Die Christdemokraten mußten jetzt auch noch befürchten, daß Segni mit seiner Bewegung der „Popolari per la Riforma" auf die Parteienbühne treten würde. Die Fragmentierung hätte auch den Wählerzulauf zur Pds gebremst und ferner die Gründung verschiedener lokaler Legen auf Kosten der Lega Nord mit sich geführt. Auch die Sozialisten hätten Verluste befürchten müssen, wenn die kleinen Gruppierungen freien Zugang zum Parlament gehabt hätten; von einer Sperrklausel hätte sie, wenn auch nicht viel, profitieren können. Auch wenn manche dieser Kalküle sich beim Urnengang als falsch herausgestellt hätten, so war die Annahme einer 4 Prozent-Hürde durchaus vorstellbar, auch wenn manche eine noch höhere Sperrklausel von 5 Prozent nach bundesrepublikanischem Vorbild bevorzugt hätten.

Was das außerordentlich schwierige Problem der proportionalen Quote betraf, so setzte Sergio Mattarella ganz hoch an, als er von einer vierzigprozentigen Quote der Parlamentssitze ausging, die nach der Verhältniswahl gewählt werden sollten. Die Vertreter der Pds dagegen schlugen eine Quote von zehn bis zwanzig Prozent vor. Der Sprecher der Christdemokraten profitierte auf seine Art von der Lektion, die ihnen die Bürgermeisterwahlen erteilt hatten. Die Dc hätte nur eine begrenzte Anzahl an Sitzen aus der Mehrheitswahl erringen können; wenn sie sich aber auf eine proportionale Quote von fünfzehn bis zwanzig Prozent geeinigt hätte, hätte sie eine beträchtliche Anzahl an Sitzen aus der Verhältniswahl gewinnen und dann das Zünglein an der Waage zwischen dem linken und rechten Block spielen können. Das Ergebnis dieses Spiels war vorherzusehen und von den anderen Parteien nur allzu leicht zu durchschauen. Nach einigem Hin und Her einigte man sich dann auf die Quote, die auch durch das Ergebnis des Referendums festgelegt worden war, nämlich 25 Prozent. Blieb somit noch als letztes Problem, wie die Sitze nach dieser proportionalen Quote zugerechnet und verteilt werden sollten.

Für den Senat fand man eine Lösung nach bisherigem Muster. Die proportionalen Sitze wurden regional verteilt nach Abzug aller Stimmen, die auf die Direktwahl der Senatoren in den Einmannwahlkreisen entfallen waren. Auf diese Weise wurde gewährleistet, daß diejenigen Parteien, die in den Einmannwahlkreisen stark waren (wie die Lega im Norden und die Pds im Zentrum), weder die Sitze aus den Einmannwahlkreisen noch diejenigen aus den Verhältniswahlen vollkommen an sich rissen. Hätten sie dies nämlich getan, so hätten sie die parlamentarische Vertretung breiter Teile des Landes monopolisieren können. Die Lösung, die für die Kammer gefunden wurde, wich in entscheidenden Punkten von derjenigen ab, die für den Senat gefunden worden war. Hier wurden zwei Wahlzettel eingeführt. Mit dem ersten wird der Kandidat im Einmannwahlkreis gewählt, mit dem zweiten ein Parteiensymbol im Wahlbezirk, der seinerseits mehrere Wahlkreise umfaßt.[2] Von den Stimmen, die die verschiedenen Parteien über den proportionalen Wahlzettel im Wahlbezirk erhalten, wird eine bestimmte Summe abgezogen, die sich wie folgt zusammensetzt: Die Stimmenzahl desjenigen Kandidaten, der im Einmannwahlkreis das zweitbeste Wahlergebnis erzielt hat, wird von der Stimmenzahl abgezogen, die die Partei des (im Einmannwahlkreis) siegreichen Kandidaten auf der proportionalen Liste im Wahlbezirk erhalten hat (Katz 1994). Dieser komplizierte, unter dem Begriff „scorporo"[3] (Abzug) bekannte Mechanismus folgt derselben Logik wie derjenige, der dem Wahlrecht des Senats zugrundeliegt. Man will nämlich verhindern, daß diejenigen Parteien das Parlament monopolisieren, von denen eine starke territoriale Konzentration vermutet wird. Hingegen sollen solche Parteien begünstigt werden, die aller Wahrscheinlichkeit nach national weit verbreitet sind, wie etwa die Dc. Es kommt noch ein letzter Punkt hinzu. Die von den Parteien gebildeten proportionalen Wahllisten sind „blockiert"[4] und daher sind, im Gegensatz zum Senat, doppelte Kandidaturen für die Kammer möglich, d.h. in einem Ein-

---

2 Vgl. Fußnote 1.
3 In der offiziellen Broschüre zu den Wahlen vom 27./28. März 1994 wird folgendes Beispiel gegeben, um den Wählern diesen neuen Mechanismus des „scorporo" zu erklären: „Im Einmannwahlkreis 1 der Kammer hat der Kandidat, der von der Liste A aufgestellt worden ist, 40.000 der insgesamt 100.000 abgegebenen Stimmen erhalten. Der zweitbeste Kandidat, der von der Liste B aufgestellt worden ist, hat 29.999 Stimmen erhalten. Dem ‚scoporo' oder ‚Abzug' entsprechen 29.999 + 1, d.h. insgesamt 30.000 Stimmen. Im gesamten Wahlbezirk hat die Liste A 300.000 Stimmen (mit dem zweiten Wahlzettel, d.h. demjenigen, der für die proportionale Verteilung der Sitze zuständig ist) erhalten. Wir wir gesehen haben, hat der von dieser Liste aufgestellte Kandidat im Einmannwahlkreis gewonnen. Zur Berechnung der proportionalen Sitze werden deshalb von diesen 300.000 Stimmen der Liste A 30.000 Stimmen abgezogen, die dem ‚scorporo' des Wahlkreises 1 entsprechen" (L'Italia vota 1994: 30).
4 Man spricht von einer „blockierten' Liste dann, wenn die Reihenfolge der eventuell gewählten Kandidaten der auf dem Wahlzettel aufgeführten Reihenfolge entspricht, ohne daß der Wähler hinsichtlich der Reihenfolge der Kandidaten eine Präferenz ausdrücken kann" (L'Italia vota 1994: 27).

mannwahlkreis und auf drei proportionalen Wahllisten. Auf diese Weise haben sich einige Parteiführer ihre Wiederwahl garantieren können, so nicht nur Sergio Mattarella, der Urheber des Wahlgesetzes, der so seinen politischen Weitblick selbst belohnt sah, sondern auch Mario Segni. Nachdem er in seinem eigenen Wahlkreis in Sassari auf Sardinien sensationell geschlagen worden war, tauchte der Führer der Referenden in der Kammer allein aufgrund der Tatsache wieder auf, daß seine Liste „Patto per l'Italia" es geschafft hatte, 4,6 Prozent der proportionalen Wählerstimmen zu erringen, womit sie die Sperrklausel gerade eben überwunden hatte. So ist es ihm gelungen, einige proportionale Sitze zu ergattern, darunter auch einen für sich selbst in seiner Eigenschaft als Anführer der Liste im sardischen Wahlbezirk.

*VIII. Mobile Wähler und neue politische Akteure*

Die italienische Wahlrechtsreform stand im Zusammenhang tiefgreifender Veränderungen der Parteien und ihrer Wählerschaft. Ende der achtziger Jahre ist die Kommunistische Partei Italiens (Pci) als Demokratische Partei der Linken (Pds) neu gegründet worden. Davon spaltete sich als linksextreme Partei die Kommunistische Neugründung (Rc) ab. Die Dc hat sich ihr eigenes Grab gegraben und mußte auch noch den Bruch mit Segni verkraften. Aus den Überresten der Dc ging dann die Italienische Volkspartei (Ppi) hervor. Die Lega hatte sowohl in das ehemalige christdemokratische und sozialistische Wählerpotential eine Bresche geschlagen, wie auch in dasjenige der kleineren Parteien der Mitte. Die seit jeher berechenbare und stabile kommunistische und christdemokratische Parteigefolgschaft war höchst unberechenbar geworden, ohne daß neue Parteienbindungen eingegangen worden wären. Voraussetzung hierfür wäre eine berechenbare Parteienkonstellation gewesen. Dabei muß man sich der Tatsache bewußt sein, daß große Teile der Wählerschaft im Norden – aber eben nicht nur dort – für neue politische Botschaften höchst aufgeschlossen waren. Diese wichtige intervenierende Variable muß man im Gedächtnis behalten, wenn man die allgemeinen Veränderungen in der Wählerschaft verstehen möchte.

Das ganze italienische Parteiensystem war somit in seinen Grundfesten erschüttert, was bereits an den Ergebnissen zu den Parlamentswahlen vom April 1992 und den Bürgermeisterwahlen vom Juni 1993 und November-Dezember 1993 deutlich sichtbar geworden war. Die Bereitwilligkeit der Bürger, ihr Wahlverhalten zu verändern, hing auch mit dem Verschwinden der traditionellen Parteien, vor allem der Sozialistischen Partei und den kleineren laizistischen Parteien, sowie der Dc zusammen. Daher war es nicht mehr möglich, das Wahlverhalten nach Parteienzugehörigkeit (voto di appartenenza) einfach zu reproduzieren. Auch das auf Austausch beruhende Wahlverhalten (voto di scambio) war nur schwer zu realisieren, denn den Wählern war nicht mehr klar, welche Parteien und welche Kandidaten in die Regierung entsandt werden und welche lokalen Regierungen bereit sein würden, ihre Wählerstimme mit konkreten Gegenleistungen zu belohnen. So blieb ihnen nur noch übrig, nach ihrer eigenen Meinung zu wählen (voto di opinione), um auf diese Weise das Verhalten in der Vergangenheit und die Versprechen für die Zukunft zu honorieren. Ohne Übertreibung läßt sich sagen, daß fast die Hälfte der italienischen Wählerschaft ihr Wahlverhalten geändert hat, wobei zwei Hauptmotive maßgeblich waren, zum einen der durch das Fehlen der bislang bevorzugten Parteien auferlegte Zwang, neue Parteien zu wählen; und zum anderen der eigene Wunsch, das Wahlverhalten zu ändern, da jetzt andere Parteien und Kandidaten attraktiver als früher erschienen.

Die zweite intervenierende Variable hängt mit den beiden eben genannten diffusen Motiven des Zwangs zur bzw. des Wunsches nach Veränderung zusammen. Bei den Parlamentswahlen im März 1994 tritt vollkommen unerwartet ein ganz neuer Akteur auf die politische Bühne, eine Bewegung, die sich Forza Italia (FI) nennt und von Silvio Berlusconi, dem Besitzer eines Finanz- und Medienimperiums gegründet und geführt wird. Die FI ist keine Partei, sondern bloß eine Wähleraggregation, die auf einer Handels- und Marketinggesellschaft, der Publitalia, aufgebaut worden ist. Die enorme Macht, die sie aus dem Fernsehen schöpft, ist nicht zu verkennen; wichtiger aber ist vielleicht, daß sie der gemäßigten Wählerschaft glaubhafte Deutungsmuster anbietet, die in scharfem Gegensatz zu den von den Progressiven angebotenen Deutungsmustern stehen. Ihre Führungsfigur ist schon von Anfang an als erfolgreicher Unternehmer und Sportsponsor bekannt: Berlusconi ist nämlich der Präsident der Fußballmannschaft AC Milan, die in Italien und Europa durch ihre Erfolge berühmt geworden ist. Das Angebot dieses neuen politischen Produktes kommt einem Wählermarkt entgegen, der von der Ablehnung der alten, politisch und organisatorisch abgewirtschafteten Parteien und der Suche nach etwas Neuem gekennzeichnet ist. Mit diesem, auf breit angelegten Werbefeldzügen angepriesenen Angebot wird nicht mehr und nicht weniger versprochen, als die gesamte Regierungskoalition, kurz, das ganze italienische politische System neu aufzubauen. Vor allem aber kommt es einer gemäßigten Wählerschaft entgegen, die paradoxerweise auch noch in einer Situation, in der es keine ernstzunehmende kommunistische Partei mehr gibt, überwiegend antikommunistisch eingestellt ist.

### IX. Hypothesen über die voraussichtlichen Effekte des neuen Wahlgesetzes

Die beiden eben geschilderten intervenierenden Variablen (die Bereitschaft der Wähler zur Veränderung ihres Wahlverhaltens und der Auftritt eines neuen politischen Akteurs) sind bei der anschließenden Debatte über die voraussichtlichen Folgen der neuen italienischen Wahlgesetze nicht hinreichend beachtet worden. Vielmehr brachen darüber wilde journalistische und politische Spekulationen aus. Die Ergebnisse zu den Wahlen vom 27. und 28. März 1994 ermöglichen es, einige der damals formulierten Hypothesen zu überprüfen, deren Vorhersagekraft zu bewerten und die Grundannahmen, von denen sie ausgingen, näher unter die Lupe zu nehmen. Bei den Vorhersagen über den Wahlausgang konnte und mußte man sich der Tatsache bewußt sein, daß große Teile der Wählerschaft (aufgrund der geschilderten Variable) in ihrem Verhalten vollkommen unberechenbar geworden waren. Nachdem Berlusconi auf der politischen Bühne erschienen war, wurde es noch schwerer vorherzusehen, wie sich diese Unberechenbarkeit auswirken würde. Die Hypothesen, Vermutungen und Befürchtungen der Kommentatoren und Experten lassen sich in zwei Kategorien einteilen. Die erste Kategorie umfaßt Hypothesen, die sich auf die allgemeine Veränderung des Wahlverhaltens und ihre Auswirkungen auf das politische System insgesamt beziehen. Sie werden im folgenden System-Hypothesen genannt. Die wichtigsten von ihnen beziehen sich auf die Konfiguration der neuen italienischen Wählergeographie, die Art des Parteienwettbewerbs und die Auswirkungen auf das Parlament und die Regierung. Die zweite Kategorie, die partikularistischen Hypothesen, beziehen sich auf Parteien, Kandidaten und Wähler. Aber zunächst zu den System-Hypothesen:

Der größte Teil der Kommentatoren beharrte ganz einfach auf der Annahme, nach der sich die italienischen Wähler angeblich auf drei geographische Gebiete verteilen würden: Im Norden die Lega als dominierende und fast exklusive Partei; im Zentrum die Pds, ebenfalls als dominierende, nicht jedoch als exklusive Partei; und im Süden ebenfalls als dominierende, aber nicht exklusive Partei die Dc. Geht man von den vorliegenden Daten aus (Diamanti/Mannheimer 1994), kann man sagen, daß die Anhänger dieser Hypothese den vom neuen Wahlrechtssystem ausgehenden Anstoß zur Koalitionsbildung schwer unterschätzt haben; außerdem haben sie vollkommen falsch eingeschätzt, was die Dc sehr gut als ihr eigenes Problem erkannt hatte, nämlich die Schwierigkeit, Wahlbündnisse zu schließen. Es hat sich herausgestellt, daß es im Zentrum einen großen Wahlsieger gab, aber nicht die Pds, sondern das Wahlbündnis der Progressiven, dem neben der Pds auch die Kommunistische Neugründung (Rc), die Grünen, das Netzwerk (La Rete), die noch übriggebliebenen Sozialisten, Christsoziale und eine neue Gruppierung, die sich selbst Demokratische Allianz (Alleanza democratica, Ad) nannte, angehörten. Eben dieses Wahlbündnis der Progressiven hat, bis auf einen, alle Sitze im Senat in den Mehrheitswahlkreisen in der Emilia-Romana, Marken, der Toskana und Umbrien gewonnen. In den anderen beiden geopolitischen Gebieten ist die Situation dagegen sehr viel komplizierter und läßt sich nur verstehen und erklären, wenn man die in den einzelnen Gebieten gebildeten Wahlbündnisse mit berücksichtigt.

Die zweite System-Hypothese ist sehr viel häufiger vorgetragen worden und widerspricht zum Teil der ersten. Danach wurde ein bipolarer Wettbewerb in den unterschiedlichen Wahlkreisen vermutet, d.h. die Entstehung eines irgendwie gearteten bipolaren Systems. Natürlich handelte es sich hierbei um eine sehr einfache Hypothese. Auch wenn es in den einzelnen Wahlkreisen unmittelbar zu einem Wettbewerb zwischen nur zwei Kandidaten gekommen wäre, (was übrigens bei der erstmaligen Anwendung eines Mehrheitswahlrechts sehr unwahrscheinlich ist), dann wäre noch lange nicht gesagt, daß die beiden Kandidaten in allen Wahlkreisen dieselben politischen Lager vertreten würden. Außerdem sprach gegen diese einfache Hypothese der viel wichtigere Sachverhalt, daß die Wahlbündnisse ad hoc geschlossen und die politischen Identitäten der einzelnen Bündnispartner dabei nicht einfach aufgegeben wurden. Man braucht nur daran zu denken, daß der Sieg Berlusconis sehr viel weniger von dem Prozentsatz abhing, den er erzielt hat, nämlich 42 Prozent, als davon, daß ihm das Kunststück gelungen ist, zwei ganz verschiedene Wahlbündnisse zu schließen. Forza Italia hat ganz einfach deshalb gewonnen, weil sie im Norden ein Bündnis mit der Lega, den sog. Polo delle Libertà, und im Zentrum und Süden ein Bündnis mit der Nationalen Allianz (An) (der keineswegs reformierten Italienischen Sozialen Bewegung (Msi)), den sog. Polo del Buongoverno, gebildet hat. Das Zusammenleben zwischen Lega und An erweist sich auf Regierungsebene als außerordentlich konfliktreich und schwierig. Daher wundert es nicht, wenn das janusköpfige Wahlbündnis Berlusconis Probleme hat, sich als Regierungskoalition zu bewähren.[5]

---

[5] Mitte Dezember 1994 hat die Lega das Regierungsbündnis verlassen und Berlusconi zum Rücktritt gezwungen.

Von diesem keineswegs bipolar geprägten Wahlkampf gingen entscheidende Einflüsse nicht nur auf die Regierungsbildung, sondern auch auf das Parlament aus. Die Regierung stellte sich als eine Regierungskoalition zwischen drei Parteien, Forza Italia, Lega Nord und Nationale Allianz, heraus, aber intern gab es noch weitere kleine Gruppierungen: Ehemalige rechte Christdemokraten, die das Christdemokratische Zentrum (Centro cristiano democratico, Ccd) gegründet hatten, und ehemalige Liberale, die auf wundersame Weise dank der proportionalen Quote in der Union des Zentrums (Unione di centro, Uc) überlebt haben. Ferner wurde die Regierung von den ehemaligen Radikalen um Marco Pannella unterstützt, die sich heute Reformatoren (Riformatori) nennen. Auch heute noch ist das Parlament erheblich fragmentiert. Im Senat gibt es nicht weniger als zehn Fraktionen, in der Abgeordnetenkammer acht. Diese unterschiedliche Zahl beruht auf der Tatsache, daß die Geschäftsordnung der Kammer die Bildung kleiner Gruppen verbietet. Auf diese Weise wurden die Progressiven dazu angehalten, eine geeinte Fraktion zu bleiben.

Weshalb haben sich die System-Hypothesen als grundlegend falsch erwiesen? Der erste Grund mildert die Schwere der Fehleinschätzungen etwas ab; er besteht darin, daß jedes neue Wahlrechtssystem seine Effekte erst nach mindestens zwei oder drei Konsultationen zeitigt, in denen es ohne weitere Veränderungen voll zur Anwendung gekommen ist. Die relevanten Akteure und Wähler müssen erst lernen, es anzuwenden und sich entsprechend ihrer Erwartungen und antizipierten Folgen sowie der durch das neue Wahlrechtssystem gegebenen Anreize und Begrenzungen zu verhalten. Die italienischen Wahlen vom März 1994 waren insofern eine Art Generalprobe, in der die nach wie vor im Fluß befindlichen Parteizugehörigkeiten und -gruppierungen neu definiert worden sind. Der zweite Grund für das Scheitern der Vorhersagen für das politische System hängt mit den schlechten Analysen und Interpretationen des Wahlrechts zusammen. Fast alle Kommentatoren haben die Auswirkungen der proportionalen Wahlquote vollkommen unterschätzt. Da nach dieser nicht weniger als ein Viertel der Sitze verteilt wird, hat sie sich als sehr einflußreich nicht nur für die Art der Kandidatenaufstellung erwiesen, sondern auch für die Wählerentscheidung und die Wahl der Parlamentsabgeordneten. Diejenigen Parteien, die keinen einzigen Sitz über das einfache Mehrheitswahlrecht gewonnen hätten und die daher darauf hätten verzichten müssen, einen eigenen Kandidaten aufzustellen, haben sehr schnell begriffen, die proportionale Wahlquote zu ihren Gunsten zu nutzen. Sie stellten möglichst viele Kandidaten in möglichst allen Einmannwahlkreisen auf, um auf diese Weise eine so hohe Stimmenzahl wie möglich zu gewinnen, die dann bei der proportionalen Wahlquote ausgenutzt werden konnte. Ein solches Vorgehen war etwa für die Italienische Volkspartei (Ppi) als Überlebenstechnik ganz einfach notwendig. Auch Mario Segnis Pakt für Italien (Patto per l'Italia) war hierauf angewiesen, wenn er noch mitreden und seine angeschlagene Identität stärken wollte. Ebenso versuchten auch einige Gruppierungen innerhalb des progressiven Wahlbündnisses, ihre Identität zu finden (wie die Demokratische Allianz, Ad) oder zu bestätigen (wie die Grünen, das Netzwerk oder die Sozialisten). Da keine dieser Gruppierungen die 4 Prozent-Hürde genommen hatte, war das Ergebnis, daß die Progressiven gut 3.600.000 proportionale Wählerstimmen verloren. Dieser Wählerstimmenverlust erklärt die größere Schwäche der Progressiven in der Kammer im Vergleich zum Senat.

Was die zweite Kategorie von Hypothesen, die partikularistischen, betrifft, so unterstellten die einfachsten von ihnen die Notwendigkeit für die Parteien, solche Kandidaten aufzustellen, die aus den jeweiligen Einmannwahlkreisen stammen. Entsprechend gingen sie von der Vermutung erheblicher, durch diese Kandidatenaufstellung verursachten Stimmenverschiebungen in verschiedenen bevölkerungsreichen Regionen aus. Die Wahrscheinlichkeit sei daher sehr hoch, so argumentierten die Vertreter dieser Hypothese, daß wahre Duelle ausgetragen und von nur einer Handvoll Stimmen entschieden werden würden. Wie bei der System-Hypothese über den bipolaren Parteienkampf ist auch bei dieser partikularistischen Hypothese der einschneidende Einfluß unterschätzt worden, den die porportionale Wahlquote ausgeübt hat. Kandidaten, die schon von Anfang an in den Einmannwahlkreisen unterlegen waren, versuchten ihr Glück noch einmal mit der proportionalen Wahlquote, um Stimmen für die eigene Partei oder das eigene Wahlbündnis zu ergattern. Bei der Ausarbeitung der Wahlrechtsreform hatte man befürchtet, die Anzahl der lokalistischen Kandidaten würde unter den neuen Wahlbedingungen drastisch steigen. Die vorliegenden Daten zeigen aber, daß sie weit unter derjenigen liegt, die das frühere reine Verhältniswahlrecht hervorgebracht hatte. Darüber hinaus hat die Bildung nationaler Wahlbündnisse zwischen verschiedenen Gruppierungen den Effekt gezeitigt, daß in vielen Fällen Kandidaten aus verschiedenen Wahlkreisen aufgestellt worden sind, wobei nicht so sehr auf die Vertretung des jeweiligen Wahlkreises, sondern eher auf das innere Gleichgewicht zwischen den Bündnispartnern geachtet worden ist. Die wichtigste partikularistische Hypothese schließlich, wonach das Wahlverhalten eher von den Personen der Kandidaten als von den Parteien geprägt werden würde, ist nicht empirisch bestätigt worden. In fast allen Wahlkreisen weisen die Prozentsätze, die die Kammer- bzw. Senatskandidaten für dasselbe Bündnis gewonnen haben, nur geringe Abweichungen voneinander auf, was wohl kaum der Person der Kandidaten oder Kandidatinnen zugeschrieben werden kann. Auch waren die Abweichungen von den vorangegangenen Wahlergebnissen gering, wenn man sie in die politischen Kategorien Mitte-Rechts, Mitte und Links aufteilt. Natürlich bedeutet dies nun nicht, die Person der Kandidaten könne gar keinen Ausschlag geben oder es habe gar keine entsprechenden Stimmenveränderungen gegeben. Es bedeutet lediglich, daß der Unterschied sich womöglich erst das nächste Mal zeigen wird, wenn der im Amt befindliche Parlamentsabgeordnete mit einem einzigen Herausforderer konfrontiert werden wird. Ferner bedeutet es, daß den Stimmenveränderungen eine nationale Dynamik zugrundegelegen hat, derzufolge die Parteienkonstellation umfassend, wenn auch nicht endgültig, neu definiert worden ist. Aber noch nicht einmal dieser Redefinitionsprozeß ist zum gegenwärtigen Zeitpunkt abgeschlossen.

## X. Schlußfolgerungen und Bewertung

Im Hinblick auf die theoretischen Ausgangshypothesen, die diesem Beitrag vorangestellt worden sind, sei zunächst folgendes Ergebnis festgehalten: Die konservative Koalition, die der Veränderung von Wahlregeln und institutionellen Regeln ablehnend gegenüber stand, mußte erst dann ihre Niederlage einstecken, als die Bewegung für das Referendum in die Konstellation der relevanten Akteure eingetreten war. Ihre Stärke leitete diese Bewegung einerseits aus ihrer heterogenen parteilichen Zusammensetzung und aus den Beziehungen ab, die sie mit relevanten sozialen Gruppen anknüpfte und die sich zugunsten des Ausgangs der Referenden einsetzten. Die Hauptstärke dieser Bewegung bestand aber in dem Instrument des abrogativen Referendums selbst, das – einmal in Gang gekommen – nicht mehr aufzuhalten war, es sei denn durch eine Reform des Gesetzes oder der bereits in Angriff genommenen gesetzlichen Bestimmungen. Einmal an diesem Punkt angelangt, stellte sich die konservative Koalition als unfähig heraus, eine einheitliche Handlungslinie für einen positiven, alternativen Wahlrechtsreformvorschlag zu finden. Der Status quo ließ sich somit nicht mehr aufrechterhalten, aber die Initiative zur Veränderung konnte nicht von einer im Grunde genommen negativen Koalition ausgehen. Die Reformkoalition andererseits war im Inneren gespalten. Politische Kalküle, personelle Ambitionen und Führungsmangel hinderten sie daran, den qualitativen Sprung von einer Referendums- zu einer Regierungskoalition zu machen. Der Bruch, den das Bündnis zur Durchführung der Referenden mit der Pds vollzogen hatte, insbesondere aber die Distanz, die die Bewegung Segnis zu der Partei Achille Occhettos[6] eingenommen hatte, hat die reformwillige öffentliche Meinung enttäuscht und demobilisiert. Als Folge hiervon brach ein erbitterter, kontraproduktiver Wahlkampf zwischen den zerstrittenen Gruppen des ehemaligen Bündnisses des Referendums aus. Die neuen Merkmale der Wahlrechtsreform, zunächst gefürchtet und dann von der Forza Italia voll ausgenutzt, haben die Bildung und den Sieg einer Mitte-Rechts Gruppierung erleichtert, die alles andere als reformfreundlich eingestellt ist.

Es ist natürlich ein gewagtes Unternehmen, die Neuordnung eines politischen Systems und die Erneuerung einer Demokratie vollkommen und ausschließlich dem Wahlrechtssystem anzuvertrauen (Noiret 1990). Aber es sollte nicht vergessen werden, daß in Italien Verfassungsreformen nicht mit Hilfe von Referenden durchgeführt werden können, denn sie können nicht dazu benutzt werden, solche Verfassungsnormen abzuschaffen, die die Verfassungsform von Staat, Regierung, Parlament und den Präsidenten der Republik betreffen. Es ist auch richtig, daß das Verhältniswahlrecht das Verhalten der politischen Akteure und der italienischen Wähler vollkommen beeinflußt und geprägt und das Funktionieren der Institutionen ganz umfassend bestimmt hat – bis hin zur Schaffung des sog. italienischen Konsoziativismus. Sicherlich brauchen auch die Effekte des neuen eigentümlichen italienischen Wahlrechts – drei Viertel Mehrheits-, ein Viertel Verhältniswahl – Zeit, um sich voll entfalten zu können. Dennoch spricht man bereits davon, die Wahlrechtsreform zu reformieren. Es gibt einige, wie etwa Marco Pannella, die Nationale Allianz und zum Teil auch Forza Italia, die den einfachen Wahlgang ohne proportionale Wahlquote befürworten. Zu diesem Zweck sind bereits Unterschriften für ein abrogatives Referendum gesammelt worden.[7] Andere wiederum, wie die Pds und die Lega, befürworten zwei Wahlgänge nach dem französischen Modell.

Abschließend sei ein unbestreitbares Ergebnis festgehalten: Der politische Kampf um die Referenden zur Reform des Wahlrechtssystems hat das italienische politische System auf jeden Fall in Bewegung gebracht. Die Reform des Wahlgesetzes hat sogar zum Machtwechsel geführt, auch wenn die siegreiche Koalition nicht nur Veränderung (im Sinne des vollkommenen Auswechselns der Mitglieder des Parlaments und der Regierung), son-

---

6 Achille Occhetto war der damalige Führer der Pds; inzwischen ist er von Massimo D'Alema abgelöst worden.
7 Dieses Referendum ist am 12. Januar 1995 vom Verfassungsgericht zurückgewiesen worden.

dern auch Restauration (verstanden als Wiederbelebung der alten Art, Politik und Politiken zu machen) darstellt.[8] Keine institutionelle Reform ist übrigens ohne Wahlrechtsreform möglich (Massari/Pasquino 1994). Umgekehrt gilt aber auch, daß keine Wahlrechtsreform von sich allein eine Reform der Institutionen hervorbringt. Das alte Parteiensystem hat sich ganz sicher schon tiefgreifend verändert und ist nach wie vor in einem Prozeß weitergehender Veränderungen begriffen. Ganz unabhängig davon, wie das gegenwärtige Wahlrecht weiter reformiert werden wird, wird vermutlich eine neue konservative Koalition für einige Zeit die Oberhand behalten, und es ist möglich, daß die Direktwahl des Chefs der Exekutive nachfolgen wird. In diesem Fall wird das ganze italienische politische System noch mehr erschüttert und verändert werden. Wenn die proportionale Wahlquote erst abgeschafft sein wird, wird die Rationalität des politischen Wettbewerbs auf ein bipolares System hinauslaufen, das Machtwechsel eher wahrscheinlich macht. Zum gegenwärtigen Zeitpunkt[9] erscheinen weder der Prozeß der politischen noch derjenige der institutionellen Veränderung abgeschlossen zu sein.

Unter theoretischem Gesichtspunkt legt der langandauernde Veränderungsprozeß nahe, daran zu erinnern und klarzumachen, daß keine Systemreform so konzipiert und ausgeführt werden kann, als ob es sich um eine isolierte Entscheidung handeln würde, wie wichtig und gewichtig deren Folgen auch immer sein mögen. Jede Reform eines politischen Systems muß als Entscheidungsbündel interpretiert, durchgeführt und analysiert werden, das Alternativen eröffnet und, wohl noch öfter, andere verschließt, von denen jedoch keine endgültig ist. Daß es sich eben so verhält, ist nicht nur theoretisch richtig, sondern auch politisch gut.

*Literatur*

*Amato, Giuliano,* 1980: Una Repubblica da riformare. Bologna: Il Mulino.
*Calise, Mauro,* 1994: Dopo la partitocrazia. L'Italia tra modelli e realtà. Torino: Einaudi.
*Corbetta, Piergiorgio,* und *Arturo Parisi,* 1994: Ancora due Italie. Sulla natura della diversità meridionale nel referendum del 18 aprile 1993, Polis VIII: 11–33.
*Diamanti, Ilvo,* und *Renato Mannheimer* (Hg.), 1994: Milano a Roma. Guida all'Italia elettorale del 1994. Roma: Donizelli.
*Freund, Norbert,* 1992: Die Debatte um eine Wahlsystemreform in Italien seit 1979. Magisterarbeit, Universität Heidelberg.
*Gilbert, Mark,* 1994: The Italian Revolution. The End of Politics Italian Style. Boulder, Co.: Westview Press.
*Katz, Richard S.,* 1994: The New Laws for the Parliamentary Elections. S. 93–112 in: *Carol Mershon* und *Gianfranco Pasquino* (Hg.): Ending the First Republic: Italian Politics 1993. Boulder, Co.: Westview Press.
*L'Italia vota,* 1994: Guida alle elezioni politiche del 27–28 marzo 1994, presidenza del consiglio dei ministri.
*McCarthy, Patrick,* 1993: The Referendum of 9 June. S. 11–28 in: *Stephen Hellman* und *Gianfranco Pasquino* (Hg.): Italian Politics. A Review. Vol. 7. London: Frances Pinter.
*Massari, Oreste,* und *Gianfranco Pasquino* (Hg.), 1994: Rappresentare e governare. Bologna: Il Mulino.

---

8 Die Regierungskoalition unter Berlusconi ist am 13. Januar 1995 von einer sogenannten technischen Mitte-Rechts-Regierung unter Lamberto Dini abgelöst worden.
9 Der Beitrag wurde im November 1994 abgeschlossen.

*Noiret, Serge* (Hg.), 1990: Political Strategies and Electoral Reforms: Origins of Voting Systems in Europe in the 19th and 20th Centuries. Baden-Baden: Nomos Verlag.
*Pasquino, Gianfranco,* 1992: The Electoral Reform Referendums. S. 9–24 in: *Roberto Leonardi* und *Fausto Anderlini* (Hg.): Italian Politics. A Review. Vol. 6, London: Frances Pinter.
*Pasquino, Gianfranco* (Hg.), 1993: Votare un solo candidato. Le conseguenze politiche della preferenza unica. Bologna: Il Mulino.
*Pasquino, Gianfranco,* und *Salvatore Vassallo,* 1994: The Government of Carlo Azeglio Ciampi. S. 55–73 in: *Carol Mershon* und *Gianfranco Pasquino* (Hg.): Ending the First Republic: Italian Politics 1993. Boulder, Co.: Westview Press.
*Ruffilli, Roberto* (Hg.), 1987: Materiali per la riforma elettorale. Bologna: Il Mulino.
*Warner, Steven,* und *Diego Gambetta,* 1994: La retorica della riforma. Fine del sistema proporzionale in Italia. Torino: Einaudi.

Übersetzt von *Birgitta Nedelmann.*

# PARTEIENENTSTEHUNG UND -VERÄNDERUNG IM POSTKOMMUNISTISCHEN POLEN

Włodzimierz Wesołowski

*Zusammenfassung:* Nach der antikommunistischen Wende wurde die Institutionalisierung des polnischen Parteiensystems von zwei Hauptschwierigkeiten begleitet, erstens der Fragmentierung des polnischen Parlaments und zweitens der programmatischen Verschwommenheit und Oberflächlichkeit der Parteien. Für die Weiterentwicklung des Parteiensystems ist ausschlaggebend, ob künftig ökonomische, kulturelle oder politische Fragen im Vordergrund der politischen Auseinandersetzungen stehen, die seine Strukturierung anleiten könnten. Die Entfremdung der politischen Parteien von den Interessen der Gruppen in der Sozialstruktur läßt sich nur durch die Ausbildung politischer Identitäten überwinden, und dies sowohl auf der Ebene der politischen Führung als auch auf derjenigen der Bürger.

## I. Einleitung

Mit dem Ausbruch der antikommunistischen Revolution in Osteuropa waren zwar die Voraussetzungen für die Entstehung demokratischer Parteien gegeben. Ihre Institutionalisierung hat sich jedoch keineswegs als ein reibungsloser Prozeß erwiesen, wie man in Polen wohl noch deutlicher verfolgen kann als etwa in Ungarn. Daher läßt sich gerade am Beispiel der polnischen Parteien in der Zeit zwischen 1989 und 1994 ein besseres Verständnis dafür gewinnen, welche Hindernisse dem Aufbau von Parteiensystemen in den sich entwickelnden mittelosteuropäischen Demokratien entgegenstanden. Einige dieser Hindernisse sind in Polen auch heute noch nicht überwunden. Die Demokratie ist daher noch längst nicht konsolidiert und könnte sich gar zu einem System wandeln, das nur teilweise demokratischen Kriterien genügt (O'Donnell 1994: 55ff.; Schmitter 1994).

Die Schwierigkeiten, die die Parteienentstehung begleiteten, waren vielfältiger Natur. Das alte Regime hatte das Erbe einer diskreditierten kommunistischen Partei hinterlassen, die zwar das Wort „Partei" im Namen geführt, die Grundfunktionen einer solchen jedoch nicht erfüllt hatte. Das tiefsitzende Ressentiment gegen Parteien im allgemeinen hat hier seinen Ursprung. Auch das Auftreten von Solidarność, der mächtigen nationalen Bürgerbewegung, wirkte sich auf die Parteienbildung negativ aus, da sie anfangs als Ersatz für demokratische Institutionen angesehen wurde. Ihre illusionäre, an Rousseau angelehnte Behauptung, den „Gemeinwillen des souveränen Volkes" zu repräsentieren, fand sowohl bei Arbeitern als auch bei Intellektuellen Unterstützung (vgl. Wesołowski 1991). Zwar waren sich letztere der Heterogenität ökonomischer Interessen, Ideologien und Handlungsoptionen bewußt. Sie sahen jedoch im Erhalt dieser mächtigen Bewegung einen größeren instrumentellen Nutzen als in deren Aufsplitterung in mehrere Parteien. Der sich dennoch innerhalb der Solidarność-Bewegung vollziehende Parteienbildungsprozeß begann angesichts dessen auch eher unerwartet, spontan und planlos. Auslösender Faktor waren vor allem persönliche Differenzen zwischen verschiedenen Führungspersonen, wobei Lech Wałęsa bekanntlich einen erheblichen Anteil am konfliktvollen Auseinanderbrechen von Solidarność hatte.

Eine weitere Schwierigkeit auf dem Weg zu einer normalen Parteienstruktur war die Überzeugung vieler sozialer Gruppen, daß ihre Interessen am besten von der Gewerkschaft „Solidarność" *(NZSS „Solidarność")* artikuliert und verfolgt werden würden, die nach dem Auseinanderbrechen der politischen Einheit von Solidarność als eine Bürgerbewegung fortexistierte. Die Führer der „Gewerkschaft Solidarność" hängen dieser Überzeugung auch heute noch an, wenn sie pauschal alle politischen Institutionen (Präsident, Regierung, Parlament, politische Parteien) kritisieren und behaupten, die Partikularinteressen in der Bevölkerung und das allgemeine Interesse der Gesellschaft weitaus besser zu vertreten (vgl. Rzeczpospolita 1994a, 1994b). Solche ungünstigen Umstände für die Bildung politischer Parteien aus den Reihen der einstigen Opposition haben zu einer besonderen Situation geführt. Polen wurde zwischen den Jahren 1989 und 1993 zwar von jenen Parteien regiert, die aus Solidarność hervorgegangen waren und marktwirtschaftliche und demokratische Reformen einleiteten. Diese Parteien waren allerdings organisatorisch äußerst schwach, in hohem Maße zersplittert und nicht in den gesellschaftlichen Strukturen (Gruppen, Klassen) verwurzelt.

## II. Defizite des polnischen Parteiensystems

Die Mehrheit der politischen Eliten und ein Großteil der polnischen Gesellschaft streben die Entwicklung einer konsolidierten liberalen und repräsentativen Demokratie an. Bereits der Begriff „konsolidierte Demokratie" weist allerdings auf die Möglichkeit hin, es könne auch weniger konsolidierte Demokratien geben, und in der Tat scheint der Erhalt einer instabilen, aber dennoch beständigen Demokratie eine realistische Aussicht für Polen zu sein. Ein charakteristisches Merkmal einer in dieser Weise unzulänglichen Demokratie ist die fehlende Reife der Parteien.

Wie die Erfahrung aller modernen Staaten zeigt, muß eine Demokratie in Parteien verankert sein, um reibungslos zu funktionieren. Demokratie erfordert Parteien. Komplexe plurale Gesellschaften setzen die freie Artikulation der sozialen Vielfalt ebenso voraus wie die Reduktion der Komplexität auf ein Maß, das zu systematischen Überlegungen und Entscheidungen befähigt. Zahlreiche öffentliche Organisationen und Institutionen dienen diesen beiden Grundfunktionen, der Artikulation und der Reduktion von Vielfalt, gleichermaßen. Ohne Parteien ist eine Erfüllung dieser Erfordernisse unter den gegenwärtigen Bedingungen undenkbar.

In Polen erweist sich allerdings die Schwäche der Parteienstruktur darin, daß Parteien die im folgenden genannten vier Funktionen nur äußerst unzureichend erfüllen. Erstens scheitern sie daran, ein umfassendes Modell sozialen Zusammenlebens zu entwerfen, das zur Diskussion gestellt und schließlich als Orientierungsmuster für das jeweilige Handeln dienen sollte. Mit anderen Worten versäumen sie es, ihre ideologische Funktion (in ihrer tieferen Bedeutung) zu erfüllen. Zweitens zeigen sie große Schwächen, konkrete Alternativen zur Regierungspolitik anzubieten. Damit versäumen sie es, ihre programmatische

Funktion hinreichend auszuüben, Handlungsoptionen für die Gesellschaft und die Regierung zu strukturieren. Dies gilt insbesondere in ökonomischen Fragen. Drittens scheitern sie daran, zwischen Regierungsprogrammen und -entscheidungen auf der einen, sowie sozialen Interessen, Ansprüchen und Handlungsalternativen auf der anderen Seite zu vermitteln. Insofern versäumen sie es, ihre Artikulations- und Aggregationsfunktion (oder kurz: ihre Vermittlungsfunktion) wahrzunehmen. Viertens haben sie das nötige Entwicklungsstadium nicht erreicht, um Handlungsanreize für die verschiedenen politischen Ebenen zur Verfügung zu stellen. Sie versagen, mit anderen Worten, bei der Erfüllung ihrer Mobilisierungsfunktion.[1]

Um Mißverständnisse zu vermeiden, sei darauf hingewiesen, daß es durchaus Belege für eine andeutungsweise Erfüllung dieser vier Funktionen gibt. Entscheidend aber ist, daß diese noch nicht zu Strukturmerkmalen des gesamten Parteiensystems geworden sind. Defizite dieser Art fallen insbesondere bei den aus Solidarność hervorgegangenen Parteien auf. Aber auch die reformierten Alt-Parteien, die das abgelöste Regime überdauert haben (und nach den Wahlen von 1993 an die Macht gelangt sind), sind nur in ihrer Mobilisierungsfunktion etwas erfolgreicher gewesen, nicht hingegen in den drei anderen Funktionen. Dies gilt zum einen für die sehr heterogen gewordene postkommunistische Partei, deren Zusammenhalt heute eher durch die Erinnerung an die Vergangenheit als durch eine gemeinsame ideologische und programmatische Orientierung gefestigt wird. Dies gilt zum anderen für die „Polnische Bauernpartei" *(Polskie Stronnictwo Ludowe,* PSL), die seit 1989 als typische Interessengruppe fungiert und sich überwiegend den Problemen der landwirtschaftlichen Bevölkerung zugewandt hat, ohne es allerdings zu schaffen, sich eindeutig zwischen konkurrierenden und gleichermaßen verlockenden Selbstbildern zu entscheiden, das heißt, sich entweder zu einer bäuerlichen Ideologie, zur Soziallehre der Katholischen Kirche oder aber zu einer Spielart des Sozialismus zu bekennen.

Die schwache Leistungsbilanz des Parteiensystems hat zwei negative Ergebnisse zur Folge gehabt. Sie hat erstens zur Instabilität der Regierung geführt, die im Parlament keine ausreichend große und berechenbare Unterstützung findet. Die zweite negative Folge besteht darin, daß sich in der Bevölkerung eine widersprüchliche Haltung ausgebreitet hat. Zwar glauben die Bürger weiterhin an die Vorzüge der Demokratie, gleichzeitig werden sie aber immer kritischer gegenüber demokratischen Verfahren und sind unter Umständen sogar bereit, demokratische Institutionen zugunsten einer anderen, noch verschwommenen diktatorischen oder stark korporatistischen Alternative preiszugeben (vgl. CBOS 1993b: 7). Dieses widersprüchliche Denken stellt eine ernste Bedrohung der Legitimität von Demokratie dar.

### III. Organisatorische Zersplitterung und Integration

Das polnische Parlament, das aus den „halbdemokratischen" Wahlen des Jahres 1989 hervorgegangen war, besaß drei Gravitationszentren. Der „Solidarność-Block", der zwar klarer

---

1 Zu der hier zugrundegelegten Definition der Funktionen politischer Parteien vgl. Duverger (1954); Lipset und Rokkan (1967); Sartori (1976); von Beyme (1985); Ware (1987); Graham (1993); Mair (1990); Müller-Rommel und Pridham (1991).

Wahlsieger war, aufgrund der Vereinbarungen des „Runden Tisches" allerdings nur über etwa ein Drittel der Sitze verfügte, stellte die Regierung und war praktisch an der Macht.[2] Unterstützt wurde dieser Block von zwei früheren Satelliten der kommunistischen Partei, nämlich der „Polnischen Bauernpartei" und der „Demokratischen Partei", einer Interessenpartei der Handwerker. Oberflächlich deutete in dieser Phase nichts auf eine Parteienzersplitterung hin. Die Tatsache, daß sie dennoch schon bald einsetzte, kann dem Zusammentreffen von verschiedenen Faktoren zugeschrieben werden, die alle in dieselbe desintegrative Richtung wirkten.

Der erste Faktor war die Entstehung von tiefen politischen und persönlichen Differenzen innerhalb des Solidarność-Blocks. Da dieser ein Sammelbecken für alle möglichen ideologischen und politischen Orientierungen gewesen war, mußten die Differenzen früher oder später zutage treten. Persönliche Animositäten zwischen politischen Führern und ein kompromißloser Machtkampf beschleunigten diesen Prozeß. Der zweite Faktor war die Existenz von verschiedenen Gruppen der antikommunistischen Opposition außerhalb von Solidarność, die nun offen eine Teilhabe an der Macht forderten. Die größte unter ihnen war die von Leszek Moczulski geführte „Konföderation für ein Unabhängiges Polen" *(Konfederacja Polski Niepodleglej,* KPN), die noch vor Solidarność im Untergrund gegründet worden war. Der dritte Faktor war ein durch die zeitlichen Umstände noch verstärkter Hang von Politikern zu spektakulären Auftritten in verschiedenen kleinen, häufig rein informellen Gruppen, um dadurch auf der politischen Bühne wahrgenommen zu werden.

Dennoch hielt sich unter verschiedenen prominenten Solidarność-Intellektuellen und -Politikern die realitätsferne Überzeugung, die aus Solidarność hervorgegangenen Parteien könnten trotz der bestehenden Divergenzen ihre Zusammenarbeit fortsetzen. Sie wollten nicht wahrnehmen, daß die einmal aufgebrochenen internen Konflikte eine eigene Dynamik entfalteten, die die Einheit sprengte und nur schwer zu überwindende Spaltungen geschaffen hat. Darüber hinaus herrschte die Auffassung vor, Marktwirtschaft und Demokratie würden kurz nach der antikommunistischen Revolution auf eine so große Zustimmung in der polnischen Gesellschaft stoßen, daß man sich den Luxus politischer Zersplitterung durchaus leisten könnte. Ferner glaubte man, eine starke Regierung wäre in dem tiefgreifenden Transformationsprozeß ohnehin viel wichtiger als starke Parteien. Die Frage, welche Typen von politischen Organisationen denn als Verbindung zwischen Politik und gesellschaftlichem Leben fungieren könnten, wurde indes nicht gestellt.

Als Folge der Zersplitterung nahmen an den Wahlen von 1991, den ersten völlig demokratischen Wahlen im postkommunistischen Polen, etwa fünfzig Parteien und politische Gruppierungen (von einer Gesamtzahl von etwa 200 registrierten Parteien) teil. Das geltende Verhältniswahlrecht sorgte dafür, daß sich der hohe Grad der Parteienfragmentierung auch im Wahlergebnis widerspiegelte und insgesamt siebzehn Parteien Parlamentsmandate gewannen. Von diesen verfolgten drei Parteien eine stark neoliberale Wirtschafts- und Finanzpolitik, nämlich die „Demokratische Union" *(Unia Demokratyczna,* UD), der „Liberal-Demokratische Kongreß" *(Kongres Liberalno-Demokratyczny,* KLD) und die „Polnische Partei der Bierfreunde" *(Polska Partia Przyjaciół Piwa,* PPPP); fünf Parteien ord-

---

2 Diese Vereinbarungen beinhalteten, daß nur 35 Prozent der Parlamentsmandate aus demokratischen Wahlen hervorgingen, während die alten Machthaber weiterhin 65 Prozent der Mandate kontrollierten (Anm. d. Übers.).

neten sich einer christlichen Richtung zu, so die „Christlich-Demokratische Partei" *(Partia Chrześcijańsko-Demokratyczna,* PChD), die „Christlich-Nationale Vereinigung" *(Zjednoczenie Chrześcijańsko Narodowe,* ZChN), die „Zentrumsallianz" *(Porozumienie Centrum,* PC), die „Bewegung für die Republik" *(Ruch dla Rzeczpospolitej,* RdR) und die „Christlichen Demokraten" *(Chrześcijańska Demokracja,* ChD); ebenfalls christliches Vokabular übernahmen zwei der Bauernparteien, nämlich die „Christliche Bauernpartei" *(Stowarzyszenie Ludowe Chrześcijańskie,* SLCh) und die „Bauernallianz" *(Porozumienie Ludowe,* PL) (vgl. CBOS 1994: 6). Dieses Resultat könnte (nach Gordon Smith) als „undifferenziertes Mehrparteiensystem" bezeichnet werden, was faktisch einem strukturlosen System gleichkommt.

Während der Legislaturperiode dieses Parlaments (1991–1993) setzte sich der Teilungsprozeß der bestehenden Parteien in verschiedene offizielle Fraktionen fort (vgl. z.B. Lewis 1994). Zahlreiche Abgeordnete durchwanderten die politische Arena und wechselten die Partei. Die Zersplitterung führte zu einem noch größeren Antagonismus als zuvor zwischen den Führungspersonen der Post-Solidarność-Parteien und verstärkte die Instabilität der Regierung und der verschiedenen Regierungskoalitionen. Diese bemühten sich zwar, den von der ersten nichtkommunistischen Regierung unter Tadeusz Mazowiecki eingeschlagenen Reformkurs fortzusetzen und dabei insbesondere die wirtschaftspolitischen Grundlinien weiterzuführen, die Leszek Balcerowicz vorgegeben hatte (strenge Haushaltskontrolle, Senkung der Inflationsrate, Forcierung der Integration mit Europa). Die Instabilität der nachfolgenden Regierungen und der ständige Zwang der Koalitionspartner zu Kompromissen führten jedoch dazu, daß sich die Reformen (d.h. das allgemeine Privatisierungsprogramm) verlangsamten; eine Sozial- und Industriepolitik war ohnehin nie deutlich umrissen worden. Bei den Verlierern der Reformen, insbesondere bei den Arbeitern in den Städten und auf dem Land sowie bei den Arbeitslosen, rief diese Lage Widerstand hervor, so daß sich das soziale Klima zusehends verschlechterte und die Unzufriedenheit mit den Machthabern wuchs. Bezeichnender Ausdruck für diese Entwicklung war eine äußerst breite Streuung der Sympathien, die den Parteien zwischen den Jahren 1991 und 1993 entgegengebracht wurden, während parallel dazu die Unterstützung für die aus der Solidarność-Bewegung hervorgegangenen Parteien tendenziell abnahm (vgl. Demoskop 1994: 6).

Die Entstehung einer stark fragmentierten politischen Landschaft ging nun nicht, wie man annehmen könnte, mit der Ausarbeitung klar umrissener und detaillierter politischer Programme einher, in denen sich die Parteien unterschieden hätten. Ebensowenig konnte man bei den meisten Parteien, insbesondere bei den kleinen Parteien, eine Verwurzelung in spezifischen sozialen Gruppen beobachten. Sie gaben zwar vor, das ganze Volk zu vertreten, tatsächlich vertraten sie jedoch fast niemanden. Selbst das Erfordernis, zumindest einige wenige spezifische Milieus zu durchdringen und dort dauerhafte politische Bindungen einzugehen, wurde versäumt. Entsprechend gering war die Mitgliederstärke der Parteien, die bei den größten nicht mehr als 50.000 bis 200.000 Personen und bei den kleinen nur 500 bis 5.000 Personen betrug (vgl. *Tabelle 1).*

Die beschriebenen Faktoren, die sich gegenseitig verstärkten, bewirkten beziehungsweise bewahrten die organisatorische Fragmentierung der Parteien und die Oberflächlichkeit ihrer Programme. Die Tatsache, daß diese Fragmentierung ihnen keineswegs einen leichteren Zugang zu spezifischen sozialen Gruppen verschaffte, lag zum einen an ihrer Schwä-

*Tabelle 1:* Mitgliederstärke wichtiger Parteien 1991–1993 (nach eigenen Angaben)

|  | 1991 | 1992 | 1993 |
|---|---|---|---|
| Demokratische Union (UD) | 15.000 | 10.000 | 15.–20.000 |
| Sozialdemokratie der Republik Polen (SdRP) | 60.000 | k.A. | 65.000 |
| Polnische Bauernpartei (PSL) | 180.000 | 200.000 | 200.000 |
| Konföderation für ein Unabhängiges Polen (KPN) | 21.000 | k.A. | 35.000 |

che und ihren fehlenden Ressourcen, vor allem aber daran, daß Normalbürger die geringen Unterschiede zwischen den Parteiprogrammen nicht erkennen konnten. Die Informationen, die sie mitbekamen, beschränkten sich darauf, daß Parteiführer über irgendetwas stritten. Dadurch verstärkte sich die Kritik an der politischen Elite insgesamt.

Welche schädlichen Auswirkungen die Zersplitterung hatte, erkannten die Post-Solidarność-Parteien schon vor den Wahlen von 1993, als der Sturz der Suchocka-Regierung von Abgeordneten der Gewerkschaft „Solidarność" initiiert und mehr oder minder zufällig von den postkommunistischen und den Bauernparteien unterstützt wurde. Dieser Vorfall zeigte, daß keine Regierung mit einem derart fragmentierten Parlament weiterarbeiten konnte. Doch selbst nach dieser schmerzhaften Lektion waren die Post-Solidarność-Parteien nicht in der Lage, den überzogenen Ehrgeiz ihrer Führer zu dämpfen, von denen jeder die Bildung einer eigenen Partei anstrebte. Sie entschieden, bei den kommenden Wahlen getrennt anzutreten – mit der Folge eines für sie vernichtenden Ergebnisses. Da das nunmehr geltende Mehrheitswahlrecht größere Parteien bei der Eroberung von Sitzen begünstigte, kleinen Parteien dagegen den Wiedereinzug in das Parlament versperrte, errangen die „Allianz der Demokratischen Linken" *(Sojusz Lewicy Demokratycznej*, SLD) und die „Polnische Bauernpartei" (PSL) zusammen etwa 60 Prozent der Sitze, obwohl sie nur 36 Prozent der Stimmen auf sich vereinten (vgl. *Tabelle 2).* Damit hatten die halbreformierten Parteien des alten Regimes die Macht zurückerobert; die Postkommunisten und die „Polnische Bauernpartei" waren in der Lage, ein Regierungskabinett zu bilden. Waldemar Pawlak, der junge PSL-Führer und gleichzeitig das Symbol einer neuen Richtung innerhalb seiner Partei, wurde als Regierungschef gewählt.

Die Wahlergebnisse bestätigten den geringen Zusammenhang zwischen sozialer Klasse und Wählerverhalten. Mit Ausnahme der „Polnischen Bauernpartei" stellte sich keine eindeutige Beziehung zwischen Klassenzugehörigkeit und Parteiunterstützung heraus. Für die „Allianz der Demokratischen Linken" stimmten (jeweils bezogen auf die Anzahl der Wähler) 24 Prozent Angestellte, 19 Prozent Arbeiter, 22 Prozent Rentner, 17 Prozent Selbständige und 8 Prozent Bauern. Für die „Demokratische Union" votierten 17 Prozent Angestellte, 7 Prozent Arbeiter, 15 Prozent Rentner, 13 Prozent Selbständige und 3 Prozent Bauern. Das auffallendste Ergebnis jener Wahlen war allerdings die äußerst gleichgewichtige Stimmabgabe der Selbständigen: 17 Prozent für die (postkommunistische) „Allianz der Demokratischen Linken"; 13 Prozent für die „Demokratische Union", die sich Mitte-Rechts ansiedeln und als liberal einstufen läßt; 9 Prozent für den „Liberal-Demokratischen Kongreß", der sich als Interessenvertretung der Selbständigen darstellte; 9 Prozent für die „Union der Realpolitik" *(Unia Polityki Realnej,* UPR), die sich als marktfreundlichste Partei präsentierte; 8 Prozent für den „Parteilosen Block zur Unterstützung der Reformen" *(Bezpartyjny Blok Współpracy z Rządem,* BBWR); 7 Prozent für die „Kon-

*Tabelle 2:* Polnische Parlamentswahlen 1991 und 1993
– Anzahl der erzielten Parlamentssitze

|  | 1991 | 1993 |
|---|---|---|
| UD – Demokratische Union | 62 | 74 |
| SLD – Allianz der Demokratischen Linken* | 60 | 171 |
| ZChN – Christlich-Nationale Vereinigung | 49 | – |
| PSL – Polnische Bauernpartei | 48 | 132 |
| KPN – Konföderation für ein Unabhängiges Polen | 46 | 22 |
| PC – Zentrumsallianz | 44 | – |
| KLD – Liberal-Demokratischer Kongreß | 37 | – |
| PL – Bauernallianz | 28 | – |
| NZSS – Gewerkschaft „Solidarność" | 27 | – |
| PPPP – Polnische Partei der Bierfreunde | 16 | – |
| Deutsche Minderheit | 7 | 4 |
| ChD – Christliche Demokraten | 5 | – |
| UP – Union der Arbeit | 4 | 41 |
| PChD – Christlich-Demokratische Partei | 4 | – |
| UPR – Union der Realpolitik | 3 | – |
| Partia – Partei „X" | 3 | – |
| BBWR – Parteiloser Block zur Unterstützung der Reformen | – | 16 |
| Andere** | 17 | – |
| Insgesamt | 460 | 460 |

\* Die SLD umfaßt vor allem die postkommunistische „Sozialdemokratie der Republik Polen" (SdRP) und die postkommunistische „Gesamtpolnische Gewerkschaftsallianz" (OPZZ).
\*\* Einige Abgeordnete schlossen sich nach der Wahl größeren Parteien an.
*Quelle:* Monitor Polski 1991, 1993.

föderation für ein Unabhängiges Polen" (KPN), eine nationalistische Partei, die eine Politik der Sicherheit propagierte; und 6 Prozent für die „Union der Arbeit" *(Unia pracy,* UP), die sich vehement für die Interessen von Angestellten und Arbeitern im Übergangsprozeß einsetzte (vgl. OBOP 1993).

Nach ihrer Wahlniederlage begannen die Post-Solidarność-Parteien, ihr Erscheinungsbild zu überdenken, worin sich zeigt, daß Parteifunktionäre offensichtlich erst vernichtend geschlagen werden müssen, bevor sie sich zu Strategieänderungen veranlaßt sehen. So vereinigten sich die „Demokratische Union" (UD) und der „Liberal-Demokratische-Kongreß" (KLD) im Mai 1994 zu einer neuen Partei, der „Freiheitsunion" *(Unia Wolności,* UW), unter Führung von Tadeusz Mazowiecki. Die „Demokratische Union" brachte dabei ihre eigene interne Spaltung (in Liberale, Christlich-Soziale und Sozialliberale) in die neue Partei mit ein.

Auch katholische und national-katholische Parteien gingen Verbindungen ein. Nach langen Gesprächen und Verhandlungen kamen im Juni 1994 zwei Zusammenschlüsse zustande. Der erste, die „Allianz für Polen" *(Przymierze dla Polska),* umschloß u.a. die „Christlich-Nationale Vereinigung" (ZChN), die „Zentrumsallianz" (PC), die „Bauernallianz" (PL) und die „Bewegung für die Republik" (RdR). Der dafür verantwortliche Architekt war Jarosław Kaczyński, der Chef der „Zentrumsallianz". Besondere Betonung legte die „Allianz" auf ihre christlichen Prinzipien sowie ihren polnischen Nationalismus und Anti-Kommunismus. Auf ökonomischem Gebiet orientierte sie sich an der Soziallehre der Katholischen Kirche, vor allem an der Enzyklika von Papst Johannes Paul II. Bestehende Differenzen in Fragen der Wirtschaftspolitik wurden während der Vereinigungsverhandlungen weitgehend ausgeklammert.

Schon kurz nach ihrer Gründung erntete die Konföderation bei den Kommunalwahlen am 19. Juni 1994 ihre ersten Früchte. In zahlreichen großen und kleinen Städten gelang es ihr, Sitze in den Kommunalregierungen zu gewinnen, in einigen Gegenden bis zu einem Drittel. Vielerorts konnte sie rechtsgerichtete Koalitionen mit früheren Ratsmitgliedern schmieden. Als weiteres Ziel hat sie erklärt, den Einfluß der Postkommunisten und der „Polnischen Bauernpartei" landesweit zurückdrängen zu wollen.

Ein zweiter, allerdings weniger erfolgreicher Zusammenschluß namens „Übereinkunft des 11. November" *(Porozumienie 11 Listopada)* wurde u.a. aus der „Union der Realpolitik" (UPR), der „Christlich-Demokratischen Partei" (PChD), der „Christlichen Bauernpartei" (SLCh) und der „Konservativen Partei" *(Partia Konserwatywna)* gebildet. Der wichtigste Wegbereiter dieses Bündnisses war Aleksander Hall, ein prominenter Intellektueller und Chef der „Konservativen Partei". Als eher langfristig gedachte politische Strategie wollte man solche Personen gewinnen, die an kulturellen Traditionen und katholischen Werten festhielten und gleichzeitig für unbegrenzte Eigentumsrechte eintraten. Sie sind Konservativ-Liberale, deren Ansichten denen der britischen Konservativen nahestehen. Bei den Kommunalwahlen hatten sie damit allerdings nur geringen Erfolg.

Ein weiteres Projekt zur Bildung einer rechtsgerichteten parteiähnlichen Organisation startete Jan Olszewski, der im Jahre 1992 acht Monate lang Regierungschef gewesen war. Im Frühjahr des Jahres 1994 begann er, in den größeren Städten Polens politische Clubs zu gründen, wobei er einige Ortsverbände der Gewerkschaft „Solidarność" als Mitstreiter gewann. Eine Reihe von Wissenschaftlern sieht in der Gründung dieser Clubs die Absicht, eine Mischung aus einer Partei und einer sozialen Bewegung aufzubauen, derer man sich bei den nächsten Präsidentschaftswahlen im Jahr 1995 bedienen könnte. Die Ideologie der politischen Clubs ist streng antikommunistisch, an christlichen Werten orientiert und mit einigen populistischen Elementen versehen, durch die sich die Clubs als Verteidiger der Interessen des einfachen Volks stilisieren.

Angesichts dieser Konstellation ist in Polen eine andere Gestaltung der politischen Landschaft möglich als etwa in Ungarn. Wirtschaftsliberale und sogar Befürworter einer Integration mit Europa könnten in eine Koalition mit rechtsgerichteten Nationalisten und Christen eintreten. Der Sieg der postkommunistischen Parteien bei den Parlamentswahlen von 1993 könnte sich daher als kurzlebig erweisen, wenn die liberale, die nationale und die religiöse Rechte tatsächlich ihre Kräfte vereinen. Für das hier gestellte Thema ergibt sich demnach eine wichtige Feststellung: Zumindest auf der organisatorischen Ebene sind Anfänge einer Integration des Parteienspektrums hin zu größeren Blöcken zu beobachten, die durch den Sieg der postkommunistischen Parteien und Organisationen bei den Wahlen von 1993 ausgelöst wurden.

## IV. Die Parteiprogramme

In der Phase zwischen 1990 und 1993 hatten weder die Splitterparteien noch die größeren Parteien wie etwa die „Demokratische Union", die „Sozialdemokratie der Republik Polen" *(Socjaldemokracja Rzeczpospolitej Polskiej,* SdRP – Kern der „Allianz der Demokratischen Linken") oder die „Polnische Bauernpartei" ihre Ideologien und Grundsatzprogramme jemals deutlich umrissen. Dieses Versäumnis hatte für die Transformation des Systems negative Folgen (Bratkowski 1993).

Die Postkommunisten, die sich ungeachtet ihres Mangels an einer neuen Theorie oder Ideologie so schnell wie möglich als neue politische Formation präsentieren wollten, vermieden in all ihren programmatischen Aussagen das Adjektiv „sozialistisch". Analog dazu verzichtete der „Liberal-Demokratische Kongreß" bis ins Jahr 1992 hinein auf das Adjektiv „kapitalistisch" und umschrieb sein Zukunftsmodell statt dessen mit dem Begriff „Marktwirtschaft". Später gaben die Wirtschaftsliberalen ihre Zurückhaltung auf, um fortan vom „kapitalistischen Wirtschaftsmodell" als ihrer Zielvorstellung zu sprechen.

Es ist symptomatisch, daß selbst katholische Intellektuelle und Politiker jegliche wertgeladene Darstellung des von ihnen favorisierten Gesellschaftsmodells möglichst vermieden. Nicht einmal die in dieser Zeit erfolgte Ausarbeitung der Soziallehre der Katholischen Kirche durch Papst Johannes Paul II. konnte sie hierzu ermutigen. Sie wiederholten in der Regel nur, daß die sozioökonomische Ordnung auf sozialer Marktwirtschaft, sozialer Gerechtigkeit und einem Interessenausgleich zwischen Arbeitgebern und Arbeitnehmern basieren sollte. Welche programmatischen Implikationen die Soziallehre hinsichtlich der industriellen Beziehungen hatte, interessierte hingegen nur wenig. Ausführlicher thematisiert wurde lediglich der Bereich der Familienpolitik (vgl. Wilkanowicz 1994; Starega-Piasek 1994).

Auch die Führer der nationalistischen Parteien zögerten, ihre Positionen auszuarbeiten. Im Polen der Vorkriegszeit war das vorherrschende Konzept des nationalistisch orientierten politischen Milieus der „starke Staat". Marschall Józef Pilsudski äußerte in mehreren seiner Schriften Vorstellungen, nach denen der starke Nationalstaat zunächst das Ideal der nationalen Unabhängigkeitsbewegung und später, in der Phase der Konsolidierung des unabhängigen Staates, Regierungsziel sein sollte. Meßlatte für die Durchsetzung staatlicher Herrschaft sollte die Opferbereitschaft der Bürger gegenüber übergeordneten nationalen Zielen sein; dies beinhaltete zwangsläufig, sich der Führung einer starken staatlichen Herrschaft zu unterwerfen. Der Aufbau einer starken Armee und einer hinreichend entwickelten Wirtschaft, die die militärische Verteidigungsfähigkeit und die politische Unabhängigkeit gewährleisten würden, waren weitere Grundelemente des Gesellschaftsentwurfs dieser politischen Richtung (vgl. Wrzos 1936; Garlicki 1978; Kulesza 1985). Unter den Bedingungen des inzwischen veränderten geopolitischen Umfelds und der fortschreitenden Vereinigung Europas müßte diese Ideologie in wesentlichen Punkten überarbeitet werden, eine Aufgabe, die die heutigen Anhänger nationalistischer Strömungen allerdings noch kaum in Angriff genommen haben.

Jarosław Kaczyński ist zu der folgenden selbstkritischen Einschätzung über das intellektuelle Wirken der politischen Rechten gelangt: „Rechtsorientiertes Denken ist heutzutage in Verwirrung geraten aufgrund einer Vielzahl von unterschiedlichen Einflüssen, die zusammengemischt worden sind – verschiedenen Elementen eines naiven Volksdenkens, insbesondere im ökonomischen Bereich (...), Überresten längst überholter politischer Ideen, Überresten der pathologischen Vorstellungen katholischer Kreise, die einst mit dem kommunistischen Regime zusammengearbeitet hatten, dem Erbe nationaler Erhebungen und den Traditionen des ‚Oktober 1956'" (Kaczyński 1994).

Janusz Lewandowski, eine der Führungspersonen des „Liberal-Demokratischen Kongresses", ehemaliger Minister für Privatisierungen in den Regierungen von Jan Krzysztof Bielecki und Hanna Suchocka sowie ein entschiedener Befürworter der Forderung, das gegenwärtige kapitalistische „Standard"-Modell auf polnische Verhältnisse anzupassen, schrieb im Jahr 1994 rückblickend: „Was Polen braucht, ist eine klare Entwicklungsstrategie. Eine Gesellschaft, die sich im Übergang von einem System zu einem anderen befindet, braucht einen Kompaß, eine globale Vision, die den einzelnen Schritten Bedeutung verleiht (...) Es ist die Pflicht der Freiheitsunion, eine langfristige, umfassende Vision des ‚zweiten Schritts' der polnischen Reformen zu formulieren. Die in der ‚Demokratischen Union' und dem ‚Liberal-Demokratischen Kongreß' zusammengeschlossenen Reformer scheiterten zwischen 1989 und 1993 darin, eine solche Vision vorzubereiten, da sie ausschließlich auf den von verschiedener Seite ausgeübten Druck reagiert hatten" (Lewandowski 1994).

Wenn visionäre Modelle fehlen, ist der Entwurf umfassender Programme natürlich schwierig. Parteiprogramme, denen keine theoretischen oder ideologischen Prinzipien zugrundeliegen, sind typischerweise beliebig und verschwommen. In der Tat läßt sich anhand der Parteiprogramme nur mit Mühe erschließen, ob die führenden Politiker Polens Vorstellungen darüber besitzen, nach welchen Modellen die kapitalistische Wirtschaft und die Demokratie konkret organisiert werden sollen. Besonders aufschlußreich sind in dieser Hinsicht Wahlprogramme, die eine Vielzahl von Klischees und drittrangigen Details beinhalten (vgl. Rzeczpospolita 1993). Erst vor kurzem haben einige Parteiführer wie Janusz Lewandowski angesichts solcher Defizite die Notwendigkeit eines Modelldenkens erkannt.

Die Achtlosigkeit in programmatischen Aussagen, die viele Post-Solidarność-Parteien kennzeichnet, dürfte wohl in deren Überzeugung wurzeln, die Richtung der politischen und wirtschaftlichen Transformation wäre bereits durch die Logik einer pro-kapitalistischen Entwicklung vorherbestimmt und der Spielraum für alternative Richtungsentscheidungen daher sehr gering, weshalb besser die Regierung und nicht die Parteien die Verantwortung dafür übernehmen sollte, die Ziele der Systemumgestaltung zu formulieren. Damit gaben die Parteien vor allem in der Anfangsphase der Transformation eine ihrer grundlegendsten Aufgaben preis, nämlich diejenige, Entscheidungsalternativen vorzubereiten.

Die hier vertretene Behauptung, daß Parteiprogramme in Polen nur wenig auf allgemeinere politische Theorien oder Philosophien zurückgehen, stützt sich auf drei Merkmale: Die Programme sind oberflächlich, bruchstückhaft und inkonsistent. Allerdings entbehren sie nicht völlig theoretischer Konzepte und ideologischer Schlagworte. So oberflächlich der in Polen geführte politische Diskurs auch sein mag, er ist reich an allgemeinen Konzepten, die auch in die Parteiprogramme eingehen. Anhand dieser Konzepte, aus denen politische Parolen gezimmert werden, ist es daher möglich, einige grundlegende Unterschiede zwischen den politischen Sichtweisen der Parteien herauszufiltern.

Sechs Hauptkonfliktlinien durchkreuzen dabei das polnische Parteiensystem. Die Dimensionen dieser Konfliktlinien sind 1. nationalistisch vs. universalistisch, 2. konfessionell vs. säkular, 3. autoritär vs. demokratisch, 4. klassisch liberalistisch vs. interventionistisch, 5. elitär vs. populistisch sowie 6. ausgrenzend vs. versöhnend in der Auseinandersetzung mit Kommunisten.

Die Dimension *nationalistisch vs. universalistisch* bezieht sich auf die Haltung der Parteien zu den nationalen Heiligtümern und den vermeintlichen nationalen Interessen. An dem einen Pol dieser Dimension befinden sich Parteien, die in ihren Programmen fordern, strikt an nationalen Symbolen festzuhalten und Kinder zu Respekt vor der traditionellen Nationalkultur zu erziehen, und die warnen, ausländisches Kapital würde die nationalen Wirtschaftsinteressen bedrohen. An dem anderen Pol stehen hingegen Parteien, die eine Integration Polens mit Europa und eine Annäherung der polnischen Kultur an westeuropäische universalistische Muster befürworten sowie eine aktive Rolle des Auslandskapitals zur Förderung der polnischen Wirtschaft wünschen.

Die Dimension *konfessionell vs. säkular* ähnelt zwar in einigen Aspekten der Dimension nationalistisch vs. universalistisch, ist aber unabhängig von ihr zu sehen. So treten viele Parteiführer für eine privilegierte Rolle katholischer Prinzipien und die Anwendung des katholischen Moralkodex im öffentlichen Leben ein, womit sie schon wichtige parlamentarische Siege errungen haben: Den neuen Regelungen entsprechend müssen polnische Massenmedien nunmehr christliche Werte respektieren; das Anti-Abtreibungsgesetz beinhaltet das Verbot und die Bestrafung der Tötung ungeborenen Lebens. Eine entgegengesetzte Haltung nehmen Politiker und Parteien ein, die einen neutralen, säkularen Staat bevorzugen, in dem die Katholische Kirche keine Privilegien genießt und sich ihr Wirken auf ausschließlich religiöse Angelegenheiten beschränkt.

Mit der Dimension *klassisch liberalistisch vs. interventionistisch* verknüpfen sich programmatische Differenzen zwischen Parteien, deren Schwerpunkt in der Wirtschaftspolitik liegt, ohne dabei andere Politikbereiche wie die Frage der Bürgerrechte und der Kulturentwicklung aus ihrer Arbeit auszuklammern. Was Parteien dieses Typs voneinander unterscheidet, zum Beispiel den „Liberal-Demokratischen Kongreß" von der postkommunistischen „Sozialdemokratie der Republik Polen", ist die Rolle, die dem Staat in der Wirtschaft zugeschrieben wird: Ob der Staat also auf ein möglichst geringes Eingriffsniveau begrenzt werden oder er vielmehr den Transformationsprozeß führen und später das neue System steuern sollte.

Die Dimension *autoritär vs. demokratisch* bezieht sich auf die Diskussion, welches politische System das beste für Polen ist. Als alternative Vorschläge stehen sich einerseits ein starkes Präsidialsystem mit weitreichenden exekutiven und legislativen Befugnissen des Präsidenten und andererseits ein parlamentarisches System mit einem Ministerkabinett gegenüber.

Die Dimension *elitär vs. populistisch* knüpft an gegensätzliche Auffassungen hinsichtlich der Frage an, bei wem die letzte politische Entscheidungsbefugnis liegen sollte, bei den Massen oder der (demokratisch gewählten) Elite. Anhänger des populistischen Standpunktes berufen sich darauf, das Volk sei der oberste Souverän im Staat und dürfe daher in seinen Äußerungen und Handlungen nicht beschränkt werden; vielmehr habe es das Recht, seinen Willen ungeachtet irgendwelcher institutioneller Arrangements und rechtlicher Rahmen zum Ausdruck zu bringen. In der Gewerkschaft „Solidarność" und der sozialen Bewegung „Samoobrona" gewinnt die populistische Richtung zusehends an Einfluß. Anhänger der eliten-orientierten Position betonen demgegenüber die Notwendigkeit, sich dem Recht unterzuordnen und innerhalb der etablierten Institutionen zu agieren; sie sind überzeugt, daß erfahrene politische Führer besser als die Massen wüßten, was im Interesse des Landes und in bestimmten Ausnahmesituationen auch, was im Interesse der Massen sei.

Bei der Dimension *ausgrenzend vs. versöhnend* geht es um die Rolle, die frühere kommunistische Funktionäre und Mitglieder der Kommunistischen Partei im öffentlichen Leben Polens heute spielen. Sollten sie von diesem ausgeschlossen bzw. an einer aktiven Teilnahme gehindert werden? Einige politische Führer, die dieses Thema sehr wichtig nehmen, haben immer wieder versucht, diese Frage zugunsten ihrer eigenen Popularität und politischen Karriere zu instrumentalisieren.

Diese genannten sechs Dimensionen, in denen sich die Parteiprogramme und -aussagen unterscheiden, sind zwar voneinander unabhängig. Dennoch besteht bei einigen Parteien eine gewisse logische Übereinstimmung zwischen einzelnen Dimensionen, so etwa im Falle von Konfessionalismus und Nationalismus oder von Wirtschaftsliberalismus und demokratischer Grundhaltung. Allerdings finden sich in Polen auch Parteien mit einer sehr eigenwilligen programmatischen Kombination. Beispielsweise plädieren einige Parteien für einen hart durchgreifenden Staat, treten aber gleichzeitig für die Beibehaltung einer parlamentarischen Ordnung und gegen die Einführung eines starken Präsidentenamtes ein. Einige nationalistisch ausgerichtete Parteien sind deshalb keineswegs auch konfessionell orientiert. Im Programm der „Zentrumsallianz" wird Traditionalismus mit Universalismus kombiniert, insofern sie ihre Bindung an christlich-nationale Traditionen unterstreicht, gleichzeitig aber auch die rasche Entwicklung des Kapitalismus sowie die völlige Öffnung Polens und seine Integration mit Europa fordert. Unter den Führungspersonen der „Demokratischen Union" und des „Liberal-Demokratischen Kongresses" – beides Parteien mit liberaler Orientierung, die sich 1994 zur „Freiheitsunion" zusammengeschlossen haben – befinden sich Katholiken ebenso wie Liberale.

Kann sich aus diesem Mosaik überhaupt eine politische Struktur entwickeln, die konsistenter sein wird, als das heute der Fall ist? Der Zusammenschluß von verschiedenen Parteien zu Föderationen könnte ein Anzeichen dafür sein, daß Prozesse in Gang gesetzt worden sind, die die Parteifunktionäre, -aktivisten und -mitglieder allmählich dazu zwingen, politische Vorstellungen zu entwickeln, die stärker miteinander übereinstimmen.

Dabei könnte sich für die weitere Entwicklung des polnischen Parteiensystems eine Frage als besonders wichtig herausstellen, nämlich welchem programmatischen Teilbereich künftig der Vorrang eingeräumt werden wird, dem ökonomischen, dem politischen oder dem kulturellen? Da die Programme der polnischen Parteien diesbezüglich nur wenig ausgearbeitet sind, könnte entweder die Wirtschaftsreform oder die künftige Verfassung (vor allem die Befugnisse des Präsidenten) oder aber die Beziehungen zwischen Staat und Katholischer Kirche zum vorrangigen Thema werden. Angesichts ihrer ideologischen und politischen Brisanz wären alle drei Themen in der Lage, die jeweils anderen zu überlagern und entsprechende Fürsprecher zu finden. Welches dieser Themen Priorität erringen wird, ist natürlich schwer vorherzusagen, zumal mit dem Versuch der Parteien zu rechnen ist, die öffentliche Aufmerksamkeit auf plötzlich auftauchende heiße Fragen zu lenken.

In typologischer Hinsicht sind meines Erachtens drei mögliche Strukturen denkbar, auf die hin sich das Parteiensystem in Polen entwickeln könnte. Die erste Struktur ist das traditionelle Rechts-Mitte-Links-Kontinuum. Die Grundannahme bei diesem Typus ist,

*Abbildung 1:* Parteientypologie in Polen – Konsolidierte Links-Rechts-Achse
(ökonomische Fragen im Vordergrund der Politik)

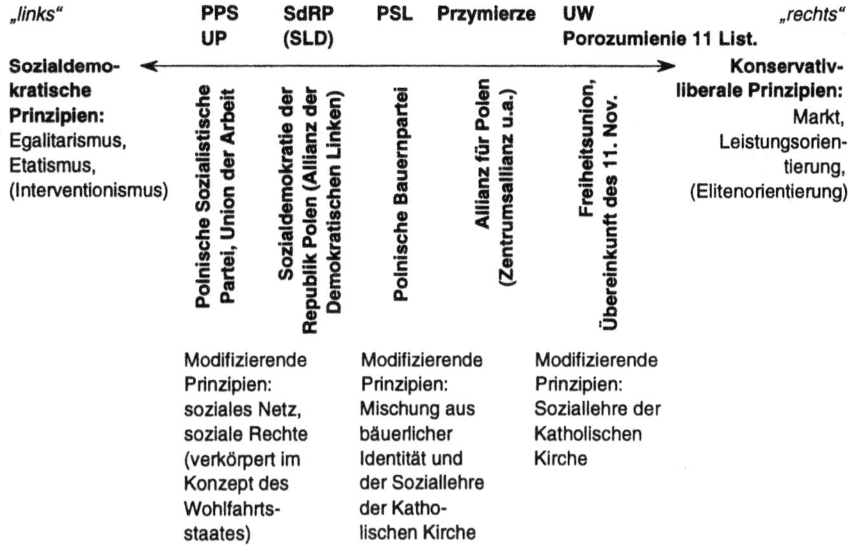

| „links" | PPS<br>UP | SdRP<br>(SLD) | PSL | Przymierze | UW<br>Porozumienie 11 List. | „rechts" |
|---|---|---|---|---|---|---|
| **Sozialdemo-**<br>**kratische**<br>**Prinzipien:**<br>Egalitarismus,<br>Etatismus,<br>(Interventionismus) | ← | | | | → | **Konservativ-**<br>**liberale Prinzipien:**<br>Markt,<br>Leistungsorien-<br>tierung,<br>(Elitenorientierung) |
| | Polnische Sozialistische Partei, Union der Arbeit | Sozialdemokratie der Republik Polen (Allianz der Demokratischen Linken) | Polnische Bauernpartei | Allianz für Polen (Zentrumsallianz u.a.) | Freiheitsunion, Übereinkunft des 11. Nov. | |
| | Modifizierende<br>Prinzipien:<br>soziales Netz,<br>soziale Rechte<br>(verkörpert im<br>Konzept des<br>Wohlfahrts-<br>staates) | | Modifizierende<br>Prinzipien:<br>Mischung aus<br>bäuerlicher<br>Identität und<br>der Soziallehre<br>der Katho-<br>lischen Kirche | Modifizierende<br>Prinzipien:<br>Soziallehre der<br>Katholischen<br>Kirche | | |

daß ökonomische Fragen in den Mittelpunkt der Programme der verschiedenen Parteien und Föderationen treten. Die beiden Pole der Achse werden hier als sozialdemokratisch beziehungsweise konservativ-liberal markiert. Geht man von links nach rechts und beginnt also am sozialdemokratischen Pol, so trifft man nacheinander auf folgende Parteien (vgl. *Abbildung 1*): zunächst auf die „Polnische Sozialistische Partei" *(Polska Partia Socjalistyczna,* PPS) und die „Union der Arbeit" (UP), dann auf die „Sozialdemokratie der Republik Polen" (SdRP) (bzw. die „Allianz der Demokratischen Linken" (SLD)).

Die „Polnische Bauernpartei" (PSL) steht genau in der Mitte. Rechts von ihr befindet sich zunächst die „Allianz für Polen" (die unter anderen die „Christlich-Nationale Vereinigung" und die „Zentrumsallianz" umfaßt), und noch näher am rechten Pol liegt die „Übereinkunft des 11. November" sowie die „Freiheitsunion" (UW).

Parteien auf der extremen Linken, die nach dieser Typologie egalitär und etatistisch ausgerichtet sein müßten, fehlen in Polen. Ebensowenig gibt es eine klassische liberale Partei, die für einen unbeschränkten Wettbewerb und eine uneingeschränkte Geltung des Leistungsprinzips eintreten würde, obwohl der „Liberal-Demokratische Kongreß" (KLD) diesem Pol sehr nahe kommt. Eine Modifizierung erfahren die klassisch liberalen Wirtschaftsvorstellungen rechts von der Mitte durch die Soziallehre der Katholischen Kirche, einschließlich der Prinzipien der Gerechtigkeit und des Ausgleichs zwischen Arbeitgebern und Arbeitnehmern. Die „Polnische Bauernpartei" in der Mitte des politischen Spektrums verkörpert eine Mischung aus Markt und Egalitarismus, die durch eine ländlich-bäuerliche Ideologie und die Soziallehre der Katholischen Kirche vermittelt wird. Bei den zwischen der Mitte und dem linken Pol angesiedelten Parteien werden die Programme durch die säkulare Lehre des Wohlfahrtsstaates vermittelt

Die zweite Typologie des Parteiensystems wird hier als „sektorales Parteiensystem" (Herbert Kitschelt) bezeichnet. Die Grundannahme dieses Modells ist, daß Parteien und ihre Wählerschaft eine spezifische Entwicklung durchlaufen, wobei sie schließlich als Vertreter bestimmter Beschäftigungs- oder Eigentumssektoren fungieren. Die „Sozialdemokratie der Republik Polen" (bzw. die „Allianz der Demokratischen Linken") ist in diesem Modell die Partei, die die Interessen der Industriebeschäftigten vertritt, während die „Union der Arbeit" die Beschäftigten im Staatsdienst und im öffentlichen Dienst (Erziehung, Gesundheit, Soziales, Zentral- und Kommunalverwaltung) repräsentiert; die „Polnische Bauernpartei" vertritt die Interessen der einzelnen Bauern, die „Freiheitsunion" die der Klein-, mittelständischen und Großunternehmer. In der Tat ist eine derartige Entwicklung der Parteien in Polen nicht auszuschließen. So sind Bauernparteien schon immer mit spezifischen Sektoren verbunden gewesen. Dagegen wäre die Unterstützung einer einzigen, nämlich sozialdemokratischen Partei sowohl von seiten der Industrieunternehmer als auch von seiten der Industriearbeiter eine Neuheit. Allerdings deuten einige Anzeichen auf die Herausbildung einer solchen Allianz hin, insofern etwa von einigen Unternehmern bekannt ist, daß sie manche der Forderungen der Arbeiter unterstützt haben. Ob dies bloß ein vorübergehendes Phänomen ist, könnte die im Jahr 1995 anstehende sogenannte Kommerzialisierung bzw. Privatisierung von rund 500 größeren Staatsbetrieben zeigen, in deren Verlauf sich neue gemeinsame Interessen von Technokraten und Arbeitern entwickeln könnten.

In einer dritten, in *Abbildung 2* dargestellten Typologie des Parteiensystems in Polen werden zwei gleichermaßen wichtige Konfliktfelder, die Wirtschaft und die Kultur (einschließlich der Religion), in den Vordergrund gerückt.

Zwei senkrecht zueinander stehende Achsen kennzeichnen in diesem Modell die Dimensionen Wirtschaftsliberalismus vs. Anti-Liberalismus beziehungsweise Modernismus vs. Traditionalismus. Modernismus meint hier vor allem die Ablehnung von Ansprüchen der Katholischen Kirche auf eine Beteiligung bei Gesetzesvorhaben und eine Mitwirkung innerhalb staatlicher Institutionen. Traditionalismus steht dagegen für die Einstellung, die Katholische Kirche besitze angesichts ihrer moralischen und kulturellen Rolle in der Gesellschaft das Recht auf derartige Privilegien. Die Dimensionen Wirtschaftsliberalismus vs. Anti-Liberalismus sind weitgehend deckungsgleich mit den Extremen konservativ-liberal und sozialdemokratisch in *Abbildung 1*.

Rein hypothetisch ergibt sich nach diesem Modell eine ausgewogene Verteilung von acht ideologischen Hauptorientierungen von polnischen Wählern und den von ihnen favorisierten Parteien. Dabei kann keine Dimension unter eine andere subsumiert oder – wie im ersten Modell – die eine durch die andere ersetzt werden. Die Annahme der Unabhängigkeit jeder einzelnen Dimension bedeutet jedoch nicht, daß programmatische Veränderungen der Parteien und Einstellungswechsel ihrer Wählerschaft ausgeschlossen wären. Das eine Mal kann die Anziehungskraft der vertikalen Achse größer sein, das andere Mal die der horizontalen Achse. Je nachdem hat dies eine stärkere Polarisierung der Parteien entlang der Konfliktlinie Modernismus vs. Partikularismus bzw. Ablehnung vs. Zustimmung zum Wirtschaftsliberalismus zur Folge..

Die *Abbildungen 3* und *4* zeigen hingegen die tatsächlichen ideologischen Orientierungen der Wähler bestimmter Parteien vor den Parlamentswahlen von 1991 und 1993. Sie basieren auf den Ergebnissen von Einstellungsuntersuchungen, die Tomasz Żukowski durchgeführt hat (vgl. Żukowski 1994).

*Abbildung 2:* Hypothetischer Standort der polnischen Wähler: „ausgewogene" Verteilung

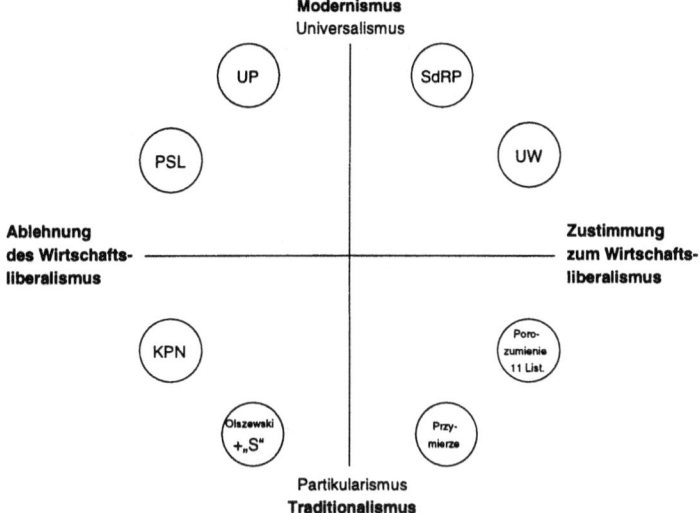

Ein Vergleich der beiden (an Żukowski angelehnten) Diagramme verdeutlicht, daß die Einstellungen einiger Parteianhänger nur relativ stabil sind. So haben sich die Einstellungen der Anhänger der „Union der Arbeit" (UP), der „Zentrumsallianz" (PC) und der „Polnischen Bauernpartei" (PSL) zwischen den Wahlen von 1991 und 1993 grundlegend verändert. Vergleicht man diese zudem mit den (aus Presseberichten bekannten) ideologischen Positionen der Parteiführer, kommt man zu der Hypothese, daß deren Einstellungen wiederum nicht sehr stark mit denen der jeweiligen Parteianhänger übereinstimmen. Die einen wie die anderen unterliegen einem ständigen Wandel, beziehungsweise – um es weniger kategorisch auszudrücken – sie sind veränderbar oder bereits in einem Änderungsprozeß begriffen.

Man könnte diese ideologisch-politischen Instabilitäten mit einem Zitat von Mirosława Marody (1993) kommentieren: „Parteiführer sind auf der Suche nach Anhängern, und Anhänger sind auf der Suche nach Parteiführern". Hinzuzufügen wäre: Eine intermediäre Struktur der Vermittlung hat sich bislang noch nicht ausgebildet. Allerdings unterscheidet sich dieses Phänomen grundlegend von demjenigen der Wählerfluktuation, mit dem sich Wahlforscher in westlichen Ländern befassen. Der Hauptunterschied besteht darin, daß die Veränderung der Parteienunterstützung in Polen auf der Undeutlichkeit der den Wählern präsentierten Parteiprogramme beruht, ein Problem, das unmittelbar am Anfang der Bildung des Parteiensystems aufgetreten ist.

*Abbildung 3:* Standort der polnischen Wähler vor den Parlamentswahlen im Oktober 1991

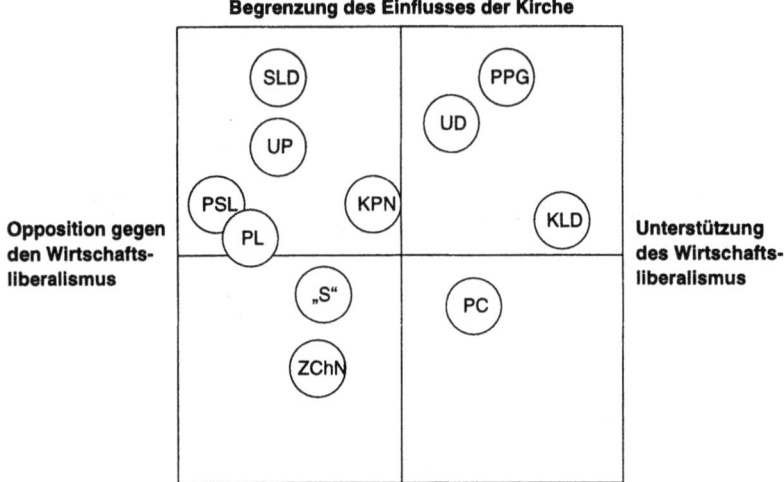

*Quelle:* Żukowski 1994.

*Abbildung 4:* Standort der polnischen Wähler vor den Parlamentswahlen im Juni 1993

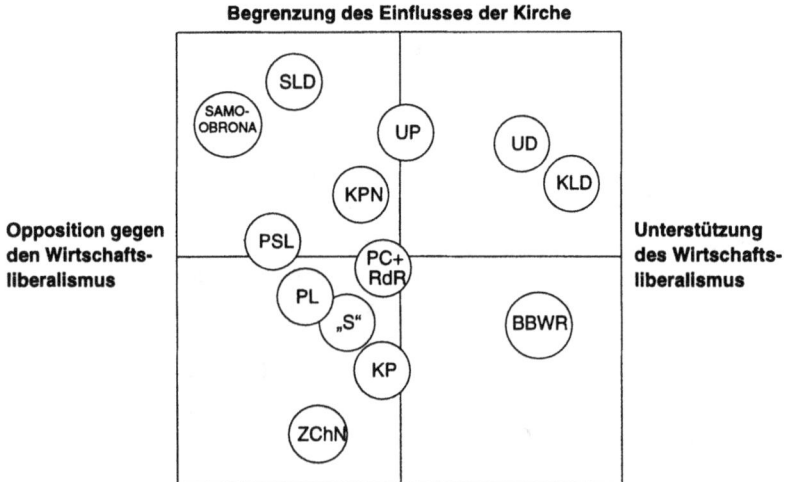

*Quelle:* Żukowski 1994.

## V. Krise und Reintegration des politischen Bewußtseins

Die Einführung demokratischer Institutionen und Prinzipien vollzog sich in Polen nach 1989 reibungs- und mühelos. Selbst das am „Runden Tisch" ausgehandelte Parlament erwies sich bereits als halbdemokratisch; als General Jaruszelski schließlich zurücktrat und Lech Wałęsa im Jahre 1991 zum Präsidenten gewählt wurde, galten die demokratischen Prinzipien fortan uneingeschränkt. Die weitere Entwicklung der polnischen Demokratie nahm jedoch eine für die Nation unerwartete Richtung. Die Träger demokratischer Herrschaft – der Präsident, das Parlament und die Regierung – schienen nämlich die Gesellschaft zu vergessen und ausschließlich ihren eigenen Geschäften nachzugehen. Als sie versuchten, begrenzte Reformprogramme zu entwickeln, haben sie sich zunehmend auch thematisch vom Denken der einfachen Bürger entfremdet, zumal noch keine Verfahren für eine gesellschaftliche Debatte der Reformprogramme ausgebildet worden waren. Die deutlich hitziger werdenden Konflikte zwischen den politischen Führern verstärkten noch den Prozeß einer zunehmenden Ablösung vieler politischer Kontroversen von den vitalen Interessen der verschiedenen sozioökonomischen Gruppen. Die Parteien haben es versäumt, die Bürger darin zu unterstützen, neue Interessen zu artikulieren oder alte Interessen zu verändern (vgl. Wesołowski 1992: 130ff.). Insofern war es für den einfachen Bürger schwer, in dem „Krieg auf der oberen Ebene" und später in den „Streitereien im Parlament" die jeweils eigenen konkreten Interessen zu erkennen. Für ihn stellte sich die Demokratie, von der man mit übertriebenem Optimismus erwartet hatte, das beste Instrument zur Lösung der soziopolitischen Probleme zu sein, als nutzloses Werkzeug heraus. Da es keine Erfahrungen mit Bürgerinitiativen gab, fielen die Menschen – insbesondere auf kommunaler Ebene – in Passivität, obwohl durch entsprechende Initiative vieles zu erreichen gewesen wäre. Andererseits erfuhren sie von den maßgebenden politischen Führern auch keinerlei Ermunterung zu Aktivitäten – ein Vorwurf, der besonders von Jacek Kuroń erhoben worden ist, wobei er sich selbst von dieser Kritik nicht ausnahm (vgl. Kuroń 1993, 1994).

Trotz dieser allgemeinen Lage hat sich die Überzeugung in der Gesellschaft gehalten, die Demokratie sei „die beste unter den bekannten Regierungsformen", wie Meinungsumfragen belegen. Gleichzeitig wird die Leistung der Parteien allerdings als nur sehr mittelmäßig eingeschätzt. Umfrageergebnissen zufolge unterstützte mehr als die Hälfte der Befragten (53 Prozent) die Aussage, daß „niemand politische Parteien braucht außer ihre Parteiführer und Aktivisten selbst" (vgl. OBOP 1994).

Andere Umfragen haben die vermutlich tieferliegenden Wurzeln solcher negativen Meinungen über Parteien offengelegt. Danach haben die Menschen nicht den Eindruck, von diesen Parteien vertreten zu werden. Wie Giovanni Sartori geschrieben hat, „democratic government ... is a responsive government, a government attentive to and influenced by the voice of the people" (Sartori, 1976: 20). Für einen beträchtlichen Anteil der Polen hat sich diese „responsive" Form von Demokratie noch nicht verwirklicht. Im Jahr 1993 antworteten 47 Prozent auf die Frage: „Vertreten irgendwelche Parteien in Polen Menschen wie Sie?" mit Nein. Ein Jahr später gaben sogar noch mehr Befragte eine negative Antwort auf die gleiche Frage (65 Prozent). Das Gefühl, „man wird nicht repräsentiert", korreliert dabei stark mit der formalen Bildung: Je geringer der Bildungsgrad, desto größer ist der Eindruck, nicht vertreten zu werden (vgl. z.B. Demoskop 1993, 1994).

Das Gefühl der politischen Deprivation hat sich nach den Parlamentswahlen vom 19. September 1993 noch verstärkt. Einige Meinungsumfragen direkt nach den Wahlen haben verdeutlicht, daß von der Regierung erwartet worden war, sich stärker der Bevölkerung zuzuwenden und sorgfältiger auf die Stimme des Volks zu hören. Das Datenmaterial zeigt, wie kurzlebig diese Erwartung war. Für polnische Wissenschaftler ist die Entfremdung der politischen Parteien und der gesamten politischen Klasse ein Sachverhalt, der außer Zweifel steht. Auch Politiker geben diesen Umstand offen zu (vgl. Pankow 1994; Post 1994).[3]

Zu der Geringschätzung der – um mit Max Weber zu sprechen – „Klasse der Berufspolitiker" tragen mindestens drei Faktoren bei. Der erste Faktor ist das geringe Ansehen, das die staatlichen Institutionen in den letzten vier Jahren besessen haben. Ohne näher auf die (vielfältigen) Gründe hierfür einzugehen, bestätigt sich dies in allen aufgrund von Meinungsumfragen erstellten Ranglisten über öffentliche Institutionen. Über vier Jahre hinweg wurden das Parlament, die Regierung, politische Parteien und der Präsident niedriger bewertet als die Armee, die Polizei und der Ombudsman (vgl. CBOS 1993a: 93ff.). Auch wenn der Ursprung vieler institutioneller Funktionsstörungen im unprofessionellen Verhalten der Politiker selbst zu suchen ist, wirken sich die negativen Bewertungen ihrer politischen Institutionen in Form von weiteren Funktionsstörungen und einer noch geringeren Selbstachtung der Politiker aus. Funktionsstörungen der politischen Institutionen, unprofessionelles Verhalten der Politiker und negative Bewertungen durch die Bürger verstärken sich gegenseitig negativ.

Der zweite Faktor ist das geringe Ansehen der Parteiführer, die mehr als jede andere Gruppe oder Institution „Politik" symbolisieren. In einer vom Wochenmagazin „Polityka" im Juni 1994 in Auftrag gegebenen Umfrage wurden hierzu zwei Fragen gestellt: „Welche der aufgeführten Politiker sollten Ihrer Meinung nach mehr Macht und welche sollten weniger Macht erhalten?" Durch Subtraktion der negativen von den positiven Antworten wurde eine Beliebtheitsskala errechnet. Die ersten drei Plätze besetzten Personen, die keine formale Position in einer Partei innehatten. Rang eins erreichte Tadeusz Zielinski, der Ombudsmann (46,6 Prozent), Rang zwei Jacek Kuroń (33,9 Prozent) und Rang drei Leszek Balcerowicz (27,1 Prozent), der mehr als Wirtschaftstheoretiker denn als ehemaliger Minister angesehen wurde. In der Öffentlichkeit bekannte Parteipolitiker (wie Waldemar Pawlak, Aleksander Kwaśniewski, Józef Oleksy, Ryszard Bugaj und Tadeusz Mazowiecki) landeten weit abgeschlagen auf dahinterliegenden Rängen (25–19 Prozent). Lech Wałęsa kam nur auf 19 Prozent (vgl. Polityka 1994).

Der dritte Faktor ist schließlich der bei polnischen Politikern zu beobachtende Mangel an sachlichen und moralischen Führungsqualitäten, der sie daran hindert, gleichzeitig als persönliche Leitfiguren für Parteiaktivisten und als politisch aktive Bürger zu wirken. Dieser Mangel und die hohe Parteienzersplitterung sind vermutlich die wichtigsten politischen Bestimmungsfaktoren für die gegenwärtige Schwierigkeit in Polen, eine fortgeschrittene demokratische Entwicklungsstufe zu erreichen. Eine von mir und meinen Mitarbeitern durchgeführte Untersuchung polnischer Parlamentsabgeordneter, die zwischen 1991 und 1993 im Amt waren, ergab hierzu ein bezeichnendes Ergebnis: Viele Spitzenparla-

---

3 Hierbei handelt es sich um Ergebnisse des von Włodzimierz Wesołowski geleiteten Forschungsteams (Anm. d. Übers.).

mentarier verwiesen selbstkritisch auf den dramatischen Mangel an persönlichen Leitbildern in der polnischen Politik und bestätigten damit meine These. Dieser Mangel an Glaubwürdigkeit und Popularität ist es, der die Krise des politischen Bewußtseins in Polen erzeugt. Der immer deutlicher vernehmbare Ruf der Parteien und den politisch bewußten Bürgern nach einer zwar demokratischen, vor allem aber starken Führung ist eine Folge davon (vgl. Mazurkiewicz 1994). Verlangt werden herausragende und einflußreiche Persönlichkeiten.

Das Problem, das den geschilderten Erscheinungen zugrundeliegt, ist letztlich ein Problem der politischen Identität – und zwar sowohl auf der Ebene der politischen Führung als auch auf der Ebene der Bürger. Für Polen – und wahrscheinlich auch für einige andere Länder in Osteuropa – ist es notwendig, daß sich politische Identitäten ausbilden. Damit dies aber möglich wird, müssen Parteien ausgearbeitete Programme und ihre Parteiführer attraktive Persönlichkeitsmerkmale entwickeln. Nur unter dieser Voraussetzung, daß es Parteiführer gibt, mit denen man sich identifizieren kann, wird der Durchschnittsbürger künftig ein größeres Interesse an Politik zeigen.

Sozialwissenschaftler haben auf die zunehmende Schwierigkeit aufmerksam gemacht, die verschiedenen Parteien in Westeuropa noch voneinander unterscheiden zu können, da sich diese hinsichtlich ihrer Programme immer mehr annähern. Auch auf der Ebene der Bürger ist zu beobachten, daß Unterschiede zusehends verschwimmen, da aufgrund eines vergleichsweise hohen Wohlstandsniveaus Politik für das tägliche Leben und die konkreten Interessen weniger relevant geworden ist. Einen derartigen Wohlstand scheint Osteuropa im nächsten Jahrzehnt nicht erreichen zu können, weshalb die demokratische Konsolidierung in viel entscheidenderem Maße von der Stärke der politischen Organisationen und Institutionen abhängen wird. Hierzu müssen Parteien in ganz Osteuropa solide programmatische Visionen entwickeln und sich dabei an dem Fundus von Vorstellungen orientieren, die es bereits über die bestmögliche Ordnung einer Gesellschaft gibt. Sowohl Erkenntnisse aus der politischen Philosophie als auch Theorien und Einsichten über globale soziale Prozesse, insbesondere über Prozesse der Systemtransformation, sollten dabei in Anspruch genommen werden.

Es ist schwer vorherzusehen, wie die politischen Identitäten in Polen künftig aussehen werden. Werden sie vollkommen neu geprägt werden, dabei den Veränderungen im Westen folgen und am Ende womöglich „post-materialistisch" oder „postmodern" sein? Obwohl eine solche Entwicklung nicht ausgeschlossen werden kann, scheinen die bereits etablierten Orientierungen ein größeres Entwicklungspotential zu besitzen. Das Kernproblem steckt hierbei in der Frage, ob diese Orientierungen ein System „demokratischer Kohabitation" bilden können. Die einzelnen Bausteine für liberale, christliche, nationale, „neue bäuerliche" oder sozialistische politische Identitäten sind schon seit langem vorhanden, denn die Wirtschaftsstruktur verändert sich nur sehr langsam.

Zwischen der Notwendigkeit, eine liberale Identität zu entwickeln, und den vorherrschenden Bedingungen besteht allerdings ein augenfälliger Widerspruch. Als persönliches Leitbild findet der politisch aktive Bürger nur wenig Anziehendes an einer liberalen politischen Identität, da diese ihm als Einzelperson kaum etwas anzubieten hat. Eine solche Identität zu entwickeln, kostet Zeit, harte Arbeit und bedarf der Fähigkeit, seine individuelle Chance zu nutzen. Noch ist unklar, welchen Gruppen sich diese Chance bietet und welche auch Erfolg haben werden.

Verglichen mit dem Aufbau einer liberalen Identität ist es für den einzelnen Polen viel einfacher, eine christliche oder nationale Identität zu entwickeln. In der polnischen Kunst und Literatur findet sich überall das Motiv eines „unauffälligen Heldentums" einfacher Menschen, die auf die eigene Religion oder Nation vertrauen. Dieses Motiv wird von einer Generation zur nächsten weitergegeben. Da die Polen mit den konkreten Figuren nationaler oder christlich-nationaler Führer sehr wohl vertraut sind, können sich die heutigen Politiker leicht darauf beziehen.

Eine sozialistische Identität ist dagegen schwerer aufzubauen als eine liberale, da die sozialistische Ideologie durch den sogenannten realexistierenden Sozialismus gründlich diskreditiert worden ist. Wer sich heute auf den Sozialismus bezieht, muß gleichzeitig seinen neuen Charakter unter Beweis stellen. Nur wenn das gelingt, wird die hier als „sozialistisch" umschriebene soziale Identität die Chance haben, sich zu entwickeln. Die heutige postkommunistische Partei, die sich selbst als sozialdemokratisch bezeichnet, wird hierzu meines Erachtens nicht in der Lage sein, da sie die Bindungen mit ihrer Vorgängerin, der „Polnischen Vereinigten Arbeiterpartei", nicht in ausreichendem Maße gelöst hat. Im Grunde besitzt sie gegenwärtig überhaupt keine Ideologie, sie hat lediglich die Arbeiterstreiks der letzten vier Jahre schwach und höchst zögerlich unterstützt (vgl. Gortat 1993).

Bei der Bildung der „neuen bäuerlichen" Identität wird es zu einem schwierigen Anpassungsprozeß von verschiedenen Werten und praktisch-politischen Optionen kommen. Modernisierungsprozesse werden zwangsläufig zu Strukturveränderungen in der polnischen Landwirtschaft führen. Allerdings wird es dort zumindest in den nächsten zwei bis drei Jahrzehnten keine dramatischen Veränderungen geben, so daß weiterhin Höfe bis zu einer Größe von höchstens 50 Hektar und vielfach noch darunter strukturell vorherrschend sein werden. Was die Schichtung der Einzelbauern betrifft, weisen Untersuchungen allerdings auf verschiedene Entwicklungsmöglichkeiten hin (vgl. Ferdyszak-Radziejowska 1992; Gorlach 1990; Duczkowska-Małysz 1993). Landwirte, die gegenüber Innovationen und ihrer Eingliederung in nationale und internationale Märkte offen sind, haben künftig die größten Erfolgsmöglichkeiten. Sie werden unweigerlich mit den verschiedenen Traditionen im Bereich landwirtschaftlicher Arbeit, agrarischen Familienlebens und ländlicher Grundüberzeugungen brechen. Dennoch wird dieser Typus des modernen Bauern aufgrund seiner sehr spezifischen Bindungen an die lokale Gemeinschaft und die Katholische Kirche und nicht zuletzt wegen seines Festhaltens an einer starken politischen Partei dazu beitragen, daß es weiterhin eine spezifische Form der Kontinuität innerhalb dieser Schicht geben wird. Hierauf wird eine „neue bäuerliche" Identität aufbauen können.

Bleibt schließlich noch die Frage, welches ideologische Element innerhalb dieser eng miteinander verflochtenen Orientierungen über die anderen dominieren wird. Bäuerliche Ideologien sind stets aus einer Reihe von spezifischen Merkmalen zusammengesetzt. Individualismus und Kollektivismus, marktbejahende und protektionistische Orientierungen, traditionelle Einbindung in eine parochiale Kultur, kombiniert mit der wachsenden Säkularisierung der Privatsphäre, politischer Egoismus, bei Bedarf aber auch Hingabe an die „nationale Sache", könnten die Bestandteile einer derartigen Mischung sein.

Die hier aufgestellten Überlegungen über politische Identitäten konnten nur sehr grob sein. Falls die weitere politische Entwicklung überhaupt einen eindeutigen Verlauf nehmen wird, wird sie dazu beitragen, die Bildung einer einzigen oder mehrerer Identitäten zu fördern. Wahrscheinlich werden sie nicht so eindeutig ausgeprägt sein wie die eben skizzierten „liberalen" und „sozialistischen" Typen. Zumindest einige von ihnen könnten – was ihre Komplexität betrifft – der „neuen bäuerlichen"– Identität ähneln. Nach meiner Überzeugung wird es nicht möglich sein, die gegenwärtige politische Fragmentierung zu überwinden, wenn nicht politische Identitäten ausgebildet werden, und dies sowohl bei politischen Führern als auch bei Bürgern. Von besonderer Bedeutung ist dabei die Entwicklung des Typus des *homo politicus*, der sich beharrlich und konstruktiv am politischen Leben des Landes beteiligt. Soll dieses Ziel erreicht werden, sind klare Programme von wesentlicher Bedeutung.

*Literatur*

*Beyme, Klaus von,* 1985: Political Parties in Western Democracies. Aldershot: Gower.
*Bratkowski, Stefan,* 1993: Katastrofa intelektualna, Rzeczpospolita, 4./5.12.
*Centrum Badania Opinii Społecznej (CBOS),* 1993a: Serwis informacyjny, Nr. 5. Warszawa.
*Centrum Badania Opinii Społecznej (CBOS),* 1993b: Serwis informacyjny, Nr. 7. Warszawa.
*Centrum Badania Opinii Społecznej (CBOS),* 1994: Społeczna wizja systemu politycznego Polski. Warszawa.
*Demoskop,* 1993: Przegląd, Oktober. Warszawa.
*Demoskop,* 1994: Przegląd, April/Mai. Warszawa.
*Duczkowksa-Małysz, Katarzyna,* 1993: Przedsiebiorczość na obszarach wiejskich, IFiS PAN. Warszawa.
*Duverger, Maurice,* 1954: Political Parties: Their Organization and Activity in the Modern State. London: Methuen.
*Ferdyszak-Radziejowska, Barbara,* 1992: Etos pracy rolnika, Ifis PAN. Warszawa.
*Garlicki, Andrzej,* 1978: U źródeł obozu belwederskiego. Warszawa: Państwowe Wydawnictwo Naukowe.
*Gorlach, Krzysztof,* 1990: Socjologia polska wobec kwestii chłopskiej. Kraków: Universitas.
*Gortat, Radosława,* 1993: Partie polityczne w protestach społecznych 1990–1993, Przegląd Społeczny, Nr. 18/19.
*Graham, Bruce D.,* 1993: Representation and Party Politics: A Comparative Perspective. Oxford: Blackwell.
*Kaczyński, Jarosław,* 1994: Pierwsze przykazanie: Jednoczmy się, Gazeta Polska, 24.3.
*Kulesza, Władysław T.,* 1985: Koncepcje ideowo-polityczne obozu rządzącego w Polsce w latach 1926–1935. Wrocław: Ossolineum.
*Kuroń, Jacek,* 1993: Rynek z ludzką twarzą, Gazeta Wyborcza, 20./21.11.
*Kuroń, Jacek,* 1994: Rzeczpospolita dla każdego: Myśli o programie działania, Życie Gospodarcze, 22.5.
*Lewandowski, Janusz,* 1994: Kapitalizm z polską twarzą, Gazeta Wyborcza, 17.5.
*Lewis, Paul G.,* 1994: Party Factionalism and Democratization in Poland, Ms.
*Lipset, Seymour M.,* und *Stein Rokkan* (Hg.), 1967: Party Systems and Voter Alignments: Cross-National Perspectives. New York: The Free Press.
*Mair, Peter* (Hg.), 1990: The West European Party System. Oxford: Oxford University Press.
*Marody, Mirosława,* 1993: Silni i mądrzy, Polityka, 8.2.
*Mazurkiewicz, Łukasz,* 1994: Wizje przywództwa politycznego w opiniach parlamentarzystów, IFiS PAN, Ms.
*Monitor Polski,* 1991: Nr. 41.
*Monitor Polski,* 1993: Nr. 50.

Müller-Rommel, Ferdinand, und Geoffrey Pridham, 1991: Small Parties in Western Europe: Comparative and National Perspectives. London: Sage Publications.
O'Donnell, Guillermo, 1994: Delegative Democracy, Journal of Democracy 5: 55–69.
Ośrodek Badania Opinii Publicznej (OBOP), 1993: Parliamentary Elections in Poland: Survey on Election Day, unveröff. Ms.
Ośrodek Badania Opinii Publicznej (OBOP), 1994: Opinie o demokracji i alternatywnych formach rządzenia: Komunikat z badań. Warszawa.
Pankow, Irena, 1994: Autoportret politycznej elity, IFiS PAN, Ms.
Polityka, 1994: Gallup dla polityka: Kto pociąga za sznurki? 16.7.
Post, Barbara, 1994: Amatorzy czy profesjonaliści?, Ifis PAN, Ms.
Rzeczpospolita, 1993: Programy polityczne partii, 17.9.
Rzeczpospolita, 1994a: Podłoże konfliktu, ARC Marketing and Social Research Agency, 4.5.
Rzeczpospolita, 1994b: Krzaklewski: Chodzi o ustrój, 7./8.5.
Sartori, Giovanni, 1976: Parties and Party Systems. A Framework for Analysis, Vol. 1. Cambridge: Cambridge University Press.
Schmitter, Philippe C., 1994: Dangers, Dilemmas and Prospects for Consolidation of Democracy, Ms.
Starega-Piasek, Joanna, 1994: Rodzina: Partner czy petent?, Tygodnik Powszechny, 17.4.
Ware, Alan, 1987: Citizens, Parties and the State: A Reappraisal. Cambridge: Polity Press.
Wesołowski, Włodzimierz, 1991: The Significance of Political Elites in Post-Communist Poland, The Woodrow Wilson Center, Occasional Papers No. 32. Washington D.C.
Wesołowski, Włodzimierz, 1992: Poland's Transition to Democracy: How much Pluralism? S. 130–138 in Colin Crouch und David Marquand (Hg.): Towards Greater Europe? A Continent without an Iron Curtain. Oxford: Blackwell.
Wilkanowicz, Stefan, 1994: Budujemy prorodzinne lobby, Tygodnik Powszechny, 17.4.
Wrzos, Konrad, 1936: Piłsudski i piłsudczycy, Warszawa: Główna Księgarnia Wojskowa.
Żukowski, Thomasz, 1994: Wybory 1993 i ich uwarunkowania, Ms.

Übersetzt von *Thomas Koepf.*

# DIE DYNAMIK DEMOKRATISCHER INSTITUTIONENBILDUNG

Strukturelle Voraussetzungen deliberativer Demokratie
in fortgeschrittenen Industriegesellschaften

Klaus Eder

*Zusammenfassung:* Es wird argumentiert, daß der Wandel der Klassenstruktur moderner Gesellschaften dazu zwingt, die Dynamik demokratischer Institutionenbildung neu zu durchdenken. Die alte These des „demokratischen Klassenkampfes" oder des „institutionalisierten Klassenkonflikts" von Lipset gilt entgegen den Vermutungen ihres Schöpfers weiter. Sie bedarf allerdings einiger theoretisch folgenreicher Korrekturen, was die institutionentheoretischen und die klassenstrukturellen Annahmen anbelangt. Wir brauchen erstens ein Modell einer pfadabhängigen Entwicklung institutioneller demokratischer Formen. Zu diesem Zwecke wird eine Typologie institutioneller Formen und eine temporale Ordnung dieser Formen vorgeschlagen. Zweitens wird die klassenstrukturelle Basis moderner Gesellschaften diskutiert mit der Behauptung, daß Klassen nicht „gestorben" sind, sondern daß wir mit einer neuen postindustriellen (und auch komplexeren) Klassenstruktur zu rechnen haben, die die Dynamik demokratischer Institutionenbildung in Gang halten. Im Zusammenhang mit der Diskussion der Optionen korporatistischer oder plebiszitärer Entwicklungen und ihrer hohen Kosten wird eine dritte Option diskutiert, nämlich die Idee diskursiver Institutionenbildung in einer postkorporatistischen Welt.

## I. Einleitung

Die strukturellen Voraussetzungen der Demokratie im Europa der Nachkriegszeit hat Lipset vor einigen Jahrzehnten auf die berühmte Formel des „demokratischen Klassenkampfes" gebracht.[1] Die strukturelle Voraussetzung für Demokratie in Klassengesellschaften ist, Verteilungskonflikte in Positivsummenspiele zu transformieren. Alle können gewinnen, wenn sie anstatt auf Klassenkampf auf demokratische Spielregeln setzen. Umverteilung bedeutet dann nicht mehr nur, einer Klasse etwas wegzunehmen, um es einer anderen Klasse zu geben. Umverteilung bedeutet vielmehr, über Aushandlungsprozesse Vorteile für alle herzustellen. Dies definiert den „demokratischen Klassenkampf".

Lipset bezieht sich hier auf einen historischen Fall, die auf einen Klassenkonsens gegründete, wohlfahrtsstaatlich organisierte Demokratie der Nachkriegszeit in Europa. Der demokratische Klassenkampf tendierte allerdings dazu, seine strukturellen Voraussetzungen, nämlich Klassenstrukturen, zu verändern. Die Klassengesellschaft differenzierte sich.[2] In

---

1 Vgl. dazu die Diskussion in Lipset (1960, 1985).
2 Diese Differenzierung wird von einigen als so weitgehend gesehen, daß sie von „Individualisierung" sprechen. Dies ist die ursprüngliche Bedeutung dieser Kategorie bei Beck (1983).

der Nachkriegszeit ging die Armutsrate zurück. Hauseigentum stieg an. Mobilitätsstudien zeigen, daß intragenerationale wie intergenerationale Mobilität zugenommen haben. Der Erziehungsstatus ist beträchtlich gestiegen.[3] Der Effekt des demokratischen Klassenkampfes ist die Erosion von Klassenlagen, und es liegt nahe, daraus den Schluß zu ziehen, daß das Ende sozialer Klassen und damit der klassenstrukturellen Grundlagen des demokratischen Klassenkampfes gekommen sei.

In zwei jüngeren Aufsätzen hat Lipset seine alte Frage nach den strukturellen Voraussetzungen von Demokratie wieder zum Thema gemacht und argumentiert, daß heute die strukturellen Voraussetzungen des Nachkriegskonsens nicht mehr gegeben seien. Wir befänden uns auf dem Weg zu einer individualistischen, libertären Demokratie, in der die soziale Basis der wohlfahrtsstaatlich abgesicherten Demokratie verschwindet. Das Nachkriegsmodell – so Lipset – sei am Ende. Der strukturelle Grund dafür sei der Tod sozialer Klassen, das Ende der Klassengesellschaft in Europa.[4] Meine Gegenthese lautet: Der demokratische Klassenkampf geht weiter, allerdings unter veränderten Voraussetzungen. Was sich verändert, ist der Grad der Differenzierung von Klassenstrukturen. Das verändert zugleich die Dynamik demokratischer Institutionenbildung. Wir haben es mit einem Prozeß zu tun, in dem strukturelle Veränderungen in der Gesellschaft mit strukturellen Veränderungen demokratischer Institutionen in einer empirisch zu klärenden Weise verbunden sind.

Es geht also nicht nur um die Frage, inwieweit sich die strukturellen Voraussetzungen des Nachkriegsmodells europäischer Demokratie verändert haben. Es geht um die weitergehende Frage, ob mit dieser Veränderung in den strukturellen Voraussetzungen (soweit sie denn stattgefunden hat) auch eine Modifikation des Nachkriegsmodells der Demokratie in Europa verbunden ist. Damit lassen sich weitere Fragen verbinden: Eröffnen sich neue Optionen demokratischer Institutionenbildung? Befinden wir uns am Ende des 20. Jahrhunderts in Europa am Beginn einer Phase demokratischer Entwicklung, die uns aus dem institutionalisierten Klassenkonflikt und dem damit verbundenen Klassenkonsens der zweiten Jahrhunderthälfte in ein neues demokratisches (oder auch undemokratisches) Zeitalter führt?

Um die Frage nach der Dynamik demokratischer Institutionenbildung unter der Bedingung sich differenzierender Klassenstrukturen zu beantworten, werden im folgenden die beiden Variablen, das Modell der Nachkriegsdemokratie auf der einen Seite (das ist die „abhängige" Variable) und die strukturellen Bedingungen dieses Nachkriegsmodells auf der anderen Seite (das ist die „unabhängige Variable") jeweils für sich diskutiert. Die Rede von abhängigen und unabhängigen Variablen ist allerdings eine Vereinfachung des Zusammenhangs beider Variablen, die an gegebener Stelle kompliziert werden wird. Um die „abhängige Variable" zu explizieren, wird im folgenden der Begriff des „demokratischen Regimes" benutzt.[5] Dieser Begriff bezeichnet die komplexe Konfiguration, die die soziale

---

3 Dies ist inzwischen unbestritten; das Ausmaß und die Wirkung auf die Klassenstruktur sind allerdings umstritten. Zum jüngsten Stand der Diskussion vgl. Erikson/Goldthorpe (1992), Esping-Andersen (1993a, 1993b), Blossfeld/Shavit (1993).

4 Vgl. dazu Clark/Lipset (1991) sowie Clark et al. (1993); zu den demokratietheoretischen Implikationen des „Absterbens" von Klassen siehe Lipset (1994) und Lipset et al. (1993); zur Kritik vgl. Esping-Andersen (1994).

5 Damit wird der Begriff des demokratischen politischen Systems vermieden, der zahlreiche theoretische Konnotationen mit sich führt, die hier nicht gewollt werden.

Form „Demokratie" impliziert, eine Konfiguration von organisatorischen, institutionellen und kulturellen Elementen, die in ihrer Gesamtheit die Struktur definieren, in der und durch die politische Macht verteilt und stabilisiert wird.

## II. Demokratie: Ein Bestimmungsversuch

### 1. Prinzipien der Organisation demokratischer Regime

Die theoretische Konstruktion demokratischer Regime läßt sich letztlich[6] auf zwei konkurrierende theoretische Optionen zurückführen, entweder auf eine *normative* Bestimmung demokratischer Regime oder eine *funktionale* Bestimmung solcher Regime.[7]

Die *funktionale* Bestimmung definiert Demokratie als einen Mechanismus des gewaltfreien Elitentausches, als eine Form des Königsmordes, bei dem der Mord nicht mehr durchgeführt wird. Das ist die Bedingung für den freien Wettbewerb um politische Positionen. Die dahinter liegende Idee ist, durch Wettbewerb um politische Positionen die Allokation von politischer Kompetenz und zugleich die Legitimität von Entscheidungen zu optimieren.[8] Dabei geht es um zwei Rationalitätskriterien. Das erste Rationalitätskriterium ist das der *Effektivität* demokratischer Institutionen, die sich an der Akzeptanz (in einer anderen Sprache: an der empirischen Legitimität) ihres Outputs bemißt. Das zweite ist das der *Effizienz* demokratischer Institutionen, wobei Effizienz bedeutet, Entscheidungen unter der Bedingung knapper sozialer, zeitlicher und sachlicher Ressourcen zu fällen (das ist das Komplexitätsproblem der Demokratie). Der entscheidende Punkt ist, daß Wettbewerb (im Schumpeterschen Sinne) nicht Selbstzweck demokratischer Institutionen, sondern Mittel zur Realisierung zweier unterschiedlicher und einander widerstreitenden Rationalitätskriterien, nämlich von Effektivität und Effizienz, ist.

---

6 „Letztlich" will sagen, daß die theoretischen Differenzen komplizierter sind. Auf der Ebene individualistischer Theorien (der „Mikroebene") ist die Basisdifferenz die zwischen Theorien, die Handeln auf Normen oder Handeln auf rationale Motive zurückführen; die Basisdifferenz ist dann die zwischen normativistischen oder rationalistischen Handlungstheorien. Diese Differenz wird besonders von Elster (1989) herausgearbeitet. Auf der „Makroebene", also auf der Ebene sozialer Strukturen und sozialer Institutionen, kommt eine andere theoretische Basisdifferenz zum Zuge: Die Differenz zwischen Theorien, die soziale Strukturen und Institutionen aus den Funktionen erklären, die sie erfüllen, und Theorien, die Entstehung und Reproduktion von sozialen Strukturen und Funktionen aus den ihnen innewohnenden normativen Geltungsansprüchen und Legitimationsproblemen erklären. Kompliziert wird die Theorielage dadurch, daß es strittig ist, ob dann, wenn man Makrophänomene erklären will, diese auf die Mikroebene zurückgeführt werden müssen, oder ob sie soziale Phänomene sui generis sind. Behavioralismus und Systemtheorie sind dann die entgegengesetzten Pole des theoretischen Diskussionsfeldes. Im folgenden wird all dies dadurch vereinfacht, daß angenommen wird, daß demokratische Regime soziale Phänomene sui generis darstellen, was es erlaubt, die Differenz funktional versus normativ zu benutzen.

7 Die modernen Klassiker makrosoziologischer Theoriebildung folgen dieser Differenz: Auf der einen Seite die theoretische Bestimmung von Demokratie als einem Komplexitätsproblem (Luhmann 1986), auf der anderen Seite die theoretische Bestimmung von Demokratie als einem Geltungsproblem (Habermas 1992).

8 Das Argument beruht auf der Annahme, daß Wettbewerb die Majorisierung der Minderheit verhindert.

Die *normative* Bestimmung definiert Demokratie als einen Mechanismus der Herstellung von Zustimmbarkeit zu politischen Institutionen. Dies leisten vor allem die beiden universalistischen Prinzipien der *politischen Gleichheit* und der *kollektiven Deliberation*. Diese beiden Prinzipien lassen sich im *Modell egalitär-diskursiver Verständigung* koppeln.[9] Der entscheidende Punkt ist nicht Partizipation als solche, sondern die Idee, daß Partizipation ein Mittel zur Realisierung dieser Prinzipien ist. Partizipation ist also kein Selbstzweck, sondern ein Mittel der Realisierung politischer Gleichheit und der Realisierung kollektiver Deliberation (Fishkin 1991).[10]

Beide Modelle teilen ein Problem, nämlich das der Optimierung von widersprüchlichen Kriterien. Es geht darum, Institutionen so zu modellieren, daß sie konkurrierenden normativen Ansprüchen bzw. konkurrierenden Rationalitätskriterien genügen. Das Problem der Demokratietheorie ist nicht, daß sich beide Modelle, das normative Modell und das funktionale Modell, gegenseitig ausschließen, sondern, daß sowohl die Realisierung normativer Prinzipien wie die Realisierung funktionaler Rationalitätskriterien in Widersprüchen endet.[11]

Diese internen Widersprüche führen zu Imperfektionen beider Modelle. Die interne Widersprüchlichkeit des normativen Modells besteht darin, daß die Realisierung von politischer Gleichheit Deliberation erschwert und umgekehrt die Maximierung von Deliberation zu politischer Ungleichheit führt. Die interne Widersprüchlichkeit der funktionalen Demokratietheorie beruht darauf, daß sich dann, wenn Effizienz maximiert wird, in der Regel die Effektivität politischer Entscheidungen reduziert, und dann, wenn Effektivität erhöht wird, die Effizienz politischer Entscheidungen reduziert. In anderen Worten: Demokratische Institutionen stehen vor dem Problem, daß sie a) zu einem trade off zwischen politischer Gleichheit und Deliberation gezwungen sind und daß sie b) zu einem trade off zwischen Effektivität und Effizienz gezwungen sind.

Diese trade offs weisen darauf hin, daß demokratische Institutionenbildung komplexer ist als der in der Theorie demokratischer Institutionen oft konstruierte Gegensatz von Rationalität und Zustimmbarkeit, von Wettbewerb und Partizipation. Wettbewerb und Partizipation sind zunächst nichts anderes als Elemente der idealisierenden Selbstbeschreibung demokratischer Institutionen. Sie reichen aber nicht aus, um den Prozeßcharakter demokratischer Institutionen, die Logik und Dynamik demokratischer Institutionenbildung zu fassen. Die zentrale Idee im folgenden ist, diese Logik und Dynamik aus den trade offs abzuleiten, die sich aus den widersprüchlichen Prinzipien demokratischer Institutionenbildung ergeben.

Aus den genannten beiden trade offs sollen zunächst Idealtypen demokratischer Organisation und Institutionenbildung konstruiert werden. Daraus ergeben sich zwei Vier-

---

9 Dieses Modell (das „EDV"-Modell) habe ich sowohl theoretisch wie an einem historischen Fall (dem Demokratisierungsprozeß in Deutschland im 19. Jahrhundert) entwickelt (Eder 1985). Zu diesem Zusammenhang jetzt Fishkin (1991), an dessen demokratietheoretische Diskussion ich im folgenden anschließe.

10 Der Begriff der „Deliberation" hat in der jüngeren Diskussion die Stelle des Begriffs „diskursive Verständigung" eingenommen. Obwohl letztlich bedeutungsgleich, signalisiert er doch eine realistisch-politische Wendung der regulativen Idee eines „Diskurses".

11 In der Diskussion um den Neo-Institutionalismus werden beide Dimensionen gerade in ihrem Zusammenhang beschrieben und analysiert, vgl. Powell/DiMaggio (1991).

felderschemata, in denen die konkurrierenden Parameter, die entweder die normative oder die funktionale Theorie kennzeichnen, kombiniert werden. Im normativen Modell werden Deliberation und politische Gleichheit kombiniert; im funktionalen Modell werden Effizienz und Effektivität kombiniert. Die beiden sich daraus ergebenden Vierfelderschemata werden dann miteinander konfrontiert und ihre Bedeutung für die Konstruktion von Idealtypen demokratischer Regime bestimmt.

## 2. Eine normative Klassifikation demokratischer Regime

Die folgende *Darstellung 1* bietet eine Klassifikation demokratischer Regime, bei der die beiden Parameter Gleichheit und Deliberation das Feld möglicher Typenausprägungen bestimmen:

*Darstellung 1:* Typen demokratischer Regime auf Basis der Parameter Gleichheit und Deliberation

|  | Deliberation – | Deliberation + |
|---|---|---|
| politische Gleichheit – | Typus 1: Repräsentative Demokratie | Typus 2: korporative Demokratie |
| politische Gleichheit + | Typus 3: Direkte (plebiszitäre) Demokratie | Typus 4: Postkorporatistische Demokratie |

Diese Typenkonstruktion führt in das bekannte Problem der Exemplifizierung der konstruierten Typen. Es gibt keine exemplarischen Fälle. Es gibt allerdings Fälle, die ihrer Struktur nach dem Typus zugehören. In diesem Sinne sind die Feldausprägungen im obigen Schema zu verstehen.[12]

Repräsentative Demokratie ist insofern eine Ausdrucksform von Typus 1, weil Repräsentation die Funktion hat, den repräsentierten Volkswillen seinerseits noch diskursiv offenzuhalten. Nur Repräsentanten unterschiedlicher Interessen können jene Quadratur des Kreises bewerkstelligen, bei der zugleich die Interessen aller gleichermaßen Berücksichtigung finden können und deliberative Politik möglich ist.[13] Die Maximierung beider Parameter führt zu einem historisch gewachsenen Mythos, dem Mythos der modernen repräsentativen Demokratie. Dieses Modell verhält sich zur Realität politischer Organisation wie formale Rationalität zur Realität bürokratischer Entscheidungsfindung.[14] Von Mythen demokratischer Institutionenbildung zu reden, bedeutet nicht, sie als Illusion abzutun, im Gegenteil. Sie bleiben kognitive Referenz (und kritischer Bezugspunkt) für die Insti-

---

12 Dieses Problem ist in der jüngeren Diskussion zur Logik von Fallanalysen ausgiebig diskutiert worden; vgl. dazu vor allem die Beiträge in Ragin/Becker (1992).
13 Diese Position ist am klarsten in den „Federalist Papers" ausgesprochen: Nur die Assoziation kluger Vertreter von möglichst vielen Gruppen ermöglicht die Herstellung einer demokratischen Ordnung, einer „Republik".
14 Zu diesem Argument vgl. Meyer/Rowan (1977). Dieser Aufsatz ist zum Ausgangspunkt des Neo-Institutionalismus in der Organisationstheorie geworden; vgl. die Diskussion in Powell/DiMaggio (1991).

tutionalisierung demokratischer Organisationsformen. Deliberation und Gleichheit sind also Parameter einer symbolischen Ordnung, einer symbolischen Repräsentation von realer Ordnung.

Typus 2 verzichtet auf Pluralität (wie im Typus 1 vorgenommen) und reduziert die Vertretung von Interessen auf etablierte, gut organisierte Interessen. Im Gegenzug wird der Modus kollektiver Entscheidungsfindung prämiiert. Deliberative Politik (d.h. die kooperative Suche nach Interessenausgleich) wird maximiert. Dieses „korporatistische" Modell hat sich in zahlreichen komplexen Demokratien durchgesetzt. In der Diskussion um den Neo-Korporatismus sind die emergenten Probleme dieses Modells, das nicht mehr Gleichheit, sondern Deliberation prämiiert, erschöpfend analysiert worden.[15] Es sind vor allem drei Probleme mit der Aufweichung des Gleichheitsprinzips im neokorporatistischen Modell verbunden: 1. die symmetrische Verteilung von Vor- und Nachteilen zwischen den Beteiligten wird schwierig herzustellen; 2. mächtige Interessengruppen können sich einen exklusiven Zugang sichern, was Strategien der Ausgrenzung prämiiert; damit geraten 3. die so entstehenden Elitenkartelle in offenen Widerspruch zu dem Prinzip der gleichen Repräsentation aller.

Im Typus 3 wird die zum korporativen Modell alternative Option gewählt: Die Sicherung der gleichen Einflußnahme aller auf die zu treffenden Entscheidungen. Der Fall plebiszitärer Willensbildung führt allerdings zu einem paradoxen Effekt: Je mehr der öffentliche Raum zum Medium der Einflußnahme der Bürger auf die Politik wird, um so mehr wird er seines deliberativen Moments entkleidet. Der öffentliche Raum trocknet diskursiv aus; an seine Stelle treten selbst demokratisch nicht mehr geregelte Prozesse medialer Massenmobilisierung. Die traditionelle Medienkritik hat dieses Phänomen wiederholt beschrieben; allerdings ist diese Kritik in der Regel zu pauschal geblieben.[16]

Der Typus 4 bleibt zunächst eine Konstruktion, wie dies mit dem Begriff des „Postkorporatismus" (Eder 1995) auch begrifflich angedeutet wird. Postkorporatismus wäre der Versuch, die paradoxen Konsequenzen korporativer und plebiszitärer Formen demokratischer Organisation aufzulösen. Inwieweit es sich nur um einen neuen „Mythos" handelt, der sich in der Reaktion auf korporative und plebiszitäre Formen demokratischer Organisation herausgebildet hat, bleibt zu sehen.

---

15 Die theoretische Diskussion wurde vor allem durch die Arbeiten von Schmitter und Streeck bestimmt (Schmitter 1977, 1982, 1985; Streeck 1982, 1987; Streeck/Schmitter 1985). Daß Korporatismus mit Deliberation zu tun hat, mag nicht unbedingt spontan einleuchten. Daß ein Zusammenhang zwischen Korporatismus und Konsensus besteht, haben Lijphart/Crepaz (1991) gezeigt. Wenn man annimmt, daß Konsensus immer ein Einigungsverfahren voraussetzt, dann kann man daraus schließen, daß sich korporatistische Systeme dort durchsetzen, wo Einigungsverfahren bestehen, die Konsensus erzeugen bzw. reproduzieren können. Deliberation ist nichts anderes als die konstitutive Bedingung für Einigungsverfahren.
16 Eine klassische Kritik dieses Typus findet sich in Habermas' Strukturwandel der Öffentlichkeit (Habermas 1962). Sie wird in den Arbeiten von Chomsky (1989) radikalisiert. Die Medienforschung selbst eröffnet ein differenzierteres Bild (Hilgartner/Bosk 1988; Reese 1991). Das Problem ist, daß Öffentlichkeit nicht per se demokratisch ist, sondern ihrerseits demokratisch geregelt werden muß. Die demokratische Institutionalisierung einer Medienöffentlichkeit verweist aber bereits auf Typus 4.

## 3. Eine funktionale Klassifikation demokratischer Regime

In *Darstellung 2* wird eine Klassifikation demokratischer Regime versucht, die – im Gegensatz zu *Darstellung 1* – die Parameter Effektivität und Effizienz demokratischer Organisation verknüpft.[17] Daraus ergibt sich folgende Typologie:

*Darstellung 2:* Typen demokratischer Regime auf Basis der Parameter Effektivität und Effizienz

|  | Effizienz – | Effizienz + |
|---|---|---|
| Effektivität – | Typus 1:<br>Repräsentative Demokratie | Typus 2:<br>korporative Demokratie |
| Effektivität + | Typus 3:<br>Direkte(plebiszitäre) Demokratie | Typus 4:<br>Postkorporatistische Demokratie |

An dieser Typologie läßt sich zeigen, daß die aus der normativen Klassifikation resultierenden Idealtypen sich auch noch im Hinblick auf ihre rationale Organisationsform systematisch unterscheiden lassen. Ein zentraler Topos der Diskussion des repräsentativen Demokratiemodells, also Typus 1, ist immer schon der Verweis auf die ihm eigenen „idealisierenden" Unterstellungen gewesen, der den Blick auf Effektivitäts- und Effizienzfragen verstelle. Wenn man dieses Modell als den seit dem 19. Jahrhundert sich durchsetzenden Mythos demokratischer Ordnung versteht, dann wird plausibel, warum organisatorische Rationalität wenig Bedeutung hat: Mythen kümmern sich per definitionem nicht um Fragen organisatorischer (praktischer) Rationalität, weil diese als natürliche Folge normativer institutioneller Designs erscheinen.

Typus 2 maximiert Effizienz auf Kosten von Effektivität. Problemlagen und Interessenkonflikte werden durch effiziente Verhandlungsstrukturen bearbeitet.[18] Es geht vor allem um Verfahren.[19] Prozedurale Rationalität wird zum Mythos politischer Organisation.[20] Effektivität bleibt begrenzt, wie schon die Kritik neokorporatistischer Arrangements als Elitenkartelle zeigt. Implementationsprobleme sind kennzeichnend für diesen Typus politischer Organisation. Nur die Perspektiven der real Beteiligten zählen.

---

17 Effektivität meint die Maximierung des Outputs, also Entscheidungsfindung für relevante Problemlagen und Interessenkonflikte. Effizienz bezieht sich dagegen auf den rationalen Einsatz von vorhandenen Mitteln für das Ziel der Entscheidungsfindung, bezieht sich also auf den Prozeßcharakter; vgl. dazu Majone (1979, 1993).

18 Beispiele wären Tarifverhandlungen, konzertierte Aktionen, Formen institutionalisierter Kooperation, die unter dem Stichwort „horizontale Verhandlungssysteme" diskutiert werden; vgl. dazu insbesondere Scharpf (1988, 1991).

19 Die berühmte Luhmannsche Formel von der „Legitimation durch Verfahren" (Luhmann 1969) läßt sich analytisch reformulieren als ein Mechanismus der Sicherung von effektiven Entscheidungen, die unabhängig von einem normativ ausgezeichneten Geltungsanspruch und unabhängig von den eventuellen Folgen getroffen werden. Die bloße Beteiligung verhindert Exit und sichert damit die Bindungswirkung für die real Beteiligten.

20 Diese These findet sich bereits in Eder (1987a), wo die Idee prozeduraler Rationalität einer soziologischen (an Bourdieu methodisch sich anlehnenden) Desillusionierung unterzogen wird.

Typus 3 maximiert dagegen Effektivität auf Kosten von Effizienz. Es geht nicht darum, Probleme effizient zu lösen, sondern Effektivität zu demonstrieren. Dieser Typus 3 politischer Organisation prämiiert symbolische Politik.[21] Umweltorientierung dominiert laufende Entscheidungsprozesse. Die Kosten dieses Typus sind ineffiziente Verhandlungssysteme und die damit verbundene strukturelle Entscheidungsunfähigkeit politischer Institutionen. An die Stelle effizienter Entscheidungen tritt die Dauerproduktion von Entscheidungen ohne Bindungswirkung. Exit ist jederzeit möglich. Politik wird fluid.

Typus 4 schließlich stellt eine Variante dar, bei der Effektivität und Effizienz auf einem neuen Niveau gekoppelt werden. Ein Beispiel wären „diskursive Verhandlungssysteme", die effiziente Entscheidungen bei gleichzeitiger Sicherung der Akzeptanz dieser Entscheidungen in der Umwelt herzustellen suchen. Inwieweit es sich bei diskursiven Verhandlungssystemen um einen „bloßen" Mythos handelt, kann hier offenbleiben. Als „Mythos" existiert Typus 4 bereits.[22]

Aus dieser analytischen Arbeit ergibt sich somit bereits eine erste theoretische Vereinfachung: Ob wir mit normativen oder mit funktionalen Prämissen arbeiten, wir kommen bei den gleichen Idealtypen demokratischer Regime an. Das mag den überraschen, der die Differenz von normativen Modellen und funktionalen Modellen zum hehren Bestand sozialwissenschaftlicher Theoriekontroversen zählt. Diese Differenz wird insbesondere von der „neo-institutionalistischen" Theorie (Powell/DiMaggio 1991) überholt, die davon ausgeht, daß normative Bezugspunkte Teil des Funktionierens von Institutionen sind und daß umgekehrt normative Modelle ohne Berücksichtigung funktionaler Gesichtspunkte nur schlechte und irrelevante Utopien hervorbringen.[23] Normative Perspektiven sind nicht einfach von außen gesetzt, sondern – in der reflexiv angelegten institutionellen Analyse – Teil der institutionellen Realität selbst. Auf dem Hintergrund dieser theoretischen Vereinfachung bleibt es also bei einer begrenzten Anzahl von (hier vier) Idealtypen, die Möglichkeitsspielräume für Realtypen demokratischer Regime definieren.

4. Demokratisierungsprozesse: Vom Nutzen der Typenbildung für Prozeßanalysen

Die Klassifikation von Typen ist ein heuristisches Mittel, um Varianz im Prozeß demokratischer Institutionenbildung sichtbar zu machen. Typus 1 umfaßt die klassischen Formen demokratischer Institutionen, die sich seit der Mitte des 19. Jahrhunderts ausgebildet haben. Typus 2 und 3 sind Modelle demokratischer Institutionenbildung, die sich in der zweiten Hälfte des 20. Jahrhunderts herausgebildet haben. Typus 3 abstrahiert von Entwicklungen, die die USA kennzeichnen, Typus 2 von Entwicklungen, die eher Europa

---

21 Vgl. als eine theoretisch anspruchsvolle Diskussion dieses oft weniger anspruchsvoll diskutierten Phänomens Edelman (1988).
22 Vgl. zu dieser Diskussion einen Projektvorschlag an die DFG (Eder 1993a) sowie Eder (1995). Einen guten Überblick über den Stand der Diskussion zu diskursiven Verhandlungssystemen bietet auch Hennen (1994).
23 Zwar gehört es zum Allgemeinplatz soziologischer Theoriebildung, daß die symbolische Dimension in der institutionellen Analyse zu berücksichtigen sei. Doch die Einlösung dieses Postulats ist schwierig. Interessante Beispiele finden sich in Powell/DiMaggio (1992).

kennzeichnen. Typus 4 ist ein emergenter Typus demokratischer Regime, der neue Rahmenbedingungen demokratischer Institutionenbildung setzt.

Diese Typologisierung demokratischer Regime eignet sich dazu, deren Dynamik und Entwicklung zu fassen und damit die Zeitdimension in die Analyse demokratischer Regime einzubeziehen. Man kann die Entwicklung moderner demokratischer Systeme als einen kumulativen Lernprozeß verstehen, in dem mit spezifischen trade-offs zwischen konkurrierenden Organisationsprinzipien experimentiert wird und Lösungen erprobt werden. In dieser theoretischen Perspektive erscheint Typus 1 als eine *suboptimale* Lösung, in der keiner der konkurrierenden Parameter (weder Gleichheit/Deliberation noch Effizienz/Effektivität) maximiert wird. Dies ist das Problem des alteuropäischen Modells (hier dem des 19. Jahrhunderts). Entwicklungstrends sind dann in zwei Richtungen denkbar, als Maximierung von Deliberation oder als Maximierung von Gleichheit. Dies sind die Richtungen, die auch historisch eingeschlagen worden sind.

So weist die Demokratie in Amerika (um diese Tocquevillesche Formulierung zu benutzen) einen Trend zur stärkeren Betonung des plebiszitären Elementes auf. Die Forderung nach Beteiligung maximiert politische Gleichheit – jeder kann gleichermaßen auf die Politikgestaltung Einfluß nehmen. Technische Möglichkeiten der Massenkommunikation (etwa der systematische Einsatz von Umfrageforschung) verstärken diesen Prozeß. Das ist der Trend, der vom Typus 1 zu Typus 2 führt und das amerikanische Modell konstituiert. Die alternative Entwicklung, Maximierung von Deliberation, finden wir in Europa. Die Ausbildung korporatistischer Formen und ihre Apotheose in der Etablierung europäischer politischer Institutionen folgen dem Modell einer sich auf Fachleute, politische Beamte und korporative Akteure konzentrierenden deliberativen Politik, die zur Maximierung von Deliberation auf Kosten politischer Gleichheit führt. Das ist der Trend von Typus 1 zu Typus 3, dem „europäischen" Modell.

Typus 4 weist dagegen auf neue Möglichkeiten demokratischer Institutionenbildung jenseits von Typus 2 und 3 hin, auf Modelle einer gleichzeitigen Optimierung von politischer Gleichheit und Deliberation. Es geht dabei aber weniger um Idealmodelle moderner Demokratie als um Ansatzpunkte für institutionelle Innovationen in den gegebenen Systemen des Typus 2 und 3.

In den vorhergehenden Überlegungen wurde gezeigt, daß demokratische Institutionenbildung das Ergebnis der Optimierung widersprüchlicher Ansprüche an demokratische Institutionen ist. Wieweit sich die Lösungen solcher Optimierungsprobleme hierarchisieren und mit einer Theorie institutioneller Lernprozesse verbinden lassen, führt in ein weiteres Feld der Demokratieforschung, nämlich in die Theorie und Empirie der Demokratisierung als eines dynamischen Prozesses demokratischer Institutionenbildung.[24]

---

24 Die Theorie institutioneller Lernprozesse tritt an die Stelle einer abstrakten Evolutionstheorie. Zwischen der Skylla darwinistischer Erklärung und der Charybdis entwicklungslogischer Stufentheorien bleibt eine Theorie institutioneller Lernprozesse an reale Probleme institutioneller Ordnungsbildung gebunden. Theorien organisationellen Lernens bieten Ansatzpunkte für eine solche Engführung von Evolutionstheorien und ihrem Abkömmling Modernisierungstheorien an. Vgl. dazu die organisationssoziologischen Überlegungen von March (1991) oder Simon (1991); als Überblick Levitt/March (1988). Aus der Policy-Forschung kommend bieten die Beiträge zu Sabatier/Jenkins-Smith (1993) theoretische und methodische Anregungen. Zur Verbindung mit einer soziologischen Evolutionstheorie vgl. Eder (1987b) und Strydom (1987).

## III. Zur soziologischen Theorie der Demokratisierung

### 1. Theorien der Strukturbedingungen moderner Demokratien

Die bisherigen Überlegungen haben Optionen demokratischer Institutionenbildung identifiziert. Um zu erklären, welche Optionen sich durchsetzen, müssen die strukturellen Voraussetzungen dieser Prozesse identifiziert werden. Dieses Argument führt zur Diskussion der „unabhängigen" Variable, der gesellschaftlichen Umwelt demokratischer Systeme. Diese „unabhängige" Variable kann in zwei verschiedenen Weisen auf die Variable Demokratisierung bezogen werden, als strukturelle Voraussetzung der Stabilität demokratischer Regimes oder als strukturelle Voraussetzung ihres Wandels. Der erste Zusammenhang ist ein *statischer*. Es wird überprüft, ob Bestandsbedingungen demokratischer Regime mit strukturellen Faktoren in der gesellschaftlichen Umwelt kovariieren. Der zweite Zusammenhang ist ein *dynamischer*. In diesem Fall wird überprüft, welche strukturellen Faktoren die Selektion von Optionen demokratischer Regimebildung bestimmen und wie die Stabilisierung dieser Optionen auf die Umwelt wieder zurückwirkt und damit die Selektionsbedingungen verändert.

Zum klassischen Bestand der Demokratisierungstheorie gehören zwei statische Theorien, in denen allgemeine Strukturbedingungen moderner demokratischer Institutionen postuliert werden. Die eine Theorie sagt, daß ökonomische Entwicklung eine strukturelle Bedingung von Demokratisierung sei, die andere Theorie, daß politische Kultur eine strukturelle Bedingung von Demokratisierung sei. Beide Theorien wären nicht besonders aufregend, wenn sie nicht eminente politisch-ideologische Implikationen hätten und auch noch ihre relative Erklärungskraft strittig wäre.[25]

Die *erste* Theorie variiert einen klassischen Topos der Modernisierungstheorie, den Zusammenhang von Kapitalismus und Demokratisierung. Dahinter steht die allgemeine theoretische Annahme, daß der Kapitalismus die Universalisierung sozialer Beziehungen vorantreibt, die dann ihrerseits der Ausgangspunkt für die Verkörperung universalistischer gesellschaftlicher Organisationsprinzipien in politischen Institutionen sind. Erst mit der Marktgesellschaft wird die demokratische Organisation politischer Macht ermöglicht, und es ist die Marktgesellschaft, die diese institutionelle Form stabilisieren hilft. In Kurzform: Ohne Kapitalismus keine Demokratie.

Die *zweite* Theorie macht die politische Kultur zur zentralen Voraussetzung von Demokratie.[26] Ein interessantes empirisches Argument in diesem Zusammenhang ist der Hinweis auf historisch eingeübte republikanische Traditionen als einer Voraussetzung effektiver demokratischer Institutionen.[27] Das Argument der kulturellen Determination von

---

[25] Zu herausragenden jüngeren Beispielen für solche Demokratisierungstheorien vgl. zum einen Rueschemeyer et al. (1992) und zum anderen Putnam et al. (1992). Ob Kapitalismus oder Republikanismus die entscheidenden Weichensteller demokratischer Entwicklung sind, läßt sich an diesen beiden Beispielen kontrovers diskutieren.

[26] Die Beliebtheit dieses Forschungsfeldes Lipset (1990) wird heute durch aktuelle intellektuelle Moden, etwa diejenige kommunitaristischer Philosophie, noch unterstützt.

[27] Dieser Zusammenhang wurde von Putnam et al. (1992) in einer schönen Fallstudie demokratischer Institutionenbildung, nämlich am Fall Italien, überzeugend demonstriert. Jene Regionen, in denen historisch eingeübte republikanische Traditionen vorhanden sind, sind

Demokratisierung führt allerdings in ein Paradox: Wo die kulturellen Voraussetzungen fehlen, ist auch keine Demokratisierung zu erwarten. Diese Situation ist auch nachträglich nicht mehr verbesserbar. Das heißt aber, daß man dem Gehäuse kultureller Traditionen nicht mehr entkommt. Entweder es existieren bereits kulturelle Traditionen, die demokratische Strukturen begünstigen,[28] oder effektive demokratische Institutionen werden unwahrscheinlich.

Die beiden genannten Faktoren sind strukturelle Voraussetzungen des Idealtypus 1 (repräsentative Demokratie). Die jüngst von Lipset (Lipset 1994; Lipset et al. 1993) vorgelegte Analyse gelungener Demokratisierung weltweit bezieht sich auf diesen Demokratisierungstypus. Seine Ergebnisse sind folgende: Am Ende des Jahres 1993 sind 107 von 186 Ländern, also mehr als die Hälfte, dadurch gekennzeichnet, daß es in ihnen kompetitive Wahlen gibt und politische und individuelle Rechte anerkannt werden. Eine Analyse dieser 107 Fälle zeigt, daß erstens Kapitalismus (eine Marktökonomie) eine notwendige, aber keine zureichende Bedingung für Demokratie ist, und daß zweitens politische Kultur die zureichende Bedingung für Demokratie ist.[29] So zeigt sich, daß Demokratie in protestantischen Ländern wahrscheinlicher ist als in katholischen oder orthodoxen oder islamischen Ländern,[30] was bedeutet, daß die Aussichten für Demokratisierung in politischen Kulturen mit diesen Traditionen eher negativ sind. Wieweit diese Bedingungen auch für Typus 2, 3 und 4 gelten, ist eine offene Frage. Die Annahme, daß für alle Typen demokratischer Regime dieselben strukturellen Voraussetzungen gelten, wird im folgenden in Frage gestellt.

## 2. Eine dynamische Perspektive

In dem Maße, wie aus strukturellen Voraussetzungen eines Typus demokratischer Regime präskriptive Theorien gemacht und diese Voraussetzungen so in die Zukunft verlängert werden, werden sie ideologisch. Sie werden zu demokratischen Todesurteilen für nichtkapitalistische Gesellschaften und für Gesellschaften ohne historisch eingeübte republikanische Traditionen. Das Todesurteil heißt „totalitär" für nichtkapitalistische Gesellschaften, und das Urteil heißt „fundamentalistisch" für Gesellschaften ohne republikanische Traditionen.

Zwei Probleme ergeben sich aus dieser traditionellen Theorie der Demokratisierung. Das erste ist die Vorstellung, daß alle Gesellschaften durch das Stadium von Stufe 1 hindurchgehen müßten, bevor Weiterentwicklungen denkbar sind. Späteinsteiger in einen weltweiten Demokratisierungsprozeß werden nicht als „Seiteneinsteiger", sondern nur als „Anfänger" zugelassen. Die dahinterliegende theoretische Annahme ist die einer Entwick-

---

signifikant effizienter und kennen höhere Partizipationsquoten als die Regionen, die historisch von patrimonialen Herrschaftssystemen geprägt worden sind. Die Differenz von Süditalien und Mittelitalien ist dieser kulturellen Differenz geschuldet.
28 Die sind dann historischen Glücksumständen geschuldet, oder neutral formuliert: schlicht kontingenter Natur.
29 Vgl. dazu auch Lipset (1990), wo die Variable „politische Kultur" eine zentrale Stellung für die Erklärung von Demokratisierungsprozessen erhält.
30 Die konfuzianisch geprägten Länder stellen einen theoretisch und empirisch interessanten Sonderfall dar.

lungslogik des Demokratisierungsprozesses.[31] Was weiterhin in die traditionelle Theorie der Demokratisierung nicht mit eingebaut wird, ist der Rückwirkungseffekt demokratischer Regimebildung auf das Verhältnis von Demokratie und gesellschaftlicher Umwelt. Der Konstruktionsdefekt dieser Demokratisierungstheorie ist das Fehlen einer *dynamischen Perspektive*.

Im folgenden sollen die Implikationen einer dynamischen Perspektive nur im Hinblick auf das zweite Problem diskutiert werden,[32] nämlich daß sich im Prozeß der Reproduktion von demokratischen Regimen das Verhältnis zwischen Demokratie und gesellschaftlicher Umwelt verändert und dabei neu einreguliert wird. Es lassen sich zwei Rückwirkungseffekte ausmachen. Der erste ist, daß ökonomische Entwicklung und Demokratisierung weniger rigid gekoppelt werden, indem der Zusammenhang von Klassenstrukturen und politischem Handeln gelockert wird (Eder 1993b). Der zweite Effekt ist, daß kulturelle Traditionen reflexiv angeeignet werden und damit die Kopplung von Vergangenheit und politischer Gegenwart gelockert wird (Giddens 1991, 1992). Die Last der Vergangenheit, die auf die Ausbildung demokratischer Strukturen einwirkt, ist selbst schon wieder vermittelt durch die nachfolgende Geschichte demokratischer Regimebildung, etwa davon, ob diese scheitern oder nicht.

Das führt dazu, Theorien der Demokratisierung so zu modellieren, daß Effekte von Demokratisierungsprozessen auf ihre gesellschaftliche Umwelt eingebaut und diese Effekte als emergente strukturelle Voraussetzung von Demokratie benannt werden können. Eine solche Theorie ist die oben genannte, daß Demokratie von institutionalisierten Klassenkonflikten abhängig ist. Diese Theorie ist historisch spezifisch. Sie gilt für die europäische Nachkriegszeit und enthält zwei Elemente: Die Zentralität distributiver Politik, also wohlfahrtsstaatliche Politikorientierung und einen Konsensus über Regeln und Prinzipien der Interessenabstimmung, den besagten Nachkriegskonsens. Diese Theorie unterstellt spezifische Zusammenhänge von Ökonomie und Politik sowie von Kultur und Politik im Kontext von Gesellschaften mit relativ stark ausgeprägten Klassenstrukturen.

Dieses Modell ist aus folgendem Grund erfolgreich gewesen. Gesellschaften mit historisch starken Klassendifferenzen sind dazu gezwungen, die Kopplung von Politik an Klassenlagen zu lockern, wenn sie die Transformation von Klassengegensätzen in den Hobbesschen Naturzustand vermeiden wollen. Dies gelingt durch einen institutionellen Mechanismus, der Verteilungskonflikte, das Zentralproblem von Gesellschaften mit historisch tradierten Klassengegensätzen, so zu reformulieren erlaubt, daß sie als ein Kollektivgutproblem behandelt werden können. Es geht darum, ein Nullsummenspiel in ein Positivsummenspiel zu transformieren, Klassenkampf durch die kollektive Suche nach relativen Vorteilen für alle zu ersetzen. Dieser Prozeß hat dort stattgefunden, wo a) starke Klassengegensätze und b) republikanische Traditionen vorhanden waren und c) der Typus repräsentativer Demokratie (Typus 1) institutionell verkörpert war.

Die Institutionalisierung des Klassenkampfes als emergente Strukturbedingung der Re-

---

31 Entwicklungslogische Vorstellungen haben einen gewissen heuristischen Wert; vgl. dazu Eder (1985). Doch sie haben den Nachteil, daß sie keinen geeigneten analytischen Rahmen zur Beschreibung und Erklärung dynamischer Prozesse liefern.
32 Das erste Problem, das entwicklungslogische Prokrustesbett, würde Fragen aufwerfen, die diese Arbeit sprengen würden, insbesondere die Frage nach den Bedingungen und Formen von Demokratie in nichtwestlichen kulturellen Kontexten.

produktion demokratischer Regime hat nun wiederum Effekte auf das demokratische Regime, in dem dieser demokratische Klassenkampf institutionalisiert wurde. Sie zwingt, so die Hypothese, den Typus repräsentativer Demokratie, also Typus 1, zur Evolution hin zu Typ 2, dem Typus korporativer Demokratie.

### IV. Der demokratische Klassenkampf

#### 1. Die Transformation demokratischer Regime in der Nachkriegszeit

Der dynamisierende Zusammenhang, der zur Entwicklung korporativer Formen demokratischer Regime führt, hat also mit den selbsterzeugten Effekten der Institutionalisierung von Klassenkonflikten zu tun. Der Übergang von Typus 1 zu Typus 2 ist an die Einbettung von repräsentativer Demokratie in eine intermediäre Struktur gebunden, die Verteilungskonflikte umdefiniert und damit das System demokratischer Entscheidungsfindung entlastet. Die Funktionsbedingungen dieses Modells gründen auf folgenden Faktoren: Einer Domestizierung der Arbeiterklasse durch Vollbeschäftigung, soziale Staatsbürgerrechte und Mittelklassenlebensstil.[33] Diese Faktoren werden durch die Anerkennung und institutionelle Inkorporierung gewerkschaftlicher Interessenvertretung und sozialdemokratischer Parteien stabilisiert. Hinzu kommt die Transformation von Klassenideologien in politische Programme, die das Wahlsystem zu einem kompetitiven Mechanismus machen, der sich nicht mehr in der Alternative „alles oder nichts" (also in Nullsummenspielen) verfängt, sondern Möglichkeiten der relativen Verbesserung der Positionen aller in der Verteilung von Macht (also Positivsummenspiele) eröffnet.

Es handelt sich hier um ein Modell von Demokratie, das man auch den „europäischen Exzeptionalismus" genannt hat. Dieser Exzeptionalismus ist mit Klassenstrukturen verbunden, die die Arbeiterklasse begünstigten und die Bauern und Kleinunternehmer bedrängten.[34] Es handelt sich um eine Gesellschaft, die paradoxerweise die soziale Realität an das Marxsche Modell einer modernen Klassengesellschaft annäherte, allerdings mit anderen politischen Implikationen, als Marx sie damit verband, denn dieser Exzeptionalismus ist mit einem systematisch begrenzten Pluralismus verbunden, der sich in mehreren Varianten ausdrückt. Eine erste Variante ist die Ausbildung korporatistischer Regime im engeren Sinne (die Idealfälle sind Österreich und Skandinavien, Länder mit starken Gewerkschaften und starker Sozialdemokratie); eine zweite Variante ist die dirigistische (Frankreich) und eine dritte Variante die klientelistische (Italien). Diesen Varianten gemeinsam ist eine Betonung von Systemen intermediärer Interessenvermittlung, die einen spezifischen Typus demokratischer Regime prämiieren, den Typus 2, die korporativ verfaßte Demokratie.

Das Gegenmodell ist das sich im Gefolge des New Deal herausbildende und in der

---

33 Thomas H. Marshall (1992) hat diese gesellschaftliche Situation in seiner klassischen Analyse von sozialer Staatsbürgerschaft aus dem Jahre 1950 zur höchsten Stufe der Evolution von „citizenship" gemacht.
34 Die „Angst" des Kleinbürgers in Europa hat mit dieser besonderen prekären Stellung der Mittelklassen in den europäischen Gesellschaften zu tun; vgl. dazu mit weiteren Hinweisen Eder (1993).

Nachkriegszeit verfestigende amerikanische Modell. Es handelt sich um die Ausbildung des Typus 3, des plebiszitären Typus demokratischer Regime. Die Voraussetzungen für diesen Typus der Etablierung wohlfahrtsstaatlicher Politik und einer demokratischen Lösung distributiver Probleme sind historisch schwache Klassengegensätze und die Brechung dieser Konfliktlinie mit ethnischen und religiösen Konfliktlinien. Es findet sich keine politische Sicherung der Arbeiterklasse, ein Phänomen, dessen Effekt wir heute in den USA an dem weit höheren Anteil von nicht-industrieller Arbeit, also von Dienstleistungsarbeit feststellen können (Esping-Andersen 1993). Damit ist eine individualistische Ideologie verbunden, die gemeinsame Interessenlagen eher über ideelle Konstruktionen von Gemeinsamkeit herstellt. Diese strukturellen Voraussetzungen haben einen Typus von Politik prämiiert, der die Kommunikation des Gemeinsamen zum Dauerproblem macht: Eine starke Lokalisierung von Politik, die Entscheidungen an direkte Zustimmung bindet und die Möglichkeiten öffentlicher Kommunikation benutzt, um diese Zustimmung auszudrücken.[35] Öffentlichkeit und Bindung von Politik an gelingende öffentliche Problemkommunikation sind damit die Mechanismen, die die Dynamik des amerikanischen Falls bestimmt haben. Sie sind ein Fall des Übergangs von Typus 1 zu Typus 3.

Der europäische Fall ist dadurch gekennzeichnet, daß das Problem der Transformation von Verteilungskonflikten in Kollektivgutprobleme in einer korporativen Form gelöst worden ist. Zwei strukturelle Voraussetzungen, das Fortbestehen von Klassenstrukturen und die Ausbildung einer auf intermediäre Strukturen gegründeten politischen Kultur des Aushandelns, hängen mit der Option 2 der Ausbildung demokratischer Regime zusammen. Welches Modell ist nun dasjenige, das die aktuellen gesellschaftlichen Veränderungen überlebt? Option 2 ist an das Bestehen von Klassenstrukturen gebunden. Wenn diese sich auflösen, dann sind die Voraussetzungen von Option 2 nicht mehr gegeben. Option 3, das amerikanische Modell, wäre dann die evolutionäre Lösung.

## 2. Das Ende des demokratischen Klassenkonflikts?

Die strukturellen Voraussetzungen des europäischen Nachkriegsmodells eines institutionalisierten Klassenkampfes sind – so die Argumente von Lipset und anderen – obsolet geworden. Die zentrale Funktionsbedingung, die mit einem korporativ verfaßten Kapitalismus verbundene, sozialpolitisch abgefederte und konsumorientierte Lebensform der industriellen Arbeiterklasse, löst sich auf.[36] Dieses Argument gilt empirisch allerdings nur bedingt. Richtig ist, daß sich die Klassenstruktur verändert hat, und zwar in zweierlei Hinsicht: Neben die alten Klassen schieben sich zunehmend soziale Klassen eines neuen Typus, nämlich Kategorien von wechselnden Akteuren. Diese neuen Klassen gleichen zunehmend dem Omnibus, der immer voll ist, aber mit wechselnden Fahrgästen bevölkert ist. Das bedeutet, daß die soziale Einheit dieser neuen Klassen nicht mehr über Interaktionsprozesse und gemeinsame, über Lebenszyklen oder gar Generationen hin stabilisierte Deutungsmuster hergestellt werden kann. Allerdings zeigen Mobilitätsanalysen (Erik-

---

35 Kritisch dazu etwa Entman (1989) oder Keane (1991). Immer noch gültig das von Gans (1983) formulierte Programm einer demokratierelevanten Medienforschung.
36 Dieses Argument gibt es in vielfältigen Varianten. Die erfolgreichste Variante war die Theorie der Individualisierung (Beck 1983).

son/Goldthorpe 1992), daß die intergenerationale Mobilität, also die Vererbung von Statuspositionen vom Vater auf den Sohn/die Tochter weiterhin relativ stabil ist, was bedeutet, daß die alten Klassen keineswegs verschwinden. Auch Veränderungen im Bildungsstatus haben daran nichts geändert: Alte Klassendifferenzen haben nur bessere Bildungstitel erhalten (Blossfeld/Shavit 1993).

Diese neuen Klassen haben mit einem Phänomen zu tun, das die alten Klassenstrukturen überlagert, nämlich mit der Auflösung des Standardlebenslaufs und die damit verbundene Normalisierung von diskontinuierlichen Erwerbsverläufen (Mutz et al. 1995). Irreguläre Erwerbsverläufe werden normal. Die Stabilität einer Erwerbsbiographie wird durch Phasen von Nichtarbeit, etwa durch Arbeitslosigkeit, aber auch durch Familienabhängigkeit gebrochen. Damit entstehen Differenzierungen in der Klassenstruktur selbst.[37]

Klassenstrukturen bleiben also relativ stabil, fügen aber im Verlauf ihrer Differenzierung neue postindustrielle Klassenlagen hinzu, die bislang mit dem Label „Mittelklassen" nur unzureichend gefaßt wurden (Esping-Andersen 1993a, 1993b). Dieses Label faßt nicht die Differenzierungen, die aus dem Zusammenbruch des klassischen Modells der Erwerbsarbeit resultieren, nämlich die aus der Normalerwerbsarbeit zumindest temporär Ausgesteuerten, die Arbeitslosen und andere Wohlfahrtsstaatsklienten. Daraus folgt, daß die klassenstrukturellen Voraussetzungen für die Institutionalisierung von Klassenkonflikten zwar nicht entfallen, aber doch Modifikationen beinhalten, die Rückwirkungen auf den Nachkriegskonsens, den institutionalisierten demokratischen Klassenkampf haben. Die von Lipset als strukturelle Bedingung genannte „eingefrorene Konfliktlinie" entlang von Klassenlagen verschwindet nicht, sondern kompliziert sich. Das bedeutet, daß wir es nicht mit einer Ablösung durch eine individualistische Gesellschaft zu tun haben, in der kontingente Massenmobilisierungen Klassenpolitik ersetzen, sondern mit einer Ausdifferenzierung, die einmal links-libertäre[38] wie auch reaktionäre Strömungen begünstigt.[39] Von der Auflösung von Klassenlagen zu sprechen, hat also eher mit Wunschvorstellungen als mit realen Prozessen zu tun.[40] Das Argument einer Auflösung der strukturellen Voraussetzungen des europäischen Modells des demokratischen Klassenkampfes erweist sich bei näherem Hinsehen somit als voreilig. Das Argument eines Endes sozialer Klassen reduziert sich auf das Argument einer Differenzierung der Klassenstruktur.

Ein zweites Argument für eine Auflösung der strukturellen Voraussetzungen des europäischen Nachkriegsmodells des demokratischen Klassenkampfes hat mit kulturellen Veränderungen zu tun, die ihrerseits mit den ökonomischen Veränderungen rückgekoppelt sind. Entscheidend ist hier nicht das, was als Wertwandel bezeichnet worden ist, also das

---

37 Dies konstituiert etwa die Besonderheit der Gruppe der Arbeitslosen: Die Bevölkerung dieser Gruppe ist wie der soeben genannte Omnibus immer voll, aber mit wechselnden Fahrgästen (mit Ausnahme des sog. „Bodensatzes" der Dauerarbeitslosen, also etwa 20 Prozent). Das erklärt auch die überraschende Formulierung, daß in der alten Bundesrepublik im Durchschnitt jeder Dritte schon einmal arbeitslos gewesen ist!
38 Zu der in der sozialen Bewegungsforschung entwickelten These von libertären Orientierungsmustern vgl. Kitschelt (1993).
39 Eine durch qualitative Untersuchungen nahegelegte Hypothese ist, daß reaktionäre Strömungen mit der Zunahme nicht-standardisierter Erwerbsverläufe zusammenhängen: Arbeitslose und diskontinuierlich Beschäftigte neigen eher zu reaktionären politischen Einstellungen und Handlungsbereitschaften.
40 Vgl. dazu sowie zur vorhandenen Datenlage Esping-Andersen (1994).

Argument einer Zunahme postmaterialistischer Wertorientierungen. Dies ist nur ein (und auch noch weitgehend instabiler) Effekt eines tieferliegenden Phänomens. Die strukturellen Grundlagen der Veränderung der kulturellen Infrastruktur fortgeschrittener Industriegesellschaften haben mit den Veränderungen der Klassenstruktur, also der Zunahme postindustrieller Mittelklassen und mit der zunehmenden Abgrenzung von neuen Unterklassen (die mit Begriffen wie „underclass" in England oder „Zweidrittelgesellschaft" in Deutschland gefaßt wurden) zu tun. Dienstleistungsarbeiter und Wohlfahrtsstaatsklienten forcieren die Auflösung der Dominanz von Verteilungskonflikten zugunsten einer Betonung von Kollektivgutproblemen. Der Zusammenhang zwischen Dienstleistungsarbeitern und Umweltorientierungen, die ein robuster Indikator für eine Kollektivgutorientierung sind, ist gut belegt.[41] Politisch-kulturelle Faktoren verstärken damit den Trend einer Abkehr von Nullsummenspielen, der ja in Lipsets These vom demokratischen Klassenkampf dessen Spezifikum darstellte. Gegen Lipset ließe sich deshalb sogar von einer Verstärkung des Typus 2 sprechen; denn dieser Typus stabilisiert sich in dem Maße, wie Kollektivgutprobleme die Agenda politischer Entscheidungsfindung bestimmen.[42]

Ein erstes Beispiel ist die *Umwelt,* ein Topos, an dem sich nicht-distributive Orientierungen kristallisiert haben, denn Umweltprobleme sind primär Kollektivgutprobleme, und wenn es hier etwas zu verteilen gibt, dann sind es Belastungen. Ein weiteres Beispiel für nicht-distributive Probleme auf der Agenda politischer Auseinandersetzungen ist der Topos *kollektive Identität.* Kollektive Identitäten sind nicht verhandelbar; sie sind ein Kollektivgut. Daß diese Problematik auf die Agenda gesetzt werden konnte, hat vermutlich mit der Auflösung der Klassenlagen als kultureller Einheiten und der individualisierenden Wirkung der Auflösung des Standarderwerbsverlaufs, die biographische Konsistenz zum Problem macht, zu tun. Beide Topoi sind Indikatoren für die strukturelle Dominanz eines Modus der Definition sozialer Probleme, der – paradoxerweise – die kulturellen Voraussetzungen des Modells der Nachkriegsdemokratie bei gleichzeitiger Modifizierung der Klassenstruktur verstärkt. Lipsets neue These hält, wenn man die Prämissen seiner Theorie ernst nimmt, der Evidenz nicht stand. Mehr denn je gilt seine alte These.

*V. Bedingungen einer deliberativen demokratischen Kultur*

Welche Form von Demokratie steuern wir am Ende des 20. Jahrhundert an? Die Option „plebiszitäre Demokratie" ist problematisch, weil die Kosten dieser Form demokratischer Regimebildung extrem hoch sind. Diese Option generiert den politischen Zyklus von staatlicher Regulierung und populistischer Gegenreaktion, einen Zyklus, der in immer kürzeren Wellen Politik unter das Diktat des täglichen Plebiszits bringt und weder Gleichheit noch Deliberation, weder Effizienz noch Effektivität reklamieren kann. Die plebiszitäre Radikalisierung majoritärer Formen demokratischer Institutionenbildung führt in eine Sackgasse, fördert u.U. gar einen neuen autoritären Weg der Institutionalisierung politischer Macht. Unterstützt von einer politischen Kultur der Individualisierung, werden sekundäre Vergemeinschaftungsformen zur strukturellen Bedingung demokratischer Institutionen,

---

41 Vgl. dazu neben vielen anderen Bürklin (1985).
42 Zur Unterscheidung von distributiven Problemen und Kollektivgutproblemen und ihren Implikationen für die Logik politischen Handelns vgl. insbesondere Majone (1993).

was nichts anderes bedeutet, als Exklusion zum Organisationsprinzip demokratischer Institutionenbildung zu machen. Das permanente Plebiszit der Gemeinsamkeit, der schweigenden Mehrheit, zerstört gleichermaßen die Möglichkeit öffentlicher Diskussion wie die Effizienz politischen Handelns: Demokratie der moralisch Aufrechten ist ein sicherer Weg der Zerstörung demokratischer Institutionen.

Die andere Option ist die Forcierung deliberativer Formen politischer Problemdefinition und Entscheidungsfindung und die Zurückdrängung majoritärer Legitimationsbeschaffung. Solche Formen prämiieren Gemeinwohlorientierungen, wie sie die Demokratie in Europa kennzeichnen. Ihre Basis sind nicht-majoritäre Institutionen, die ihre Rationalität primär auf Deliberation, nicht auf einen Auftrag durch den Volkswillen gründen. Politische Gleichheit wird dabei allerdings minimiert. Das ist der Engpaß der Entwicklung demokratischer Formen, denn damit ist ein Verlust an Legitimation von Formen demokratischer Organisation verbunden. Zugleich aber blockiert der damit verbundene Legitimationsverlust die Ausbildung deliberativer Strukturen und das darin enthaltene Demokratisierungspotential.

Wie können Gleichheit und zugleich Deliberation gewährleistet werden? Wie können das Moment einer realen Beteiligung und das Moment der gleichen Beteiligung aller miteinander in Einklang gebracht und balanciert werden? Wir müssen mehr darüber nachdenken, wie Deliberation als Konstituens von Demokratie in einer sich strukturell öffnenden und sich reflexiv beobachtenden modernen Klassengesellschaft gedacht werden kann. Wir müssen den spezifischen Legitimationsgewinn deliberativer Formen von Politik für demokratische Formen von Politik verstehen und mit Formen experimentieren, in denen dieses Prinzip institutionalisiert wird. Dies ist die zentrale Aufgabe einer Demokratieforschung am Ende des 20. Jahrhunderts.

*Literatur*

*Beck, Ulrich,* 1983: Jenseits von Stand und Klasse? S. 25–74 in: *Reinhard Kreckel* (Hg.), Soziale Ungleichheiten. Göttingen: Schwartz.

*Blossfeld, Hans-Peter,* und *Yossi Shavit,* 1993: Persisting Barriers: Changes in Educational Opportunities in Thirteen Countries. S. 1–24 in: *Yossi Shavit* und *Hans-Peter Blossfeld* (Hg.), Persistent Inequality. Boulder, Co.: Westview Press.

*Bürklin, Wilhelm P.,* 1985: The German Greens. The Post-industrial Non-established and the Party System, International Political Science Review 6: 473–481.

*Chomsky, Noam,* 1989: Necessary Illusions. Thought Control in Democratic Societies. London: Pluto Press.

*Clark, Terry N.,* und *Seymor M. Lipset,* 1991: Are Social Classes Dying?, International Sociology 6: 397–410.

*Clark, Terry N., Seymour M. Lipset* und *Rempel, Michael,* 1993: The Declining Political Significance of Class, International Sociology 8: 293–316.

*Edelman, Murray,* 1988: Constructing the Political Spectacle. Chicago, Ill.: University of Chicago Press.

*Eder, Klaus,* 1985: Geschichte als Lernprozeß? Zur Pathogenese politischer Modernität in Deutschland. Frankfurt a.M.: Suhrkamp.

*Eder, Klaus,* 1987a: Die Autorität des Rechts. Eine soziale Kritik prozeduraler Rationalität, Zeitschrift für Rechtssoziologie 8: 193–230.

*Eder, Klaus,* 1987b: Learning and the Evolution of Social Systems. An Epigenetic Perspective. S. 101–125 in: *Michael Schmid* und *Friedrich M. Wuketits* (Hg.), Evolutionary Theory in Social Science. Dordrecht/Boston: Reidel.

*Eder, Klaus*, 1993a: Reflexive Institutionen? Eine Untersuchung zur Herausbildung eines neuen Typus institutioneller Regelungen im Umweltbereich (Projektvorschlag (DFG-Projektnummer Ed 25/7)). München: Münchner Projektgruppe für Sozialforschung.

*Eder, Klaus*, 1993b: The New Politics of Class. Social Movements and Cultural Dynamics in Advanced Societies. London: Sage.

*Eder, Klaus*, 1995: The Spirit of Environmentalism. Studies in the Social Construction of Nature. London: Sage.

*Elster, Jon*, 1989: The Cement of Society. A Study of Social Order. New York: Cambridge University Press.

*Entman, Robert M.*, 1989: Democracy without Citizens. Media and the Decay of American Politics. New York, N.Y.: Oxford University Press.

*Erikson, Robert*, und *John H. Goldthorpe*, 1992: The Constant Flux. A Study of Class Mobility in Industrial Societies. Oxford: Oxford University Press.

*Esping-Andersen, Gøsta* (Hg.), 1993a: Changing Classes. Stratification and Mobility in Post-Industrial Societies. London: Sage.

*Esping-Andersen, Gøsta*, 1993b. Post-industrial Class Structures: An Analytical Framework. S. 7–31 in: *Gøsta Esping-Andersen* (Hg.), Changing Classes. Stratification and Mobility in Post-industrial Societies. London: Sage.

*Esping-Andersen, Gøsta*, 1994: The Eclipse of the Democratic Class Struggle? European Class Structures at Fin de Siecle. Trento: Unpublished manuscript, University of Trento.

*Fishkin, James S.*, 1991: Democracy and Deliberation. New Directions for Democratic Reform. New Haven, Ct.: Yale University Press.

*Gans, Herbert J.*, 1983: News Media, News Policy, and Democracy: Research for the Future, Journal of Communication 33: 174–84.

*Giddens, Anthony*, 1991: Modernity and Self-Identity. Self and Society in the Late Modern Age. Cambridge: Polity Press.

*Goldthorpe, John H.*, 1992: Employment, Class, and Mobility: A Critique of Liberal and Marxist Theories of Long-term Change. S. 122–146 in: *Hans Haferkamp* und *Neil J. Smelser* (Hg.): Social Change and Modernity. Berkeley, Ca.: University of California Press.

*Habermas, Jürgen*, 1962: Strukturwandel der Öffentlichkeit. Untersuchungen zu einer Kategorie der bürgerlichen Gesellschaft. Neuwied: Luchterhand.

*Habermas, Jürgen*, 1992: Faktizität und Geltung. Beiträge zur Diskurstheorie des Rechts und des demokratischen Rechtsstaats. Frankfurt a.M.: Suhrkamp.

*Hennen, Leonhard*, 1994; Technikkontroversen. Technikfolgenabschätzung als öffentlicher Diskurs, Soziale Welt 45: 454–479.

*Hilgartner, Stephen*, und *Charles L. Bosk*, 1988: The Rise and Fall of Social Problems: A Public Arenas Model, American Journal of Sociology 94: 53–78.

*Keane, John*, 1991: The Media and Democracy. Oxford: Basil Blackwell.

*Kitschelt, Herbert*, 1993: Social Movements, Political Parties, and Democratic Theory, Annals of the American Academy of Political and Social Sciences 528: 13–29.

*Levitt, Barbara*, und *James G. March*, 1988: Organizational Learning, Annual Review of Sociology 14: 319–340.

*Lijphart, Arend*, und *Marcus M. L. Crepaz*, 1991: Corporatism and Consensus Democracy in Eighteen Countries: Conceptual and Empirical Linkages, British Journal of Political Science 21: 235–246.

*Lipset, Seymour M.*, 1960: Political Man. The Social Bases of Politics. New York, N.Y.: Doubleday.

*Lipset, Seymour M.*, 1985: Consensus and Conflict. Essays in Political Sociology. New Brunswick, N.J.: Transaction Books.

*Lipset, Seymour M.*, 1990: The Centrality of Political Culture, Journal of Democracy 1: 80–83.

*Lipset, Seymour M.*, 1994: The Social Requisites of Democracy Revisited, American Sociological Review 59: 1–22.

*Lipset, Seymour M., Kyoung-Ryung Seong* und *John C. Torres*, 1993: A Comparative Analysis of the Social Requisites of Democracy, International Social Science Journal, 45, 155–175.

*Luhmann, Niklas*, 1969: Legitimation durch Verfahren. Neuwied: Luchterhand.

*Luhmann, Niklas,* 1986: Die Zukunft der Demokratie. S. 207–233 in: Akademie der Künste (Hg.): Der Traum der Vernunft – Vom Elend der Aufklärung, 2. Folge. Neuwied: Luchterhand.
*Majone, Giandomenico,* 1979: Process and Outcome in Regulatory Decision-making, American Behavioral Scientist 22: 561–583.
*Majone, Giandomenico,* 1993: Wann ist Policy-Deliberation wichtig? S. 97–115 in: *Adrienne Héritier* (Hg.), Policy-Analyse. Kritik und Neuorientierung. Opladen: Westdeutscher Verlag.
*March, James G.,* 1991: Exploration and Exploitation in Organizational Learning, Organization Science 2: 71–87.
*Marshall, Thomas H.,* 1992: Bürgerrechte und soziale Klassen. Studien zur Soziologie des Wohlfahrtsstaates. Frankfurt a.M.: Campus.
*Meyer, John W.,* und *Brian Rowan,* 1977: Institutionalized Organizations: Formal Structure as Myth and Ceremony, American Journal of Sociology 83: 340–363.
*Mutz, Gerd, Wolfgang Ludwig-Mayerhofer, Elmar Koenen, Klaus Eder* und *Wolfgang Bonß,* 1995: Diskontinuierliche Erwerbsverläufe. Opladen: Leske + Budrich.
*Powell, Walter W.,* und *Paul DiMaggio* (Hg.), 1991: The New Institutionalism in Organizational Analysis. Chicago, Ill.: University of Chicago Press.
*Putnam, Robert D.* (mit *Roberto Leonardi* und *Raffaella Y. Nanetti*) 1992: Making Democracy Work. Civic Traditions in Modern Italy. Princeton, N.J.: Princeton University Press.
*Ragin, Charles C.,* und *Howard S. Becker* (Hg.), 1992: What is a Case? Exploring the Foundations of Social Inquiry. New York, N.Y.: Cambridge University Press.
*Reese, Stephen D.,* 1991: Setting the Media's Agenda: A Power Balance Perspective. S. 309–340 in: *James A. Anderson* (Hg.): Communication Yearbook (Vol. 14). Newbury Park, Ca.: Sage.
*Rueschemeyer, Dieter, Evelyne Stephens Huber* und *John D. Stephens,* 1992: Capitalist Development and Democracy. Cambridge: Polity Press.
*Sabatier, Paul A.,* und *Hank C Jenkins-Smith* (Hg.), 1993: Policy Change and Learning: An Advocacy Coalition Framework. Boulder, Co.: Westview Press.
*Scharpf, Fritz W.,* 1988. Verhandlungssysteme, Verteilungskonflikte und Pathologien der politischen Steuerung. S. 61–87 in: *Manfred G. Schmidt* (Hg.), Staatstätigkeit – international und historisch vergleichende Analysen. Sonderheft 19 der Politischen Vierteljahresschrift. Opladen: Westdeutscher Verlag.
*Scharpf, Fritz W.,* 1991: Die Handlungsfähigkeit des Staates am Ende des zwanzigsten Jahrhunderts, Politische Vierteljahresschrift 32: 621–634.
*Schmitter, Philippe C.,* 1977: Modes of Interest Mediation and Models of Societal Change in Western Europe, Comparative Political Studies 10: 7–21.
*Schmitter, Philippe C.,* 1982: Reflection on Where the Theory of Neo-corporatism Has Gone and Where the Praxis of Neo-corporatism May be Going. S. 259–279 in: *Gerhard Lehmbruch* und *Philippe C. Schmitter* (Hg.): Patterns of Corporatist Policy-Making. London: Sage.
*Schmitter, Philippe C.,* 1985: Neo-corporatism and the State. S. 32–62 in: *Wyn Grant* (Hg.): The Political Economy of Corporatism. London: Macmillan.
*Simon, Herbert A.,* 1991: Bounded Rationality and Organizational Learning, Organization Science 2: 125–134.
*Streeck, Wolfgang,* 1982: Organizational Consequences of Neo-corporatist Co-operation in West German Labour Unions. S. 29–81 in: *Gerhard Lehmbruch* und *Philippe C. Schmitter* (Hg.), Patterns of Corporatist Policy-Making. London: Sage.
*Streeck, Wolfgang,* 1987: Vielfalt und Interdependenz. Überlegungen zur Rolle von intermediären Organisationen in sich ändernden Umwelten, Kölner Zeitschrift für Soziologie und Sozialpsychologie 39: 471–495.
*Streeck, Wolfgang,* und *Philippe C. Schmitter,* 1985: Gemeinschaft, Markt und Staat – und die Verbände? Der mögliche Beitrag von Interessenregierungen zur sozialen Ordnung, Journal für Sozialforschung 25: 133–158.
*Strydom, Piet,* 1987: Collective Learning: Habermas' Concessions and their Theoretical Implications, Philosophy and Social Criticism 13: 265–281.

# VI.
# Entstehung und Entwicklung supranationaler Institutionen

POLITIK SUPRANATIONALER INTEGRATION*

Die Europäische Gemeinschaft in institutionentheoretischer Perspektive

Elmar Rieger

*Zusammenfassung:* Gleichzeitig mit der inzwischen sehr weitreichenden supranationalen Integration der westeuropäischen Gesellschaften ist eine ungebrochene Kontinuität und Stabilität nationalstaatlicher Ordnungen und nationalstaatlicher Politik zu beobachten. Eine derartige Konstellation war bei der Gründung der Europäischen Gemeinschaften nicht abzusehen. Sie stellt auch die sozialwissenschaftliche Analyse des westeuropäischen Integrationsprozesses vor große Herausforderungen. Der hier vorgestellte Versuch einer institutionellen Analyse der Europäischen Union geht von der Hypothese aus, daß die Formen und Funktionen der Politik supranationaler Integration sehr viel stärker auf die Bewahrung nationaler Strukturen und die Erweiterung staatlicher Handlungsmöglichkeiten im jeweiligen binnengesellschaftlichen Raum und sehr viel weniger auf die Schaffung supranationaler Strukturen bezogen sind. Diese These hat vielfältige Implikationen für die Analyse und Erklärung des sozialen und politischen Wandels der westeuropäischen Gesellschaften in der Nachkriegszeit, wie auch für die Interpretation der Ausgangs- und Bezugspunkte der Politik supranationaler Integration.

*I. Einleitung*

Nach einer langen Phase institutioneller Kontinuität und politischer Stabilität sind die westeuropäischen Gesellschaften vor neue Herausforderungen gestellt, die die Grundlagen ihrer sozialen und politischen Ordnung betreffen. Einen besonderen Stellenwert hat dabei die Internationalisierung von Politik, Wirtschaft und Gesellschaft, die sich in den beiden letzten Jahrzehnten durch eine enorm gesteigerte Dynamik bemerkbar macht. Sie führt zu sehr widersprüchlichen Ergebnissen, die in ihrer Summe allerdings die institutionelle Ordnung der westeuropäischen Nachkriegsgesellschaften nachhaltig zu erschüttern droht. Alternative Ordnungsmodelle scheinen sich jedoch nicht abzuzeichnen.

Die Intensivierung der weltwirtschaftlichen Interdependenz und die Globalisierung der Industrie und der Finanzmärkte sowie die Vervielfältigung und Vertiefung internationaler Regime als Versuche einer Steuerung der neuen Verflechtungszusammenhänge werden inzwischen als Entwicklungen gesehen, die binnengesellschaftliche Strukturen und Machtverhältnisse, aber auch die Lebenslage großer Gruppen der Bevölkerung unmittelbar berühren. Dieser allgemeine Wandel hat aber bereits eine längere Geschichte. Seit den sechziger Jahren gibt es verschiedene Versuche, diese Entwicklung als Entstehung und Ausdehnung einer transnationalen oder globalen Gesellschaft zu beschreiben und zu analy-

---

\* Für hilfreiche Hinweise zu einer früheren Fassung danke ich Bernhard Ebbinghaus, Patrick Kenis, Peter Kraus, Stephan Leibfried und Birgitta Nedelmann.

sieren, die im Widerspruch zur nationalstaatlichen Segmentierung der internationalen Politik steht (Mendershausen 1969; Sklair 1992). Als entscheidendes Merkmal dieser Entwicklung wird hervorgehoben, gerade die fortgeschrittenen Industriegesellschaften Westeuropas und Nordamerikas seien hochgradig offene bzw. durchlässige Systeme; mit der Zunahme der Größe und des Aktionsradius multinationaler Unternehmungen und dem Rückgang der Kosten grenzüberschreitender Kommunikation und Transportmöglichkeiten würde der Grad ihrer Durchdringbarkeit zunehmen.

Nationale Grenzen sind infolge dieser Entwicklung für wirtschaftliche, soziale und kulturelle Austauschprozesse durchlässiger geworden. Ereignisse, die in geographisch weit entfernten Orten ihren Ursprung haben, haben nunmehr Konsequenzen, die in verschiedenen Gesellschaften gleichzeitig und unmittelbar wirksam werden. Außerdem folgen diese Austauschprozesse einer Logik, die jenseits nationalstaatlicher Ordnungsrahmen angesiedelt ist. Deshalb wird vor allem, bezogen auf das Außenverhältnis der am meisten fortgeschrittenen Gesellschaften, behauptet, staatliche Instanzen seien zunehmend unfähig, die sozialen und wirtschaftlichen Konsequenzen der Internationalisierung von Güter- und Kapitalmärkten zu bewältigen (Hanrieder 1978; Kohler-Koch 1991). Diese Unfähigkeit sei Ergebnis eines strukturellen Mißverhältnisses zwischen den gegenwärtigen Problemlagen und dem unverändert nationalstaatlichen Zuschnitt der Politik. In dieser Sicht wird die gegenwärtige Situation als eine tiefgreifende Gefährdung der sozialen Lage breiter Schichten der Bevölkerung verstanden.

Neue Muster und Formen transnationaler Vergesellschaftungen, die von Mafia und Drogenkartellen über Wissenschaftlernetzwerke bis zu multinationalen Unternehmen reichen, werden für die herkömmliche, territorialstaatlich organisierte politische, administrative und juristische Steuerung undurchdringbar und entziehen sich gezielter Beeinflussung. Gleichzeitig wirken sich durch transnationale Vernetzung und gesteigerte wirtschaftliche Interdependenzen die Konsequenzen binnengesellschaftlicher Politik auch außerhalb der eigenen Gesellschaft aus. Dies kann Reaktionen anderer Regierungen auslösen oder unvorhergesehene Wirkungen haben, die auf das nationale politische Ausgangshandeln zurückwirken und u. U. auch konterkarieren können. In derartigen Rahmenbedingungen greifen Innen- und Außenpolitik zwangsläufig ineinander über, vergrößern die Komplexität, aber nicht die Handlungsfähigkeit von Politik.

Aber auch im Binnenverhältnis der fortgeschrittenen Industriegesellschaften glaubt ein Großteil der Sozialwissenschaftler, eine Erosion von Staatlichkeit beobachten zu können. Hier geht es im wesentlichen um die Einschränkung der Handlungsfähigkeit des Staates durch die gesteigerte Macht von Interessengruppen, ferner durch Verrechtlichung und Autonomisierung weiter Bereiche der Staatstätigkeit und durch ein neues Selbstbewußtsein der Regionen als eigenständige Handlungseinheiten und Handlungsräume. Vor dem Hintergrund der Allgegenwart nationalstaatlicher Ordnungsrahmen und ihrer typischen Politikverläufe verwundert es deshalb nicht, wenn gegenwärtig die Ausdehnung und Institutionalisierung verschiedener Formen transnationaler Vergesellschaftung als zutiefst widersprüchlicher und problematischer Prozeß wahrgenommen wird. Die Vorstellung einer grundlegenden Asymmetrie prägt deshalb einen großen Teil der gegenwärtigen Diskussion in den Sozialwissenschaften: die Asymmetrie zwischen den neuen wirtschaftlichen und sozialen Problemlagen – von der Massenarbeitslosigkeit über transnationale Migrationsbewegungen bis zu massiven ökologischen Gefährdungen der natürlichen Lebensgrundlagen – und den institutionellen Grundlagen herkömmlicher, nationalstaatlicher Politik und ihrer Instrumente und Handlungsmöglichkeiten. In Analogie zu diesem Mißverhältnis zwischen hergebrachten staatlichen Ordnungskonfigurationen und Steuerungsmechanismen und neuen Mustern und Formen transnationaler Vergesellschaftung sehen sich Sozialwissenschaftler mit einem rapide sinkenden Grenznutzen ihrer gebräuchlichen Konzepte konfrontiert.

Aus diesen Beobachtungen und theoretischen Versuchen wird der weitreichende Schluß gezogen, die Handlungsfähigkeit des Staates nach innen wie auch die Möglichkeiten einer wirksamen Beeinflussung seiner äußeren Umwelt seien empfindlich eingeschränkt. Territoriale Integrität und ein Staatsbürgerstatus, der darauf aufbaut, sind in dieser Perspektive keine brauchbaren Bezugspunkte politischer Mobilisierung mehr (Guéhenno 1994; Yeatman 1991). Es bestehen deshalb weitreichende Zweifel an der Tauglichkeit des Nationalstaates als Ausgangs- und Bezugspunkt sozialer und gesellschaftlicher Ordnung in der Gegenwart und vor allem in der Zukunft (Ohmae 1993; Rosenau 1990; Scharpf 1991; Zürn 1992). Klassische Attribute des Nationalstaates – Souveränität nach außen und eine hierarchisch organisierte Binnenstruktur mit dem „Monopol physischer Gewaltsamkeit" – gelten als Leerformeln, als wenig brauchbar, die neue Realität fortgeschrittener Industriegesellschaften adäquat zu beschreiben.

Die Diagnose einer wachsenden Dysfunktionalität herkömmlicher Formen und Funktionen von Staatlichkeit läßt allerdings außer acht, wie und mit welchen Mitteln die fortgeschrittenen Industriegesellschaften Westeuropas auf die Globalisierung von Wirtschaft und Gesellschaft und die Internationalisierung von Politik reagieren. Es spricht einiges gegen die Annahme, die gegenwärtigen wirtschaftlichen und sozialen Transformationsprozesse liefen an staatlichen Akteuren und Institutionen vorbei. Zum einen entfalten sich auch die Prozesse transnationaler Vergesellschaftung nicht in irgendwelchen „souveränitätsfreien" Räumen, wie manche Autoren zu glauben scheinen (Rosenau 1990; Vernon 1971). Transnationale Integrationsprozesse, etwa die Globalisierung von Güter- und Finanzmärkten, sind an voraussetzungsreiche, institutionelle Grundlagen gebunden. Diese Grundlagen können aber nicht von den wichtigsten Trägern dieser Prozesse, den multinationalen Unternehmungen und den Banken, garantiert werden. Sie werden vielmehr von staatlichen Akteuren nicht nur gelegt, sondern auch weitgehend und nachdrücklich überwacht. Dies soll hier nicht weiter verfolgt werden.

Entscheidender ist eine andere Dimension der gegenwärtigen Transformationsprozesse: Die Supranationalisierung von Politik, die sich in den letzten drei Jahrzehnten enorm ausgedehnt und deren Bedeutung massiv zugenommen hat. Supranationale Politik und die verschiedenen Formen supranationaler Integration lassen sich allerdings nicht als „Niedergang" des Nationalstaates verbuchen. Im Gegenteil, supranationale Politik und Institutionen supranationaler Integration sind in mehrfacher Hinsicht auf binnengesellschaftliche Strukturen und Machtverhältnisse bezogen, gehen aus ihnen hervor und wirken auf sie zurück. Supranationale Politik wie supranationale Integration können, was die treibenden Motive und Antriebskräfte, die in ihnen zum Tragen kommenden Wertorientierungen, ihre formalen Strukturen und die besondere Art und Weise ihrer Institutionalisierung betrifft, nur mittels einer systematischen Einbeziehung nationalstaatlicher Politik und nationalstaatlicher Ordnungen und Sozialstrukturen beschrieben und interpretiert werden. Zudem läßt sich aus dieser Perspektive heraus vermuten, daß bestimmte Veränderungen der *binnengesellschaftlichen* Machtbalance und institutionellen Struktur erst über *supranationale* Politik ermöglicht werden und die damit verbundene Neuverteilung von Lebens- und Machtchancen politisch abgeschirmt und legitimiert wird.

Im folgenden sollen sozialwissenschaftliche Kategorien für die Beschreibung, Erklärung und Interpretation von langfristigen Politikverläufen in Westeuropa entwickelt und auf deren innen- und außenpolitische Verschränkung angewendet werden. Am Beispiel der supranationalen Politik der europäischen Integration sind Regelmäßigkeiten auszumachen, die in den Mitgliedstaaten der Europäischen Gemeinschaft die Innen- und Gesellschaftspolitik bestimmen. Zentrale binnengesellschaftliche Veränderungen in der institutionellen Ordnung wie in den Machtverhältnissen lassen sich nur erklären, wenn übergeordnete bzw. vorgelagerte Ebenen internationaler Konstellationen und supranationaler Politik in die Betrachtung einbezogen werden. Das gilt besonders für die gegenwärtig zu beobachtenden Versuche, die westeuropäischen Wohlfahrtsstaaten neu zu strukturieren.

## II. Probleme einer Theorie der europäischen Integration: Jenseits oder diesseits des Nationalstaates?

Vor allem zwei Probleme fordern eine theoretisch orientierte Auseinandersetzung mit der europäischen Integration heraus. Zunächst die erstaunliche Dauerhaftigkeit und Stabilität der Parallelität von Institutionen und Organen supranationaler Integration und nationalstaatlicher Ordnungskonfigurationen in der Europäischen Integration. Eine solche Entwicklung hatten die Theorien trans- und supranationaler Integration der fünfziger und sechziger Jahre nicht vorausgesehen.[1] Ferner geht es um die überraschenden Entwicklungssprünge im Prozeß der supranationalen Integration in Westeuropa. Durch die Entwicklungen der späten sechziger Jahre und die Stagnation der siebziger Jahre sahen sich die Vertreter der Integrationstheorie nicht nur in ihren Erwartungen enttäuscht, sondern auch in ihren grundlegenden Annahmen widerlegt.[2] Meistens versuchte man diese Enttäuschung und die Blockierung einer weitergehenden Integration mit der überraschenden Stärke des Nationalstaates zu erklären, der es verstand, auch im Rahmen der europäischen Integration seine Souveränität und Autonomie zu behaupten (Hoffmann 1966, 1982; Lindberg/Scheingold 1970).

Im Jahr 1986 kam es aber in Form der „Einheitlichen Europäischen Akte" und im Jahr 1992 mit dem „Vertrag über die Europäische Union" zu einem unerwarteten Entwicklungssprung. Dieser große Sprung veränderte sowohl die institutionellen Grundlagen wie die zukünftigen Funktionsbedingungen supranationaler Integration.[3] Infolge dieser Entwicklungen erwachte das Interesse, diese Vorgänge theoretisch zu erklären. Allerdings

---

[1] Als Beispiel ein Zitat von Leon Lindberg: „The Europe that gave birth to the idea of the nation-state appears to be well on the way to reject it in practice" (1963: 1).

[2] Wichtigstes Stichwort ist hier der „Luxemburger Kompromiß", der eine institutionelle Weiterentwicklung der supranationalen Integration verhinderte. Er steht für den Versuch, den Status quo im Verhältnis zwischen Mitgliedstaaten und Europäischen Gemeinschaften festzuschreiben (Ipsen 1972: 156–159).

[3] Vgl. dazu Sandholtz und Zysman: „This initiative (das Binnenmarkt-Projekt, E.R.) is a disjunction, a dramatic new start, rather than the fulfillment of the original effort to construct Europe" (1989/90: 95).

blieben die neuen theoretischen Entwürfe – die Erfahrungen der sechziger und siebziger Jahre waren Warnung genug – in ihren Ansprüchen vergleichsweise zurückhaltend. Nun galt es, nicht nur das neue supranationale Engagement der westeuropäischen Staaten, sondern auch den wellenartigen Charakter der institutionellen Weiterentwicklung supranationaler Integration zu erklären.

Das Hauptproblem der verschiedenen sozialwissenschaftlichen Integrationstheorien, wie sie hauptsächlich von Ernst Haas (1968a), Karl W. Deutsch (1957, 1966) und Amitai Etzioni (1965) formuliert wurden, lag darin, daß unter „Integration" im wesentlichen die Institutionalisierung eines neuen politischen Zentrums verstanden wurde, begleitet von einem entsprechenden Funktions- und Gestaltwandel der bisher autonomen, nationalen politischen Einheiten. Die theoretischen Ansätze unterschieden sich zwar darin, wer als Initiator und Träger und welche sozialen und wirtschaftlichen Grundlagen dieser Entwicklungen ausgemacht wurden, und nicht zuletzt auch darin, was die wahrscheinlichen Ergebnisse und Endpunkte der Integrationsprozesse betraf (Behrens 1981; Herbst 1986). Für diese Ansätze blieben aber raison d'être wie auch Maß des Fortschritts der Integration die Ausweitung der Kompetenz und die Erhöhung der institutionellen Schwerkraft des neuen Zentrums auf Kosten der Peripherie. Zum Beispiel nahm Ernst Haas eine mehr oder weniger automatische („spill over") Ausdehnung der sachlichen Zuständigkeiten durch die zunehmende Verflechtung von Problemzusammenhängen an, und ferner, daß damit eine zunehmende Durchsetzungsfähigkeit des Zentrums einherginge. Schließlich nahm er an, die Loyalitäten würden sich zuerst bei den Eliten verlagern, was zu einer Verschiebung der Werthaltungen führen müsse; in der Folge würden diese auch breite Gruppen der Bevölkerung erfassen, so daß zugutterletzt die Loyalitäten von den bisher selbständigen politischen Einheiten auf die neue, supranationale Einheit übergegangen sein würden (Haas 1968b: 522f.; Schmitter 1970).

Gemeinsam war den verschiedenen Integrationstheorien die Verknüpfung sozialer Prozesse – sei es die Vertiefung wirtschaftlicher Verflechtung, die Ausdehnung und Verdichtung transnationaler Kommunikationsräume und -netze, oder eine grundlegende Umorientierung politischer Werthaltungen und Verhaltensmuster – mit neuen Formen einer internationalen politischen Koordination und Kooperation. Die Verknüpfung von „behavioristischen" Elementen der jeweiligen Theorie mit der Institutionalisierung supranationaler Politik erfolgte zwar jeweils unterschiedlich, hatte aber als allgemein geteilte Annahme, daß mehr oder weniger automatische Mechanismen der Rückkoppelung und Selbstverstärkung zwischen „sozialer" und „politischer" Integration bestünden. Doch genau diese Eigendynamik blieb bei der Europäischen Integration aus. Einen unmittelbaren und zwingenden Zusammenhang zwischen der Entwicklung sozial und kulturell homogener Räume einerseits und der Integration von politischen Verbänden andererseits anzunehmen, erwies sich als falsch. Das schließt allerdings nicht aus, daß umgekehrt soziale und kulturelle Homogenität und der Grad der wirtschaftlichen Verflechtung eine wichtige Grundlage für den Erfolg und die Dauerhaftigkeit einer Verbandsbildung sein können. Trotzdem ist davon auszugehen, daß diese Perspektive einer Verknüpfung von sozialer und politischer Integration keinen besonders ertragreichen Zugang zur Problematik supranationaler Integration entwickelter Nationalstaaten eröffnet hat. Die Wirklichkeit europäischer Integration sah anders aus.

Nach dem sogenannten „Luxemburger Kompromiß" aus dem Jahr 1966, der den

Status quo der politischen Integration festschrieb, kam es für fast zwei Jahrzehnte weder zu weitergehenden Entwicklungen in der politischen Integration noch zu nennenswerten Fortschritten in der transnationalen oder sozialen Integration. Die theoretische Beschäftigung mit der europäischen Integration insgesamt kam zu einem Stillstand (Hoffmann 1982). Die lange Zeit dominierende, theoretisch sehr anspruchsvolle Spielart der neofunktionalistischen Integrationstheorie wurde angesichts der neuen Wirklichkeit von Haas selbst für „obsolet" erklärt (Haas 1975).

Erst mit den überraschenden Neuansätzen supranationaler Politik seit Mitte der achtziger Jahre belebte sich die theoretische Diskussion. Sie orientierte sich allerdings meistens an Theorietraditionen, die in den fünfziger und sechziger Jahren entwickelt worden waren (Moravcsik 1993b). Trotz dieser Neubelebung herrscht allgemein der Eindruck vor, eine fruchtbare theoretische Beschäftigung mit den besonderen Eigenschaften des supranationalen Systems der Europäischen Gemeinschaft, ihrem Verhältnis zu den Mitgliedstaaten wie zum internationalen System und mit den Ursachen und prägenden Kräften der überraschenden Entwicklungssprünge, bleibe weit hinter der Komplexität und Dynamik der tatsächlichen Gegebenheiten und Entwicklungen zurück (Keohane/Hoffmann 1990: 276). Deshalb überwiegen in der Literatur nicht zufällig jene Arbeiten über die europäische Integration, die ihren Schwerpunkt in der Beschreibung supranationaler Institutionen haben und die ihre theoretischen Annahmen und Implikationen nicht zum Gegenstand der Diskussion machen.

Die besondere Form, in der supranationale Institutionen in Westeuropa gebildet wurden, ist sehr viel stärker auf die beteiligten Staaten bezogen, als es eine Gegenüberstellung von Europäischer Gemeinschaft und europäischem Nationalstaat glauben machen will. Die vielfältige und komplexe Verschränkung nationalstaatlicher Politik mit Gemeinschaftspolitik ist inzwischen ein traditionsreiches Thema (Wessels 1992). Aber allzuoft beschränkt sich die Diskussion darauf, „intergouvernementale" und „supranationale" Politik einander gegenüber zu stellen. In der einen Perspektive wird europäische Integration als Prozeß gesehen, der von den beteiligten Staaten gesteuert und kontrolliert wird, und der sich wesentlich darauf beschränkt, die zwischenstaatlichen Beziehungen zu regulieren. Von der Existenz eines starken politischen Zentrums ausgehend, behaupten Vertreter der anderen Perspektive, die politische und institutionelle Entwicklung der Mitgliedstaaten sei bereits sehr weitgehend durch dieses Zentrum bestimmt. Für beide Einflußstrukturen gibt es genügend begründete Hinweise. Aufschlußreicher ist aber die Frage, wie die *Verschränkung* der politischen Ebenen organisiert ist und worin sich die Verflechtung bemerkbar macht.

Für eine Erklärung der Gründung und Institutionalisierung der Europäischen Gemeinschaften, der schrittweisen Erweiterung des Kreises der Mitgliedstaaten und schließlich des Entwicklungssprungs zur „Europäischen Union" scheint mir eine andere Logik der Institutionenbildung und -fortbildung aussagekräftiger zu sein. Um diese Logik zu erläutern, möchte ich mich hier ausdrücklich auf die Institutionenanalyse im Sinne einer bestimmten soziologischen Orientierung beziehen. Zwei Punkte, die allerdings untereinander zusammenhängen, sollen im Vordergrund stehen. Erstens die *zeitliche oder historische Dimension der Institutionenbildung und Institutionenfortbildung*, und zweitens die *Beziehungen zwischen Institutionen*. Diese beiden Aspekte der Institutionenanalyse halte ich für zentral.

Der erste Punkt ist deshalb wichtig, weil Institutionen, sind sie erst einmal gegründet, sich nicht einfach entwickeln oder entfalten, ähnlich dem Wachstum eines Organismus, sondern daß mit der Bildung von Institutionen Kontinuitäten und Diskontinuitäten der gesellschaftlichen Entwicklung verbunden sind. Institutionen sind per definitionem Erscheinungen der Zeit. In ihnen verdichten sich drei Dimensionen, Vergangenheit, Gegenwart und Zukunft. In modernen, dynamischen Gesellschaften mit einer pluralistischen Werteordnung geschieht das aber nicht auf eine strikt lineare Art und Weise. Brüche und Diskontinuitäten, überraschende Rekombinationen heterogener Elemente, werden hier form- und strukturbestimmend.

Der zweite Punkt ist eng damit verbunden. Institutionen liegen nicht nebeneinander wie Billardkugeln, sondern sind in gegenseitige Abhängigkeitsbeziehungen eingebunden. Institutionen sind auf konstitutive Probleme von Gesellschaften bezogen. Ihre Entstehung wird aber sehr stark durch die bestehende institutionelle Ordnung bestimmt. Durch die Bildung von Institutionen wird das institutionelle Gefüge von Gesellschaften bzw. von politischen oder sozialen Systemen verändert. Eine Institutionenbildung wird also immer Gegenkräfte mobilisieren, Anstrengungen auslösen, um die neue Institution zu kontrollieren. Aus den sich bei diesen Strategien und Gegenstrategien ergebenden Abhängigkeiten resultieren in der Regel eigendynamische Formen, die einer bestimmten Logik folgen.

Was damit im einzelnen gemeint ist, soll im folgenden deutlich werden. Ich werde damit beginnen, daß ich eine bestimmte Idee dessen, worum es sich bei der Institutitionenbildung der Europäischen Gemeinschaft handelt, vor dem Hintergrund anderer Vorstellungen über die Grundlagen und Grenzen der Gemeinschaftsbildung zu entwickeln versuche.

### III. Die politischen und institutionellen Grundlagen der supranationalen Integration Westeuropas

Ein erster Schlüssel, die konstitutiven Widersprüche im Verhältnis der Mitgliedstaaten zur Gemeinschaft, die überraschenden Entwicklungssprünge und die langen Phasen politisch-institutioneller Stagnation der europäischen Integration zu verstehen, ist der Begriff „supranationale Politik". Er wurde von Ernst Haas im Zusammenhang seiner Beschäftigung mit der Institutionalisierung der Europäischen Gemeinschaften eingeführt und verwendet, kann aber auch außerhalb dieses theoretischen Rahmens sinnvoll gebraucht werden (Keohane/Hoffmann 1990; Weiler 1981).[4] Ein zweiter Schlüssel ist der Begriff der Kollektivorganisation, den der Völkerrechtler Max Huber in seiner „Soziologie" der internationalen Beziehungen bereits im Jahr 1910 eingeführt hat (Huber 1910). Seine Einsichten in die Besonderheit der Konstruktion supranationaler Institutionen können helfen zu verstehen, welche manifesten und latenten Funktionen supranationale Politik und supranationale Integration erfüllen.

Für Haas heißt Supranationalität als politischer Prozeß ausdrücklich nicht, daß sich die beteiligten politischen Einheiten einer gemeinsamen politischen Gewalt unterordnen (Haas 1964: 111). Supranationale Integration ist deshalb auch im westeuropäischen Kontext nicht der idealtypische Gegenpol zur institutionellen Ordnung des Nationalstaates, sondern verharrt in einem eigenartigen, noch näher zu bestimmenden Verhältnis zu na-

---

4 Haas unterscheidet zwischen Supranationalität als *Struktur* und als *Prozeß* (Haas 1958: 59).

tionaler Politik. Supranationale Politik ist für Haas ein Prozeß bzw. ein Stil der Entscheidungsfindung, in dem die Teilnehmer eine für alle verbindliche Vereinbarung dadurch erreichen, daß sie gemeinsamen Interessen über komplexe Kompromisse eine besondere Bedeutung einräumen. Diese Begriffsbestimmung hat weitreichende Folgen für die Analyse und Interpretation der Integrationsversuche in Westeuropa nach dem Zweiten Weltkrieg.

Der entscheidende Punkt – und Grundlage des Erfolgs der Gründung der Europäischen Gemeinschaften – war für Haas die Existenz bzw. die Formung, Identifizierung und bewußte Aufwertung der gemeinsamen Interessen politischer Einheiten, die sich trotz vertraglicher Bindungen als im wesentlichen autonome und souveräne Einheiten verstehen. Vor dem Hintergrund der langen Tradition nationalstaatlicher Politik in Europa, der erfolgreichen Neugründung demokratischer Ordnungen und dem wohlfahrtsstaatlichen Strukturwandel der westeuropäischen Gesellschaften war die Bandbreite gemeinsamer Interessen sehr schmal und die Chancen eines dauerhaften Interessenausgleichs zwischen im Grunde sehr unterschiedlichen Einheiten auch nach dem Zweiten Weltkrieg recht gering (Hoffmann 1982; Milward 1992). Hebt man die Notwendigkeit gemeinsamer Interessen hervor, wenn es zur Institutionalisierung supranationaler Politik kommen soll, so läßt sich besser verstehen, warum Fortschritte in der supranationalen Integration in Westeuropa in kaum vorhersehbaren Entwicklungssprüngen erfolgten, und nicht etwa als kontinuierliche Ausdehnung bundesstaatlicher Kompetenzen und einer Zentralisierung entsprechender politischer, rechtlicher und finanztechnischer Ressourcen.

Um gemeinsame Interessen als Grundlage supranationaler Politik identifizieren und aufwerten zu können, müssen bestimmte politische Konstellationen gegeben sein: Eine Verschränkung binnengesellschaftlicher, trans- und internationaler Problemlagen. Solche Konstellationen können nicht durch politische Willensakte erzeugt und gestaltet werden. Sie lösen auch nicht automatisch Entwicklungen supranationaler Politik aus, sondern erfordern, daß Formen für *zusätzlich* komplexe Prozesse gefunden werden, mit denen gemeinsame Interessen identifiziert und aufgewertet werden. In dieser Perspektive läßt sich die Entstehungssituation der Europäischen Gemeinschaften, aber auch der zweite grundlegende Schub in der Entwicklung der supranationalen Integration in Westeuropa, der mit der Einheitlichen Europäischen Akte einsetzte und mit dem Vertrag von Maastricht seinen vorläufigen Abschluß fand, fruchtbar analysieren.

Die Gründung der verschiedenen Europäischen Gemeinschaften – zuerst der Gemeinschaft für Kohle und Stahl im Jahr 1951 und der Europäischen Wirtschaftsgemeinschaft im Jahr 1957 – aber auch die erfolgreiche Umsetzung und Institutionalisierung der sie verfassenden Verträge kann im wesentlichen auf eine besondere Konstellation von Kräften und Problemen zurückgeführt werden, die über die beteiligten Staaten hinausweist. Zu den tragenden Bestandteilen dieser Konstellation zählen das Bedürfnis, das Machtpotential des deutschen Nationalstaates weitgehend und längerfristig einzubinden, die besondere Dynamik einer bipolaren Blockbildung mit einer allgegenwärtigen militärischen Bedrohung, die Absicherung einer Neubegründung demokratisch-parlamentarischer Regimes in verschiedenen westeuropäischen Ländern und die Stabilisierung einer liberalen Wirtschaftsordnung (Maier 1986; Milward 1986).

Besonders wichtig für eine Erklärung dieser Entwicklung ist der Umstand, daß die ursprünglichen Mitglieder der Europäischen Gemeinschaften eine Zollunion mit einem Binnenmarkt zum Ausgangs- und Bezugspunkt ihrer supranationalen Politik machten.

Ein derartiger Anfang ist zumindest aus der damaligen Situation der internationalen Politik nicht ohne weiteres abzuleiten. Es war aber die Idee einer Wirtschaftsgemeinschaft, und nicht das Projekt der Europäischen Verteidigungsgemeinschaft oder der Plan für eine umfassendere politische Union, die sich als machbarer gemeinsamer Nenner supranationaler Politik erwies (Loth 1990: 91–112). Ein wichtiger und wohl entscheidender Grund dafür waren die binnengesellschaftlichen Verhältnisse der späteren Mitgliedsländer der Gemeinschaft. Das Projekt einer wirtschaftlichen Integration zeichnete sich durch eine größere politische Neutralität als andere Ausgangs- und Bezugspunkte supranationaler Integration aus. Ferner versprach die Bildung eines umfassenderen Wirtschaftsraums größere Chancen, sich längerfristig von den USA zu emanzipieren. Schließlich schuf man mit der Institutionalisierung eines Binnenmarktes zusammen mit der Organisierung supranationaler Instanzen zur Überwachung seiner Funktionsbedingungen auch ein wichtiges Instrument, um eine freie Marktwirtschaft auf der nationalen Ebene der beteiligten Staaten zu sichern. Dieser Punkt verdient etwas mehr Aufmerksamkeit, weil hier das Verflechtungsmuster von supranationaler mit nationaler Politik sichtbar wird, das die weitere Entwicklung supranationaler Politik und supranationaler Integration in Westeuropa kennzeichnet.

So unterschiedliche Sozialwissenschaftler wie Wilhelm Röpke (1954), Karl W. Deutsch (1962), Gunnar Myrdal (1957) und T. H. Marshall (1992) sahen noch Ende der fünfziger Jahre keine Möglichkeiten für die westeuropäischen Länder, zu jener Form grenzüberschreitender Wirtschaft zu gelangen, die das 19. Jahrhundert gekennzeichnet hatte (Deutsch/Eckstein 1961). Die Depression der dreißiger Jahre war noch nicht vergessen. Die Weltwirtschaftskrise hatte eindrücklich gezeigt, welche Konsequenzen weltwirtschaftliche Verflechtung für die nationale Politik und für die Lebensverhältnisse großer Teile der Bevölkerung und nicht zuletzt für die Überlebensfähigkeit demokratisch-parlamentarischer Ordnungen hat. Auch aus diesem Grund war gerade das erste Nachkriegsjahrzehnt durch eine starke politische Kontrolle der Wirtschaft gekennzeichnet. Nationalisierung von Schlüsselindustrien und zentralen Versorgungsbetrieben, groß angelegte Planungsprogramme und „Ordnungspolitik" waren die neuen Zeichen dieser Zeit, aber nicht Selbstentfaltung und Selbststeuerung von Märkten ohne Beschränkung durch nationale Grenzen (Hayward/Watson 1975). Dazu kommt noch als dritter Faktor eine im eigentlichen Sinn des Wortes revolutionäre Veränderung der wirtschaftspolitischen Vorstellungswelt. Die große Bedeutung und allgemeine Durchsetzung von keynesianischer Wirtschaftspolitik war in der Nachkriegszeit hauptsächlich darauf zurückzuführen, daß sich Politik nunmehr ausdrücklich am Primat nationaler Wirtschaftsräume orientierte. Alle vier oben genannten Sozialwissenschaftler sahen als wichtigste Ursache für eine auch zukünftig sehr eingeschränkte Stellung einer selbstregulierten und transnationalen Marktwirtschaft den Aufstieg und Durchbruch des Wohlfahrtsstaates und den damit verbundenen Wandel der Grundlagen und Funktionsbedingungen demokratischer und parlamentarischer Politik. Durch den Wohlfahrtsstaat und über seine Wahlverwandtschaft mit keynesianischer Wirtschaftspolitik wurden nationale Grenzen in vorher unbekanntem Maße zu sozialen und wirtschaftlichen Grenzen.[5] Deshalb fesselte die Kombination von Wohlfahrtsstaat und parlamentarischer Demokratie die Politik und ordnete die Wirtschaft der Politik unter (Marshall

---

5 Das zeigt sich besonders deutlich in der Geschichte der politischen Steuerung der Aus- und Einwanderung (Dowty 1987).

1992). Marktwirtschaftliche Rationalitätskriterien waren gesellschafts- und sozialpolitischen Rationalitätskriterien unterworfen. So ergab sich, in den Worten Gunnar Myrdals, der Primat eines „wirtschaftlichen Nationalismus" ohne Rücksicht auf seine internationalen Konsequenzen (Myrdal 1957: 15).

Wenn wir von der Annahme ausgehen, daß es der Politik auch immer um die Erhaltung von Handlungsspielräumen und Handlungsmöglichkeiten geht, dann waren die Vereinbarungen über die Gründung einer Zollunion und das Schaffen eines Binnenmarktes im wesentlichen Instrumente der Mitgliedsländer, das Verhältnis zwischen Staat, Wirtschaft und Sozialpolitik auf eine ganz bestimmte Art und Weise *in ihrem jeweiligen Binnenverhältnis* festzulegen. Dazu boten die Europäischen Gemeinschaften als Instrumente und Foren supranationaler Politik einzigartige Möglichkeiten. Die Europäische Wirtschaftsgemeinschaft gab den beteiligten Staaten die Chance, ihre Marktwirtschaften politisch kontrolliert auszuweiten. Im Rahmen der EWG konnten sie jene Art von Marktliberalismus verwirklichen und als Ordnungsrahmen institutionalisieren, der in nationalen Kontexten starken Beschränkungen ausgesetzt war. Deshalb wurde die funktionale Differenzierung der drei Kernelemente der institutionellen Ordnung der westeuropäischen Nachkriegsgesellschaften in einer vertikalen Dimension – Marktwirtschaft auf der supranationalen Ebene, Parlamentarismus und Wohlfahrtsstaat auf der nationalen Ebene – zum entscheidenden Element der supranationalen Integration der EWG.

Hier soll aber keine „Super-Rationalität" der europäischen Integration behauptet werden. Diese an sich eher unwahrscheinliche Entwicklung ist Ergebnis einer bestimmten historischen Konstellation. Außerdem haben die westeuropäischen Regierungen nur langsam und mit unterschiedlichem Erfolg gelernt, die Europäischen Gemeinschaften als supranationale Kollektivorganisation für ihre eigenen Zwecke einzusetzen. Gerade als Sozialwissenschaftler sollte man anerkennen, daß sich Neuformierungen institutioneller Konfigurationen mit ihren spezifischen Handlungsmöglichkeiten und Entwicklungspfaden hinter dem Rücken der beteiligten Akteure entfalten können. Letztlich entscheidet deshalb allein die Plausibilität der hier behaupteten Wahlverwandtschaften, Entsprechungsverhältnisse und Komplementaritäten über die Überzeugungsfähigkeit der hier vertretenen Thesen.

Auch bei dem zweiten großen Schub supranationaler Integration in Westeuropa war die Eröffnung neuer Handlungschancen für die nationalen Regierungen, bezogen auf ihre jeweiligen Gesellschaften, entscheidender Ausgangs- und Bezugspunkt supranationaler Politikbildung. Das Binnenmarktprogramm der Einheitlichen Europäischen Akte und seine weitreichenden wirtschafts- und gesellschaftspolitischen Prinzipien sind auf dem Hintergrund eines gemeinsamen Interesses der Regierungen der Mitgliedsländer der Gemeinschaft zu sehen, das Verhältnis zwischen Politik, Wirtschaft und Wohlfahrtsstaat neu zu bestimmen.

Die westeuropäischen Gesellschaften sahen sich seit der zweiten Hälfte der siebziger Jahre und zu Anfang der achtziger Jahre vor die gleichen Probleme gestellt: Eine stagnierende Wirtschaft, hohe Inflationsraten, Massenarbeitslosigkeit und steigende Ausgaben für wohlfahrtsstaatliche Leistungsprogramme, die nur über eine massive Verschuldung der öffentlichen Haushalte finanziert werden konnten. Hintergrund dieser Entwicklung war für die meisten sozialwissenschaftlichen und politischen Beobachter die Existenz binnenpolitisch zementierter Verteilungskoalitionen, die der Politik keinen eigenen gesellschafts- oder auch nur finanzpolitischen Handlungsspielraum mehr ließen. Die Ausdehnung und

Verrechtlichung wohlfahrtsstaatlicher Leistungsprogramme und der damit verbundene quasi-öffentliche Status von Gewerkschaften und Verbänden war die herausragende, Sozialstrukturen wie Wertorientierungen der westeuropäischen Gesellschaften prägende Entwicklung (Streeck/Schmitter 1985). An die Stelle zunehmend diffuser werdender Klassen und Schichten traten „Versorgungsklassen" auf der Grundlage der Differenzierung wohlfahrtsstaatlicher Leistungsansprüche, begleitet von der Ausbildung entsprechender, auf den Staat bezogener Konfliktstrukturen (Janowitz 1976; Lepsius 1990). Allenthalben wurde beklagt, daß marktgesteuerter Wettbewerb durch den politischen Wettbewerb der Interessengruppen ersetzt, die Gesellschaft durch Bürokratien und Verbände überlagert und verkrustet werde, ein enges Besitzstanddenken und „die Verweisung des Staates in eine Rolle des Stabilitätsbewahrers und Sozialhüters" vorherrsche (Ipsen 1984a: 12). „Stagflation", „government overload" und „Unregierbarkeit" waren die dominierenden Schlagworte dieser Jahre (Olson 1982; Rose 1975, 1979).

In der zweiten Hälfte der achtziger Jahre veränderte sich allerdings die moralische Ökonomie der westeuropäischen Gesellschaften und die Rahmenbedingungen ihrer Sozial- und Wirtschaftspolitik wandelten sich. Die liberale Wirtschaftspolitik einschließlich ihrer gesellschaftspolitischen Implikationen erlebte eine überraschende Renaissance. Vor dem Hintergrund der sozialwissenschaftlichen Diagnose der wirtschaftlichen und politischen Stagnation der siebziger und frühen achtziger Jahre war eine derartige Entwicklung nicht zu erwarten.

Es spricht deshalb einiges dafür, daß internationale Wettbewerbsfähigkeit und arbeitsmarktpolitische Flexibilität als dominierende politische Ziele – vor allem die damit verbundene Unterordnung sozialpolitischer Sicherheitsbedürfnisse unter Kriterien marktwirtschaftlicher Rationalität – ohne das Binnenmarktprogramm und die eigentümliche Konstruktion der Europäischen Gemeinschaft kaum erfolgreich hätten durchgesetzt werden können.[6] Zwar waren in Großbritannien, nach dem Wahlsieg Margaret Thatchers, sehr weitgehende Versuche unternommen worden, die Grenzen zwischen Politik, Wirtschaft und Wohlfahrtsstaat neu zu bestimmen; dort wurde die Privatisierung der nationalen Industrien und Versorgungsbetriebe sehr früh zu einem beherrschenden politischen Thema. Aber selbst hier machte sich der Einfluß der EG bemerkbar, und zwar als Stärkung der Regierung und der neuen Aufsichtsbehörden über die privatisierten Industrien (Majone 1994a: 80).

Mit der Umsetzung der Einheitlichen Europäischen Akte ergeben sich für die Mitgliedstaaten der Gemeinschaft neue Möglichkeiten, die Grenzen zwischen „privat" und „öffentlich" neu zu ziehen und die Kriterien legitimer staatlicher Intervention in Wirtschaft und Gesellschaft neu zu bestimmen (Majone 1994b). Das ist mit einschneidenden Eingriffen in bestehende Machtstrukturen und eine Neuverteilung von Lebenschancen verbunden. Die mehr oder weniger gleichzeitige Umstrukturierung ganzer Industriezweige und die strategische Veränderung der Institutionen des Wohlfahrtsstaates bringt großen Gruppen der Bevölkerung zumindest neue Unsicherheiten, oft aber auch Einschnitte in

---

6 Im Winter 1984–85 besuchte Jacques Delors, designierter Präsident der Europäischen Kommission, zur Erkundung der Chancen neuer Anläufe der Europapolitik die Regierungen der Mitgliedstaaten. Er mußte zur Kenntnis nehmen, daß von seinen Vorschlägen – u.a. Verteidigungsgemeinschaft, Währungsunion und Binnenmarkt – nur der letztere von allen Regierungen akzeptiert wurde (Vaubel 1994: 175, mit weiteren Literaturnachweisen).

ihre gewohnten Lebensverhältnisse. In dieser Situation kann sich ein Stör- und Konfliktpotential aufbauen, das den Erfolg binnengesellschaftlicher Umstrukturierung über interessenpolitische oder parlamentarisch-demokratische Interventionen verzögert oder gefährdet. Demgegenüber ist eine Verlagerung der gesellschaftspolitischen Initiative auf eine supranationale, von parlamentarischen und interessenpolitischen Einflüssen weitgehend abgeschirmte Politik durchaus als probates Mittel anzusehen.[7]

Ausgangspunkt war bisher die grundlegende These über die Bedeutung binnengesellschaftlicher Strukturen und Machtverhältnisse für die Beschreibung und Erklärung der besonderen Funktionen wie auch der spezifischen Formen der supranationalen Integration in Westeuropa. Behauptet wurde vor allem, die nationalen Regierungen der westeuropäischen Gesellschaften hätten im wesentlichen damit auf die neuen Herausforderungen der wachsenden wirtschaftlichen und politischen Interdependenzen geantwortet, daß sie versuchten, die Flexibilität und das Reaktionsvermögen binnengesellschaftlicher Strukturen und Institutionen zu erhöhen. Dies ist aufgrund der gesteigerten Macht der Verbände und der Verrechtlichung von Bereichen, die für die Lebensverhältnisse großer Gruppen der Bevölkerung zentral sind, allerdings mit großen Schwierigkeiten behaftet. In dieser Situation, vor die sich im Grunde alle Mitgliedsländer der Gemeinschaft gestellt sahen, eröffnete die Politik supranationaler Integration neue Handlungs- und Begründungschancen gegenüber nationalen Interessengruppen und Verteilungskoalitionen. Die Wirksamkeit derartiger Strategien läßt sich aber nur über die besondere Konstruktion der Europäischen Gemeinschaft erklären. Hierzu stammen entscheidende Einsichten von dem Schweizer Völkerrechtler Max Huber, der den Begriff „Kollektivorganisation" geprägt hat (Huber 1910: 72ff.). Dieser Begriff macht den systematischen Bezug der Analyse und Interpration supranationaler Integration auf binnengesellschaftliche Faktoren deutlich.

*IV. Die Europäische Gemeinschaft als Kollektivorganisation*

In der Sicht Max Hubers war das grundlegende Prinzip der Bildung der Europäischen Gemeinschaften die Errichtung einer besonderen, supranationalen Organisation, um das Institutionengefüge, die institutionelle und politische Ordnung der beteiligten Staaten, ihr kulturelles Selbstverständnis, ihre gesellschaftliche Identität, möglichst unberührt und selbständig zu lassen (Huber 1910: 73). Diese frühe Einsicht in die Natur supranationaler Politik ist von entscheidender Bedeutung, denn die Gemeinschaftsbildung als Institutionalisierung einer Kollektivorganisation hat die Handlungsfähigkeit der beteiligten Staaten in ganz erheblichem Maße erhöht (Huber 1910: 73).

Im Rahmen der westeuropäischen Staatengesellschaft wird die Ausbildung der Europäischen Gemeinschaft als Kollektivorganisation zur Grundlage, zur *Bedingung* von Souveränität. Nur so ließ sich ein hoher Grad an Handlungsfähigkeit der beteiligten Staaten

---

7 Majone betont zwar, daß die Schwierigkeiten der politischen Steuerung „internationaler Externalitäten" nationaler Wirtschafts- und Sozialpolitik eine entscheidende Antriebskraft supranationaler Politik seien. Er weist aber auch auf die offensichtlichen Vorteile einer supranational organisierten De- und Reregulierung nationaler Institutionen und Politikfelder hin: „„... European authorities are less vulnerable to lobbying by firms and trade unions" (Majone 1994b: 10).

bewahren. Es sind letztendlich allein die Versuche, die eigene politische Existenz zu erhalten und zu sichern und die Handlungsfähigkeit gegenüber binnengesellschaftlichen Strukturen und Kräften zu bewahren, die zur Selbstbindung an die Kollektivorganisation Europäische Gemeinschaft drängten. Formal und grundsätzlich gesehen kann es zwar richtig sein, eine Vergemeinschaftung von Politikfeldern als Preisgabe von Souveränität zu sehen. Dabei wird übersehen, daß die beteiligten Staaten sowohl im Außen- wie im Innenverhältnis Wirkungs- und Mitwirkungschancen, also *zusätzliche* Machtchancen gewinnen, die ihnen ansonsten *nicht* zur Verfügung stünden. Ein großer Teil dessen, was man als Gemeinschaftspolitik bezeichnet, zielt auf die Veränderung binnengesellschaftlicher Strukturen und Machtverhältnisse. Diese zusätzlichen Macht-, Wirkungs- und Begründungschancen sind es, die das Interesse der tatsächlichen und der potentiellen Mitgliedstaaten an der Gemeinschaft erklären.

Trifft dies zu, dann geht es beim Ausbau der Kollektivorganisation auch weniger darum, eine bundesstaatliche oder föderale Verfassung zu schaffen, sondern darum, politische Verfahren, multilaterale Koordinationsinstrumente, neue Foren, Methoden und Mechanismen der Koordination von Interessen und Handlungen aufzubauen und zu institutionalisieren. Die Gemeinschaft ist deshalb im Kern eine Struktur der Koordination, und nicht eine Struktur der Subordination; die tragenden, institutionellen Elemente der Ordnung der Gemeinschaft sind auf ihre Mitgliedstaaten bezogen und deshalb wesentlich horizontal, nicht vertikal organisiert. Institutionelles Zentrum der Gemeinschaft sind nicht die Unterordnungs-, sondern die Kooperationspflichten. Deshalb vollzieht sich die Weiterbildung des Gemeinschaftsrechts im wesentlichen durch parallele Willensakte der beteiligten Staaten, also durch neue Vereinbarungen, „zu deren Zustandekommen Einstimmigkeit der gleichberechtigten Glieder erforderlich ist" (Huber 1910: 73), und nicht durch autonome Normsetzung eines souveränen politischen Zentrums. Die Verträge von Paris und Rom, die Einheitliche Europäische Akte und der Vertrag von Maastricht sind das Ergebnis von Verhandlungsprozessen gleichberechtigter Staaten. Aus diesem Grundprinzip leitet sich die zentrale Bedeutung der Vetopositionen der beteiligten Staaten, die Garantie des Grundsatzes der Gleichheit der einzelnen Staaten und schließlich die institutionelle Unterordnung der Kommission unter den Ministerrat als Grundlage der Gemeinschaft ab. Entscheidender Punkt der Einigung von Nationalstaaten auf die Schaffung einer Kollektivorganisation ist deshalb deren grundsätzlich janusköpfiger Charakter, deren institutionelle Ambivalenz.

Um die ihr zugedachte Funktion als Kollektivorganisation erfüllen zu können, braucht die Gemeinschaft mehr als schlichte Verfahren der Koordination. Sie braucht Handlungsfähigkeit und eigene Machtmittel in Form von gemeinschaftsweit geltenden Normen und Regeln, die auf eine eigenständige Sanktionsmacht verweisen (Huber 1910: 94). Diese Sanktionsmacht ist allerdings im Rahmen der Gemeinschaft nicht ein irgendwie geartetes Gewaltmonopol, sondern letztlich das gemeinsame Interesse der Mitgliedstaaten daran, daß supranationales Recht in durchaus verschiedenartigen binnengesellschaftlichen Kontexten ein- und durchgesetzt werden kann.

Der Kernpunkt einer solchen Institutionenbildung besteht deshalb darin, daß diese Kollektivorganisation – wenn sie tatsächlich ein zusätzliches und effizientes, ein exklusives Machtmittel der beteiligten Staaten sein soll – auch als eigenständiger Machtfaktor institutionalisiert und mit eigenen Ressourcen und eigener Identität ausgestattet und neue

Quellen des Anspruchs auf Geltung als legitime politische Ordnung haben muß. Das heißt, die Kollektivorganisation ist mit autonomer Handlungsfähigkeit auszustatten.

Gleichzeitig sind dieser Handlungsfähigkeit, zumindest ihrem Entwicklungspotential, Grenzen zu setzen. Die beteiligten Staaten müssen jeder weitergehenden Einbindung in die Kollektivorganisation größten Widerstand entgegensetzen, weil diese, in letzter Konsequenz, ihren Anspruch auf exklusive Gebietshoheit, auf ihre autonome Handlungsfähigkeit, aufhebt (Huber 1910: 73f.). Das besondere Funktionsgefüge aus Kollektivorganisation und Mitgliedstaaten zeichnet deshalb eine institutionalisierte Janusköpfigkeit aus, die spezifische Formen von Eigendynamik freisetzen kann. Die Janusköpfigkeit besteht darin, daß Mitgliedstaaten und Kollektivorganisation systematisch aufeinander bezogen sind – jedoch nicht so, daß der Ausbau der Autonomie der Kollektivorganisation einem Verlust an Autonomie der beteiligten Staaten gleichkommt. Janusköpfigkeit bedeutet, sich wechselseitig Kontrollrechte einzuräumen. Diese Wechselseitigkeit ist allerdings bei der Europäischen Gemeinschaft durch eine starke Asymmetrie zugunsten der Mitgliedstaaten geprägt.

Durch die Institutionalisierung supranationaler Politik werden einzelne Bereiche nationaler Politik in ein vertikales Mehrebenensystem integriert. Derartige Anordnungen zeichnen sich durch eine Dynamik eigener Art aus (Moravcsik 1993a; Scharpf 1985). Das Spannungsverhältnis zwischen „nationaler" und „supranationaler" Politik mündet deshalb mit einiger Wahrscheinlichkeit in verschiedene Formen einer vertikalen Verschränkung politischer Ebenen. Auf diese Weise können sich die Mitgliedstaaten gegen überraschende Entwicklungen absichern.

Ein genauerer Blick auf die institutionelle und organisatorische Verschränkung supranationaler und mitgliedstaatlicher Politik zeigt, daß die Mitgliedstaaten in allen Phasen supranationaler Politik die entscheidende Kontrolle ausüben. Zum Teil wird versucht, dies bereits in den vertraglichen Grundlagen von Gemeinschaft und Union zu regeln, zum Teil wurden institutionelle Regeln und organisatorische Formen entwickelt, um dieser Kontrolle eine stärkere Wirksamkeit zu verschaffen. Durch die Einführung einer neuen Instanz im Jahr 1974, dem Europäischen Rat, ging die Initiative für neue Entwicklungen auf eine Gipfelkonferenz der Staats- und Regierungschefs der Mitgliedstaaten über (Ipsen 1984b). Die inhaltliche und formale Vorbereitung von Entscheidungen des Ministerrats durch die Kommission, die das formale und ausschließliche Vorschlagsrecht hat, werden durch den „Ausschuß der ständigen Vertreter" (COREPER – Comité des représentants permanents) bis ins kleinste Detail auf mögliche Widersprüche mit nationalen Interessen und dem Entscheidungsprozeß der Gemeinschaft bzw. der Union kontrolliert. Bei der Willensbildung des Ministerrats wird die Gleichzeitigkeit dieser Instanz als Entscheidungsorgan der Gemeinschaft und als Forum nationaler Positionen und Interessen wirksam. Außerdem hat in diesem Gremium die Einstimmigkeit der Mitgliedsländer eine große Bedeutung. Das gilt auch nach den Veränderungen der Regeln der Beschlußfassung durch die Einheitliche Europäische Akte und den Vertrag über die Europäische Union. Schließlich gibt es bei der Umsetzung von Beschlüssen der Gemeinschaft eine ganze Reihe von Möglichkeiten, diese Beschlüsse im Sinne nationaler Positionen und Interessen zu verstehen, sie durch administrative Abstimmungsverfahren den nationalen Gegebenheiten anzupassen, oder sie durch simple Obstruktion leerlaufen zu lassen. Die asymmetrische Verschränkung vertikal organisierter politischer Ebenen kommt des weiteren dadurch zum Ausdruck, daß der Gemeinschaft eine demokratisch legitimierte Kontrolle der Gemeinschaftsgesetzgebung fehlt, oder daß, anders gesagt, dem Europäischen Parlament nur eine eingeschränkte Bedeutung zukommt. Der wichtigste institutionelle Gegenpol zur Gemeinschaft ist statt dessen der Ministerrat in seiner Eigenschaft als Vertretung der Mitgliedstaaten. Die einzelnen Mitglieder des Ministerrats sind, zumindest in der Theorie, den nationalen Parlamenten Rechenschaft schuldig (Weiler 1981: 284). Außer in Dänemark und Großbritannien findet allerdings eine Kontrolle der nationalen Vertretung im Ministerrat kaum statt. Die komplexe Maschinerie der Vorbereitung von Ministerratsbeschlüssen und der Ministerrat als zentrales Entscheidungsgremium – verbunden mit dem Prinzip der Nichtöffentlichkeit der Verhandlungen und Beschlußfassung des Ministerrats – ist zu einem arcanum imperii in idealtypischer Vollendung geworden.

Diese besondere Form der Verschränkung politischer Entscheidungsebenen gibt damit den einzelnen Regierungen einzigartige Möglichkeiten an die Hand, nationale Politik zu gestalten (Weiler 1981: 284). Diese Möglichkeiten sind jedoch nicht allgemeiner Art, sondern immer schon inhaltlich ausgerichtet. Zum einen müssen sich die Entscheidungen des Ministerrats im allgemeinen Rahmen der Funktions- und Zielbestimmungen der Gemeinschaft bewegen. Zum anderen werden mit den Funktionsbestimmungen der Gemeinschaft auch die Zugangschancen für die verschiedenen Interessenorganisationen festgelegt. Das ist gerade deshalb wichtig, weil die Institutionalisierung der Kollektivorganisation einen neuen Handlungsraum schafft, der mit eigenen Ressourcen ausgestattet ist, die als Machtmittel erobert und eingesetzt werden können (Kohler-Koch 1992). Durch den Aufbau einer Kollektivorganisation und die Vergemeinschaftung zentraler Politikbereiche werden für kollektive Akteure neue Interessenlagen geschaffen, die von Auseinandersetzungen darüber geprägt werden, wer Zugang zu den Ressourcen und Machtmitteln bekommt und wer diese Zugänge kontrolliert.

Die Europäische Gemeinschaft als öffentliche Gewalt, als politisches Entscheidungszentrum mit eigenen Machtmitteln – hauptsächlich in Form von Rechtsetzungsbefugnissen, die, allerdings in strikt eingegrenzten sachlichen und formalen Zusammenhängen, mitgliedstaatlichen Gremien übergeordnet sind – ist deshalb ein besonders anziehendes Objekt der Interessenpolitik. Die Gemeinschaft als öffentliche Gewalt bietet besondere Macht- und Handlungschancen, die Binnenordnung der Mitgliedstaaten strategisch zu verändern. Dies gilt paradoxerweise um so mehr, je stärker die Gemeinschaft als eigenständige öffentliche Gewalt nach außen erscheinen und auftreten, je stärker sie sich auf autonome Kriterien legitimer Geltung und rationaler Politik berufen kann. Ihre Emanzipation als öffentliche Gewalt sagt aber noch nichts darüber aus, *welche* Interessen *welchen* Zugang zu dieser Wirkmacht haben. Die Rechtsförmigkeit des Handelns der Gemeinschaft, die Bürokratisierung ihrer Verfahren, das Mitentscheidungsverfahren des Europäischen Parlaments, die Autonomie ihres Gerichtshofes bewirken ja nicht im Selbstlauf, daß die Gemeinschaft, ihre konkreten Organe, tatsächlich in der Lage sind, eigenständig und nach autonomen Kriterien zu handeln. Was formal als Entscheidung der Gemeinschaft erscheint, kann sich allein der Durchsetzungsfähigkeit einer nationalen Regierung verdanken, die ausschließlich ihre nationale Situation beeinflussen will.

Diese strukturell angelegte Möglichkeit ergibt sich aus der besonderen Art und Weise, mitgliedstaatliche und supranationale Politik zu verschränken. Entscheidend ist nun, daß supranationale Politik gegenüber öffentlicher und interessenpolitischer Einflußnahme systematisch abzuschirmen ist. Es ist nicht zu erwarten, daß supranationale Politik sich öffnen wird, sei es, indem Funktionen der Gemeinschaft auf Sozialpolitik und ähnliche zentrale Felder der institutionellen Ordnung der Mitgliedstaaten ausgedehnt werden, oder indem supranationale Politik weitergehend parlamentarisiert und demokratisiert wird (Moravcsik 1994). Dagegen spricht das besondere Interesse der Mitgliedstaaten daran, ihre wohlfahrtsstaatlichen Einrichtungen und die daran orientierten Interessengruppen stärker politisch zu kontrollieren.

Allerdings sind mit der Erweiterung und Vertiefung supranationaler Integration besondere soziale Rückkoppelungseffekte zu erwarten; diese verändern nationale bzw. binnengesellschaftliche Strukturen und Ordnungskonfigurationen dauerhaft, weil sich die verschiedenen Formen transnationaler wirtschaftlicher und sozialer Vergesellschaftung in einer neuen Rahmenordnung entfalten können. So ergeben sich Problemlagen, die weitergehende politische Integration anstoßen können: Von der Zunahme regionaler Disparitäten in den Lebensverhältnissen über die Umstrukturierung von Industrien mit der massiven „Freisetzung" von Arbeitskräften bis hin zu neuen Formen von Kriminalität. Die Rückkoppelungseffekte, seien sie politisch-institutioneller, sozialer oder wirtschaftlicher Natur, können sowohl beabsichtigter wie auch unbeabsichtigter Art sein.

## V. Ausblick und Schluß

Die Europäische Gemeinschaft hat, was ihren Status als Kollektivorganisation betrifft, im Laufe ihrer Entwicklung ohne Zweifel an Substanz gewonnen. In vielfältigen Anpassungsprozessen, bei der Bewältigung zentraler, strukturprägender und strukturbildender Probleme wurde überall dort, wo sie formale Zuständigkeiten besitzt – zum Teil aber auch darüber hinaus –, das Gemeinschaftsrecht fortgebildet. Ein wesentlicher Faktor für die Fortbildung des Gemeinschaftrechts ist der Europäische Gerichtshof. Er ermöglicht so etwas wie institutionalisierte Innovationsfähigkeit, da er, in Grenzen, die Gemeinschaft unabhängig vom Willen der Mitgliedstaaten weiterentwickeln kann (Weiler 1994).[8]

Die Weiterentwicklung der Gemeinschaft hat deshalb auch ohne Zweifel ihren Anspruch erhöht, eine allgemein gültige und allgemein zuständige, nicht nur selektiv verantwortliche und funktional eingegrenzte öffentliche Gewalt zu sein. Das ist an den vielfältigen Differenzierungsprozessen rechtlicher und organisatorischer Natur ablesbar. Diese Differenzierung verlief aber keineswegs einheitlich, sondern hatte eindeutige Brennpunkte. Das allgemeine Prinzip institutioneller Differenzierung, wonach der Druck zur Differenzierung zunimmt, je allgemeiner der Geltungsanspruch einer politischen Ordnung ist, gilt für die europäische Integration nur eingeschränkt.

Die Fortbildung der Gemeinschaft hat keine weitergehende Ent-Nationalisierung öffentlicher Aufgaben bewirkt. Die innere Einheit der Europäischen Gemeinschaft hat nicht zugenommen und ihre Ausprägung als eigenständige öffentliche Gewalt wurde stark eingeschränkt. Die vielfältigen Differenzierungsprozesse haben eher zur Fragmentierung oder

---

[8] Das Urteil des Bundesverfassungsgerichts zur Europäischen Union und Grundgesetz vom 12.10.1993 zieht der potentiellen Autonomie des Europäischen Gerichtshofes allerdings sehr enge Grenzen. Zur Bedeutung des Urteils in einer längerfristigen Perspektive vgl. Ipsen (1994).

gar „Balkanisierung" von Gemeinschaftsstrukturen geführt, denn die interne Differenzierung der Gemeinschaft wurde nicht von einem entsprechenden Ausbau der Gemeinschaft als Institution begleitet, von einer Stärkung ihrer Kompetenz, ihrer Handlungsfähigkeit und ihrer eigenständigen Legitimierung. Statt dessen wurde die Gemeinschaft verstärkt durch die Mitgliedstaaten kontrolliert. Diese Entwicklung wurde vom gemeinsamen Interesse der Regierungen der Mitgliedstaaten getragen und vorangetrieben, über eine Politik supranationaler Integration binnengesellschaftliche Strukturen und institutionelle Ordnungen strategisch zu verändern. Die kritische Rolle der „Standortdebatte" für die Umstrukturierung des deutschen Wohlfahrtsstaates ist ein eklatantes Beispiel. Der Vorherrschaft marktwirtschaftlicher Rationalitätskriterien kommt deshalb konstitutive Bedeutung für die Politik supranationaler Integration in Westeuropa zu. Der ungleiche Grad vertikaler Vernetzung nationaler und supranationaler Politikfelder folgt deshalb weder aus einer ungleichzeitigen Internationalisierung von Politik, noch drückt sich damit ein substantieller Autonomie- und Souveränitätsverlust der westeuropäischen Staaten aus. Diese Asymmetrie ist eher eine entscheidende Voraussetzung dafür, nationale Sozialpolitik zu restrukturieren und dafür Legitimität zu beschaffen. Deshalb liegt auch der Schluß nahe, internationale und supranationale Politik sei sehr viel stärker auf nationale und binnengesellschaftliche Verhältnisse bezogen, als es die traditionelle Arbeitsteilung zwischen sozialwissenschaftlichen Disziplinen bislang glauben machen ließ.

*Literatur*

*Behrens, Peter,* 1981: Integrationstheorie. Internationale wirtschaftliche Integration als Gegenstand politologischer, ökonomischer und juristischer Forschung, Rabels Zeitschrift für Ausländisches und Internationales Privatrecht 45: 8–50.
*Deutsch, Karl W.* et al., 1957: Political Community and the North Atlantic Community. Princeton: Princeton University Press.
*Deutsch, Karl W.,* 1962: Towards Western European Integration: An Interim Assessment, Journal of International Affairs 16: 89–101.
*Deutsch, Karl W.,* 1966: Nationalism and Social Communication. Cambridge, MA: Harvard University Press.
*Deutsch, Karl W.,* und *Alexander Eckstein,* 1961: National Industrialization and the Declining Share of the International Economic Sector, 1890–1959, World Politics 14: 267–299.
*Dowty, Alan,* 1987: Closed Borders. The Contemporary Assault on Freedom of Movement. New Haven: Yale University Press.
*Etzioni, Amitai,* 1965: Political Unification. A Comparative Study of Leaders and Forces. New York: Holt, Rinehart and Winston.
*Guéhenno, Jean-Marie,* 1994: Das Ende der Demokratie. München und Zürich: Artemis und Winkler.
*Haas, Ernst B.,* 1964: Beyond the Nation State. Functionalism and International Organization. Stanford: Stanford University Press.
*Haas, Ernst B.,* 1968a (1958): The Uniting of Europe. Political, Social, and Economic Forces 1950–1957. Stanford: Stanford University Press.
*Haas, Ernst B.,* 1968b: Regional Integration. S. 522–528 in: International Encyclopedia of the Social Sciences, Vol. 7. New York: Free Press.
*Haas, Ernst B.,* 1975: The Obsolescence of Regional Integration Theory. Berkeley: University of California, Institute of International Studies (Research Series, No. 25).
*Hanrieder, Wolfgang F.,* 1978: Dissolving International Politics: Reflections on the Nation-State, American Political Science Review 72: 1276–1287.

*Hayward, Jack*, und *Michael Watson* (Hg.), 1975: Planning, Politics and Public Policy. The British, French and Italian Experience. Cambridge: Cambridge University Press.
*Herbst, Ludolf*, 1986: Die zeitgenössische Integrationstheorie und die Anfänge der Europäischen Einigung 1947–1950, Vierteljahresschrift für Zeitgeschichte 34: 161–205.
*Hoffmann, Stanley*, 1966: Obstinate or Obsolete? The Fate of the Nation-State and the Case of Western Europe, Daedalus 95: 862–915.
*Hoffmann, Stanley*, 1982: Reflections on the Nation-State in Western Europe Today, Journal of Common Market Studies 21: 21–37.
*Huber, Max*, 1910: Beiträge zur Kenntnis der soziologischen Grundlagen des Völkerrechts und der Staatengesellschaft, Jahrbuch des öffentlichen Rechts 4: 56–134.
*Ipsen, Hans Peter*, 1972: Europäisches Gemeinschaftsrecht. Tübingen: Mohr.
*Ipsen, Hans Peter*, 1984a (1972): Verfassungsperspektiven der Europäischen Integration. S. 11–30 in: *Ders.*: Europäisches Gemeinschaftsrecht in Einzelstudien. Baden-Baden: Nomos.
*Ipsen, Hans Peter*, 1984b (1981): Marginalien zum Europäischen Rat. S. 113–140 in: *Ders.*: Europäisches Gemeinschaftsrecht in Einzelstudien. Baden-Baden: Nomos.
*Ipsen, Hans Peter*, 1994: Zehn Glossen zum Maastricht-Urteil, Europarecht 29: 1–21.
*Janowitz, Morris*, 1976: Social Control of the Welfare State. Chicago: University of Chicago Press.
*Keohane, Robert O.*, und *Stanley Hoffmann*, 1990: Conclusion: Community Politics and Institutional Change. S. 276–300 in: *William Wallace* (Hg.): The Dynamics of European Integration. London and New York: Pinter Publishers.
*Kohler-Koch, Beate*, 1991: Inselillusion und Interdependenz: Nationales Regieren unter den Bedingungen von „international governance". S. 45–67 in: *Bernhard Blanke* und *Hellmut Wollmann* (Hg.): Die alte Bundesrepublik. Kontinuität und Wandel. Opladen: Westdeutscher Verlag (Leviathan, Sonderheft 12).
*Kohler-Koch, Beate*, 1992: Interessen und Integration. Die Rolle organisierter Interessen im westeuropäischen Integrationsprozeß. S. 81–119 in: *Michael Kreile* (Hg.): Die Integration Europas. Opladen: Westdeutscher Verlag (Politische Vierteljahresschrift, Sonderheft 23).
*Lepsius, M. Rainer*, 1990 (1979): Soziale Ungleichheit und Klassenstrukturen in der Bundesrepublik Deutschland. S. 117–152 in: *Ders.*: Interessen, Ideen und Institutionen. Opladen: Westdeutscher Verlag.
*Lindberg, Leon N.*, 1963: The Political Dynamics of European Economic Integration. Stanford: Stanford University Press, und London: Oxford University Press.
*Lindberg, Leon N.*, und *Stuart A. Scheingold*, 1970: Europe's Would-Be Polity. New Jersey: Prentice-Hall.
*Loth, Wilfried*, 1990: Der Weg nach Europa. Geschichte der europäischen Integration 1939–1957. Göttingen: Vandenhoeck und Ruprecht.
*Maier, Charles*, 1986: Die drei Dimensionen der Westintegration. S. 247–252 in: *Ludolf Herbst* (Hg.): Westdeutschland 1945–1955: Unterwerfung, Kontrolle, Integration. München: Oldenbourg.
*Majone, Giandomenico*, 1994a: The Rise of the Regulatory State in Europe, West European Politics 17: 77–101.
*Majone, Giandomenico*, 1994b: Independence vs. Accountability? Non-Majoritarian Institutions and Democratic Government in Europe. Florence: European University Institute (EUI Working Papers in Political and Social Sciences 94/3).
*Marshall, Thomas H.*, 1992 (1949): Staatsbürgerrechte und soziale Klassen. S. 33–94 in: *Ders.*: Bürgerrechte und soziale Klassen. Zur Soziologie des Wohlfahrtsstaates. Frankfurt a.M./New York: Campus.
*Mendershausen, Horst*, 1969: Transnational Society vs. State Sovereignty, Kyklos 22: 251–275.
*Milward, Alan S.*, 1986: Entscheidungsphasen der Westintegration: S. 231–246 in: *Ludolf Herbst* (Hg.): Westdeutschland 1945–1955: Unterwerfung, Kontrolle, Integration. München: Oldenbourg.
*Milward, Alan S.*, 1992: The European Rescue of the Nation State. Berkeley: University of California Press.

*Moravcsik, Andrew,* 1993a: Introduction: Integrating International and Domestic Theories of International Bargaining. S. 3–42 in: *Peter B. Evans, Harold K. Jacobson* und *Robert D. Putnam* (Hg.): Double-Edged Diplomacy. International Bargaining and Domestic Politics. Berkeley: University of California Press.

*Moravcsik, Andrew,* 1993b: Preferences and Power in the European Community. A Liberal Intergouvernmentalist Approach, Journal of Common Market Studies 31: 473–524.

*Moravcsik, Andrew,* 1994: Why the European Community Strengthens the State: Domestic Politics and International Cooperation. Cambridge, MA: Harvard University, Center for European Studies.

*Myrdal, Gunnar,* 1957: Economic Nationalism and Internationalism, Australian Outlook 9: 3–50.

*Ohmae, Kenichi,* 1993: The Rise of the Region State, Foreign Affairs 72: 78–87.

*Olsen, Mancur,* 1982: The Rise and Decline of Nations. Economic Growth, Stagflation, and Social Rigidities. New Haven und London: Yale University Press.

*Röpke, Wilhelm,* 1954: Internationale Ordnung – heute. Erlenbach-Zürich und Stuttgart: Eugen Rentsch Verlag.

*Rose, Richard,* 1975: Overloaded Government: The Problem Outlined, European Studies Newsletter 5: 13–18.

*Rose, Richard,* 1979: „Ungovernability": Is There Fire Behind the Smoke? Political Studies 27: 351–370.

*Rosenau, James N.,* 1990: Turbulence in World Politics. A Theory of Change and Continuity. Princeton: Princeton University Press.

*Sandholtz, Wayne,* und *John Zysman,* 1989/90: 1992: Recasting the European Bargain, World Politics 42: 95–128.

*Scharpf, Fritz W.,* 1985: Die Politik-Verflechtungsfalle: Europäische Integration und deutscher Föderalismus im Vergleich, Politische Vierteljahresschrift 26: 323–356.

*Scharpf, Fritz W.,* 1991: Die Handlungsfähigkeit des Staates am Ende des zwanzigsten Jahrhunderts, Politische Vierteljahresschrift 32: 621–634.

*Schmitter, Philippe C.,* 1970: A Revised Theory of Regional Integration, International Organization 24: 836–868.

*Sklair, Leslie,* 1992: Sociology of the Global System. Baltimore: Johns Hopkins University Press.

*Streeck, Wolfgang,* und *Philippe C. Schmitter,* 1985: Community, Market, State – and Associations? The Prospective Contribution of Interest Governance to Social Order, European Sociological Review 1: 119–138.

*Vaubel, Roland,* 1994: The Political Economy of Centralization and the European Community, Public Choice 59: 151–185.

*Vernon, Raymond,* 1971: Sovereignty at Bay. New York: Basic Books.

*Weiler, Joseph,* 1981: The Community System: The Dual Character of Supranationalism, Yearbook of European Law 1: 267–306.

*Weiler, Joseph,* 1994: A Quiet Revolution. The European Court of Justice and Its Interlocuters, Comparative Political Studies 26: 510–534.

*Yeatman, Anna,* 1991: Women's Citizenship Claims, Labour Market Policy and Globalization, Australian Journal of Political Science 27: 449–461.

*Zürn, Michael,* 1992: Jenseits der Staatlichkeit. Über die Folgen der ungleichzeitigen Denationalisierung, Leviathan 20: 490–513.

IST DIE EUROPÄISCHE EINIGUNG IRREVERSIBEL?

Integrationspolitik als Institutionenbildung in der Europäischen Union*

Maurizio Bach

*Zusammenfassung:* Der Prozeß der europäischen Einigung hat eine eigene, differenzierte und inzwischen weitgehend konsolidierte Institutionenordnung hervorgebracht. Die ständige Erweiterung und Dynamisierung des legitimen Wirkungsradius der Europäischen Union ist – außer auf das politische Engagement individueller Akteure und beteiligter Funktionseliten – auf bestimmte institutionelle Mechanismen der endogenen Machterweiterung zurückzuführen. Unter diesem Gesichtspunkt werden in diesem Beitrag die administrativen Binnenstrukturen des zentralen „korporativen Akteurs", der Kommission, im Verhandlungssystem der Europäischen Gemeinschaft untersucht. Gefragt wird nach den formalen und institutionellen Voraussetzungen der Freisetzung dieses Organs gegenüber nationaler politischer und demokratischer Kontrolle. Die zentrale Hypothese lautet, daß durch die Prozesse der Institutionenbildung auf supranationaler Ebene eine Wachstumsspirale in Gang gesetzt wurde. Diese Spirale schraubt die „sektorale" politische Leistungskompetenz des Gemeinschaftssystems immer höher. Vieles spricht dafür, daß die meisten Errungenschaften der Integration, der sog. *acquis communitaire*, irreversibel sein werden.

## *I. Einleitung*

Der Prozeß der europäischen Integration wird von der Herausbildung einer politischen Institutionenordnung *sui generis* begleitet. Die Struktur dieses neuen politischen Systems mit seinem komplexen rechtlichen, prozeduralen und administrativen Regelwerk kann inzwischen, nach über vierzigjährigem Bestand, als weitgehend konsolidiert angesehen werden. Mit der Europäischen Gemeinschaft[1] etablierte sich „neben", „zwischen" den und auch „oberhalb" der Nationen eine aus der Kooperation von souveränen Staaten hervorgegangene neue politische Ordnung. Trotz mancher Stagnationsphasen und auch Rückschläge hat das Gemeinschaftssystem – zumeist nahezu unbemerkt von der breiteren politischen Öffentlichkeit – kontinuierlich den Spielraum seiner autonomen politischen Gestaltungsfähigkeit erweitert. Dabei stellte es auch ein hohes Maß an administrativer Problemlösungsfähigkeit unter Beweis.

Auffallend ist die rasante Dynamik, die diese Entwicklung nach der Verwirklichung

---

* Für wertvolle Kommentare und Hinweise zu einer früheren Fassung dieses Beitrages bedanke ich mich bei Max Haller, Patrick Kenis und Christian Starck. Besonderen Dank schulde ich Birgitta Nedelmann für Anregungen und sorgfältige Durchsicht des Manuskripts. Selbstverständlich hafte ausschließlich ich für Inhalt und Form des vorliegenden Textes.
1 Im folgenden als EG bzw. EU abgekürzt.

des Binnenmarktes und seit dem Vertrag von Maastricht (1991 beschlossen und 1993 in Kraft getreten) angenommen hat. Zusätzlich zu den herkömmlichen Befugnissen der EG etwa in den Bereichen der Binnenmarkt-, Landwirtschafts-, Außenhandels- und Verkehrspolitik, ist mit dem Vertrag zur Gründung der Europäischen Union (EUV) der Katalog der exklusiven, konkurrierenden oder ergänzenden Kompetenzen um nicht weniger als neun Tätigkeitsfelder erweitert worden.[2] Hinzu kommt, daß drei bereits in den Gründungsverträgen vorgesehene Handlungsfelder von größter politischer Bedeutung substantiell erweitert werden (Wirtschafts- und Währungsunion, wirtschaftlicher und sozialer Zusammenhalt sowie berufliche Bildung). Für die Zukunft ist darüber hinaus eine beträchtliche, immer sensiblere Hoheitsaufgaben der Staaten berührende Ausdehnung der EU-Zuständigkeiten auf die Justiz- und Innenpolitik, Außen- und Sicherheitspolitik sowie Verteidigungspolitik geplant.

Diese bahnbrechende Dynamik ist von den Protagonisten der Einigungspolitik – den Organen des Gemeinschaftssystems in Verbindung mit den Regierungen und großen Teilen der politischen Eliten in den einzelnen Ländern[3] – durchaus beabsichtigt. Sie ist darüber hinaus in der Grundordnung des neugeschaffenen Institutionensystems fest verankert und hat somit Strukturcharakter angenommen.

Zum europäischen Vertragswerk gehört eine prinzipielle Prozeß- und Zielorientiertheit, wie sie gewöhnlich in keiner Staatsverfassung zu finden ist.[4] Das teleologische Integrationsprinzip der „auf Wandel angelegten Gemeinschaftsordnung" (Ipsen 1987: 201) zielt auf eine kontinuierliche und expansive Ausdehnung des territorialen Einflußbereichs der Gemeinschaft (durch Beitritte und Assoziierungen),[5] auf ein fortschreitendes Wachstum der funktionalen Handlungsmöglichkeiten (Kompetenzenerweiterung) des Systems und auf eine ständige Verbesserung des gegebenen institutionellen Rahmens sowie der Beschlußverfahren (Institutionenreform).[6] Der strukturell verankerte Prozeßcharakter gehört inzwischen auch zu den zentralen Elementen der systemeigenen Rhetorik, in der Entschlossenheit, Beharrlichkeit und Unverdrossenheit mit den Leitfiguren einer „immer engeren Union der Völker Europas" und des „sozialen Fortschritts" auf allen Ebenen (vgl. EUV, Präambel sowie Titel I, Artikel A) beschworen wird.

In dem vorliegenden Beitrag sei die Aufmerksamkeit primär auf das Eigengewicht der supranationalen Institutionen im fortschreitenden Prozeß der europäischen Einigung ge-

---

2 Dabei handelt es sich im einzelnen um folgende Politik- und Rechtsbereiche: Staatsbürgerschaft, Visa, Bildung, Kultur, Gesundheit, Verbraucherschutz, Industrie sowie um die Entwicklung der sog. „Transeuropäischen Netze" in den Sektoren Verkehr, Telekommunikation und Energie. Zu den vertragsrechtlichen Grundlagen siehe statt vieler: Dehousse (1994: 104f.).

3 Im Gegensatz dazu ist auf seiten der Bürger eher eine abnehmende Unterstützung der EU-Mitgliedschaft festzustellen (vgl. Eurobarometer-Umfrage Nr. 41, Juni 1994, S. 10).

4 Siehe dazu aus staatsrechtlicher Sicht Ipsen (1987: 200f.); Schuppert (1994: 37f.); in soziologischer Perspektive: Haller (1995).

5 Die vorläufig letzte Erweiterung ist mit den Beitritten Österreichs, Schwedens und Finnlands Anfang des Jahres 1995 vollzogen worden. Die Integration einzelner osteuropäischer Reformländer gehört zu den großen Herausforderungen der nächsten Zukunft.

6 Auf der für 1996 anberaumten Regierungskonferenz der Mitgliedstaaten sollen die Bestimmungen des Vertrages über die Europäische Union überprüft und gegebenenfalls revidiert werden, vgl. Arnold (1995).

richtet. Welchen spezifisch institutionellen Mechanismen ist die einzigartige Dynamik, die den Aufbau des Einigungswerkes vorantreibt und seinen Wirkungsradius ständig erweitert, zuzuschreiben? Zweifellos sind Ideen, Führungspersönlichkeiten und Humanressourcen bei historischen Entwicklungen stets von entscheidender Bedeutung. Die soeben zu Ende gegangene Ära Jacques Delors ist dafür exemplarisch. Dennoch seien diese wichtigen Elemente hier keiner näheren Betrachtung unterzogen. Ich werde vielmehr jene institutionellen Strukturen in den Vordergrund stellen, von denen ich annehme, daß sie zur Erklärung der Verselbständigung und Differenzierung des neuen supranationalen Institutionensystems und der eigentümlichen Dynamik seiner ständigen Machterweiterung beitragen. Dabei seien vor allem emergente Prozesse der Politikgestaltung und institutionellen Machtbildung im Binnengefüge der gemeinschaftlichen Institutionenordnung, insbesondere im Organisationszusammenhang der Kommission, herausgearbeitet. Die analytischen Gesichtspunkte meiner Darlegungen leite ich von der soziologischen Institutionenanalyse von M. Rainer Lepsius ab (Lepsius 1990: 53–62). Sie erscheint als konzeptioneller Bezugsrahmen besonders geeignet, um die einzigartigen Prozesse der Genese, Konsolidierung und Persistenz der supranationalen Institutionenordnung mit ihrer spektakulären Wachstums- und Kumulationsdynamik zu untersuchen.

*II. Elemente der soziologischen Institutionenanalyse von Lepsius*

Mit dem Reformpaket der Einheitlichen Europäischen Akte (EEA) und vor allem mit Jacques Delors' großem Binnenmarktprojekt intensivierte und beschleunigte eine in der Geschichte des europäischen Einigungswerkes zuvor nicht gekannte, nun auch breiter wahrgenommene Dynamik den Integrationsprozeß (vgl. Dastoli 1989). Seither beginnt sich auch die rechts-, politik- und verwaltungswissenschaftliche Integrationsforschung verstärkt für das Organisationssystem und die Institutionen der Gemeinschaft zu interessieren. Das Augenmerk richtet sich dabei zunächst vor allem darauf, die originären Struktureigenschaften des neuen politischen Systems typologisch zu fassen, um zu einem besseren Verständnis der Eigengesetzlichkeiten dieses „Staatswerdungsprozesses" beizutragen (vgl. v.a. Weiler 1981; Lepsius 1991a; Schmitter 1992). In den Analysen der makro-politischen Wirkungszusammenhänge im Spannungsfeld nationaler Interessen und supranationaler Politik wird die Institutionenordnung mit ihren ineinandergreifenden multiplen Ebenen, Arenen und Akteurskonstellationen deutlicher als zuvor betont (siehe z.B. Scharpf 1994). Neuere Fallstudien geben darüber hinaus einigen empirischen Aufschluß über den Eigenbeitrag einzelner Organe und Instanzen des Gemeinschaftssystems an der Politikformulierung und -implementation. Neben herkömmlichen Beschreibungen von Politikfeldern gibt es interessante Versuche, die Mechanismen der endogenen Dynamik des Integrationsprozesses neu zu beleuchten und dabei die zentralen Policy-Akteure zu berücksichtigen (vgl. Schneider/Werle 1989; Sandholtz/Zysman 1989; Schumann 1991; Tömmel 1992; Peters 1992; Dang-Nguyen et al. 1993; Schink 1993; Andersen/Eliassen 1993). Damit zeichnet sich in der neueren politikwissenschaftlichen Diskussion eine Verschiebung in den vorrangigen Forschungsinteressen in die Richtung einer stärkeren Aufmerksamkeit für die institutionelle Rationalität des Integrationsgeschehens ab. Welchen spezifischen

Beitrag kann die Soziologie dazu leisten, und wie sieht die für sie typische Problemstellung aus?

„Von der Soziologie wäre zu erwarten", schreibt Lepsius, „daß sie einen Beitrag zur Institutionenanalyse liefert und zu langfristigen Wirkungsprognosen über die aggregierten Effekte verschiedener, aber interdependent wirkender Institutionenbildung fähig ist" (Lepsius 1990: 53). Die von Lepsius entwickelte Institutionenanalyse basiert auf einem Bündel von analytischen Kategorien, die es dem Forscher gestatten, die Prozesse der Institutionenbildung und deren gesamtgesellschaftliche Wirkungen nach trennscharfen Kriterien zu beurteilen.[7] Eine gesonderte Würdigung von Lepsius' soziologischem Ansatz zur Institutionenanalyse steht noch aus und kann im Rahmen dieses Beitrages nicht geleistet werden.[8] Es kommt hier zunächst auf die wichtigsten analytischen Kriterien dieser Institutionenanalyse an. Diese lassen sich wie folgt zusammenfassen: Mit der Ausgliederung institutioneller Handlungskontexte aus bestehenden politischen Ordnungssystemen eröffnet sich für das neue Gebilde nur in dem Maße eine Chance zur Unabhängigkeit und Selbständigkeit, wie eine Freisetzung von den prozeduralen und normativen Kontroll- bzw. Sanktionsmöglichkeiten der traditionellen Institutionen möglich ist. Generell kann man sagen, daß die Freisetzungschance mit dem Grad der funktionalen Spezifizierung des neuen Verbandes wächst, d.h. mit der „Bestimmung von Geltungsrahmen und Durchsetzungskraft gegenüber anderen institutionalisierten Handlungseinheiten" (Lepsius 1990: 55). Die Art der „Organisation der Kompetenz" entscheidet dabei über den Grad der Konflikte zwischen Wertorientierungen und Geltungsansprüchen von Institutionen.[9]

Für die „Moderne" ist „die bewußte Gestaltung von Prozessen der institutionellen Differenzierung und ihrer gegenseitigen Vermittlung oder umgekehrt auch von Prozessen der Entdifferenzierung und institutionellen Fusion" charakteristisch (Lepsius 1990: 61). Als Beispiele hierfür lassen sich anführen zum einen die Etablierung der Dualität von Staat und Kirche als Folge des berühmten Investiturstreits und zum anderen die „Institutionalisierung des Klassenkonflikts" im System der industriellen Beziehungen in der Bundesrepublik Deutschland. Im Kern geht es dabei um die institutionelle Regelung und Vermittlung von Wert- und Interessenkonflikten. Funktionale Differenzierung bedeutet also nicht nur arbeitsteilige Neuverteilung von Aufgaben, sondern vor allem die Entwicklung und Behauptung spezieller Leistungskompetenzen in einem neudefinierten Geltungsrahmen. Dies setzt die Entwicklung bürokratischer Verwaltungsstrukturen mit entsprechenden verrechtlichten Handlungskriterien (Satzungen) für eigens qualifizierte Stäbe voraus. Dadurch ist eine Privilegierung und Bündelung von gesellschaftlichen Interessenlagen auf der neuen Institutionenebene erwartbar, dies jedoch nur um den Preis der Macht-

---

7 Einen Abgrenzungsbedarf für die soziologische Institutionenanalyse sieht Lepsius vor allem wegen der üblichen (verfassungs-)rechtlichen und ökonomischen Leistungskriterien bei der Beurteilung von Institutionen.

8 Lepsius' Systematik stützt sich im wesentlichen auf eine Rekonzeptualisierung und Generalisierung von zentralen Paradigmen der Soziologie Max Webers. Die Bewährungsprobe der Operationalisierung stellt für beide Autoren stets die politisch-soziologische Gegenwartsanalyse dar.

9 Für eine systematische Analyse der Binnenordnung institutioneller Handlungsräume bietet die kategoriale Unterscheidung von „vier Allokationsproblemen" – Kompetenzen, Ressourcen, Legitimation und Kontrolle – wichtige Ansatzpunkte (vgl. Lepsius 1990: 61f.).

steigerung von Bürokratien und der Verselbständigung von Verwaltungsinteressen, insbesondere aufgrund von Versorgungsansprüchen.

Die Freisetzung von Innovationspotentialen in institutionell differenzierten Komplexen entscheidet damit über die Richtung von politischen Reformen und sozialem Wandel. Die geförderten Innovationspotentiale sind aber primär auf die institutionalisierten Wert- und Zielorientierungen ausgerichtet. Sie bleiben damit „segmentär kanalisiert und beschränkt" (Lepsius 1990: 55). Diese institutionelle Disziplinierung der Innovation führt ihrerseits zur Ausbildung spezifischer Handlungsorientierungen und zur „Ausformung differenzierter Kriterien der Rationalität für die Innovationsrichtung" (Lepsius 1990: 55). Bestimmte soziale Gruppen werden zu Trägern dieser spezifischen Rationalitätskriterien und binden sie dadurch handlungsmäßig in das Systemgebilde ein. Es ist wahrscheinlich, daß komplexe politische Institutionenordnungen Funktionseliten ausbilden.[10] Sie sind sozial homogen in dem Maße, wie sie professionelle Handlungs- und Wertorientierungen teilen. Daher ist Rollenkonformität für Funktionseliten als Statusgruppe zu erwarten.

Nach diesem Institutionenverständnis richtet sich das soziologische Erkenntnisinteresse somit auf die empirische Analyse institutioneller Differenzierungsprozesse. Diese „gliedern spezifische Handlungskontexte aus dem allgemein gültigen Norm- und Sanktionssystem aus und eröffnen damit die Chance, innerhalb dieser Handlungskontexte eigene Ziele zu formulieren und für ihre Erreichung besondere Rationalitätskriterien zu entwickeln" (Lepsius 1990: 60).

Mit Hilfe dieses skizzierten heuristischen Instrumentariums lassen sich auch die in der Binnenstruktur des europäischen Einigungswerks angelegten und das Integrationsgeschehen nachhaltig prägenden Prozesse der institutionellen Differenzierung auf supranationaler Ebene beschreiben und analysieren.[11]

Im Mittelpunkt folgender Überlegungen steht in erster Linie die spezifische Verselbständigungsdynamik des supranationalen Institutionenkomplexes. Darin läßt sich eine Stufenfolge von mehreren institutionell vermittelten Emergenzmechanismen unterscheiden. Diese umfassen die systemeigene Selbstverpflichtung der individuellen Akteure (Mitgliedstaaten) und die Freisetzung des supranationalen segmentären „Souveräns". Außerdem ist die Akkumulation von Autonomiegewinnen auf der Basis von spezifischen Chancen der Definitionsmacht, effektiven Bündelungen und Vernetzungen von korporativen Interessen sowie einer Eigendefinition von Rationalitätskriterien näher zu betrachten. In diesem institutionellen Rahmen lassen sich schließlich spezifische Mechanismen der endogenen Machtbildung aufweisen, die für eine dauerhafte Selbststabilisierung des freigesetzten Institutionensystems sprechen. Meine zentrale Hypothese lautet, daß durch die endogenen Binnenprozesse eine teils erwartete, teils unerwartete Wachstumsspirale in Gang gesetzt wurde. Diese Spirale schraubt die politikfeldspezifische Leistungskompetenz des Systems

---

10 Der Begriff „Funktionselite" bezeichnet die Gesamtheit der mit administrativen und politischen Entscheidungsbefugnissen ausgestatteten Rollenträger des Institutionenkomplexes, die aufgrund ihrer Fachqualifikation und Leistung nach den systemeigenen Kriterien ihre Positionen bekleiden bzw. in das Netzwerk kooptiert werden; vgl. Hoffmann-Lange (1990), von Beyme (1993).

11 Lepsius selbst entwickelt seine Systematik der Institutionenanalyse unter anderem auch am Beispiel der Europäischen Integration, vgl. u.a. Lepsius (1990: 247–255, 264–269; 1991a, 1991b, 1993).

gleichzeitig mit den Erwartungen an das System vermutlich immer höher. In Anbetracht des inzwischen erreichten Integrationsgrades und vor allem aufgrund der Konsolidierung der europäischen Institutionenordnung als eigenlegitimierte dritte Ebene zwischen den Nationalstaaten Westeuropas erscheint eine Devolution des Systems in Zukunft eher unwahrscheinlich. Vieles spricht hingegen dafür, daß mit jeder weiteren Integrationsstufe der Prozeß der Einigung kaum mehr umkehrbar sein wird.

### III. Institutionalisierung eines souveränen Dritten

Der europäische Integrationsprozeß hat zwei Seiten, die sich in der Institutionenordnung der Gemeinschaft widerspiegeln und die spezifisch die Entwicklungsdynamik des Systems bestimmen. Nach Joseph Weilers (1981) Diagnose ist ein systemkonstitutiver Dualismus zwischen dem supranationalen Recht auf der einen und der zwischenstaatlichen oder inter-gouvernementalen Politik, in der die Mitglieder als souveräne und gleichberechtigte Verhandlungspartner agieren, auf der andere Seite festzustellen. Diese Doppelstruktur findet ihren wichtigsten institutionellen Ausdruck im Zusammenspiel der beiden Hauptorgane des Gemeinschaftssystems:[12] Im Ministerrat, dem höchsten beschlußfassenden Gremium der EU, sitzen die Repräsentanten der Mitgliedstaaten (vertreten durch die jeweiligen Fachminister) in ihrer Eigenschaft als „Herren der Verträge" mit spezifischen, oft gegensätzlichen Interessen an einem Tisch und verhandeln nach bestimmten Verfahrensregeln. Die Europäische Kommission hingegen agiert als „Hüterin der Verträge"; sie ist zu nationalpolitischer Unabhängigkeit und zur Tätigkeit im ausschließlichen Gemeinschaftsinteresse verpflichtet. Zu diesem Zweck verfügt sie über Exklusivkompetenzen und wird mit entsprechenden Ressourcen ausgestattet, worauf ich noch zurückkomme. Ralf Dahrendorf hat diese Eigenart des Gemeinschaftssystems als eine „geniale Idee einer Institution gewordenen Dialektik von europäischem und nationalem Interesse" bezeichnet (Dahrendorf 1973: 216). Daneben wirkt der Europäische Gerichtshof als wichtige supranationale Instanz. Dabei ist stets im Auge zu behalten, daß die EU nach ihrer „Verfassung" auf einer einzigartigen Institutionalisierung von zwei unterschiedlichen Ordnungsprinzipien aufbaut. Die innere Verklammerung und Balance dieses „Mehrebenensystems" (Scharpf 1994) wird von ausgeklügelten, aufeinander abgestimmten Verfahren gewährleistet. Im Interesse einer wechselseitigen Schonung der Autonomie der Mitgliedstaaten ist ihren Regierungen eine effektive politische Kontrolle des Entscheidungsprozesses verbrieft. Diese wird durch die prinzipielle Beibehaltung der Vetomacht in den meisten Verhandlungsmaterien, von der Agrar- über die Verkehrs- bis zur Sozialpolitik garantiert.

Die Dimension der Regierungszusammenarbeit mit ihren charakteristischen Verhandlungslogiken und Politikverflechtungen braucht hier nicht weiter verfolgt zu werden (vgl. dazu Scharpf 1993: Kapitel 5 und 6; 1994). Wer die eingangs skizzierte systemeigene Wachstumsdynamik, ihre institutionellen Strukturbedingungen und Entwicklungsperspektiven untersuchen möchte, ist in erster Linie auf die körperschaftliche Ebene des Ordnungssystems, also auf die supranationalen Zentralorgane der Kommission und des Eu-

---

[12] Zu den Organen der EU siehe im einzelnen Beutler et al. (1993: Kap. 4), Noël (1993).

ropäischen Gerichtshofes[13] verwiesen, und zwar aus einer Reihe von systematischen, konstitutionellen und empirischen Gründen.

In theoretischer Hinsicht ist zunächst hervorzuheben, daß herkömmliche Regime[14] zwischenstaatlicher Kooperation so lange prinzipiell der Kontrolle und dem Interessenkalkül der daran mitwirkenden individuellen Akteure unterworfen bleiben, wie das Entscheidungsverfahren ein Vetorecht vorsieht (Einstimmigkeitsprinzip) und sich keine überindividuelle Kollektivinstanz mit Sanktionsmöglichkeiten gegenüber den einzelnen Handlungsträgern herausbildet. Unter solchen Bedingungen eines „Einebenen-Spiels" (Fritz W. Scharpf 1994) individueller Akteure sind die Chancen für eine von situativen Interessenkonstellationen unabhängige, dauerhafte und berechenbare Zusammenarbeit, trotz verpflichtender Abmachungen der Verhandlungspartner, relativ gering. In dem Maße, in dem der Konsensbedarf bei den Verhandlungen hoch bleibt und gleichzeitig die individuellen Austrittsmöglichkeiten nicht erschwert werden, bleibt die Stabilität und Strategiefähigkeit eines solchen Regimes stets prekär. Erst die Lösung des Dilemmas kollektiven Handelns durch die Konstituierung einer dritten Ebene eröffnet Chancen zu einer dauerhaften Kooperation. Voraussetzung hierfür ist aber, daß der dritte Akteur befugt sein muß, bindende Entscheidungen aufgrund eigener Kompetenzen und nach Maßgabe kollektiver Interessen zu fällen. Darüber hinaus muß er über Sanktionsmöglichkeiten verfügen und über die Kompetenz, allgemein verbindliche Rechtsnormen zu erlassen (Coleman 1974: 38–44). Der dadurch erzielten Stabilisierung des Regimes und der Stärkung seiner Machtstellung stehen allerdings typische Risiken der Institutionalisierung gegenüber. Diese betreffen vornehmlich die Gefahren der Verselbständigung des „korporativen Akteurs" (James Coleman) *vis-à-vis* den Gliedeinheiten, und zwar dadurch, daß er (oligarchische) Eigeninteressen an der Bestandserhaltung und am Wachstum der auf dieser Ebene allozierten Ressourcen, Kompetenzen und legitimen Gestaltungsmöglichkeiten entwickelt (vgl. Lepsius 1990: 56f.).

Die Institutionalisierung eines „Dritten" dieser Art ist im Bereich der internationalen Beziehungen eher selten (Portinaro 1986: 137–150). In der Tat stellen die erwähnten europäischen Gemeinschaftsinstitutionen, wie Volker Schneider und Raymund Werle (Schneider/Werle 1989) überzeugend dargelegt haben, den historischen Einzelfall der Etablierung eines überindividuellen, verhandlungsenthobenen und die allgemeinen Systeminteressen bündelnden, transnationalen „kollektiven Akteurs" in diesem Sinne dar. Ihre Analyse verdeutlicht, daß „anders als in anderen internationalen Regimen (...) schon mit der Gründung der Gemeinschaft in Form der Kommission ... ein Organ geschaffen worden (war), das die Möglichkeit bot, sich zu einem mächtigen korporativen Akteur zu entwickeln ... Die von kollektiven Akteuren geschaffenen Normen und Institutionen bleiben nicht auf die zu ihrem Gründungszeitpunkt festgelegten Funktionen beschränkt, sondern können sich über die relative Autonomie der korporativen Elemente institutionell erweitern" (Schneider/Werle 1989: 429). Die Autoren haben dabei vor allem die korporativen Eigeninteressen an der Bestandserhaltung und Machterweiterung im Blick, was freilich nur einen Aspekt von Prozessen institutioneller Differenzierung dieser Tragweite betrifft.

---

13 Der EuGH kann in dieser Betrachtung allerdings nicht näher berücksichtigt werden, vgl. dazu Weiler (1993, 1994).

14 Zum politikwissenschaftlichen Begriff des „Regimes" als regulativer Form der normativen Koordinierung internationaler Beziehungen ohne selbständige Sanktionsinstanz siehe Puchala (1972), Kohler-Koch (Hg. 1989), Müller (1993).

In diesem Zusammenhang sei an die zeitweilig in Vergessenheit geratene frühe funktionalistische Integrationstheorie erinnert (vgl. Zellentin 1992; von Beyme 1994). Schon diese Schule gründete ihre Wachstumshypothesen im Zusammenhang mit der supranationalen Systementwicklung insbesondere auf die Annahme (bzw. Erwartung), zwischenstaatliche Kooperation auf ökonomischem Gebiet in den Europäischen Gemeinschaften würde gleichsam aus sich selbst heraus eine neue Qualität annehmen; und dies besonders dann, wenn die Zusammenarbeit in ein verläßliches, die einzelnen Mitgliedstaaten bindendes *Setting* von für alle verbindliche Normen, Verfahren und institutionelle Reglements eingepaßt werden würde. Erst dadurch könne der Prozeß einer soliden Gemeinschaftsbildung bewirkt werden. Insbesondere der regionalen Integration in spezifischen Funktionsbereichen (z.B. Verkehr, Wettervorhersage, Handel, Militärkooperation, Wirtschaft, Telekommunikation usw.) wohne eine systemische Tendenz zum *community building* inne, allerdings nur insoweit und in dem Maße, wie technische Experten und Verwaltungsfunktionäre daran maßgeblich beteiligt sein würden (vgl. Mitrany 1943).

Dieser Ansatz ist in dem vieldiskutierten „spill-over"-Theorem weiterentwickelt worden. Es gründet auf der Annahme, daß praktische Integrationserfolge in einem Funktionsbereich nicht beabsichtigte integrative Effekte in einem anderen, benachbarten Bereich bewirken könnten. Von größter Bedeutung ist in diesem Zusammenhang, daß dabei der formell geregelten Zusammenarbeit von technischen und administrativen Sachverständigen die zentrale integrationswirksame Kraft zugeschrieben wird. Auf der Grundlage einer weitgehend entpolitisierten Aufgabenerweiterung steuere dann ein sich zwangsläufig herausbildendes technokratisches Zentrum den Machtzuwachs des Integrationsregimes (vgl. Haas 1968: 522ff.).

Die Neofunktionalisten begründeten folglich theoretisch ihre Erfolgs- und Wachstumserwartung in bezug auf die damalige europäische Montan-, Atom- und Wirtschaftsintegration vor allem auf einen Prozeß der institutionellen Eigendynamik in interdependenten Regulierungssektoren.[15] Dabei fand die sub-politische, technische und pragmatische Ebene der internationalen Politik *(low politics)* mit ihren gleichsam hinter der Bühne der Haupt- und Staatsaktionen *(high politics)* tätigen intermediären Instanzen, Experten, Bürokraten und Verbandsvertretern erstmals systematische Berücksichtigung.

Vor allem unter diesen Gesichtspunkten ist die supranationale oder körperschaftliche Komponente von besonderem Belang für die weitere Analyse der spezifischen Systemeigenschaften. So ist die zunehmende institutionelle Verselbständigung und Selbstbezüglichkeit des supranationalen Verbandes im wesentlichen auf die Struktur und Rationalität der Binnenordnung des Systems rückführbar. Hierbei spielt die innere Ausdifferenzierung des Kommissionsapparates eine zentrale Rolle.

*IV. Kompetenzenerweiterung durch Definitionsmacht*

Neben Ministerrat und Parlament ist die EU-Kommission jener Akteur, der mit seinen zahlreichen Ausschüssen, verzweigten Gremiennetzwerken und untypischen Verwaltungs-

---

15 Vor allem Ernst B. Haas leistete damit den klassischen Beitrag der Soziologie zur frühen Analyse des europäischen Integrationsprozesses, vgl. Haas (1958, 1964, 1975).

stäben das institutionelle Zentrum des EU-Systems bildet. Die Kommissare werden von den Regierungen ausgewählt und nach Zustimmung des EU-Parlaments ernannt. Das Kollegialorgan der Kommission ist zur ungehinderten und von nationalen Pressionen unbeeinflußten Aufgabenerfüllung im ausschließlichen Interesse der allgemeinen gemeinschaftlichen Ziel- und Programmverwirklichung verpflichtet. Weisungsunabhängigkeit von den Regierungen ist dem Gremium wie seinen Stäben, bis in die Beamten-Statuten hinein, verbrieft (vgl. Art. 157, Abs. 2 EUV). Die Kommission rekrutiert ihr Verwaltungspersonal selbst; diese Funktionsgruppe ist deshalb von der Sanktionsgewalt der nationalen Regierungen weitgehend freigesetzt. Der dritte korporative Akteur im Gemeinschaftsystem repräsentiert im Innern das Supranationalitätsprinzip und nach außen die Gemeinschaft als völkerrechtliches Subjekt. Letzteres kommt beispielsweise darin zum Ausdruck, daß der Präsident der Kommission nicht nur bei den Treffen des Europäischen Rates anwesend ist, sondern auch bei internationalen Verhandlungen (z.B. im Rahmen der Uruguay-Runde von GATT, 67), an denen die EU beteiligt ist, auf Gipfelebene präsent ist, obgleich er nach herkömmlichem völkerrechtlichen Verständnis eigentlich keinen Staat vertritt (vgl. Bindschedler 1961).

Besondere Aufmerksamkeit verdient die Machtstellung der Kommission als Repräsentantin des Supranationalitätsprinzips im institutionellen Binnengefüge des Gemeinschaftssystems. Dieses Organ wirkt nämlich keineswegs als *tertium inter pares* im Zweckverein der souveränen Mitgliedsstaaten mit. Aufgrund des ihr vertraglich garantierten Autonomiestatus und den entsprechenden Kompetenzen nimmt sie eine herausragende Stellung als *tertium supra partes* ein. Dies hat zur Folge, daß eine Reihe relevanter Entscheidungsprozesse (diese betreffen vor allem die gerade für die Dynamikentfaltung außerordentlich bedeutsame Binnenmarktpolitik) im Rahmen der gemeinschaftlichen Gesetzgebung von der zwischenstaatlichen Verhandlungsarena abgekoppelt ist. Die Kommission verfügt damit über einen verhältnismäßig großen Handlungsspielraum für selbstbestimmte Gesetzgebungsinitiativen (vgl. Art. 155–163 EGV). In der Tat schuf „die Vertragsgemeinschaft souveräner Einzelstaaten ein supranationales Regime, das sich von der Gestaltungskraft der Mitglieder schrittweise verselbständigte und für seine wachsende Eigenkompetenz einen ‚supranationalen Souverän‘ konstruierte" (Lepsius 1991a: 26).

Das zentrale Instrument für die praktische Nutzung dieses Handlungsspielraums ist in dem exklusiven Recht der Kommission zu sehen, für sämtliche Rechtsmaßnahmen der Gemeinschaft die Initiativen zu ergreifen, Vorschläge zu unterbreiten und Entwürfe zu formulieren (vgl. Engel 1994: 250f.). Der Gesetzgebungsprozeß der EU ist demnach so strukturiert, daß weder das Parlament noch der Ministerrat über eigenständige Kompetenzen zur unabhängigen Normsetzung verfügen. Jede Richtlinie, Verordnung oder sonstige Gemeinschaftsmaßnahme kann nur auf Vorschlag der Kommission entschieden werden. Letztinstanzlich beschließt zwar der Rat, aber der Sachverhalt, daß die Kommission das Initiativmonopol besitzt, veranlaßt dazu, von einer verschränkten Normsetzung zu sprechen (vgl. Ipsen 1987: 198f.). Dieser Modus stellt exakt das prozedurale Komplement zur oben erwähnten Dualstruktur des Entscheidungsprozesses dar. Am Normsetzungsprozeß ist das europäische Parlament, trotz einer gewissen Aufwertung durch den Maastrichter Vertrag,[16] nach wie vor nicht gemäß demokratisch-parlamentarischer Standards beteiligt. Dies hat

---

16 Entsprechend dem neuen Mitentscheidungs-Verfahren nach Art. 189b EUV, vgl. Weidenfeld/Wessels (Hg. 1994: 122f.)

in jüngster Zeit zu einer anhaltenden öffentlichen Debatte über das vermeintliche „Demokratiedefizit" in der Gemeinschaft geführt (vgl. z.B. Ipsen 1987: 199; Grimm 1993; Lodge 1994; dazu schon Dahrendorf 1973: 216–221).

Daß die Kommission ihr Vorschlagsrecht extensiv als Gestaltungsinstrument nutzt, steht außer Frage. Der quantitativ hohe Output an Normen, die von der Kommission in eigener Kompetenz und von Rat und Kommission gemeinsam erlassen werden, ist hierfür bereits ein Beleg. Allein im Jahr 1993 verabschiedete die Kommission mehr als 7300 Rechtsakte (Verordnungen, Beschlüsse und Entscheidungen, Richtlinien, Empfehlungen und Stellungnahmen). Außerdem leitete sie dem Rat aufgrund ihres Vorschlagsrechts 619 Empfehlungen oder Entwürfe von Rechtsakten (Vorschläge für Verordnungen und Beschlüsse) zu (vgl. Kommission 1994: 386). Überblickt man die Tätigkeit der Kommission im Jahrzehnt von 1983 bis 1993, so oszilliert der Normenoutput zwischen einem Maximum von 14.786 (1983) und einem Minimum von 5.745 (1984) Kommissionsentscheidungen im Jahr.[17]

Mit dem Instrument des Initiativrechts gestaltet die Kommission höchst wirkungsvoll den Prozeßbereich der sogenannten „negativen Integration" (vgl. Pinder 1968: 90) aus. Diese ist auf Marktöffnung und Wettbewerbsgleichheit gerichtet; sie beschränkt in der Konsequenz die Handlungsmöglichkeiten der nationalstaatlichen Politik. Die Mitgliedstaaten können unter dieser Voraussetzung bei der Verfolgung eigener Zwecke nicht länger Mittel einsetzen, welche den grenzüberschreitenden freien Waren-, Personen-, Dienstleistungs- und Kapitalverkehr behindern oder die gleichen Wettbewerbsbedingungen auf dem gemeinsamen Markt verfälschen könnten. Im Gegensatz dazu bezeichnet „positive Integration" marktgestaltende und marktkorrigierende Regelungen wie beispielsweise gesundheits- und sozialpolitische Maßnahmen sowie produktionsbezogene Arbeitsschutz- und Umweltschutzpolitik. Da Entscheidungen zur „positiven Integration" in stärkerem Maße legitimationsbedürftig und im Ministerrat mit hohen Konsenserfordernissen verbunden sind, ist ihre Durchsetzung erschwert. Damit gehört die „positive Integration" nicht zu den dynamikfördernden, sondern eher umgekehrt zu den konflikträchtigen Bereichen der europäischen Politik, wobei sie eher bremsend wirkt (vgl. Scharpf 1994: 6).

Es ist unumstritten, daß die Kommission vornehmlich im ökonomischen Handlungsfeld, gewissermaßen hinter dem Rücken der Politik, bisher ihre größten integrationspolitischen Erfolge und Wachstumsraten verbuchen konnte. Dabei erweist sich, wie Scharpf feststellt, „die unwidersprochene Ermächtigung der Kommission und des Gerichtshofes zur Durchsetzung der negativen Integration ... als ‚Selbstüberlistung' der ihrer eigenen Willensschwäche bewußten europäischen Regierungen" (Scharpf 1994: 28). Zweifellos liegt hier auch der Hauptantrieb für die dynamische Evolution des europäischen Einigungsprozesses, wobei die Kommission tatsächlich den wichtigsten „Motor der Integration" darstellt. Dafür gibt es neben den angeführten quantitativen Indizien auch qualitative Befunde. Betrachtet man beispielsweise die vom Kommissionsapparat entwickelten Strategien der Politikformulierung und -implementation in ausgewählten Politiksektoren, dann werden zentrale Mechanismen der Erweiterung des supranationalen Handlungsspielraums deutlicher. Hervorragend geeignet für eine solche Untersuchung sind jene Tätigkeitsfelder,

---

17 Für die Berechnungen auf der Grundlage der Gesamtberichte über die Tätigkeit der Europäischen Gemeinschaften von 1983 bis 1993 danke ich Hartmut Kramer.

in denen die Kommission *de facto* einflußreich agiert, ohne daß dem explizit ein politisch-rechtlicher Handlungsauftrag vorausgegangen wäre. Die Bereiche der Regional- und Bildungspolitik können hierfür als exemplarisch gelten.[18]

An einer möglichst effizienten Ausgestaltung einer europäischen Regionalpolitik als Instrument der Kompensation im Sinne von Finanztransfers und Entwicklungsförderung für ökonomische und infrastrukturelle Schwächen rückständiger Gebiete (etwa in Süditalien und Irland) zeigte sich die Kommission seit Mitte der siebziger Jahre interessiert. Im Zuge der ersten EG-Erweiterung, die mit Irland ein gering industrialisiertes Land in die Gemeinschaft brachte, wurde die Einrichtung eines Regionalfonds vom Ministerrat zugestanden. Vor allem wegen der beschränkten Fördermittel und ihrer Aufteilung unter den Mitgliedstaaten auf der Grundlage eines fixen Verteilungsschlüssels blieb auch nach Einrichtung des Europäischen Fonds für Regionale Entwicklung (1975) der regionalpolitische Handlungsspielraum der Kommission äußerst beschränkt. Durch eine gezielte Programmentwicklung gelang es ihr indessen schon wenige Jahre später, ein neues Förderkonzept auf den Weg zu bringen, das aufgrund differenzierter und spezifizierter Förderungsziele[19] ein Aufbrechen der starren quotengeregelten Mittelvergabe erforderlich machte. Der quotafreie Sektor ermöglichte es der Kommission, trotz fortgesetzter Obstruktionsmaßnahmen des Rates, einen Teil der Mittel nach selbstbestimmten Förderkriterien zu verwenden, was ihr „faktisch erlaubte, ... die Eingriffsbereiche und -gebiete der Förderpolitik selbst zu definieren" (Tömmel 1992: 188). Legitimiert durch die verschärften ökonomischen und sozialen Disparitäten zwischen den Mitgliedstaaten nach der Süderweiterung der EG gelang es der Kommission, eine beträchtliche Ausweitung des quotafreien Sektors (von 5 auf 20 Prozent) durchzusetzen. Den dadurch gewonnenen Spielraum begann sie sogleich, extensiv zu nutzen, um regionalpolitische Experimente mit inhaltlich noch weiter differenzierten und innovativen Förderprogrammen in der Praxis zu erproben. Mit der Einheitlichen Europäischen Akte von 1986 und dann im EU-Vertrag erhielt die Regionalpolitik auf der Grundlage der von der Kommission entwickelten Initiativen und ihrer entsprechenden Entwürfe und Vorschläge schließlich einen formalen Gestaltungsrahmen (Reform der Strukturpolitik, Kohäsionsfond und Ausschuß der Regionen). Ingeborg Tömmel kommt in ihrer Studie zu dem bemerkenswerten Schluß, daß es der Kommission auf regionalpolitischem Feld nachweisbar gelungen sei, eine „weitgehend eigenständige Politik ohne explizite Kompetenzerweiterungen zu führen". Dadurch konnte sie ihren „Handlungsspielraum beträchtlich ausweiten", was es ihr wiederum ermöglichte, „sozusagen hinter dem Rücken der Betroffenen eine strukturell dominante Position" einzunehmen und dabei systematisch mit „neuen Formen der Politikformulierung- und implementation" zu experimentieren (Tömmel 1992: 189f., 205f.).

Auch das Beispiel der europäischen Bildungspolitik zeigt paradigmatisch, wie es der

---

18 Dazu liegen mit den Studien von Ingeborg Tömmel (1992) und Gertrud Schink (1993) die empirisch detailliertesten, bereichsspezifischen Arbeiten zu den Strategien der Kompetenzausdehnung seitens der Kommission vor. Gut erforscht ist auch der europäische Telekommunikationssektor, worauf hier allerdings nicht näher eingegangen wird, vgl. Dang-Nguyen et al. (1993). Vergleichbare Expansionstendenzen ließen sich aber auch in anderen Politikbereichen finden, z.B. neuerdings in der Medienpolitik.

19 Dies geschah vor allem durch eine Umstellung auf die Förderung „endogener Potentiale" insbesondere in den Bereichen der Klein- und Mittelbetriebe, vgl. Tömmel (1992: 188).

Kommission immer wieder gelingt, mit ihrem Pfund, dem Vorschlagsrecht, zu wuchern. Sie nimmt entscheidende Politikstrukturierungen in vertraglich unterdeterminierten Handlungsfeldern vor und dynamisiert dadurch in bestimmten Sektoren nachhaltig den Integrationsprozeß (vgl. dazu Schink 1993). In diesem Bereich konnten schon relativ früh im Zusammenhang mit der Freizügigkeitsnorm und der Niederlassungsfreiheit Ansätze und Instrumente für bildungspolitische Maßnahmen der Kommission zum Tragen kommen. Diese zielten zunächst auf eine Anerkennung von Befähigungsnachweisen und auf die Formulierung allgemeiner Grundsätze zur Berufsausbildung (Aktionsprogramm zugunsten von Wanderarbeitnehmern und ihren Familien von 1976; Allgemeine Grundsätze für Berufsausbildung nach Art. 128 EWGV). Auf Veranlassung der Kommission wurde Anfang der siebziger Jahre eine hochkarätige internationale Expertengruppe gebildet, die einen Sonderbericht über die zukünftige europäische Bildungspolitik (Henri-Janne-Bericht) anfertigte.[20] Nachdem dadurch eine breite bildungspolitische Diskussion entfacht worden war, ließ sich die Bildungspolitik im Kommissionsapparat institutionalisieren. Ralf Dahrendorf übernahm eine eigens mit der europäischen Bildungspolitik betraute Generaldirektion, die in der Folge rege bildungspolitische Aktivitäten, u.a. in den Bereichen der Hochschulzusammenarbeit, der Schüler- und Studentenmobilität, auch der Berufsausbildungspolitik entfaltete. Gestützt durch Entscheidungen des EuGH (u.a. „Casagrande"-, „Gravier"- und ERASMUS-Urteile; vgl. Schink 1993: 72–79) sind mit den erfolgreichen Programmen auf dem Gebiet der Hochschulbildung, der Fremdsprachenausbildung und des Studentenaustausches effektive supranationale Steuerungsinstrumente im Hochschulbereich zur Anwendung gelangt. Durch die ständige Ausweitung der Aktionsprogramme auf einen immer weiteren Adressatenkreis[21] wird die institutionelle Dynamik, die die europäische Bildungs- und Hochschulpolitik inzwischen angenommen hat, vorangetrieben. Auf der Basis einer detaillierten Fallstudie zu den Entscheidungsprozessen im Zusammenhang der ERASMUS-Programme zeigt Gertrud Schink, in welcher Weise die Kommission „die Rolle des ‚Policy-Entrepreneurs', des politischen Unternehmers, einnehmen kann ... d.h. Zielsetzungen und Strategien der Politik zu bestimmen und dabei ... Kompetenzen und Ressourcen zu erweitern" (Schink 1993: 25).[22]

### V. Mechanismen der endogenen Machterweiterung

Prozesse der Kompetenzerweiterung auf europäischer Ebene sind selbstverständlich einer Vielzahl von Ursachen, Anlässen und Interessen zuschreibbar. Sie können je nachdem bei Regelungs- oder auch Nichtregelungsinteressen einzelner Regierungen ihren Ausgang nehmen oder auf das Zusammenwirken der EU-Organe rückführbar sein, durch Verfahren

---

20 In dem Bericht wurde explizit für erweiterte Handlungskompetenzen der supranationalen Organe optiert, vgl. Schink (1993: 47).
21 „Insgesamt absolvieren mittlerweile über 65.000 Studenten und Studentinnen einen Teil ihres Studiums im Rahmen der Programme ERASMUS, COMETT und LINGUA im Ausland. Damit erreicht die Kommission rund 4 Prozent der Studentenpopulation der Europäischen Gemeinschaft. Von insgesamt 3.500 Hochschulen sind inzwischen 1.500 in derartige Programme involviert" (Schink 1993: 86).
22 Zu den strukturellen Voraussetzungen von „Entrepreneur"-Aktivitäten im Kommissionsapparat vgl. Bach (1992: 26).

beim europäischen Gerichtshof eingeleitet oder dem schwerer faßbaren Komplex nichtintendierter Konsequenzen früherer Entscheidungen zugerechnet werden.[23] Dabei kommen ein eigenartiger Mechanismus der Kompetenzenaggregation und eine Art Regulierungsspirale in Gang.

Am Beispiel des Gemeinsamen Binnenmarktes, zu dessen Verwirklichung fast dreihundert Rechtsakte in verschiedenen Politikbereichen (Zoll, Handel, Geld- und Kapitalverkehr usw.) umgesetzt wurden, ist offensichtlich, in welchem Ausmaß Regulierungskompetenzen auf supranationaler Ebene gebündelt werden. Dabei ist weniger bedeutsam, welcher qualitative politische Stellenwert der einzelnen Maßnahme zukommt oder welche Erfolgschance dem jeweiligen Fall zugeschrieben wird. Hier werden Aggregierungseffekte wirksam, die sich aus der Kombination vieler rechtspolitischer, technischer und administrativer Maßnahmen zu einem zunehmend enger gekoppelten normativen Regelungswerk verdichten. Wir sahen bereits, daß mit dem Vertrag von Maastricht weitere zentrale staatliche Regulierungsbereiche kaum mehr umkehrbar unter das supranationale Steuerungsprimat fallen. Wenn man darüber hinaus bedenkt, daß heute bereits fast die Hälfte der nationalen Gesetzgebung lediglich die Umsetzung von EG-Recht vornimmt, dann klingt die Prophezeiung Jacques Delors' weniger utopisch, bereits Ende dieses Jahrzehnts würden 80 Prozent aller legislativen Maßnahmen auf EG-Recht zurückgehen (vgl. Schmitter 1992: 388).

Die Regulierungsspirale entfaltet ihre Wirkung im engen Zusammenhang mit den Aggregationseffekten der „negativen Integration". Zwar gründet die EU auf einem Vorrang der Wirtschaft im Integrationsprozeß. Doch es liegt auf der Hand, daß die Wirtschaftspolitik nicht isoliert durchgesetzt werden kann, sondern zwangsläufig auch andere Politikfelder und Rechtsbereiche davon betroffen sind. In der öffentlichen Diskussion sind zum Beispiel die Kernbereiche der Sozialpolitik im Zusammenhang mit der Verwirklichung der Arbeitnehmerfreizügigkeit oder die Gesundheitspolitik im Kontext der Harmonisierung des Arzneimittelrechts. Selbst vor bildungspolitischen Bastionen wird, wie gezeigt, etwa im Zuge der Verwirklichung der europaweiten Niederlassungsfreiheit für Ärzte, Apotheker, Architekten, Juristen usw. der Durchgriff der EU nicht Halt machen. Auch hier hat die Binnenmarktpolitik deutlich gezeigt, wie sich in funktional interdependenten Regulierungsbereichen beträchtliche „spill-over"-Effekte erzielen lassen. Vor allem die auf derartigen Sachzwängen beruhende Komplementarität von neo-liberaler De-Regulierung in den Mitgliedstaaten und Re-Regulierung auf europäischer Ebene hält eine aufwärtsstrebende Regulierungsspirale in Gang, die kaum mehr zu stoppen sein wird. Christian Joerges spricht in diesem Zusammenhang von einer „europäischen Re-Regulierungsmaschinerie ..., die das Binnenmarktprogramm systematisch ergänzt". Er exemplifiziert diese „expansive Dynamik der Rechtsproduktion der Gemeinschaft" u.a. an den Beispielen der Qualitäts-

---

23 Daß es sich bei dieser Kompetenzenmaximierung *nicht* um einen Prozeß der sozialen Eigendynamik nach Mayntz/Nedelmann (1987) handelt, wie Schink irrtümlich und im eklatanten Widerspruch zu den eigenen Befunden annimmt, versteht sich angesichts der herausragenden Rolle der Kommission als planenden und ausführenden, unternehmenden und gestaltenden, kurz: *initiativen Akteur* von selbst. Die Zusammenarbeit der verschiedenen, am europäischen Gesetzgebungsprozeß beteiligten Organe ist auch nicht mit eigendynamischen Wechselwirkungen zu verwechseln, weil sie strikt verfahrensmäßig geregelt ist. Tömmel (1992: 199) nennt die EG demgegenüber einen „Policy-Maker", was in diesem Zusammenhang ein schwächerer, wenn nicht sogar tautologischer Begriff ist.

standards und Gesundheitsschutzbestimmungen bei Lebensmitteln, den Produktnormen und der Arzneimittelzulassung (Joerges 1993: 43ff.).

Obwohl jedes einzelne Mitgliedsland prinzipiell die Möglichkeit hat, seine Mitgliedschaft in der EU aufzukündigen, schraubt die Regulierungsspirale als Effekt der „negativen Integration" die Kosten eines Austritts automatisch so hoch, daß eine Exit-Option nicht mehr rational erscheint. Die Regulierungsspirale wirkt somit als einer der wichtigsten Mechanismen des Prozesses der Freisetzung und Selbststabilisierung der supranationalen Institutionen. Je mehr der *acquis communautaire* ausgebaut wird, desto mehr verlieren die einzelnen Mitglieder an politisch-rechtlicher Gestaltungsautonomie gegenüber den durch die Assoziierung selbst geschaffenen politischen Verband. Gleichzeitig werden die Vertragsparteien auf die Fortsetzung des einmal eingeschlagenen Weges festgelegt. Auch unter dieser Voraussetzung ist der Prozeß der europäischen Institutionenbildung kaum mehr rückgängig zu machen. Die Regulierungsspirale steigert folglich, gleichsam aus sich selbst heraus, die transnationale Integration im Sinne einer fortschreitenden Rechtsharmonisierung und zunehmenden Regulierungsdichte. Sie wirkt zugleich auf den Handlungskontext, aus dem sie entstanden ist, zurück. Die institutionellen Emergenzeffekte der Assoziation begrenzen die Handlungsoptionen ihrer Mitglieder. Die nationalen Interessenlagen werden durch die Ausrichtung an den systemeigenen Verfahren des Interessenausgleichs und der Konfliktlösung geformt.

Wie immer die Spirale des Befugnistransfers im konkreten Einzelfall auf europäischer Ebene initiiert werden mag – zur Einleitung eines Verfahrens der europäischen Normsetzung muß erst die Kommission, sofern nicht aus ihrem Apparat selbst der Anstoß dazu kommt, ein politisches Thema gewissermaßen ergreifen und in ihr Initiativfeld aufnehmen. Wenn auch der Kommissionsvorschlag als solcher noch keinerlei Gewähr für eine tatsächliche Realisierung der je speziellen Maßnahme bietet,[24] so ist festzuhalten, daß es keinen Weg zur europäischen Regulierung an dieser Behörde vorbei geben kann. Dies bedeutet in der Konsequenz, daß die politische Programmentwicklung ebenso wie die Implementation zu einem beträchtlichen Teil von den zuständigen Stäben des Kommissionsapparats inhaltlich bestimmt und in der administrativen Durchsetzung von diesen auch kontrolliert werden. An dieser Stelle des Systems greifen nun in besonderem Maße institutionelle Binnenmechanismen, die für die Verstetigung und selbsttragende Stabilisierung der supranationalen Integration verantwortlich sind. Unter diesen Voraussetzungen bildet sich nämlich nicht nur ein emergentes, ressourcenreiches und machtvolles korporatives Zentrum mit eigenen Interessen heraus. Dieses bestimmt darüber hinaus in erheblichem Maße die politischen Prämissen und die Enscheidungsrationalität der Maßnahmepolitik der Gemeinschaft als ganzer. Das politische Handeln des dritten korporativen Akteurs wirkt dabei in mehrfacher Hinsicht auf die Entscheidungssituation der kooperierenden Einzelstaaten zurück. Erst auf dieser institutionellen Grundlage gelangt die für das System charakteristische Dynamik der kumulativen Machterweiterung zum Durchbruch. An diesem Wachstumsprozeß sind aber auch spezifische endogene Mechanismen der Institutionenstabilisierung, die ihrerseits eng mit den strukturellen Besonderheiten des Organs und seiner Organisation verknüpft sind, beteiligt.

---

24 Spektakuläre Integrationsprojekte können scheitern bzw. im weiteren Entscheidungsverfahren, soweit der Rat daran mehr als nur *pro forma* beteiligt ist, verwässert werden, wie das Beispiel der europäischen Sozialpolitik zeigt.

Im Kommissionsapparat werden nahezu sämtliche Maßnahmen der EG inhaltlich, d.h. sachbezogen und rechtstechnisch, vorbereitet, der intergouvernementalen Aushandlung (soweit erforderlich) zugeleitet und damit in den supranationalen Normsetzungsprozeß überführt. Die Implementation der Maßnahmen in den einzelnen Mitgliedsländern wird ebenfalls von dieser Behörde kontrolliert, nötigenfalls das EuGH angerufen und ein Vertragsverletzungsverfahren gegen säumige Mitgliedsländer eingeleitet. Durch seine herausgehobene Stellung im Entscheidungsprozeß und seine direkten Möglichkeiten des Zugangs zu den entscheidungsrelevanten Politik- und Verwaltungsdaten kumuliert dieses Organ das gemeinschaftliche Verfahrens- und Policywissen. In dem Maße, wie die Integration fortschreitet und die Kommission ihre politische Handlungsfähigkeit unter Beweis stellt, wächst die Abhängigkeit der nationalen Akteure vom transnationalen Steuerungswissen der Kommissionsbürokratie. Umgekehrt verstärkt derselbe Prozeß die politische Unabhängigkeit der Kommission: Ihr formales Initiativrecht verwandelt sich in faktische Definitionsmacht. Davon zeugen schon die oben genannten Zahlen der Kommissionsbeschlüsse, die, soweit sie überhaupt der Zustimmung des Rates bedürfen – was bei den meisten Durchführungsmaßnahmen etwa zum Binnenmarkt und in technisch-administrativen Regelungsmaterien zumeist nicht nötig ist – in den meisten Fällen vom Rat in summarischen Abstimmungsverfahren, d.h. ohne weitere Verhandlungen, verabschiedet werden[25], um schließlich für alle Mitgliedstaaten verbindlich in nationales Recht umgesetzt zu werden.

Die Definitionsmacht der Kommission erstreckt sich aber vor allem auch auf die Entscheidungsrationalität selbst. Die Kommission bestimmt zum Teil maßgeblich die Rationalitätskriterien, im Sinne von verfahrensmäßig bestimmten und handlungsleitenden Zielsetzungen vor allem der rechtlich-administrativen Integrationspolitik.[26] Dies hängt eng mit der Beschaffenheit und Binnendifferenzierung ihrer Organisationsstruktur, darüber hinaus mit Eigenarten ihrer Operationsweise zusammen.

Hinsichtlich ihrer Verwaltungsstruktur unterscheidet sich die Kommission grundlegend von herkömmlichen staatlichen Bürokratien. Sie ist nicht nur durch vergleichsweise flachere Hierarchien, ein multinationales *Staffing* und personell verhältnismäßig kleine, aber hoch spezialisierte Stäbe gekennzeichnet (vgl. Berlin 1987; Hay 1991; Bach 1992; Page/Wouters 1995). Darüber hinaus spielt ein nebengeordnetes transnationales Organisationsgeflecht von Verwaltungs- und Sachverständigenausschüssen eine konstitutive Rolle im Policy Making-Prozeß der Kommission (vgl. Pag 1987; Grote 1990). Die genaue Zahl der Kommissionsausschüsse ist nur schwer zu ermitteln, da sie aufgrund ihres Selbstorganisationsrechts zum Teil *ad hoc* ins Leben gerufen und nach Aufgabenerfüllung wieder aufgelöst werden.[27] Ihre Gesamtzahl schwankt zwischen vierhundert und mehr als tausend (vgl. Hilf 1982 sowie die Zählung von Bach 1992: 23, Anm. 18). Die jeweils aufgabenbezogen

---

25 Zu den praktischen Besonderheiten der Beschlußfassung des Rates gehören das schriftliche Verfahren sowie die vereinfachte Verabschiedung zahlreicher Rechtsakte im Wege des sog. „A-Punkt"-Verfahrens. Hierzu zählen alle Beschlüsse, über die im „Ausschuß der Ständigen Vertreter" bereits ein Konsens erzielt wurde.

26 Zur Ausbildung spezifischer Rationalitätskriterien im Kontext institutioneller Differenzierungsprozesse allgemein vgl. Lepsius (1990: 55–62); mit Bezug auf die EG ders. (1991b, 1993).

27 Zur Rechtsgrundlage des „Ausschußverfahrens" bzw. der „Komitologie" siehe Beutler et al. (1993: 218f.).

konstituierten Komitees[28] setzten sich aus Verwaltungsbeamten und Experten der einzelnen Länder zusammen. Obgleich die Sachverständigen- und Verwaltungsausschüsse formell nur als beratende Organe wirken, sind sie im Prozeß der bürokratischen Integration der EU unersetzlich: Die Kommission verfügt bekanntlich über keine eigene Durchsetzungsbürokratie und bildet mit ihren knapp 14.000 Dauerplanstellen eine vergleichsweise kleine Stabsverwaltung (vgl. Kommission 1994: 386). Ihre weitreichenden Initiativ- und Kontrollbefugnisse kann sie effizient nur wahrnehmen, indem sie auf diese halbformelle Parallelverwaltung des Ausschußsystems zurückgreift. Dieses einzigartige transnationale „Gremiennetzwerk" (Jürgen Grote) verbindet die Ministerialbürokratien mit der Kommissionsverwaltung durch ihre im wesentlichen horizontalen, d.h. auf Beamten- und Expertenebene organisierten Kontakt- und Kommunikationsstrukturen. Da die Komiteemitglieder häufig personell identisch mit jenen Beamten sind, die die in den Ausschüssen vorbereiteten Beschlüsse im Zuge der Implementation in nationales Recht umsetzen, werden die Durchsetzungschancen der Kommissionsmaßnahmen durch Beteiligung der Ausschußgremien erheblich vergrößert (vgl. Siedentopf/Ziller 1988). Dabei ist zu vermuten,[29] daß bei den Ausschußverhandlungen, an denen oft auch wissenschaftliche Experten und Verbandsvertreter mitwirken,[30] meistens eher ein informeller, kooperativer, vorwiegend an technischer und administrativer Problemlösung orientierter Verhandlungsgeist vorherrscht. Schon aufgrund der Zusammensetzung mit Fachleuten aus Verwaltung, Wissenschaft und Verbänden sowie ihrer speziellen Aufgaben tragen die Ausschüsse außer zur Fragmentierung und Sektoralisierung des Entscheidungsprozesses tendenziell auch zu einer „Entpolitisierung" der Verhandlungen auf dieser Ebene bei (vgl. Krislov et al. 1985; Peters 1992: 77). Im übrigen reduzieren diese semi-formellen *Vor-*Verhandlungsstrukturen (vgl. Cassese 1987) gewissermaßen das Konfliktniveau bei den einzelnen Sachfragen. Auf Beamten- und Expertenebene werden viele nationalpolitische Interessenkonflikte versachlicht und vermittelt, bevor sie auf die höhere Entscheidungsebene der Kabinette[31] und Kommissare gelangen, wo sie im Falle eines im Ausschuß erzielten Konsenses meistens ebenfalls ohne weitere

---

28 Der XXVII. Gesamtbericht über die Tätigkeit der Europäischen Gemeinschaften weist für das Jahr 1993 allein 41 Verwaltungs- und Regelungsausschüsse für den Bereich der Landwirtschaftspolitik aus, darunter Verwaltungsausschüsse „für Schaf- und Ziegenfleisch", „für landwirtschaftliche Einkommensbeihilfen", „für Bananen", Ständige Ausschüsse „für Agrarstrukturen und ländliche Entwicklung", „für den ökologischen Landbau" sowie einen „Adhoc-Ausschuß für Cholera" (Kommission 1994: 207). Auf dem Telekommunikationssektor wurden zwischen 1980 und 1985 beispielsweise 14 Beratungskomitees gegründet, vgl. Dang-Nguyen et al. (1993: 20).
29 Hier liegt eine große Forschungslücke vor: die Kommunikations- und Entscheidungspraktiken bei den überwiegend informellen Ausschußsitzungen wurden bisher meines Wissens empirisch nicht näher untersucht.
30 Zur Rolle organisierter Interessen im Netzwerk der Kommissionsausschüsse vgl. Algieri/Rometsch (1994), siehe auch Streeck/Schmitter (1991), Greenwood et al. (Hg. 1992), Eichener/Voelzkow (Hg. 1994).
31 Bei den „Kabinetten" handelt es sich um politische Beamtenstäbe, die den einzelnen Kommissaren für Beratungs- und Koordinierungsfunktionen zur Verfügung stehen. Die Kabinett-Chefs verbessern und filtern die Vorarbeiten der Generaldirektionen und entlasten damit den Kommissar. Auf dieser Hierarchiestufe wird aber auch eine Reihe von wichtigen Vorentscheidungen getroffen, vgl. Beutler et al. (1993: 144); informative Einblicke gibt Ross (1994: 501).

Erörterung beschlossen werden. In diesem verwaltungsparallelen Politik-Netzwerk[32] setzen sich jene technokratischen Rationalitätskriterien durch, die den Charakter der Rechtssetzung und des Politikstils der EG insgesamt prägen. Hier dominiert jedenfalls die Rationalität eines instrumentellen, zumeist im niedrigen Normenbereich der „Verordnungen" angesiedelten Rechtsverständnisses. Mit der Entwicklung systemeigener technokratischer Rationalitätskriterien erhöhen sich zwar offensichtlich erheblich die Chancen der Durchsetzung der Integrationsziele, allerdings nur um den Preis einer nachhaltigen Bürokratisierung des Integrationsprozesses (vgl. Bach 1992). Das De-Regulierungsprogramm des Binnenmarktes mit seinen vier Verkehrsfreiheiten – Waren, Personen, Dienstleistungen und Kapital – und mit seinem Katalog von über dreihundert bürokratischen Einzelmaßnahmen (vgl. Commission 1985) steht für den außerordentlichen Erfolg dieser „negativen" Integrationspolitik. Gleichzeitig verdrängen die institutionalisierten Rationalitätskriterien aber den normativen politischen Wertediskurs, wie er in den nationalen politischen Kulturen zur Tagesordnung gehört, etwa über Grundprinzipien distributiver Gerechtigkeit, ethische Maximen der Sozialpolitik, oder auch einfach nur Normen für den Tierschutz, soweit er jedenfalls mit der technokratischen Rationalität nicht vereinbar ist, in den Hintergrund (vgl. Kenis 1991: 735ff.). Die manifesten und latenten Legitimationsprobleme, mit denen die EU in jüngster Zeit konfrontiert wird, sind größtenteils auf den hier offensichtlich werdenden, freilich nur schwer lösbaren Gegensatz von administrativer Effizienz und demokratischer Partizipation, dem technokratischen Dilemma dieses Systems, zurückzuführen.[33]

Entwicklungsprozesse politischer Gebilde sind jedoch nicht, wie Lepsius immer wieder betont, auf systemische Eigendynamiken zu reduzieren. Dauerhafte institutionelle Differenzierungsprozesse bedürfen sozialer Trägergruppen, deren Handlungsmotivation auf die Verwirklichung der Systemziele ausgerichtet ist, deren Mitglieder sich mit den Werten der Institution identifizieren und deren berufliche Existenz sowie sozialer Status von der Institution gesichert werden. Als wichtigster Träger des Prozesses der Institutionenbildung auf europäischer Ebene wirken nicht primär die Repräsentanten der einzelnen Länder, soweit sie auf Minister-, Staatssekretärs- oder Diplomatenebene zusammenkommen. Die Mitglieder dieser herausgehobenen Akteursgruppe orientieren sich vorwiegend an den nationalen Interessen und bleiben weitgehend dem Herkunftsstaat gegenüber verpflichtet. Im Kommissionszusammenhang hingegen gibt es Anzeichen dafür (vgl. Berlin 1987), daß sich hier allmählich der Kern einer unterscheidbaren politisch-administrativen Funktionselite herausbildet. Deren Handeln ist primär auf die Verwirklichung der Integrationsnormen und -ziele ausgerichtet und ihre politische Loyalität gilt zunehmend *auch* der Gemeinschaft. Diese bisher in ihrem Sozialprofil, ihren charakteristischen Berufsverläufen, politisch-kulturellen Orientierungen, auch ihrem *ésprit des corps,* völlig unerforscht gebliebene neue europäische Funktionselite setzt sich im wesentlichen aus den Spitzenbeamten der Kommissionsbürokratie zusammen. Aufgrund der charakteristischen transbürokratischen Netzwerkstruktur der Kommission sind zu dieser Funktionselite aber auch noch jene Verwal-

---

32 Zu „*Policy*-Netzwerken" als spezifisch horizontale Organisationsmodi von *Policy-Making* in politischen *settings* mit hohen funktionalen Interdependenzen und dispersiven Ressourcen siehe Kenis/Schneider (1991); angewandt auf die Telekommunikationspolitik in der EG: Dang-Nguyen et al. (1993).
33 Siehe dazu schon Dahrendorf (1973: 218f.).

tungsbeamte und Verbandsfunktionäre zu rechnen, die mehr oder weniger regelmäßig in den Ausschüssen zusammenkommen. Diese Funktionäre legen bei ihrer Ausschußarbeit ihre nationale Identität freilich nicht ab, aber es bieten sich doch regelmäßig Gelegenheiten für eine stärkere Identifikation mit dem politischen Integrationsprojekt und seiner Rationalität, vor allem aufgrund des professionellen Selbstverständnisses als „Europaexperten" in Rechts- und Sachfragen.

Eine exakte Quantifizierung dieser Gruppe ist nur schwer möglich. Die Komiteemitglieder sind schon wegen der informellen Verhandlungsstrukturen und aufgrund der personellen Fluktuationen in diesen Gremien, die ein Anreisen der nationalen Delegationen (mit Ausnahme der Belgier) nach Brüssel erforderlich machen, nur schwer faßbar. Grobe Schätzungen ergeben aber eine Richtzahl von insgesamt etwa 30–35.000 Beamten und Experten, die im Tätigkeitsbereich der Kommission aktiv sind (vgl. Bach 1992: 24). Es gibt auch Hinweise darauf, daß besonders die Arbeit in den Ausschüssen zur informellen Homogenisierung dieser Funktionsgruppe von europäischen Verwaltungs- und Regulierungsexperten beiträgt. Aufgrund ihrer fachlichen Spezialisierung auf diesem Gebiet, ihrer transnationalen Kommunikation über eigene Kanäle, mit denen die bürokratischen Amtswege oft horizontal unterlaufen werden (vgl. Berlin 1987), und nicht zuletzt aufgrund ihrer Schlüsselstellung im System trägt und verstärkt diese soziale Gruppe den Integrationsprozeß.

Wie die hier nur grob skizzierte Freisetzung einer europäischen expertokratischen Funktionselite aus den bisher national geschlossenen Staatsverwaltungen der Mitgliedsländer im einzelnen verläuft und welche Chancen sich dabei für die Formierung einer neuen europäischen politischen Klasse – im Widerstreit von nationaler und übernationaler Loyalität – bieten, ist eine offene Frage, die nur durch zukünftige empirische Studien beantwortet werden kann. Für eine politische Soziologie der europäischen Einigung ist dieses Forschungsproblem jedenfalls von eminenter Bedeutung, weil hier die sozialen Akteure in den Blick genommen werden, ohne deren eigens auf den Erhalt und die Fortentwicklung der verbandlichen Ordnung eingestelltes, zweck- wie wertrationales Wirken das neugeschaffene europäische Institutionengebilde ein menschenleeres Netz von Funktionen wäre.

## VI. Ein irreversibler Prozeß?

Viele politische Errungenschaften, die als feste Bestandteile politischer Systeme galten, haben sich in den zurückliegenden Jahren als reversible Errungenschaften erwiesen. Der Abbau wohlfahrtsstaatlicher Leistungen gehört ebenso dazu wie die Implosion der „real existierenden" sozialistischen Staaten des Ostblocks, deren Symbol der Fall der Berliner Mauer ist. Insofern scheint die Frage naheliegend, welche Aussichten auf Bestand und Fortentwicklung das Europäische Gemeinschaftssystem hat. In Anbetracht des erreichten Konsolidierungsgrades und sich ständig ausdehnenden Wirkungsradius der europäischen Institutionen stellt sich das Problem, ob für die Zukunft eine Rückentwicklung noch wahrscheinlich ist oder nicht heute bereits eher von einer Nichtumkehrbarkeit und beständigen Fortentwicklung auszugehen ist.

Im Hinblick auf die teleologische Ausrichtung der integrationspolitischen Grundordnung lassen sich zunächst beide Thesen leicht begründen: Die „europäische Verfassung" ist zwar auf Wandel und Zielverwirklichung angelegt, ihre stets von den souveränen Vertragsparteien auszuhandelnden Reformen schließen aber Beschlüsse für eine Verlangsamung der Integrationspolitik wie auch eine rückwärtsgerichtete Neuorientierung prinzipiell nicht aus. Bewußte Entscheidungen für eine Devolution sind aber eher unwahrscheinlich, schon weil sich die Mitgliedstaaten durch bindende Verträge zur Kooperation verpflichtet haben. Die Verträge sind zudem unbefristet und deren etwaige Auflösung erforderte formell einen einstimmigen Beschluß des Rates. Eine Abwicklung des bestehenden Regimes könnte dank des Vetorechts von einer einzigen, am Fortbestand interessierten Vertragspartei noch zu verhindern versucht werden. Die faktische Auflösung wäre in einer solchen Situation zwar nicht auszuschließen, käme aber einem Zustand anomischen Werte- und Normenzerfalls in den zwischenstaatlichen Beziehungen gleich. Sie würde die Einzelstaaten wichtiger politischer und normativer Mitwirkungsmöglichkeiten in zwischenstaatlichen Konfliktarenen berauben. Eine Option für ungeregelten Machtkampf, gestützt auf fallweise zwischenstaatliche Allianzen von stets ungleichen Partnern würde einen Rückfall in die Geschichte der europäischen Gleichgewichtspolitik mit ihren eigenen Risiken bedeuten. Die vitalen Sicherheitsbedürfnisse der einzelnen Staaten in Europa sprechen folglich eher gegen eine Selbstauflösung des bestehenden Verhandlungsregimes von formell gleichberechtigten und durch einen geteilten Wertekanon verbundenen Nationen.

Der Austritt einzelner Staaten oder auch Staatsgruppen aus dem Gemeinschaftssystem, aus welchen Gründen auch immer (z.B. infolge von Referenda), ist natürlich nie auszuschließen, wenngleich auch dies im Beschlußverfahren formell dem Einstimmigkeitserfordernis unterliegen würde. Die *Exit*-Option Einzelner müßte das System aber noch keineswegs mit Notwendigkeit in seinem Gesamtbestand ins Wanken bringen, sondern würde allenfalls die innere Machtbalance verlagern und im übrigen wohl die Position des oder der Austretenden gegenüber dem Gemeinschaftswerk nachhaltig schwächen. Bei Dissens in politischen Grundsatzfragen sind eher Verfahren über Teilaustritte zu erwarten, etwa in bestimmten Politiksektoren, wie sie exemplarisch bei der Ausnahmeregelung für Großbritannien beim Abkommen über Sozialpolitik erzielt wurden.

Die erfolgreiche „sektorale Vergemeinschaftung" (Lepsius) und der dadurch bewirkte Transfer substantieller Regelungskompetenzen auf die neue Ebene zementiert faktisch die politische Verschränkung der Einzelstaaten im transnationalen Verhandlungsregime. Die Chance zur Stärkung von Einzelpositionen kann nur durch weitere Verhandlungen vergrößert, einzelstaatliche Interessenmaximierung nur durch kontinuierlichen und qualifizierten Input erzielt werden. Bei zunehmendem Integrationsgrad steigen ständig die Austrittskosten, so daß das Regime gewissermaßen auf fortgesetzte Verhandlungen programmiert ist, was zur verstärkten Interessenaggregation in diesem Handlungskontext beiträgt. Wenngleich „spill-over"-Effekte nicht in dem Maße jene Eigendynamik freigesetzt haben, die die klassische soziologische Integrationstheorie erwartet hatte, so wurde doch seit der europäischen Binnenmarktpolitik eine Dynamik der Integration in Gang gesetzt, die in der Geschichte der Einigung ihresgleichen sucht. Hinzu kommt, daß die bisher dominante Strategie der „negativen Integration" eine Regulierungsspirale ausgelöst hat, die in den funktional interdependenten Wirkungsbereichen der europäischen Politik einem expansiven Kompetenzenwachstum insbesondere der Europäischen Kommission Tür und Tor geöffnet hat.

Das Prinzip der direkten und unmittelbaren Geltung des europäischen Rechts in sämtlichen Mitgliedstaaten garantiert die Verwirklichung der EU-Maßnahmen durch den Zwang zu ihrer Umsetzung in nationales Recht und zur verwaltungsmäßigen Implementation. Der Stand der Rechtsintegration bestimmt als faktisches *Oktroy* das nicht mehr unterschreitbare Niveau der Einigung im Verwaltungs- und Rechtssystem der einzelnen Länder. Dilations- und Obstruktionsstrategien erweisen sich als nicht rechtfertigungsfähig und auch nur als begrenzt wirkungsvoll: Das prozentuale Verhältnis der Verstoßverfahren zum Rechtsbestand der Gemeinschaft beläuft sich auf knapp 10 Prozent im Zeitraum von 1974-1990 (Snyder 1993: 29). Im nationalen Rechtssystem verschleiert das europäische Recht darüber hinaus nicht nur seine Herkunft, insofern es in jedem Fall als einzelstaatlicher Hoheitsakt in Kraft tritt. Es ist auch jeglicher Überprüfbarkeit oder Revidierbarkeit durch einzelstaatliche Instanzen enthoben. Europäische Rechtsmaßnahmen stehen dem nationalen Gesetzgeber nicht mehr zur Disposition. Selbst unter veränderten politischen Verhältnissen und Mehrheiten können sie nicht mehr im politischen und parlamentarischen Prozeß der Einzelstaaten modifiziert oder rückgängig gemacht werden. Europäisches Recht bricht somit nicht nur nationales Recht, sondern es ist dem internen demokratischen Gesetzgebungsprozeß der Länder grundsätzlich entzogen. Der faktische Souveränitätsverlust der Mitgliedstaaten erstreckt sich damit nicht nur auf den politischen Gestaltungsrahmen, der infolge von Kompetenzentransfers auf die europäische Ebene eingegrenzt wird, sondern auch auf den Geltungsrahmen der einzig demokratisch legitimierten, nämlich innerstaatlichen Rechtshoheit. In der Konsequenz werden dabei die individuellen Staaten eines wachsenden Anteils ihrer legitimen politischen Initiativmacht und Entscheidungssouveränität im Zuge der Rechtsintegration gleichsam auf kaltem Wege enteignet. Durch das im EUV kodifizierte Subsidiaritätsprinzip, mit dem die Mitgliedstaaten ihr Widerstreben gegen fortgesetzten Kompetenzenzuwachs im Gemeinschaftssystem signalisierten, wird jedenfalls kaum die erwartete Bremswirkungen zeigen. Die Subsidiaritätsnorm gewährleistet keine grundlegend neue Verteilung der Befugnisse zwischen den Mitgliedstaaten und dem Gemeinschaftssystem. Es entpuppt sich statt dessen als ein Prinzip zur Regulierung der Inanspruchnahme von supranationalen Kompetenzen seitens der EU-Organe (vgl. Dehousse 1994).

Hält man sich schließlich die binneninstitutionelle Dynamik der bisherigen Systementwicklung vor Augen, dann spricht in der Tat vieles für die These der Irreversibilität. Insbesondere die vollzogenen Prozesse der institutionellen Differenzierung im Sinne der Herausbildung einer eigenständigen Kompetenzebene mit spezialisierten Leistungen und besonderen Rationalitätskriterien begünstigen die Freisetzung und Stabilisierung der neuen europäischen Institutionenordnung. Ihre zentralen und vernetzten Stäbe, die auf der Basis expliziter, vertraglich geregelter Initiativanforderungen und/oder bürokratischer Selbstermächtigungen den Integrationsprozeß gewissermaßen veralltäglichen, formieren sich zu einer transnational einflußreichen Funktionselite eigenen Zuschnitts. Damit ist die Perpetuierung der Systementwicklung nicht nur auf *vested interests* des verselbständigten korporativen Dritten zurückzuführen. Die europäische Integration erhält ihre Dynamik wie Stabilität, Innovationsfähigkeit wie Durchsetzungskraft von einem historisch einzigartigen Institutionenlaboratorium, in dem die westeuropäischen Staaten mit teilweise gänzlich neuen Instrumentarien zur Politikgestaltung experimentieren.

Die jüngste Geschichte Europas, die einen von Sozialwissenschaftlern nicht vorhergesehenen, folgenreichen Zerfall von Staaten, Regimen und auch einem Imperium erlebte, lehrt vor allem, mit prognostischen Aussagen hinsichtlich den Perspektiven und der Dauer politischer Systeme vorsichtig umzugehen. Die europäische Einigung ist offensichtlich ein Prozeß der epochalen „Staatswerdung". Die zukünftige Gestalt dieses Machtgebildes ist heute zwar ebensowenig vorauszusehen wie die zu erwartenden politischen Konfliktkonstellationen beim Fortschreiten der Integration. Vieles spricht aber dafür, daß im Zuge der bisherigen supranationalen Systembildung entscheidende institutionelle Weichen für einen dauerhaften und expansiven Wachstumsprozeß des neuen europäischen Souveräns gestellt worden sind.

## Literatur

*Algieri, Franco,* und *Dietrich Rometsch,* 1994: Europäische Kommission und organisierte Interessen. Die Rolle des „Ausschußwesens" und Ansätze für einen strukturierten Dialog. S. 131-149 in: *Volker Eichener* und *Helmut Voelkow* (Hg.): Europäische Integration und verbandliche Interessenvermittlung. Marburg: Metropolis.

*Andersen, Svein S.,* und *Kjell A. Eliassen* (Hg.), 1993: Making Policy in Europe. The Europeification of National Policy-making. London: Sage.

*Arnold, Hans,* 1995: Die Europäische Union zwischen Maastricht und Maastricht-Revision, Aus Politik und Zeitgeschichte. Beilage zur Wochenzeitung. Das Parlament, B 3-4/95: 3-9.

*Bach, Maurizio,* 1992: Eine leise Revolution durch Verwaltungsverfahren. Bürokratische Integrationsprozesse in der Europäischen Gemeinschaft, Zeitschrift für Soziologie 21: 16-30.

*Berlin, Dominique,* 1987: Organisation et fonctionnement de la Commission des Communautés européennes. S. 21-442 in: *Dominique Berlin, Sabine Pag* und *C. Bourtembourg:* The European Administration. Maastricht: IEAP.

*Beutler, Bengt, Roland Bieber, Jörn Pipkorn* und *Jochen Streil,* 1993: Die Europäische Union. Rechtsordnung und Politik. Baden-Baden: Nomos.

*Beyme, Klaus von,* 1993: Die politische Klasse im Parteienstaat. Frankfurt a.M.: Suhrkamp.

*Beyme, Klaus von,* 1994: Die Renaissance der Integrationstheorie. Zentripetale Kräfte und funktionale Sachzwänge in der Maastricht-Runde der Europäischen Einigung. S. 27-43 in: *Volker Eichener* und *Helmut Voelkow* (Hg.): Europäische Integration und verbandliche Interessenvermittlung. Marburg: Metropolis.

*Bindschedler, Rudolf L.,* 1961: Internationale Organisation (Grundfragen). S. 70-89 in: *Hans-Jürgen Schlochauer* (Hg.): Wörterbuch des Völkerrechts. Berlin: De Gruyter.

*Cassese, Sabino,* 1987: Divided Powers: European Administration and National Bureaucracies. S. 5-19 in: *Dominique Berlin, Sabine Pag* und *C. Bourtembourg:* The European Administration. Maastricht: IEAP.

*Coleman, James S.,* 1974: Power and the Structure of Society. New York: Norton.

*Commission of the European Communities* (Hg.), 1985: Completing the Internal Market. White Paper from the Commission to the European Council (Mailand, 28. und 29. Juni 1985; Com(85) 310 final). Brüssel: Amt für amtliche Veröffentlichungen.

*Dahrendorf, Ralf,* 1973: Plädoyer für die Europäische Union. München: Piper.

*Dang-Nguyen, Godefroy, Volker Schneider* und *Raymond Werle,* 1993: Corporate Actor Networks in European Policy Making: Harmonizing Telecommunications Policy. MPIFG Discussion Paper 93/4. Köln.

*Dastoli, Pier Virgilio,* 1989: 1992: Europa senza frontiere? Bologna: Il Mulino.

*Dehousse, Renaud,* 1994: Community Competences: Are there Limits to Growth? S. 103-125 in: *Renaud Dehousse* (Hg.): Europe After Maastricht. An Ever Closer Union? München: Beck'sche Verlagsbuchhandlung.

*Eichener, Volker,* und *Helmut Voelzkow* (Hg.), 1994: Europäische Integration und verbandliche Interessenvermittlung. Marburg: Metropolis.

*Engel, Christian,* 1994: Kommission der EG/Europäische Kommission. S. 249–255 in: *Werner Weidenfeld* und *Wolfgang Wessels* (Hg.): Europa von A-Z. Taschenbuch der europäischen Integration. Bonn: Bundeszentrale für politische Bildung.

*Greenwood, Justin, Jürgen Grote* und *Karsten Ronit* (Hg.), 1992: Organized Interests and the European Community. London: Sage.

*Grimm, Dieter,* 1993: Mit der Aufwertung des Europa-Parlaments ist es nicht getan. – Das Demokratiedefizit der EG hat strukturelle Ursachen –. S. 13–18 in: *Thomas Ellwein, Dieter Grimm, Joachim Jens Hesse* und *Gunnar Folke Schuppert* (Hg.): Jahrbuch zur Staats- und Verwaltungswissenschaft, Band 6. Baden-Baden: Nomos.

*Grote, Jürgen R.,* 1990: Steuerungsprobleme in transnationalen Beratungsgremien: Über soziale Kosten unkoordinierter Regulierung in der EG. S. 227–254 in: *Thomas Ellwein, Dieter Grimm, Joachim Jens Hesse* und *Gunnar Folke Schuppert* (Hg.): Jahrbuch zur Staats- und Verwaltungswissenschaft, Band 4. Baden-Baden: Nomos.

*Haas, Ernst B.,* 1958: The Uniting of Europe: Political, Social, and Economic Forces, 1950–1957. London: Stevens.

*Haas, Ernst B.,* 1964: Beyond the Nation State. Functionalism and Internationational Integration. Stanford: Stanford University Press.

*Haas, Ernst B.,* 1968: Regional Integration. S. 522–528 in: *David S. Sills* (Hg.): International Encyclopedia of the Social Sciences, Band 8. New York: Macmillan.

*Haas, Ernst B.,* 1975: The Obsolescence of Regional Integration Theory. Berkeley: University of California (Research Series, No. 25).

*Haller, Max,* 1995: Das Vereinte Europa als demokratisch-föderalistische Staatenunion. Soziologische Überlegungen zu den Grundlagen und Funktionsprinzipien einer neuen „Verfassung" der EU. In: *Josef Langer* (Hg.): Kleine Staaten in großer Gesellschaft. Überlegungen zur Transformation Europas. Eisenstadt (im Erscheinen).

*Hay, Richard,* 1991: The European Commission and the Administration of the Community. Brüssel: Amt für amtliche Veröffentlichungen der Europäischen Gemeinschaften.

*Hilf, Meinhard,* 1982: Die Organisationsstruktur der Europäischen Gemeinschaft. Berlin u.a.: Springer.

*Hoffmann-Lange, Ursula,* 1990: Eliten in der modernen Demokratie. Fragestellungen, theoretische Ansätze und Ergebnisse der Eliteforschung. S. 11–27 in: *Landeszentrale für politische Bildung Baden-Württemberg* (Hg.): Eliten in der Bundesrepublik Deutschland. Stuttgart u.a.: Kohlhammer.

*Ipsen, Hans Peter,* 1987: Europäische Verfassung – Nationale Verfassung, Europarecht 22: 195–213.

*Joerges, Christian,* 1993: Die Europäisierung des Wirtschaftsrechts. S. 31–53 in: *Rudolf Hrbek* (Hg.): Die Entwicklung der EG zur Politischen Union und zur Wirtschafts- und Währungsunion unter der Sonde der Wissenschaft. Baden-Baden: Nomos.

*Kenis, Patrick,* 1991: Social Europe in the 1990s. Beyond an Adjunct to Achieving a Common Market?, Futures 23: 724–738.

*Kenis, Patrick,* und *Volker Schneider,* 1991: Policy Networks and Policy Analysis: Scrutinizing a New Analytical Toolbox. S. 25–59 in: *Bernd Marin* und *Renate Mayntz* (Hg.): Policy Networks. Empirical Evidence and Theoretical Considerations. Frankfurt a.M. u.a.: Campus/Westview.

*Kohler-Koch, Beate* (Hg.), 1989: Regime in internationalen Beziehungen. Baden-Baden: Nomos.

*Kommission der Europäischen Gemeinschaften* (Hg.), 1994: XXVII. Gesamtbericht über die Tätigkeit der Europäischen Gemeinschaften. Brüssel u.a.: Amt für amtliche Veröffentlichungen der Europäischen Gemeinschaften.

*Krislov, Samuel, Claus-Dieter Ehlermann* und *Joseph H. H. Weiler,* 1985: The Political Organs and the Decision-Making Process in the United States and the European Community. S. 3–109 in: *Mauro Cappelletti, Monica Seccombe* und *Joseph H. H. Weiler* (Hg.): Integration Through Law. Europe and the American Federal Experience, Band 1, 2. Halbband. Berlin u.a.: De Gruyter.

*Lepsius, M. Rainer,* 1990: Interessen, Ideen und Institutionen. Opladen: Westdeutscher Verlag.

*Lepsius, M. Rainer,* 1991a: Nationalstaat oder Nationalitätenstaat als Modell für die Weiterentwicklung der Europäischen Gemeinschaft. S. 19–40 in: *Rudolf Wildenmann* (Hg.): Staatswerdung Europas? Optionen für eine europäische Union. Baden-Baden: Nomos.

*Lepsius, M. Rainer,* 1991b: Die Europäische Gemeinschaft: Rationalitätskriterien der Regimebildung. S. 309–317 in: *Wolfgang Zapf* (Hg.): Die Modernisierung moderner Gesellschaften. Verhandlungen des 25. Deutschen Soziologentages in Frankfurt a.M. 1990. Frankfurt a.M. u.a.: Campus.

*Lepsius, M. Rainer,* 1993: Europe after the End of Two Dictatorships, Schweizerische Zeitschrift für Soziologie 19: 11–23.

*Lodge, Juliet,* 1994: Transparency and Democratic Legitimacy, Journal of Common Market Studies 32: 343–368.

*Mayntz, Renate,* und *Birgitta Nedelmann,* 1987: Eigendynamische soziale Prozesse. Anmerkungen zu einem analytischen Paradigma, Kölner Zeitschrift für Soziologie und Sozialpsychologie 39: 648–668.

*Mitrany, David,* 1943: A Working Peace System. An Argument for the Functional Development of International Organization. London: National Peace Council.

*Müller, Harald,* 1993: Die Chance der Kooperation. Regime in internationalen Beziehungen. Darmstadt: Wissenschaftliche Buchgesellschaft.

*Noël, Émile,* 1993: Die Organe der Gemeinschaft. Luxemburg: Amt für amtliche Veröffentlichungen der Europäischen Gemeinschaften.

*Pag, Sabine,* 1987: The Relation Between the Commission and National Bureaucracies. S. 443–496 in: *Dominique Berlin, Sabine Pag* und *C. Bourtembourg:* The European Administration. Maastricht: IEAP.

*Page, C. Edward,* und *Wouters, Linda,* 1995: The Europeanization of the National Bureaucracies? S. 185–204 in: *Jon Pierre* (Hg.): Bureaucracy in the Modern State. An Introduction to Comparative Public Administration. Aldershot: Elgar.

*Peters, Guy,* 1992: Bureaucratic Politics and the Institutions of the European Community. S. 75–123 in: *Alberta M. Sbragia* (Hg.): Euro-Politics. Institutions and Policymaking in the „New" European Community. Washington D.C.: Brookings.

*Pinder, John,* 1968: Positive integration and negative integration. Some problems of economic union in the EEC, The World Today, 24: 88–110.

*Portinaro, Pier Paolo,* 1986: Il Terzo. Una figura del politico. Mailand: Angeli.

*Puchala, Donald J.,* 1972: Of Blind Men, Elephants and International Integration, Journal of Common Market Studies 10: 267–284.

*Ross, George,* 1994: Inside the Delors Cabinet, Journal of Common Market Studies 32: 499–523.

*Sandholtz, Wayne,* und *John Zysman,* 1989: 1992: Recasting the European Bargain, World Politics 42: 95–128.

*Scharpf, Fritz W.,* 1993: Optionen des Föderalismus in Deutschland und Europa. Frankfurt a.M./New York: Campus.

*Scharpf, Fritz W.,* 1994: Mehrebenenpolitik im vollendeten Binnenmarkt. MPFIG Discussion Paper 94/4. Köln.

*Schink, Gertrud,* 1993: Kompetenzerweiterung im Handlungssystem der Europäischen Gemeinschaft: Eigendynamik und „Policy Entrepreneurs". Eine Analyse am Beispiel von Bildung und Ausbildung. Baden-Baden: Nomos.

*Schmitter, Philippe C.,* 1992: Representation and the Future Euro-Polity, Staatswissenschaften und Staatspraxis. Rechts-, wirtschafts- und sozialwissenschaftliche Beiträge zum staatlichen Handeln 3: 379–405.

*Schneider, Volker,* und *Raymond Werle,* 1989: Vom Regime zum korporativen Akteur. Zur institutionellen Dynamik der Europäischen Gemeinschaft, S. 409–434 in: *Beate Kohler-Koch* (Hg.): Regime in internationalen Beziehungen. Baden-Baden: Nomos.

*Schumann, Wolfgang,* 1991: EG-Forschung und Policy-Analyse. Zur Notwendigkeit, den ganzen Elefanten zu erfassen, Politische Vierteljahresschrift 32: 232–257.

*Schuppert, Gunnar Folke,* 1994: Zur Staatswerdung Europas. Überlegungen zu Bedingungsfaktoren und Perspektiven der europäischen Verfassungsentwicklung, Staatswissenschaften und Staatspraxis. Rechts-, wirtschafts- und sozialwissenschaftliche Beiträge zum staatlichen Handeln 5: 35–76.

*Siedentopf, Heinrich,* und *Jacques Ziller,* 1988: Making European Policies Work. The Implementation of Community Legislation in the Member States. London: Sage.

*Snyder, Francis,* 1993: The Effectiveness of European Community Law: Institutions, Processes, Tools and Techniques, The Modern Law Review 56: 1954.

*Streeck, Wolfgang,* und *Philippe C. Schmitter,* 1991: From National Corporatism to Transnational Pluralism: Organized Interests in the Single European Market, Politics & Society 19: 133–164.

*Tömmel, Ingeborg,* 1992: System-Entwicklung und Politikgestaltung in der Europäischen Gemeinschaft am Beispiel der Regionalpolitik. S. 185–208 in: *Michael Kreile* (Hg.): Die Integration Europas. Opladen: Westdeutscher Verlag.

*Weidenfeld, Werner,* und *Wolfgang Wessels* (Hg.), 1994: Europa von A-Z. Taschenbuch der europäischen Integration. Bonn: Bundeszentrale für politische Bildung.

*Weiler, Joseph H. H.,* 1981: The Community System. The Dual Character of Supranationalism, Yearbook of European Law 1: 257–306.

*Weiler, Joseph H. H.,* 1993: Journey to an Unknown Destination: A Retrospective and Prospective of the European Court of Justice in the Arena of Political Integration, Journal of Common Market Studies 31: 417–446.

*Weiler, Joseph H. H.,* 1994: A Quiet Revolution. The European Court of Justice and its Interlocuters, Comparative Politial Studies 26: 510–534.

*Zellentin, Gerda,* 1992: Der Funktionalismus – eine Strategie gesamteuropäischer Integration? S. 62–77 in: *Michael Kreile* (Hg.): Die Integration Europas. Opladen: Westdeutscher Verlag.

# INSTITUTIONENANALYSE UND INSTITUTIONENPOLITIK

M. Rainer Lepsius

*Zusammenfassung:* Der Begriff der Institution ist in seinem soziologischen Gehalt unterbestimmt. Er dient im wesentlichen der Beschreibung von komplexen Phänomenen heterogener Zusammensetzung. Der Beitrag macht einen Vorschlag für eine inhaltliche Präzisierung eines Problemzusammenhanges, der als Institutionalisierung von Rationalitätskriterien in spezifischen Handlungskontexten bezeichnet wird. Daraus wird ein Programm für eine Institutionenanalyse entwickelt. Auf deren Grundlage werden Kriterien für die Institutionenpolitik aufgestellt. Die Problematik der Gestaltung der Europäischen Union dient als Beispiel für die Anwendungsfähigkeit einer hier skizzierten Institutionenanalyse und für die Beurteilung einer Institutionenpolitik.

Marx und Engels meinten im Manifest des Kommunistischen Partei: „Die Geschichte aller bisherigen Gesellschaft ist die Geschichte von Klassenkämpfen". Doch worum kämpfen die Klassen? Um die Durchsetzung neuer Produktionsverhältnisse. Was aber sind Produktionsverhältnisse? Es sind institutionalisierte Regeln für die Produktion und Distribution von Gütern und Dienstleistungen. Diesen schrieben Marx und Engels eine bestimmende Macht zu für die Prägung aller anderen institutionellen Ordnungen, der Organisation des Staates, der Rechtsordnung, der Wissensproduktion, der Lebensverhältnisse im allgemeinen und der individuellen Entfremdung des einzelnen Menschen, sei er Proletarier oder Bourgeois. Zwar hätten alle Klassenkämpfe, so meinten Marx und Engels, die Produktionsverhältnisse im Laufe der Geschichte verändert, sie dem Stand der Produktivkräfte angepaßt, aber ihren institutionellen Kern, das Privateigentum an den Produktionsmitteln, nicht aufgehoben. Erst durch die kommunistische Revolution werde diese zentrale Institution beseitigt, und dann werde nicht nur die Ordnung des Kapitalismus zusammenbrechen, sondern auch der Staat „absterben", Verteilungsgerechtigkeit nach Fähigkeiten und Bedürfnissen möglich, die Entfremdung des Menschen von seinem Arbeitsprodukt, von seiner Arbeit und schließlich von sich selbst aufhören. Die Klassen sind nur die Träger der Kämpfe, die Institutionen ihr Inhalt. Marx und Engels hätten auch schreiben können: Die Geschichte aller bisherigen Gesellschaft ist die Geschichte von Institutionenkämpfen. Das hätte ihrem institutionellen Ansatz genauer entsprochen, sie auch gelöst von dem Bestreben, die historischen Subjekte der Institutionenkämpfe in großen Kollektiven zu suchen und ihre Mobilisierung durch soziale Bewegungen als die zentralen historischen Ereignisse zu behandeln. Viele Institutionenkonflikte, auch ökonomische, werden von kleinen Minderheiten getragen, und nicht alle institutionellen Veränderungen ruhen auf dem politischen Druck sozialer Bewegungen.

Marx und Engels unterstellten eine Vorrangigkeit der Institutionen für die soziale Existenz der Menschen, vermuteten, daß zwischen ihnen eine Interdependenz bestehe, und glaubten, daß einer Institution eine Schlüsselfunktion zukäme. Würde man diese beseitigen, so würden sich auch alle anderen wesentlich verändern. Aus der Institutionenanalyse folgte für sie die Institutionenpolitik. Nicht die Umverteilung des Sozialprodukts war das Ziel der proletarischen Revolution, sondern die Änderung der Institutionenordnung. Die Diktatur des Proletariats sollte ein Übergangsphänomen zur Beseitigung der Schlüsselinstitution sein, dann sollte sich die kommunistische Gesellschaft in Freiheit und Gleichheit ausbilden können. Der institutionenpolitische Ansatz führte nur bis zur Revolution, dann brach er ab. Es gab keine Institutionenpolitik mehr für die kommunistische Gesellschaft. Die Gesellschaften, die die Revolution vollzogen, das Privateigentum an den Produktionsmitteln beseitigt hatten, verblieben auf der Stufe der Diktatur des Proletariats und der staatlichen Planwirtschaft. Aus der Entinstitutionalisierung folgte keine neue Institutionenbildung. An die Stelle der institutionellen Differenzierung trat die Strategie der Fusion von Ordnungen unter der Allkompetenz des Politbüros und der unmittelbaren Herrschaft von parteilichen und staatlichen Vollzugsorganen. Die damit verbundene Abnahme von Innovationskraft und interner Anpassungselastizität führte im Ergebnis zum Niedergang des „sozialistischen Lagers".

Vielleicht hat die Wendung vom Institutionenkonflikt zum Klassenkonflikt auch dazu beigetragen, daß in der Soziologie die Institutionenanalyse eine geringe Rolle spielt im Vergleich zur Erforschung von sozialer Ungleichheit, von politischen Bewegungen und von individuellen und kollektiven Entfremdungserscheinungen. Zwar treten auch dabei institutionelle Faktoren auf, doch bleiben sie zumeist Randbedingungen, denen Effekte zugeschrieben werden, deren Aufbau und Funktionszusammenhang aber nicht zum zentralen Untersuchungsgegenstand werden.

Erst im letzten Jahrzehnt hat die soziologische Institutionenanalyse wieder ein breiteres Interesse gefunden.[1] Es gibt gute Gründe für eine Belebung des Interesses an Institutionen. Wir befinden uns in einem Prozeß des beständigen Umbaus der institutionellen Ordnungen. Zum Teil ergibt sich ein Regelungsbedarf für neue Problemfelder, wie in der Umweltpolitik, zum Teil verlieren alte Regulierungen ihre Bindekraft, wie in der Familienpolitik. Programme der Modernisierung richten sich vielfach auf bewußte „Deregulierung", aber auch auf die Ausbildung neuer Institutionen. Privatisierung staatlich organisierter Dienstleistungen, Lockerung der Verbindlichkeit von flächendeckenden Tarifverträgen, Ersetzung genereller Normierungen durch kontraktuell zu paktierende Interessenabstimmungen durch die jeweils Betroffenen, das sind nur Stichworte zur Verdeutlichung des Gemeinten. Hinzu kommen nach dem Zusammenbruch der kommunistischen Ordnungen der abrupte Austausch ganzer Institutionenkomplexe und mit der Bildung der Europäischen Union ein seiner Art nach einzigartiges Projekt der Institutionenneubildung. Wir befinden uns in einer Zeit gleichzeitiger Deregulierungen, Reregulierungen, Neuregulierungen, und das heißt der umfassenden Institutionenpolitik.

Doch was sind Institutionen? Gibt es überhaupt einen analytisch hinreichend spezifizierten Sachverhalt, der als Institution verstanden wird, den man also institutionenanalytisch beschreiben und möglicherweise erklären könnte? Die Auskünfte der einschlägigen

---

1 Verwiesen sei insbesondere auf das DFG-Schwerpunktprogramm „Theorie politischer Institutionen" unter der Federführung von Gerhard Göhler und auf das DFG-Projekt „Theorie und Analyse institutioneller Mechanismen", das von Karl-Siegbert Rehberg geleitet wird.

Lexika sind nicht ermutigend.² Jede auf Dauer gestellte Handlungsorientierung, die nicht situativ, spontan, einmalig oder abweichend ist, gilt als „institutionalisiert". Jede soziale „Einrichtung", Regulierung, Organisation wird als „Institution" bezeichnet. So ist die Schule eine Institution, ebenso die 5%-Klausel, die Meinungsfreiheit, aber auch die Europäische Gemeinschaft. Neuerdings ist Marcel Reich-Ranicki zu einer kritischen Institution geworden. Verhaltensregelmäßigkeiten, Organisationsformen, Verfahrensweisen, Sinnzusammenhänge, gedachte Ordnungen, all das gehört zum Bedeutungsfeld der Institutionen. Ein solches Institutionenverständnis ist notwendigerweise theoretisch amorph, und angesichts der ausgedehnten Verwendung des Wortes kommt ihm kaum noch der klassifikatorische Nutzen eines Gattungsbegriffs zu.

Institution ist ein unbestimmter Begriff, den man am besten vermeiden sollte, wenn für das Gemeinte andere Begriffe zur Verfügung stehen. Die Schule etwa ist eine soziale Organisation, eine staatlich betriebene Einrichtung, Träger eines normierten Sozialisationsprozesses, ein meritokratischer Selektions- und Patentierungsmechanismus, ein System von Rollenerwartungen, Gruppenbildungen, ein professionalisiertes Berufsfeld und anderes mehr. Wann spricht man von der Schule als Institution? Offenbar dann, wenn eine unbestimmte Anzahl von Eigenschaften, die der Schule Dauerhaftigkeit geben, durch einen Ausdruck zusammengefaßt werden soll. Die inhaltliche Unbestimmtheit sperrt sich gegen die Ausformung einer spezifisch „institutionellen" Problemstellung und damit auch gegen die Entwicklung einer Institutionenanalyse. Ein analytischer Gehalt des Institutionenbegriffs ergibt sich erst aus einer konkreten Problemstellung. Nicht die Frage: Was sind Institutionen?, sondern die Frage: Welches Problem soll bearbeitet werden? eröffnet den Zugang für eine Institutionenanalyse.

Ich knüpfe an eine Formulierung von Karl-Siegbert Rehberg an. „Idealtypisch sollen als ‚Institutionen' solche ‚Sozialregulationen' bezeichnet werden, in denen Prinzipien und Geltungsansprüche einer Ordnung symbolisch zum Ausdruck gebracht werden" (Rehberg 1994: 56). Und weiter: „Institutionen sind somit Vermittlungsinstanzen kultureller Sinnproduktion, durch welche Wertungs- und Normierungsstilisierungen verbindlich gemacht werden" (ebenda: 57). Diese Formulierungen haben in meinem Verständnis zunächst den Vorteil, daß Institutionen von bloßen Regulierungen, Erwartungsnormierungen, „Einrichtungen" unterschieden werden. Sie lenken die Aufmerksamkeit auf eine analytische Problemstellung, nicht auf die Beschreibung von Verhaltensregelmäßigkeiten. Institutionen sind in dieser Perspektive soziale Strukturierungen, die einen Wertbezug handlungsrelevant werden lassen. Mit anderen Worten: Institutionalisierung ist der Vermittlungsprozeß zwischen „Kultur" und „Gesellschaft", wie Sozialisation die Vermittlung von „Kultur" und „Person" ist. Der Institutionenbegriff ist dann mehr als die Summe von Regulierungen, Verhaltensdauerhaftigkeiten, Organisationen, „Einrichtungen", er bezieht sich auf eine spezifische Problemstellung. Institutionenanalyse versucht, das Spannungsfeld zwischen Ideen und Verhaltensstrukturierung zu beschreiben und zu erklären.

Damit ergibt sich auch der Anschluß an Max Webers Begriff der „legitimen Ordnung". Die Regelmäßigkeit sozialen Handelns kann, so Weber, „durch tatsächliche Übung" (Brauch) und „lange Eingelebtheit" (Sitte) oder „durch rein zweckrationale Orientierung des Handelns der Einzelnen an gleichartigen Erwartungen" (Interessenlage) bedingt sein

---

2 Vgl. etwa die Stichworte im Wörterbuch der Soziologie, hrsg. von G. Endruweit und G. Trommsdorff, und im Wörterbuch der Soziologie, hrsg. von K.-H. Hillmann.

(Weber 1985: 15). Davon unterscheidet Weber die Regelmäßigkeit des Handelns, die durch seine Orientierung auf eine „legitime Ordnung" entsteht. Soweit dies geschieht, gewinnt die betreffende Ordnung „Geltung" (Weber 1985: 16). Das Handeln richtet sich auf eine vorgestellte Ordnung, deren „Sinngehalt" „Vorbildlichkeit oder Verbindlichkeit" gewinnt. Zusammenfassend: „Einen Sinngehalt einer sozialen Beziehungen wollen wir a) nur dann eine ‚Ordnung' nennen, wenn das Handeln an angebbaren ‚Maximen' (durchschnittlich und annähernd) orientiert wird. Wir wollen b) nur dann von einem ‚Gelten' dieser Ordnung sprechen, wenn diese tatsächliche Orientierung an jenen Maximen mindestens *auch* (also in einem praktisch ins Gewicht fallenden Maß) deshalb erfolgt, weil sie als irgendwie *für* das Handeln geltend: verbindlich oder vorbildlich, angesehen werden" (Weber 1985: 16). Weber fügt an, es könne verschiedene, „einander widersprechende Ordnungen" geben, an denen sich Menschen nicht nur „sukzessive", sondern auch in der „gleichen Handlung" orientieren. Für die Geltung einer Ordnung ist entscheidend, daß „die Chance besteht, daß das Handeln tatsächlich an ihr orientiert ist" (Weber 1985: 17).

In diesem Sinne ist das Erklärungsproblem, das ich dem Begriff der Institution zuordne, die Analyse der Voraussetzungen für die Geltung von auf „Sinnbezüge" gerichteten legitimen Ordnungen. Mit anderen Worten: Institutionenanalyse stellt die Frage: Welche Leitideen wirken in welchen Handlungskontexten bis zu welchem Grade verhaltensstrukturierend? Da es sich immer um ein Mehr oder Weniger handelt, empfiehlt es sich, von Institutionalisierungsprozessen auszugehen, nicht von einem festen Bestand an Institutionen, die insbesondere in einer anthropologischen Sicht leicht ontologisiert werden können. Durch Institutionalisierungsprozesse werden Leitideen mehr oder weniger aus dem Synkretismus des Wünschbaren isoliert, für mehr oder weniger eindeutig ausdifferenzierte Handlungskontexte spezifiziert und mit mehr oder weniger Geltungskraft ausgestattet.

Institutionenanalyse in dem so gefaßten Sinne richtet sich zunächst auf die Konstitutionsbedingungen von Institutionen. Das Konstitutionsproblem hat drei Dimensionen. Die erste richtet sich auf das Problem der Konkretisierung einer Leitidee, so daß aus ihr eine praktisch anwendbare Verhaltensorientierung wird. Ich nenne dies den Prozeß der Ausbildung von Rationalitätskriterien, d.h. von Verhaltensnormen, deren Befolgung als ‚rational' gilt und als Orientierungsmodell sich von subjektiven Motivationen und Interessenlagen verselbständigt. Die zweite Dimension befaßt sich mit der Ausdifferenzierung eines Handlungskontextes, innerhalb dessen das Rationalitätskriterium gelten soll. Eine Verhaltensnorm kann nur dann Relevanz beanspruchen, wenn die Verhaltenssituation spezifiziert wird, aus der die Geltung anderer Normen ausgeschlossen werden kann. Die dritte analysiert die Durchsetzungskraft dieses Handlungskriteriums gegenüber anderen, möglicherweise kontradiktorischen. Mit welchen Sanktionen kann sich eine Leitidee behaupten? Wann unterliegt sie den Motiven und Interessenlagen von Akteuren und der Geltung anderer Leitideen? Je nach der Art, wie diese drei Dimensionen inhaltlich ausgefüllt werden, ergibt sich der Grad der Institutionalisierung einer Leitidee und daraus die Geltung einer „Ordnung".

Ein Beispiel möge die Sachverhalte verdeutlichen: Die Universität gilt als eine Institution der Wissenschaft, und in ihr ist auch Wissenschaft institutionalisiert. Freilich beanspruchen auch andere Interessen und Wertvorstellungen in Universitäten Geltung. Insofern ist die Universität eine Organisationseinheit im Dienste verschiedener „Institutionen". Die Institutionalisierung von Wissenschaft hat sich in der Organisation Universität zu behaupten, sie ist mit ihr nicht identisch. Der Begriff der Organisation muß deutlich von dem der Institution unterschieden werden, wenn mit dem letzteren überhaupt ein angebbarer Inhalt verbunden sein soll. Die Beschreibung einer Organisation ist daher noch nicht die Analyse einer Institution.[3] Was heißt Institutionalisierung von Wissenschaft in Universitäten? Rationalisierungskriterien, durch die „Wissenschaft" zu einer Verhaltensorientierung wird, müssen spezifiziert werden durch methodische Konventionen für Problemstellungen und Problemlösungen, die als wissenschaftlich gelten sollen. Diese Kriterien können etwa die normativen Gebote der intersubjektiven Überprüfbarkeit von Aussagen, die Vermeidung von Werturteilen, die Angabe von Quellen usw. bestimmen. Die Leitidee der „Wissenschaft" wird überführt in eine Reihe von normativen Handlungsaufforderungen. Wird diesen entsprochen, so gilt die auf diese Weise gemachte Aussage als „Wissenschaft". Derartige Verhaltensgebote gelten nun keineswegs generell, und sie könnten dies auch nicht. Es bedarf daher der Angabe des Handlungskontextes, innerhalb dessen „Wissenschaft" Geltung haben soll. Die soziale Differenzierung von Handlungskontexten ist insofern eine notwendige Voraussetzung für jede Institutionalisierung einer Leitidee. Nicht alles, was ein Wissenschaftler schreibt und sagt, ist Wissenschaft, kann auch nicht dem Kriterium von Wissenschaft folgen, will man einen Wissenschaftler nicht vollständig aus anderen Lebenszusammenhängen herauslösen. Die Durchsetzungsfähigkeit der wissenschaftlichen Rationalitätskriterien innerhalb eines Handlungskontextes ist immer prekär, sowohl im Hinblick auf die Motivation der Wissenschaftsproduzenten wie auch im Hinblick auf die Abwehr von Geltungsansprüchen anderer Leitideen, Interessenlagen und gegensätzlicher Rationalitätskriterien. Im Grundgesetz findet sich im Art. 5, Abs. 3, eine grundrechtliche Freiheitsgarantie der Wissenschaft, Forschung und Lehre. Sie gibt der Geltungskraft wissenschaftlicher Rationalitätskriterien eine normative Basis. Doch daraus folgt noch nicht, daß Universitäten als komplexe Organisationen durch das Prinzip der Wissenschaftsfreiheit strukturiert sind. Die Geltungskraft wissenschaftlicher Rationalitätskriterien wird vielmehr im einzelnen bestimmt durch die Universitätsverfassungen, durch den Kompetenzraum der den Universitäten eingeräumten akademischen Selbstverwaltung und die Art, wie diese ausgeübt wird, welche Gremien in welcher Zusammensetzung über den als „Wissenschaft" geltenden Bereich in Universitäten beschließen und welche Verbindlichkeit diese Beschlüsse für den einzelnen Wissenschaftler haben. Das Postulat der Selbstverwaltung der Wissenschaft ist daher nicht identisch mit dem Postulat der Selbstverwaltung der Universität, obgleich in diesem ein wesentlicher Teil der Selbstverwaltung der Wissenschaft seine Konkretisierung findet.

Die Institutionalisierung der Leitidee „Wissenschaft" wird in einer Vielzahl von Organisationen repräsentiert, in Universitäten, Akademien, Instituten, in Förderungs- und Wissenschaftsgesellschaften. Sie findet keine geschlossene Organisationsgestalt, weswegen sie auch nicht hinreichend durch Organisationsbeschreibungen erfaßt werden kann. Die Befolgung ihrer Rationalitätskriterien ruht weitgehend auf individueller Konformitätsbereitschaft und dem Glauben an die Legitimität der ihr zugrundeliegenden Wertbeziehung. Generelle Sanktionsmittel stehen kaum zur Verfügung, wenn man einmal von Plagiats-

---

[3] Niklas Luhmann hat am Beispiel der Gründungsgeschichte der Universität Bielefeld Institution und Organisation von Wissenschaft in Universitäten unterschieden und kam zu dem Ergebnis: „Das Soziotop Universität hat gegen Institution und für Organisation optiert" (Luhmann 1992: 98).

prozessen absieht. Andere Sanktionen sind unmittelbar personengebunden, finden ihren Ausdruck in Rekrutierungsprozessen, Reputationsverteilung, Anerkennung von Forschungsergebnissen. Auch im Außenverhältnis sind die Sanktionsmittel schwach gegenüber den Geldgebern, den politisch und kulturell organisierten Interessen. „Wissenschaft" findet über generalisierte Wertzuschreibungen Geltung bei jenen, die sich nicht im Handlungskontext von Wissenschaft bewegen, und dies zumeist über die Beurteilung der „Anwendungsfähigkeit" von wissenschaftlichen Ergebnissen für andere Handlungskontexte und unter anderen Rationalitätskriterien. Zwar ist die Wissenschaftsfreiheit durch ihre grundgesetzliche Garantie symbolisch hoch ausgezeichnet, doch ergeben sich daraus nur Rechte für die „Wissenschaftsproduzenten", nicht für bestimmte Autonomieräume der Leitidee von „Wissenschaft". Der Grad der Institutionalisierung einer Leitidee muß nicht dem Grad ihrer normativen Wertschätzung entsprechen, die „Kulturbedeutung" kann höher oder geringer sein als ihre tatsächliche Verhaltensrelevanz.

Der Grad der Institutionalisierung von Wissenschaft ist also ein Produkt aus der Definition der Rationalitätskriterien für Wissenschaft, der Ausgrenzung des Handlungsfeldes Wissenschaft und der Geltungskraft der Rationalitätskriterien für die Orientierung des Verhaltens von Personen innerhalb des Handlungsfeldes der Wissenschaft. Selbstkontrolle der Wissenschaft, Ausbildung und Auswahl von Wissenschaftlern, Kritik an Fragestellungen und am methodischen Vorgehen, Reputationsgewährung, Selbstbehauptung des Autonomieanspruchs gegenüber anderen „Wertsphären", Chancen der freien Verfügung über materielle Ressourcen, – dies und anderes bestimmen den Grad der Institutionalisierung von Wissenschaft. Daß diese immer prekär ist, ist eine historische Erfahrung.

Mit der Institutionalisierung einer Leitidee sind zwei *Folgeprobleme* verbunden. Gewinnt ein Rationalitätskriterium dominante Verhaltensrelevanz innerhalb eines Handlungskontextes, tritt eine verengte Problemverarbeitung innerhalb dieses Handlungskontextes ein. Nur solche Probleme werden behandelt, die sich über das betreffende Rationalitätskriterium lösen lassen. Im Interesse der Homogenisierung der Handlungsorientierung werden Folgeprobleme und Kontingenzen, die durch die Institutionalisierung eines Rationalisierungskriteriums entstehen, abgewiesen, ihre Bearbeitung in einen anderen Handlungskontext externalisiert. Das zweite Folgeproblem ergibt sich durch die Konflikte zwischen zwei verschiedenen, möglicherweise kontradiktorischen Handlungskriterien, die Geltung beanspruchen. Aus beiden ergibt sich die Verflechtung der Institutionenordnung. Sie kann größer oder kleiner sein, je nachdem, wie erfolgreich einerseits die Externalisierung der Kontingenzen gelingt, andererseits die interinstitutionellen Konflikte geregelt werden. Diese Probleme können mit einem klassischen Beispiel verdeutlicht werden.

Werden Kriterien einer rational kapitalistischen Wirtschaftsweise institutionalisiert, so muß ein Handlungsraum ausgegrenzt werden, innerhalb dessen tunlichst nur Aufwands- und Ertragskalkulationen das wirtschaftliche Handeln nach Maßgabe der Rentabilität bestimmen. Dazu bedarf es – worauf schon Weber hinwies – einerseits der Trennung von Haushalt und Betrieb, andererseits einer möglichst unbeschränkten Dispositionschance über die Kombination und den Einsatz der Produktionsmittel. Beides hat den Effekt, daß Solidaritätsbeziehungen diffuser Art so weit ausgeschaltet werden, daß Rentabilitätskalkulationen sie brechen können. Bei der Entscheidung über die Ertragsverwendungen werden Bedürfnisse und Ansprüche von Familienangehörigen vernachlässigt. Entlassungen aus einem Arbeitsverhältnis müssen auch dann ethisch gebilligt werden, wenn dies für die Betroffenen eine Notlage herbeiführt. Damit soll die Problematik der Externalisierung der Kontingenzen von Institutionalisierungsprozessen angedeutet werden. Je höher die Dispositionsfreiheit des Unternehmers über die Produktionsfaktoren ist und je mehr sein Handeln von den Folgen freigesetzt ist, desto höher ist der Institutionalisierungsgrad des „Kapitalismus". Je größer der Anteil wirtschaftlichen Handelns ist, der kapitalistischen Kriterien unterworfen wird, desto tiefgreifender ist die Wirkung der „schicksalsvollsten Macht unseres modernen Lebens: des Kapitalismus" (Weber 1978: 4). Daraus ergeben sich große Spannweiten für die Geltung von „Kapitalismus". Entscheidend ist dabei nicht die Institution des Privateigentums an den Produktionsmitteln, sondern die Freisetzung der Verfügungsgewalt über diese und die Art der Externalisierung der Folgen.

Für die Wirtschaftsverfassung der DDR etwa war nicht die Sozialisierung des Eigentums an den Betrieben entscheidend, sondern ihre Überführung in Staatseigentum und die Beschränkung der Verfügungsgewalt über die Produktionsmittel durch zentrale und planwirtschaftliche Wirtschaftslenkung. Die betrieblichen Entscheidungen wurden integriert in einen gesamtstaatlichen „Haushalt", für den keine Aufwands- und Ertragskalkulationen maßgebend waren, sondern Prinzipien der „Versorgung". „Die DDR war eine Hauswirtschaft" (Koziolek 1995: 275). Das aber bedeutete, daß andere als wirtschaftliche Kriterien die Wirtschaftsführung bestimmten, etwa der Machterhalt des Regimes, sozialpolitische Vorgaben der Vollbeschäftigung, Leitbilder der sozialen Gleichheit. Die Folgen waren eine zunehmende Fiktionalisierung der Kostenrechnung, der Preisstruktur, der über Zuteilungen geregelten Versorgung mit Gütern und Dienstleistungen. Durch die Unterordnung der Wirtschaft unter die parteistaatliche Politik verloren wirtschaftliche Rationalitätskriterien an Geltung, wurden „unterinstitutionalisiert".[4] Auf gesamtgesellschaftlicher Ebene wurde sozusagen die Trennung von Haushalt und Betrieb wieder aufgehoben, die Ausdifferenzierung des Handlungsraumes für eine homogen nach Kriterien der Aufwands- und Ertragsrechnung geführte Wirtschaft eingeengt. Aber auch auf der Ebene der Unternehmungen gewannen sozialpolitische Ziele eine die Wirtschaftlichkeit brechende Geltungsmacht. Dazu gehörten die praktische Unkündbarkeit von Arbeitsverhältnissen, die Belastung der Betriebe mit sozialpolitischen Dienstleistungen, die uniforme Festlegung der individuellen Einkommen. Die verminderte Geltung wirtschaftlicher Rationalitätskriterien der Betriebsführung führte zur Absenkung der Arbeitsproduktivität, die für die Überlebensfähigkeit der Betriebe auch nicht erforderlich war. Die Zuweisungen aus staatlichen Fonds garantierten den Bestand der Betriebe unabhängig von ihrer Ertragskraft. Die Betriebe hatten ihre Existenz nicht aus den Gewinnen unter Wettbewerbsbedingungen auf einem freien Markt zu sichern. Die Kriterien einer Wirtschaftsführung nach scharfen Aufwands- und Ertragskalkulationen verloren an Bedeutung, und damit mußten auch die Folgeprobleme nicht mehr externalisiert werden. Unter dem Programm der „Einheit von Wirtschafts- und Sozialpolitik" wurden gegenläufig die Folgeprobleme des Kapitalismus in die Wirtschaftsbetriebe in einem erheblichen Maße „internalisiert".

Hingegen ergeben sich in „kapitalistischen" Gesellschaften, in denen der Handlungsraum für erwerbswirtschaftliche Aufwands- und Ertragskalkulationen mehr oder weniger stark verselbständigt ist, erhebliche Folgeprobleme. Das offensichtlichste ist die Arbeits-

---

4 Vgl. dazu die Gespräche mit Wirtschaftsführern der DDR und ihre Analysen in Pirker et al. (1995) sowie Lepsius (1994).

losigkeit. Soweit diese nicht einfach in die privaten Lebensverhältnisse der Betroffenen abgedrängt werden kann, entsteht ein neuer Problemdruck, der zur Institutionalisierung anderer Leitideen führt. Dies ist der Raum der Sozialpolitik, der Sozialversicherung des Arbeitsrechts, der Regulierung der Löhne und Gehälter sowie der Arbeitsbedingungen über Tarifverträge oder politische Setzungen. Es entstehen neue „Institutionen", die in einen Konflikt mit dem institutionalisierten „Kapitalismus" treten. Bei hoher struktureller Arbeitslosigkeit verschärfen sich diese Konflikte, wie man es gegenwärtig in der Diskussion über die Senkung der Lohnnebenkosten (sozialpolitisch gesetzte Kostenelemente für die Unternehmen), die Flexibilisierung der Arbeitsbedingungen und in der Kritik an den flächendeckenden Branchentarifverträgen beobachten kann. Der Kern dieser Debatten ist die Erhöhung der Durchsetzungskraft „kapitalistischer" Rationalitätskriterien durch Externalisierung der Folgen. Die Sozialpolitik ist gewissermaßen das institutionalisierte „Gegenprinzip" zum Kapitalismus. Wirtschaftlichkeit und „Sozialstaatlichkeit" treten untereinander in Konflikt und bleiben doch aufeinander bezogen. Ein ständiger Institutionenkampf ist die Folge, dessen Austragung im Tarifvertragswesen wiederum zur Institutionalisierung der Leitidee selbstverantwortlicher Vertragschließung zwischen den Tarifparteien geführt hat.

Den Institutionenkampf beeinflussen einerseits die Durchsetzungsmittel der gegensätzlichen Institutionen, andererseits die Entscheidungen der Agenturen, die zwischen ihnen vermitteln können. Zur Institutionenanalyse gehört daher auch die Untersuchung des Verhältnisses zwischen den institutionalisierten Ordnungen einer Gesellschaft und des durch sie bestimmten Charakters der Gesamtordnung. Die Koordination und Vermittlung institutionalisierter Leitideen ist der Kern der Gesellschaftspolitik. Dabei spielen die Sanktionsmittel, die für ihre Durchsetzung zur Verfügung stehen, eine entscheidende Rolle. Rechtliche Zulässigkeit und wirtschaftliche Möglichkeit setzen dafür den Rahmen. Aber auch durch Mobilisierungsprozesse können Mehrheiten in demokratischen Entscheidungsstrukturen gewonnen werden, die zur Brechung von Institutionsmonopolen und zur Durchsetzung von Forderungen nach neuen Leitideen führen. Auch die Organisationsform der Träger von institutionalisierten Leitideen bestimmt deren Handlungsfähigkeit. So kann man zwischen stark und schwach organisierten „Institutionen" unterscheiden, ohne daß deswegen die Organisation als Institution verstanden werden darf. Die Leitidee der Rechtsstaatlichkeit ist im Instanzenzug der Gerichtsbarkeit stark und die Leitidee der Wissenschaftsfreiheit in Universitäten schwach organisiert. Je weniger die Institutionen durch und mittels Organisationen repräsentiert werden, desto mehr sind sie abhängig von Personen, die die Leitideen verinnerlicht haben und sie individuell vertreten. Deren Repräsentationskraft und Durchsetzungsfähigkeit ist im Konfliktfall oft entscheidend. Die Zustimmung zum Ermächtigungsgesetz 1933 ist für den Untergang von Institutionen ein Beispiel. Institutionen handeln immer nur durch Akteure, die sich ihren Leitideen verpflichtet fühlen.

Institutionenanalyse bewegt sich in meinem Verständnis in einem fünfdimensionalen Raum. Dieser „Eigenschaftsraum" wird bestimmt durch die Ausbildung von Rationalitätskriterien für verhaltensrelevante Leitideen, die Ausdifferenzierung von Handlungskontexten, innerhalb derer sie gelten sollen, die Entwicklung von Sanktionsmitteln zur Durchsetzung ihrer Geltung gegenüber anderen Leitideen, die Verarbeitung von Folgen und Kontingenzen, die durch Institutionalisierungsprozesse ausgelöst werden, und die Konfliktaustragung und Vermittlung zwischen verschiedenen und gegensätzlichen institutionalisierten Leitideen.

*Institutionenpolitik* ist die bewußte Einflußnahme auf den Grad und die Richtung der Leitideen, die institutionalisiert oder de-institutionalisiert werden. Der Blick richtet sich dabei auf die Analyse der mehr oder weniger verhaltensrelevant wirkenden Leitideen, ihre Konstellation und die durch sie bestimmten Arten der typischen Lebensführung von Menschen. Das war auch die Absicht Max Webers in seinen politischen Schriften 1918/19. Seine Vorstellungen zur Neuordnung Deutschlands, zum Verhältnis von Parlament und Regierung, von Bürokratie und Führung waren bestimmt von dem Bestreben, unterschiedliche Prinzipien der politischen Ordnung so zu gestalten, daß eine demokratische und verantwortungsethisch orientierte Herrschaftsstruktur entsteht (Weber 1971). Seine „Institutionenpolitik" bezog sich auf sehr detaillierte und konkrete Verfassungsbestimmungen, sie verblieb nicht im „Reich des Wünschbaren". Zugrunde lag die Vorstellung, Veränderungen in Verfahrensordnungen und Komptenzzuordnungen könnten im Hinblick auf die Wirksamkeit von Leitideen beurteilt werden. Webers Absicht ging z.B. dahin, präsidentiale, parlamentarische und plebiszitäre demokratische Verfahren so zu kombinieren, daß sowohl Entscheidungsfähigkeit wie Legitimität, Repräsentation von Interessen wie Prioritätssetzung bei ihrer Erfüllung gesichert werden können. Es kommt hier nicht darauf an, seine materiellen Vorschläge zu würdigen, sie können aber das konkretisieren, was hier mit „Institutionenpolitik" gemeint ist.

Das interessante Beispiel gegenwärtiger Institutionenpolitik ist der Auf- und Ausbau der Europäischen Union. Aus einer völkerrechtlichen Vertragsschließung zwischen souveränen Staaten entstand eine in ihrer Art neue supranationale Gemeinschaft. Das war zunächst eine Frage der Organisation von Entscheidungsprozessen und Kompetenzen für neue Behörden und Gremien, des Ministerrates, der Kommission, des Parlaments und des Gerichtshofes. Der Kompetenzraum blieb auf die Herstellung einer Zollunion, dann auf die Freizügigkeit des Verkehrs von Gütern, Dienstleistungen, Kapital und Personen beschränkt. Die Leitidee, die in der Europäischen Wirtschaftsgemeinschaft ihre Institutionalisierung erfuhr, war die Wohlfahrtssteigerung durch die Vergrößerung des Marktes. Dazu konnten konkrete Kriterien für die Angleichung und Vereinheitlichung wirtschaftlicher Austauschbeziehungen formalisiert werden. Die Mitgliedsstaaten übertrugen Souveränitätsrechte für einen ausgrenzbaren Bereich ihrer Zuständigkeit. Die so erfolgte Ausgrenzung des Kompetenzraumes der EWG ermöglichte eine hohe Homogenisierung ihres Politikfeldes. Die Folgenbewältigung verblieb bei den Mitgliedsstaaten, sie wurde in deren Kompetenzraum externalisiert. Die EWG funktionierte als eine Art „Zweckverband" (Ipsen).

Der Prozeß der Institutionenbildung läßt sich an diesem Beispiel gut demonstrieren. Zur Leitidee wurde die Herstellung eines großen Marktes erklärt. Seinen Wertbezug fand dieses Ziel in der Annahme, daß damit eine Erhöhung der allgemeinen Wohlfahrt verbunden sein werde. Die Leitidee fand ihre Konkretisierung in den Rationalitätskriterien der sogenannten vier Freiheiten (freier Verkehr von Gütern, Dienstleistungen, Kapital und Personen). Handlungen und Entscheidungen, die sich auf diese Kriterien stützten, galten als „rational" im Sinne des Vollzuges der Leitidee. Für die Geltung dieser Handlungskriterien wurde ein eigener Handlungskontext ausgebildet und aus der Zuständigkeit der Mitgliedsstaaten gelöst. Die Differenzierung der Handlungskompetenzen zwischen der

Europäischen Kommission und den Regierungen der Mitgliedsstaaten gelang ohne Probleme angesichts der zunächst eng begrenzten und instrumentell spezifizierten Handlungskompetenz der europäischen Behörden. Die Abgrenzung war scharf und eindeutig. Kompetenzen, die der EWG übertragen wurden, konnten von den Mitgliedsstaaten nicht mehr beansprucht werden. Die Regulierungen durch die EWG hatten eine rechtlich verbindliche und direkte Durchsetzungskraft in den Mitgliedsstaaten, ohne daß diese darauf noch Einfluß nehmen konnten. Die Sanktionskraft lag bei den Rechtsmitteln der Kommission und des Gerichtshofes. Europarecht bricht nationales Recht und verpflichtet auch die nationalen Gerichte. Willensbildung und Entscheidungsfindung gingen auf Expertenstäbe bei der Kommission, beim Ministerrat, bei den nationalen Regierungen und bei den konsultativ einbezogenen Verbänden über. Diese Experten bewegten sich in einem geschlossenen Handlungskontext und orientierten sich zunehmend an den Rationalitätskriterien der neu institutionalisierten Leitidee. Willensbildung und Entscheidungsfähigkeit wurden aus der demokratischen Kontrolle weitgehend gelöst. Die Legitimität ruhte auf der Zustimmung der Regierungen, die zwar ihrerseits demokratisch legitimiert waren, für die aber die Beschlüsse (die Gesetze) selbst keine Mehrheitsentscheidungen ihrer Parlamente benötigten. Das Europaparlament selbst hatte keine direkten Mitwirkungsrechte. Die mit den Regulierungen und Deregulierungen der EWG verbundenen Folgen und Kontingenzen konnten den nationalen Regierungen überlassen, also externalisiert werden. Der Erfolg der EWG ruhte zu einem erheblichen Teil auf den Konstitutionsbedingungen der Institutionenbildung. Im Ergebnis wurde eine neue Leitidee institutionalisiert, die Supranationalität der Europäischen Gemeinschaft. Sie trat in ein Spannungsverhältnis zur Souveränität des Nationalstaates. Seine Dynamik bestimmt die weitere Entwicklung der Europäischen Gemeinschaft.

Je dichter und umfassender die Regulierungen der europäischen Marktbeziehungen wurden, desto größer wurden die Überschneidungsflächen in der Kompetenzzuordnung. Aus Wettbewerbsgründen wurden nationale Regulierungen, die nicht direkt mit der Herstellung eines großen Marktes verbunden waren, aufgehoben oder nicht zugelassen, etwa im Umweltrecht, bei der Genehmigung von Produktionsverfahren, bei der Quotierung von nichteuropäischen Fernsehproduktionen, der Angleichung von Bildungsabschlüssen usw. Im Vollzug der einmal begründeten institutionalisierten Leitidee entstanden immer neue Anwendungsfelder für die Geltung ihrer Rationalitätskriterien. Die „Logik" dieser Rationalitätskriterien drängt zur Ausweitung ihrer Geltung. Aus dem „großen Markt" folgt die Forderung nach einer Währungsunion und aus dieser die Angleichung der nationalen Geld- und Kreditpolitik. Dadurch wird auf die Gestaltung der nationalen Haushalte Einfluß genommen. Mit dem Schritt zur Währungsunion verlieren die Mitgliedsstaaten nicht nur ein wesentliches Symbol ihrer Souveränität, nämlich die Bezeichnungen ihres Geldes, sondern eine zentrale Kompetenz ihrer eigenen Handlungsfähigkeit. Die Konsequenz davon ist, daß die Mitgliedsstaaten immer weniger in der Lage sind, die Folgen und Kontingenzen, die aus der neuen Institutionenbildung folgen, selbst zu verarbeiten. Die Externalisierungschancen nehmen für die Europäische Gemeinschaft ab, die Folgenbearbeitung wird ihr aufgeladen, ihre Kompetenzerweiterung unumgänglich. In dem Maße, in dem dies geschieht, werden der Europäischen Gemeinschaft die Beschäftigungspolitik und die Sozialpolitik zugewiesen. Sie muß ihre Rationalitätskriterien ausdehnen, und das heißt, weitere Leitideen institutionalisieren. In der Konsequenz dieses Prozesses muß aus dem Zweckverband ein Herrschaftsverband mit im Prinzip universaler Regelungskompetenz werden.

Das Spannungsverhältnis zwischen Supranationalität und Nationalität verändert sich zugunsten des Prinzips der Supranationalität. Daraus ergeben sich zwei Folgeprobleme. Das eine betrifft die Legitimität des supranationalen Herrschaftsverbandes, das andere die Ausbildung eines neuen Souveräns für die Legitimationsgabe. Das eine Problem findet seinen Ausdruck in den Debatten um die Stärkung der Rechte des Europäischen Parlaments, die Parlamentarisierung der Kommission und die Einschränkung der Entscheidungsprärogative des Ministerrates. Das andere Problem wird sichtbar in dem schrittweisen Ausbau einer europäischen Staatsbürgerschaft neben der jeweiligen nationalen Staatszugehörigkeit. Die Durchsetzung des Kommunalwahlrechts für alle Bürger der Mitgliedsländer in ihren jeweiligen Wohngemeinden ist dafür der erste Schritt. Die Auseinandersetzung zwischen der Supranationalität und der Nationalität erfolgt immer in einem Prozeß der Akkumulation kleiner Schritte. Die Gewährung des Wahlrechts auf kommunaler Ebene erfaßt noch nicht die nationalstaatlichen Hoheitsrechte, doch ist damit eine europäische Staatsbürgerschaft im Prinzip begründet. Ohne Aufbau von europäischen Bürgerrechten und eines europäischen „Staatsvolkes" ist keine eigenständige Souveränität des Europäischen Parlaments zu begründen, auch wenn es bereits gegenwärtig aus direkten Wahlen hervorgeht. Institutionenpolitik ist insofern in hohem Maße ein Kompetenzkampf, wobei die Kontingenzen kleiner Verfahrensänderungen für den Grad der Verhaltensrelevanz von Leitideen oft unbemerkt bleiben.

Mit der weiteren Entwicklung der Europäischen Gemeinschaft zur Europäischen Union, der Ausdehnung der „Vergemeinschaftung" von Politikfeldern über die Wirtschafts-, Verkehrs-, Außenhandels-, Währungs- und Kreditpolitik hinaus auf die Sozialpolitik, Bildungs- und Forschungspolitik, Sicherheits- und Außenpolitik werden wesentliche Umstrukturierungen der Institutionenordnung notwendig. Die Problematik, vor die sich Max Weber 1918/19 für die „Neuordnung Deutschlands" gestellt sah, die Gestaltung des Verhältnisses von Parlament und Regierung, von Bürokratie und nicht staatlich verfaßten Expertenstäben, wiederholt sich. Welche Leitideen für die politische Ordnung sollen welche Durchsetzungskraft haben, wie sind gegensätzliche Leitideen zu kombinieren, welche Chancen sollen demokratische Legitimitätsverfahren, expertokratisches Wissen, die Kompetenz intermediärer Verbände, die relative Verselbständigung von spezifischen segmentären Rationalitätskriterien, die Herstellung gleichartiger Lebensverhältnisse, die Freiheit individueller Lebensführung haben? Dafür sind normative Entscheidungen zu fällen, eine Willensbildung nach bloß funktionaler Effizienzvermutung verfehlt die Reflexion der Wertbeziehungen, die eine Institutionenordnung repräsentiert.

Zu diesen normativen Präferenzen gehören nicht nur jene für Wertbeziehungen, die für wünschenswert gehalten werden. Für die Institutionalisierung von Leitideen müssen auch Entscheidungen über die Abgrenzung der Handlungskontexte, innerhalb derer sie wirksam sein sollen, über die Folgenzuweisungen und über die Bruchlinien, an denen die Institutionenkämpfe sichtbar ausgetragen werden sollen, gefällt werden. Institutionenpolitik hat diese Elemente sorgfältig zu reflektieren und bewußt zu regeln. Effizienzargumente überdecken die eigentliche Problematik der Institutionenpolitik. Deren Ziel ist nicht die Erhöhung der funktionalen Effizienz einer Leitidee und ihrer Rationalitätskriterien, sondern die Beachtung der Interdependez verschiedener Leitideen und die Vermittlung ihrer Konflikte.

Die gegenwärtige Debatte um die Verfassung der Europäischen Union scheint mir primär unter den Gesichtspunkten einer Verwaltungseffizienz nach einheitlichen Rationalitätskriterien geführt zu werden, also nach Modellen für eine Organisationsgestalt der Europäischen Union. In diesem Sinne ist auch die Formel von der Subsidiarität zu sehen, die die Kompetenzverteilung nach Gesichtspunkten der jeweils vermuteten Effizienz der Aufgabenregelung offenhält. Diese Unbestimmtheit des Handlungskontextes einer supranationalen Herrschaftsordnung vermeidet scheinbar die Herstellung von Konfliktzonen, will diese im Einzelfall elastisch überbrücken. In diesen Fällen entscheidet dann die Durchsetzungskraft der hoch institutionalisierten Leitideen, nicht aber die Wünschbarkeit der Verhaltensgeltung von unterschiedlichen Wertbeziehungen. Doch gerade die institutionelle Differenzierung verschiedener Leitideen, ihre relative Autonomie, eigenständige Wertbegründung und kontextspezifische Verhaltensrelevanz garantieren eine nach ihren Gestaltungszielen plurale, in ihren Kompromissen offene und in ihren Verfahren der Willensbildung und Entscheidungsfindung partizipative Gestaltung der Ordnungen des Lebens. Darin aber liegen normative Entscheidungen über die Chancen der Lebensführung der Menschen.

*Literatur*

*Koziolek, Helmut*, 1995: Die DDR war eine Hauswirtschaft. S. 255–281 in: *Theo Pirker* et al., Der Plan als Befehl und Fiktion. Wirtschaftsführung in der DDR. Gespräch und Analysen. Opladen: Westdeutscher Verlag.

*Lepsius, M. Rainer*, 1994: Die Institutionenordnung als Rahmenbedingung der Sozialgeschichte der DDR. S. 17–30 in: *Hartmut Kaelble, Jürgen Kocka* und *Hartmut Zwar* (Hg.), Sozialgeschichte der DDR. Stuttgart: Klett-Cotta.

*Luhman, Niklas*, 1992: Universität als Milieu. Bielefeld: Haux.

*Pirker, Theo, M. Rainer Lepsius, Rainer Weinert* und *Hans-Hermann Hertle*, 1995: Der Plan als Befehl und Fiktion. Wirtschaftsführung in der DDR. Gespräch und Analysen. Opladen: Westdeutscher Verlag.

*Rehberg, Karl-Siegbert*, 1994: Institutionen als symbolische Ordnungen. Leitfragen und Grundkategorien zur Theorie und Analyse institutioneller Mechanismen. S. 47–84 in: *Gerhard Göhler* (Hg.), Die Eigenart der Institutionen. Zum Profil politischer Institutionentheorie. Baden Baden: Nomos.

*Weber, Max*, 1971: Gesammelte politische Schriften, 3. Aufl. Tübingen: Mohr.

*Weber, Max*, 1978: Gesammelte Aufsätze zur Religionssoziologie, Bd. I, 7. Aufl. Tübingen: Mohr.

*Weber, Max*, 1985: Wirtschaft und Gesellschaft. Grundriss der verstehenden Soziologie. 5. Aufl. Tübingen: Mohr.

# Die Autorinnen und Autoren der Beiträge

*Maurizio Bach*, 1953, Dr. rer. soc., M.A., wiss. Assistent, Universtität Konstanz, Sozialwissenschaftliche Fakultät, Fachgruppe Soziologie. Forschungsgebiete: Politische Soziologie, Geschichte der Soziologie. Veröffentlichungen u.a.: Die charismatischen Führerdiktaturen. Drittes Reich und italienischer Faschismus im Vergleich ihrer Herrschaftsstrukturen, Baden-Baden 1990; Eine leise Revolution durch Verwaltungsverfahren: Bürokratische Integrationsprozesse in der Europäischen Gemeinschaft, Zeitschrift für Soziologie, 21,1992; Technocratic Regime Building. Bureaucratic Integration in the European Community, International Journal of Sociology, 24, 1994.

*Stefano Bartolini*, 1952, Professor für Politische Wissenschaft am Department of Political and Social Sciences des Europäischen Hochschulinstituts, Florenz. Forschungsgebiete: Vergleichende Politikforschung Westeuropas, vergleichende empirische Methoden, Wahlgeschichte. Jüngste Veröffentlichungen: On Time and Comparative Research, Journal of Theoretical Politics, 1993; Il voto maggioritario. Le origini elettorali del Parlamento diviso, Rivista italiana di Scienza Politica, 1994 (mit Roberto D'Alimonte); Maggioritario ma non troppo (hg. mit Roberto D'Alimonte), Bologna 1995.

*Silvano Belligni*, 1944, Professor für Politische Wissenschaft an der Universität Macerata. Forschungsgebiete: Politische Theorie, Umweltpolitik, Politische Parteien. Veröffentlichungen: La giraffa e il liocorno, Milano 1983; Paradigmi del politico, Torino 1991; Un sistema ad alta corruzione?, In: Questione Giustizia 1993, Il ‚biennio grigio': Fenomenologia di una crisi di fine secolo (1992–1994), in: Teoria politica 1994; Partitocrazia e consociativismo, in: Nuvole 1994; Un sistema ad alta corruzione?, in: Questione Ginstizia.

*Klaus Eder*, 1946, Dr. rer. soc., Professor für Soziologie an der Humboldt-Universität zu Berlin. Forschungsgebiete: Soziologische Theorie (Schwerpunkte in historisch-vergleichender Kultursoziologie und Strukturanalyse); Politische Soziologie (soziale Bewegungen, Demokratieforschung). Jüngste Veröffentlichungen: Die Vergesellschaftung der Natur. Studien zur sozialen Evolution der praktischen Vernunft, Frankfurt a.M.: Suhrkamp 1988; The New Politics of Class. Social Movements and Cultural Dynamics in Advanced Societies, London 1993; The Spirit of Environmentalism. Studies in the Social Construction of Nature, London 1995.

*Elisabeth Fix*, 1965, M.A., Universität Mannheim, Mannheimer Zentrum für Europäische Sozialforschung. Forschungsgebiete: Politische Soziologie, soziologische Theorien, historische Soziologie. Veröffentlichungen u.a.: Niedergang des Nationalstaates? Zur konstitutiven Rolle des nation-building für die Genese von Regionalismen. Das Paradigma Belgien, Frankfurt a.M. u.a. 1991; Krisen-„Management" im politischen System Italiens: Die Transformation des Parteiensystems durch Lega Nord und Forza Italia, in: Konrad, Helmut et al. (Hg.): Demokratie heute, Graz 1995.

*Thomas Koepf*, 1965, Student der Politikwissenschaft an der Johannes Gutenberg-Universität Mainz; Mitarbeiter der Gesellschaft für Technische Zusammenarbeit (GTZ). Veröffentlichungen: Interkulturelle Dialoge in einer asymmetrischen Welt, in: Jafari-Gorzini, Mehdi und Heinz Müller (Hg.): Handbuch zur interkulturellen Arbeit, Wiesbaden 1993; Migration und ihre Folgen, Mainz 1995 (mit Franz Hamburger, Heinz Müller, Werner Nell) (im Druck).

*M. Rainer Lepsius*, 1928, Prof. Dr. Dr. h.c., Professor em. für Soziologie, Universität Heidelberg. Forschungsgebiete: Allgemeine, historische, politische Soziologie. Veröffentlichungen: Strukturen und Wandlungen im Industriebetrieb, 1960; Extremer Nationalismus, 1966; Soziologie in

Deutschland und Österreich 1918–1945 (Hg.), 1981; Sozialgeschichte der Bundesrepublik Deutschland, 1983 (Hg. mit W. Conze); Interessen, Ideen und Institutionen, 1990; Demokratie in Deutschland. Soziologisch-historische Konstellationsanalysen, 1993; Der Plan als Befehl und Fiktion, Opladen 1995 (mit Theo Pirker, Hans-H. Hertle und Rainer Weinert); Mitherausgeber der Max-Weber-Gesamtausgabe.

*Birgitta Nedelmann*, 1941, Prof. Dr. phil. habil., Dipl. Soz., Professorin für Soziologie an der Universität Mainz: Forschungsgebiete: Allgemeine Soziologie, Politische Soziologie. Veröffentlichungen u.a.: Rentenpolitik in Schweden, 1982; Italien in „kreativer Konfusion"? Zur Selbstreformierung einer reformbedürftigen Demokratie, in: Staatswissenschaften und Staatspraxis, 1992; (mit Piotr Sztompka) (Hg.): Sociology in Europe: In Search of Identity. Berlin und New York 1993; Soziale Bewegungen in den USA, in: Wolfgang Jäger und Wolfgang Welz (Hg.): Das politische System in den USA. München 1995; div. Beiträge in: Enciclopedia delle scienze sociali; Enciclopedia del corpo, Roma.

*Sighard Neckel*, 1956, Dr. phil., wissenschaftlicher Assistent am Institut für Soziologie der Freien Universität Berlin. Forschungsgebiete: Soziologie politischen Handelns, Alltagsformen sozialer Ungleichheit, Lebensstile, Ethnisierung der Poltik, Sozialer Wandel in Ostdeutschland, Gemeindeforschung, Moral. Veröffentlichungen: Anatomie des politischen Skandals, Frankfurt 1989 (Mithg.); Status und Scham. Zur symbolischen Reproduktion sozialer Ungleichheit, Frankfurt 1991; Die Macht der Unterscheidung, Frankfurt 1993; Politikertypen in Europa, Frankfurt 1994 (Mithg.).

*Rainer Paris*, 1948, Dr. phil., Professor für Soziologie an der Fachhochschule Magdeburg. Forschungsgebiete: Allgemeine soziologische Theorie, Mikrosoziologie, Macht- und Organisationsforschung. Veröffentlichungen: Soziologie und Linguistik, Stuttgart 1973 (mit F. Hager und H. Haberland); Klassenbewußtsein und Intersubjektivität, Frankfurt a.M./New York 1984; Figurationen sozialer Macht, Frankfurt a.M. 1994 (mit W. Sofsky).

*Gianfranco Pasquino*, 1942, Professor für Politische Wissenschaft an der Universität Bologna und der Johns Hopkins University am Bologna Center; Senator des Progressiven Bündnisses; regelmäßiger Mitarbeiter der „L'Unità". Forschungsgebiete: Politisches System Italiens; vergleichende Wahlrechtssysteme; Europapolitik. Veröffentlichungen: Rappresentare e governare, Bologna 1994 (Hg. mit Oreste Massari); Euroministri. Il governo dell'Europa, Roma 1993 (mit Luciano Bardi); Italian Politics 1993, Boulder, Co. 1994 (Hg. mit Carol Mershon); L'opposizione, Roma 1995; (Hg.) La politica italiana. Dizinario critico 1945–1995, Roma-Bari.

*Elmar Rieger*, 1959, Dr., Hochschulassistent an der Universität Mannheim, z.Zt. J.F. Kennedy Memorial Fellow am Center for European Studies, Harvard University. Forschungsgebiete: Historische und vergleichende Soziologie des Wohlfahrtsstaates; Agrarpolitik fortgeschrittener Industriegesellschaften; Globalisierung, transnationale Integration und supranationale Politik. Veröffentlichungen u.a.: Die Institutionalisierung des Wohlfahrtsstaates, Opladen 1992; T.H. Marshall, Bürgerrechte und soziale Klassen. Zur Soziologie des Wohlfahrtsstaates, Frankfurt a.M. 1992 (Hg.); Bauernopfer. Zum Elend der Europäischen Agrarpolitik, Frankfurt a.M. 1995.

*Birgit Sauer*, 1957, Dr. phil., wissenschaftliche Assistentin am Institut für Soziologie der Albert-Ludwigs-Universität in Freiburg/Br. Veröffentlichungen: Die Entlassung aus der Staatspatriarchalismus. Zur Situation und politischen Rolle von Frauen im Transformationsprozeß in Deutschland, Hamburg 1992; Mythen einer real-sozialistischen Gesellschaft. Ein Beitrag zur Analyse politischer Deutungsmuster in Fest- und Feiertagen der DDR (Dissertation), Berlin 1992; Feministische Standpunkte in der Politikwissenschaft. Eine Einführung, Frankfurt a.M./New York 1995 (mit Eva Kreisky).

*Piotr Sztompka*, 1944, Professor für Soziologie an der Jagiellonian Universität Kraków, Polen; Gastprofessor an verschiedenen internationalen Universitäten, Mitglied der Academia Europaea und der New York Academy of Sciences (NYAS), korrespondierendes Mitglied der Polnischen Akademie der Wissenschaften (Ifis PAN), Mitglied der Polnischen Akademie der Künste und Wissenschaften (PAU), Mitglied des Executive Committee der ISA. Forschungsgebiete: Soziologische Theorie, sozialer Wandel, politische Soziologie. Jüngste Buchveröffentlichungen: Sociology in Europe. In Search of Identity (Hg. mit Birgitta Nedelmann), Berlin und New York 1993; The Sociology of Social Change, Oxford 1993; Agency and Structure: Reorienting Social Theory (Hg.), New York 1994.

*Trutz von Trotha*, 1946, Dr. phil., Prof. für Soziologie, Universität-Gesamthochschule Siegen. Forschungsgebiete: Rechts- und Staatssoziologie, Soziologie und Sozialgeschichte von Abweichung und sozialer Kontrolle, Entwicklungssoziologie, deutsche Kolonialgeschichte. Veröffentlichungen: Recht und Kriminalität, Tübingen 1982; Strafvollzug und Rückfälligkeit, Heidelberg 1983; Distanz und Nähe. Über Politik, Recht und Gesellschaft zwischen Selbsthilfe und Gewaltmonopol, Tübingen 1986; Koloniale Herrschaft. Zur soziologischen Theorie der Staatsentstehung am Beispiel des „Schutzgebiets Togo", 1994; zahlreiche Aufsätze in nationalen und internationalen Zeitschriften, Sammelwerken und Lexika.

*Rainer Weinert*, 1950, Priv.-Doz., Dr., Oberassistent, Freie Universität Berlin, Fachbereich Wirtschaftswissenschaft; Forschungsgebiete: Politische Soziologie, Soziologie der industriellen Beziehungen, Wirtschaftssoziologie; Jüngste Veröffentlichungen: Die Sauberkeit der Verwaltung im Kriege, Opladen 1993; Das Ende der Gemeinwirtschaft, Frankfurt a.M. 1994; Der Plan als Befehl und Fiktion, Opladen 1995 (mit Theo Pirker, M. Rainer Lepsius und Hans-H. Hertle).

*Włodzimierz Wesołowski*, 1929, Professor am Institut für Philosophie und Soziologie und Leiter der Forschungsabteilung über Machtstrukturen an der Polnischen Akademie der Wissenschaften in Warszawa, Gastprofessor an verschiedenen internationalen Universitäten, Mitglied der American Academy of Arts and Sciences und der Academie Europaea. Forschungsgebiete: Soziologische Theorie, Politische Soziologie, Soziale Schichtung. Veröffentlichungen: mit B. Mach): Social Mobility and Social Structure, London: Routledge, 1986; (mit J. Wasilewski) Hg.: Poczatki parlamentarnej elity. Posłowie „kontraktowego Seimu", Warszawa: IFIS Publishers, 1992; (mit A. Alestalo, E. Allardt und A. Rychard) Hg.: Transformation of Europe. Social Conditions and Consequences, Warszawa: IFIS Publishers, 1994.

# English Summaries

*Birgitta Nedelmann:* **Contradictions and Dynamics of Political Institutions, pp. 15–40.**

Institutions are defined in terms of contradictions and dynamics. Five pairs of contradictions constitute the extreme poles of high resp. low institutionalization: 1. enacting vs. acting; 2. internalization vs. externalization; 3. intrinsic vs. instrumental value; 4. freedom vs. constraint; and 5. macro- vs. micro-foundation. Political institutions can undergo three main types of processes: I. stabilization, II. de-institutionalization: 1. institutional decay; 2. institutional breakdown, and III. institutionalization: 1. institution-building (1.1 institutional reform; and 1.2 institutional construction) and 2. creeping institutionalization. Each type of process gives rise to different problems of what is here called flexibility management. They are discussed mainly on the background of the case of Italy.

*Christian Starck:* **The Flexibility of Legal Institutions, pp. 41–53.**

Constitutional law, as an example, presents how limited flexibility stabilizes legal institutions. The institutional guarantees of the Basic Law shall both protect the core of certain complexes of norms and behaviour against the definition power of the parliamentarian legislator and yet open to him the possibility to organize and to define the institution according to the circumstances of the time. On the basis of an enlarged jurisprudential notion of institution it is explained to what extent institutions (e.g. procedures, authorizations) are suitable to solve problems, without the institutions themselves containing final substantive measures. This heuristic function of institutions allows substantive flexibility in decision making within these institutions. Under temporary aspects, all institutions, particularly fundamental institutions are exposed to change, if they survive constitutional eras and systems. Finally, the importance of legal methodology – itself a legal institution – is discussed for the maintenance of stability of institutions using in a correct manner flexibility and rigidity. Criteria follow from the different types of relations between the legal institutions which open up their functions.

*Stefano Bartolini:* **Electoral Competition: Analytical Dimensions and Empirical Problems, pp. 57–82.**

In contrast to economic competition, electoral competition is a multi-dimensional phenomenon. There are four conditions of electoral competition: 1. electoral contestability, 2. electoral availability, 3. electoral decidability, and 4. electoral vulnerability. The level of actual competition in any given situation can be described as a point moving in a four-dimensional space in which no equilibrium can be found. The relationship between the four conditions is neither linear nor additive, but highly contradictory. In order to produce a "social value" (Georg Simmel), electoral competition has to be limited in its scope and degree by the socio-political context in which it takes place. As a political institution, electoral competition is based on a paradoxical formula: Institutional stabilization via institutional limitation.

*Rainer Paris:* **The Politics of Praise, pp. 83–107.**

The praise is conceived of as a means of power. It is analyzed in four steps: Firstly, five indexicational signs of praise are identified (explicity, value-qualification, social ranking, personalization, reference to achievement). Secondly, a comparison is made between the praise, the threat and the reward via promises, and a typology of praise is presented. Thirdly, the paradoxes and action alternatives of the praised person are discussed. Finally, praise is analyzed as an institution in politics. It is argued that praise has different functions in the political system of traditional and charismatic authority on the one hand, and in modern democratic systems on the other.

*Birgit Sauer:* **The "Central Round Table" in the GDR and the Division of Space in Democracy. A Transitional Political Institution?, pp. 108–125.**

The image of political representation has created a specific interior design of politics, i.e. the parliament. In the process of transition in Eastern Europe, the "Round Table" was developed as a new form of politics. It was seen as a model of participatory political organization. The "Central Round Table" of the GDR is conceptualized as an institutionalized form of ritualization of the process of transformation in times of political crisis. It has the double function of initiating political innovation, i.e. democratization, and, at the same time, of allowing for continuity. With other forms of "rites de passage" (van Gennep) the negotiations at the "Round Table" has in common to consist of three distinct phases, the phase of disconnection, the phase of transformation and the phase of integration. The ritualization of the transition to democracy contributed to behavioural security of the actors involved. At the same time, the traditional secret structures of real-socialist politics were transmitted into the new parliamentarian forms. The civic movements of the GDR received their "consecration" in this secret society without, however, putting into question the new mechanisms of exclusion.

*Trutz von Trotha:* **Orders of Violence or Prospects for the End of the State Monopoly of Violence, pp. 129–166.**

From a neo-hobbesian perspective the author looks at the role of violence in the social order. His historical and empirical material is based on studies about Africa, South America, Melanesia (Papua New Guinea) and the occidental societies of Western Europe and North America. The author distinguishes between four types of orders of violence: the "neo-despotic" order, the "para-state" order, the "post-acephalous-constitutional" order and the order of the constitutional welfare state. It is assumed that there is a world-wide crisis of the state monopoly of violence also affecting the Western societies. The order of the constitutional welfare state is being transformed into an "oligopolistic-preventive security order" (OPSO) which is going to abolish the state monopoly of violence. This fifth type is described and analyzed. The article emphasizes that the new OPSO touches the fundamental Western concepts on the relationships between state, law and society.

*Silvano Belligni:* **The "Dirty Years" and the De-institutionalization of Political Parties in Italy, pp. 167–187.**

In contrast to current interpretations of the political crisis in Italy, it is argued that there is as discontinuity in the historical development of the "First Italian Republic", especially in the period between 1970 and 1980. In this phase the basis for "Tangentopoli" has been laid, that is, the system of illegal hidden transactions between party politicians and representatives of the economic sphere. The institutionalization of "Tangentopoli" is parallelled by a dramatic process of de-institutionalization in which all the Italian political parties, including the Communist Party (Pci), have been transformed into "political machines". The absence of traditionally acknowledged and ethically binding political institutions has been misused by these "political machines" for increasing the public debts, defending their particularistic interests and giving action space to doubtful political newcomers.

*Elisabeth Fix:* **The Rise of a New Type of Party Organization: The Italian "Movement-Parties", pp. 188–214.**

The main reason for the ongoing transformation process in Italy are the shortcomings of its political institutions, especially of the traditional political parties. The rise of so called "movement-parties" are analyzed as the immediate response to their deficiencies. Four such movement-parties are analyzed more in detail, the "Lega Nord", Mario Segni's referendum movement, "La Rete", and "Forza Italia". Firstly, their programmatic goals, mobilization strategies and organizational structures are investigated. Secondly, the characteristics of this type of "movement-party" are specified. It is argued that they mainly differ from traditional parties in explicitly opposing to their specific programmatic goals, forms of organization and strategies of mobilization.

*Sighard Neckel:* **Political Ethnicity. The Case of the United States of America, pp. 217–236.**

Examining the case of the recent dynamics of interethnic conflicts in the United States of America a theory of political construction of ethnicity is presented. In contrast to explanations of the current re-emergence of ethnicity within the American society refering to culture or social structure it is argued that ethnic boundaries are neither an expression of primordial cultural differences nor established by economic constrains, but a result of political negotiations. This main thesis of the article is tested by an investigation of the growing importance of "panethnic" categories within American politics. Reconsidering the failure of ethnic assimilation in the USA an analysis of the social construction of these "panethnic" categories shows that they are caused by the political requirements of social competition for equal rights and material resources. "Political ethnicity" is thus part of a political process of mutual ethnic closing within the American society which is currently often described as "ethnic separatism".

*Rainer Weinert:* **Intermediary Institutions or Constructing the "One". The Example of the GDR, pp. 237–253.**

The form taken by intermediary institutions in a given society is indicative of that society's ability to articulate economic, social and political interests and to enact them on the political stage. Intermediary institutions are key motors of the process of differentiation in modern industrial societies, through which the flexibility and adaptive capacity of the whole system are enhanced into greater pluralistic diversity (the "Multiple"). Without them the adaptive capacity of a system is severely reduced. However, societies, grounded in the principles of real socialism, as was the former GDR, pursue a contrary course, forceably integrating existing institutional structures within a single mono-organized structure (the "One"). Here public associations, political parties, trade unions all are merged into and function as subordinate "mass organizations". This paper is based on the institutional research of M. Rainer Lepsius and Theo Pirker and summarizes the key findings of an exhaustive series of interviews with leading economic experts of the former GDR. It is an illustration of the compliant role played by mass organizations through a detailed case study of the GDR Free German Trade Union Federation.

*Piotr Sztompka:* **Trust: The Missing Resource of Post-communist Society, pp. 254–276.**

The former communist societies of Eastern-Central Europe repeatedly experience barriers and blockades on the road toward open, democratic market society of the Western type. The author claims that most of the problems are due to the deficiency of cultural resources, the central of which is trust. A theory of trust is proposed, informed by the author's earlier work on "social becoming". The "culture of distrust" is found to pervade post-communist societies at all levels of social life. Part of that syndrome derives from the legacy of real socialism, but more attention should be focused on current conditions, such as the new "risk environments", widespread anomie, inefficiency of political elites, and enhanced feeling of relative deprivation after revolutionary elation and unrealistic hopes. To restore trust, the consistency of reforms must be safeguarded, the rule of law meticulously observed, integration with Western democracies speeded up, and trust itself turned into a recognized social value.

*Gianfranco Pasquino:* **Reforming an Electoral System: The Italian Case, pp. 279–304.**

In general, it is not in the interest of relevant political actors to change those rules of the political game from which they profit. Risks outweigh opportunities. Under the condition of a (pure) proportional electoral system it is likely, that most political actors are rewarded in a satisfactory way. Only the appearance of new actors interested in reforming the existing electoral system may create drastically new and significant opportunities. This was particularly the case in Italy where the proportional system had a strong influence on shaping the political culture and the political game. In the past, all parliamentary attempts of reforming the electoral system have been blocked by the dominant parties. A new coalition of reform-minded parliamentarians and social and cultural organizations finally succeeded in breaking the stalemate by presenting the reform issue to two electoral referendums. Thus the Italian voters obliged the Parliament to legislate on electoral reform. The results have been mixed. Concerning the new electoral law for the Italian Parliament, it provides for 75 per cent of the parliamentarians to be elected in single-member constituencies by a plurality system and for 25 per cent of them to be elected according to the proportional allocation of the remaining seats. For the Chamber of Deputies only parties polling at least 4 per cent of the national vote have access to the proportional distribution. The new electoral law has already produced major political and governmental consequences. However, the task of reforming the Italian institutional system still remains unfinished.

*Włodzimierz Wesołowski:* **The Formation of Political Parties in Post-communist Poland, pp. 305–326.**

The institutionalization of the Polish party system after the anti-communist revolution is accompanied by two main problems, firstly, the fragmentation of the Polish Parliament, secondly, the programmatic vagueness and superficiality of the parties. The further development of the party system is dependent on the prominence of economic, cultural or political issues as cleavages for political competition. Only on their basis the highly fragmented party system can be structured. The development of political identities (both on the level of political leadership and on the level of citizens) is a necessary precondition for overcoming the gap between political parties and the interests of social groups.

*Klaus Eder:* **The Dynamics of Democratic Institution Building. Structural Requisites of Deliberative Democracy in Advanced Modern Societies, pp. 327–345.**

The change in the class structure of modern societies forces us to reconsider the dynamics of democratic institution building. The thesis of "democratic class struggle" or "institutionalized class conflict" formulated by Lipset several decades ago still holds, contrary to the claims of its author. However, this thesis needs modifications regarding its institutional and its class structural parts. Firstly, we have to develop a model of path dependency of institutional developments of "democratic regimes". To do so, a typology of institutional forms is constructed and a proposal for their temporal ordering is made. Secondly, the class structural basis of democracy is discussed, claiming not the dying of class, but the emergence of postindustrial class structures. They provide the basis for the dynamics of democratic institution building in contemporary societies. Regarding the options of corporatist or plebiscitary developments and their costs a third option is looked at which is described as a form of discursive democracy in a postcorporatist order.

*Elmar Rieger:* **The Politics of Supranational Integration. An Institutional Analysis of the European Community, pp. 349–367.**

Despite the progress of supranational integration in Western Europe, national institutional orders and national politics are still characterized by strong continuity and stability. On the background of the founding idea of the European Communities, such a constellation comes as a surprise.

Accordingly, the social sciences have had their problems in analyzing this development. The present institutional analysis of the European Union is built on the assumption, that forms and functions of the politics of supranational integration are oriented towards the stabilization of national structures and towards increasing the autonomy of national politics vis-à-vis domestic structures. Such politics is much less oriented towards creating a supranational sphere. This hypothesis has several implications not only for the analysis and the explanation of social change in Western European societies after World War II, but also for understanding the take-off and the parameters of supranational integration.

*Maurizio Bach:* **Is the Process of European Integration Irreversible? Integration Policy and Institution Building in the European Union, pp. 368–391.**

The process of European integration is sustained by a differentiated institutional setting which has gradually developed into a powerful political system. The continuous increase in the competences of the community is not only due to the political commitment of individual actors and particular sectors of the administrative elites, but also to specific institutional mechanisms broadening the scope of supranational intervention from the inside of the European Commission. Therefore, special attention is given to an analysis of the administrative structure inside the Commission's organisation. The formal and institutional prerequisites are elaborated under which the new European corporate becomes more and more independent from national and political control. The main hypothesis developed here focuses on the existence of a "growth spiral" continuously pushing up the level of performance of the European institutional system. There is considerable evidence supporting the assumption that most of the achievements of the European institution building and policy making are irreversible.

*M. Rainer Lepsius:* **Institutional Analysis and Institutional Politics, pp. 392–403.**

The concept of institution is vague in its sociological content. It serves primarily for the description of complex phenomena which are heterogeneous in their composition. The essay advances a suggestion for the definition of processes which are called institutionalization of criteria of rationality in defined situations. A program for an analysis of institutions is developed. It may also serve the evaluation of the politics of institutions and institution-building. As an example for the applicability of the conceptualized institutional analysis and institutional politics, some problems in the development of the European Union are discussed.

# Kölner Zeitschrift für Soziologie und Sozialpsychologie – Lieferbare Sonderhefte

**Band 7:**
René König/Johannes Winckelmann (Hrsg.)
**Max Weber zum Gedächtnis**
Materialien und Dokumente zur Bewertung von Werk und Persönlichkeit
2. Aufl. 1985. 492 S. Kart.
ISBN 3-531-11791-2

**Band 11:**
Ernst E. Hirsch/Manfred Rehbinder (Hrsg.)
**Studien und Materialien zur Rechtssoziologie**
2. Aufl. 1971. 412 S. Kart.
ISBN 3-531-11061-6

**Band 16:**
Peter Christian Ludz (Hrsg.)
**Soziologie und Sozialgeschichte**
1972. 623 S. Kart.
ISBN 3-531-11186-8

**Band 17:**
Alphons Silbermann/René König (Hrsg.)
**Künstler und Gesellschaft**
1975. 356 S. Kart.
ISBN 3-531-11284-8

**Band 18:**
Nico Stehr/René König (Hrsg.)
**Wissenschaftssoziologie**
1975. 525 S. Kart.
ISBN 3-531-11326-7

**Band 21:**
Günther Lüschen (Hrsg.)
**Deutsche Soziologie seit 1945**
Entwicklungsrichtungen und Praxisbezug
1979. 370 S. Kart.
ISBN 3-531-11479-4

**Band 22:**
Nico Stehr/Volker Meja (Hrsg.)
**Wissenssoziologie**
Studien und Materialien
1981. 477 S. Kart.
ISBN 3-531-11540-5

**Band 24:**
Gert Schmidt/Hans-Joachim Braczyk/Jost von dem Knesebeck (Hrsg.)
**Materialien zur Industriesoziologie**
1982. 530 S. Kart.
ISBN 3-531-11615-0

**Band 25:**
Friedhelm Neidhardt (Hrsg.)
**Gruppensoziologie**
**Perspektiven und Materialien**
1983. 577 S. Kart.
ISBN 3-531-11673-8

**Band 26:**
Ernst-Wilhelm Müller/René König/Klaus-Peter Koepping/Paul Drechsel (Hrsg.)
**Ethnologie als Sozialwissenschaft**
1984. 515 S. Kart.
ISBN 3-531-11726-2

**Band 28:**
Heinemann, Klaus (Hrsg.)
**Soziologie wirtschaftlichen Handelns**
1987. 438 S. Kart.
ISBN 3-531-11931-1

**Band 30:**
Max Kaase/Winfried Schulz (Hrsg.)
**Massenkommunikation**
Theorien, Methoden, Befunde
1989. 541 S. Kart.
ISBN 3-531-12103-0

**Band 31:**
Karl Ulrich Mayer (Hrsg.)
**Lebensverläufe und sozialer Wandel**
1990. 467 S. Kart.
ISBN 3-531-12187-1

**Band 32:**
Stephan Leibfried/Wolfgang Voges (Hrsg.)
**Armut im Wohlfahrtsstaat**
1992. 490 S. Kart.
ISBN 3-531-12314-9

**Band 33:**
Jörg Bergmann/Alois Hahn/Thomas Luckmann (Hrsg.)
**Religion und Kultur**
1993. 382 S. Kart.
ISBN 3-531-12506-0

**Band 34:**
Friedhelm Neidhardt (Hrsg.)
**Öffentlichkeit, öffentliche Meinung, soziale Bewegungen**
1994. 444 S. Kart.
ISBN 3-531-12650-4

WESTDEUTSCHER VERLAG
OPLADEN · WIESBADEN

GPSR Compliance

The European Union's (EU) General Product Safety Regulation (GPSR) is a set of rules that requires consumer products to be safe and our obligations to ensure this.

If you have any concerns about our products, you can contact us on

ProductSafety@springernature.com

In case Publisher is established outside the EU, the EU authorized representative is:

Springer Nature Customer Service Center GmbH
Europaplatz 3
69115 Heidelberg, Germany

www.ingramcontent.com/pod-product-compliance
Lightning Source LLC
LaVergne TN
LVHW010333260326

834688LV00036B/697